U0506007

同济·中国思想与文化丛书

儒学与古典学评论（第二辑）

曾亦 主编

世纪文景 Century Literature
世纪出版集团 上海人民出版社

目　录

◎思想争鸣

当代儒学之命运与中华民族之伟大复兴……谢遐龄　|　003

关于“儒学与现代中国”——论“公民儒学”建立之可能……林安梧　|　025

儒学传统在当代企业丛林的回转与进路……王琛发　|　041

天化与人化：叶德辉星命学的知识建构与时代性……刘苑如　|　068

◎经学研究

康有为的今文经学立场与其戊戌流亡前的孔教建制主张……唐文明　|　093

明皇改经与《孝经》学的转折……陈壁生　|　119

也谈《诗经》学史上的“假历史”和“假道学”……周春健　|　134

“三统”与“疆域”——廖平《知圣篇》对今文“三统论”的改造与发展
……李长春　|　159

论《礼记·檀弓》中的今古问题——兼论公羊家的文质概念
……曾　亦　|　177

明堂考……陈　徽　|　235

试析郑玄与马融解经方式之不同——以“五祀”问题为例……华　喆　|　253

论《春秋》书法中“实与而文不与”问题……黄　铭　|　272

再论儒家经疏的形成与变化……谷继明　|　286

◎西学译介

柏拉图的《理想国》二讲……列奥·施特劳斯　|　305

施特劳斯论《会饮》……樊　黎　|　346
古典文教传统中的希腊罗马医学——盖伦《论身体各部分的功能》3.2.6—3.2.13 解读……张轩辞　|　365

◎古籍整理

昏禮从宜……江　永　|　379
曾子注釋……阮　元　|　397

◎学术札记

乱及三世的悲剧:卫诗宣姜诸篇读解……柯小刚等　|　421

◎读书评论

《何谓普世？谁之价值?》:理直气壮的文化自觉……朱杰人　|　461
传统价值的重估:读《君主与共和——康有为晚期政治思想研究》……郭晓东　|　469

思想争鸣

当代儒学之命运与中华民族之伟大复兴

谢遐龄*

目前,已成国人共识的是中国社会面临着巨大困难。其严重程度是否达到危机,还有分歧。在我看来,尚未可说是社会危机,虽然正在趋向之;而精神危机却已经是事实。当前中国社会众多问题之实质是精神危机。这是我们讨论儒学命运的时代背景。

当代中国儒学是否还有价值?就当前精神危机的情势下,就是儒学能否为中国人提供信仰、信心、正义基础、道德依据、指导思想等。古人有话云:"王者,往也,天下归往也。"中国要统一,中华民族要复兴,最重要的前提是有个凝聚全民族的精神,并实现为圣王。这里有两个条件:一是系统的思想,一是圣人。有人会说,都21世纪了,都全球化了,你的思想还是这么陈腐,还在要求圣王。答曰:这不是个人爱好。本人无此爱好。只是如此散乱的、习于各自为政热衷于维护小山头、自发倾向于封建割据的中国人,经由他们互动建构的体制不得不由王者统领。期待另样的体制,须待中国人的性质根本革新——那要用上一个历史时期的长度。再进一步说,圣王有三种类型:教主,虚君,君王。古儒期待的圣王多半指教主,即系统思想的人间代表。

于是问题归结为:儒学能够提供这样一个系统的思想吗?它能否解决信

* 作者单位:复旦大学社会学系。

仰、信心、正义、道德、指导思想等等?

对儒学而言,这样的要求是过于苛刻了。儒学能否提供这样的思想体系?本文不可能回答,须由未来中华民族的经历回答。本文要讨论的是,儒学面临着什么样的挑战。我希望热心儒学者能看清自己的处境。

在我看来,目前的讨论,少有注意及如下三事者:一为中国人(包括中国学者)的思维方式、语言(词汇、语法、词义等)已有很大变化;一为中国社会结构及相应的伦理已根本变化;一为中国人的本体或曰社会存在体演变过慢,与设计生成的社会结构不能相称。本文就此三事与儒学命运之关系略陈陋见。

一　关于中国人思维与语言演变——从与意义世界相关角度看

改变意义世界,乃文士之能事,也是政治家宣传家之抓手。无论强化意识形态论者,还是淡化乃至取消意识形态论者,"凡是要推翻一个政权总要先造舆论"论者,某某主义论者,等等,无一不在力图改变意义世界。[①]邓小平主政即提"拨乱反正",意即纠正思想政治路线上的错误和偏失,这与孔子主张"正名"同调,关注点亦在意义世界。邓小平抓住时代的核心概念——社会主义,要求全党搞清楚"什么是社会主义、怎样建设社会主义"。[②]邓小平这是为"社会主义"正名,即改变意义世界是也。

意义世界之变革,乃新时代来临之先导。汤因比《历史哲学》认为哲学乃统治者之事,宗教方为内部无产者之事;视宗教为新文明诞生之母体。盖因新的历史时代须改变意义世界方能来临,而唯有宗教能担当把少数先行者个人的创新思想传播到广大民众中去,实现意义世界根本改变之使命。哲学既不为民众关注,又或许招致民众反感,难以往民众中传播,遂难以改变意义世界。如果把

---

① 国内学者喜用"意义世界"一词者,本人常引杨国荣教授为同调,只是他讲的"意义世界"多指个体之主观世界,而本人则用以指称客观精神(属于第三世界),涉及主体者则用"文化存在"这个词。

② 1985 年 4 月 15 日,邓小平在会见坦桑尼亚联合共和国副总统姆维尼时,在谈话中指出:"问题是什么是社会主义,如何建设社会主义。我们的经验教训有许多条,最重要的一条,就是要搞清楚这个问题。"《邓小平文选》第三卷,1995 年,第 116 页。

耶稣看作一个真实的历史人物，那么他的成功说明，革新意义世界未必要读过很多书籍，主要凭创新者直感事情真相的天才，朴实无华之直白，得广大民众之感应，从而从根底上翻转意义世界。

意义世界因时代（历史）、民族（文明、国家）而变、而异趣。孟子时代嫂溺援之以手为道德难题，今人见面握手为礼，盖牵手之意义于古今为异也。西人以拥抱为礼，国人以拥抱为非礼，则以族异俗殊也。美国踏入他人私园者主人可枪毙之，中国罪犯入室须待其扼喉主人方可抵抗，法律解释相异如是。总之，诸意义合而观之有个世界，不依各人好恶而独立且客观地存在，规定吾人行为之事实性质。譬如，如击毙入室行窃者，为正当防卫，抑或故意杀人，由司法解释确定，即由意义世界规定此行为之事实性质。对于儒学而言，协助犯罪的亲、子脱逃，到底属于包庇罪犯的违法罪行，抑或由“父为子隐，子为父隐”而得到宽容对待，则今人犹有争论。

现代意义世界之变，主要动因源自西方文化输入。“五四”运动号称由民主与科学两大新价值激动，实则更强大动力当属权利诉求兴起，盖其口号为自由，而其实践则是废去父母所订婚姻。代表人物为傅斯年，认为摆脱父母作主加于己的婚姻直接关系个人利益，比之民主、科学为国家大事，动力性质当然不同。然而其意义不可小视，直截了当地说，乃是力图颠覆孝文化，本质是违抗父母意志、自作主张。而于意义世界，则是颠覆传统道德。两千年来斥为淫奔的男女私订终生，顿获美名，曰自由恋爱；先奸后娶，则美其名曰试婚（今日术语去除价值评判、中性化为“婚前性关系”）。反抗父母订亲一举，显露了西方舶来的新原理：人权。这是对个人权利的诉求。如果连自己要哪个人作伴侣都不可得，还谈得到其他权利吗？

对本文而言，要紧的是从中分辨出思维方式有何变化。为了颠覆“百善孝为先，万恶淫为首”的传统价值体系，突破口在自由恋爱。为了论证自由恋爱合理，必须引进西方价值之核心——人权，还必须引进西方思想的论证方式——把人权设定为公理而后开展形式逻辑推理。公理是无须论证的，只须宣布出来，由强势群体坚持，进而达到人多势众，遂成不可移易的定论。于是群众运动起焉。学生闹事自古有之，直至康有为“公车上书”，仍是传统作风。而“五四”运动意在传播来自西方的新思想，也即改变意义世界，且由学潮扩大为广泛参与的群众运动，标志着现代化；并开启从公理出发演绎推理论证诉求的改造意义世界路数，此即毛泽东在延安整风时指出“新八股”、“党八股”言必称希腊的新学风(即思维方式)。这种学风内涵的实则来自西方的科学精神。哲学研究日益以“清楚、明白”的西方标准衡量。科、玄大战之意义须于此探索。对清楚明白的要求也渗入中国哲学研究与著述。

技术日新月异发展迅疾改变着生活方式。思维方式随之相应改变。技术强化了以科学之眼光看世界，西方质本论(materialism，旧译唯物主义)深入人心。学者也把中国传统的气本论解读为质本论，把气说为质(matter，又译物质)。这样偷换概念意味着思维方式已经发生根本改变——中国人不再以气本论或理本论看世界，而代之以质本论或形本论看世界。中国人在思维方式上已经西化——至少主导思想的学者和官员已经西化。

从公理出发演绎推理，清楚、明白，质本论、形本论都是意义世界中居主导地位的关键词，足以衡量思维方式转变之巨。再看语言变化。

论及语言，首先要提醒研究时注意区分说话与书写。不少讨论汉语的论文混同说话与书写为一体。二者当然有密切关联，但又不是一回事。一般说来，说话要自由得多，因而更能体现语言之真，而书写易多矫饰成分。“五四”运动以来改造汉语从书写入手，进而影响说话；因而文献表现西化较多，而口语保持汉语本色较多。一些编辑关注论文语言的学术性，要求尽量去除口语。如果讨论宋明理学不多用口语，岂非在做西化宋明理学的工作？

今日汉语西化程度已经相当高——主要指书写出来的文献展示的部分。口头语虽受书面语影响会变化，总归要滞后，而且语言自身传统也容易自发地发挥阻止作用。汉语西化是在学者们受西语启示下创建汉语语法、并凭据这语法在“规范化”口号下推进实施的。无疑，各种语言会有共同规律。同样，各种语言基本元素(语法学家称之为语素)及其组合方式(无论初级的还是二级、三级乃至更高级的)之差异，使得它们之间有着各自特性。如果还一定要坚持寻找共同规律，恐怕会如杨朱之叹——歧路亡羊。汉语西化主要途径有二，一为制定汉语语法并在国民教育中大力推行、在行政文书及科技文献中彻底运用，二为推行汉字拼音化。后者在使用中认识到不可行，虽未宣告但已可认为失败。前者由于实践需要，特别全球化的需要，还在继续开展中。

无疑，语法学是一门重要的学问。然而，如果语法学担当了削足适履的任务，就要注意提高自觉性，对自己作一番检讨。句法（syntax）是语法，词法（morphology）也是语法。而汉语的书写与西语作比较的话，对说话还有更多的独立性。这是因为汉语单音节词占优势，字符有区分相同发音之不同意义的功能。因而造字法有重要地位，语法学比西语多了一个部分——造字法。造字法不同于词法。汉字隶化遂失造字本意，读者不再能望文知义，于是出了个许慎作《说文》，详叙造字意图。此后识字成为专家之职，民众须死记硬背诸字符之义。尽管如此，语法学家怎可忽视造字本意？主张废汉字以拼音代之者在中华民族命运中担当何种角色？出现这种主张标志中华民族何种运数？

无疑汉语语法有成就，同时也有诸多荒唐处。现举词法中一事——红定为形容词之例。西语以词形划分词类，词形与读音相对应。汉语也要划分词类，且弃古人实字、虚字分类法，模仿西语分名词、动词、形容词，遂陷入困难之泥淖。欲如此分类，不得不弃西人以词形分类之法，创以功能分类之法。红，英文作 red，其为形容词似由功能，与词形不相关；然而转动词时则加后缀-en 成为 redden，转名词时加后缀-ness 成为 redness。（red 也有名词义。英语有不少与汉语类似处，语法学家已有指出其发展趋势者。于此不赘述。）汉语不能如此处置，遂成难题。只能派定“红”为形容词，再述其作谓语用、作主语用等说辨之。讲解何谓形容词，则称其为述性质状态者。此尤荒谬：还须引入哲学。一物呈红色不仅与该物自身相关，也与我辈视觉相关——否则怎样解释色盲（常人觉为红色者，某种色盲人觉为绿色）？故而洛克提出物之第一性质、第二性质学说。汉语语法确定红为形容词，不得不依靠英国人洛克的哲学——须说为“常人感觉为红色，而无能区别该色与绿色者称作红绿色盲”。更精确的说法恐怕还要借助物理学，加上“色谱上某频率段”一言。

处理汉字即如此纠结，若论语音，更是无从说起。查 hong（阴平声），对应意义，约数十种，凭什么说此音节定为表达某某性质且为颜色？语言，以声音传达意义之系统也。中国人在对话时可以了解对方在说什么，每个音节之意义可在语境（context）中准确把握。但若抽出单个音节问其意义，恐怕无人能回答。语法学家有什么样的理论解释？以书写为依据作语法，而非以说话为依据作语法——这思路能成立吗？[①]

尽管汉语语法困境重重，仍然得到授权强迫义务教育学生背诵其教条，在西化道路上步步前行。以“规范化”名义百般挑剔民众写作与说话，从而渗入思维方式，以致人们思考哲学问题时，自发地走上西方哲学思路。语文教学成了西化最得力的途径。与自然科学教学结合更加速西化进度。汉语语法既为西化之产物，又为西化之给力者。

词汇及词义尚属西化之表层。但其作用也不可忽视。词汇、词义成为系统，就内含着思想体系。前述气理解为物质、理理解为形式、道理解为规律，属词义演变；质本论（通常称作唯物主义）、形本论（通常译为唯心主义）等词汇与之结合遂构造出中国思想史上前所未有的思想体系。且借科学技术之力普及其影响力。

语法带来的属西化之深层。语法提供了语言之结构。语言与世界观有一体性。语言结构对世界观影响更为深层。主谓结构概念深入人心，说话时常被提醒勿丢掉主语，于是我辈皆随亚里士多德思路以实体、本质、现象等概念观世界矣。

以上所述，意在提醒目前中国人早已走出传统、步入西化道路。如果说，哲学是语言之反思，那么，今日汉语已是西化途中的汉语，而非传统汉语。国人演变如此，儒学命运将如何？当深长思之。

二　关于中国社会结构及相应伦理之变化

晚清以来，中国社会现代化甚快。中国社会是否有个中世纪是一争点。冯友兰先生认为，曾国藩平定太平天国为阻止进入中世纪[②]，语义为中国社会未

① 为什么研究“红”，而不研究 hong（阴平声及其他各声）？语法从说话出发还是从书写出发？这是根本原则所在。哪本语法书作了阐述？本人孤陋寡闻，请语法学家教我。

② 冯友兰先生写道：“曾国藩和太平天国的斗争，是中西两种文化、两种宗教的斗争，即有西方宗教斗争中所谓‘圣战’的意义。这是曾国藩和太平天国斗争的历史意义。……神权政治正是西方的缺点。如果洪秀全和太平天国统一了中国，那就要把中国拉回到西方的中世纪”。（《新编中国哲学史》卷下，人民出版社，1999 年 2 月，第 418 页）

曾有过中世纪。案中世纪之有无，乃以西方社会发展史中抽象出的模型套用于中国历史产生的问题。硬套之，吾断以“文化大革命”与太平天国类同，皆为进入中世纪之努力，亦同告失败。冯先生并谓曾国藩开创的由政府推动中国社会近代化乃一不佳道路，语义为由民间推动近代化较优。总之，言下之义，似乎是中国社会未经中世纪直接进入了现代化。

我对用西方模式套中国历史颇感犹豫。设若也用模型法，吾宁可以中世纪比之为但丁《神曲》中的炼狱（或译净界）阶段，视为抽象化阶段，是为近代资本主义奠定精神基础的历史时期。

中国历史的哪个阶段可以与之相比拟？宋明新儒学运动可以相当吗？如果把程朱理学看作中国历史的启蒙运动，那么中世纪应当早于宋朝。然而人们多主张晚清才是中国社会的启蒙运动时期。这种观点与半个多世纪以来以生产力发展、生产关系演变评定历史分期的思路关联在一起。不是透过思想演变看社会形态演变。于是程朱理学只能划归中世纪哲学。可是程朱理学缺少抽象化趋势。有一些，表现在“存天理、去人欲”上，然而力度还不够，不如中和讲得多。阳明致良知在抽象进程上更进了一步，然而其后学继承不足。抽象化进展很少。这里涉及的问题是：划分中世纪，依生产关系、社会结构观察，还是依思想史观察？这个问题下面还会进一步讨论，不过总的说来是个需要学者们深入研究、讨论才能取得进展的大问题。

晚清以来，中国社会的结构迅速变化。这段历史怎样分期，当依以下三方——政府掌管的部分、外国资本掌管的部分、民间资本部分——势力消长情况确定；看三个阶段：晚清、民国、中华人民共和国。本文主要讨论共产党领导的人民革命对社会结构的影响。晚清和民国两个阶段，解构着传统的中国社会。然而都比不上人民革命对中国社会改变之巨、之激烈。遗憾的是，人们对此大多估计不足。

中国共产党领导的人民革命采用了粉碎旧结构、在废墟上创建新结构的激进方式，学术名称是改造社会。原先农村中保持了两千多年的家族联合体形态经过土地改革、合作化、人民公社化，改造为党委领导下、以党组织为骨干和纽带的、政社合一的、农民不得自由迁徙的社会结构。原先城市里已经生长的、由与新型生产力相配的经济形态改变了的社会结构，经过对私营工商业的公私合营，归并到没收的前政府产业体系中，建立了统一的经济体系；再经 1958 年实施《户口登记条例》取消了宪法中规定的公民迁徙自由权，建成了党组织与社会的一体性结构。这一过程是中国社会结构现代化中极为重要的一步。

要价值中立地、正视地认识这一历史发展。这是社会现代化；当然，这是其中一个阶段。现代化还在继续开展中。而其为现代化中重要阶段则无可置疑。切不可采取视而不见态度判定其为“传统社会”——那不是严肃的研究态度。究竟应当采取怎样的模型分析这个结构形态？只能说目前还只是初步的探索。然而绝不可用“传统社会”、“现代社会”二分的、非模型而又似模型的说法糊弄读者。那是宣传，不是严肃的学术研究。

这个结构有人视之为中世纪（系一种模型），或称为政教合一（也属模型），应当作更为清晰的哲学、社会学描述。首先它一改中国社会一盘散沙的传统，将其整合为高度组织化的大系统，力求把普遍性贯彻到全社会。中国社会自春秋战国时期以来，一直面临着一个困难：克服特殊性、实现普遍性。然而，由于国民精神发展缓慢，或曰国民精神抗拒普遍性，天下统一并未带来社会整合——家族要保持自身特殊性存在，只能接受联合，抗拒贯彻全社会的、单一的普遍性原则的整体性统治。秦始皇废封建而秦亡。后世郡县、封建此消彼长，天下时统一时分裂，震荡不已。其哲学解释即为特殊性与普遍性角力。在学术思想上的表现，就是法家而非法治。统一要求专制，非专制不能统一。专制退，则割据进。

战国、先秦突出的情况是，统一要求普遍性，而此普遍性之实现是专制统治——人治（法家主张的法制）而非法治。孟德斯鸠曰：有什么样的人民就有什么样的政府，有什么样的政府就有什么样的人民。此语既说出国民性与管理体制之相关与一致，又说出国民与政府互动愈益巩固各方特性。秦亡固然因其暴政，更重要原因似在未行封建，故而陈胜揭竿天下响应——所谓天下响应，乃六国之后乘势而起。刘项之争，刘固然因善于将将，善在何处？在于肯封王。史称项羽刻印，手执摩娑久之，不舍得授予，刘则痛快地斥韩信假齐王要求为非，立授齐王。故而刘邦胜在封建。击败项羽统一全国后，虽然诛灭异姓王，同时封刘氏王，临死不忘遗言“非刘氏而王者天下共诛之”，坚持封建路线。所以，封建是秦汉交替的关键。对本文而言，要探讨的问题是，何以中国社会必定会如此？哲学怎样回答？答曰：统一要求普遍性，国民却不接受普遍性，于是形成郡县、封建混杂的结构，至顾炎武论断“寓封建之意于郡县之中”绝妙地解释了统治中国社会的最佳思路。

人民革命创建的社会结构，不妨称作毛泽东体制。认为这种体制以一个人的权威贯彻全社会普遍性要求是不对的。毛泽东体制有维护普遍性的制度安排。其一是严密的纪律，规定每一个成员必须按照中枢发出的指令行动。只要来自中枢的命令有普遍性，各个成员的行动就具有内涵普遍性。其二是日常学习制度。这是出于希望每一个成员都能自觉地实现普遍性，于是意图经过学习提高自觉性。学习是制度要求，本身也形成制度，成为日常学习。贯彻普遍性还有两项制度。一是每周至少一次的生活会，通过开展批评与自我批评，以党的理论、路线、方针政策衡量自己和他人的行为是否正确。实施时常见诛心之论，颇有理学风范。这制度既有整齐全党行动之功效，也有提高党员思想自觉性功效。再一项制度是定期整风。整风时由中央派出工作组，督导各级组织开展批评与自我批评。生活会制度与整风制度相辅相成，前者日常地、分散于基层组织中实施；后者隔一段时期集中地、有系统地、大规模地开展，意图确保普遍性得以贯彻。改革开放以来，鉴于“文革”之痛，论者对整风运动多持否定态度。然而作为制度完整性要求，这是不可缺少的。不定期开展整风运动，尚物质利益为理论基础的组织必定腐败。

这种结构通常被看作政治性的。这样解释不完整，故而不确切。它还是一种社会结构。与其相应，有着明确的伦理要求：集体主义。名称上是集体主义，实质上是整体主义——其意图不是集体高于一切，而是整体高于一切。称作集体主义，大概是容易让人们接受。而在阐述时，除了宣称个人服从集体，还强调集体要服从更大的集体。其中要义为集体自身也要遵循集体主义——服从更大集体。否则就以小团体主义斥之。如此一级一级地服从上去，最终是服从中央。所以集体主义实质上以服从中央为归宿，是整体主义。这样的伦理，巧妙地把特殊性纳入整体要求，引向普遍性，处理中国社会特殊性、普遍性之间的冲突颇为有效。

中国社会的传统，即《论语》中所说的“孝弟乃为人之本”，然而，现在要求听党的话为本。同为听话，由听父母的话转为听党的话。这在伦理上是根本转变:由“老吾老以及人之老,幼吾幼以及人之幼”,推己及人的路线,倒转为从普遍性出发,以党发布的具有普遍性的命令为出发点。这与基督教同调。耶稣答哪条诫命最大时说,当尽心、尽意、尽力爱主——你的上帝,把上帝体现的普遍性列为最高。在伦理关系上,以阶级兄弟为先,父母兄弟为末,与传统的差序格局正相反对。这又与基督教同调:耶稣称同信者为母亲兄弟姐妹,信徒说为“主内兄弟姐妹”;如果父母兄弟不信主,则为敌人。中国传统王者视全体人民为子民,“率土之滨莫非王臣”,“民胞物与”,“圣人与天地万物同体”,皆此意也;毛泽东体制则分人民、敌人,与基督教划分教徒、异教徒同调。

以上伦理通常解释为政治原则。无疑,即使剥除话语特点,其实质中也还是有政治性。同时,也应看到其中有伦理性。要看到其中的教化功能。毛泽东体制执行着抽象化,引导向普遍性。这样的教化已经深入人心,其内容已经成为现代中国伦理重要组成部分。

在毛泽东体制下,公民不公,而是单位人。在社会上遇到事件,人们就问“你是哪个单位的?”并把情况通知单位,由单位派人来接洽。要办理结婚登记,则须具备单位开的介绍信——这就是说,虽然名曰婚姻自由,却在法定手续上保留了单位的否决权。这意味着公民不是完全责任人。这种不完全责任是单向的:人们没有完全的决定权,却要为后果负完全责任。我一直在思考:人们对毛泽东体制如此反感,是因为这个体制要求净化灵魂惹的,还是这种单向的不完全责任激发的?似乎二者兼有。净化灵魂是炼狱。中国普通民众厌恶炼狱。单向不完全责任是没天理、不正义。很可能是人们厌弃不公平、不正义、没天理,连同丢弃了净化灵魂的必要。

毛泽东体制与传统以孝为核心的价值体系正相反对,既要求忠君,又要求听党的话盖过孝亲。孔子解释孝为“无违”——不违背父母意志。古人虽然有忠孝不两全之说,终究还允许人们选择。毛泽东体制不容选择,只能听党的话;如果党的要求与父母要求有异,则须与父母划清界线。加之城市现代生活方式使人们整天忙于公务,没时间孝亲。父母亲亡故也无须丁忧——在制度上淡化慎终追远;中华民族文化传统处于被否定的位置。这与“彻底决裂”态度是一致的。还有一事也对铲除孝文化起了助长作用,此即计划生育。计划生育称为国策,坚决贯彻,成果斐然,中国城市近半数家庭没了男性子嗣。这些家庭失去了论孝的可能;孝文化失去了社会基础。而这也使得中国社会结构发生巨大变化——不仅是家庭形态的变化,核心家庭、大家庭之区别而已;而且是家族难以建构。现时在世界范围内华人圈流行建立同姓宗亲会,极少传统文化意义,现代文明中借同姓相亲习俗方便组成社团意义更重些。

好在有宋明新儒学"民胞物与"、"圣人与天地万物同体"等学说发展了原始儒学,趋向普遍性,便于当代进一步趋向普遍性。

三　对中国人目前社会存在之评估

问及经历过"文化大革命"的人对"文革"的感受,表现的皆是厌恶和恐惧。现在评判"文化大革命"的历史意义还不是时候。人们普遍接受党中央所定政治大动乱、浩劫性质。实则"文化大革命"不单是政治运动,也是一场宗教运动,或曰有宗教运动内涵。用黑格尔术语表述,则是普遍性概念发展、抽象化进程冲刺。"文革"中止、改革开放开始,标志这一波抽象化受挫暂停。

我理解的现代性,即社会学家们喜欢说的理性(rationality,或译合理性)。理性体现为社会结构和人的社会存在。社会结构与人的社会存在内在一致于理性(rationality)。毛泽东体制、"文化大革命"之精神内涵是趋向理性(rationality)。干部群众憎恶"文化大革命"可以解读为害怕和抵制理性化(rationalization)。理性化即所谓西化。因而可以说,中国人民反对西化。

西化与否是当今各种社会冲突的主要内容。其他内容都不如它重要。当然,在这篇文章中我要回避西化这个词,只用理性化。因为西化目前成了政治术语,理性化还停留在学术讨论使用范围中。我辈无意涉足政治,所以要避免使用可能导致误解的词语。

"五四"运动以来的意义世界变更造就的新价值标准中以民主与科学为首要。民主进一步具体化,变身为民主政治、市场经济、法治、公民社会四项。经过人们的不断要求,前三项已经陆续写入中央文件,第四项尚存分歧但也接近文件肯定。目前争论较多的是第一项,民主政治之具体诠释与贯彻有较严重分歧;还有第四项,公民社会,处于概念模糊、态度含糊的状况。各派思潮态度较为一致的市场经济和法治,实际进展缓慢,搞成"四不像"。

按照黑格尔精神现象学的观点，只有精神发展到一定阶段，社会的形态或曰各种社会制度才会达到相应的结构。这个思想受到马克思、恩格斯高度赞扬，称之为“历史感”，但严厉批评其唯心主义，认为不是精神决定制度而是社会关系（社会存在）决定精神——史称把唯心主义“颠倒”为唯物主义。本文回避两种主义之争，引用官方哲学认可的“历史与逻辑的一致”原理，把黑格尔主张的精神对应于人的社会存在抽出来，确认其与制度对应关系。建立如下原理：四项制度与人的社会存在必须相应。于是，四项制度能否建立、健康发育的问题，从人的社会存在状况、进度、发展可能性即可判定。

确认上述原理，即可判定：民众反感、抵制理性化，意味着反对四项制度。或者换个温柔的说法：中国人的社会存在发育，跟不上人们对民主政治、市场经济、法治、公民社会的诉求。

当代文化内含着深刻的虚伪性：为人们要求的、往往是实际上达不到的。人们有诉求，政客必须迎合，否则难以立足；承诺而又无法实现，不得不欺哄糊弄。此其一也。人们接受西方价值观念，确定为自己的主张，然而自己根本做不到或者从来不打算实施兑现。如接受平等理念，实质上仍然梦想成为人上人；统治方式仍然依靠社会等级与礼制。（注解：读大学目的是跳出苦境当个人上人；毕业之后当不成人上人则怨恨政府。）这是当代中国最可悲的现实，至少是最可悲的现实之一——把无法实现的舶来理念奉为圭臬，实际施行的却是自身传统。既是统治者陷入困境之主因，又是虚伪之风源头。

与四项制度对应的人的社会存在是人格（person）。所以，问题聚集于中国人是否达到了人格性（personality）。

目前在法律上已经确认国人为人格。法律文书毫不犹豫地使用法人、自然人等术语，全然不顾单位是否配称法人、公民是否配称自然人。这些从西方社会取来的术语，用于中国人，未经法哲学论证认可，实属风马牛不相及。中国人在道德上尚未达到自律，意志尚未达到自由（即绝对地奉行无条件道德命令）；在法权上只享有不完全的自由意志（如宪法虽规定保护公民财产，却同时规定国家在公共利益需要时可以征收征用公民动产、不动产，无须征求其同意）。二者相互影响，彼此扯腿。中国人在社会存在上远远未达到人格。

那么，中国人是否希望成为人格？目前看不到有此愿望。“存天理、去人欲”是道德上达到自律的途径。这是一条崎岖难行的灵魂净化之途，国人厌弃之。

人权不是靠别人恩赐的，是要靠自己得来的。不是向外争取的，是要反求诸己刻苦修养培育的。凡斗争、争取，皆非正道，皆表达了不是真想而是假想的否定性愿望。

何以国人易于堕落，放弃诚信，不守规则、无时无刻不在窥伺钻空子机会（老子曰：大道甚夷，而民好径。可见国人自古陋性至今不改）？何以国人习于侵犯他人隐私、强迫他人按自己意志行事？不尊重他人反而要求他人尊重自己？自己参与制定的程序得出不利自己的结果就不遵守奉行？（这涉及民主是否可能。人们对投票结果不满意则率意更改或抵制，说明人们不要民主政治。如是则民主政治没有可能性。）

商人不明商业道德、价值、精神。奸商遍地。守法商人也依民众容忍极限率意定价而非自觉按固定利润率定价。既无计划经济又无市场经济，只有政府安排的生产。名曰市场经济者，实则无明晰的理论与“顶层设计”。

这就是当代中国的社会存在发育状况。

四　当代前提下儒学之使命与命运

中国人的社会存在之现状如此，儒学应当怎样阐述、发挥、发展？

儒学须担当的使命应有如下四项：一是提供凝聚力。二是建设政治哲学。三是完善道德哲学与道德修养方式，推进国民进至道德主体。四是创建法权哲学，促成国民社会存在进至人格性。任重而艰难。要解决这些难题似乎只有儒学可以指望，因而必须做成。儒学面临自身现代化的巨大理论挑战，也面临着国人理解、支持过程中可能出现的曲折与反复。这就是儒学之命运。

1. 儒学要寻求凝聚中华民族的方案

人的本性中有寻求信仰的冲动。儒学能否满足民众的信仰需求？目前中国人民精神上到了饥不择食的地步，儒学能否吸引迷于邪教的民众皈依？儒学向来有圣人学说。圣人是人伦之至，因而是天下共同向往和崇拜的对象。中国社会原先没有一神教传统。然而，明朝以来，特别明显的是由太平天国运动、当前的家庭教会所呈现的，一神崇拜正在中华民族中兴起。“文化大革命”既从之得到动力、又助长此势头。怎样在理论学说方面应对这种新趋势，是儒学者必须正视的问题。譬如，一神崇拜中，神为本地的抑或外来的？教义确否须本地的抑或虽外来亦须本地化？

宗教是文明的一种形态。教会是一种社会组织。既然人有信仰需求，就会产生宗教这种文明形态。教会也就应运而生。所以，只要有人类，就会有宗教；只要人们结合成社会，就会有教会。有区别的只是表现方式、结构方式。宗教是不可能被消灭的。刻意消灭、抑制，则消灭宗教者自身被渴求信仰的民众奉为崇拜对象，其组织转化为教会；或者社会另产生出新的教会满足民众需求。邪教之所以能产生和发展，根源在于民众的信仰需求未得到满足。而民众之所以在信仰方面出现饥渴，则在于思想界、决策层忽视了人民群众对信仰的需求。民众对宗教的需要深深植根于人类的本性中，然而人们对此却缺乏起码的认识。何以采用暴力手段抑制邪教不能成功，还会适得其反？原因就在未从根源入手。要解决民众的信仰需求。要提供信仰对象满足人们的信仰需求。曾经有过孔子还是佛陀的争论；现在：孔子还是耶稣？何以在全球建孔子学院——打出孔子的旗号？此举告诉人们，孔子是中华民族的文化符号。孔子也是凝聚中华民族的文化符号吗？

2. 儒学要提供适合当代中国国情的政治哲学

中国基本国情是地大人多，既坚执统一、又偏好各自为政自作主张。地大人多则必分块、分层管理；加之地形复杂、方言人文多样，为增长独立性提供了条件。文化传统中解构普遍性之势用甚强，统一必以封建补充，为封建的统一，即各层、各块相对独立的统一。这种国情，现有的西方政治理论无一可适用，马列主义国家学说也未能提供适用说法。唯儒学有现成学说可供采用、发挥。中国社会结构的等级制、封建制，在未来很长时期不会根本改变，当前中国社会各阶层对民主政治的诉求将会持续增长，确立现代中国社会的政治哲学，是今日儒学的重要使命。曾亦、郭晓东精研公羊学，方向正确。如果考察儒教是否可看作国教、儒教是否曾在成为国教的途中，意义与成就当更为卓著，是所望也。

论及政治哲学，《中庸》阐述的思想可能比《公羊传》更深远。远古文献最早系统论述政治哲学的当属《尚书·洪范》。《洪范》全文阐发的是圣王的治国大纲。所列九畴之“五曰建用皇极”。皇极即大中之道。文中提到王道、天子为民父母等思想。这些思想在《中庸》中作了更为全面、充分的发展，对“圣王”的概念阐述得更为丰富、确定：

子曰：“愚而好自用，贱而好自专；生乎今之世，反古之道。如此者，烖及其身者也。”非天子，不议礼，不制度，不考文。虽有其位，苟无其德，不敢作礼乐焉；虽有其德，苟无其位，亦不敢作礼乐焉。

这是说，称为圣王者，必须既有位，又有德，德、位缺一不可。“虽有其位，苟无其德”，也不是圣王。

《中庸》中还有这样一段话：

王天下有三重焉，其寡过矣乎！上焉者虽善无征，无征不信，不信民弗从；下焉者虽善不尊，不尊不信，不信民弗从。故君子之道，本诸身，征诸庶民，考诸三王而不缪，建诸天地而不悖，质诸鬼神而无疑，百世以俟圣人而不惑。……是故君子动而世为天下道，行而世为天下法，言而世为天下则。远之则有望，近之则不厌。

这是说，君子（各级管理人员）奉行的王道，须反身观己，直观自身文化存在验证、领会王道；在施政过程中，从人民群众的言行考察自己体验的王道是否准确，并校正之。

《中庸》还通过称颂孔子，给出了圣王的形象：仲尼祖述尧、舜，宪章文、武；上律天时，下袭水土。辟如天地之无不持载，无不覆帱；辟如四时之错行，如日月之代明。万物并育而不相害，道并行而不相悖。小德川流，大德敦化。此天地之所以为大也。

这段颂词揭示圣王无物不容的宽阔胸怀，从而与天地参（叁、三）的道理所在：万物并育而不相害，道并行而不相悖。——可称之为最高政治原理，可设定为公理。

下面紧接着还有一段颂词，直有奉孔子为教主之意：

唯天下至圣为能。聪明睿知，足以有临也；宽裕温柔，足以有容也；发强刚毅，足以有执也；齐庄中正，足以有敬也；文理密察，足以有别也。溥博渊泉，而时出之。溥博如天，渊泉如渊。见而民莫不敬，言而民莫不信，行而民莫不说。是以声名洋溢乎中国，施及蛮貊。舟车所至，人力所通；天之所覆，地之所载；日月所照，霜露所队。凡有血气者，莫不尊亲，故曰配天。

“见而民莫不敬，言而民莫不信，行而民莫不说”的互动状况，是教主与信众之间才会有的。“王，往也，天下往也”，“天下归心”，皆透露圣王概念内涵教主意味。

儒学者面临的重大使命之一，是研究促使君子（各级各类领导——包括央企领导）奉行王道的政治哲学。

3. 儒学要发扬自身优势，建设适合当代中国人国民性的道德哲学

国民道德现状堪忧，已成全社会共识。其由来渐矣，非一朝一夕之故也。然而，改革开放初期，一些初出茅庐的研究生关于义利关系的不当言论，起了推波助澜的坏作用，也是不争事实。时至今日，不知他们可有悔意？今日道德建设的主要难题，对研究儒学义理的学者而言，在普遍性和纯粹性两个方面。众所周知，国人并非无德，而是重私德不重公德。也就是说，在道德上重特殊性而轻普遍性。道德命令一般为条件命令而非无条件命令。这就是说，道德规则全属经验的，而没有纯粹法则。这就放纵国人不守规则，形成找空子钻的恶习。这与目前民主政治市场经济法治的理想、全球化时代背景所要求的行为方式南辕北辙。那么，儒学有否可能提供普遍性、纯粹性的论证，并接续先儒完备的工夫学说及实践积累运用于现代的干部修养？若论先秦儒学，《中庸》“仁者人也，亲亲为大”，《孟子》“老吾老以及人之老，幼吾幼以及人之幼”，确实很少普遍性。

北宋张载提出“民胞物与”，一改旧说，“圣人与天地万物同体”说兴，遂生儒墨怎样区分之疑问。小程以“理一分殊”诡说之。至阳明，直截了当地宣称：“夫圣人之心，以天地万物为一体。其视天下之人，无外内远近。凡有血气，皆其昆弟赤子之亲。莫不欲安全而教养之，以遂其万物一体之念。”[①]简直比墨子还要墨家！此儒学趋向普遍性之明证。从儒学发挥出普遍性之根据，事有可为；牟宗三也做过一些工作。难点在实践：干部能否贯彻到修养中？理论相对要容易些。纯粹性论证有“存天理、去人欲”旧说作依据，也属可为。

最大难点在道德立法能力。换句话说，从儒学传统中能否引申出道德自律？牟宗三对这个问题做过研究，成就卓著，为世人称道。当然，他的方法和结论还有很多待改进、提高之处。难点在怎样论证每个人都有道德立法能力，换句话说，如果要主张、支持性善论，就要论证人皆具备道德立法能力。既然孟子及先儒主张性本善，道德立法能力应该是个已解决的问题。我们现在要研究的是，先儒阐述过的哪种能力是道德立法能力；而后再展开，使先儒学说与现代社会、现代生活、现代语句相合。

牟宗三的研究，集中于智的直觉做文章，取向不当。智的直觉说用来讲阳明学致良知有观照自身成道德主体意义，适用。然而早于阳明的宋儒，乃至古代儒学，怎样讲？

依康德哲学，自律即道德立法能力源自自由意志。因而问题归结为在中国思想资源中寻找关于自由意志的论述。与之相当的概念当为“诚”，《中庸》与《通书》这两篇重要文献，即阐释这个概念。

“诚”是《中庸》的核心概念。在《大学》中，“诚”是工夫：诚意即是修身之一环，“意”用作名词，故诚意者，令意端正也。《大学》说“知至而后意诚，意诚而后心正”，格物致知之知，经验的，还不是纯粹的，故依此诚意而达到的心正，还不是纯粹的。我认为，这个“意”字解释为意向较妥。虽然够不上意志，但也包含着指向意志之义。所以，诚意有使意志纯粹的意义。《大学》又云：“所谓诚其意者，毋自欺也，如恶恶臭，如好好色。此之谓自谦。故君子必慎其独也。”此言重要，其义为每个人都知道自己所恶、所好，知道善恶；为善去恶原是每个

① 王阳明：《传习录》卷上，第142条。

人都做得到的。换个角度论证：命令毋自欺，即已设定人有能力不自欺。这就认定人的意志原本是自由的。故此诚意工夫有令人反观自由意志之效。可对比康德《实践理性批判》第6节末段所举例。无论如何，“诚”已被设定为人皆有之的道德能力。而在《中庸》中，“诚”偶有用作动词，如“诚身有道”；但多用作名词：“自诚明”、“自明诚”、“诚者天之道也”、“诚者自成也”、“至诚无息”等。朱子曰：“诚以心言，本也；道以理言，用也。”[①]用作名词的“诚”，至少可以理解为状态或境界。当然，仅仅看作状态或境界还不够，难点在于能否把“诚”看作道德主体。

《中庸》“反诸身不诚”怎么理解？反，反观。反观自身而不诚，当理解为自查而觉察到自己不诚。这样解释，与下面一句“不顺乎亲矣”联读才通，是寻找之所以不顺乎亲的原因而反观——孟子“反身而诚乐莫大焉”，即检查自身，若诚，则快乐。

这些文句仍是把“诚”用作心之状态，或以后起的境界概念标记，还没有道德主体之意义。朱子“诚以心言，本也”，船山申之曰：“《章句》所云心者，谓天予人以诚而人得之以为心也。此‘心’字与‘性’字大略相近，然不可言性，而但可言心，则以性为天所命之体，心为天所授之用。仁义礼知，性也，有成体而莫之流行者也。诚，心也，无定体而行其性者也。心统性，故诚贯四德，而四德分一不足以尽诚。性与生俱，而心由性发。故诚必托乎仁义礼知以著其用，而仁义礼知静处以待诚而行。”[②]船山仍以仁义礼智为天命之性，心为具备运用仁义礼智能力的活动者，即道德主体。按照此说，朱子语即认诚为道德主体之说。

在我们看来，所谓主体，本来无所谓有、也无所谓无；活动为本。活动观照自身，固执之，遂生主体。诚既是道德活动能力，又升格为道德状态、境界，道德活动观照此状态（境界）遂生主体——诚看作道德主体＝心。（朱子曰：“诚者，天理之本然也。”本文不取此说。）

若按《中庸》本文，“诚者天之道也，诚之者人之道也。诚者不勉而中不思而

---

① 朱熹：《中庸集注》，第25章。

② 王夫之：《读四书大全说·中庸》。

得，圣人也”，“自诚明谓之性”，诚者唯圣人可以当之。或者说，常人偶尔于一时一事“不勉而中不思而得”，唯圣人“至诚无息”，故可以当之。何谓至诚？纯而不杂丝毫虚假。论诚虽于用上说，实则近体——论用即论体。诚之义，近道德主体矣。

畅论至诚尽性前知、成己成物、高明博厚、于穆不已，在于教导君子们虽然不能自诚明，也须努力自明诚——此为自律基础，道德立法能力之所在。诚之者，人之道也。诚之者，择善而固执之者也。所谓道德立法即择善而固执之。

周敦颐《通书》开篇就说：诚者，圣人之本。继又言：诚，五常之本、百行之原也。圣人解释作诚、神、几，则有寂然不动者，诚也；感而遂通者，神也……直把诚作体看了。诚为《通书》核心概念，直承《中庸》、进一步展开。其重要地位明明白白，然而不易阐发。朱子讲《中庸》虽称诚难解，却直视为天理（见《或问》）；至论周敦颐《通书》，仍以实理、太极当之，谓“诚者，天所赋、物所受之正理也。人皆有之”，“诚即所谓太极也”。康德称自由概念是他整个哲学体系的拱心石，自由意志是全部实践哲学的基石。儒学思想中与之相当的概念，舍“诚”无他，且“诚”义蕴比自由意志更深长。周敦颐提出诚心说，较之《大学》诚意说，更具直探自由意志意味。“大哉乾元，万物资始”，诚之源也。（天道）“乾道变化，各正性命，诚斯立焉”。（天之道：天道在人）“纯粹至善者也”，“圣，诚而已矣”，盖意志者，心也；诚心者，使意志纯粹也。故而诚心乃敞开自由意志，诚心所达到的是天地境界。周敦颐曰：“圣人之道，至公而已矣。或曰：‘何谓也？’曰：‘天地，至公而已矣。’”此申《中庸》“万物并育而不相害，道并行而不相悖，小德川流，大德敦化，此天地之所以为大也”之义，而发为政治哲学原理。和谐社会、和谐世界，不仅在于各种利益诉求相互容纳（“万物并育而不相害”），更要让各种价值体系并行而不相压制（“道并行而不相悖”）。当然，称吾儒境界独胜有自傲之嫌，西哲如洛克有《政府论》、康德有《永久和平论》，亦胜境也。要之，和谐社会、和谐世界须建基于诚。平天下须以诚为基础。反诸身不诚，何以平天下？美国意在自立为全球中央政府，但所行非至公之道，不日将成为教训载入史册。中华民族能否成圣有所担当？国内行至公之道，推而广之于全球行至公之道，有待儒学努力。儒学，责任重大！

4. 当代中国社会种种冲突，归结为能否从自身源头中找到建设可实施的法权哲学之资源——儒学须努力于建设法权哲学

如前所述，国人迷恋西方社会四项制度须配以自身社会存在发育为人格(person)，理论上的论证在于建设法权哲学。实践上的发育成长须在理论基础上确定实现途径，理论建设有成是实践前提。在全球化时代，对外关系在实践上有个接轨问题——无论经济方面，即做生意；还是政治方面，国际关系；以及人员往来，都有接轨要求，即按照同样的规则交往。即使不肯接轨，也须彼此了解。生活实际已经提出了急迫任务：创建法权哲学。儒学能否担当此重任？

问题转换为，怎样从儒学思想资源中找到构建法权哲学的要素——这个法权哲学必须是在实践中行得通的。

比起建设当代道德哲学，这是更难的问题。

前所论"诚"为道德主体，缺个环节，即"诚"须反观方成主体。先儒有"反身而诚"之说，还不足以成体。择善而固执之，所固执之非反观。唯有固执反身方成主体。持志不移有点儿意思，但未说透，持志若为反观，意思方到。因而到阳明学"致良知"论及照心，反观、坚执意思方全。说透了，道德主体建构之理论方告完成。牟宗三论阳明学良知明觉建构道德主体，是一大贡献。智的直觉说用于此处方称妥当。

由上述可见，儒学经佛学影响，有所吸收，道德哲学遂有新发展。

中国传统无论儒、道、佛，皆以去执为宗。佛学详论末那识为心之坚执能力，却意在否定之。庄、老是中国本土思想，足见去执为中国思想家本分。儒家最少去执，也宗去执，论及定则(经)时不忘同时强调权变。论及财产则主张家族共有。普遍性之所以难以胜过特殊性，精神根源在去执。然而社会发展，社会结构演变，对普遍性要求越来越强，致有阳明释仁为"圣人与天地万物一体"，与墨家同调。去执，则财产非我所有，天下公有也。坚执我相，方可推论出个体所有权，私有财产方能成立。坚执一方面支撑普遍性，一方面支持个人在道德上自觉为主体，进而奠基个体权利——从财产私有始。船山曰："释氏之所谓七识者志也，八识者量也……人之所以异于禽者，唯志而已矣。不守其志不充其

量，则人何异于禽哉！而诬之以名曰‘染识’。率兽食人，罪奚辞乎！”（《思问录·外篇》）此言确认末那识坚执之肯定性功能，驳佛学去我执之非，表明船山对道德主体已有充分自觉；如果经过儒学者学习领会，广泛传播，当能促进国人法权主体成长。

法权主体不同于道德主体。道德主体由反观成之，法权主体仅仅反观不成。法权（权利）必涉及他人。简单模型：两个自由意志相互承认对方对所有物的权利主张，由相互承认生“我的”—“你的”关系。二者观照对方、取坚执态度，遂生“我—你”两主体（这个阶段尚未达到人格）。双方共观所主张的所有物，坚执之，遂生财产客体。承认他人所有乃是对他人的主张无条件尊重，内涵对他人意志的无条件尊重（此阶段尚未实现）；运明觉工夫，即如黑格尔说的反观自身无限性，遂进至实现对他人意志的无条件尊重（实现须用功）。观照他人意志之纯粹性、无限性同时，反观自身（自身即本心，在此指意志）之自由进至明觉，也即观照本心（即本心正在使用的自由意志方面）之纯粹性、无限性（阳明“致良知”当如是解）。“我—你”两主体提升为人格（person）。互相观照乃成法权主体不可缺少之环节。

国人所好的四项西方制度（民主政治、市场经济、法治、公民社会）与国人社会存在进至法权主体（即达到人格性 personality）相配。按西方社会历史，法权主体之成晚于道德主体很多世纪（按黑格尔法哲学所说推算，约 15 世纪）。若急于求成，中华民族可试验法权主体与道德主体并进途径（不过此路难通）。道德主体可责之君子，庶民听之任之无妨，行为遵守圣人所立法即可（虽不可使知之，能由之亦可）。法权主体则不同，须庶民（至少有个不算小的比例）也成方可。船山与我辈同样热爱人民。他洞察民情，无比透彻，令人赞叹，兹引数语：“人之所以异于禽兽者，君子存之，则小人去之矣。不言小人而言庶民，害不在小人而在庶民也。小人之为禽兽，人得而诛之。庶民之为禽兽，不但不可胜诛，且无能知其为恶者；不但不知其为恶，且乐得而称之，相与崇尚而不敢逾越。……庶民者，流俗也。流俗者，禽兽也。明伦、察物、居仁、由义，四者禽兽之所不得与。壁立万仞，止争一线，可弗惧哉！”[①]此语足以为群众是真正

---

① 王夫之：《俟解》。

的英雄注解。

法权哲学易建，法权主体难成——立说易，实施则难。道路修长，不知须几多世纪。搜索前贤文献，吃紧处乃一敬字。其目：训练庶民敬己、敬人、敬规则。毛泽东体制训练庶民甚有成效，孔子讲君子三畏，庶民已多有存之者。借改革开放解放思想名义放纵欲望，荡之殆尽矣。何时能重见庶民敬畏心？难道要借助家庭教会由基督教实施重建吗？盼望儒学找到道路。

关于“儒学与现代中国”

——论“公民儒学”建立之可能

林安梧*

一 楔 子

自上个世纪90年代后期，我体会到整个时代已有了巨大的变化，原先的新儒学面对的存在处境及其所升起的问题意识已大有变革，我以为承继新儒学当有一崭新的开启，面对实存的新境域，寻到新的问题意识，这应是“后新儒学”的年代了。起先由“护教的新儒学”与“批判的新儒学”的对比，我写了篇文章。①之后则在1994年2月写了《后新儒学论纲》②，并在当年4月间，趁访美之便，在杜维明教授所主持的哈佛大学的儒学讨论会上，第一次演绎了这个想法。往后，我顺此论纲，继续发展，写了不少文章，做了不少讲论。经过了这近二十年，自

* 作者单位：同济大学哲学系。

① 此文原在1996年12月的第四届“当代新儒学”国际会议上发表，后收入林安梧：《牟宗三前后：当代新儒学哲学思想史论》第十二章《牟宗三先生之后：“护教的新儒学”与“批判的新儒学”》，台北：台湾学生书局，2011年。

② 1997年4月间，成功大学中国文学研究所举办了“第一届台湾儒学国际学术研讨会”，我写了《咒术、专制、良知与解咒——对“台湾当代新儒学”的批判与前瞻：对于〈后新儒家哲学论纲〉的诠解》，同年，国际中国哲学会在韩国汉城的东国大学召开，我亦在会上宣读了此文的修订版。之后，我又修订了几处，而刊登于《鹅湖》第廿三卷第四期（1997年10月，台北）。后来收入林安梧：《儒学革命论：后新儒家哲学的问题向度》第三章，台北：台湾学生书局，1998年。

不免愈清楚起来了。

“后新儒学”之不同于“新儒学”者何在？我曾有一表格以应之。[①]大体说来，新儒学所重在“心”、“主体性”，而后新儒学则重在“气”、“生活世界”。在方法论上，新儒学重在“方法论的本质主义”(methodological essentialism)，而后新儒学则为“方法论上的约定主义”(methodological nominalism)。在道德哲学上，新儒学强调“道德先验论”，以“陆王哲学”为主导，后新儒学则强调“道德发展论”，以“船山哲学”为主导，前者重在“超越的分解”，而后者重在“辩证的综合”。新儒学最关心的是“如何开出现代化”，并主张“良知的自我坎陷以开出民主科学”，而后新儒学则强调在“现代化学习过程里，如何重新调理”，主张“文化的互动与融通，以调剂民主科学”。新儒学所重在“心灵修养的境界圆善”，并“以圣贤教言之诠释为核心”；后新儒学则重在“社会正义的公民道德”，并渐转“以历史社会总体之诠释为核心”。在宗教哲学方面，新儒学偏向于“否定巫教之信仰价值”，并主张“巫教”与儒学之断裂性，主张“良知”超迈一切；而后新儒学则偏向于“肯定巫教之信仰价值”，主张巫教与儒学之连续性，主张“良知、专制、咒术”有其纠结。新儒学强调“主体的开出”，这是由“内圣”而“外王”；后新儒学则强调要厘清“道的错置”，并主张由“外王”而“内圣”。

“新儒学”与“后新儒学”的对比，这当然不只是时间先后的对比而已，而是有一内容的发展性、批判性关系。2003年5月《牟宗三先生全集》出版了，我认为这标志着牟宗三哲学的完成，但这并不标志着牟宗三哲学的结束；相反，它标志着牟宗三哲学的崭新起点。这崭新起点是一转折，是一回返，是一承继，是一批判，是一发展[②]。

二　第三波的儒学革命："民主宪政，公义为主""多元而一统"

无疑地，该是再一波儒学“革命”的年代了。说是“再一波”，这便意味着以前也有过好几回的儒学革命，而现在又到了新的一个阶段。没错！以前最早的

① 此表格绘于林安梧《“新儒学”、“后新儒学”、“现代”与“后现代”——最近十年来的省察与思考之一斑》一文，刊于《鹅湖》第三十卷第十二期(总号:360期)，2005年6月，第8—21页。

② 我曾有《迎接“后牟宗三时代”的来临——〈牟宗三先生全集〉出版纪感》之作，刊于《鹅湖》第廿八卷第九期(总号:333期)，2003年5月，请参看。

原始儒学先是诞生于“周代”，大行于“两汉”，又重复于“宋明”，再生于“现代”。周代重的是“宗法封建，人伦为亲”的“大一统”格局，到了汉代以后，一直到民国以前则是“帝皇专制，忠君为上”的“大统一”格局。民国以来，发展到现在，可应该是“民主宪政，公义为主”的“多元而一统”的格局。

孔子完成了第一波“革命”，使得原先所重“社会的阶层概念”的“君子”转成了“德性的位阶概念”的“君子”，使得“君子修养”成了“人格生命的自我完善过程”，当然这是在亲情人伦中长成的。用我这些年来所常用的学术用语来说，这是在“血缘性的自然连结”下长成的“人格性的道德连结”①。语云“人人亲其亲，长其长，而天下平”②，书云“孝乎惟孝，友于兄弟，施于有政，是亦为政，奚其为为政”③；就这样，孔子主张“为政以德”④，强调“政治是要讲道德的”。孔子这一波革命，要成就的不只是“家天下”的“小康之治”；他要成就的更是“公天下”的“大同之治”，像《礼记》“礼运大同篇”讲“大道之行也，天下为公”，《易传》〈乾卦〉讲“乾元用九，群龙无首，吉”，这说的是因为每个人生命自我完善了，人人都是“真龙天子”，人人都有“士君子之行”，当然就不须要“谁来领导谁”，这是“群龙无首”的真义⑤。有趣的是，现在世俗反将“群蛇乱舞”说成“群龙无首”。不过，这倒也可见孔子的“道德理想”毕竟还只是“道德理想”，并没真正实现过。

第二波革命，则是相应于暴秦之后，汉帝国建立起来了，这时已经不再是“春秋大一统”的“王道理想”，而是“帝国大统一”的“帝皇专制”年代了。帝皇专制彻底将孔老夫子的“圣王”思想做了一个现实上的转化，转化成“王圣”。孔夫子的理想是“圣者当为王”这样的“圣王”，而帝皇专制则成了“王者皆为圣”这样的“王圣”。本来是“孝亲”为上的“人格性道德连结”，转成了“忠君”为上的“宰制性政治连结”。这么一来，“五伦”转成了“三纲”，原先强调的是“父子有亲、君臣有义、夫妇有别、长幼有序、朋友有信”，帝制时强调的是“君为臣纲，父为子

---

① 关于“血缘性纵贯轴”之提法，包括了“血缘性自然连结”、“人格性道德连结”、“宰制性政治连结”，此说约成于上世纪90年代。参见林安梧：《儒学与中国传统社会之哲学省察》，台北：幼狮文化事业公司，1996年。

② 语出《孟子·离娄》。

③④ 语出《论语·为政》。

⑤ 吾此说多得力于春秋公羊学，特别是熊十力的《原儒》，吾曾应明文书局创办人李润海先生之邀为彼重版之《原儒》做导论，著为《熊十力的孤怀弘毅及其〈原儒〉的义理规模》，此文收入林安梧：《牟宗三前后：当代新儒家哲学思想史论》第四章，台北：台湾学生书局，2011年。

纲，夫为妇纲”。显然，原先“五伦”强调的是“人”与“人”的“相对的、真实的感通”；而后来的“三纲”则伴随帝制发展，强调的是“绝对的、专制的服从”。原先重的是“我与你”真实的感通，帝制时重的是“他对我”的实际控制，儒家思想就在这两千年间逐渐“他化”成“帝制式的儒学”①。

不过，第三波革命来了，1911年，两千年的帝皇专制被推翻了。孙中山开启了民主革命，但如他所说“革命尚未成功，同志仍须努力”，不过这“民主革命”总算向前推进了近一百年；如此一来，使得华人不可能停留在帝皇专制下来思考，华人想的不能只是帝制时代下的“三纲”，也不能只是春秋大一统的“五伦”，而应是“公民社会、民主宪政”下的“社会正义”如何可能。②

强调“社会正义”应是第三波儒学的重心所在，但这波儒学来得甚晚，以前在救亡图存阶段，为了面对整个族群内在心灵危机，强调的是以“心性修养”为主而开启了“道德的形而上学”。现在该从“道德的形而上学”转为“道德的人间学”，由“心性修养”转而强调“社会正义”，在重视“君子”之前，更得重视“公民”这概念。一言以蔽之，该是第三波儒学革命的阶段了，这是“公民儒学”的革命。这是“后新儒学”必然要走出的一遭。③

三　后新儒学思考的特点："两端而一致"

大体来说，后新儒学的发展颇有取于王夫之“两端而一致”道器相须相辅的理论思考，这是由“道德的超越形式性”之哲学（如程、朱），而“道德的内在主体性”之哲学（如陆王），进一步而强调一“道德的存在历史性”之哲学，他可以视做总结了宋明理学，批判、融通之后的进一步发展。④1986年之后，我并未专力从

---

① 此帝制式之儒学含有一“道的错置”之成分，请参见林安梧：《道的错置：中国政治传统的根本困结》，台北：台湾学生书局，2003年。

② 吾关心此已阅十数年矣，请参见林安梧：《儒家伦理与现代社会》，北京：言实出版社，2005年。

③ 参见林安梧：《儒学转向：从“新儒学”到“后新儒学”的过渡》，台北：台湾学生书局，2006年。

④ 这思想发轫于20世纪80年代初，多受西方之历史哲学、社会哲学启发，自1986年写定《王船山人性史哲学之研究》以来（该书由台北、东大图书公司刊行于1987年），船山的本体发生学式的思考、两端而一致的思考，一直深深影响着我。历史哲学多蒙郭博文教授、徐先尧教授之启发，船山学则多蒙曾昭旭教授、牟宗三教授、蔡仁厚教授、张永儁教授之启发。

事船山学之研究，但船山学一直成为我学问构成的最重要来源之一。我深深为他将历史性、社会性、道德性熔铸一体的思考所折服。我由是更为肯定，儒者之学不能停留于“以心控身”而当进一步调适而上遂到“身心一如”，这才是康庄大道。

这样的思考是：将人的生命主体之源与所谓的伦理仪则关联起来处理，将宇宙造化之原与客观的制度规章关连起来处理；这是将“身”关连着“心”，并将“心”形着于“身”而成就者。此亦可以理解为“心”、“身”互为体用的哲学思考。①

“身”、“心”互为体用，一者“身”以藏心，“心”以发身；再者，“心”以藏身，“身”以发心。这就是所谓的“交藏”、“交发”，互为体用的思考。“身”之藏心，这是“具体而实存”的藏，是以此活生生之实存而具体化的身将“心”具体化、实存化、内在化，经由此进一步才可能“心”以发身。这样的“发”是将原先普遍、绝对之真实的心融入具体而实存之境域，身心通而为一。“心”以藏身，这是“本体而根源”的藏，是将此活生生之实存而具体化的身，藏于本体之源的“心”，经由此，进一步才可能“身”以发心。这样的“发”是将此本体之源的心经由具体而实存的身，显露出来，身心通而为一。将此“身心交藏交发”的互为体用过程，再推扩为“身、家”，“家、国”，“国、天下”亦皆为交藏交发、互为体用的过程；若以“内圣、外王”两者论之，亦为交藏交发、互为体用也。

当代新儒学对于“心性论”与“道统论”的再提出，为的是摆脱中国历史的业力习气，一如宋明理学心学一系是以“良知”做为内在的主体，而这亦是超越的道体，它作为一切生发创造之源。不同于康德的“穷智见德”，当代新儒学则主张“以德摄智”，此中有一明显之有趣对比。②如此一来，我们发现当代新儒学将心性主体理论化、超越化、形式化、纯粹化，这与原先儒学之重真存实感、社会实践便有了极大的分隔。

其实，相对而言，儒家的人学不应是“以心控身”，而应是“身心一体”之学。

---

① 此段所论以及以下该节所述，主要采自林安梧：《从“以心控身”到“身心一如”：以王夫之哲学为核心兼及于程朱、陆王的讨论》（《国文学报》第三十期，第 77—96 页，台湾师范大学国文学系，2001 年 6 月，台北）。

② 请参见林安梧：《牟宗三的康德学与中国哲学之前瞻——格义、融通、转化与创造》，《鹅湖》三十一卷第二期（总号：362 期），2005 年 8 月，台北，第 12—24 页。

它之所以成了“以心控身”，这与帝皇专制、巫祝咒术与道德良知的诡谲纠结密切相关。[①]须得经由历史社会总体的深度理解，我们才能真切地展开一专制与咒术的瓦解活动；如此，我们才能摆脱原先专制意识形态所主导的封闭型的心性修养论。进一步，我们才能从“心性修养论”为核心的儒学，进到以“社会正义论”为核心的儒学；我们才能从原先的主体性哲学解开而进到处所哲学与场域哲学，而存有三态论便在这样的过程中逐步构成。

当然，原先当代新儒学强调“良知的自我坎陷以开出知性主体，进而涵摄民主与科学”，这样的思考亦因之有了新的转折，因为真正重点在于学习民主与科学，这是一学习次序，与理论的次序有别，与历史发生的次序亦当区别开来。我们应该就在现代化的过程中，调理出新的心性之学、新的道德实践方式。我们若强化说，这已不是“由内圣如何开出外王”的思考，反而是“如何由外王而调适内圣”的反思。[②]总的说来，牟先生高度地发挥了“道德智体”，强调“智的直觉”之可能，这多少带着启蒙智光的理想。在理论上，这大体做的是“形而上保存”的工夫，而且是在“道德智识化”的思考下做成的。熊十力的体用哲学强调直入造化之源、境识一体而不分，经由理论的诠释与转化，我因之阐发此中所含之“存有三态论”。其实，在思考的回溯与转进之中，船山“两端而一致”的思考，对我的启发极大，他让我疏通了“两层存有论”的可能限制，让我正视到由体用哲学往存有三态论的路径，有着崭新可能。从道器不二、理气不二、理欲不二、理势不二，摆脱了以心控身的格局，强调身心一如；进而，也用两端而一致的思考，重新审视了“传统”与“现代”，重新审视了“内圣”与“外王”，不再老以“心性修养论”为核心，而该摆置在“社会正义论”为基础，重新思考儒学的可能。我愿意期待，由牟宗三而熊十力，由熊十力再上溯王船山，[③]不辜负船山先生“六经责我开

---

① 请参见林安梧：《儒学革命论》第五章《咒术、专制、良知与解咒——对“台湾当代新儒学”的批判与前瞻：对于〈后新儒家哲学论纲〉的诠解》，台北：台湾学生书局，1998年。

② 林安梧：《解开“道的错置”——兼及于“良知的自我坎陷”的一些思考》，《孔子研究季刊》总第53期，1999年第一季，第14—26页，中国孔子基金会主办，济南：齐鲁书社，1999年3月。

③ 又吾于2001年秋9月参加由武汉大学主办之“熊十力思想与传统文化国际学术研讨会”，再度提出由“牟宗三”而“熊十力”而“王船山”的思考。请参见林安梧著：《“牟宗三”到“熊十力”再上溯“王船山”的可能》，《鹅湖》，第廿七卷第七期（总号：319期），2002年1月，台北。该文收录于林安梧：《牟宗三前后：当代新儒家哲学思想史论》，第十四章，如前揭书。

生面，七尺从天乞活埋”[①]的深心孤愤！

四　后新儒学“外王—内圣”的思考建构

如前所论，后新儒学与新儒学的身心论是有所不同的，而这影响到存有论、实践哲学、政治哲学，乃至两性论种种，都有着类型学上的转变，当然，最明白的就表现在对于“内圣”与“外王”这对概念理解上的差异，以及两者次第关系之异同。不顺服于“内圣—外王”的思考，而强调另一种崭新可能的是“外王—内圣”，这是我多年来的思考之一。我以为这是继续当代新儒学所强调的“由内圣开出外王”的进一步思考，是一“后新儒学的新思考。”[②]我强调要回溯到“内圣外王”的原型思考来衡量，以《大学》所说“壹是皆以修身为本”作为起点，指出“身心一如”的基本向度，做出“内外通贯”、“心物不二”的论断。[③]进而，对于儒学的“人性本善论”的“论”做出阐释，指出它与“血缘性纵贯轴”的基本结构：血缘性的自然连结、人格性的道德连结、宰制性的政治连结，密切相关。再者，我顺此强调要进而瓦解“三纲”所含的“男性中心”、“父权中心”、“君权中心”的思考，才得解开“道的错置”；重新面对人之作为一“活生生实存而有”的存在，以其恻怛的存在真实感通之“仁”，由“血缘性纵贯轴”迈向“人际性互动轴”的建立。[④]我以为，这是一“柔性的颠覆”与“自然的生长”，这是有别于以前之以“心性修养论”为核心的哲学思考，改之以“社会公义论”为核心的哲学思考。

---

① 此乃王船山自书之堂联，见《王船山诗文集》序言，台北：汉京文化事业公司，1984 年 9 月。

② 关于“内圣”、“外王”之论，请参见《从“外王”到“内圣”：后新儒学的新思考》，第二届台湾儒学国际学术研讨会，1999 年 12 月 18—19 日，成功大学中文系，台南。该文曾引来陈立襄、李宗立、王季香等青年学者写了几篇文章加以讨论，后来我又将此文刊于《鹅湖》第三〇卷第二期（总号：350 期），2004 年 8 月。再度引来了周群振教授的批判，之后，谭宇权又对此提出再批判与再讨论。

③ 林安梧，2011 年 3 月，《关于〈大学〉“身”“心”问题之哲学省察——以〈大学〉经一章为核心的诠释兼及于程朱与陆王的讨论（上）》，《鹅湖》第三十六卷第九期（总号：429 期），第 4—13 页，台北。

④ 参见林安梧：《儒学与中国传统社会之哲学省察》第九章“‘从血缘性纵贯轴’到‘人际性互动轴’”，第 157—176 页，幼狮文化事业公司印行，1996 年 4 月，台北。

依此，我们可以对原先之“本内圣以开外王”的思考，做一修正。[①]“内圣”作为“外王”之本体根源，由此内圣通向外王，这是将此内圣之学经由一具体化、实存化而彰显形著的过程，“内圣”之作为“外王”形而上之宅第，外王藏于此内圣之宅第之中。同时，“外王”之作为“内圣”落实体现之根本，由此外王而使得内圣得以安顿，这是将此外王之学经由一调适而上遂于道的过程，得以存聚于内圣之源中，“外王”之作为“内圣”形著为器的宅第，内圣藏于此外王之宅第之中。如此说来，“内圣”之作为“外王”之本体根源，这时“心性修养”之为外王之学的首出本源；相对言之，“外王”之作为“内圣”之具体根本，这时“社会公义”之为内圣之学的落实依据。

如此说来，“内圣”、“外王”并不是“由内而外”的单向过程，而是“内外通贯为一”的过程。所谓的“内外通贯为一”，是“由内圣通向外王”以及“由外王而回向内圣”的双向互动。“内圣”、“外王”之关系如此，“心”、“身”之关系亦如此，并不是单向的“正心”而“修身”，而是“内外通贯为一”的过程；是由“正心”通向“修身”，“心”为“身”之形上之根源；既而“修身”回向“正心”，“身”为“心”形著之根本，身心通贯为一。

由传统走向现代，由内圣走向外王，这不只是旧内圣、旧外王，也不是旧内圣走向新外王，而是新内圣、新外王。这是一个“学习”的过程，此与“理论的追溯”不同，与由此理论的追溯进而转为理论的开出亦不同；再者，此与“发生的次序”亦不相同。今人有“外在超越说”、“内在超越说”对比以为论，此亦可有所见，但以为“外在超越说”与现代之民主自由有必然关系则谬矣！甚至有以为西方基督宗教传统之“幽暗意识”与民主自由有必然关系，此说大谬不然也。马基维利、霍布斯之支持专制即可见其反例。[②]

如上所说，可知就实来说“心性修养”不必为“社会公义”的先决条件，反而是“社会公义”可能成为“心性修养”的基础；而且这样的基础将使得心性修养更

---

① 此段所论，以及本节所述，参见《心性修养与社会公义》（生命伦理学国际学术会议，中央大学哲学研究所，南华学院哲学研究所，1998年6月，台湾、中坜）。又见《从“外王”到“内圣”：后新儒学的新思考》，如前揭文。

② 持此说者，可以张灏为代表，参见张灏：《幽暗意识与民主传统》，台北：联经出版事业公司，1989年。关于张灏之说，钱永祥曾有所论评。

为平坦自然，人人可至，是在一新的伦常日用间显现。显然，“心性修养”与“社会公义”对举地说，前者指向“内圣”，而后者指向“外王”。笔者想经由此来彰明此两者的关系，显示其吊诡相，并明白标出此两者并非如昔所以为的“内圣”而“外王”；相反，“外王”反而是“内圣”之所以可能的先决条件。

这些年来，我一直以为中国文化传统的资源是多元的，是融通的；但在两千年帝制压迫下，使得它有着严重的一元化、封闭化的倾向，如何去开掘出一条道路来，这是许多当代知识分子所关切的志业。我深切同意须得应用韦伯式的理想类型分析(Ideal typical analysis)对传统的质素有所定位，再展开进一步的改造与重组。①问题是如何深入中国文化传统中，恰当地理解、诠释，然后有所定位，才有进一步发展的可能。否则，只是片面性的定位，或者将表象点出，便予以定位，虽欲有所转化、创造，甚至是革命，这往往难以成功。当然，我这么说，并不意味片面的定位就没价值，而是要呼吁，不要以片面的定位当成全体，片面如果是“开放性的片面”，那是好的，不要落入“封闭性的片面”就可以了。②

笔者仍想强调“道德”是一不离生活世界总体本源的思考与实践，在不同的传统、不同的文化、不同的族群、不同的情境，将展现着不同的丰姿。如今，进入现代化的社会之中，契约性的社会连结是优先于血缘性的自然连结的，原先长自血缘性的自然连结的“仁爱之道”，现在当长成一“社会公义”。真切地涉入公共领域中，经由“交谈”互动，凝成共识，上契于社会之道，在这样的社会公义下，才有真正的“心性修养”，才有真正的内圣。

如上所述，后新儒学意在跨出新儒学“内圣—外王”的格局囿限，而改以“外王—内圣”为思考模型，强调“人际性的互动轴”，以契约、责任作为思考的基底，以“一体之仁”作为调节的向度，尊重多元与差异，化解单线性的对象定位，摆脱工具性理性的专制，但求一更宽广的公共论述空间，让天地间物各付物，乾道变化，各正性命，虽殊途而不妨碍其同归也，虽百虑而可能一致也。当然问题的焦点，不是如何由道德形而上学式的“一体之仁”转出“自由与民主”，而是在现代

---

① 参见林毓生：《政治秩序与多元社会》，第349页，台北：联经出版事业公司，1989年5月。

② 此段所论，以及以下两段所论，多取自于《后新儒学的社会哲学：契约、责任与“一体之仁”——迈向以社会正义论为核心的儒学思考》一文，刊于《思与言》三十九卷第四期，第57—82页，台北。

性的社会里，以契约性的政治连结为构造，以责任伦理为轨则，再重新来审视如何的“一体之仁”；不是如何由旧内圣开出新外王，而是在新外王的格局下如何调理出一新的内圣之学来。

如上所述，显然，从“内圣—外王”到由“外王—内圣”的结构性转换，是伴随着儒学的现代性与后现代性而开启的，这是儒学不得不要有的转化与创造。

五　结语：解开“道的错置”，建立“公民社会”

如上所论，其实对于中国传统儒学知之愈多，也就爱之愈深；但连带地，爱之深，责之切。我愈发体会到“儒学”在中国文化传统中所沾惹的习气，以及所形成的业力，这要是不经一番洗脱，不经一番澄澈，儒学是很难大有所为的。

儒学之难不在儒学本身，而是在与儒学连带绾结在一起的父权传统、帝制传统，以及男性中心主义传统；总的来说，我将此名之为一“血缘性纵贯轴”的思考。这是以“君、父、圣”三者为顶点而构成的传统，而且“君”是绝对的管控者。正因这“君”是唯一的、绝对的、至高无上的管控者，也因而使得儒家所强调的“道”（道德理想），因之转为倒反的错置。本来儒家强调的是“圣者当为王”、“有德者居之”；倒反错置为“只要是拥有现实权力的王，他就宣称自己是圣者”，“只要居于其位就为有德”。我将这种现象称为“道的错置”(misplaced Tao)。①

在“道的错置”下，往往有权力者就误认为自己是“道”的化身，以为所行所事，莫非良知；如此一来，成了“良知的专制”、“专制的良知”，“良知”与“专制”就连在一块，难解难分。世间多少“以理杀人”的事，就这样做成了。就另一面来说，那没权力者，又被有权力者要求命令“行有不得，反求诸己”；如此一来，成了“良知的自虐”、“自虐的良知”，“良知”与“自虐”成了不可分的整体。如上所说，有权力的时候，“良知”不觉就“专制”起来了；而没权力的时候，“良知”不觉就“自虐”起来了。或者是对那更高的权力，回头来自虐；对那权力比你低的人，你

---

① 参见林安梧，1997年6月，《“道德与思想之意图”的背景理解：以“血缘性纵贯轴”为核心的展开》，《本土心理学研究》第七期，第126—164页，台北。

却专制起来；而这往往与“上下长幼尊卑”的伦理连在一起说的。①

每读旧史掌故，印证今人今事，莫不见此所谓“良知”就落到“专制”与“自虐”两端来。还得进一步分梳的是，在强大的历史业力与习气的摧迫下，人们将这与那冥冥不可知的造化之源又连在一起，说这是“命”，是“天命”；这么一来，原先儒学所强调的宇宙造化、生生之德，说的那道德实践的创造力，现转而成了一种宿命般的不可自已的被决定状况。更有趣的是，相信我们若拥有一独特神奇像咒术般的力量，我们就可以入于此造化之源，轻轻拨动，乾坤自可定位，万物自可生长。

就在这“道的错置”下，吊诡的事出现了，原先强调“自由的意志”以及“意志的自由”，扭曲错置成“无自由的意志”与“无意志的自由”。我固然知道儒学所强调的明明不是这“无自由的意志”，明明不是“无意志的自由”；但我们却不得不问，是什么因素使得儒学在中国历史上会落到这地步，中国民族是在什么样的历史业力习气下会扭曲异化成这等状况。这是值得注意，而且亟待厘清的事。②

随着公民社会的建立，公共论述的发展，我以为儒学该从原先的业力习气中解脱出来，以多元而包容的论述，参与于天地人我之间，谦怀虚心，彼此倾听，而不是自居于“主流”，或者攀附权力者作为主流；以为自己是良知，是道的化身，继续行那自虐而虐人的事来。须知“道的错置”不解开，儒学是没希望的。

什么是“公民社会”？显然，这不同于“家族社会”，不同于血缘亲情为主导所构成的社会。“公民社会”是由“公民”所成之社会，是公民经由社会契约为主导所构成的社会。当然，这经由社会契约所构成的社会仍然不免要在它原先所处的传统里，受到传统文化氛围的影响与作用。若以华人社会来说，传统社会的教养可以说是“君子教养”，但公民社会则是一“公民教养”。③在公民教养下的

---

① 参见林安梧：《良知、良知学及其所衍生之道德自虐问题之哲学省察》，收入拙著：《儒学转向：从“新儒学”到“后新儒学”的过渡》第四章，台北：台湾学生书局，2006 年。

② 关于“无自由的意志”与“无意志的自由”原在第二次中西马论坛中为邓晓芒所提出，我对此有所分辩，参见林安梧、郭齐勇、邓晓芒、欧阳康：《中国哲学的未来：中国哲学、西方哲学、马克思主义哲学的交流与互动》，2007 年 4 月，上海：《学术月刊》(总第 454 期)。

③ 关于此，我曾将在湖南中南大学伦理学研究所讲述的讲稿，集结成《儒家伦理与社会正义》一书，北京：中国言实出版社，2005 年。

公民伦理，自不同于原先君子教养下的“君子伦理”。

或有人说：君子伦理是八十分、九十分的伦理，但公民伦理则是六十分、七十分的伦理。这说法有些趣味，但并不准确，因为重点不在几分，而是两者形态不同，方式不同，养成也不太相同。

君子伦理是由家庭、而家族所养成的，它是由血缘亲情的“孝悌人伦”来养成的。公民伦理虽亦要有这样的孝悌人伦做基础会更好些，但它的养成主要是在社会人群、公共领域中养成的。

血缘亲情所构成的天地，自也有其公共领域，但其公共性是不同于公民社会意义下的公共性。公民社会的公共性是建立在每一公民的个体性及由此个体性为出发点来思考那公共的总体性所形成的。血缘亲情的公共性则是由孝悌人伦之血缘的连续性所构成的总体性而形成的。

用费孝通的话来说，传统社会是一“波纹形的社会”，是由亲及疏，是一差序格局所构成的社会。这样的社会是要由私及于公，并且要“公而忘私”，甚至是“大公无私”的。相对来说，现代公民社会则是一“捆材形的社会”，是由公民，经由一宪治格局所构成的社会。这样的社会是不忘个体性之私所成之社会，是一“大公有私”的社会，是一可以“公私分明”的社会。[①]

华人的传统社会要的是经由家庭教养的孝悌人伦，来长养仁义道德，从好子弟、好子民，到善人，到士人、君子、贤者、大丈夫，乃至最高理想人格的圣者。这是从血缘亲情，而推而扩充之，以及于天下，所谓“四海之内皆兄弟也”。[②]或者从血缘亲情，而上溯至宇宙造化之源，进而“范围天地之化而不过，曲成万物而不遗”[③]。或者顺此而说“中也者，天下之大本也，和也者，天下之达道也，致中和，天地位焉，万物育焉”[④]。这样的教养是由血缘亲情为基底而构成的伦理教养。

这样一套伦理教养可说是由“血缘性纵贯轴”的宗族社会所导生的。血缘

---

① 以上所论大体是我在《儒学与中国传统社会哲学之省察》（台北：幼狮文化事业公司，1996 年）一书之综括。

② 见《论语・颜渊》司马牛忧曰：“人皆有兄弟，我独亡！”子夏曰：“商闻之矣：死生有命，富贵在天。君子敬而无失，与人恭而有礼；四海之内，皆兄弟也。君子何患乎无兄弟也？”

③ 语出《易传・系辞上传》。

④ 语出《中庸》，参见朱熹《四书章句集注》，台北：鹅湖出版社，1988 年。

性的纵贯轴是由“血缘性的自然连结、人格性的自然连结、宰制性的政治连结”所构成的。“血缘性的自然连结”强调“孝悌”,“人格性的自然连结”强调“仁义”,而“宰制性的政治连结”则强调“忠君”。这三者,又以宰制性的政治连结做核心,忠君作为最优先的位置。

我曾在《儒学与中国传统社会的哲学省察》一书对此做过较为深度的阐析,并指出现代的公民社会应该由此“血缘性的纵贯轴”转化为一“人际性的互动轴”。这并不是要全然的瓦解,而是要顺当的转化与调解。应该瓦解的是“宰制性的政治连结”(帝皇专制),而代之以“委托性的政治连结”(民主宪政)。“血缘性的自然连结”仍须保存,但随顺世局而应有所转化,这转化是由原先的基底再转而为一“契约性的社会连结”,去构成一公民社会。至于“人格性的道德连结”仍宜保留,只是它必然在总体结构的调整下,有一新的构成方式,这虽亦可以是由原先的结构长养转化而出,但却与其原先的方式与形态已有所不同。①

公民社会重视每一公民的个体性,进而关注由此“个体性”所映照而对比的“公共性”。它不讳言作为一具有个体性的公民应有其个体效益与功利的考虑,从而要有一公共性所成之总体的效益与功利的考虑,因为唯有如此才能公私两得,不会“以私害公”,也不会“以公害私”。

这两端效益与功利均衡的考虑,正是一公民理性的思考。这是建立在每一个具有自由意志的公民,所拢总而形成的公民社会总体的思考。这样的思考可以名之为一公民社会意义下的公共性思考,关联着这样的公共性思考,我们愿意说这样所成的是一公民伦理的教养。它是以公民意识为基本而导生出来的教养,是建立在具有个体性的公民,以及映照对比那总体性、公共性的社会,而同时衡量其效益及功利的伦理教养。

公民社会意义下的伦理教养,无遮无掩的、无罣无碍的,明明白白地说要维护我做为一个公民的效益与功利,并从而要维护这公民社会的效益与功利。人权是重要的,自由是重要的,安全是重要的,幸福是重要的。这些都是公民意识

① 参看林安梧前揭书,第九章。又有关公民社会及所涉契约论之诸多理解,多得力于在台湾大学求学时郭博文、林正弘两位老师之启发也。又友人庄文瑞所译 Karl Popper《开放社会及其敌人》,及相与之论谈,亦多所帮助也。

所该涉及的内涵，基于这样的公民意识我们当有着重效益、重功利，但又不外于社会公共理性的伦理教养。

举例来说，当我们去公共停车场停车时，一定得索取停车费的发票或收据，如果他告诉你发票机坏了，那你无论如何要他得开收据，并且询问何时可以修好，有无公共事务，可以帮忙的。不可以因为不好意思，不闻不问，更不可以说他免了你的停车费或减收，你就了事了。又或者你去寺庙捐款，你这时要脱去以前为善不欲人知的观念，而转成"为善可以为人所知"，而且为人所知，将可以传递更多善事善举。捐款一定要开列捐款的收据，这样才明明白白，免去从中可动手脚的可能，免了别人堕入恶业的可能，这便是大功德。

如上所说，这样的"功德"可以说是一社会伦理教养下的"公德"。这是立基于每一公民的个体性都得受到保护的公德，是一"大公有私"之德。"私"不再只是偏私，"私"其实指的是"个体性"。[①]公共性建立在个体性上，诸多个体性成就了公共性，真正的公共性成就了诸多的个体性。让个体性与公共性调节和谐，这样所成的伦理教养是公民社会最重要的伦理教养。须知：这公民社会的伦理教养并不同于君子社会的伦理教养。它是最为基本的。有了它，才能进一步谈公民社会下的知识分子，公民社会下的君子圣贤。

参考书目：

王夫之：《王船山诗文集》，台北：汉京文化事业公司，1984 年。

朱熹：《四书章句集注》，台北：鹅湖出版社，1988 年。

牟宗三：《政道与治道》，台北：广文书局，1974 年。

牟宗三：《中国哲学十九讲：中国哲学之简述及其所涵蕴之问题》，台北：台湾学生书局，1983 年。

---

① 关于公私之问题，我原先受到 J. S. Mill《自由论》(*On Liberty*)的影响，后又读严复的翻译《群己权界论》，而起了一番新的看法。大体说来，我在"个体性"与"人格性"上做了一些对比与融通的工夫。参见林安梧：《契约、自由与历史性思维》第三章《个性自由与社会权限：以穆勒〈自由论〉为中心的考察兼及于严复译〈群己权界论〉之对比省思》(台北：幼狮文化事业公司，1997 年)。又友人黄克武及其师墨子刻教授(Thomas Metzger)对严复的研究对我之启发甚大。于此一并言之，以志其念也。又日本沟口雄三教授于公私问题之讨论颇多，彼曾来台湾清华讲学，亦曾论述及此，2010，逝世于东京，学界耆老，竟尔凋零，可伤也矣！

牟宗三:《康德的道德哲学》,台北:台湾学生书局,1983年。

牟宗三:《圆善论》,台北:台湾学生书局,1985年。

李泽厚:《中国近代思想史论》,北京:人民出版社,1979年。

李泽厚:《中国现代思想史论》,北京:东方出版社,1987年。

李明辉:《儒家视野下的政治思想》,台北:台大出版中心,2005年。

杜维明:《儒家自我意识的反思》,台北:联经出版事业公司,1990年。

杜维明:《儒学第三期发展的前景问题》,台北:联经出版事业公司,1989年。

何信全:《儒学与现代民主》,台北:中央研究院中国文哲研究所,1996年。

林安梧:《存有·意识与实践:熊十力体用哲学之诠释与重建》,台北:东大图书公司,1993年。

林安梧:《儒学与中国传统社会之哲学省察》,台北:幼狮文化,1996年。

林安梧:《"道德与思想之意图"的背景理解:以"血缘性纵贯轴"为核心的展开》,《本土心理学研究》第七期,台北,1997年。

林安梧:《契约、自由与历史性思维》,台北:幼狮文化事业公司,1997年。

林安梧:《心性修养与社会公义》(生命伦理学国际学术会议,中央大学哲学研究所,南华学院哲学研究所,台湾、中坜),1998年。

林安梧:《儒学革命论:后新儒家哲学的问题向度》,台北:台湾学生书局,1998年。

林安梧:《解开"道的错置"——兼及于"良知的自我坎陷"的一些思考》,《孔子研究季刊》总第53期,中国孔子基金会主办,济南:齐鲁书社,1999年。

林安梧:《后新儒学的社会哲学:契约、责任与"一体之仁"——迈向以社会正义论为核心的儒学思考》一文,刊于《思与言》三十九卷第四期,台北,2001年。

林安梧:《从"以心控身"到"身心一如":以王夫之哲学为核心兼及于程朱、陆王的讨论》,台北:《国文学报》第三十期,2001年。

林安梧:《迎接"后牟宗三时代"的来临——〈牟宗三先生全集〉出版纪感》,《鹅湖》第廿八卷第九期,2003年。

林安梧:《道的错置:中国政治传统的根本困结》,台北:学生书局,2003年。

林安梧:《从"外王"到"内圣":后新儒学的新思考》,《鹅湖》第三〇卷第二期(总号:350期),2004年。

林安梧:《儒家伦理与现代社会》一书,北京:言实出版社,2005年。

林安梧:《"新儒学"、"后新儒学"、"现代"与"后现代"——最近十年来的省察与思考之一斑》,《鹅湖》第三十卷第十二期,2005 年。

林安梧:《牟宗三的康德学与中国哲学之前瞻——格义、融通、转化与创造》,《鹅湖》三十一卷第二期(总号:362 期),台北,2005 年。

林安梧:《儒学转向:从"新儒学"到"后新儒学"的过渡》,台北:台湾学生书局,2006 年。

林安梧:《牟宗三前后:当代新儒学哲学思想史论》,台北:台湾学生书局,2011 年。

林安梧:《关于〈大学〉"身""心"问题之哲学省察——以〈大学〉经一章为核心的诠释兼及于程朱与陆王的讨论(上)》,《鹅湖》,第三十六卷第九期(总号:429 期),2011 年。

林安梧、郭齐勇、邓晓芒、欧阳康:《中国哲学的未来:中国哲学、西方哲学、马克思主义哲学的交流与互动》,上海:《学术月刊》(总第 454 期),2007 年。

林安梧:《政治秩序与多元社会》,台北:联经出版事业公司,1989 年。

金观涛、刘青峰:《兴盛与危机:论中国社会超稳定结构》,香港:中文大学出版社,1992 年。

金观涛、刘青峰:《在历史的表象背后:对中国封建社会超稳定结构的探索》,台北:谷风出版社,1998 年。

徐复观著、萧欣义编:《儒家政治思想与民主自由人权》,台北:八十年代出版社,1991 年。

张灏:《幽暗意识与民主传统》,台北:联经出版事业公司,1989 年。

费孝通、吴辰伯等著:《皇权与绅权》,上海:观察社,1948 年。

费孝通、吴辰伯等著:《乡土中国》、《乡土重建》,台北:台湾影印本,1985 年。

黄进兴:《清初政权意识形态之探讨:政治化的道统观》,台北:中央研究院历史语言研究所集刊,第 58 本,1987 年。

卡西尔(Ernst Cassier)著,孟祥森译:《鲁索、康德与歌德》,台北:龙田出版社,1978 年。

傅伟勋:《从西方哲学到禅佛教:"哲学"与"宗教"》一集,台北:东大图书公司,1986 年。

韦伯(Max Weber)著、钱永祥编译:《学术与政治》,新桥译丛,台北:允晨出版社,1984 年。

韦伯(Max Weber)著、康乐编译:《支配的类型》,新桥译丛,台北:允晨出版社,1985 年。

唐君毅:《中国文化之精神价值》,台北:正中书局,1987 年。

唐君毅:《中国人文之精神发展》,香港:人生出版社,1958 年。

顾忠华:《韦伯学说新探》,台北:唐山出版社,1992 年。

顾昕:《中国启蒙之历史图景》,香港:牛津大学出版社,1992 年。

萧公权:《中国政治思想史》,台北:中国文化大学,1980 年。

儒学传统在当代企业丛林的回转与进路

王琛发*

一　前引:从约翰·柏金斯说起

儒家对现实世界的终极理想,无疑是《礼记·礼运》中关于"大同"的说法:"大道之行也,天下为公,选贤与能,讲信修睦。故人不独亲其亲,不独子其子。使老有所终,壮有所用,幼有所长,矜寡孤独废疾者皆有所养。"可是,在现实世界里,约翰·柏金斯(John Perkins)却在他的书稿《美利坚帝国阴谋——经济杀手的告白2》中,写下了他本人从事全球环保与社会运动的忧虑:"我自问要怎样才能说服那些过得舒适自在的人,让这些人在了解经济杀手和豺狼的所作所为,了解一味追求自己的生活舒适将付出惨重代价之后,愿意改变提供他们舒适生活的体制?我要如何措词,才能激励他们挺身反抗金权统治集团的势力?怎样才能让他们起而行,鞭策企业的所作所为以民意为依归?"①

约翰·柏金斯的书名也许取得骇人听闻,但是,他确实曾经受雇于美国政府和企业集团,并且被派到世界各地充当经济杀手,所以他揭露国际贪腐的自

---

* 作者单位:马来西亚孝恩文化基金执行长。

① [美]约翰·柏金斯著、黄宪中译:《美利坚帝国阴谋——经济杀手的告白2》,台北:时报文化出版企业股份有限公司,2008年,第285页。

传，才有机会长期雄踞《纽约时报》畅销书的排行榜。在约翰·柏金斯原来生活的世界里，“经济杀手”的官方名称可以是国际经济援助人员，“豺狼”则意味着介入他国的雇佣武力。他的过去，曾经靠着参与了跨国企业，依赖国际政治动荡得利，长期享受醇酒美人的舒适生活；而他现在的努力，是推动他创立的“梦想改变”(Dream Change)以及柏恰玛玛联盟(Pachamama Alliance)，要向大家说明这个时代人类主流活动的不幸，人们正受到同胞互相巧取豪夺的伤害。

事实上，当代全球企业当道，也是儒家在近两百年以来方才遇上的全新格局，古人未曾预料，今人必须应付。过去在农业社会，家庭是人们消耗最多时间的基层单位。到了现代，人类身处全球资本体系，企业才是社会上为数极多而又是实力庞大的基层单位。现代人类把大部分时间消耗在为企业工作，从生产到消费生活都不是单独的，必须依赖与适应全球企业供求关系的常数与变数。约翰·柏金斯从自身经验反省与转化出他劝导企业的努力，他列举出 17 项全球性的悲剧状况，说明它们的不公正：“每件不公不义的事，核心关键都是企业，改变企业，就能改变世界。”[①]这 17 项事件，几乎都是不会影响小撮富企的利益，却加深了其他人的贫苦。

《礼记·儒行》是对儒者的要求，其实也是人类道德标准的定义，其中一项是说“见利不亏其义”，这至少是有效检讨贪婪，防止自己造成他人痛苦。可是，企业世界的特征本来就是内部充斥着各种复杂的矛盾。最大的矛盾就在于企业来自社会、属于社会、依赖社会，可是企业从社会挖取各种资源所创造的财富，却不一定属于社会，而是企业私有的。这也意味着，一旦企业依恃权势走进社会牟利，完成自身的持续壮大，其牟利的过程，往往更加剧“利”与“义”的矛盾不断。在企业追逐利润的世界里，任何人要是真的能够在企业世界做到“见利不亏其义”，那其人生的拿捏功夫可谓是炉火纯青；而约翰·柏金斯所要改变的局面，原来就是针对企业见利忘义，不想让它们给地球带来长远的伤害，其书中揭发跨国企业如何借着全球各地的动乱投资赢利，以及他和其他有心人如何游说企业回过头遵循社会责任，可谓用心良苦。约翰·柏金斯形容自己的志业

① [美]约翰·柏金斯著、黄宪中译：《美利坚帝国阴谋——经济杀手的告白 2》，台北：时报文化出版企业股份有限公司，2008 年，第 305—308 页。

说："关键就在改造作为金权统治集团权力基础的企业，包括这些企业界定自己、设定目标、拟定管理方针、订立最高阶主管遴选标准的方式。"①

从儒家来说，约翰·柏金斯设想改善之"恶"，也是儒家所非议的。眼前非"义"的贪婪世界，当然不会符合人类的出路，更不要说这种局面阻碍了"天下为公"的理想。换句话说，当代企业丛林充满见利忘义的事态，早就在对抗着儒学原先的道德主张与社会理想，儒家传统因此也就没有可能安处在平静的境界中薪火相传，反而是有必要面向烽火连天的世界，面临每一角落有硝烟或者没有硝烟的挑战。

眼前的情境，义利之争的疆场处处皆是，利与利的争夺更趋主导。当今世界发生多角的社会冲突，主角肯定不是诸侯与大夫，主要还是企业与企业的冲突、企业与大众的冲突；其冲突的现场也不再是周天子所知的"天下"，而是跨洋跨海，名副其实的全球世界。孔子在《论语·里仁》里强调"君子之于天下也，无适也，无莫也，义之与比"，可以启发后辈学习采纳灵活大方的态度对待天下万物，但其最根本的处理原则也还是要做到合情合理。儒家或儒学应对着当代人类生活趋向以企业作为基层单位的局面，又处在资本制度从跨国企业到地方企业全球林立的时代，首先要确保其传统尚能走进整个企业丛林站稳立场。正所谓"君子之于天下也……义之与比"，在现阶段儒家要如何才是审时度势？如何才算择善固执？如何能分辨君子儒与乡愿儒？一切事态也真的是不能模糊其辞。

二　当代价值斗争中的儒学异化

20世纪80年代，日本和所谓亚洲四小龙在经济领域的高速增长引来全球瞩目，欧美一些研究者开始考虑儒家思想对于东亚经济现代化与发展的作用，导致东亚政治与企业管理的研究热潮；随着从北美到亚洲一时展现的儒家"复兴"盛况，也促成华人世界的学人回头重视自己的传统，一时出现不少热捧儒家的文章。可是，这其中是悲喜交集，危机感也随之显现。儒家传统在历史上本

---

① [美]约翰·柏金斯著、黄宪中译：《美利坚帝国阴谋——经济杀手的告白2》，台北：时报文化出版企业股份有限公司，2008年，第18页。

来就经历过漫长而复杂的形成与演变，若把自身的传统价值观去附庸源于西方的价值观以及其衍生的制度，想要说明儒家思想对新兴的资本主义体制具有适应、辅助与填补作用，本来就很容易陷入标签、约化和随意抽取之嫌。

自1997年亚洲金融风暴以后，日本和东亚四小龙神话日渐式微，又轮到大家热烈谈论"金砖四国"的经济崛起，而日本和四小龙的政治与经济领域至今难以更上一层楼。可是，"金砖四国"之中除了中国是儒家思想的发祥地，印度、巴西和俄罗斯都不算。过去颂扬日本和四小龙"儒家成果"的说法固然可以用一句话推诿：其成在儒家、败不在儒家，我们又是否能够从批判过去某些解释的角度看到儒者自身丧失"即事穷理"精神的危机？

回顾当年，论者会强调儒家思想对东亚四小龙和日本经济发展的作用，其起因不能说没有受到韦伯的刺激。韦伯认为当代资本主义兴起源于清教徒伦理，而儒教或道教缺乏这种效果，曾经招引过各路回应；到20世纪末期亚洲世界经济兴起，如雷丁(S. G. Redding)讨论华人资本家，就试图在东亚新儒家思想中寻找东亚资本主义情境的文化基础。①

可是，现在看来，无论当年的"儒家思想"或"亚洲价值"如何被抬举出来，回应韦伯只不过属于其学理探讨的一环，它们其实一再是实现现实需要的实用话语工具。至少亨廷顿在《文明的冲突》里头的看法很有意思，他认为20世纪中叶以后东方思想复兴的大背景，源于非西方文明的人民与政府不甘再沦为西方殖民主义的目标；他们不愿再沦为以西方为中心的历史的客体，想要和西方文明在政治上并驾齐驱，一道成为历史的驱动者与塑造者。②再后来，随着东亚经济增长，即使长期颂扬西方自由主义的福山，在1995年出版《信赖》一书，也注意到东亚日本等国，承认传统社会价值观念以及文化可以处在标榜现代化、民主的资本市场，互助共存。③

当时儒学走向"复兴"的盛况，既有原来提倡儒学的华人学者欣然加入讨论，也有非属儒学路数的外国学者持批判的态度。当代历史学者德里克(Arif

---

① Redding, S. G. (1990). *The Spirit of Chinese Capitalism*. Berlin: de Gruyter

② Huntington, S. (1993). *The Clash of Civilizations*. *Foreign Affiars*, Summer. pp. 22—49.

③ Fukuyama, F. (1995). *Trust, The Social Virtues and The Creation of Prosperity*. London: Hamish Hamilton.

Dirlik)便批评，儒学复兴运动的精英知识分子一旦将儒学导向资本制度的功能性组成，藉认同主流价值重申自己的权威，很快就会成为仰赖后者取得权力的共谋。借用德里克屡屡批评20世纪80至90年代儒学的说法，当年卷帙浩繁的儒学复兴论著围绕着资本主义与儒学关系，其议论通常可以概括为两种形式：讨论儒学是否有效于发展资本主义；讨论儒学能否有助于根除资本主义的机能障碍，即是用儒学来发展和疗救资本主义。①也正如德里克的评述，如果儒学复兴是为了发现韦伯在儒学中没有发现的资本主义精神，而不是否定韦伯，论证儒学和资本主义的关系"无非是将儒学韦伯化；即在儒学中找出与韦伯式新教伦理相似的特征，以此论证韦伯断定的资本主义的障碍实际上是另一种资本主义的动力"。②

回顾德里克的批评其实有利于当代儒学面向全球资本主义的反省。儒学旨在经世致用，宋代张载有过总结，古儒传承给后人的是"为天地立心、为生民立命、为往圣继绝学、为万世开太平"的性格抱负。因此，后儒一旦失去先贤气魄，过于重视文化形态上的欧洲中心主义，忽视世界上许多的不平等，也可能会掩盖欧美财团与政治势力企图长期操控现实世界的不公道，成为共犯。另一方面，我们也应注意，东方国家如当年马来西亚的马哈迪和新加坡的李光耀，他们之所以推动"亚洲价值"，除了反映亚洲新兴发展国家急于建立植根于本土文化与价值体系的非西方资本主义模式，背后是否包含着新兴政治权威为威权政治寻找理论工具的议程？

这一来，谈论儒家思想如何有助于政治治理与企业管理，一旦落实到现实的层面，凡要迎合威权领导或工商钜子的"匹夫"主导，就不一定符合由仁义起心动念的出发点，和《礼运·大同篇》的终极理想毕竟也是背道而驰。

事实上，当代全球工商业的发展，长期受到由芝加哥学派所捍卫的"新自由主义"(Neo-Liberalism)经济学派左右，前者和儒家由"仁者，二人也"植根于"亲亲"概念开展的推己及人、民胞物与思路，其实有很大差距。当世界已经进入国际市场经济，我们或许应该回想韦伯的说法："当今资本主义……是一种它必须

---

① [美]阿里夫·德里克著、王宁等译：《后革命氛围》，北京：中国社会科学出版社，1999年，第229页。

② 同上，第256页。

生活于其中的不可更改的秩序。它只要涉足于那一系列的市场关系，资本主义经济就会迫使它服从于资本主义的活动准则。”[①]尤其是在20世纪80年代以后，全球资本主义受到新自由主义经济学派意识形态的影响，亦不再尊崇服膺新教伦理指导，纯粹从市场出发也纯粹以市场为依归，盛行至今，影响深远。此时此际，儒者回归孔子原来的“仁义”教导来看待全球资本市场，实应参照章学诚《文史通义》所言的传统精神：“古人未尝离事而言理。”[②]若要解说儒学本身对当代资本制度社会形态的“成就”拥有相应的功劳，或强调说儒家思想存在于一片土地有助当地资本主义之成功，则不管认识不认识此等经济及管理之根本精神，恐怕已经是在宣称本身之异化。

不论古今儒家各说互有差异，至少其学说的基础信仰是围绕在“仁”的实践与实现，从个人到天地万物可以包容在“一体之仁”之中。孔子说“仁”，到《孟子·公孙丑上》，可以解释为“人皆有不忍之心。……先王有不忍人之心，斯有不忍人之政矣”，证述从心性出发的可实践性；王阳明在《大学问》中还提到，即使小人亦有“一体之仁”之心，问题就在“私心”与“明德”之别。[③]到近代梁漱溟思考儒家价值，提倡通过成人教育重建乡村社会，则强调其服务人员的“精神陶炼”必须以“悲悯”作为“深心大愿”之根本，也是说“这种悲悯，不一定看见灾难才有，而是无时不可以没有的。……是从对人生的反省而发出的。……这一种愿力，超越个体生命；仿佛有一个大的生命，能够感觉到个体生命问题以上的问题”。[④]以后徐复观在《释论语的“仁”——孔学新论》中亦说，仁的本体必须兼摄“人”与“我”，而且包含“克己”功夫，由“我”中转出“人”，于是“人”乃非与“我”对立之人，爱乃成为自己底无限的爱。[⑤]但是，这一切古今论述和新自由主义的出发点是相差甚远的。新自由主义经济学派所相信的是“人人为己”的现实，认为从个人欲望出发能刺激经济持续成长；其主张由此而发挥，即相信自由的市场

---

① [德]马克斯·韦伯：《新教伦理与资本主义精神》，北京：生活·读书·新知三联书店，1987年，第38页。

② 章学诚：《章氏遗书》卷1，《文史通义内篇》一，《易教上》。

③ 王阳明：《王阳明全书》，台北：正中书局，1970年，第119—123页。

④ 梁漱溟：《精神陶炼的要旨》，原刊《乡村建设旬刊》四卷七、八期合刊，收录于梁漱溟：《教育论文集》，重庆：开明书店，1945年，第64—65页。

⑤ 徐复观：《中国思想史论集续篇》，台北：时报文化出版事业有限公司，1982年，第378页。

也应是摆脱信仰、道德、政治等信念或偏见的场域，发挥人人从理性认知自己所要的利益，以及追寻自我利益，才能实现“经济理性”。因此，其价值观既然建立在假设兼且重视市场的绝对自由之上，它提倡的国家“寓富于民”也就对应为“自由竞争”、“私营化”等观念，立足于建议个人权力的放任扩张。反过来，它难以说明“不忍”、“悲悯”或者“克己”这些词汇有利于经济成长。

新自由主义如此经济主张，极易陷入“市场基本教义”(market fundamentalism)。它所带来的“国民生产总值”或者“国民平均收入”激增，能够“寓富于民”毕竟也是首先造福少数之“公民”，其后效似乎无从说明新教伦理或儒家伦理与制度结合以后的肯定效果，也不能确定能否带给平民百姓平等、自由、幸福。正如2001年诺贝尔经济学奖得奖人约瑟夫·斯蒂格利茨(Joseph Stiglitz)以“信息不对称”(information asymmetry)理论对新自由主的批判：新自由主义所谓完全自由与平等的信息不可能实现，也不可能依靠市场本身维持，大资本家将因此更有力操控权力公关、内幕消息、专业知识、广告与媒体等领域，实可压倒一切小投资者和消费者。①而市场财富的流动依赖于资源开发，还可能涉及对环境的摧残，其过程将一再是把“大我”资源预先转化去确保“小我”的利益。当少数资本家不停地循环增值其优势，社会越来越无力证明他们的成功是否依赖于“儒家思想”，也无从保证他们会主动以“大我”为重。因此，约瑟夫·斯蒂格利茨虽然支持市场自由，但他主张只有发挥民主、法治，以及在政策上适当监控，才能通过保障公正与透明确保市场经济的最大自由。

进一步说，当亚洲地区的市场制度利用股市作为创造财富和凝聚社会的手段，新自由主义主张撤除规管市场，足以促使大众过度关注股价上落业绩，以致消散了人们对产品素质以及合理消费的重视。而某些推升股价的做法是“嫁祸”员工的：以西方的“精简架构”和“弹性管理”(Flexible Management)理论来说，其盈利真相往往源于公司在盈利时刻加紧裁员。股市评荐机构是随着企业宣布裁员，升高对企业节本增利的评荐，如此就增加股价上升的机会。②同时，

---

① Marc Hayford, A. G. Malliaris & Mary E. Malliaris. (2003) *The Global Economy: Financial, Monetary, Trade and Knowledge Asymmetries*. Toronto: APF Press.

② Sennett, Rechard. (2006) *The Culture of the New Capitalism*. New haven & London: Yale University Press, pp. 37—39.

保证股市升值的方法还包括公司通过猎头请得原本为他人服务的干才，或者是撤离原地到劳动力更廉价的其他地区密集生产等，人与人的关系在这些过程中终归化约为价格与利益的计算。这整个过程也不是没有风险，但是承受最多风险的主要是中下层工人、小股东、消费者。所以，也说不上什么“仁者，二人也”。

更进一步看，孔子理想的世界显然并非是消费导向的，但当代工业生产在“经济理性”名义下，却是鼓励消费至上。孔子在《论语·尧曰篇》说：“君子惠而不费，劳而不怨，欲而不贪，泰而不骄，威而不猛。”若是鼓励儒家价值观的社会，生产产品的关键词也许应是老一辈人强调的“节省”、“耐用”、“实用”，又或者是现代较普遍的“环保”。然而，当今的产品关键词毕竟是转向从消费者的立场出发，强调“设计”、“潮流”、“名牌”，可见在传媒广告最终转嫁成为消费者的负担之前，它们首先影响公众思潮转变，让大众把消费视为当然享受。至于市场注重推陈出新和创造潮流，其实是为了适应“计划报废”(Planned Obsolescence)周期，则是一般公众购买产品所不甚了了的。亦即说，厂家产品通常拥有预订的报废期，确保顾客一再购买。[①]正如日本的电器产品，其经营理念一般都是依照短期内“价廉物美”的原则，实行“整机便宜，日后维修零件昂贵”、“商品设计寿命同步，使用期限完毕时大部分零件报销”、“产品先要创出品牌，以后再以新包装推出略经修改功能的高赚额版本”。[②]

摆在眼前的事实是，如果儒学论述继续以“不知道”的态度对待不仁道，一味吹捧儒学有利于经济发展，却不知道所在社会经济制度主张“私利有理”，这些论述正是建立在与先儒理想相悖理念上，确实不见得有利于儒家理想的现代实践。反过来，这只能说是弱势的附庸倾向，它建立在认同来自他人的全球政治、经济以及主流意识形态，选择性抽取儒家的说法去重塑本土。当他们忽略了以“仁义”作为对待民众的标准，把某些儒家概念说成基本社会价值，而这些概念恰好有利于他们吹嘘现有的国际资本主义经济态度，为之捧场，无形中也

---

① *Idea*: *Planned obsolescence*, Economist. com. 2009-03-25. http://www. economist. com/node/13354332. Retrieved 2012-04-29.

② 余仁：《日本企业经营高招》，广州：广东旅游出版社，1993 年，第 216—217 页。

就开启了儒家在当代异化的危机。

三 儒学应对资本制度演变过程的失陷

刘述先在1980年出版《中国哲学与现代化》，其中在《儒家思想与现代化》中说："过去传统儒家的力量，是在它有一套完整的典章制度、确定的伦理规范。但是到了今天，传统的典章制度，固然破坏无遗，乃至伦理规范也已侵蚀得面目全非，不成体系。"①他因此说："当代新儒家的哲学，最有成就的无疑是在形上境界的重新解释与体证；在政治、经济、社会哲学的范围中，却只有一些极粗疏的纲领，根本不足以在资本主义、社会主义的体系之外，另树一帜，与之抗衡。这样乃出现了一个十分吊诡的现象：传统儒学最强的地位，适为今日的新儒学最弱的地方。"②

从现在的情形看来依旧如此。事实上，刘先生当日所谓儒家过去拥有完整的典章制度和确定的伦理规范，细看颇不尽然。过去的典章制度以至于以政策法规支持的伦理规范，毕竟是未达儒家大同理想，而是立基在主张发展"小康"社会的权宜之计。而且，历朝典章制度也是儒者主张和君权威势持续互相争取与妥协的结果，产生过各种可堪后人研究与评述的模式，其中亦多有失误或扭曲，到如今又是面目全非，俱往矣。

按台湾曾昭旭的说法，中国传统社会对"三纲"相互地位设定早就屡屡遭遇君权泛政治异化，世上一般所谓"中国式管理"或"日本式管理"，多受君权社会管理模式与其延续的意识传统影响。曾昭旭谈及他称呼为"儒家的假象"的演变，说："原来被置定为道德意义的孝慈概念，当纳入机构之后，却保不住他道德上的主导地位而变质为一政治概念了。于是孝变质为机构运作中下对上的无条件顺从（所谓'孝顺'），慈则变质为机构运作中上对下的拔擢施恩。亦即：本来以父子伦为典范的中国传统的社会结构本来想用父子间的爱来善化君臣间冷硬的权力关系（以道为政治之本），却不料后来反而被君臣关系所同化，使父子关系愈益威权化了（政统篡夺道统之位

①② 刘述先：《中国哲学与现代化》，台北：时报文化出版事业有限公司，1980年，第75页。

而僭居之)，于是君王成为整个结构中的大父母，而原属孝道的忠道，凌越孝道而成为人民的最高德行。”①

曾昭旭继续说道：“因此，前述一切人际关系都向父子伦看齐，便都成假象，而其实是向君臣关系(亦即三角形系统中上下的权力关系)认同。此即所谓泛政治化。至于其机构作的动力则当然不是爱而仍是权力本身或无明惯性本身……素为中国文化所重的亲亲之情何处去了呢？他既不能通过人的自觉成为机构运作的主宰与动力，便只有委屈于庞大的政治或家族结构之中隐忍阴暗地存在，与机构的无明惯性相和而形成中国传统社会中最特殊的风貌。”②

吾人若把目光移向日本，日本近代历史现实或会比中国传统更加具体表现出曾昭旭所谓“儒家假象”之实践。日本自从中国接受“移孝于忠”的观念之后，便出现“忠孝一致”或“忠孝一本”的主张，越到后期，“孝”在日本传统社会的道德规范就越比不上对主君的“忠”，正如江户时期日本大儒山鹿素行有说：“得主人而尽奉公之忠；交朋辈，厚信；独慎身，专在于义。而己身之父子兄弟夫妇乃不得已交接也”。③华人传统普遍承认孝道和家庭温情是维续人性的根本，可是若按山鹿素行的说法去引申，日本武士道以及它在日本现代化以后继续影响的日本国民道德，才是主流，个别的家庭温情显然不一定比得上对企业和对国家的效忠。

尤其到了日本明治后期和大正时代，日本举国模仿欧美以求自强，除了依赖于引进西方科技大办工厂企业，还必须依靠忠心的熟练职工维护企业未来长期发展，于是规模较大的企业陆续采用日本人自认渊源于儒家传统的终身雇佣制度，甚至也出现强调子孙继承父祖到企业工作的经营战略。终身雇佣制度的极致发展，使得企业无形中等同于维续个别小家庭存亡的大家族，员工却犹如日本历史上服务主家的武士。早期日本企业把家族归属感重叠在资本主义的劳资关系上，促进员工将企业视作家族的忠诚，其中如“三井”其实就是以企业

---

① 曾昭旭：《儒家伦理的再诠释——从管理的角度论三角形结构与椭圆形结构》，载杨祖汉主编：《第二届当代新儒学国际学术会议论文集之二》，台北：文津出版社，1994年，第245页。

② 同上，第246页。

③ 李卓主编，《家族文化与传统文化——中日比较研究》，天津：天津人民出版社，第106页。

制度另外重组宗族关系，企业的数千员工都是来自宗族的成员。[①]如此企业制度，优势在减少员工对家庭的后顾之忧，可以为企业视死如归；它也创造了要求和保障个体尽忠诚、明辨是非、敢于承担的条件，鼓励个体谦虚地为上层做事，并忠诚地要求上层也对更上层有相同心态，以致大家对在最上层代表百姓共同体的国家社稷亦怀抱此心。[②]

可是，其问题也在制度。制度对个人态度的要求虽然明确，但个人从国际事态到眼前认识，甚至对周围人物的真心假意，也会受到制度鼓励"忠心听话"而必然饱受局限。这亦是日本工业在军国主义年代进一步推动终身雇佣制的原因，它在更大程度上促进大量工业劳动力忠诚地力挺帝国作战。

华人世界在重视日本社会的"儒家"影响时，或许应注意日本传统社会从原儒演变的家庭观，它缺少了儒家"推己及人"以至于"民胞物与"，以致把个人对群体的义务凌驾在陌生的"公众"世界之上；这并不止于外人批评，约翰·莫利(John Morley)在20世纪80年代发表游记《水路贸易图景：一个在日本的英国人》，引述一名日本社会学家谈到民众对水银污染的冷漠，他说："除了Uchi(意即：我家、群体、圈内)，并没有任何社会结构的基础，包括'公众'本身，没有任何一种公共道德性质的事物能在这个国家具体化。"[③]新加坡前任总理公署高级政务部长李炯才在1984年曾任新加坡驻日本大使，他谈到武士道精神对促进日本战后经济复苏的作用，也提到日本企业动用商业间谍的事实，他说："日本人在为自己国家谋福利时表现得十分冷酷，无情无义，也没有什么良心不安。"[④]

回到约瑟夫·斯蒂格利茨的"信息不对称"(information asymmetry)理论，我们其实还可以看到，在现有体制强调"私"心理的影响下，雇主和雇员、上司和下属、供应商与生产者、商业与消费者，互相之间的矛盾在于对"忠"的贯彻和面对"诚"的考验上。

---

① 参见Herbert Passin撰"Japanese Society"，载Sills，David.(1968)*International Encyclopedia of the Social Sciences*，New York：Macmilan and the Free Press，Vol.8，p.242。

② 参见[美]史明基(Don Schmincke)著、林丽冠译：《武士道管理》，台北：天下远见出版有限公司，1999年。

③ John David Morley(1985)，*Pictures From the Water Trade*：*An Englishman In Japan*，London：Fontana，p.184.

④ 李炯才著、张卫傅光明译：《日本：神话与现实》，海南：海南出版社，第186—191页。

事实的演变正如上文所说，儒学要经世致用，不仅不能再去耗费太多时间跟韦伯对话，眼光根本就不该停留在韦伯身处的时代。当代全球资本主义的主流思潮已经不是韦伯过去所说的“新教伦理”，更倾向于新自由主义影响下的全球新资本主义制度。即使在日本，自 1997 年亚洲金融危机爆发后，泡沫经济崩溃以来，维持终身雇佣制的需要更是雪上加霜，企业制度的改造，使得职工的“忠”在裁员风暴当中意义顿减。据美国社会学者理查德·桑内特（Richard Sennett）在 1998 年所撰的《品格的腐败》[1]，基于过去的企业制度倾向“层级体制”（Bureaucracy）而现代企业趋向“弹性管理”，新老时代的企业操作显然互有差别；此中的管理制度演变足以推翻较老制度曾经长期影响的职业生活意识，建立在“忠心”基础上的相互关系未来失去原来所以依附的工作体制，可能就更难以存在。

按照理查德·桑内特的说法，当西方长期处在“层级体制”（Bureaucracy）的工商制度，人们一旦进入企业，即意味身处金字塔式的制度中；人们互相处在一层层的职位上，是根据规定的工作范围、权利与义务长期互相通讯，以彼此认识、配合、尽责，换取稳定安全的工作环境、共同熟悉的朋友以及回家的幸福，并盼望未来有更好的日子。这种工业制度作为主要经济来源的社会形态，正是韦伯曾经认为可由“新教伦理”说明、维持和推动其经济生活的那个社会。

随着西方工业资本的跨国流动以及东亚资本模仿西方制度的崛起，到了基督教并非强势的亚洲，“新教伦理”也确实是可被取代的。所谓儒家影响下的东亚人民高效率、忠诚、勤奋、节俭、吃苦的美德，成为支持东方国家在自己领土模仿与重建西方制度的文化基础。虽然掩饰的代价包括工业资本对廉价劳工与地方环保的剥削，但 20 世纪 80 年代从农村进入工厂的亚洲工人，一如他们在西方的先辈，也确实是通过工作建立起与他们终身关联的居住环境、朋友关系、生涯福利的。

可是，当代崛起的新一代资本主义，新兴的企业家主要着眼在股市的长短期利润，资本家在“弹性管理”理念下可以无祖国，生产上也不再依靠密集劳力，更未必需要为了一时的廉价劳工帮助生产国刺激经济；工作者也不见得都会在

---

① Richard Sennett(1998), *The Corrosion of Caracter*, New York: W. W. Norton & Co.

一个单位从一而终,更多人选择一再转换工作。而且,随着东亚多国被西方充分纳入资本体系的所谓"全球化","弹性管理"取代"层级体制"亦是全球趋势。在这种趋势下,人们要保持像"工友"之类的群体感觉,更不可能,但跟随推陈出新产品的群羊心态则继续受到市场促销手段激励。

当前的真相是:地球上大部分的人基本上依靠替人打工过活,必须依托企业发薪谋生,但服务的对象不止一个。企业在人们生活中的位置也已经不再和上个世纪一样,不一定是人们需要认同的第二个家。然而,由于人们把主要时间分配在工作上,不论买卖都是要和各种企业来往,各种企业看起来更像是熏陶人们习惯和认同人际关系态度的重要场域。只不过,当企业的职场不再是终身雇佣、不再是金字塔式地把人长期联系在一起,当年部分学者把日本和"四小龙"的经济发展归功于儒家追求个人卓越以及重视集体利益的精神,如今显然会失去在未来可以继续论说的原有根据。即使可以不讨论整体制度的负面意义是否合乎先儒理想,又该如何进场解释其精神之可持续发展?

劳思光曾说:"当代反儒学思潮,有一共同特色,即是:不着眼于儒学理论本身,而着眼于儒学对社会文化之功能及影响。"①他又说:"一谈到理论问题,他们常常不面对理论本身的真伪是非,而只去注意它的作用或影响。因此,当我们看见代表反儒学思潮的文字,常常只取工具主义的立场来看儒学问题,也并不觉得出乎意料之外。"②究其实,不光是反儒学者如此,儒学研究文章也一样可能不去关注儒学理论的核心思想,而是陷进了探讨儒学对眼前社会文化的功能与影响,以致采取工具主义的态度。

平心而论,长时间以来许多文章论及儒家思想对东亚企管的影响,多会抱持肯定态度,不曾注意其背后是资本主义精神与先儒理想互相矛盾,这也是儒学讲究经世致用而会发生的悲剧。诚如龚鹏程评论梁漱溟所言:"讲经世实在比论心性更难,因为要经世便须具有世务之知识。"③

龚鹏程在谈到儒者的异化时说:"在这样的路向中,由于重视实践、重视实

① 劳思光:《试论当代反儒学思想——理据与功能的双重探讨》,载劳思光著、刘国英编:《虚境与希望:论当代哲学与文化》,香港:香港中文大学出版社,第57页。

② 同上,第63页。

③ 龚鹏程:《儒学反思录》,台北:台湾学生书局,2001年,第322页。

用、重视对生活现实的直接参与和改造，最后，这类儒者不但可能成为世路上以智力把持天下之英雄的崇拜者与辩护人，更可能连他作为儒者的身份与价值都要积极背弃之。"①西方学者如德里克批判资本主义全球化，是应用马克思以降的左翼批判理论看冷战后的新局势，而他所批判的儒家复兴运动，其中多数人也许并非主观上想要替资本制度背书，却不见得人人皆对政治、对经济、对历史能有全盘的思考；而单纯的管理学，对异国或者地区管理文化特征的研究，基本上是基于对该处经济发展状况的兴趣，也趋向于只问管理本身的效应。于是，当代儒学的研究者重视印证儒家思想在它原来盛行的土地上的作用与功效，也重视儒家在现代生活的实用以及追求改造社会，并因此思想与印证本身的存在意义，他们或许也是不自觉地逐渐在异化中，以致我们常见他们探讨儒学对"现代化"的功能与意义，却鲜有替"现代化"口号下濒临灭绝的弱势文化/弱势群体说话，"兴绝国"的抱负似乎被放搁在历史的回顾中。

事实上，面向全球资本主义，未来的儒学如果缺乏批判而坐视全球资本主义的不义，又不能针对资本制度的时弊提出解决方案，或无从付诸实践，儒学就绝不可能面对市场经济。一旦儒学核心的仁爱之说面对社会不义也无声无息，无从实际指导社会生活，它过去即使拥有再美好的理论也只能表现为当前的异化，只能停留在思想史的讨论，难以在现实的社会服众。

由是，儒学要面向和解说当代资本体制，还要提出它对体制的改善甚至改革，还应重视现实世界中的资本主义体制是以企业作为最基本的运作单位。大大小小企业是根据体制精神所立的法制而成立的，并在体制中运作，其中有的是跨国也跨文化的单位，也有的是实力超过若干小国的经济体，堪称"富可敌国"。各国的法律赋予企业的法人地位，亦承认了企业具有"公民"地位；由此而产生"企业公民意识"的说法，其实就是指企业的行为举止，犹如与社会中利害关系相关的其他公民，在享有权利之外也对社会应尽责任和义务。

当代儒学的开展既然在全球资本主义情境中，又必须回归到对"仁"的坚持，而面对的却是诸种企业的操作精神与行为未必服膺儒家思想，甚至是对抗，儒学就不能不面对现实，研究如何在企业生命之中发展出新的实践。儒学在企

① 龚鹏程：《儒学反思录》，台北：台湾学生书局，2001年，第324—325页。

业的实践进路也不能仅仅围绕“企业管理”的概念打转，还必须注意到当代的企业未来的发展趋势，企业是否能承载儒家的价值观念，以及儒家价值观念如何影响企业文化。

四　仁义是判断企业道德的根本原则

欲了解儒家对“企业”应该有怎样的态度，当然不能离开《礼记·礼运·大同》的社会理想。不过，在当下的现状中，“大同”毕竟是遥远的理想，重新思考儒家心目中如何回应与处理当下社会，其大方向理应回归到如何建设好“小康社会”。儒者所谓的“小康”社会，既相对于大同世界又是为大同世界作准备，还是有理想的。礼崩乐坏之后，若能重建与维续“小康”，就要有回转“大同”的准备。孔子认为夏禹、商汤和周朝的文王、武王、成王、周公，是小康时代的统治者楷模，他们秉承礼教去处罚错误、奖赏仁义，为人民树立各种道德模范；由此亦说明，人们处在“小康”社会虽有私心，这私心还是受到礼义的教化与规范，不允许侵害他人，从内心到行为也要以未来的大同理想为依归。换句话说，“小康”社会是先私后公的社会，它的人民是在“私”的概念之上还存在“公”的信念，主动行仁仗义。只是，一旦社会提倡先私后公习以为常，在缺乏主动公共道德意识的情景下，也很容易转向以私蔽公。所以，儒学的社会责任是传播仁义之道。

客观来看，当代世界是以企业作为基本经济单位，个人的社会生活也得依靠世界上所有企业在日常的多角互动，包括跨国互动，以解决各自全家生计，工作与娱乐，生产与消费。儒家或儒学如果要继续存在，确实不能身陷企业世界以外的“闲事”。否则，即使“儒学研究”还能作为大学里的一门学科，也再难以确定儒学伦理在东亚地区尚存多少游走空间，更不要提其他儒学传统影响范围以外的地方。如此看来，日本近现代历史出现授儒入商的主张，建议转变东亚重士抑商风气，如日本现代企业开山祖师涩泽荣一即建议传统武士道基于《论语》，不必盲从后儒抑商的“本末倒置”[①]，确实有功于引导儒家伦理在19世纪全势重返企业世界，有利于它配合资本制度的知识建构。

① 涩泽荣一著、王中江译：《论语与算盘：人生、道德、财富》，北京：中国青年出版社，1996年，第16页。

澳洲伦理学家彼得·辛格(Peter Singer)曾经评论日本人以公司作为伦理社群的传统说:“日本社会证实了盛行于西方世界的个人主义式利己观,是西方历史和文化的产物,不是人性支配下的结果。”[1]以彼得·辛格说法对照涩泽荣一的著作,涩泽的作品确实可以证明其思想渊源自儒家传统,所以会有经商不以个人成败为止境的想法。涩泽荣一诠释《论语·述而》的“富而可求也,虽执鞭之士,吾亦为之。如不可求,从吾所好”,认为孔子是在教导“不是合乎道义的富贵,则宁可贫贱,但如果是沿着正道而求得的富贵,则可泰然处之”[2],首先是给工商业活动平反地位,让其恢复到合乎仁义道德的定位;重要在涩泽对“公益”的理解,他主张富豪学习“因为强烈地爱自己,所以也必须以同样的爱心去爱社会”以及“在谋求自己富裕的同时也应力求国家的富强”[3],这便将企业活动的过程到目标都提升到义利合一、公私兼顾的崇高层次。

可是,即使涩泽荣一,不论其使用“公众”还是“社会”等字眼去强调,他主张从武士道出发的先“公”后私的企业精神,毕竟也是以国家主义作为主要目的。例如:涩泽最主张一手拿《论语》,一手拿算盘,是为了“为人处世时,应该以武士精神为本,但是,如果偏于士魂而没有商才,经济上也就会招致自灭”[4],这在现势上毕竟呼应了同时代《军人敕语》和《教育敕语》里头的儒家影响,以致这股企业精神在他逝世后不可避免异变为服务军国的言论。

所以,彼得·辛格这位《大英百科全书》伦理学篇作者,1993年对日本企业伦理下了当头棒喝的结论:“在日本人对群体强烈承诺的另一面,却是对大众利益或者全球环境薄弱的责任感……尽管日本为我们的利己观提供了一个比西方个人主义更具重要优势的替代选项,但它却缺少了一个足以带来国际正义和拯救全球生物圈的宏观。基于同样的理由,它也不能解决个人利益和真实伦理生活方式之间的紧张关系。终究而言,无视于对外来者所造成的伤害,而追求个人归属的集体利益,并不回避一心一意地追求一己之私,更能取得伦理上的

① 彼得·辛格著、周家麟译:《生命如何作答?——利己年代的伦理》,台北:御书房出版有限公司,2008年,第164页。

② 同第55页注①,第79页。

③ 同上,第81页。

④ 同上注,第4页。

合理性。"①

由此看来，日本企业在主动继承儒家传统的同时，必须有更大的自我反省空间，他人的评论也可以冲击到日本企业后来的自我评估标准。但是，日本企业伦理阴暗的一面固然如彼得·辛格所说，是"缺少了一个足以带来国际正义和拯救全球生物圈的宏观"，可是"国际正义和拯救全球生物圈的宏观"也并非不存在于真正的儒家传统之中。事实上，儒家伦理主要还是以《大学》"格物、致知、诚意、正心、修身、齐家、治国、平天下"为旨，这是思想、修身、行事时必须层层兼顾的纲领。当《大学》说到"生财有道"，其本来目的也是要求利润创值必须符合人类幸福，以致有"仁者以财发身，不仁者以身发财"之说。而《礼记》作为仁义的实行规范，其中的《月令》等篇，亦都是总结如何采取配合时令秩序等等方法保护生态链，确保万类生生不息。这一系列保护环境与强调社会责任的思想态度，其实都是可以引申到现代实践，依据现代科技知识的水平进一步实现。

又或者，后世探讨儒家要求企业行为的原教旨，还应该参照子贡向孔子继承的思想，并回归到孔子对"仁"的诠释，作为判断企业道德的标准。在《论语·雍也》，富可敌国的子贡问夫子："如有博施于民而能济众，何如？可谓仁乎？"夫子答："何事于仁，必也圣乎！尧舜其犹病诸！夫仁者，己欲立而立人，己欲达而达人。能近取譬，可谓仁之方也已。"孔子回答子贡这位身为富商的弟子，肯定了子贡关心与期许的"博施济众"确实是仁德的践行，更深入地说明了"仁"是立足于尽能力以同理同情心推己及人(能近取譬)，还形容这是尧舜也难以完全做到的圣哲境界。当然，对子贡而言，他在受教以后，应该是一次又一次由诚心出发去努力成全自己，这才是他既是富商又是儒门弟子的仁义实践。

对比《论语·雍也》中子贡向孔子问学的内容，再将彼得·辛格的说话转换为儒家的语境和语气，可以这样说：过去部分儒学论述一度过分赞美的"日本模式"，其实是受制于固定的效忠目标，所以，其所要求的"义"未必是公义，有别于向着天地万物推展开阔"仁"心所触发的"义"。由此可知，一旦企业伦理的实践止于重视群体"家和万事兴"，或将一个国家民族视为"大企业国家"，未曾重视《大学》正大之道是在"明明德"，并且要"止于至善"，其所谓"儒"的价值伦理虽

---

① 同第56页注①，第164—165页。

非全然不再，暗里却有正在远离或走偏锋之虞。企业如果仿似大家族而强调“忠诚”价值观，口说“仁德”却不曾关心企业圈子以外的世界，还是可能要违背“民胞物与”的理想，成为修正主义形态的异化。

如此，“儒家传统”与“企业世界”两个关键词到了实践层次，其实是颇为紧张的相互关系：面向企业丛林遍布全球的国际世界，儒学要不是成为思想史课本上的“人类曾经有过”，就必须是现代人愿意继续实践的社会价值。当代儒学的进路到底是要演变到因私忘公，成为企业的负面以致为错误涂脂抹粉，导致本身的异化？抑或要回转到企业世界的人事中心去主导其核心价值，反过来依赖企业的实践增强与维续儒家在社会的生命力？

从历史看儒家思想在企业实践的可能，其优势在于人们可以自动自发地主动选择。不论是《大学》之教导，抑或是《礼运·大同》的理想，原本都是明明白白以“天下为公”为终极依归，这似乎就无可置疑。既然传播思想依靠主动的能动性，过去子贡服膺与继承，犹能胸怀儒教而与诸侯分庭抗礼，当代企业的创办人或拥有者，若有诚意把儒家伦理延伸到企业文化，企业没有理由不有意识地展现出先儒教导。何况，原本的日本经验，也说明企业实行儒学传统大有可为。只是，企业态度要真正符合“儒行”，实践者也许还应当感激从阿里夫·德里克到彼得·辛格的评语，再跨前一步回归到重视对内对外皆以“仁义”为宗旨，而非片面地强调对企业本身的“忠诚”。

再观察当代的情境，东方的儒家价值也并非不能结合源自西方的企业制度与观念，两者在维护企业伦理课题上应有较大对话空间。西方从事企业研究的学者早在上世纪初已经注意到企业应当实现社会责任。在哈罗德·孔茨以及海因茨·韦里克两人撰写的《管理学》，其中曾提到“公司的社会责任就是认真地考虑公司的一举一动对社会的影响”。①但是，正如上文引述彼得·辛格所说，西方企业伦理兴起根植在“个人主义式利己观”，当西方资本主义设想社会发达源于个人利益刺激，其制度必然倾向鼓励每个人谋利，也保护所有个人的利益，因此长期也就要相应地发展出各种法律、政策与制度结构，以期严惩与防范企业发生的“恶行”。而亚洲则比较依赖儒家所谓的天命、良知，或者佛道以及印

① ［美］哈罗德·孔茨、海因茨·韦里克：《管理学》，北京：经济科学出版社，1993 年，第 689 页。

度教的所谓报应，结合着价值观、日常生活的演练，以及人际关系的互相监视与赞赏，也较有机会培养主动去凸显“善心”的社会意识。如果说，儒家要实行的“小康社会”必须先有完善结合的礼教与法制，那么，当前的亚洲社区既引进了西方较丰富完善的法制经验，又拥有尚未失散而深入人心的儒家伦理体系，两者并存与互相对照，也许更有利于促进本区域的企业道德，唤起人们关注企业世界的社会责任。

事实上，在过往年代，亚洲传统社会深受儒家意识熏陶，许多商人即使未曾接触过当代西方兴起的“企业社会责任”理念，他们为自己企业命名的那一刻，其实也有一套对社会承诺的做法。亚洲企业的命名传统上倾向于从主流儒家价值观取字组词，讲究者更是引经据典。而选取出来的企业名称，往往亦符合民众普遍接受的价值判断。一些老招牌，像中国“同仁堂”、马来西亚“仁爱堂”，以及典出《易经》“至哉坤元，万物资生”的日本“资生堂”，都恰当地反映了经营者的文化与社会自觉。许多老牌企业的创办人，本身长期接受儒家思想熏染的社会文化熏陶，很明白企业在实质上属于社会的组成，所以会藉着商号定位企业的自我形象和社会印象，表达出企业期许本身对社会的负责。这样一种命名传统，绝对能够带动大众从认识招牌去加深对传统价值的印象，企业一旦上了招牌，商号蕴涵的传统价值观念也随之高挂门楣，企业经营从此承担着延续价值观的需要，又重叠着维护企业历史荣誉的需要。企业招牌命名得好，比起运用法律限制企业越轨或者运用政策鼓励企业回馈社会，反而更有机会增添企业的荣耀感、自觉以及主动心等优势，加强对企业伦理的认同与延续。

就企业领域而言，已经进入全球互动时代，人们不可能以为东方伦理和西方的企业操作模式可以各自为政。根本问题在全球企业活动的特征：企业的性质是以赢利和增长为存在目的，大家都会尽量向世界上有利润的地方寻找利润；而另一方面，全世界人类不管对地方性质的企业或者跨国公司，也有要求，期盼企业活动都不会危害当地社会、文化与环境的可持续发展。所以，当东方伦理碰上西方体制，尤其是在东方传统长期根植的亚洲大地，由前者主动地发挥“善”以及由后者被动地防范“恶”，是可以达至伦理与制度之间相辅相成，互相监督、互相补充。如果民众能够共享从品德到法律的完整评估体系，将会更有利于大家对社会、官方以及企业监察以及建议，包括在企业内部以及地方社区的层次落实。

当然，既然儒者主张“君子和而不同”，对待社会关系的原则又是立足在“己所不欲，勿施于人”，检视儒学传统如何走入企业丛林去回应当代资本主义，就必须同时间承认各地区与各民族文化传统的多样性，不能主张全球采行单一的价值体系。

五　儒家伦理对应企业公民概念

从学理上说，卡罗尔(Carroll)在1979年对“企业社会责任”(CSR)提出的定义，至今受世人广泛引用。在卡罗尔的定义中，企业的社会责任建立在社会在特定时期对企业的期望，包括对企业在经济、法律、道德以及慈善的表现等四方面的期望，它也关系到关怀社会议题以及社会如何有效回应。[①]“企业社会责任”就表现在遵守商业道德、生产安全、职业健康、节约资源、照顾投资者/消费者/劳动者权益、支持有利社会的公益事业，等等。其表达的形式涉及以思想、教育、金钱等方式回馈社会。

要是按照传统的儒家去思考企业社会责任的实行，儒家原有一套思考传统。孔子在《论语·颜渊》提到了“为仁由己”，孔子谈论“仁”与“义”，也是一再从不同方向揭示仁心的亲切体证，注重从自己方寸之心做起就地实践地推己及人。而《孝经》所崇尚的“夫孝，德之本也”，则是设想“仁道”从亲子关系的可行性。亲子体验本是人类最基本也最难讲究功利条件的人际关系，能够培养出孝道的体验，才会真正做到同理同情之心去发挥“老吾老以及人之老，幼吾幼以及人之幼”；《孟子·尽心》说“亲亲，仁也；敬长，义也。无他，达之天下也”，就是认为有孝道体验作为基础的仁爱可以层层推展，由家而国，由国而世界。华人社会的集体主流思维长期接受儒家学说感染，“忠臣孝子”成为一组相连的概念，人们寻找雇员、买卖对象、生意伙伴，甚至招女婿，也都以“孝子”作为衡量的标准。

---

① Carroll, A. B. (1979), *A three-dimensional Conceptual Model of Corporate Social Performance*, in Academy of Management Review(4), pp. 497—505.

换句话说，在儒家传统里，道德的主体是人。企业由人创办、由人组成，企业道德的主体也是人，企业能否实行最大程度的社会责任，取决于人的良知主动。

可是，如果按西方学人建构的“企业社会责任”理论，社会对企业的要求并不能仅仅依赖创办人、经营者或股东的道德素质以及自我期许。西方世界论述“企业责任”的进路，建立在体制上、法理根据上，要确定企业应该对社会尽责，首先还得承认“企业”在创办人或者股东以外拥有独立的权利和义务，具备“法人”定位，如此才能顺理成章地充分公认“企业”具有“公民”性质。根据这样一个概念，凡是个人都应该承担各种责任，法人企业也应当承担责任；如果所有个人都必须谨守社会道德规范，法人企业也不例外。

西方社会赋予企业“公民”地位，其初旨是为了支持早期资本制度的重商倾向，通过法律同意企业属“有限责任”以及说明企业权利，有利于个人资本免遭企业倒闭的风险牵连，如此才能鼓励大家勇于投资合股。明确规定企业有限的责任以及营利的权利，也有利于国民不断设立各种日新月异的企业，寻求新兴生意盈利和资金积累。可是，到后来，社会固然认识到企业是社会的基层单位，然而社会也逐渐发觉企业的本质是建立在个别人物或一群私人想要营利的目标，它既能为社会创造财富，也可能左右社会失衡。因此，把“企业公民”看成一般个人“公民”，可赏可罚，有助于鼓励企业的自觉责任，利于制度自我调节与稳定。亦即说，“企业公民”的概念使得社会有了根据去制定约束企业的政策或法律，企业至少要遵守政策法律，实行最低程度的社会责任。

今日若回顾企业计算成本的方式，包括在日本与“四小龙”神话时期的许多企业，之所以盈利，主要并不是由于企业实践“儒家思想”或其他原因，只不过是由于相关企业是根据法律范围内的商业会计方法计算出成本、销售价以及纳税，很少主动考虑将经济学上的所谓“外部成本”(externality)纳入会计。而所谓“外部成本”包括：破坏或污染有价或不可估价的自然、人造资源或文物遗产，引发的社会或环境损失；工伤或职业病未受公司妥善照顾，又或者在地区造成公害病，导致病患家人以及整个社会的负担；动用官僚关系低价或无偿取得各种源自公共的交通、通讯、土地，等等。“外部成本”不包括在企业对产品或服务的成本计算，其损耗便可能由地方以至全球公众承担，或甚至要公众十几代子孙替企业买单。更严重的是，对很多企业来说，遵守政策和法律并不等于遵守政策与法律之所以神圣的程序与精神，它们也会向政治人物行贿，企图保留或制定对它们有利的政策与法律，以便让企业可以减少实质支出的成本，尤其是动用更多不曾出现在收支表上的“外部成本”——最后都是公众买单。

究其实，当代西方世界愈来愈重视“企业公民”的概念，以致提出法人企业或企业公民的“社会责任”，其中的原因之一，正是由于发现公民都要尽义务，企业却不一定能扮演好“公民”角色。整个世界的觉醒，在于公众发觉有必要警惕企业追求利益的各种各样的手段，并且理应抑制企业无知或刻意引发的“自私自利”。因此，自从当代“企业公民”理论兴起，企业的“公民”地位就是对当初“法人”概念深化与提升，主张企业作为营利单位兼经济实体并非游离于社会之外，赋予企业拟人化的社会成员属性，视企业为贡献现代社会公益事业的力量。这么一来，社会除了要求企业履行法律和经济义务，也有理由要求企业承担一定的社会责任。

如此理念，不见得是为了打破西方原来实行的资本制度，但是至少“公民义务”的可贵在于其背后蕴藏了问责理念。任何地区任何体制的经济运作行为都可能会发生忽略和偏差，而“公民”既然是拥有权利、义务与责任，就有可能在体制中进一步提升对人类全体的保护与关怀。

根据上文可知，实现企业社会责任可以从两个不同的方向入手：在儒家传统，道德的主体是人，人的良知有利于促进企业主动实行最大程度的社会责任；而对“企业公民”的探讨，则是赋予社会约束企业实行最低程度社会责任的体制根据。两条进路，其实互不矛盾，是可以互相对接的。当代人类社会趋向提倡“企业社会责任”，认为应该约束企业，并且鼓励企业主动回馈社会，正是基于眼前全球需要安全与可持续发展的稳定。世界不同文化传统以及各大信仰传承对人类智慧的总结，本来就包括保障子孙未来的教导。儒家的主张正如其他信仰传统一样，也是倾向于维护公共利益与人类未来。当大众不满足于企业仅仅答应遵守最低程度的社会责任，儒家或其他信仰传统强调唤醒个人良知、向天负责，有望坚固企业本体追求真善美的信念，主动提高其负责程度。

孔子在《论语·里仁》有句名言：“仁者安仁，知者利仁。”意即是说有仁德的人安心实践仁，明智者知道仁道的好处也会实践仁。由于企业背后根本还是人物、涉及到人们对利益的追逐，儒家重视事物的安定要回到从当事人的良心与权衡轻重出发，也确实有益于贡献和丰富当代“企业社会责任”的思考。推动社会责任的热心者、企业人物，以及所有涉及的民众，三者之间要有愉快沟通的共同立场，确实不能单纯依赖于探讨政策和法律条文，必须是建立在共同对人类与大自然有仁爱有理想。雨林行动联盟创办人兰迪·海斯(Randy Hayes)在谈到他说服企业的信心所在：“第一，我们站在对的一方，全球经济，乃至所有生命的品质，都有赖于稳定的气候、欣欣向荣的生物多样性、干净空气和水。这些全是基本人权，就像汽车保险杆贴纸上所说的：地球死了，什么工作都没了。第二，企业高阶主管和执行者都认同这点。尽管缓慢，但他们之中的许多人开始理解，自己是解决办法的一部分，而非问题的一部分。第三，我们把企业看成潜在的盟友，与他们合作，找出共谋其利的办法；我们为他们提供建言，透过政策解决问题，并表彰他们负责任的领导方式。最后，我们不会放弃，大部分民众支持环保，而雨林行动联盟这些团体会让这些企业成为负责任的企业。”①

雨林行动联盟的全球金融运作主任伊莉丝·霍格(Ilyse Hogue)说得更干脆，她说：“大家都忘了，企业由人组成，那些人许多有小孩，他们非常关心未来。”②当那些环保分子和社会运动人物主张采取温和而有理有节的态度去监视、催促以及劝导全球大小企业，在他们要求企业必须对社会负起更大责任的时候，不见得他们人人懂得孔子说过什么。可是，从他们采用的沟通理念，确可发现“推己及人”以及“己所不欲，勿施于人”的原则，这是理直气壮地以同理同情心启发双方沟通的基础。就像伊莉丝·霍格上述总结，她指出了环保分子和企业人物“为仁由己”的共通性。

也必须澄清，“企业社会责任”(CSR)是一个以人为对象，又必须贯彻在“日常运作”之中的理念。它不只是出现在发生大规模公害的时刻，也不能简单地定位为可能吸引许多传媒镜头的“向外捐款”。

根据从学理、法理上对“企业社会责任”(CSR)的严格定位，“企业公民”既然也是法制观点上的“公民”，它首先要尽公民遵守法律的义务，就得认识到它在法理上和所有“利害关系方”(interrest parties)互相之间有权利与义务。企业

---

①② 同第43页注①，第302页。

不论从事何种活动，首先有它直接尽责的对象，即涉及客户、股东、员工、供应商四个直接面向的向度。其后，又涉及对整体的社区(community)周遭公众(public)的责任。所以，对企业社会责任的定义或要求，不应仅是从公害、生产道德或产品的素质去考虑。

换句话说，企业如果没有照顾好客户、股东、员工、供应商四个直接方的利益，而不断向外捐款，也可能被视为是滥用公款损害四方利益的“形象工程”，违反企业社会责任。企业对股东、员工、供应商、消费者这四大联系网络的基本社会责任，方才是考察企业责任诚信的最基础方向。

由此看来，当儒家传统遇上了渊源于西方“企业社会责任”(CSR)，双方理念其实源自根源于不同文化历史背景的不同思维模式从不同角度所作的思考，涉及了观念的碰撞、厘清、对接。但从客观上来说，“企业社会责任”既然是在资本主义发展至今的轨迹上反思，注意到资本制度重视“利己”以及以“物”为目标会发生偏差，儒学传统重视“群”而以人为本的进路，显然提供了另一方向的思考。

就实际层面来说，“企业社会责任”强调由客户、股东、员工、供应商四个直接面向的向度做起，其实践无疑可能对接上儒家的说法。儒家本来主张仁义的实践要建立在诚意的基础上，就必须由亲而疏层层开展，每个人能尽心照顾好自己有责任照顾的范围，就是对天下尽责，这其实也是儒家所提倡“小康社会”应有的人际态度。反过来看，儒家一再重视的“推己及人”，是把“己所不欲、勿施于人”的原则向着不同的人际网络层层开展，《孟子·尽心上》理解中的“亲亲而仁民，仁民而爱物”，所欲求取的是生生不息的和谐，最终在人间落实大同世界。但是，从过去到现在，儒家一贯重视在心态上的诚意，却不一定有具体的建制去倡导其实践，孔子在《论语·里仁》既然说“君子之于天下也，无适也，无莫也，义之与比”，当代的“企业社会责任”理念，最低程度可以由政策与法律的落实不断追求完善，最高程度全在个人如何尽其仁义，至少也是朝向“小康”的进路。

近年来，不少“企业社会责任”的研究者从“落实”的角度出发，逐渐发展出一些审计方式，以期能确认甚至量化企业社会责任的尽责方向以及尽责力度。这些审计制度以及它们的判断规范虽说大部分源自于西方的研究情境，可是，他山之石也可以攻玉。企业实践如果能向社会传达“言行一致”的印象，拥有守法、保障消费者、乐善好施、主动关心社会的姿态，它也会感动其他人。而且，企业社会责任对社会议题的要求，以及审计企业责任的要求，不一定不能对接儒家对伦理道德的要求。儒家作为一种开展人间的仁义忠信理想的价值系统，若能借助这套审计系统，它的传统精神也不一定会立场移位，或者和现代经营理念发生冲突。反之，这也可以是儒家传统进入影响“企业社会责任”领域积极对话的开始。

长远而总体地看，儒学传统若能与当代“企业社会责任”的理念对话，以推动企业实行社会责任作为进路，其“儒学”实践也将不会停留在要求企业出钱出力参与社会公益，企业参与任何社会活动，活动的内容往往都会促进企业在实践过程之中自我教育与反省更新，由此也会拉动其他联系企业支持其社会服务项目。要是企业能在地方上出钱出力投入各种公益课题，或者参与全球的环保或社会改进项目，它们是在深化卡罗尔所说的“社会在特定时期对企业有所期望”，亦可以视为人类集体的仁心不断在扩大。

必须理解，企业作为基层单位参与任何公益，即使没有发动“客户、股东、员工、供应商”这四种基本联系网络，也有利于启发这四个网络的成员和他们的家人关注企业参与议题。说到底，企业这四大直接联系网络，包括股东、顾客、供应商、员工，都是由人组成的，也毕竟是从全球到地区的各种议题的最终承受者。因此，当企业成功地推动本身的联系网络，认识社会服务的意义，又有可能通过企业主动从儒学中反省与自我教育，以及争取其他联系企业的合作支持，从而促进儒家理想与企业社会责任的结合与传播。儒学也会在企业实践社会责任的过程中“活化”。

特别是在中国大陆内外的华人社会，当各地华人面对着在地方上重建纲常的需要，尤其在海外更有在地重构族群社会的过程，更需要建设家园和谋求发展的友善与稳定。企业在如此情境下，一边重视实践实质的社会责任，一边采用儒家价值观命名，除了可以视为自我定位的自我期许，也反映出企业希望整个市场对“我”公司企业亦作如是观。这也是儒学回应“企业社会责任”概念的优势。

从儒家的立场，儒学传统可以结合当代“企业社会责任”理论，其优势在于

"企业社会责任"的进路也是立足于"公义"、"仁爱"等概念，它毕竟有利于促进实现"小康"社会的需要。

六 余 话

儒者必须有自知之明，理解当代的儒家/儒学至今还是面对当代世界的"非儒"结构，当今全球资本主义体系不论在制度上还是日常生活中提倡的许多价值观，甚至是与儒家基本主张相左的。

总之，儒家在面临着全球以企业为基层单位的当代世界，要实行其先辈由小康进入大同的社会理想，就不能不走入企业世界，影响企业世界，甚至指导企业世界。可是，儒家走进国际企业世界提倡"仁义"，不可能单纯依靠儒者对道德伦理的期许。即使儒家传统通过提倡企业社会责任去引导企业世界，是可能的事；但是，若要进入真正实践的层次，也还是要经过繁多的复杂思考。至少要考虑着四项议题：首先，要摸清楚在任何时空中如何才算卡罗尔在1979年定义"企业社会责任"所谓的"社会在特定时期对企业的期望"；其次，还要了解这一期望如何才会有能力持续发展，并且有益于提升社会大众从当下到未来、从物质与精神层面的需要；其三，儒家要如何切入企业世界去实践其儒学精神？是要回到儒家经世致用的目标，"儒学"根据此一目标的传承目的，本应是服务"当下"社会公共利益，它对企业应有的态度，正是要从社会对企业有所期望的立场出发，重申企业"来自社会、属于社会"的"公民义务"，完善企业对公众的责任，包括促进企业向社会负责、与公众良性互动。其四，儒学当前的最大挑战也包括碰上"全球化"重叠着"本土化"的国际企业社会，它在各地推动地方企业责任的实践，还必须确定不同地区、不同时间的具体问题，而不是笼统地奢谈"全球化"。在这方面，至今也没有可供全球互相参照的各地具体经验范式。

进一步讨论儒学如何应付当代的资本制度，包括如何敦促企业实行社会责任，其中心思想也毕竟是千万不能远离儒学重视"仁德"的中心本质。否则，企业社会责任的实践境界就难以说成是儒学精神的成功开展。要知所谓"仁道"在实行过程是处处讲究公道的。不论是做人或经营企业，要能达到《大学》所说从正心、诚意、修身做起，最后还要能兼顾齐家、治国、平天下，如此才算正道，实行起来本就不容易。何况，说到“仁道”更是要审时度势合情合理地实行，并且不能放弃由小康而进大同的社会理想，才能说是合乎“义”。

无可否认，儒学传统的确是顽强地存在于企业世界组成的文明丛林，提供了思想和价值观领域的替代（Alternative）。但是，社会思想的实现和社会的演进，是需要经过在社会的不同领域与各个层次探索、建构、运作各种方法与模式。儒学传统要作为学问，要对当代人的人生与社会未来发挥指导，还须经历跨领域与跨学科互动的阵痛。儒学要继续走经世致用的路子，不可能单凭某些道德原则与处事态度为例，就夸夸其谈，认为它们是解决制度危机的良药。人本思想、人文精神，绝不是外在于人类日常生活的世界靠理论玄想建构世界观与宇宙观。面对新局势，儒学如何走入企业丛林为儒家定地位寻方向，不仅是“儒学”的问题，而且，它涉及每个人心底的问话：如何才是安身立命？

结论：吾将上下而求索

态度：实事求是、实践躬行

理想：大道之行也，天下为公

天化与人化：叶德辉星命学的知识建构与时代性

刘苑如[*]

一　前　言

20世纪初，中国现代国家建立的历史过程中，往往高举缔造新民作为构建新国家基底的启蒙主义，厌斥凡阻碍进步的旧势力和老传统，而在反对“神权政治”的声浪中，引申出两种路线：一是沿着清末“反朝廷”延伸出来的反孔思潮，乃在《天坛宪法草案》制订期间，引爆出全盘反对“封建迷信”的话语[①]，相关议题包括反对父死子继的君主世袭制度、反对重视位阶秩序的儒家伦理，以及反对男性至上的父权制度；二是沿着“反天命论”而来的风俗改造言论，包括反对偶像、魂魄、妖怪、符咒、方位、谶兆等鬼神迷信，以及与科学理性相违的一切传统

* 作者单位：台湾中研院文哲所。

① 如李大钊连续发表了《宪法与思想自由》(1916年12月10日《宪法公言》第7期)、《孔子与宪法》(1917年1月30日《甲寅》刊)、《自然的伦理观与孔子》(1917年2月4日《甲寅》刊)等论文，表达了反对旧道德、旧礼教，以及对复古教育，认为“孔子所代表的旧道德，已不适于今日的时代，应促其迅速崩溃”；他更直指袁世凯的教育宗旨，乃是企图以孔子这个“数千年之前的残骸枯骨，人于现代国民之血气精神”，其目的是“野心家又一次来萌芽专制”。见于《李大钊文集》上（北京：人民文学出版社，1984年），第224—226页，电子版网址为http://cpc.people.com.cn/BIG5/69112/71148/71151/index.html(2012.04.09)。

文化与行为。[1]特别在1918年，陈独秀（1879—1942）明确提出以科学废除民间信仰的主张，而在《今日中国之政治问题》一文中表示："若相信科学是发明真理的指南针，像那和科学相反的鬼神、灵魂、炼丹、符咒、算命、卜卦、扶乩、风水、阴阳五行，都是一派妖言胡说，万万不足相信的。"[2]将传统数术一概打入与科学对立的神鬼迷信。同时陈独秀又说："中国目下一方面既采用立宪共和政体，一方面又采倡尊君的孔教，梦想大权政治，反对民权；一方面设立科学的教育，一方面又提倡非科学的祀天、信鬼、修仙、扶乩的邪说；一方面提倡西洋实验的医学，一方面又相信三焦、丹田、静坐、运气的卫生：我国民的神经颠倒错乱，怎样到了这等地步！"[3]认为守旧与革新绝不可并行。

在此进步的话语逻辑下，检视叶德辉（1864—1928）一生行状，发现其早年即因发现吏部已沦为营私、贪贿与胥吏猖獗的是非之地而辞官不仕[4]；1910年，自己却因湖南抢米风潮，被视为贪吝不仁而革去功名，交付地方官员严加管束[5]；然而当面临辛亥鼎革之际，只身避难僧寺时，又曾萌生薙发为僧之念[6]，毅然共赴国难；并于1915年发起经学会，鼓吹经学教育，同时担任长沙筹安会分会会长，推动君主立宪；另一方面，也屡辞国民政府的公职邀约[7]，宁可在颠沛中与友人著述酬唱，共论星命，1918年完成《星命真原》一书；1921年至北京，寓友人符定一（宇澄，1877—1958）家，常与胶县元史专家柯绍忞（字凤荪，1850—

---

① 有关中国现代早期的迷信和反迷信论述研究已多，本文参考者包括沈洁：《"反迷信"话语及其现代起源》，《史林》2006年第2期，第30—42页；郑国：《辛亥革命前夕的迷信批判综论》，《理论学刊》2007年第9期，第106—110页；宋红娟：《"迷信"概念在中国现代早期的发生学研究》，《北京大学研究生学志》2008年第4期，第65—75页。

② 原刊于1918年7月15日《新青年》，今可见陈独秀：《陈独秀文章选编》上册，北京：生活·读书·新知三联书店，1984年，第270页。

③ 同上注，第270页。

④ 参见拙作：《从品鉴到借鉴——叶德辉辑刻〈山公启事〉与阅读现象》，见《中国文哲研究集刊》第38期，第171—213页。

⑤ 参见叶德辉：《郎园六十自述》，叶德辉著，印晓峰点校：《叶德辉文集》，上海：华东师范大学出版社，2010年，第274页；王逸明：《叶德辉年谱简稿编》编入此事，参见王逸明主编：《叶德辉集》，北京：学苑出版社，2007年，第1册，光绪二十五年，第48页。

⑥ 参见叶昌炽著、王季烈辑：《缘督庐日记钞》，卷14，辛亥十一月十一月廿六日，第49页。王逸明：《叶德辉年谱简稿编》编入此事，见王逸明主编：《叶德辉集》第1册，1911年，第50页。

⑦ 如1912年汤芗铭初掌湖南，有意聘叶德辉为督府顾问，又以官书局编纂相邀；1918年张敬尧出任湖南督军，许以省通志编纂局长。叶氏皆婉拒未就。

1933)共同讨论时人星命，彼此问难，又作与舒贻上论星历四书。[①]在民国初年革新的话语系统中，叶德辉既批评清廷吏制，又个人重利轻民；既不屑为官，又流露遗民伤痛；既提倡尊君的孔教，又妄想民权；既推行现代工业，又沉迷于星命旧说，诚可谓“神经颠倒错乱”世代的一员。

所幸随着时代激情的平复，晚近学者对于晚清民初的新、旧党的论述，已能比较持平地看待新、旧派的功过[②]，也承认两者观念间的交融性和移动性[③]；特别是能看重叶德辉在出版和文献方面的成就，[④]同时亦有能发现其翻旧为新，重新阐发传统国学的时代性[⑤]。然而，至今仍留有一块禁忌之地——星命学尚待发掘，从晚清到现代的历程中，究竟应如何看待这种信者恒信、不信者恒不信的星命玄学？在反迷信的话语之外，新、旧世界之间人物所展现的“神经颠倒错乱”，是否还有更具同情理解的诠释角度？本文拟从明、清时代的传统士商[⑥]的知识建构与转化，剖析叶氏星命之学的养成，以及其如何连结传统天人之学与现代科学话语，以天化与人化解释命理的科学性与教育性？并诠释在其生命历程中的深层意涵与时代意义。

---

① 参见蔡传奎：《郎园北游文存跋》，叶德辉著、印晓峰点校：《叶德辉文集》，第181页。

② 罗志田在《近代湖南地区文化与戊戌新旧之争》、《思想观念与社会角色的错会：戊戌前后湖南新旧之争再思——侧重王先谦与叶德辉》两篇论文中，已辩证新、旧两派都曾提倡新学，二者的差别与其说是新、旧思想的对立，不如说是观念变迁快慢的差别；同时更进一步论证：叶德辉的抗争其实乃是在面对西方势力入侵下的文化竞争。

③ 参见罗志田：《新旧之间：近代中国的多个世界及“失语”群体》，《四川大学学报（哲学社会科学版）》1999年第6期，第77—78页。

④ 有关叶德辉生平和学术的重要研究，除了前述王逸明：《叶德辉年谱简稿编》，见王逸明主编：《叶德辉集》之外，还必须注意张晶萍：《叶德辉生平及学术思想研究》（长沙：湖南师范大学出版社，2008年）和《守望斯文：叶德辉的生命历程和思想世界》（北京：中国社会科学出版社，2011年）。

⑤ 如笔者在〈从品鉴到借鉴——叶德辉辑刻《山公启事》与阅读现象〉一文发现，叶氏本于其敏于文字、图像的天赋，专注于图籍的编纂、辑刻，以及营销策略，以致能在晚清渴望新知、新学的风气中，化旧为新，兼顾质量与商品性，小至《山公启事》的“再创造”，大至后来在1921年协助张元济(1867—1959)商印《四部丛刊》皆然。见《中国文哲研究集刊》第38期，第213页。

⑥ 余英时在《中国商人的精神》一文中提及，宋以后商人和士的界限日益泯除，商业在中国社会上的比重日益增加，有才智的人便渐渐被商业界引了过去，致使商人本身即是读书人，又由于商人拥有财富，许多有关社会公益的事业也逐步从士大夫的手中转移到商人的身上；而士子传统涵养的人文精神常常显现在行商买卖之中，所以“士商”或“儒商”的新商人形象，悄悄在社会中成型。见氏著：《中国近世宗教伦理与商人精神》（台北：联经出版事业公司，1987年），第98页。

二　星命信仰所反映的现实

所谓星命，一般指术数家以人的生辰八字，按天星运数来推算其命运，故其既需要知识，也讲求技术。在理论的建构上，它建立在命运休咎有其可变与不可变的观察与信念，故常带有社会规范性与应然性，同时也需有足够预测未来的技术与能力，并且相信大宇宙与小宇宙能够彼此符应，某一层的实体（reality）可为另一层的对应实体（corresponding reality）所代表，故常与望气、观候、择日、占星，乃至天文历算有关，并加入一套自圆其说的说词，以期获得实践上的信度与效度。

现实并非只是一个已然存在的客观世界，而会受到主观建构的影响而不断变化。彼得·伯格（Peter L. Berger）和托马斯·卢克曼（Thomas Luckmann）在其重要著作《知识社会学：社会实体的建构》（*The Social Construction of Reality*）早已说明，人们与社会如何通过外化、客体化和内化三种持续辩证的过程来建构现实[①]。简言之，也即是透过身、心投入的外化历程，社会才成为人类的产物；透过意识外化的客体化历程，社会才成为独特的实在界；在此同时，经由既存客观实体的内化历程，人才能达到社会化而成为社会的产物。彼得·伯格的《神圣的帷幕》一书，更进一步用此说明宗教与社会交涉的过程，然重点不在强调宗教为一种制度或正当化本身，而将宗教视为“历史上最普遍且有效的合理化媒介”[②]，可使人们得以将经验社会中不确定的实在构造与终极实在连结，也才能使社会制度获得最牢固的正当化，将人类活动的偶然性（contingencies）根植于神圣实在物（realissimum）上[③]，个人方可在社会预期扮演的角色上得以认知和规范[④]；而彼得·伯格将这种维系世界实相存在的社会“基础”，称之为“似

---

① 参见 Peter L. Berger and Thomas Luckmann, *The Social Construction of Reality: a Treatise in the Sociology of Knowledge*, N. Y.: Doubleday, 1966, p. 119. 中文译本见彼得·伯格（Peter L. Berger），托马斯·卢克曼（Thomas Luckmann）合著，第185—190页。邹理民译：《知识社会学：社会实体的建构》（台北：巨流图书公司，1991年），第147页。

② 可参见彼得·伯格著、萧羡一译：《神圣的帷幕——宗教社会学理论的要素》（台北：商周出版公司，2003年），第45页。

③ 同上，第45页。

④ 同上，第50页。

真性结构"(plausibility structure),此一结构实非固定不变的,当面临越多重不同的制度体系,越容易产生多元的竞争[①],牵动个人现实建构的历程。从这样的角度来看,未尝不能将星命信仰当作中国传统社会情境下产生的一种知识,由此可藉以观察其如何与既有的社会制度相互作用,另一方面,也可探讨个人如何因应内化与社会化的过程等等。本文将从明、清以来士、商兼备的儒商身份来界定叶德辉,从而以其个人生命情境中两种最具有竞争性的社会制度——举业与商业,探讨两者如何与传统的命运观结合,又如何影响其思维和行动模式?从而建构出其个人稳定的知识系统。

1. 科举制度与命运

儒家自孔子以来,始终承认"命"的存在,却不随命逐流,进一步提出"天命"和"时命"之分,认为天命的取得取决于"德",然不能否认穷达以"时"。[②]即使宣称"一切医卜星相,本部素所不信"[③]的岭南儒宗陈宏谋(1696—1771),在面对宦海黜陟之际,也不禁表示:"士人惟功名得失,可以听之于数;至于学问器识,全由人事,有一分工夫,便有一分进益。"[④]将修己问学与遇合遭际严格区分,试图调和道德理性与生命困境间的张力。若抛开理学家的话语,用比较通俗的说法,也就是"其遇与不遇,则系人之禄命耳"[⑤]。

无可讳言,在中国传统社会中,绝大多数的士子都关心科举功名,金榜题名为人生价值实现的重要体现,因其不仅关系到功名、利禄和仕途,在崇尚文学与学问的社会里,通过科举考试,也代表着拥有特殊的文学能力与身份,即便是

---

① 可参见彼得·伯格著、萧羡一译:《神圣的帷幕——宗教社会学理论的要素》(台北:商周出版公司,2003年),第63—65页。

② 相关论述颇多,便利参考者如陈丽桂:《天命与时命》,《哲学与文化》第38卷第11期(2011年11月),第59—82页。英文著作可参见 Christopher Lupke ed., *The Magnitude of Ming: Command, Allotment, and Fate in Chinese Culture*, Honolulu: University of Hawaii Press, 2005.

③ 参见陈宏谋:《湖南巡抚任晓谕关防檄》,《培远堂偶存稿》,收录于《清代诗文集汇编》(上海:上海古籍出版社,2010年),第281册,卷37,第156页。

④ 参见陈宏谋:《寄张墨庄书》,收录于贺长龄、魏源等编:《皇朝经世文编》(台北:文海出版社,1987年),卷2,第141页。

⑤ 参见[清]纪昀:《阅微草堂笔记》(台北:新兴书局,1988年),卷22,《滦阳续录·四》,第3753页。

1905年废除科举、新学正盛之际,非进士出身者不仅京朝藐视,其人亦往往自轻,足见习西学者固然已渐据时势之重,但过去长久以来经由国家考试赋予读书人的功名及其价值,在时人的心中却尚未发生根本的改变。正因科考的成败直接关系到读书人能否获取功名,进入官场后又得面对官场险恶、宦海沉浮等因素,故常常透过星命预测以纾解这种不确定感所带来的焦虑,或作为事不从人愿时的自我慰藉。根据研究,清代上自京城翰林大学士下至州县官员、生员试子,大量官绅都非常热衷于术数活动①,甚至有些士人以易学、《洪范》、阴阳五行学说为基础,进而钻研一些术数的理论和方法,在为官的同时,也能精通某些术数操作,一方面作为闲趣,另一方面也被视为一种本领。譬如清初词人吴伟业(1609—1672)晚年即精于星命学②,康熙状元彭定求(1645—1719)虽潜心于理学,却笃信乩仙③,曾国藩(1811—1872)则精相术,文武官员来谒者,必审视其福量之厚薄,以定其用舍及所任之大小④;另外,李翊煌承于家学,流寓上海时,曾"假医推星命给空乏。……生平论学论治,每与南海康有为(1858—1927)不合。及流寓申江一见,论相墓则针芥相投,契合无间"⑤,可见新派代表人物康有为亦钻研相墓之术。

叶德辉作为晚清官绅社会脉络中的一员,对于"科名有无,命定之矣,即中式名次之上下,亦莫不有数"⑥之类的话语,自然是耳濡目染,非常崇尚星命占卜之术,早已内化为一种情感认同。根据叶启勋所述《叶郎园先生年谱·光绪十年》记载:叶氏二十一岁参加县试、府试时,事前每数占牙牌,莫不灵验。事实上,每一次占卜活动,其准确性都必须受到严格的挑战,也即是经由"占验"的印

---

① [清]周召:《双桥随笔》(台北:台湾商务印书馆,1983年),卷九,载:"翰林诸先生,每会晤间,皆喜谈五星三命。故术士游京师者,多获名利,亦一时之风尚也。"(第91—92页)

② 参见徐珂(1869—1928)编辑,无谷、刘卓英点校:《清稗类钞》(北京:中华书局,1984年),"方伎类二",3,第4620页。

③ 参见纽琇(?—1704):《觚剩续编》(扬州:江苏广陵古籍刻印社,1995年),卷三,《丙辰会状》,第464页。

④ 参见宫宝利:〈清代官绅术数活动探析〉,《天津师范大学学报(社会科学版)》2009年第4期,第43—47页。另外张荣明:《从老庄哲学至晚清方术》(上海:华东师范大学出版社,2006年)一书,谈及曾国藩和荣禄的相术、袁世凯父子及方术迷信亦值得参考,第190—273页。

⑤ 参见汪辟疆(国垣):《光宣以来诗坛旁记》(沈阳:辽宁教育出版社,1998年)下册,《李博孙丈》,第70—71页。

⑥ 参见阮葵生:《茶余客话》(台北:世界书局,1963年),卷2,第51页。

证;但另一方面占卜者也自有其调整占、验关系的机制,因此无论结果如何,占卜活动通常会形成一种仪式性的交谈过程,透过叙述、回忆和修正,以维持其信念①。尽管叶氏可能也有失算的时候,但在其生命关键期这些连续正向的占卜经验,无疑稳固了对于这种传统知识真实性的信念,也强化了他对探知星命玄秘世界的兴趣。

叶氏二十九岁即中进士,在晚年自谓乃是科举之路的"幸运者"。所谓幸运者,固来自曾获得业师的"知遇"②,其言外实别有另一层深意,显示出传统文人在举业之路上所遭遇的困难度,往往已超越了个人可以努力和控制的范围,而不得不将这一连串无法预知的神秘结果,诉诸是否能"遇";③更重要的是,这个结果的差异将深刻地影响个人与家族的生存条件,包括基本权力、机会、金钱、财富,以及尊严等社会基本资源④的拥有,因而常导致同侪、甚至兄弟间强烈的竞争气候,使得目标取向远胜于学习过程,并深刻影响个人的认知形态、情绪和行为表现。尽管如此,在中国传统的社会脉络中,"得者"必须保持谦虚与感恩,以免遭到天嫉人怨,甚至设法行善助人,达到部分资源重新分配的效果;而"不得者",在莫可奈何中,也可免除个人能力与努力不够的质疑⑤。叶德辉也正是在"得遇"的感恩心理推动下,一生"乐于奖掖后进,凡投门墙者,例不受贽",并将个人考试与归诸星命的经验,投射在学生身上,每每要求新进者即席命题作文一篇,并当场为各生占卜星命⑥,也即是一方面理性地评估其论文表述的能力,审查其受教的程度;另一方面利用占卜来预测不可控制的时运,以指导学生未来的前途⑦。可见叶德辉确实通过身体力行,将这种自我、他人与天的关系外

---

① 参见中文本:《知识社会学:社会实体的建构》,第168—169页。

② 参见叶德辉:《观古堂诗集·浮湘集》,收于《叶德辉集》第1册,第210页。

③ 参见拙作《稽古代作——叶德辉辑刻〈山公启事〉的时代铭刻》,台中:逢甲大学主办第一届"古典与现代文化表现学术研讨会",2009年5月22—23日,第6页。

④ 罗尔斯(John Rawls)将这些称之为基本资源(primary goods),乃是每一个有理性的人被推定会想要的东西。见氏著:*A Theory of Justice*, Cambridge: Harvard University Press, 1971, p. 62. 此一论题还可引发更深有关运气和社会公平的思考,然与本文论旨略有差异,故暂此打住。

⑤ 譬如叶德辉在《二弟炳文事略》中,一再为其弟叶德耀十六岁弃文从商申辩,强调其颖悟,亦得作文之法,博涉经史文章,得其流别。见《叶德辉集》第4册,第362b页。

⑥ 参见王逸明:《叶德辉年谱简稿编》,《叶德辉集》第1册,光绪二十六年,前48页。

⑦ 叶启勋:《叶郎园先生年谱》,21岁,《南强旬刊》第一卷,第13期,第17页。感谢张晶萍教授提供此文。

化为一套符合社会期待的科举行为模式，并透过星命占卜强化这种信念，企图传递给下一代。讽刺的是，在此新旧交替的时代，杨树达（1885—1956）曾从叶德辉问学，随其受文字训诂、目录版本之学，打下了一生治学基础，而被章太炎（1869—1936）视为叶氏门下的大弟子，得其衣钵①。杨氏却在辛亥革命前后绝意"与他的老师叶德辉背道而驰"②，在其读书日记《积微翁回忆录》中也绝少提及叶氏③，即使在其拜入也门的1895年，仍是留下一片空白。凡此表现出的姿态，无论是正式的反驳，或是刻意的沉默，皆意义深长，或可视为杨树达面临新的社会制度，对于旧思想的一种不由自主的反内化现象吧！

由此可知，传统的命运观、科举制度与星命占卜之术，就这么长期地盘根错结地结合在一起，常以一种不证自明的实然表述方式，如"科名有命"④、"科名定分也"⑤等，将既已存在的制度、行动方式合理化（legitimation），形成一种客体化的"知识"，用以解释并证成（justify）既有的社会秩序，从而产生认知（cognitive）和规范（normative）的效果。⑥然而社会化不会有结束的时候，生命永远不会满足于既有的答案，而会一再质问"为什么"，合理化的说法就得不断重复，经由第二次的合理化来稳固客体化的知识。⑦叶德辉无疑正是透过其早年举业与星命占卜经验的连结，以及一次又一次地占卜的实践与协商，以证成这种知识的稳定性。然而当社会条件有所变动，原本大部分士人赖以起家的科举制度崩解后，星命术作为调控、解释这种制度不确定的机制，失去了认知与规范的作用，即使作为重要门生也很难再继承这套旧有的知识系统。

---

① 参见王逸明：《叶德辉年谱简稿编》，《叶德辉集》第1册，1900年，页前48。

② 参见杨逢彬：《杨树达在辛亥革命前后》，《文汇报》2011年10月11日，电子版网址为：http://www.news365.com.cn/wxpd/bhygb/mjbh/201110/t20111011_3153612.htm（2012/04/22）。

③ 根据笔者检索，杨树达在《积微翁回忆录》（北京：北京大学出版社，2007年），一共三次与友人会面，间接提到叶德辉，虽亦称其为"郎园师"，但以对于湖湘先贤有所诋毁为由，驳斥《郎园先生学行记》为其兄弟所作，第23、24、204页。

④ 参见颜元著，王星贤、张芥尘、郭征点校：《颜元集》（北京：中华书局，1987年），《习斋记余》，卷六，《韩会状论》，第516页。

⑤ 参见陈康祺著、晋石点校：《郎潜纪闻》（北京：中华书局，1997年），《初笔》，卷六，272《谢启祚耄年登第》，第122页。

⑥ 有关合理化的理论，可参见彼得·博格著、萧羡一译：《神圣的帷幕——宗教社会学理论的要素》（台北：商周出版公司，2003年），第42—43页。

⑦ 同上注，第44—45页。

2. 商业文化与术数

明清商人文化历经重大的转型，从过去“农本持家”、“重义轻利”的传统思潮，转向“不讳言利”和“工商亦为本业”的社会思潮，不仅在山东、安徽、山西、福建、广东的一般民众弃农，在明嘉靖前后，官僚和士人亦多有兼营商业的；到了清代官商渗透的情形更为普遍[①]。譬如江西临川李宜民(1704—1798)，在广西一带经营盐业达数十年，雍、乾时期发展成拥有家财万贯的官商，并注重文化教育，子弟多业儒入仕，晋升为书香大族；[②]然亦有弃官从商者，如清末状元张謇(1853—1926)，主张“实业救国”，对农林渔牧水利气象教育诸多方面，多有建树，开风气之先[③]。这种商业文化的转型，不但有助于商人地位的提升，也对商业资本的聚积，以及商人势力的发展有着不可忽视的作用。

过去已经有大量的研究利用商书、账簿、墓志铭、碑刻文物、乡土史志、戏谱、杂记、家谱、地契、竹枝词、商人诗文等，探讨明清商人区域贸易、会馆公所、商业策略、经商理念、商业教育、信仰习俗和社会变迁等议题。[④]综论其发现，在

---

① 参见陈锋：《论明清时期区域姓商人集团的发展》，《社会科学辑刊》，1990年第4期，第98—104页；封越健：《清代前期商人的社会构成分析》，《中国经济史研究》2000年第2期，第41—56页。

② 参见林京海：《李宜民承充广西临全埠商述略》，《社会科学家》1998年第1期，第91—94页吕立忠：《书香翰墨浓　诗画齐出众——清代“桂林临川李氏”书香世家》，《河池学院学报》第27卷第3期(2007年6月)，第20—26页。

③ 张謇的实业研究相关论文颇多，如王尔敏：《张謇之实业经济研究》，《香港中文大学中国文化研究所学报》，第16卷(1985年)，第5—30页。

④ 有关明清商帮研究甚多，其中又以徽商、晋商和粤商最为热门。范金民《身在他乡不是客——清代商人会馆的功能》虽属通论性质的文章，然此文乃是在其长期明清社会与经济研究下的成果，便于掌握此一时期地域商帮的轮廓，刊登于《寻根》2007年第6期，第9—17页。至于商书研究，张海英一系列《明清社会变迁与商人意识形态——以明清商书为中心》(《古代中国：传统与变革》[《复旦史学集刊》第一辑，上海：复旦大学出版社，2005年]，第145—165页)、《日用类书中的“商书”——〈新刻天下四民便览三台万用正宗·商旅门〉》(《明史研究》第九辑，2005年，第195—201页)和《从明清商书看商业知识的传授》(《浙江学刊》2007年第2期，第83—90页)，问题意识清晰，且兼顾行商与坐贾的商业知识，参考最便。另外日本亦有丰富的研究，包括川胜守《明末在长江下游三角洲新安商人的经济动态一班》(《国际徽学学术讨论会论文集》[合肥：安徽大学出版社，1995年]，第184—188页)、中岛乐章《徽州商人与明清中国》(东京：山川出版社，2009年)、寺田隆信《山西商人研究》(太原：山西人民出版社，1986年)、藤井宏〈新安商人の研究〉(《东洋学报》，中译本收录于江淮论坛编辑部编《徽商研究论文集》[合肥：安徽人民出版社，1985年]，第131—272页)、重田德《清代徽州商人之一面》(《清代社(转下页)

当时农村社会经济发展尚不充分的情况下，单纯的坐贾，一般都是资本较少的小商，因此有些坐贾亦工亦商，他们的店铺就是生意买卖与作坊结合，或工场兼而有之，有些则为了商业上的方便，就地入籍，乃至举家迁徙至经商地定居者；另一方面，随着商品经济的发展，航运贸易的兴起，也为区域贸易的客商带来了丰厚的利润者。无论是移居坐贾，还是客游行商，常面临诸多的风险，如官吏勒索、艇户讹诈、牙商侵渔等。为了谋利保命，商人往往利用其天然的乡里、宗族关系彼此联系，互相支持，和衷共济，纷纷建立会馆公所，或设立商帮、船局来规避风险，于是不再仅仅是市场价格的接受者，也能够成为市场价格的制定者和左右者，同时也可避免内部的恶性竞争，又能增强外部竞争力，还可利用集体的力量更好地保护自己，并教育同乡子弟。因此在明清之际，相继崛起了十大商帮，其中又以晋商、徽商、潮商势力最大、影响最远。而叶德辉的先世——苏州洞庭帮亦不容小觑，囊括于十大商帮之内。①

叶德辉先世为江苏吴江人，道光末年，其祖父叶绍业才因避兵乱而移居湖南，故好自称为吴人，宣统二年还曾主持修纂过《吴中叶氏族谱》。根据记载，清中期东山叶氏因“先世有遗产在淮右，取给自如，号为小康。仲山先生携之渡淮，从事货殖”②。事实上，叶家得以在长沙定居发展，与长沙九芝堂劳家密切相关，曾多次得其资助。叶、劳两家也是世代姻亲，除了浚兰祖母劳氏外，弟庭兰、子德辉、孙启倬，均与劳家联姻③；然而到了清末的东山叶氏，主人或攻章句，或赋诗吟词，已不关心经营本身。④然而迁移到长沙的叶家，则类似于大部分的明清商人，将从事商业活动视为治生的本业，而业儒则为光耀门楣的快捷方

（接上页）会经济史研究》［东京：岩波书店，1975年］，第294—349页）、松浦章《清代徽州商人与海上贸易》（《史泉》［大阪：关西大学史学地理学会，1984年6月］，第545—562页）、臼井佐知子《徽商及其网络》（《安徽史学》1991年第4期，第18—24页）、新宫学《明末清初苏州府常熟县的同业组织与徽州商人》（《江淮论坛》1996年2月，第61—65页）、鹤见尚弘《中国明清社会经济研究》（北京：学苑出版社，1989年）、森正夫主编的《江南三角洲市镇研究》（名古屋：名古屋大学出版会，1992年）、夫马进《中国善会善堂史研究》（京都：同朋舍，1997年）。

① 十大商帮相关研究颇多，方便参考者如唐力行：《商人与中国近世社会（修订本）》（北京：商务印书馆，2006年），第43—71页。

② 参见叶德辉等宣统三年增修《吴中叶氏族谱》卷51，《云乔先生家传》，第85页。

③ 参见王逸明：《叶德辉年谱简稿编》，《叶德辉集》第1册，1864年，前45页。

④ 参见范金民：《洞庭商人的经营方式与经营手段》，《史学月刊》1996年第3期，第35页。

式。叶德辉四兄弟幼年皆在家习识字，然后入塾问师，父亲亦每日课读所藏的经史诗文，期待子弟有朝能够读书有成；一旦读书不成，则出塾转学货殖技能，协助家族经营商业，有时独资，有时合资，经营范围遍及染坊、槽坊贩茶、钱铺等。而叶氏四兄弟中也只有德辉进士入仕。更值得注意之处，他在光绪十八年致仕，钦点吏部主事，然而三个月旋即乞养回籍，[①]尽管直接肇因于他与吏部属吏的冲突，但也多少显示了官场不足留恋，不如回归商殖祖业。不过儒业仍有助于提升门风，叶德辉对于二弟叶德耀(1866—1902)的形塑，大抵不出传统儒商的形象，而在《二弟炳文事略》一文中，历述其兄弟情谊、家庭琐事之际，刻意强调其好读书的一面，历述德耀弃儒习贾之源由，夸饰其在接受商业教育之外，更在家庭濡染下博涉经史，通晓文理，同时兼具慈善好施、急人之难等商人美德，而深获戚友倚重，往来多湘中一时文学士云云。[②]

明清时代的商业教育，除了跟着父兄、宗族身边学习之外，在明清商书中常有许多知识与经验传授的记载，较专门者有算法篇，如王文素的《新集通证古今算学宝鉴》，涉及平圆求积、孤田求积、洼田求积、梯田求长阔、环田求周径、梭田求积等内容；吴中孚《商贾便览·算法摘要》，除了讲授大数、小数、算盘定式、变算口诀、九上法、九退法、九因合数、九归歌法谱、归因总歌、归除法、乘法等一般的算法知识之外，还有钱钞名数、丈尺、斤两、分别物价乘除法、斤两法歌、裁两为斤歌等与经商直接相关的算法知识；与行商密切相关者，则有教导客商判断四季时序与天候术数者，如《士商类要·四时占候风云》，教导客商行船之前如何观测春夏雷雨、秋冬微风，以及风向等，同时也包括四时禁忌等；其中至关重要者，则是识人术，如《商贾一览醒迷》有所谓"投牙三相"，也就是选择市场买卖的经纪人，要相物、相屋与相人。[③]晚近实际的例子研究亦已多见，如山西常氏商人家族十四世光祖掌教家塾时，为族中年幼子弟另延师，暇时教之书数；代州冯氏家族更是"世传九章算书与西洋算法"。[④]可见明清商人在教育子弟时常加进

---

① 详见拙作《从品鉴到借鉴——叶德辉辑刻〈山公启事〉与阅读》，《中国文哲研究集刊》第38期，第193—194页。

② 参见叶德辉等宣统三年增修《吴中叶氏族谱》卷51，《二弟炳文事略》，第72页，收入《叶德辉集》第4册，第362页。

③ 参见李晋德：《客商一览醒迷》(太原：山西出版社，1992年)，第271页。

④ 参见丁钢：《近世中国经济生活与宗族教育》(上海：上海教育出版社，1996年)，第40、20页。

了这些实用内容，因应土地测量、财政管理、天文历法推算等实际需要而通习算学，又往往因懂得古算学，开启了对于西洋算法的认识。倪荣桂《中西星要》即以西洋天文数理为基础，加入有关世运与择日的技术，故声称："精熟是书者，能知天时晴雨，年岁丰凶，物价贵贱，不特为推命择日造葬所必须，亦经商所重，赖识者珍之。"①而叶德辉的《二弟炳文事略》，其实亦提供了一个湖湘地区的鲜活例子，他追述其弟德耀所受的商业教育，曰：

至十六岁，改事货殖，日习九章术，……一旦豁然，后见吾所藏古算书，如天元、四元，皆能通其奥。……少时既因习算，通天元、四元，傍及穆尼阁《天步真原》，悟星命之数，又□信堪舆。……终日芒鞋野宿，行山泽间，其言必有合也。②

在叶家的商业教育中，八岁即开塾习字念书，在专业训练方面则是从算学开始训练。原本数学为观测星曜分布与活动的基础，早在《易》的象数思维中，采取比类取象、以象定数的方式，开启了上通下达的管道。宋代数学家秦九韶(1208—1261)曾概括了数学的功效，曰："大则可以通神明，顺性命；小则可以经世务，类万物"③，可见从观天文现象的数到推算吉凶的数，只有一线之隔，星命之数乃是将天文学结合五行理论和星神信仰，将天文学上的星曜人格化，重新架构出一种仿真人间的星斗系统，用以批算禄命。这对于不时往来旅程的旅人，在用人、行船、走马、天候，无不充满风险，特别是资本投入较大的行商，如茶、丝等较贵重的商品，在熟练算学之余，若能以数来推衍吉凶，无疑有很大的吸引力。叶德耀便是由九章算学，再涉足西方星占术，并结合本土的风水之术，从观物、观天、观地，到观人，莫不涉略。造化弄人之处，叶德辉、德耀两人同为兄弟，但在际遇上却是截然相反的两个例子，光绪十六年(1890)，叶德辉与余金声、朱雨田贩运安化红茶至俄罗斯，获大利而成巨富④；相反，德耀与人合作，贩

① 参见倪荣桂：《禄命要览》，卷首，收入《中西星要》(扬州：江苏广陵古籍刻印社，1997年)，第763页。

② 参见叶德辉等宣统三年增修《吴中叶氏族谱》，第51页，《二弟炳文事略》，第72页，收入《叶德辉集》第4册，第362—363页。

③ 参见[宋]秦九韶：《数书九章》，"自序"(北京：中华书局，1985年)，第1页。

④ 参见王逸明：《叶德辉年谱简稿编》，《叶德辉集》第1册，1890年，前47页。

茶西商，却损失七千金，犹不能脱。根据叶德辉的说法，德耀还是得到了他的友人萧潄云、程子大的相助，为其周旋，方得只身归来，由此对照出两兄弟“知人之明”的高下；言外之意，这种能力也是生意决胜的重要素养之所在。

叶德耀在历经借贷多遇负心无偿，自贾亦往往耗折的商业挫折之后，中年转学导引神仙之术，更加精熟于日者数术之事，同时热心于修身、行善和积德。叶德辉记述如下，曰：

> 性本不近声色，见吾友……口谈平康事，辄正言止之。……见中兴诸功臣多杀戮，其子弟习于豪侈，博弈饮酒，俗渐以敝，因募刻释氏书，以冀化其乡俗。①

在兄长眼中，叶德耀作为商人家族的一员，虽在货殖贩卖方面无所建功，不能为家族累积财富，从而转向宗教的世界，用行德积善，为“求一家之福”。尽管一向坚守儒家本位的叶德辉，即便是对于自己的亲兄弟，亦往往不无嘲弄，譬如对于德耀所持三教同源之说，他戏谓“不可乱吾学术”；德耀与弟子们冥神对坐的修行活动，则被他形容为“宾客扰攘，如佛摄魔，一无闻见”等等。但在其弟身后十年，叶德辉为他盖棺定论，言曰：

> 舍弟一生孝弟忠信，自幼慧而晚学，似不欲其为功名中人，证以所遇，皆非常人，所见闻此，岂绝无来因者？谓为仙去，谁曰不宜。②

以孝弟忠信之“非常人”，肯定其弟一生言行可异者。事实上，叶德耀所代表的正是夹杂了儒、释、道的商人价值，尽管多元纷杂，但在其个人的生命实践上似乎并无任何的价值冲突，故能在其生命的最后阶段，从容地为兄病祷神延医；自己病笃之际，仍欲外出为人招市转运，排难解纷；临终前方能优雅地自视衣履齐整，端坐而瞑。③此一形象即便是受到传记的文体影响，不免有揄扬美化亡者之

---

① 参见《二弟炳文事略》，《叶德辉集》第 4 册，第 363 页。

② 同上注，第 364—365 页。

③ 同上注，第 364 页。

处，倘若不计较于索引派的读法，这篇文章无疑提供了一种晚清的商人典型，反映了当时商业文化的多元价值。

由此也可见，一如长沙叶家，明清商人的知识结构中往往包括了星命术数的训练，并在其经商的过程中藉此作为相人、观天、识机的重要参考，同时在面对高风险的投资之际，总是要审慎评估，大胆尝试，最后成败都只有归之于命，生意才能继续做下去；而星命术数不仅是一种知识，也形塑出一种行为规范和社会秩序。

三　叶德辉晚年星命学话语与实践

余生于同治三年甲子正月十四日寅时。生时喜鹊盈千，绕屋翔集，先君命小名曰“庆”，识喜也。[①]。

从叶德辉晚年自撰《郎园六十自述》(1922)所提供八字来看，命格为“偏印甲子年正官/比肩丙寅月偏印/日元丙辰日食神/偏财庚寅时偏印”，一般论命是以节气论月份，依日主的天干与其他天干地支的五行生克关系，以排出十神。然后再依十神的特质，论断命主一生的祸福吉凶及六亲关系。其中丙火生于春月，意味着身强得任财官，年柱偏印透干，地支正官独坐，代表他出生家庭有良好的基础；官印相生在年柱，可见其少年得志；命盘第四柱偏财透干呈现，可见其家庭、事业俱有偏财的特质。[②]无怪乎其自谓“生长膏腴，少年科第，半生豪华歌舞，坐拥百城，天下福人，第一莫余若”[③]，然在其个人的生命感受上，却与有很大的落差，他又曾自道：“余一生所享受者，固无日而非艰难困苦之境也”[④]，则跟前面的说法完全相反。若从八字命盘来解释，其中带有三个偏印，个性容易往负面发展，具有克制食神的作用，而有一夕翻盘的现象。然自认精通命理的叶德辉

① 参见《郎园六十自述》，叶德辉著、印晓峰点校：《叶德辉文集》，第268页。

② 有关叶德辉的命格推算与讲解，感谢宜兰佛光大学张美樱教授提供。下同，不再一一注出。

③ 参见《郎园六十自述》，叶德辉著、印晓峰点校：《叶德辉文集》，第268页。

④ 同上注，第268页。

究竟又是如何解释个人生命看似矛盾、苦乐并呈的现象？如何将命理与其生命实践统一？这样的论述话语又有怎样社会性？将试图分析于下。

叶德辉一生六十有四，在他的《郎园六十自述》一文中，将人生分为两个阶段，他说：

> 余生平以造福桑梓为志愿，三十年前，事事得心应手，乡人隐受其福；改革以后，举手凿枘，不能稍一发舒其初愿，是固湘人之劫运未尽。而余之晦气有以乘之也。①

此种分野与其在鼎革前后的际遇有关，特别是湖湘地区连年的水、火、兵劫等灾难②，也受到他个人低沉的星运影响，他在《汉上集》的前言说："两年之间(1913—1914)，一避土匪之乱，再遭暴吏之侵，奔走上海、京师，道出汉口。……今大祥已近，致毁非时，忧从中来，靡所寄托。"③他不但两次生命垂危，又遭父丧之痛。据研究指出，他在1914年底事平之后重回长沙，然其家族产业已破损六七成。此时仅能以房租供给日用，甚至平生最爱买书刻书的开销也已无活支可用。④1916至1920年叶氏移居苏州曹家巷，曾赋诗云："我生丁离乱，日盼干戈戢。六年困江湖，奔走携书籍。"⑤在多年流离外乡的过程中，他不仅没有放弃收书、抄书、校书和著书的嗜好，反而在苏沪一带扩大与吴地俊才交往的圈子，常

---

① 参见《郎园六十自述》，叶德辉著、印晓峰点校：《叶德辉文集》，第278页

② [清]黄钧宰：《金壶七墨·鬼劫》言："俗以水火刀兵为生人劫运。"佛教以以劫为基础，说明世界生成与毁灭之过程。诸经论中又有小劫、中劫、大劫之名目，包括水火刀兵饥荒疫疾等三灾。根据杨鹏程：《湖南灾荒史》(长沙：湖南人民出版社，2008年)对水旱疫虫灾的统计，1912年，全省共受灾30县次，1913年为25县次，1914年达58县次，1915年至57县次，1916年有38县次，1917年则被灾47县次。1914年，浏阳水灾，损坏45 856亩，益阳溃口27垸，淹田约计15万余亩，沅江20垸先后扫溃，淹田5万余亩，灾民3 000余户；1917年水灾，沅江堤垸溃决十分之七，汉寿溃20垸，计田64 700亩，安乡溃决150余垸，约田20万亩，华容共溃53垸，约计田5万亩，南县共溃91垸，约田21万亩。见第四章《民国前期湖南灾荒(1912—1927)》，第406—513页。

③ 参见《观古堂诗录·汉上集》，叶德辉撰、张晶萍点校：《叶德辉诗文集》(长沙：岳麓书院，2010年)第2册，第535页。

④ 参见王逸明：《叶德辉年谱简稿编》，收于《叶德辉集》第1册，1914年，第51页。

⑤ 参见《观古堂诗录·还吴集·丙辰(1916)》，《吴江三高祠，祀越范蠡、晋张翰、唐陆龟蒙，今废为学堂，龛前作寝室矣》，收于叶德辉撰、张晶萍校点：《叶德辉诗文集》第2册，第581页。

去各地观书、画、金石等，扩大了他的文化视野，并因此而能参与《四部丛刊》善本的抉选。同时在谈说古今之际，或与友人商榷五行，共推休咎。《郎园山居文录》二卷，即是叶德辉这段时间与族人和吴中学者往来所作文字，后于1922年由其族子启藩编订，刻板刊行。其中便多次记载叶氏拟与常熟铁琴铜剑楼楼主瞿良士借善本之事，包括《五行精记》、《珞琭子赋》两种等宋版书①。然而这时期最重要的著作，无疑是1918年完成的《星命真原》一书，他在《序》中开宗明义地说：

吾为是书，理汉儒之堕绪，抉《易》数之真铨。求之卦气，以探五行消息之浅深；征之爻辰，以推列宿运行之休咎。辞有未尽者，为图以陈之；图有难明者，为表以着之。不为无据之浮谈，不作欺人之隐语，杂采前人命格有生卒年月可考者，一一为之证明。美恶并陈，忠奸同录，旨在劝人安命，并非炫我先知。②

该文扼要地说明了该书的体例，包括了卦、辞、图、表与事例等部分，著作之旨有二：一为述古，发抉《易》之真诠；二为安命，接受美恶忠奸并陈的社会现实。此一作旨既延续了叶氏一向推尊汉学的脉络，同时藉此点出“安命”的论点。可见这绝非一时心血来潮之作，而是几番生命历练后的深沉领悟。

有趣的是，辛亥革命以后的叶德辉常以嬉笑怒骂的方式来抨时论学，究竟旁人如何看待他这门星命之学呢？在署名杨树谷、杨树达所记③，同门刘肇隅、盐谷温、松崎鹤雄、左念康、雷恺、钱惟骐、郭向阳、帅义等同校的《郎园学行记》一文中，遍举叶氏经学、小学、金石学、版本目录学、史学、古文、诗、骈文、书印、戏曲的成就，而后才论及星命之学，仅位于书画鉴别之前，其曰：

吾师于星历、占卜、形法之书兼收并蓄，多人间秘籍，为人推算星命年运休咎，百不爽一。去年来京，当道要人皆经推算，如言某某何月不利，何事不吉，皆

① 分见《旧抄本宋廖中〈五行精纪〉跋》，叶德辉著、印晓峰点校：《叶德辉文集·郎园山居文录》，第39页；以及《与瞿良士借印四部宋元善本书启》，同前书，第433页。

② 收于《郎园山居文录》，卷上，见叶德辉著、印晓峰点校：《叶德辉文集》，第22页。

③ 杨树达在《积微翁回忆录》多次驳斥此说，详参第75页，注释③。

在数月以后一一符应，至今人以为神。……实则星命之学出于易家，谈命必兼星，……此圣人知命之术也，……上下古今，纵横中外。即此一艺，已非陋儒之所能置喙也。①

一般来说，论者视为本文为也门弟子对其师学行的集体颂词，而对其说法多有保留。倘若尚且保留其中臧否的部分，而直视其论述的方式，对于理解叶德辉及其时代，仍是极有价值。由此不难发现，其论学角度大抵不出传统的学术观念，将星命之学视为一种知命之“术”，故极力强调叶德辉推算精准，以致当道要人趋之若鹜的现象，然后才是论其学源流，兼贯中西。然此是否为叶氏本意？还是时人俗见？叶德辉在星命理论与实践间有何距离？值得进一步推敲。

首先可重回1921年北京夏广伯宁街半截胡同一号的现场，弟子蔡传奎近身观察叶德辉与时人论命，他记述说：

今年五月北来，寓友人符宇澄参议家，时亦寝食余所。豪情胜致，不减昔年，求书求文者日踵于门，每一食顷间，下笔千言，如有腹稿。又喜谈星命，与胶州柯凤荪学士师为昆季之交，见则互出时人星命，共推休咎，或彼此非难，或各持同异，有与同门舒贻上论星历四书，读者无不目眩舌挢，茫然莫穷其涯涘。柯师戏称其学通天人，又谓其学贯中西，师亦谐谈自负，无嗛嗛之意也。②

从这段描写可以观察到几个现象：一是叶德辉之所以在北京受欢迎，主要由于他在学问艺术上的素养，而非星命。事实上，真正能与他坐而论命的对象十分有限，他与当时命理名家柯绍忞（字凤荪，1850—1933）运用当代名人命格为例，实际推衍吉凶，以商榷古今论命的工具与技术。二是指出一般人难以进入星命的现实。他形容读者对同门舒贻上论星历四书的反应，基本上就是目瞪口呆。三是即使友人也会嘲谑坚守旧学、不肯入世的叶德辉，戏称其“学通天人”、“学贯中西”，他不仅不以为忤，而且以打蛇上棍的方式，顺势成为他中西论战的论

① 参见叶德辉著，印晓峰点校：《叶德辉文集》，第328页。

② 参见蔡传奎：《郎园北游文存跋》，见同上注书，第181页。

述方式。

其次，则是与天文、乐律、小学、金石、书法诸领域都深有造诣的朱锡梁(1873—1932)互动。民国《吴县志》形容朱氏“性孤僻，不能谐俗”[①]，但他却与叶德辉颇为投契，1917年，曾与叶德辉共同出资请人深刻南宋时期字迹漫漶的《平江图》碑[②]，挽救古迹文物。此后每造寓斋，叶氏必留与久谈，以文字相商榷[③]。他对叶德辉星命学的评述如下：

> 先生导源昆仑，探其学出于河洛；推步星宿，辨其用諭于堪舆。删术士之野言，示儒家之正轨。成《星命真原》八卷。在先生以为近于游戏，只供谈麈之挥；在学者亟欲叩其玄几，得穷演禽之妙。书成未刻，闻者觖望焉。[④]

根据朱锡梁的认知，叶德辉乃是在星命推算的实践中完成《星命真原》(未知何以卷数记载与他书有异)，故以“近于游戏”、“谈麈”的态度形容其学。同时他十分扼要地掌握了叶氏星命学的特色，就是既不失其推命的实用性，也能够在历代星命著作中辨别精粗，删除浮夸难解的术士之言，发挥儒家知命、安命的义理，正好呼应了前引叶氏的自我认知——“不为无据之浮谈，不作欺人之隐语”著书原则，以及劝人安命的宗旨。

可惜《星命真原》一书，至今已难得一见，要了解叶氏星命思想，则必须借助于与舒贻上论星历四书。深入观察其的内容，前两书较具有论述性，而后两书则针对星命的专门名词见覆，如三合之说[⑤]、三刑之说[⑥]等。其中一书主要讨论星命源流，强调星命术的流传乃是由汉时转入印度，印度入回回，又由回回还入中国。[⑦]

---

① 曹允源、李根源：《民国吴县志》(南京：江苏古籍出版社，1991年)，“杂记二”，卷79，第625a页。

② 参见王逸明：《叶德辉年谱简稿编》，《叶德辉集》第1册，“一九一七年部分”，第52页。

③ 参见朱锡梁：《郎园六十自述・记》，收于叶德辉著、印晓峰点校：《叶德辉文集》，第279页。

④ 见朱锡梁：《叶郎园先生六十生朝宴集序》，同上注书，第312页。

⑤ 阴阳家语，选日家、星命家皆据以选择吉日良辰，或推测人的星命。也即是十二支中以三字相合，配五行中的金、木、水、火，取生、旺、墓者以合局，称为三合。详参陈永正主编：《中国星命辞典》(台北：捷幼出版，1994年)，第39页。

⑥ 术数家语。古代星相家将十二支与五行四方相配，据其生克之理以推凶吉。子卯为一刑，寅巳申为二刑，丑戌未为三刑。凡逢三刑之地则凶。详参上注书，第40页。

⑦ 见《与舒贻上论星命书》，收于《郎园北游文存》，同上注书，第143—147页，流传循环之说则见第146页。

此论今早已为学界辨明推翻[①]，而其历史意义则显示了叶德辉在当时西方至上的时代氛围中，如何慧黠地采取以夷制夷的论述策略。可惜他依然犯了学术上"概念"混淆的禁忌，中国传统的宿命占星与西洋占星对于命运计算的时间起点即已有所不同，实非同一系统。

二书则是针对小报刊登《八字辨惑》抨击命理不可信，进行辨析。他归纳批评的论点，包括各代岁首不同，八字岁上一柱不能定；日干只能就地方，不能全球一律；日行有迟速则不能有定时；以及干支为一种名词，实于人身无关等问题的质疑，主要归结到八字四柱与实际际遇不同的悖论。叶氏论述的方式主要从古书中寻找根源以对应，然在实际推命时又提出行运与本命的差别，星宫与所值诸曜相反，三元中气化不同，又辅以世界治乱不同等因素，因此认为不可一概而论。[②]其实这些说法皆可视为传统命理遭受挑战和危机时，一种正当化的过程。最有意思的是他对古今中外观念的任意挪用，如将古代的"以类相生"，等同于西人论月气推命(也即是论三代祖父母)，又等同于生物学中的"遗传性"，最后归结于儒学中的"天命之为性"；其次将古代"鹰化为鸠，爵入大水为蛤，腐草为萤，橘逾淮北而为枳"的变化说，等同于天然之化，又将"松柏合种而成欃，桃杏合种而成奈"的配种说，等同于人事之化。强调"天化为文明进化之自然"，而"人化为教育迁善之结局"，最后归结到圣贤安命，君相造命[③]。也就是说，叶德辉认为命乃是天化与人化共同作用的结果，有其可逆与不可逆之处，君子对于命的态度，或有所为，或有所不为。尽管他也尝试利用现代科学的观念，但其基本精神乃是上接儒家"穷达以时"的命观。

1921年12月12日，叶德辉致函友人王秉恩(字雪澄，1845—1928)，王氏与其同样地喜爱藏书、刻书、编辑与书画，后来寓居上海、贫以卖书画为生[④]，两人颇有同为天涯沦落人的相知之情。在谈及此书时说：

---

① 学者大致同意占星术萌芽于公元前7世纪，至少在2世纪，由天文学家托勒密(Ptolemy, ca. 127—170)建立起西洋占星学的主要经典《天文四书》，经由印度、伊斯兰、欧洲传入中国、朝鲜、日本等地。可参张哲嘉：《占星术与中西文化交流》，收入祝平一主编：《中国史新论　科技与中国社会分册》(台北：联经出版事业公司，2010年)，第423—458页。

② 参见《再与舒贻上论星命书》，收于《郎园北游文存》，同上注书，第147—156页。

③ 同上注，第156页。

④ 详参彭华：《华阳王秉恩学行考》，《中国典籍与文化》2011年第3期，第41—48页。

拙著《星命真原》一书，穿穴郑、虞二家《易》书，探源河洛，旁参印度回回之术，更证以西人谈命之书，自谓为古今绝学。……柯凰孙向以此书称于北京，曾与之畅谈，及推论当代要人命造，谓弟学通天人，又谓弟学贯中西。[①]

紧接着又说：

近一门生以所藏姜怡亭金器拓本四册托售，一时无主，因一一笺释之，楚翁谓宜付之石印，无此钜赀，惟有云烟而已。[②]

由此可知，叶氏自誉该书为"古今绝学"的同时，并引述柯绍忞"学通天人"、"学贯中西"的盛誉，其目的与其说是在骄其友人，毋宁说是在面对托售金文拓本的珍藏尚且无门、笺释付印又"无此巨赀"的窘境下，对于这本一般读者难以索解，更被革新派视为落后迷信的星命之书，注定只能落入"书成未刻"[③]的下场，徒与友人分享"惟有云烟而已"的感叹！尽管如此，叶氏在该书《自序》中言：

夫贵而得位，富而得禄，此古今仕宦之所同。惟名与寿，必归之文学、著述之儒。[④]

从这里再回到本节开始的提问，叶德辉自觉后半生乃是极受制肘，晦气不已。他如何将其星命研究与生命实践结合？除了前面一再提到的"安命"之外，安于晚年无位无禄之命；然此同时，他也深信服于儒家"知其不可为而为之"的刚健精神，因此从其进士及第的当年(1892)，即开始孜孜不倦地校定、勘刻《鬻子》、《郭氏玄中记》等百余种图书，收录于《观古堂所著书》所辑 13 种书，就是其"搜辑古逸子集，附之日记，日久成卷。凡前人所已辑已刻者，亦未及取校，我行

① 参见《致王秉恩》，《叶德辉集》，第 4 册，第 422 页。

② 同上注书，第 422 页。

③ 参见朱锡梁：《叶郎园先生六十生朝宴集序》，叶德辉著、印晓峰点校：《叶德辉文集》，第 312 页。

④ 参见《星命真原序》，叶德辉著、印晓峰点校：《叶德辉文集》，第 23 页。

我法，不羞雷同也”。至其殁的三十五年中，仅有1894、1896两年没有任何出版活动，其他无论是身披阻挠新政，破坏变法之罪（1898）、两次大病达月余（1897、1902），或是牵连长沙饥民暴动，被革去功名（1910），或大闹坡子街，被迫奔走上海、京师与汉口之间（1912—1919）；还是因批评相督施政，即将被押解回湘正法（1914），都没有暂停他的著作出版事业。始终自我定位为文学、著述之儒，故在《郎园六十自述》自言晚景三乐：老母八旬健在、子孙克绍箕裘，读书不失家法，以及书香济美，家泽延长。此即叶德辉所谓的“终享名与寿”了。

从叶德辉的自述，以及民初时人话语中皆可以得知，叶德辉在星命之术的实践上，颇为成功；在“命”的文化精神上，也可谓承接了传统儒家义命二分的气概与理想，并成为个人生命实践的指引方针。然而处于新、旧交接的时代，叶德辉个人坚持传统旧学，然其论学却往往并非在严谨的学术语境中进行论述，从先秦、六朝、唐宋到明清学说都可任意拼贴，成为彼此的学术资源；另一方面，也不断受到西方科学、民主等新学话语的冲击，不知不觉地接受了新时代的话语，像是遗传学、地球、文明、进化等。但是他在进行古今中外不同观念的转换时，所使用的概念并不只是单纯透明的指涉，而是企图夹带或中介一个复杂的传统脉络。特别当这些概念涉及自然科学时，常常是惨不忍睹，令人失笑。杨树达《郎园全书序》评论道：“至于研深星命，推本汉师，则又自来儒者所未言，术家所不喻也”[1]，诚有微言大义于其中！

四 结 语

叶德辉生为商贾之家的长子，早年致力于场屋举业，肩负光宗耀祖的无形责任；致仕返乡后，一方面扮演湖湘文化与汉学代言人的角色；另一方面，继承染坊、贩茶、钱铺等父业，而在新旧工业转型、中西经贸往来之际，经商致富，成为湖湘重要的权绅之一。过去讨论叶德辉的功过是非，多从知识精英的社会角色来探讨其做了些什么立论；然而更进一步观察，则可以发现叶德辉常处于一种既儒且商的角色冲突中。戈夫曼（Erving Goffman，1922—1982）指出，进入

① 参见杨树达：《郎园全书序》，收于叶德辉著、印晓峰点校：《叶德辉文集》，第286页。

社会角色需要具备三方面条件：一、获得了承担某种角色的认可；二、表现出了扮演这一角色所必需的能力和质量；三、本能地或积极地，在精神上和体力上均投入这一角色。[①]叶德辉二十九岁中进士，可说是年纪尚轻即已完成了科举之路的幸运者；也代表其已通过全国性最严苛的测验，具备了传统举业所需小学、经学、史学、古文、诗、骈文的多重能力；而后，又在其乡居生涯中，钻研金石学、版本目录学、书印、戏曲，多有创获，可见其聪敏好学，儒雅兼备。然而叶氏家族终究是以贩贾为其本业，叶氏从小耳濡目染，不仅曾受商业教育，入仕前就已兼从商贩，致仕后即使涉足金石、出版、戏曲等文士雅趣，却也不失商业眼光[②]。事实上，叶德辉本身并不缺乏两种不同角色所必需的能力与质量，而其冲突竟发生于最私密的阃闱之中。由于其妻劳氏不喜文史，不耐其在内室习字抄诗，夫妻俩常因此而屡起勃溪，叶氏因而讥其染"家族田舍翁之风"；但诚如前文所论，劳氏与叶氏两家世代婚姻，她这种简约务实的作风，反而深得公婆喜爱；尽管劳氏早卒，叶氏宁可终身不娶，"深以此后少室家儿女之累为幸"，[③]反面地见证了两家共有的传统家风。

由此再次检视叶德辉在《再与舒贻上论星命书》所倡言的"人化"与"天化"，更觉得这种命理的解释意义深长，兼具生命哲学与实践上的反思。叶氏透过后天的儒、商教育，顺利地获得两种社会角色的能力与质量，个人也能认同与投入两种角色的扮演，这无疑即是"人化"——教育迁善之结局。但无可讳言的，叶氏生命中也有无可逃避的伦理冲突，即便是儒雅教育已使他晋身于另外一个社会阶层，他依然无法挑选个人诞生的家庭，也不能切断父母妻子伦理上的恩情，也即是"天化"——文明进化之自然。进一步来说，叶氏无论在其家族，甚至在湖南省内，都没有找到心目中士商兼备的角色典范（role model），只能在错误中不断自我摸索，因而萌生"余一生所享受者，固无日而非艰难困苦之境"的晚年感慨。在此生命困境中，叶德辉选择了研习命理，既可自我观看，又具有排遣之意，尽量摆脱此一情境。无论从古今的标准，叶德辉绝对不是一个道德完美的

① 参见戈夫曼著，徐江敏、李姚军译：《日常生活中的自我表演》（台北：桂冠图书公司，1992 年），第一章"表演"，第 19—83 页。

② 参见拙作：《从品鉴到借鉴——叶德辉辑刻〈山公启事〉与阅读现象》，第 199—200 页。

③ 参见《郋园六十自述》，叶德辉著、印晓峰点校：《叶德辉文集》，第 270 页。

圣人君子，但从他一再上溯至江苏吴江的先世，寻觅另一种家族认同的传统，形成一种新的互动，弥补“天化”之缺憾；到终身致力于辑校、编书与出版事业，积极致力于“人化”之事业；以至于最后安于晚景三乐，也即是老母八旬健在、子孙克绍箕裘，至少也可被视为一个由“造命”到“安命”的知识分子吧！

经学研究

康有为的今文经学立场与其戊戌流亡前的孔教建制主张

唐文明*

在1890年会晤廖平之后，康有为最终确立了其今文经学立场。而阐明这一立场的代表性著作是《新学伪经考》和《孔子改制考》。前者于1891年秋初刻，以刘歆伪造古文、变乱六经之学为主论；后者于1892年开始编纂，于1898年初问世，以孔子为托古改制之大地教主为主论。正如很多论者业已指出的，前者的主要目的是"破"，后者则着意于"立"。

既然我们常说"不破不立"，那么，可以想见，《新学伪经考》对于康有为阐明自己的今文经学立场具有重要的意义。在1913年2月写给廖平的一封信中，康有为曾叙述自己对古文经发生怀疑、转而信从今文经是缘于一次偶读《史记》的经历："仆昔以端居暇日，偶读《史记》，至《河间献王传》，乃不称古文诸书，窃疑而怪之。以太史公之博闻，自谓网罗金匮石室之藏，厥协六经异传，整齐百家杂语，若有古文之大典，岂有史公而不知？乃遍考《史记》全书，竟无古文诸经；间著'古文'二字，行之不类，则误由刘歆之窜入。既信史公而知古文之为伪，即信今文之为真，于是推得《春秋》由董、何而大明三世之旨，于是孔子之道四通六辟焉。"①于是

* 作者单位：清华大学哲学系。

① 《致廖季平书》，参见《康有为全集》第十集，第19页。

我们看到，康有为在《新学伪经考》中主要引证和分析了《史记》和《汉书》中的有关文献，以阐发其古文经为伪、今文经为真的观点。这一观点的具体内容主要有如下几点。

首先，康有为认为《毛诗》、《古文尚书》、《周礼》、《说卦》、《序卦》、《杂卦》、《费氏易》、《左传》为伪作："凡《诗》三百五篇，其四始之义，以《关雎》为风始，《鹿鸣》为小雅始，《文王》为大雅始，《清庙》为颂始。其《诗》，孔子皆弦歌之，以求合韶、武、雅、颂之音。传之有鲁、齐、韩三家，无所谓《毛诗》者。其《书》，上纪唐、虞之际，无《舜典》，但有伏生今文二十八篇，……无所谓壁中《古文尚书》者。其《礼》，唯有高堂生所传十七篇，而无《逸礼》三十九篇、《周官》五篇及《明堂阴阳》、《王史氏记》也。其《易》，则伏牺画八卦，文王重六十四卦，孔子系之辞，无以为周公作，亦无《说卦》、《序卦》、《杂卦》三篇。亦无十翼之说。传授人自商瞿至田何，再传至杨何，无所谓《古文费氏》也。其《春秋》，唯有《公羊》、《穀梁》二家，无所谓《左氏传》也。"①

其次，康有为认为六经皆孔子所作，六经而外由七十子后学所记的其他相关著作——包括《系辞》、《礼记》中的大多数篇章、《论语》、《孝经》等——皆为六经之传、记而不得称经："六经皆孔子所作。《诗》三百五篇，《书》二十八篇，《礼》十六篇，《易》上、下二篇，《春秋》十一篇，乐在于声，其制存于《礼》，其章存于《诗》，无文辞，是为六经。禀于圣制，尊无与上者。《易》之《系辞》，《礼》之《丧服》，附经最早，然《史记》称《系辞》为传，《丧服》亦名传，亦弟子所推补也。自六经而外，皆七十子后学所记，各述所闻，或独撰一书，或合述一书，与经别行，统名曰传，凡儒家言皆是，犹内典佛说者为经，菩萨说者为律、论也。虽以《论语》纪孔子言，以非孔子所撰，亦名为传。但诸所说虽宗师仲尼，亦各明一经之义。如《五帝德》、《帝系姓》、《文王世子》、《武王践祚》，为《书》作记者也；《系辞》、《易本命》，为《易》作记者也；《王制》、《坊记》，为《春秋》作记者也；《曲礼》、《玉藻》、《少仪》、《郊特牲》、《礼运》、《礼器》、《投壶》、《衅庙》，为《礼》作记者也。自余若《经解》、《大学》、《中庸》之类，通论为多。盖七十子后学记，即儒家之书，即《论语》、《孝经》亦在其中。"②

① 参见《康有为全集》第一集，第368页。

② 参见《康有为全集》第一集，第392页。

第三，康有为提出“孔子六经不亡于秦政之烧书，而乱于新歆之校书”的独特观点，这也是《新学伪经考》的核心观点。对于刘歆如何伪作古文经，康有为提出了自己的分析。他认为刘歆伪作古文经的关键在《周礼》，而以其他一些经的伪作辅翼之：“盖歆为伪经，无事不力与今学相反，总集其成，则存《周官》。今学全出于孔子，古学皆托于周公。”①“歆之精神全在《周官》，其伪作《古文书》、《毛诗》、《逸礼》、《尔雅》，咸以辅翼之。”②他还提出，刘歆为了伪作《周礼》，先伪作《左传》，因而《左传》在伪经中的地位也非常重要：“歆遍造伪经，而其本原莫重于伪《周官》及伪《左氏春秋》。而伪《周官》显背古义，难于自鸣，故先为伪《左氏春秋》。”③“《左传》者，歆伪经之巢穴也。《左传》立，则诸伪经证据分明，随踵自立矣。”④对于《左传》的来历，康有为还根据《史记》中“左丘失明，厥有《国语》”等记载以及文本上的一些具体分析提出一个看法，即认为《左传》“摭于《国语》”；他亦由此说明《左传》与《春秋》本不相干：“《左氏》体例与《国语》相似，……本不释经，与《春秋》不相涉，不必因其有刘歆伪《古礼》，而尽斥其为伪书，亦不能因其偶合于《仪礼》、《礼记》，而信其传经也。”⑤既然区分今文经学与古文经学的焦点向来表现在对《周礼》和《左传》的评断上，那么，康有为这里的看法可以说是其来有自。

第四，康有为认为最终使古文经学取代今文经学而获得主导地位的是以古文经学为主而兼采今文经学的郑玄，即所谓“始作伪乱圣制者自刘歆，布行伪经篡孔统者成于郑玄”，并分析其中的缘由主要在于今文经学与古文经学的“通和”：“而所以辅成古学，篡今学之大统者，则全在郑康成一人。推康成所以能集六经之成，以灭今学者，盖有故焉。两汉儒林皆守家法，爰逮后汉，古学虽开，而古学自守其藩篱，今学自守其门户，宁有攻伐，绝不通和。今学攻古学为颠倒经法，古学攻今学为蔽固妒毁。但今学之毁古，犹王师之拒贼也；古学之攻今，则盗憎主人也。观其相毁之辞，而曲折见矣。然古学虽言伪而辩，而自杜林、郑兴

---

① 参见《康有为全集》第一集，第394页。

② 参见《康有为全集》第一集，第395页。

③ 参见《康有为全集》第一集，第398页。

④ 参见《康有为全集》第一集，第456页。

⑤ 参见《康有为全集》第一集，第400、402页。

至贾逵、马融、许慎诸大师，皆笃守古文，与今学家沟绝不通。苟长若此，即互有盛衰，亦可两存。唯郑康成先从第五元通《京氏易》、《公羊春秋》，又从张恭祖受《周官》、《礼记》、《左氏春秋》、《韩诗》、《古文尚书》，盖兼通今古，因舍今学而就古学。然虽以古学为宗主，而时有不同，又采今学以裨佐之。"[①]

最后，康有为提出刘歆伪作古文经的根本问题在于"夺孔子之经以与周公，而抑孔子为传，于是扫孔子改制之圣法，而目为断烂朝报"，[②]并顺此重新刻画了汉代以后的经学史和儒学史。比如在提到汉学与宋学之争时他说："凡今所争之汉学、宋学者，又皆歆之绪余支派也。"[③]在提到唐人和清人对周公的尊崇时他说："唐人尊周公为先圣，而以孔子为先师，近世会稽章学诚亦谓周公乃为集大成，非孔子也，皆中歆之毒者。"[④]康有为对经学史和儒学史的重新刻画无论在当时还是后来，都是非常惊人的，比如朱一新就已经明确意识到，"刘歆、郑玄以下皆信伪经"的观点客观上会动摇经学的根本，对儒学造成巨大的冲击；而后来钱玄同、顾颉刚等人也都明言其疑古思想深受康有为的影响。不过，值得注意的是，虽然从《教学通义》到《新学伪经考》康有为衡定周、孔的方式发生了显著的变化，即在前书中因受章学诚的影响而以周公为作者、孔子为述者，在后书中则把"作者之谓圣"的重心几乎完全放在了孔子身上，但是，不妨碍这两种衡定周、孔的不同方式各自都能够相应于一个孔教概念。正如前面已经提及的，这一点也表现在，康有为早期使用的"孔教"概念其实就是指二帝三王所传之教，即周孔之教，尽管"孔教"一词就其语义而言的确与他后来今文经学立场之下的看法更为接近，即指孔子之教。

今文经学立场的确立直接关联于康有为以孔子为教主的看法。在《新学伪经考》中康有为提到孔子为"天命大圣"，在《孔子改制考》中他则详细地阐发了孔子为托古改制之大地教主的看法。康有为主要是通过援引先秦、两汉时期以孔子为改制立法之素王的看法来说明孔子为大地教主的看法的。在《孔子改制考》卷八"孔子为制法之王考"中，康有为在开篇谈到该卷的写作目的时说："自

① 参见《康有为全集》第一集，第 451 页。
② 参见《康有为全集》第一集，第 355 页。
③ 参见《康有为全集》第一集，第 362 页。
④ 参见《康有为全集》第一集，第 416 页。

战国至后汉八百年间，天下学者无不以孔子为王者，靡有异论也。自刘歆以《左氏》破《公羊》，以古文伪传记攻今学之口说，以周公易孔子，以述易作，于是孔子遂仅为后世博学高行之人，而非复为改制立法之教主圣王，只为师统而不为君统。……今遍考秦、汉之说，证明素王之义。庶几改制教主，尊号威力，日光复荧，而教亦再明云尔。”①

孔子为素王之说，在文献根据上往往被认为关联于汉代公羊学，特别是公羊家对《春秋》哀公十四年“西狩获麟”之记载的解释，即以西狩获麟为孔子受命之符，如董仲舒在《春秋繁露·符瑞》中所说：“有非力之所能致而自致者。西狩获麟，受命之符是也。然后托乎《春秋》正不正之间，而明改制之义。一统乎天子，而加忧于天下之忧也。务除天下所患，而欲以上通五帝，下极三王，以通百王之道，而随天之终始。”②《公羊传》在解释“西狩获麟”时说：“何以书？记异也。何异尔？非中国之兽也。然则孰狩之？薪采者也。薪采者则微者也，曷为以狩言之？大之也。曷为大之？为获麟大之也。曷为为获麟大之？麟者，仁兽也。有王者则至，无王者则不至。有以告者曰：‘有麕而角者。’孔子曰：‘孰为来哉！孰为来哉！’反袂拭面，涕沾袍。颜渊死，子曰：‘噫！天丧予。’子路死，子曰：‘噫！天祝予。’西狩获麟，孔子曰：‘吾道穷矣。’《春秋》何以始乎隐？祖之所逮闻也，所见异辞，所闻异辞，所传闻异辞。何以终乎哀十四年？曰：‘备矣！’君子曷为为《春秋》？拨乱世，反诸正，莫近诸《春秋》。则未知其为是与？其诸君子乐道尧、舜之道与？末不亦乐乎尧、舜之知君子也？制《春秋》之义，以俟后圣，以君子之为，亦有乐乎此也。”③对于麟来之义，徐彦在《春秋公羊传注疏》中对公羊家的看法有一个全面的概括：“麟之来也，应于三义。一为周亡之征，即上传云‘何以书？记异也’是也。二为汉兴之瑞，即上传云‘孰为来哉！孰为来哉！’，虽在指斥，意在于汉也。三则见孔子将没之征，故此孔子曰‘吾道穷矣’是也。”④

对比一下宗《左传》的古文经学家在解释“西狩获麟”上的差异，可以突显出

---

① 参见《康有为全集》第三集，第101页。

② 参见苏舆：《春秋繁露义证》，北京：中华书局，1992年，第157—158页。

③ 《春秋公羊传注疏》卷二十八，参见阮元校刻：《十三经注疏》(下)，北京：中华书局，1980年，第2352—2353页。

④ 参见阮元校刻：《十三经注疏》(下)，第2353页。

公羊家观点的独特性究竟在于何处。《左传》关于"西狩获麟"只是较详细地叙述了这一事件的发生过程:"十四年春,西狩于大野。叔孙氏之车子钮商获麟,以为不祥,以赐虞人。仲尼观之,曰:'麟也。'然后取之。"[①]所以我们需要考察为《左传》作注解者的看法。

首先需要指出的是,以麟为仁兽、为圣王之嘉瑞的看法,也为宗《左传》的古文经学家所认同。大概这是当时人们的一种共同看法,或如后来韩愈在《获麟解》中所言:"麟之为灵,昭昭也。咏于《诗》、《书》,载于《春秋》,杂出于传记百家之书,虽妇人小子皆知其为祥也。"对这一看法的更清晰的阐述见诸《白虎通·封禅》中"符瑞之应"章:"天下太平,符瑞所以来至者,以为王者承天通理,调和阴阳。阴阳和,万物序,休气充塞,故符瑞并臻,皆应德而至。……德至鸟兽,则凤凰翔,鸾鸟舞,麒麟臻,白虎到,狐九尾,白雉降,白鹿见,白鸟下。"[②]因此,无论是宗《公羊传》的今文经学家,还是宗《左传》的古文经学家,对于"西狩获麟"的理解,都紧扣"麟为仁兽,为圣王之嘉瑞"之义而展开。

杜预对"西狩获麟"的解释是:"麟者,仁兽,圣王之嘉瑞。仲尼伤周道之不兴,感嘉瑞之无应,故因鲁《春秋》而修中兴之教。"[③]对此,孔颖达疏曰:"此时无明王,麟出无所应也。出而遇获,失其所以归也。夫以灵瑞之物,辘轲若是,圣人见此能无感乎?所以感者,以圣人之生非其时,道无所施,言无所用,与麟相类,故为感也。仲尼见此获麟,于是伤周道之不兴,感嘉瑞之无应,故因鲁《春秋》文加褒贬而修中兴之教。若能用此道则周室中兴,故谓《春秋》为中兴之教也。"[④]如果说杜预的看法能够代表一般古文经学家的看法的话,那么,从中可以看出,一般古文经学家对于《公羊传》中"麟者,仁兽也。有王者则至,无王者则不至"的看法并无异议,只是他们对"西狩获麟"的理解主要落在孔子"伤周道之不兴"这一点上,即徐彦所概括的麟来所应之三义中的第一义上。但这还不能全面刻画出古文经学家的真实看法。

麟来所应之三义中的第二义,在文献上见诸许慎的《五经异义》与何休的

---

① 参见阮元校刻:《十三经注疏》(下),第2172—2173页。

② 陈立:《白虎通疏证》(上),中华书局,1994年,第283、284页。注者多引"麒麟臻"等文自《孝经·援神契》。

③ 《春秋左传正义》卷五十九,见阮元校刻:《十三经注疏》(下),第2172页。

④ 参见阮元校刻:《十三经注疏》(下),第2172页。

《春秋公羊传解诂》等。在“反袂拭面，涕沾袍”下，何休的注中有这样的说法：“夫子知其将有六国争强，从横相灭之拜，秦项驱除，积骨流血之虞，然后刘氏乃帝。深闵民之离害甚久，故豫泣。”①在“拨乱世，反诸正，莫近诸《春秋》”下，何休的注引用了《演孔图》的说法：“得麟之后，天下血书鲁端门曰：‘趍作法，孔圣没。周姬亡，彗东出。秦政起，胡破术。书纪散，孔不绝。’子夏明日往视之，血书化为赤乌，化为白书，署曰‘演孔图’，中有作图制法之状。孔子仰推天命，俯察时变，却观未来，豫解无穷，知汉当继大乱之后，故作拨乱之法以授之。”②以麟来为兴汉之瑞的看法，可以说是宗《公羊传》的今文经学家的独特看法。就是说，宗《左传》的古文经学家一般会认可西狩获麟为周亡之异的看法，但不一定认可西狩获麟为兴汉之瑞的看法。许慎在《五经异义》中列举了对西狩获麟的一些不同看法：“说《公羊》者云：‘麟是汉将受命之瑞，周亡天下之异，夫子知其将有六国争强，秦项交战，然后刘氏乃立，夫子深闵民之离害，故为之陨泣。麟者，太平之符，圣人之瑞。’又云：‘麟得而死，此亦天告夫子将殁之征也。’……说《左氏》者云：‘麟生于火而游于土，是中央轩辕大角之兽，孔子作《春秋》，《春秋》者，礼也，修火德以致其子，故麟来而为孔子瑞也。’奉德侯陈钦说：‘麟，西方毛虫，金精也；孔子作《春秋》，有立言；西方兑，兑为口，故麟来。’谨案：公议郎尹更始、待诏刘更生等议石渠，以为吉凶不并，瑞灾不兼。今麟为周亡天下之异，则不得复为汉瑞。知麟应孔子而至。”③其中尹更始、刘更生（即刘向）等人“麟为周亡天下之异，不得复为汉瑞”之说大概可以代表一些古文经学家的看法。

值得注意的是，以古文为主、兼采今文的经学大家郑玄在《驳五经异义》中对尹更始、刘向等人的看法提出了反驳：“《洪范》五事，一曰言。言作从，从作乂。乂，治也。言于五行属金，孔子时，周道衰亡已，有圣德无所施用，作《春秋》以见志。其言可从，以为天下法，故天应以金兽，性仁之瑞，贱者获之，则知将有庶人受命而行之。受命之征已见，则于周将亡，事势然也。兴者为瑞，亡者为灾，其道则然。何吉凶不并，瑞灾不兼之有乎？如此修母致子，不若立言之说密也。”④不

① 参见阮元校刻：《十三经注疏》（下），第2353页。

② 参见阮元校刻：《十三经注疏》（下），第2354页。

③ 引自皮锡瑞：《〈驳五经异义〉疏证》，文海出版社，1967年，第277—278页。

④ 引自皮锡瑞：《〈驳五经异义〉疏证》，第278—279页。

过，这并不意味着郑玄同意西狩获麟为兴汉之瑞的公羊家观点。此处所引许慎和郑玄的文字都提到"麟应孔子而至"之义，大略对应于徐彦所概括的第三义。尹更始、刘向等人以"吉凶不并，瑞灾不兼"为理由而得出"麟为周亡天下之异，不得复为汉瑞"的看法，进而得出"知麟应孔子而至"的看法；郑玄则反驳了"吉凶不并，瑞灾不兼"的看法，但他也是以西狩获麟为孔子受命之征。郑玄其实是赞同公羊家以西狩获麟为孔子受命之征、孔子为素王的看法的，此义明确见诸《六艺论》："孔子既西狩获麟，自号素王，为后世受命之君，制明王之法。"孔颖达在《春秋左传正义》中还提到："贾逵、服虔、颍容等以为孔子自卫反鲁，考正礼、乐，修《春秋》约以周礼，三年文成致麟。"[①]我们知道，贾逵、服虔、颍容等人都是治《左传》的古文经学家，可见"麟应孔子而至"是宗《左传》的古文经学家和宗《公羊传》的今文经学家的一个共同看法。而且，既然麟为仁兽、为圣王之符瑞的信念为古文经学家和今文经学家所共享，那么，以孔子为素王的看法其实并非公羊家独有的观点，而是古文经学家也认可的。

这样看来，在对西狩获麟的理解上，古文经学家与今文经学家的一个最明显的不同在于是否以麟来为兴汉之瑞这一点上，特别是对于何休提到的孔子已经预言到汉兴以及《演孔图》中的神奇描述，是古文经学家重点拒斥的。今文经学家强调孔子与汉代之间的联系，以孔子当一代之王，所以麟应孔子而至与麟来为兴汉之瑞被认为是一件事的两个方面，其观点突显了孔子为汉立法的意涵；古文经学家则强调了孔子与周道之间的联系，认为孔子从周道而为后世修《春秋》，其观点笼统于孔子为后世立法的思想。可以看到，这二者之间的差异并非不可融通：只要排除《演孔图》中的神奇描述，今文经学家的看法就与古文经学家相当接近了。[②]另外，还应当注意到，今文经学家以《春秋》为孔子拨乱反

① 参见阮元校刻：《十三经注疏》(下)，第2172页。贾逵、服虔、颍容即《五经异义》中提到的"说《左传》者"。

② 关于这一点，皮锡瑞说："麟为汉瑞，详见何氏《解诂》引《演孔图》。《演孔图》虽属谶纬家言，孔子作《春秋》，本为后王立法，继周者汉，即谓《春秋》为汉制亦无不可。麟出为作《春秋》瑞应，即谓麟出为汉瑞亦无不可。《春秋繁露·符瑞篇》云：'西狩获麟，受命之符。'是西汉大儒已为此言，不待东汉崇信谶纬之后也。汉人多以获麟颂扬汉代。韩敕碑云：'后制百王，获麟来吐。'史晨碑云：'西狩获麟，为汉制作。'又云：'获麟趣作，主为汉制。'是其明证。在汉言汉，推尊昭代，不得不然。后人多以崇信谶纬为公羊家罪案，斯昧古之甚矣。左氏家不信此说，故但以麟为孔子瑞，不以为汉瑞。"(参见《〈驳五经异义〉疏证》，第282—283页)

正之作，古文经学家则以《春秋》为孔子的中兴之教，这两种看法也颇有一致之处。古文经学家与今文经学家在对西狩获麟的理解上的实质的不同表现在如何理解孔子的立法的问题上。上引《春秋左传正义》中杜预所言“若能用此道则周室中兴”及孔颖达提到贾逵、服虔、颍容等人认为孔子修《春秋》是“约于周礼”等说法，是理解古文经学家的看法的一个要点。古文经学家虽然和今文经学家一样认为孔子作《春秋》是为后世立法，但古文经学家更强调孔子立法对于周礼的继承性。如果我们从比较接近今文经学的立场上来看，强调孔子立法对于周礼的继承性可能导致孔子“创制显庸”之意味的减弱。不过，无论孔子“创制显庸”的意味如何减弱，古文经学家认可孔子为后世立法这一点不可能被动摇，因为既然麟为圣王之符瑞且麟为孔子而来皆为古文经学家所认可，那么，孔子为圣王也必然为古文经学家所认可，而改制立法则是为圣王者的应有之义。

其实，郑玄的看法已经从一个角度表明，孔子为素王、西狩获麟为孔子受命之符乃是古文经学家和今文经学家的共同看法，虽然在具体理解上二者存在着各自看来非常重要的差异。康有为对此虽然没有作细致的分析，但他也引用了许多超出今文经学范围的文献来证明孔子为素王的观点并非仅限于今文经学家。康有为在论证孔子为教主时比较有创造性的是他在“素王”和“教主”之间进行了意义上的勾连：“素王，空王也。佛亦好空王，又号法王。凡教主尊称，皆取譬于人主，何异焉？”①我想特别指出的是，如果这一点没有问题的话，那么，站在古文经学的立场上，也能证成、甚至更能证成孔子为教主的看法。

但康有为这时的孔教论确实与其今文经学立场有密切关系。在《孔子改制考》的序中，康有为引用了《演孔图》黑帝降精而生孔子的说法：“天既哀大地生人之多艰，黑帝乃降精而救民患，为神明，为圣王，为万世作师，为万民作保，为大地教主。”②黑帝降精而生孔子的说法既然见诸《演孔图》，或许为何休这样的公羊家所认可，但很难在《公羊传》中找到明确的根据，或许也很难为同为公羊家的董仲舒所认可。康有为援引这一说法表明他在“神道设教”的路上走得很远。在此我们必须提到基督教这个外缘性的参照。不难想到，基督教福音书中

① 参见《康有为全集》第三集，第104页。

② 参见《康有为全集》第三集，第3页。

关于玛利亚由圣灵怀孕而生耶稣的说法对于康有为起用《演孔图》中黑帝降精而生孔子的说法不无关系。

不过,似乎有证据表明,在理解康有为的"教主"概念时,我们亦不宜过分强调基督教思想的影响,更不宜仅以基督教为参照。从《孔子改制考》可以清楚地看到,在康有为那里,不仅耶稣、释迦牟尼、琐罗亚斯德等被认为是教主,希腊贤哲、先秦诸子等也都被认为是教主:"于是才智之尤秀杰者,蜂出挺立,不可遏靡。各因其受天之质,生人之遇,树《论语》,聚徒众,改制立度,思易天下。惟其质毗于阴阳,故其说亦多偏蔽,各明一义,如耳、目、鼻、口不能相通。然皆坚苦独行之力,精深奥玮之论,毅然自行其志,思立教以范围天下者也。外国诸教亦不能外是矣。当是时,印度则有佛、婆罗门及九十六外道并创术学,波斯则有祚乐阿士对创开新教,泰西则希腊文教极盛,彼国号称同时七贤并出,而索格底集其成。故大地诸教之出,尤盛于春秋、战国时哉!"①从中也可以看出,康有为的"教"的概念是非常广义的,并非限于狭义的宗教,可以涵摄包括宗教在内的、以教化为目的的一切学术。

但我们又不能因此而过分弱化康有为以孔子为教主的独特看法。虽然康有为认为诸子皆为改制立法之教主,但正如上引文中所言,他亦认为诸子所立之教各执一义而流于偏蔽,而孔子则为"诸子之卓","积诸子之盛,其尤神圣者,众人归之,集大一统,遂范万世。"②他的这个看法在文献上曾诉诸《庄子》。《庄子·天下》中有一段话论及"古之人"内圣外王之道,称"配神明,醇天地,育万物,和天下,泽及百姓,明于本数,系于末度,六通四辟,小大精粗,其运无乎不在"。康有为认为其中的"古之人"指的就是孔子,③且认为庄子的这段话是对孔子的最佳描述:"所以尊孔子者云'配神明,醇天地,育万物,和天下,泽及百姓,明于本数,系于末度,六通四辟,小大精粗,其运无乎不在。'又开篇称为'神明圣

①② 参见《康有为全集》第三集,第8页。

③ 康有为提出的理由如下:"或以古人属禹、汤、文、武,则开端云:'天下之治方术者多矣!皆以其有为不可加。'指当时春秋、战国创教立说之诸子而言,故谓为'治方术'。《论衡》谓孔子,诸子之杰者也。孔子在当时,道未一统,孔、墨并称,儒、墨相攻,古列在当时天下治方术诸家之内。若古之人为三代先王,则当言古今之为治道多矣,不当言天下之治方术。文质三正,循环递嬗,三王方听人人用二代之礼乐,何尝以为无以加?故知古之人非三代先王也。既非三代先王,则古之人为孔子尤确。而古之人所为《诗》、《书》、《礼》、《乐》,非孔子而何?"参见《康有为全集》第三集,第140页。

王’，自古尊孔子、论孔子，未有若庄生者。虽子思称孔子曰：‘洋洋乎发育万物，峻极于天，上律天时，下袭水土’，不若庄子之该举。子贡、有若、宰我所称，益不若子思矣！固由庄生之聪辨，故一言而能举其大，亦由庄生曾为后学，能知其深也。后世以《论语》见孔子，仅见其庸行；以《春秋》见孔子，仅见其据乱之制；以心学家论孔子，仅见其本数之端倪；以考据家论孔子，仅见其末度之一二。有庄生之说，乃知孔子本数、末度、小大、精粗无乎不在。信乎惟天为大，固与后儒井牖之见异也。”①庄子在这个语脉中还谈到古人内圣外王之道存乎六经，而后世学者则“多得一察焉以自好”，因此流于“不该不遍，一曲之士”，“譬如耳、目、鼻、口，皆有所明，不能相通”，于是“道术将为天下裂”。康有为亦以此来理解孔子与诸子的关系，即认为诸子各得孔子六经之一偏。

康有为的“教主”概念直接关联于“改制立法”之意涵。因此，在《孔子改制考》中，康有为一方面援引经、史典籍中有关孔子为素王等说法来说明孔子为教主，另一方面主要通过对比分析诸子在制度上的不同主张来说明孔子如何改制立法，从诸子与孔子的关系这一独特视角来突显孔子所立之教的意义。对于孔子改制立法的主要内容，康有为有一个比较全面的概括：“凡大地教主，无不改制立法也。诸子已然矣。中国义理、制度皆立于孔子，弟子受其道而传其教，以行之天下，移易其旧俗。若冠服、三年丧、亲迎、井田、学校、选举，尤其大而著者。”②我们在此不作具体分析。

康有为还提出诸子改制皆托古的看法。他指出人情往往“荣古而虐今，贱近而贵远”，因此，“当时诸子纷纷创教，竞标宗旨，非托之古，无以说人。”③关于孔子的改制托古，康有为援引了《孝经纬·钩命诀》中的话：“子曰：‘吾作《孝经》，以素王无爵禄之赏，斧钺之诛，故称明王之道。’曾子避席复坐。子曰：‘居，吾语女，顺孙以避灾祸，与先王以托权。’”然后评论说：“孔子改制托古大义，全见于此。一曰素王之诛赏，一曰与先王以托权。守经之徒，可与立者也。圣人但求有济于天下，则言不必信，惟义所在。无征不信，不信民不从，故一切制度

① 参见《康有为全集》第三集，第139—140页。

② 参见《康有为全集》第三集，第111—112页。

③ 参见《康有为全集》第三集，第29页。

托之三代先王以行之。若谓圣人行事不可依托，则是以硁硁之小人律神化之孔子矣。布衣改制，事大骇人，故不如与之先王，既不惊人，自可避祸。”[①]如果说以孔子为黑帝降精而生表明康有为在神道设教的路上走得很远的话，那么，以孔子改制托诸古人则在一定意义上又体现出康有为对孔子的理解的另一面，即他所批评的“以硁硁之小人律神化之孔子”。康有为强调孔子改制托古，在很大程度上还是为了解释经、史典籍中存在的关于孔子与三代以及上古之联系的大量记载，这是他证成其今文经学立场的一个必要步骤。

论者往往将康有为的改制托古论与其变法维新主张关联起来，认为康有为为了变法维新而倡改制托古，其实这个看法一则有倒果为因的嫌疑，一则有不合事实之处。[②]首先，虽然康有为的改制思想与其变法维新主张具有紧密关联，但并不是说康有为为了变法维新才倡导改制思想。[③]我们已经指出，约写作于1885年的《教学通义》的中心思想，其实是从今改制。就是说，早在1885年左右——这个时间距离康有为以荫生资格向光绪帝首次上书的1888年尚有三年，距离康有为以举人资格主导“公车上书”的1895年尚有十年——康有为已经有了改制的思想，而这一思想是与他那时衡定周、孔的经学思想直接相关联的。其次，康有为在确立今文经学立场时将改制与托古相关联，而托古这一思想本身与其变法维新主张并没有什么实质性的关联。实际上，联系《教学通义》中的思想，改制托古论其实是康有为衡定周、孔的一种新方式。就是说，从原先的从今改制论到后来的托古改制论，主要关联于康有为经学思想的变化。从中我们也可以看到康有为前后思想的连续性：托古改制论并非从今改制论的对立，不仅二者皆以改制立论，而且，如果抽掉二者所指的具体历史内容而仅从逻辑上看的话，毋宁说托古改制论恰恰是在从今改制论的基础上发展出来的。

对康有为今文经学思想的简要刻画有助于我们对其孔教概念形成一个轮

---

① 参见《康有为全集》第三集，第141页。

② 这一点从如下事实亦可察其端倪：戊戌期间一些赞同康有为变法主张的士大夫，如张之洞、孙家鼐、陈宝箴、翁同龢等，对康有为《新学伪经考》和《孔子改制考》中的今文经学思想却很不以为然。

③ 认为康有为为了变新法而倡导改制思想不仅见诸后来的史学研究者，而且见诸1891年朱一新写给康有为的信中：“今托于素王改制之文，以便其推行新法之实。无论改制出于纬书，未可尽信，即圣人果有是言，亦欲质文递嬗，复三代圣王之旧制耳，而岂用夷变夏之谓哉？”参见《康有为全集》第一集，第329页。

廓性的理解。如果说《教学通义》时期康有为的孔教思想与基督教没有明显的关联，那么，康有为在确立今文经学立场的过程中提出的孔教思想是否受到基督教的明显影响呢？答案可以说是肯定的。不过，我们亦不宜过分夸大这种影响的程度和重要性。在1891年康有为写给朱一新的一封信中，康有为针对朱一新"阳尊孔子，阴祖耶苏"的指责，为自己作了辩护。

针对朱一新这一具有强烈卫教情怀的指责，康有为首先非常感慨地说："是何言欤！马舌牛头，何其相接之不伦也！"[①]然后他依此从三个要点对自己的主张作了进一步的解释。首先，他从中国当时实际面临的处境谈起，引出强国必须变法的主张，进而引出卫教必须变法的主张，而其中隐含的前提是强国才能卫教："吾今且以质足下，以为今之西夷与魏、辽、金、元、匈奴、吐蕃同乎？否乎？足下必知其不同也。今之中国与古之中国同乎？异乎？足下必知其地球中六十余国中之一大国，非古者仅有小蛮夷环绕之一大中国也。今以不同于匈奴、吐蕃、辽、金、蒙古之西夷数十国，其地之大，人之多，兵之众，器之奇，格致之精，农商之密，道路邮传之速，卒械之精炼，数十年来，皆已尽变旧法，日益求精，无日不变，而我中国尚谨守千年之旧敝法。……使彼不来，吾固可不变。其如数十国环而相迫，日新其法以相制，则旧法自无以御之。是故香港割，诸行开，御园焚，热河幸，安南失，缅甸亡，俄不费一矢而割混同库页六十里之地与之，乃至蕞尔之日本，亦灭我琉球，窥我台湾，而补二十万焉，今高丽又将叛矣。是时才臣名将，布满中外，然犹如此。甲申一役，法人仅以轻师游弋海疆，而我天下震动，废饷数千万，至今疮痍未弭。……试问异日若有教衅，诸夷环泊兵船以相挟制，吾何以御之？……国亡教微，事可立睹。诸君子乃不察天人之变，名实之间，犹持虚说，坐视君民同灭而为胡虏，仆虽愚，不敢以二帝三王之裔，四万万人坐为奴虏，而徇诸君子之虚论也。周子亦言'天下势而已矣'，若吾力强，可使吾孔子之学，中国之声灵，运一地球，吾不自立，则并其国与其教而并亡之。足下岂未之思乎？"[②]

其次，康有为一方面指出"六经之道，日用所共由，如火不可缺"，其中所包

① 《答朱蓉生书》，参见《康有为全集》第一集，第323页。
② 参见《康有为全集》第一集，第323—324页。

含的义理并无中外之殊，特别是三纲五常，其“义理之公，因乎人心之自然，推之四海而皆准”；另一方面则提出“西人学艺，与其教绝不相蒙”，因此，“以西人之学艺政制，衡以孔子之学，非徒绝不相碍，而且国势既强，教藉以昌也。”[①]这里的要点在于，康有为认为他所倡导的新法主要属于学艺政制方面，与教化不在同一层次，因此他的核心看法是，实行西人之学艺政制不仅无损于孔子之教，而且还是强国倡教的必由之路。由此我们可以看到，虽然我们常常将“中体西用论”的提出者归之于张之洞，但实际上此处康有为为了回应朱一新的激烈批评所作出的申言已经使自己的立场落在中体西用论的地带了。[②]

再次，康有为以“大道之行专问力”的看法来说明传教的重要性，并申说传教对于发扬孔子之教的必要性和紧迫性，其言可谓发人省醒：“或者孔子道至大至中，不患不行，是亦不然。仆以为行不行，专问力而已。力者何？一在发挥光大焉，一在宣扬布护焉。凡物美斯爱，爱斯传，此一义也。然名誉不闻，则美弗著，政俗已定，则美难行。今地球四洲，除亚洲有孔子与佛、回外，余皆为耶所灭矣。使吾国器艺早精，坐令彼诱之而坐大，此不宣扬之失策也。夫吾孔子之教，不入印度，而佛能入中国，岂孔学不及佛哉？传与不传异耳。此其明征也。若教既交互，则必争长，争之胜败，各视其力。先入为主，则国俗已成。尊奉既定，则难于改革。耶酥之教，所至皆灭，至于人土耳其、波斯及吾中国，则数百年犹格格不少行焉，所谓先入为主，难于改革也。然彼奉教之国未灭亚洲耳，若国步稍移，则彼非金、元无教者比也，必将以其教易吾教耳。犹吾孔教本起中国，散入新疆、云南、贵州、高丽、安南也。以国力行其教，必将毁吾学宫而为拜堂，取吾制义而发挥《新约》，从者诱以科第，不从者绝以戮辱，此又非秦始坑儒比也。”[③]进而，康有为明言自己强国以卫教的动机，指出卫教正是自己提出种种政治和经学主张的核心关切，并申说早在《教学通义》中已经提出的“今最要是敷

---

① 参见《康有为全集》第一集，第324—325页。

② 在戊戌期间康有为代宋伯鲁所作的《请将经济岁举归并正科并饬各省生童岁科试迅即遵旨改试策论折》中，康有为明确提到了中体西用的思想：“臣窃维中国人才衰弱之由，皆缘中西两学不能会通之故。故由科举出身者，于西学辄无所闻知；由学堂出身者，于中学亦茫然不解。夫中学，体也；西学，用也。无体不立，无用不行，二者相需，缺一不可。”参见《康有为全集》第四集，第306页。

③ 参见《康有为全集》第一集，第325页。

教之义"："故仆之急急以强国为事者，亦以卫教也。沮格而归，屏绝杂书，日夜穷孔子之学，乃得非常异义，而后知孔子为创教之圣，立人伦，创井田，发三统，明文质，道尧舜，演阴阳，精微深博，无所不包。仆今发明之，使孔子之道有不藉国力而可传者，但能发敷教之义，宣扬布护，可使混一地球。"①

与《教学通义》相比，康有为在此处对"敷教之义"的申说侧重点有所不同。在《教学通义》中康有为侧重于从国家治理的角度言教化，而在此处则强调如何使孔教成为一个全球性的普世教化。很明显，这种变化一方面与康有为对中国所处实际环境的把握与刻画有关：如上引文已提及的，康有为越来越明确地意识到，理解中国当时所面临的实际处境，必须充分重视西方的意义，西方不同于过去中国所面对过的魏、辽、金、元、匈奴、吐蕃，这一点既表现在西方的学艺政制上，也表现在西方的教化传统上；另一方面也与两个文本所面对的言说对象的不同有关：《教学通义》的写作在一定程度上具有上书的性质，故其言说对象是皇帝或朝廷，而在此处康有为与之论学的朱一新则是一个笃信儒教的卫教人士。质而言之，强国与卫教对康有为来说是一而二、二而一的，面对主政朝廷的皇帝，康有为则以卫教以强国说之，面对笃信儒教的士夫，康有为则以强国以卫教说之。

实际上，康有为的孔教思想一直是从国家与社会两个层面上展开的，可以说他的思路一直是双管齐下，只不过其言说的侧重点在不同的时候有所不同而已。从"甲午战争"到"戊戌变法"这一段时间里，康有为在他给皇帝的上书和奏折中明确提出了孔教建制主张，其立论的思路自然还是通于治理而言教化。在1895年拟成但未呈递至都察院的《上清帝第二书》(即著名的"公车上书")中，康有为专门谈到朝廷应当给予孔教的发展以制度上的扶持与保障："然近日风俗人心之坏，更宜讲求挽救之方。盖风俗弊坏，由于无教。士人不励廉耻，而欺诈巧滑之风成。大臣托于畏谨，而苟且废弛之弊作。而六经为有用之书，孔子为经世之学，鲜有负荷宣扬，于是外夷邪教，得起而煽诱吾民。直省之间，拜堂棋布，而吾每县仅有孔子一庙，岂不痛哉！今宜亟立道学一科，其有讲学大儒，发明孔子之道者，不论资格，并加征礼，量授国子之官，或备学政之选。其举人愿

---

① 参见《康有为全集》第一集，第325页。

入道学科者，得为州、县教官。其诸生愿入道学科者，为讲学生，皆分到乡落，讲明孔子之道，厚筹经费，且令各善堂助之。并令乡落淫祠，悉改为孔子庙，其各善堂、会馆俱令独祀孔子，庶以化导愚民，扶圣教而塞异端。其道学科有高才硕学，愿传孔子之道于外国者，明诏奖励，赏给国子监、翰林院官衔，助以经费，令所在使臣领事保护，予以凭照，令资游历。若在外国建有学堂，聚徒千人，确有明效，给以世爵。余皆投谍学政，以通语言、文字、测绘、算法为及格，悉给前例。若南洋一带，吾民数百万，久隔圣化，徒为异教诱惑，将沦左衽，皆宜每岛派设教官，立孔子庙，多领讲学生分为教化。将来圣教施于蛮貊，用夏变夷，在此一举。且藉传教为游历，可洞夷情，可扬国声，莫不尊亲，尤为大义矣。"①

这段话也同样出现在不到一个月后递送都察院的《上清帝第三书》中，其中几处文字稍异，值得注意的是原来态度非常鲜明的"外夷邪教"被改为言辞较为中立的"外国异教"。从这段话中我们可以看到，康有为在此的敷教主张主要集中在朝廷设立道学科这一点上。道学科既然属于官制系统，那么，设立道学科的敷教主张就意味着官办教化是康有为建设孔教的核心思路。道学科的主要事务就是传播孔教。具体而言，道学科有国内事务和国外事务之别。就国内事务而言，康有为提出了几个具体的建议：一是关于敷教之官员，康有为提议在朝廷对讲学大儒"量授国子之官，或备学政之选"，在地方则以愿入道学科的举人和诸生为州、县之教官和乡落之讲学生；二是关于地方开办孔教的经费筹措，康有为提议充分发挥已有善堂的助力；三是关于孔庙的建设，康有为提议"令乡落淫祠，悉改为孔子庙"，令各善堂、会馆"独祀孔子"。就国外事务而言，康有为提出了鼓励高才硕学到国外传播孔教的一些具体措施：首先是朝廷对于愿在国外传播孔教者给以官衔和经费，对于传播孔教有明显效果者给以世爵；其次针对南洋华人较多的特殊情况，康有为建议朝廷多派教官，广立孔庙，以弘扬教化。

对比一下此处设立道学科的敷教主张与《教学通义》中以立教章、设教官、建教堂为主要内容的敷教主张，我们可以发现，康有为的孔教建制主张具有明显的连续性。质言之，《教学通义》中的孔教建制主张与《上清帝第二书》、《上清帝第三书》中的孔教建制主张在根本思路上是完全一致的，只不过在后者中原

① 参见《康有为全集》第二集，第43页。

先提出的一些主张更加具体化了，而且明确增加了向国外传播孔教的内容和具体措施。《教学通义》中康有为明确区分教、学、官，并贯彻通于治理而言教化的思路，在《上清帝第二书》和《上清帝第三书》中同样如此。而且，或许还需要澄清的是，尽管在确立今文经学立场之后康有为以《周礼》为刘歆之伪作，但他在《教学通义》中主要依据《周礼》所提出的敷教主张并没有因为经学立场的变化而被废弃，这其中的一个证据可见于《上清帝第二书》和《上清帝第三书》中。我们很容易发现，在《上清帝第二书》中，康有为五处援引《周礼》，在《上清帝第三书》中，康有为则六处援引《周礼》，都是为了正面阐述自己的主张。[①]这意味着1895年的康有为仍然很重视《周礼》中的思想，尽管其时他以《周礼》为刘歆所作之伪书，或者更明确地说，其时他对《周礼》的态度是伪而不废。[②]

在"戊戌变法"期间，康有为专门上了一道奏折，敦促朝廷保教，此即1898年6月19日递呈的《请商定教案法律厘正科举文体听天下乡邑增设文庙谨写〈孔子改制考〉进呈御览以尊圣师而保大教折》(以下简称"保教折")。康有为写作此折的一个直接契机是针对当时屡屡发生而令清政府非常头疼、难以解决的教案事件，比如1897年11月发生的曹州教案，德国以此为借口强占胶州湾，并

① 参见《康有为全集》第二集，第38、39、41、42、44页(《上清帝第二书》)，第70、72、73、75、79页(《上清帝第三书》)，其中五处内容一样。

② 后来在《官制议》(1904年)第二卷"中国古官制"中，康有为批评唐《六典》、宋《开元礼》有"行空文虚礼"之累，且"求之孔子六经则无之"，究其来源则在于"伪《周官》之造因为之也"，然后批评《周官》之礼制曰："盖充刘歆之伪《周礼》，六官长贰，几皆为事神、侍君之官礼。繁稠重叠，交错联互，虽有强力暇日，不能行其虚文密仪者也。而顾学若朱子，为所重欺，称为盛水不漏，古今安得不为所愚哉！考刘歆官制之所以偏重于事神、侍君者，盖彼目睹汉制而铺张繁密之，以媚王莽，亦由习于古者野蛮事神之迷俗，生于秦汉专制之积习所致也。孔子之生时，更古于刘歆，其时神教尤迷，君主亦专，而孔子六经扫除洗涤事神之官，供奉君身之官，至无一字，盖不使其入于后人之心脑中也。岂料刘歆可涂涂附，教猱升木，从而附会增多之，以误中国二千年耶。"但又提出，《周官》中仍有良法美意存焉，亦是伪而不废之意："然刘歆多读周世列国之遗书，于立国之制，有极纤悉精密而为后世治一统之制所不及者，故以今日欧人立国之政考之，亦多相合。盖凡治一统之制必疏，而国争之制必密，乃势之自然也。以此比之，则今欧人新制乃在近数百年间，而刘歆之制乃出数千年前，亦足贵矣。今略择其良法美意而发明之。"而康有为列举的《周官》之良法美意其中一项就是与教俗有关的司谏之官："特立司谏之官，掌劝德正行，强之道艺，巡问而观察，书其德行道艺，辨其能而可任国事者。今欧美各国，皆以德行之事附之于教，七日而一谆劝之，故能常提其良心。《周官》有司谏以劝德正行，强之道艺，巡问而观察之，其法密而意良矣。后世既无司谏，又无教士，自出学之后，终身不闻一嘉言懿行，岂教民之意哉?"可以看到，这里的思想仍是充分肯定《教学通义》中提出的敷教之义。引文见《康有为全集》第七集，第239、241、244页。

于1898年在获得赔偿之外强迫清政府签订《胶澳租界条约》，取得胶州湾九十九年的租期。在此折一开始，康有为首先从国家存亡的高度上提出了对教案问题的一个政治理解："泰西以兵力通商，即以兵力传教。其尊教甚至，其传教甚勇；其始欲以教易人之民，其后以争教取人之国。"①接着，他描述了五十年来教案所带来的祸害：就朝廷而言，是"皇上忧劳，大臣奔走，土地割削，举国震骇"，就地方而言，则是"州、县见教民，畏之如虎。有讼狱，一从彼教，则曲亦得直。奸民多托而自庇者，气压乡曲。小民无知，益复风从，裹胁益众，……故畏之愈甚，媚之愈至，从之愈多，莠民多从，教案愈起"。②

之后他提出了解决教案问题的建议："臣愚久已隐忧，深思补救之策，以为保教办案，亦在于变法而已；变法之道，在开教会、定教律而已。"③具体来说，就是建立一个全国性的孔教会，以衍圣公为孔教会的总理，"自王公士庶，有志负荷者，皆听入会"，并"听会中士庶公举学行最高为督办，稍次者多人为会办，各省府县，皆听其推举学行之士为分办"，然后由衍圣公出面以孔教会的名义与教皇定约、定律，如此则"教律既定，从此教案皆有定式，小之无轻重失宜之患，大之无藉端割地之害。其于存亡大计，实非小补"。④因为当时的教案主要发生在天主教的教堂，所以康有为的这个建议显然从各国天主教会和梵蒂冈的关系中得到了启发。⑤康有为注意到，在中国的天主教会一方面隶属于他们的国家，一方面隶属于梵蒂冈。于是，为了使教案问题与国家间关系脱钩，也就是去掉教案问题中的国家因素，他提出建立一个全国性的孔教会与梵蒂冈定约、定律，以

---

① 参见《康有为全集》第四集，第92页。在1898年7月进呈给皇帝的《列国政要比较表》中，康有为在比较了各国的教民人数之后说："诸教人数比之二十四年，耶稣教多至若是。而吾教未尝有传教士，推广日澌月变，所忧滋大。教变，而国亦从之矣。"表达的也是教与国共存亡的思想。见《康有为全集》第四集，第368页。

②③ 参见《康有为全集》第四集，第92页。

④ 参见《康有为全集》第四集，第93页。

⑤ 茅海建对康有为开教会、定教律以办教案的建议评论说："从以上文字来看，康对西方教会及其相关法律并不知详，所拟'以教制教'的方案，亦近同于说梦。"参见茅海建：《从甲午到戊戌——康有为〈我史〉鉴注》，第446页。说康有为"对西方教会及其相关法律并不知详"大概没有错，但没有注意到康有为这一建议受到各国天主教会与梵蒂冈的关系的启发，使得这一评论不够公允；而且，从朝廷的角度来看，教案问题最迫切的是与割地赔款有关的政治问题，因此，将康有为的这一建议概括为"以教制教"，就是完全错误的。即使康有为的孔教建制主张在一定程度上就是针对基督教而发，他的目的也是为了保孔教。

避免国家以教案为借口进行要挟："今若定律，必先去其国力，乃可免其要挟。莫若直与其教会交，吾亦设一教会以当之，与为交涉，与定和约，与定教律。"[①]

那么，这是否意味着康有为在此主张建立的是一个独立于国家的教化组织呢？或者说，康有为在此主张建立的是否是一个孔教的梵蒂冈呢？答案是否定的。在康有为的建议中，衍圣公作为孔教会的总理要"上之朝"，对于孔教会的性质，他也明确地说："教会之名，略如外国教部之例。其于礼部，则如军机处之与内阁，总署之与理藩院，虽稍听民举，仍总于圣公。则亦如官书局之领以大臣。"[②]在1898年6月21日进呈给皇帝的《日本变政考》中，康有为如是概括他开孔教会以办教案的主张："今宜改礼部为教部，以发明孔子之道为主，日讲君臣父子之义、忠爱之道，定集会教徒，讲说教义，结教会之例，定两教之律，及判讼之例。庶几吾教明，而教案易办也。"[③]由此"吾教明而教案易办"的思路可见，康有为此处建议设立的孔教会实际上还是一个国家机构，其主要职能除了传播孔教之外，还承担国家的宗教事务管理工作。这样一个既有传教组织性质、又有国家宗教事务管理机构性质的孔教会意味着康有为其时的孔教主张仍然不脱早期官办教化的敷教思路，且在教案问题的激发下又出新义。

与此相应，康有为在《教学通义》中依据经典而提出的"通于治理而言教化"的观点正是他在这个折子中提出保教主张时所陈述的一个重要理由："夫天之生民，有身则采君以群之，有心则尊师以教之。君以纪纲治大群，师以义理教人心。然政令徒范其外，教化则入其中；故凡天下国之盛衰，必视其教之隆否。教隆则风俗人心美，而君坐收其治；不隆则风俗人心坏，而国以从之。此古今所同轨，万国之道义也。"[④]顺此，康有为还对保教与保国、保朝廷的紧密关联作了进一步的发挥，并在"变法之本"的意义上论及保教的重要性："若大教沦亡，则垂至纲常废坠，君臣道息，皇上谁与同此国哉？方今割地频仍，人心已少离矣。或更有教案生变，皇上与二三大臣，何以镇抚之耶？臣愚窃谓，今日非维持人心，激厉忠义，不能立国；而非尊崇孔子，无以维人心而厉忠义。此又变法之本也。"[⑤]

---

①② 参见《康有为全集》第四集，第93页。

③ 参见《康有为全集》第四集，第152页。

④⑤ 参见《康有为全集》第四集，第94页。

此外，在《上清帝第二书》中已经提出的改淫祠为孔庙的建议也出现在这个折子里，康有为还进一步请求光绪帝举行临雍之礼，亲自祭孔，并就讲明孔学、弘扬孔教一事出台具体的奖赏措施，以示其对孔教的重视："伏惟皇上举行临雍之礼，令礼官议尊崇之典，特下明诏，令天下淫祠皆改为孔庙，令士庶男女咸许膜拜祭祀，令孔教会中选生员为各乡县孔子庙祀生，专司讲学，日夜宣演孔子忠爱、仁恕之道，其有讲学之士行高道明者，赏给清秩。"①

此折子还有一个重要内容，即题目中所谓的"厘正科举文体"，焦点在废八股。我们知道，废八股以改革旧的教育体制——即科举制——是以康有为为代表的维新派的一项重要的政治诉求。康有为充分肯定科举制的意义，指出这一制度设置的目的在于培养、选拔德才兼备的人士以为国家所用，"而欲其负荷大教，推行圣道，讲明义理，培养人心，美化风俗，立功立政，毗佑国家"。②更明确地说，除了从为国家培养、选拔官吏的为政之法的意义上肯定科举制之外，康有为还从能"负荷孔子之教"的为教之法的意义上肯定科举制。因此在叙述科举制的历史时，他说："若夫为教之法，自朱子讲明义理，发明四书，元、明尊之，以四书义试士，本欲天下士人日诵圣言，发明大道也。"③之后他提出，科举制的问题在于"积久弊生"，以致有八股之制。

对于八股的危害，在康有为自己所上的奏折和他为其他一些维新派人士代写的奏折里多有陈情，概而言之主要有两个方面。一个关乎智，即他认为民智不开根源于以八股试士："今日之患，在吾民智不开。故虽多而不可用。而民智不开之故，皆以八股试士为之。学八股者，不读秦、汉以后之书，更不考地球各国之事，然可以通籍，累致大官。今群臣济济，然无以任事变者，皆由八股致大位之故。"④另一个关乎德，即他认为风俗之坏、人心之薄亦根源于以八股试士，因为正是以八股试士的制度导致国人从小就不读孔子之书，不习孔子之教："以故今天下人士，知律而不知经，知势而不知教，知利而不知义，知公而不知私，敢于作奸犯科，而不敢急公仗义。其事上也，知拜跪忌讳，貌为畏谨，而内便其欺

---

① 参见《康有为全集》第四集，第 94 页。

②③ 参见《康有为全集》第四集，第 93 页。

④ 这是《我史》中记载的康有为 1898 年 6 月 16 日利用召对的机会向光绪帝面陈八股之害时所说的话，参见《康有为全集》第五集，第 93—94 页。类似内容亦见于此处讨论的保教折。

诈粉饰之私；其交友也，应酬往还，饮食征逐，而内怀险诐轻薄之意；其临下也，则刻暴残忍，而无仁厚恺悌之心。都会尤甚！官场尤甚！”[①]在总结八股的危害时康有为更将之置于亡国、亡教的高度上：“故国亡于无教，教亡于八股。故八股之文，实为亡国、亡教之大者也。”[②]

鉴于康有为对科举制的以上认识，我们能够理解，康有为针对科举制所存在的问题而提出的变法主张何以不是废除科举制，而是改革科举制。[③]如果联系戊戌期间康有为等维新派人士的其他政治主张和政治活动，那么，我们可以概括说，康有为改革科举制的主要举措包括开学堂、正文体、办孔教。开学堂之目的在崇才学、开民智：“泰西变法三百年而强，日本变法三十年而强。我中国之地大民众，若能大变法，三年而强。欲使三年而强，必使全国四万万之民皆出于学，而后智开而才足”。[④]正文体之目的在明经义、正士德：“今夫四书文之所以足贵者，将使人读书以明理，穷经以尊圣也。今截搭枯窘、割裂破碎之题，非以通经，乃以蠹经；代古立言，优孟傀儡之体，非以尊圣，乃以侮圣。故臣谓非立法不善之为害，而文体不正之为害也。请特下明诏，斟酌宋、元、明旧制，厘正四书文体。凡各试官命题，必须一章一节一句，语气完足者；其制艺体裁，一仿宋人经义、明人大结之意，先疏证传记以释经旨，次博引子、史以征蕴蓄，次发挥时事以觇学识；不拘格式，不限字数。……如此则观听一新，人务实学，有经义取士之效而无其弊矣。”[⑤]办孔教之目的则在美风俗、办教案，如前所述。

由此可见，戊戌时期康有为的孔教建制主张其实是他改革科举制的一个重要内容。从这个视角看，我们不难理解，为什么他会将建孔教的下手之处落在“厘正科举文体”这一点上：“而下手之始、抽薪之法，莫先于厘正科举及岁科试。四书文体以发明大道为主，必须贯串后世及大地万国掌故，以印证之；使学通今古中外，乃可施行其文体如汉、宋经义。”[⑥]另一方面，建孔教也因此与开学堂有所关联了。我们知道，在康有为等维新派人士的多番鼓吹下，光绪帝于 1898 年

①②⑥ 参见《康有为全集》第四集，第 94 页。

③ 干春松在《科举制的衰落和制度化儒家的解体》一文中从制度儒学的角度论述了科举制的衰落，见干春松：《制度儒学》，上海：上海人民出版社，2006 年，第 84—104 页。

④ 《请改直省书院为中学堂乡邑淫祠为小学堂令小民六岁皆入学折》，参见《康有为全集》第四集，第 317 页。

⑤ 康有为代杨深秀作：《请正定四书文体以励实学而取真才折》，参见《康有为全集》第四集，第 63 页。

7月3日颁布圣谕，下令开大学堂，停八股，举行经济常科。康有为在受到鼓舞的情况下马上又上一道折，即《请改直省书院为中学堂乡邑淫祠为小学堂令小民六岁皆入学折》，论及开高等学堂、中学堂和小学堂之事，以与大学堂的开设相衔接。在这道折子里，康有为建议将直省及府、州、县的公立书院及民间的义学、社学、学塾"皆改为兼习中西之学校"，而以"省会之大书院为高等学，府、州、县之书院为中等学校，义学、社学为小学"。至于学堂的教学方针，一言以蔽之，则曰"通经史而讲时务"。①

既然在康有为的建议中，大学堂、高等学堂、中学堂和小学堂的教学内容都包含以经学为主的孔子之学，那么，孔教会与这些学堂究竟是个什么样的关系呢？更进一步，既然开学堂在一定意义上能够承担发明孔子之道的制度功能，那么，建孔教到底还有什么意义呢？与这个问题相关的一个细节是，在《请改直省书院为中学堂乡邑淫祠为小学堂令小民六岁皆入学折》中，康有为建议将乡邑淫祠改为小学堂，而前面我们已经提及，在《上清帝第二书》、《上清帝第三书》和《请商定教案法律厘正科举文体听天下乡邑增设文庙谨写〈孔子改制考〉进呈御览以尊圣师而保大教折》中，康有为则是建议将淫祠改为孔庙。其间的差异部分可以通过诉诸上书和奏折所具有的明显的时机性和策略性得到解释，但是，一个疑问仍然会由此而生发出来：是不是从制度设置的层面上看包含孔子之学的学堂可以代替孔教会，假如不考虑开孔教会与办教案的关联？

如果联系《教学通义》中康有为对教与学的明确区分，我们就不难找到答案。康有为自然主张孔子之学应当成为各类学堂必不可少的教学内容，但是，孔教会的设置自有其制度功能：除了康有为当时非常关切的教案问题之外，设置孔教会的一个更重要的制度功能在于化民美俗。而化民美俗光靠各类学堂的设置是不足敷用的。实际上，康有为在戊戌期间提出的改革旧有教育制度的举措与他在《教学通义》中就教学问题而提出的从今改制主张具有明显的连续性。前面已经梳理过，在《教学通义》中，康有为明确区分了教、学、官："教，言德行遍天下之民者也；学，兼道艺登于士者也；官，以任职专于吏者也。"并以此为基础区分了庶民之教、士夫之教与官吏之教，相应地，就学的内容而言，在庶民

---

① 参见《康有为全集》第四集，第318页。

之教是公学，包括幼学、德行学、艺学和国法掌故等；在官吏之教则特重私学，或称专学，即官守之学；在士夫之教则是公学与私学兼之。而且，他认为，春秋以来，庶民之教、士夫之教与官吏之教三者合而为一其实意味着庶民之教和官吏之教皆亡，只剩下士夫之教，而再往后士夫之教又亡于章句、词章之学。

以此衡之，康有为在戊戌期间所提出的改革科举制的举措中，开学堂与办孔教之间的差异，正对应于《教学通义》中教与学之间的差异，或者说对应于士夫之教与庶民之教之间的差异。而开学堂一项中对专科之学——即科学——的重视，又可以看作是《教学通义》中与官吏之教与士夫之教皆有关的专学的一种扩展或引申，因为新的处境要求国家广开民智，以期获得“有一民，即得一民之用”的强国之效。且正如在《教学通义》中敷教主张相对于已有的教学制度而言基本上属于新增加的内容一样，办孔教在康有为改革科举制的举措中也基本上属于新增加的内容，二者同样显示出康有为从国家治理的层面对庶民之教的特别重视。就是说，从总体上看，康有为改革科举制的思路与《教学通义》中提出的教学复兴方案完全一致，因为坏于八股的科举制正是《教学通义》中所说的坏于章句、词章之学的士夫之教。

从“甲午战争”到“戊戌变法”这段时间里，康有为除了积极上书、企图走“得君行道”的上行路线之外，还发起、组织了一些以士人、学子为主要参与者的会社。①关联于“戊戌变法”，学界大都强调这些会社的政治性质，比如其中有些会社甚至被认为已初具政党的模型。②不过，从康有为为这些会社所写的序文、缘起和章程中，我们可以看到他发起、组织这些会社与其孔教建制主张之间的密切关联。

1895 年 9 月，康有为在北京筹设强学会，基本会员除康有为之外，还有梁启超、陈炽、杨锐、文廷式、王鹏运、沈曾植、沈曾桐、袁世凯等人。1895 年 11 月，上海强学会成立，列名会籍的有黄体芳、屠仁守、康有为、梁鼎芬、黄绍箕、蒯光典、张謇、乔树楠、黄绍第、汪康年、邹代钧、黄遵宪、左孝同、志钧、沈瑜庆、龙泽厚等

---

① 康有为如是谈及上书与开会之间的关联：“自上书不达之后，日以开会之义，号之于同志。”《我史》，光绪二十一年条下，参见《康有为全集》第五集，第 86 页。

② 如梁启超后来认为，强学会的性质“实兼学校和政党而一之焉”；马洪林说：“保国会已粗具资产阶级政党的规模和性质”。参见马洪林：《康有为大传》，沈阳：辽宁人民出版社，1988 年，第 275、280 页。

人。在为北京强学会所写的序文中，康有为以尊王攘夷为号召，发保国、保教、保种之义："有能来言尊攘乎？岂惟圣清，二帝、三王、孔子之教，四万万之人，将有托耶！"[①]在为上海强学会所写的章程中，康有为一开始就阐述了讲学、修教以强国的宗旨："本会专为中国自强而立。以中国之弱，由于学之不讲，教之未修，故政法不举。……今设此会，聚天下之图书器物，集天下之心思耳目，略仿古者学校之规，及各家专门之法，以广见闻而开风气，上以广先圣孔子之教，下以成国家有用之才。"[②]具体到修教方面的内容，康有为强调了三点：一是强调"创讲堂以传孔教"为入会者"义所应为之事"；二是强调入会者须"德业相劝，过失相规，患难相恤，务推蓝田乡约之义，庶自保其教"；三是强调入会者讲求学问可以"听性所近"而"分门别类"，但必须"以孔子经学为本"。[③]在为上海强学会所写的后序中，康有为再一次发保国、保教、保种之义："凡吾神明之胄，衣冠之族，思保其教，思保其类，以免为象、驼、牛、马之受槛、絷、刲、割，岂无同心乎？抑其甘沦异类耶？其诸有乐于会友辅仁欤？仁者何？仁吾神明之胄，先圣孔子之教，非欤？"[④]

1897 年 2 月，康有为在桂林与唐景崧、岑春煊等人发起组织圣学会。在代岑春煊写的《圣学会后序》中，康有为指出圣学会的成立主要是为了尊圣："今以《史记》例，当孔子生二千四百四十八年，侁侁士夫，开圣学会，举庚子拜经之义，以尊至圣。"[⑤]关于为何要尊圣，康有为在阐述其今文经学立场之下以孔子为改制立法之教主及三世说等思想之前，首先提出了一个独特的观点，即人之三本以师为大："人有三本。天地者，生之本也；祖宗者，类之本也；君师者，治之本也。三本孰为大？曰师为大。人恶知天，圣师告我天而尊天；人恶知祖父，圣师告我祖父而亲祖父；人恶知君，圣师告我君而事君。生与类皆由造物，治则在人道。君之所治人道，曰礼义名分，纲纪政令，教化条理，文章正朔，衣服器械，宫

---

① 《京师强学会序》，见《康有为全集》第二集，第 89 页。值得注意的是这里康有为不是直接言孔教，而是与他在确立今文经学立场之前一样言"二帝、三王、孔子之教"。

② 《上海强学会章程》，见《康有为全集》第二集，第 93 页。

③ 参见《康有为全集》第二集，第 94 页。

④ 《上海强学会后序》，见《康有为全集》第二集，第 97 页。

⑤ 参见《康有为全集》第二集，第 266 页。

室饮食事为，无一不出于师，无一不在师治之内。然且从之则治，不从则乱；从之则永，不从则促；从之则安，不从则危；从之则存，不从则亡。神明圣王，师乎师乎，孔子乎！”①对师道的如此强调和重视，让我们想起韩愈的《师说》，特别是其中“道之所存，师之所存”的著名论调。

在《两粤广仁善堂圣学会缘起附会章》一文中，康有为也明确提到在善堂内设立圣学会是以广教为主：“本堂创行善举，特奉孔子，如劝赈赠医、施衣施棺诸善事，开办有年。今欲推广专以发明圣道，仁吾同类，合官绅士庶而讲求之，以文会友，用广大孔子之教为主。”②至于圣学会的全部宗旨，康有为的陈述略同于前面提到的他对强学会宗旨的陈述，而更强调了对庶民之教的关切：“今本堂创设此会，略仿古者学校之规，及各家专门之法，以扩见闻而开风气，上以广先圣孔子之教，中以成国家有用之才，下以开愚氓蚩陋之习，庶几不失广仁之义云尔。”③

由此可见，与之前的强学会和后来的保国会相比，圣学会更接近纯粹的孔教会，以至于论者称之为“近代中国最早的孔教会组织”。④在《两粤广仁善堂圣学会缘起附会章》一文中，康有为也提到了圣学会的成立有一个与实际处境有密切关系的重要参照物，即基督教：“外国自传其教，遍满地球，近且深入中土。顷梧州通商，教士猬集，皆独尊耶稣之故，而吾乃不知独尊孔子以广圣教，令布濩流衍于四裔，此士大夫之过也。”⑤在圣学会的会章中，康有为首先谈到的就是庚子拜经：“本善堂于壬辰年，立有庚子拜经之会，奉马中丞、赵学使批准，人士济济，惜久而渐泗。夫中国义理学术大道，皆出于孔子，凡有血气，莫不尊亲。外国自尊其教，考其教规，每七日一行礼拜，自王者至奴隶，各携经卷，诵读嫫拜。吾教自有司朔望行香，而士庶遍礼百神，乃无拜孔子者，条理疏矣。今宜大复厥规，每逢庚子日大会，会中士夫衿带陈经行礼，诵经一章，以昭尊敬。其每旬庚日，皆为小会，听人士举行，庶以维持圣教，正人心而绝未萌。”⑥论者多谓康有为模仿基督教“每七日一行礼拜”的教规而创立庚子拜经之例，⑦其实此论

① 参见《康有为全集》第二集，第 265 页。

②③⑤⑥ 参见《康有为全集》第二集，第 268 页。

④ 颜炳罡：《孔教运动的由来及其评价》，载《齐鲁学刊》2004 年第 6 期。

⑦ 如喻大华：《论康有为的孔教思想及其创立孔教的活动》，载《南开学报》2002 年第 4 期；韩华：《民初孔教会与国教运动研究》，北京图书馆出版社，2007 年，第 48—49 页。

多有未审之处。首先，庚子拜经并非康有为所创。康有为此处明确谈到广仁善堂立庚子拜经之会是在壬辰年(1892年)，这个时间距康有为第一次赴桂林尚有两年之早。其次，庚子拜经并非凭空创设，而是其来有自。南朝时笃信儒学的臧荣绪(415—488)因尊敬孔子而笃爱五经，以孔子生于庚子日，于是每逢庚子日即陈列五经，具衣冠而拜之。这是庚子拜经的历史渊源。因此，说庚子拜经可能受到基督教每七日礼拜上帝这一教规的激发，乃是持平之论，若说庚子拜经出于对基督教教规的模仿则持论太过。

1898年4月，康有为在北京发起、组织保国会，其所讲求者仍是"保国、保种、保教之事"，具体一点来说就是"保全国家之政权、土地"、"保人民种类之自立"、"保圣教之不失"。①保国会章程中有些具体内容与强学会相同，但保国会在组织方面的考虑显然比强学会更为充分、细致，比如该章程明言保国会是一个全国性的组织，并专门谈到了总会与分会之间的关系："十一：自京师、上海设保国总会，各省各府各县皆设分会，以地名冠之。"②再比如该章程对于保国会的主要组织方式做了明确的规定，主要在选举和议会："十二：会中公选总理某人，值理某人，常议员某人，备议员某人，董事某人，以同会中人多推荐者为之；十三：常议员公议会中事；十四：总理以议员多寡决定事件推行。"③将保国会的组织结构与组织方式和前面已经讨论过的康有为在戊戌期间所上的保教折中构想的孔教会的组织结构与组织方式对比一下并不是没有意义的：保国会是一个全国性的组织，在总会之下设立分会，孔教会也是一样；保国会的总理、值理及议员须通过公选而产生，孔教会则以衍圣公为总理，而督办、会办及委员也是通过公举而产生。在写作于1910年9月30日的《论中国宜用孔子纪年》中，康有为提到："昔在戊戌之岁，吾立孔教会于京师，士大夫多从焉。于是奏请令各省、府、县、乡皆立会，公举耆旧志士学人为会长，改教官为奉祀官，诸生为讲生，而京师立教部，令各省公举教部长以总持焉，而于大事以孔子生纪年。事未行而新政败，吾亦逋亡在外，十二年于兹矣。"④既然康有为在1898戊戌之年发起、组织的社团只有保国会，那么，可见在康有为的心目中，保国会就是孔教会。

---

① 《保国会章程》，参见《康有为全集》第四集，第54页。

②③ 参见《康有为全集》第四集，第54页。

④ 参见《康有为全集》第九集，第163页。

明皇改经与《孝经》学的转折

陈壁生*

《孝经》之学，经文有古今文之分，郑注主今文，孔传主古文，经文互有出入，注解大相违异。唐代天下一统，经学随之统一，故有《九经正义》之写定。而《孝经》仍今古别行。至唐玄宗之世，乃诏令群儒质定《孝经》之义，刘知几主古文，立十二验以驳郑注，司马贞主古文，言古文鄙俚，事俱载《唐会要》。明皇乃以今文十八章为本，杂采汉唐之间旧解，自注《孝经》。自明皇御注，诏天下家藏，邢昺作疏，使播于国庠，孔、郑二家之说，遂定于明皇一家之言。而孔传、郑注渐至浸微，终于亡佚。于是千余年间，言《孝经》今文者，皆以明皇御注为定本。司马光以古文经为本作《孝经指解》，朱熹也据古文以分经传，作《孝经刊误》，其影响皆远不及明皇御注。然邢昺作疏，已言明皇改经，《广扬名章》"居家理故治可移于官"，邢疏云："先儒以为'居家理'下阙一'故'字，御注加之。"①此邢疏惟一言及明皇改动经文者。及至清世，辑佚之学大兴，郑玄《孝经注》残存于古籍者，不论只言片语，尽皆蒐集无遗。臧庸作《孝经郑氏解辑本》，始言唐本有非。②严可

* 作者单位：中国人民大学国学院。

① 唐明皇注、邢昺疏：《孝经注疏》，《十三经注疏》，艺文印书馆，2007年，第47页。

② 如《天子章》"刑于四海"，臧庸云："此经'刑于四海'犹《感应章》'光于四海'，当从郑作'形'，唐本作'刑'，非也。"（臧庸《孝经郑氏解辑本》，商务印书馆，1959年10月版，第3页）又《广扬名章》"居家理故治可移于官"，对于明皇注本增加"故"字，臧庸云："唐本增经字，非。"（同上，第17页。）

均集《孝经郑注》，乃言明皇臆解。[①]百年以来，敦煌遗书纷纷出土，白文《今文孝经》写本残片，屡现人间，郑玄《孝经注》几近全璧，重见天日。以新出《今文孝经》校明皇《孝经注》，可知明皇御注，绝非今文之真，而是对今文经文不合己意出，颇加改易。此实注经之大忌。而这种改经所据，也略有迹可循。日本存《古文孝经》孔传传世，未必全真，然有隋代刘炫《孝经述议》写本，经林秀一校定，可见《古文孝经》之一斑。又司马光据古文作《孝经指解》，也可见古文经文之大略。以《古文孝经》之大略校明皇御注，可知明皇改经，实多据古文以改今文。可以说，就经文而言，明皇以《今文孝经》为本，采《古文孝经》之言，以及己意改易经文，使《孝经》经文，得一新定本。就经解而言，明皇采六家旧注，又加己意以解新定之经文，使《孝经》注解，归于一家。此二者，共同促成了《孝经》学的根本转折。

一　明皇所据今古文《孝经》

唐明皇注《孝经》有两次，《唐会要》卷三十六载：

(开元)十年(722年)六月二日，上注《孝经》，颁于天下及国子学。至天宝二年(即西元743年)五月二十日，上重注，亦颁于天下。[②]

开元旧注本，后来亡于中土，而存于日本，即《古逸丛书》所收之《覆卷子本唐开元御注孝经》。天宝重注本，即宋初邢昺据元行冲疏所作《孝经注疏》本，亦即南宋合刻之《十三经注疏》本。唐明皇注《孝经》之前，《孝经》学的基本状况，《隋书·经籍志》有云：

郑氏注，相传或云郑玄，其立义与玄所注余书不同，故疑之。梁代，安国即郑氏二家并立国学。而安国之本亡于梁乱。陈及周、齐，唯传郑氏。至隋，秘书

① 如《庶人章》“而患不及己者”，严可均云：“明皇无‘己’字，盖臆删耳。”(严可均：《孝经郑注》，商务印书馆，1959年10月，第4页。)

② 王溥：《唐会要》，上海古籍出版社，1991年1月，第767页。

监王邵于京师访得《孔传》，送至河间刘炫，炫因序其得丧，述其义疏，讲于人间，渐闻朝廷，后遂著令，与郑氏并立。儒者喧喧，皆云炫自作之，非孔旧本。①

隋唐之间，《孝经》行世者，主要即郑注本、孔传本二本。《孝经注疏序》亦云唐明皇注经背景："至有唐之初，虽备存于秘府，而简编多有残缺。传行者唯孔安国、郑康成两家之注，并有梁博士皇侃《义疏》播于国序，然辞多纰缪，理昧精研。"②又，据邢昺《孝经注疏》所标明，陈鸿森先生曾统计，明皇御注所引先儒旧解，"凡郑康成二十九事，魏克己十六事，孔传、王肃各十四事，韦昭二事"。③上述诸家经文，当亦唐玄宗所见。是故明皇《孝经注》经文所本有二，一为今文本，即自郑玄注以来的《今文孝经》本；一为古文本，即刘邵所得，刘炫所讲之《古文孝经》传本。而明皇御注，就是据《今文孝经》而注之。

自唐玄宗写定《孝经》经、注，至五代时，郑注、孔传遂亡。④自此之后，主今文者，皆以明皇定本为纯今文本。赖《今文孝经》白文、郑玄《孝经注》千年湮没，一朝出土，古文《孝经述议》千年辗转，异域重光，我们可以看到唐玄宗不但注《孝经》，而且改经文。而今天要探讨唐玄宗之改经情况，最主要在于以敦煌新出今文十八章校唐玄宗御注今文，观其文字歧异，及注释是否别具用心，便可知其改经之意。对唐玄宗改今文经文处，校以《古文孝经》，可知到底是以古文校今文，还是以意改经。

校唐玄宗《孝经注》所据今文，即敦煌新出《今文孝经》以及郑玄《孝经注》。近百年来，敦煌文献重见天日，使今人得以一窥唐代经书写本之真相。而在敦煌经部文献中，又以《论语》、《孝经》所获最多。就《孝经》而言，在敦煌文献中，《今文孝经》白文写本多达二十七片，经陈铁凡、徐建平诸先生之蒐集整理，一部几近完整无缺之唐代《今文孝经》白文写本，已经清晰可见。⑤以残片拼集而成之

---

① 魏征等：《隋书·经籍志》，中华书局，2008年，第935页。

② 唐明皇注，邢昺疏：《孝经注疏》，第3页。

③ 陈鸿森：《唐玄宗〈孝经序〉"举六家之异同"释疑》，《中央研究院历史语言研究所集刊》，2003年3月版，第36页。

④ 陈振孙《直斋书录解题》云："按《三朝志》：'五代以来，孔、郑注皆亡。'"（陈振孙《直斋书录解题》，上海古籍出版社，1987年12月，第69页。）

⑤ 徐建平：《敦煌经部文献合集》之"群经类孝经之属"，中华书局，2008年8月。

《今文孝经》白文，虽偶有抄写之误，也不无异字、借字，然经文大体完整，字义基本一致。尤其是取郑注以对勘经文，若合符节。又，敦煌出土文献中，还有郑玄《孝经注》残片，收集并加以注解最佳者，为陈铁凡《孝经郑注校证》(台湾编译馆1987年版)。郑玄《孝经注》自清初朱彝尊《经义考》始为辑佚，有清一代，学人蒐集，极尽辛劳。及至敦煌遗书纷纷出土，郑注几近全璧。而此注本，也为今天提供了一个几近完整的郑玄所据《今文孝经》文本。白文和郑注两个文本，共同构成了一个大体一致的唐写本《今文孝经》，而将之与唐明皇《孝经注》经文对比，有十余处出入，这些出入，可以断定为唐玄宗改经的结果。

确定唐玄宗改经之后，还要进一步确定改经的依据，即是否根据《古文孝经》改动《今文孝经》。唐玄宗的御注采《孔传》十四事，足见其对《孔传》的重视。他的改经，是否与《古文孝经》相关，则以御注改今文处，校以《古文孝经》经文，便可一目了然。但是，现存《古文孝经》经文，驳杂难辨。计有几个本子，一是清朝从日本回传的太宰纯本《古文孝经孔传》，此本《四库提要》已言其伪；一是司马光《古文孝经指解》，此本经文虽为古文，然多受明皇定本之影响。幸而有刘炫《孝经述议》出，以之为校，可以考见明皇所见古文真本之一斑。可藉以见明皇所见《古文孝经》者有几个本子。

一是刘炫《孝经述议》，隋刘炫得王邵所得《孔传》，乃作《孝经述议》，以发明古文之义，又作《孝经稽疑》，辨《孔传》之误，作《孝经去惑》，明郑注之非。三书于中土俱失，然数十年来，日本竟发现《孝经述议》写本，使刘炫《古文孝经》义说，大白于世。陈鸿森先生述其事云："刘炫《孝经述议》五卷，藤原佐世《日本国见在书目录》著录，知其书唐时已传行日本矣。是书中土久亡，宋人志目俱不载，盖宋时已佚；惟其书日本则传行不绝如缕。一九四二年，日本学者武内义雄教授，时任国宝调查委员会，于清点故家舟桥清贤家藏旧籍时，发现《述议》古写残卷，存卷一、卷四两卷。其余所阙三卷，林秀一氏复就日本故籍所过录《述议》之文，蒐辑比次，为《孝经述议复原に関する研究》一书，刘炫《述议》旧貌，十得七、八矣。"①《述议》虽不列经、传文字，然刘炫疏文详尽，可以据疏文推见经、传

① 陈鸿森：《〈续修四库全书总目提要〉孝经类辨证》，《中央研究院历史语言研究所集刊》第六十九本，1998年6月，第314页。

字词。因此，以之为据，探明皇改《今文孝经》处，可以推知明皇是否以古文改今文。

另，今所见《古文孝经孔传》，为乾隆时日本学人太宰纯校对，回传中土，鲍廷博刻入《知不足斋丛书》。《四库》虽有收录，然斥其"浅陋冗漫，不类汉儒释经之体，并不类唐、宋、元以前人语。殆市舶流通，颇得中国书籍，有桀黠知文义者摭诸书所引《孔传》影附为之"①。其后，清代学者周中孚、郑珍、丁晏皆斥其伪。是故此书经文，不能定位明皇所见古文本。然此书之价值，如陈鸿森云："据近年所发现刘炫《述议》残本以校之，知太宰纯所传刻者，与刘炫所据本大体不异，卢文弨谓'其文义典核，又与《释文》、《会要》、《旧唐书》所载一一符合，必非近人所能撰造'，其说是也。"②故此书经文有一定的参考价值。而中土传世之《古文孝经》经文，宋有司马光作《古文孝经指解》，其说多受明皇御注影响，经文不可全据。此两本，互有不同，但经文皆不能作为准的，故在校对中只能谨慎取用。

具体而言，明皇改经，虽然表面上只是字词之别，但一字之增删更改，往往牵涉着对《孝经》的结构、义理的理解。

二　增字以改变对"五等之孝"的理解

《孝经》第一章为《开宗明义章》，第二章至第六章，分别述天子、诸侯、卿大夫、士、庶人五等之孝。五等之孝的叙述中，孔子将天下一切人分为五个等级，每个等级都各行其孝，以达至"民用和睦，上下无怨"。而在《庶人章》最后，有一句总结，对这句总结的解读，关系着对五等之孝的理解。

《庶人章》：故自天子至于庶人，孝无终始，而患不及者，未之有也。

明皇注：始自天子，终于庶人，尊卑虽殊，孝道同致，而患不能及者，未之有也。言无此理，故曰未有。③

---

① 《四库全书总目》，中华书局，2003年8月，第263页。

② 陈鸿森：《〈续修四库全书总目提要〉孝经类辨证》，《中央研究院历史语言研究所集刊》第六十九本，第319页。

③ 唐明皇注、邢昺疏：《孝经注疏》，第27页。

严可均辑佚郑注，校对经文至此云："明皇本无'己'字，盖臆删耳。据郑注，'患难不及其身'，身即己也。《正义》引刘瓛云'而患行孝不及己者'，又云'何患不及己者哉'，则经文元有己字。"[①]今敦煌《今文孝经》白文、郑玄《孝经注》抄本出土，乃知严说确凿无疑。经文当为："故自天子至于庶人，孝无终始，而患不及己者，未之有也。"观《古文孝经》，《知不足斋丛书》本、日本足利本皆无"己"字，但林秀一整理之刘炫《孝经述议》，解此句为："言行孝无有终始，则患祸必及其身矣。"[②]则经文似有"己"字。所以，我们无法确定明皇删"己"字，是据古文以删今文，还是以己意删经。但是，这一删定，对《孝经》经义的改变影响甚巨。

御注之前，此处经文注解自古有异说。郑注云："总说五孝，上从天子，下至庶人，皆当行孝无终始，能行孝道，故患难不及其身也。未之有者，盖未有也。"[③]邢昺《孝经注疏》云："《苍颉篇》谓患为祸，孔、郑、韦、王之学引之以释此经。"[④]而"终始"之意，诸家注释皆落实于《开宗明义章》"身体发肤，受诸父母，不敢毁伤，孝之始也。立身行道，扬名于后世，以显父母，孝之终也"。"孝无终始"即《开宗明义章》的"始于事亲"、"终于立身"，那么，此经理解为："上自天子，下至庶人，凡天子、诸侯、卿大夫、士、庶人，如果不能做到始于事亲，终于立身，而能使祸患不降落在自己身上，那是不可能的事情。"但是，若如明皇御注，"终始"则落实于"天子"与"庶人"，此经文意思改变为："始于天子之尊，终于庶人之卑，皆当各行其孝道，如果有人担心自己做不到，那是不可能做不到的。"

这种理解的差别，从内容上与明皇御注本对《孝经》理解的转化密切相关。对《孝经》性质的判断，是解释这部经典的根本所在。《孝经》开篇即言"先王有至德要道，以顺天下"，则此经乃是一部经纬天地的政治书，而不是一部劝人行善的道德书。在《孝经》学史上，自汉以来，无论是郑玄、何休、王肃、皇侃的注解，即便仅有残句遗存，也能看出他们都讲《孝经》视为政教大典。尤其是按照

---

① 严可均:《孝经郑注》，商务印书馆，1959 年 10 月，第 4 页。

② 林秀一:《孝经述议复原に关する研究》，第 250 页。

③ 陈铁凡《孝经郑注校证》，台湾编译馆 1987 年版，第 71—75 页。

④ 唐明皇注、邢昺疏:《孝经注疏》，第 27 页。

郑玄的理解，《孝经》本来是一部圣人制作，以总会六经之道的政教大典。也就是说，《孝经》讲的是怎样创造一种好的政教制度，让天下人都能行孝。而从唐明皇御注开始，《孝经》实现了根本性的转折，成了一部时王劝人行孝的伦理书。《孝经》变成了在现行制度中劝人行孝。自御注之后，《孝经》的这种性质，历经宋元明三朝注解，一直持续到清代。在"故自天子至于庶人，孝无终始，而患不及己者，未之有也"一句中，是否有"己"字，其实包含着对五等之孝的理解的差别。按照郑玄的解释，五等之孝是孔子教导天子至于庶人，不同阶层之行孝虽有差别，但是其始于事亲，终于立身则无二致。即便庶人只是奉养父母便得称孝，但是庶人也可以有更高的立身行道、扬名后世的道德要求。在这里，教化的主体是孔子，五等之孝是孔子所立，让天子、诸侯、卿大夫、士、庶人所行的法典。但是在明皇御注中，把"终始"变成始于天子，终于庶人，并且删掉"己"字，便把五等之孝的意思，变成作为时王的玄宗，要求社会上不同阶层的人各自勉力行孝。唐玄宗《孝经注》成后，诏天下家藏，五等之孝的意义，最终从政治上的宪章的价值，转化成伦理上的劝孝意义。

而且，唐玄宗在这里改经文、易经注之后，这部经的结构也发生了变化。如果按照唐玄宗以前的解释，"孝无终始"的"终始"对应的是《开宗明义章》的"始于事亲"、"终于立身"，那么，自《开宗明义章》，经《天子章》、《诸侯章》、《卿大夫章》、《士章》、《庶人章》五章述五等之孝，成为一科段，而《三才章》之后另起一科段。但是，如果据唐明皇《孝经注》，"终始"为"始于天子，终于庶人"，则此经文对应的是《天子章》至《庶人章》之五等之孝，而不呼应《开宗明义章》。

三　增字以改变"父子"与"君臣"关系

唐玄宗《孝经注》在义理上最大的变化，是通过改经文，加注解，改变了《孝经》中的父子君臣关系，将之与郑玄《孝经注》相比，便非常明显。

《孝经》之言君臣父子者，最典型，也是被引用最多一句，是《圣治章》所言：

《圣治章》：父子之道，天性也，君臣之义也。父母生之，续莫大焉。君亲临之，厚莫重焉。

明皇注：父子之道，天性之常，加以尊严，又有君臣之义。父母生子，传体相续。人伦之道，莫大于斯。谓父为君，以临于已。恩义之厚，莫重于斯。①

必须注意的是，"天性"和"君臣之义"后皆有"也"字。依明皇注，父子之道，固为天性之合，同时，父子之道又有君臣之义，是将父子关系，与君臣关系等同起来，使"父子君臣化"。观刘炫《孝经述议》，解此句曰："言父子相与之道，乃是天生自然之恒性也。其以尊严临子，亲爱事父母，又是君臣上下之大义也。"②又曰："经意言父子之道，是天性也，又是君臣之义也。"③可见刘炫所见《古文孝经》经文也有两个"也"字，而据《古文孝经》之《知不足斋丛书》本，日本足利本，司马光《古文孝经指解》，皆有两"也"字。

但是，敦煌出土《今文孝经》此句经文为："父子之道天性君臣之义。"由此可见，唐玄宗注此处经文，是为了使语句显得更加通顺，根据《古文孝经》来修改《今文孝经》的经文。而且，这种修改绝非仅仅是出于表述通顺的考虑，更加是有他作为一个时王的政治目的。因为，有了这两个"也"字，经文的意思，便变成从"父子之道"，是"天性之常"，同时，又有"君臣之义"。这样一来，虽然表面上是在讲"父子之道"，但是暗地里已经把"君臣之义"的建立在"父子之道"这种"天性"的基础之上。如果按照《今文孝经》原貌，"父子之道天性"与"君臣之义"，断为二事，郑注尤其清晰。

《圣治章》：父子之道，天性也，君臣之义也。父母生之，续莫大焉。君亲临之，厚莫重焉。

郑玄注：性，常也。父子相生，天之常道。君臣非有骨肉之亲，但义合耳。三谏不从，待放而去。父母生之，骨肉相连属，复何加焉。君亲择贤，显之以爵，宠之以禄，厚之至也。④

---

① 唐明皇注、邢昺疏：《孝经注疏》，第 38 页。

② 林秀一：《孝经述议复原に关する研究》，第 125 页。

③ 同上，第 127 页。

④ 陈铁凡：《孝经郑注校证》，第 138—141 页。

以此注与明皇御注对比可以看出，明皇御注极力将“父子之道”与“君臣之义”合辙，而郑君之注，则极力将“父子之道”与“君臣之义”分途。这种对经义完全不同的解释，固然与郑玄、明皇对《孝经》的整体理解相关，但直接的文本依据，则是古文、今文有无二“也”字的区别。今文无二“也”字，则“父子之道”与“君臣之义”分而为二，分别对应下文的“父母生之”与“君亲临之”。故郑玄注“君亲临之”为“君亲择贤，显之以爵，宠之以禄”。而明皇据古文改今文，加二“也”字，将“父子之道”与“君臣之义”合而为一，使文气读起来更通顺，语势看起来更畅达，但下文的“君亲择贤”则无所着落，因此明皇不得不将“君”解释为“谓父为君，以临于已”，即父亲像君主一样临于己，就全句而言，这样的理解明显扞格不通。

《孝经》在后世之所以备受诟病，除了伦理上的君臣父子化，还有道德上的“移孝作忠”。而这一观念，同样是唐明皇改经的结果。

《广扬名章》：君子之事亲孝，故忠可移于君。事兄悌，故顺可移于长。居家理，故治可移于官。

唐明皇注：以孝事君则忠，以敬事长则顺。君子所居则化，故可移于官也。[①]

邢昺《孝经注疏》云：“先儒以为‘居家理’下阙一‘故’字，御注加之。”[②]是疏文惟一坦言明皇改经者。而唐玄宗之前的陆德明《经典释文》，经文为“居家理故治”，下云“读居家理故治绝句”。[③]皮锡瑞《孝经郑注疏》认为：“古本无此‘故’字，《释文》也本无之，当作‘居家理治’，陆氏见此句少一‘故’字，与上二句文法有异，恐人读此有误，故特发明句读。”[④]今校诸敦煌新出《今文孝经》白文、郑玄《孝经注》抄本，皆无“故”字。可证邢昺之说不虚，《经典释文》所载“居家理故治”，“故”字为后人所加，而皮锡瑞考证甚确。而校诸《古文孝经》，刘炫《孝经述议》释此句云：“居在其家，能使家事理治，其治可移之于在官也。”[⑤]可知《古文孝经》

---

① 唐明皇注、邢昺疏：《孝经注疏》，第 47 页。

② 陈铁凡：《孝经郑注校证》，第 138—141 页。

③ 陆德明：《经典释文》，中华书局，1983 年 9 月，第 343 页。

④ 皮锡瑞：《孝经郑注疏》，《师伏堂丛书》，光绪乙未刊本。

⑤ 林秀一：《孝经述议复原に关する研究》，第 277 页。

也无“故”字。惟司马光《古文孝经指解》、日藏《古文孝经》皆有“故”字，不可据。是故唐玄宗加一“故”字，表面上也是为了语意通顺，乃改经文，然而，这一改动，又严重地改变了经文原意。结合陆德明之说，探解郑注之意，经文、句读、解释，皆与明皇御注不同：

《广扬名章》：君子之事亲孝故忠，可移于君。事兄悌故顺，可移于长。居家理治，可移于官。

郑玄注：欲求忠臣必出孝子之门，故言可移于君。以敬事兄则顺，故可移于长。君子所居则化，所在则理，故可移于官。①

以一“故”字之别，而全句点逗皆异，经义也为之全变。细味郑注之意，是言君子事父母能孝，则此孝中自然内在地包含有忠之品质，若君子出仕为政，则此忠之品质，便自然表现于事君之中。孝之所以能够包含忠的品质，因为孝是“德之本”，从对父母的孝行中，可以全面培养一个人的德性。而当行孝之人面对其他长辈、君上，自然便会做出适合的行为。因此，“君子之事亲孝故忠”，不是把事亲之孝（感情、行为）移于事君，而是在事父母孝的过程中，养成一个孝子的品质，当环境变化，这个孝子从家来到国，就自然能够很好地事君，事君的那种道德，便可以定义为“忠”。同样的，事兄能悌，一个人养成悌于兄的品质，当出仕为政，此悌之品质，便自然表现于事长之中，这种表现便可以定义为“顺”。而君子在家能理能治，出仕为政之后，这种能力便能自然运用在官事的过程之中。在郑玄的解释中，忠、孝有别，父、君完全不同，而事父、事君也完全不同。而在唐明皇的注解中，邢昺为之疏道：“君子之事亲能孝者，故资孝为忠，可移孝行以事君也。事兄能悌者，故资悌为顺，可移悌行以事长也。居家能理者，故资治为政，可移治绩以施于官也。”②于是忠孝合一，事君事父无别矣。

《孝经》乃孔子为曾子陈孝道，以立政教之本，使天子至于庶人皆能行孝，以期民用和睦，上下无怨。其中，父子关系、君臣关系皆是人伦之重，而孝、忠，俱

---

① 陈铁凡：《孝经郑注校证》，第187—188页。

② 唐明皇注、邢昺疏：《孝经注疏》，第38页。

为道德之要。郑玄注解，于“父子之道天性。君臣之义”一句，从伦理上将父子、君臣关系断然分别，而于“君子之事亲孝故忠，可移于君”一句，则从道德上将孝、忠明确区分。但是，唐明皇作为一时之君主，要颁布《孝经》之正义以教训天下，所以，千方百计地并举君臣与父子，等同忠和孝。因此，《圣治章》采《古文孝经》经文而成“父子之道，天性也，君臣之义也”，由伦理而言，君臣与父子混同矣。《广扬名章》又增一“故”字，使经文前面一句变成“君子之事亲孝，故忠可移于君”，由道德而言，孝与忠合一矣。明皇改经之后，天下皆以明皇御注即为《今文孝经》真本，凡言今文孝经者，皆不能脱明皇定本之窠臼，于是《今文孝经》之古注泯，而新解兴，父子君臣，忠孝，皆并为一谈。

四 其他改动

明皇御注，尚有数处改易经文，或以古文校今文，或臆改，最重要者有如下几条：

1.《天子章》：爱敬尽于事亲，而德教加于百姓，刑于四海。

明皇注：刑，法也。君行博爱广敬之道，使人皆不慢恶其亲，则德教加被天下，当为四夷之所法则也。①

《经典释文》“形于”下云：“法也。字又作‘刑’。”②是《今文孝经》本有两种写法，一般作“形”，有的作“刑”。校诸敦煌新出唐写本，《孝经》白文抄本编号伯3398，伯3416C，斯728等写本，皆作“形”，而编号伯2545，伯3372，斯1386，伯3369写本皆作“刑”。③郑玄《孝经注》抄本（编号伯3428）文为“刑于四海”，郑注云：“刑，见也。德教流行，见于四海，无所不通。”④可见明皇之前，《今文孝经》“形”、“刑”并用，而注解则以郑注“见也”为正。而《古文孝经》则只用“刑”字，《孔传》云：

① 唐明皇注、邢昺疏：《孝经注疏》，第11、12页。

② 陆德明：《经典释文》，第341页。

③ 徐建平：《敦煌经部文献合集》之“群经类孝经之属”，第1892页。

④ 同上，第1927页。

"刑,法。"[1]可见明皇定"刑于四海",是参用《古文孝经孔传》之"刑"字义,故择《今文孝经》之"刑"而弃"形"。

2.《孝治章》:治家者,不敢失于臣妾,而况于妻子乎?

明皇注:理家,谓卿大夫。臣妾,家之贱者。妻子,家之贵者。[2]

新出土所有《今文孝经》抄本、郑玄《孝经注》抄本中,"臣妾"下皆有"之心"二字。足见"之心"是唐明皇所删。而林秀一整理刘炫《孝经述议》解释此句云:"以诸侯爱士民,故大夫以下治一家者,身常谨敬,尚不敢失意于微臣贱妾而不念之,而况于適妻贵子乎?"[3]细看文意,应有"之心"二字,而《古文孝经》之《知不足斋丛书》本,足利本皆有"之心",可见古今文皆有"之心"二字,而唐玄宗臆删之。盖玄宗以今文上明王言"不敢遗小国之臣",治国者言"不敢侮于鳏寡",故治家者应言"不敢失于臣妾",以资对应,故删去"之心"。这种删改,纯属臆改经文。

3.《圣治章》:故不爱其亲而爱他人者,谓之悖德。不敬其亲而敬他人者,谓之悖礼。

明皇注:言尽爱敬之道,然后施教于人,违此则于德礼为悖也。[4]

新出土所有《今文孝经》抄本、郑玄《孝经注》抄本中,经文两处"他人"之下皆有"亲"字。此处无二"亲"字,唐玄宗删之无疑。而据刘炫《孝经述议》解此句为:"若人君不自爱其已之亲而敬他人者,谓之为悖乱之德也。不自敬其已之亲而敬他人之谓之为悖乱之礼也。"[5]则刘炫本无二"亲"字,而《古文孝经》之《知不足斋丛书》本、日藏足利本、司马光《古文孝经指解》,皆无二"亲"字,是唐玄宗据《古文孝经》以删《今文孝经》经文也。

---

① 林秀一:《孝经述议复原に关する研究》,第 228 页。
② 唐明皇注、邢昺疏:《孝经注疏》,第 34 页。
③ 林秀一:《孝经述议复原に关する研究》,第 265 页。
④ 唐明皇注、邢昺疏:《孝经注疏》,第 38 页。
⑤ 林秀一:《孝经述议复原に关する研究》,第 131 页。

唐玄宗此处删改经文，表面上对经义理解没有多大影响，事实上改变了经文的深层含意，尤其是对比郑注，便可以看得更加明显。此句经文，与《天子章》可以对看，《天子章》云："爱亲者不敢恶于人，敬亲者不敢慢于人。"郑注曰："爱其亲者，不敢恶于他人之亲。己慢人之亲，人亦慢己之亲，故君子不为也。"[①]郑注将"人"释为"人之亲"，虽属增字解经，然其据即在于《圣治章》此文。若非敦煌遗书出土，使人知明皇据古文改今文，则郑注虽存，读者终难得其精义。郑注《天子章》，意为爱己之亲，推爱以及他人之亲，则人不止爱己，且爱及于己之亲。敬己之亲，推敬以及他人之亲，则人不止敬己，且敬及己之亲。人因爱己、敬己，进而爱己之亲，敬己之亲，这才是真正的"孝"。在儒家思想中，爱、敬往外推，是从爱敬己亲到爱敬他人之亲，譬如爱敬己之父母，直接推到爱敬他人之父母，而不会推到爱敬同龄人或者婴孩。因此，《孟子·梁惠王上》不言"老吾老以及人，幼吾幼以及人"，而必为"老吾老以及人之老，幼吾幼以及人之幼"。而《孟子·尽心上》言"杀人之父，人亦杀其父。杀人之兄，人亦杀其兄。"其理亦同。

4.《事君章》：君子之事上也，进思尽忠，退思补过，将顺其美，匡救其恶，故上下能相亲也。

明皇注：上，谓君也。进见于君，则思尽忠节。君有过失，则思补益。将，行也。君有美善，则顺而行之。匡，正也。救，止也。君有过恶，则正而止之。下以忠事上，上以义接下。君臣同德，故能相亲。[②]

检敦煌新出《孝经》白文，郑玄《孝经注》，"故上下能相亲也"一句，基本都作"故上下治，能相亲也"。所以可以断定，"治"字是明皇御注所删。然观刘炫《孝经述议》注释此句云："臣既爱君，君亦爱臣，以是故上下能相亲也。"是刘炫所见本无"治"字，而《古文孝经》之《知不足斋丛书》本、足利本，司马光《古文孝经指解》皆无"治"字，是唐玄宗据《古文孝经》以删今文也。此处删改，对经义没有真正的影响。

---

① 陈铁凡：《孝经郑注校证》，第15—16页。

② 唐明皇注、邢昺疏：《孝经注疏》，第52页。

此外，对比敦煌新出《孝经》白文，明皇御注写定的《今文孝经》经文，还有多处增加“也”字。如《开宗明义章》敦煌写本作：“夫孝，德之本，教之所由生。”明皇定本变成：“夫孝，德之本也，教之所由生也。”《三才章》写本作：“夫孝，天之经，地之义，民之行。”明皇定本变成：“夫孝，天之经也，地之义也，民之行也。”《广至德章》敦煌写本作：“君子之教以孝，非家至而日见之。教以孝，所以敬天下之为人父者。教以悌，所以敬天下之为人兄者。教以臣，所以敬天下之为人君者。”而明皇定本变成：“君子之教以孝也，非家至而日见之也。教以孝，所以敬天下之为人父者也。教以悌，所以敬天下之为人兄者也。教以臣，所以敬天下之为人君者也。”这些都无关宏旨，不像改“父子之道天性，君臣之义”一句那样使经义完全改变，故不赘述。

五 结　语

经注之中，删改经文，向为注经之大忌。唐明皇《孝经注》大行天下，至今一千二百余年，其间因无明皇之前或同时之《今文孝经》写本传世，故言及《今文孝经》，皆以明皇定本为标准。虽邢昺、臧庸、严可均偶及明皇改经，但均为只言片语。而百年来敦煌遗书纷纷出土，才能系统地检讨改经的真相，还原《今文孝经》古本的真貌。

本来，经文传抄，偶有歧异，则注家不得已而增删之，如郑玄注《论语》，以《古论》校《张侯论》，终成《论语》定本，人莫非之。或注家有所特见，故增改经文，如朱熹注《大学》，以程子之言，补格物之意，以成《大学章句》，虽有争议，然不失其为一家之说。但是，唐明皇《孝经注》的改经，或据古文以改今文，或以己意改经文，固然是因为当时今文郑注、古文孔传相争不下，但明显也带有唐明皇以时王的身份，行其政教，使人民各行其孝，防止犯上作乱的目的。这最典型的表现在唐明皇对《孝经》中父子、君臣关系的重新解读上。

唐明皇《孝经注》的改经与重注，共同促成了《孝经》学的根本转折。从经文上言，《孝经》之学，自汉末以来，古文孔传、今文郑注别行，虽非势同水火，然亦判然有别，而明皇御注写定经文，遂使二家之言，转成一家之说，以致后世二家并微，《孝经》古本俱失。以经注而论，《孝经》之学，汉唐之间旧注，多将本经视为孔子立法大典，必以群经之典礼才能解释发明此经之大义。而自明皇采集旧注，定为一本，刊落典礼，以空言说经，则使《孝经》从孔子为后世制定典宪的政治书，变成时王教诲百姓的伦理书，这一思路，长久地影响了宋、元、明、清的《孝经》学。

也谈《诗经》学史上的“假历史”和“假道学”[①]

周春健*

一　引　言

2009年6月，台湾历史学家杜正胜先生为他翻译的日本学者白川静著《诗经的世界》的增订版(东大图书公司，2009年7月版)，写就一篇《译者导言——诗史的开始与回归》。这篇导言，“特别讨论诗史的问题”[②]，是难得一见的关于“诗史”论说的“重量级”文字！副标题的所谓“诗史的开始与回归”，在杜正胜看来，“这是历史重建的新学风，还原《诗》篇到作诗时代的历史情境，从诗歌透视历史。换句话说，将两千年脱离历史的《诗》篇回归历史的原貌。”[③]史学出身的杜正胜，更为关注的是周代历史重建的问题，视《诗》为构建周史的重要“史料”。在此前提下，他批判了两千年来《诗》篇“脱离历史”的主体倾向，进而提出了两个甚为要害的命题：《诗经》学史上的“假历史”与“假道学”。而不论“假历史”还是“假道学”，共同指向的文本，都是汉代的《毛诗序》。因此杜正胜先生对“假历史”与“假道学”的批判，实际也是对《毛诗序》的批判。这是《诗经》学史上的一

① 本文获得中山大学211工程“经典与解释”专项经费、中山大学985三期经费资助，特此致谢！

* 作者单位：中山大学哲学系、中山大学古典学中心。

② 杜正胜：《诗经的世界·增订版说明》。

③ 杜正胜：《译者导言》，出自《诗经的世界》，台湾：东大图书公司，2002，第11页。

个重要关节，是认识《诗经》的最关键所在；并且这两个命题带有相当的普遍性，对于认识其他经典亦有启发意义，故而在古典学勃兴的今日，殊有研析的必要。

接下来，我们会如次讨论以下几个问题：其一，厘清杜正胜所谓“假历史”和“假道学”的义涵与层次；其二，讨论如何认识这种“假历史”和“假道学”；其三，提出今日对待《诗序》、《诗经》及古代经典的态度。

二　何谓“假历史”和“假道学”？

我们首先要弄清的是，杜正胜先生所谓《诗经》学史上的“假历史”和“假道学”，到底是何所指？分别包含哪些层次？让我们从杜正胜先生的原文入手分析。

1. 所谓《诗经》学史上的“假历史”

杜正胜先生在《译者导言》中指出，《论语》以来，孔门论《诗》形成了一种“概念化、一般化”（第 34 页）的传统，孟子便深受这种传统影响，根据顾颉刚的研究，孟轲对后来诗经学的影响绝不在子夏之下。当孟子信口大言“王者之迹熄而《诗》亡”后，又加上“《诗》亡然后《春秋》作”的论断（《孟子·离娄下》），《诗经》作为历史评论批判的角色就被确定了。其实是周王势衰而《诗》大作，上举的批判诗即是。他教给学生的《诗》学方法论是“说《诗》者，不以文害辞，不以辞害志，以意逆志，是为得之”（《万章上》）。讲《诗》不管文本而出以己意；他的己意就是评论，所以一篇批判统治阶级剥削人民生产所得的魏风《伐檀》，可以被他说成“君子居是国也，其君用之，则安富尊荣；其子弟从之，则孝弟忠信”（《尽心上》）。中国诗经学就笼罩在这种“以意逆志”的“美刺”云雾中了。

汉代《毛诗序》的《诗》学即传承美刺的学风，并且寻找本事，联系历史人物或故事，表面上是在恢复《诗经》的历史情境，其实却走上一条“假历史”的路。此一假历史的《诗》论主宰中国将近两千年，直到二十世纪才彻底解放。

孔门《诗》论早在两千多年前已将《诗》三百篇概念化、道德化、普遍化，抽离其历史时空，其中只字词组作为人生、政治、社会的准则，后人遂称作“经”。普遍化后不久，有些讲《诗》的儒生画蛇添足，又将每篇诗个别化，追索其本事，想由个案衍生出通则，于是形成流传两千年的《毛诗序》。

八十多年前中国进步学者讨论《诗经》时，胡适就明白为《诗经》这部古代歌谣总集定位，它可以做社会史、政治史和文化史的材料，万万不是一部神圣经典（《谈谈诗经》，《古史辨》第三册下编）。这些进步学者不但要解消《诗》篇作为准则的经，也要揭穿《毛诗序》的伪历史，企图还原《诗》篇本来的面目。

《诗经》不是不可以讲本事，少数篇章的确明白指涉当代人物，有的后世比较熟悉，如小雅《正月》的褒姒，《出车》的南仲，《六月》的吉甫，大雅的《嵩高》和《烝民》还是吉甫所作；有的后世文献已难考察，如小雅《十月之交》诗人所批判的皇父集团诸权贵，以及《节南山》的尹氏和大师。其他大部分难以标定个别人物，不过，有的可以确定在某个时段，有的也可以当作延续比较长久的社会文化或是族群特性的现象。所以《诗》的历史化毋宁是诗经学一条可行之路，尤其《诗经》史料化后，更是一条应行之路。走近代这条历史化的新路，首先要清除长期以来根深蒂固的假历史。

《毛诗序》把每篇《诗》按上对某王某君，或王后、君夫人的赞美或讥刺，制造了假历史。不但大小雅假历史化，连国风也难逃此一厄运。两千年来的中国人尽是读了这些假历史，他们的历史知识和历史概念当然是不可靠的。①

这里，我们不厌其烦地将原文引出，主要是为了便于有针对性地展开讨论。杜正胜先生的这几段文字，不妨可以概括为如下几个方面：

(1) 将每一诗篇“概念化、一般化、道德化、普遍化”，这是孔门论《诗》的传统；孟子提倡“以意逆志”，形成一种“美刺”学风，对后世《诗经》学影响深远。

(2) 汉代《毛诗序》传承“美刺”学风，并且为诗篇寻找“本事”，将每篇诗“个别化”，联系历史人物或故事，恢复《诗经》的历史情境，制造了《诗经》学史上的所谓“假历史”。

(3) 20世纪初的进步学者（胡适等），解消《诗经》的经学地位，揭穿《毛诗序》的伪历史，企图还原诗篇本来的面目，主宰中国近两千年的“假历史”才彻底解放。

---

① 杜正胜：《译者导言》，第34—36页。

(4)《诗经》可以讲本事，可以走一条"历史化"之路，但前提是将《诗经》"史料化"，只能视其为"社会史、政治史、文化史"的材料，而不能视其为一部"神圣经典"。

(5)《诗经》研究走近代这条"历史化"的新路，首先要做的是"清除"长期以来根深蒂固的"假历史"。

这便是杜正胜先生所谓《诗经》学史上"假历史"的全部义涵，其中既有破，又有立。一言以蔽之，汉代《毛诗序》脱离诗篇解《诗》，附会"本事"，制造了"假历史"，应当将其"消除"，利用《诗经》本可以建构起"合情合理"的周代兴衰史。①

2. 所谓《诗经》学史上的"假道学"

所谓"假道学"，与"假历史"密切相关，杜正胜在《译者导言》中接着说：

除了假历史之外，中国诗经学的另一特色是"假道学"。孔子曾给郑风下了"淫"的论断，并且主张统治者为政的一大任务应该"放郑声"(《论语·卫灵公》)。国风起于民间，传达人民的感情与欲望，为一般人民所喜爱传唱，连封建贵族也不能免，郑风尤其特别，关于男女爱情坦率露骨的歌颂占相当大的分量，孔夫子受不了，加给一个罪名是"乱雅乐"(《论语·阳货》)。其他国风，甚至被道貌岸然化的周南、召南，也有不少类似的作品，但孔子的态度影响世世代代的徒子徒孙，《诗》学者对这类爱情诗通通贴上"淫风大行"、"男女淫奔"的标签，《诗序》是其代表，一千多年后的朱熹(1130—1200)作《诗集传》，也承袭了这个传统。

近代《诗经》学者往往强调《诗集传》比《诗序》进步，肯定他敢于说出"淫女之词"或"淫奔之词"的论述。其实朱熹的进步在于解消《诗序》的特定人物指涉，把国风归于某国的风格，于是破除《诗序》的"假历史"，还原为社会事实。譬如邶风的"匏有苦叶"，《诗序》说是刺卫宣公(前718—700)，"公与夫人并为淫乱"，朱熹只说这是"刺淫乱之诗"，于是就可以用这篇诗来建构古代社会史了。

不过朱熹并未能超越假道学，他还是把这类诗歌当作淫奔之诗，不是近代意义的恋爱诗。他仍然带着浓厚的偏见或成见，郑、卫可以有淫声，周公、召公

---

① 杜正胜：《译者导言》，第19页。

曾经统治过的领地是不可以有的，于是周南、召南的男女情歌就都因“文王之化……变其淫乱之俗”的结果(《南有乔木》)，女子遂知道“以贞信自守”(《摽有梅》)。连那篇非常露骨的男士引诱怀春少女的性爱诗召南《野有死麕》，也被他讲成“南国被文王之化，女子有贞洁自守，不为强暴所污”，故诗人感动赞美。成见之蒙蔽人的思维判断，即使第一流大学者、大思想家也不能免，尤其当成见存在于一个民族长久的历史文化传统时，往往习焉不察，甚至认为是天经地义的道理。

所谓淫声的“假道学”之论是礼教形成、甚至僵化之后才流行的教条，这层不揭开，无法看到礼教化以前的历史，《诗经》所保存的大量历史信息便无法真实显现。①

杜正胜先生关于“假道学”的阐说，可以作如下概括：

1. 孔子所谓“郑声淫”、“放郑声”、“乱雅乐”，开启《诗经》学史上的“假道学”之风。

2. 汉代《毛诗序》将《诗经》中的“爱情诗”贴上“淫风大行”、“男女淫奔”的标签，是“假道学”最重要的代表，朱熹《诗集传》承袭这一传统。

3. 朱熹《诗集传》的进步之处在于，解消《诗序》把国风归于某国的风格，破除《诗序》的“假历史”，还原为社会事实。

4. 朱熹终究未能超越“假道学”，仍带着偏见或成见，视《诗经》中的“爱情诗”为“淫奔之诗”，而未能将其看成是近代意义上的“恋爱诗”。

5. 所谓“淫声”的“假道学”之论，是“礼教”形成甚至僵化之后才流行的教条，应该揭示出“礼教化”之前《诗经》的真实历史。

简言之，受“礼教”影响，汉代《毛诗序》视《诗经》中的“爱情诗”为“淫风大行”、“男女淫奔”，集中代表了《诗经》学史上的“假道学”，这会妨碍《诗经》历史信息的真实显现。

不难看出，在所谓“假历史”和“假道学”中，《毛诗序》都是最为关键的文本。那么，我们究竟该怎样认识《诗经》学史上的“假历史”和“假道学”呢？《毛诗序》果真完全制造了“假历史”、代表了“假道学”吗？它们果真妨碍了《诗经》历史真

---

① 杜正胜：《译者导言》，第36—38页。

相的显现吗?

三　如何认识《诗经》学史上的"假历史"?

应当说,杜正胜先生以"概念化、一般化"来概括孔门论《诗》传统没错,以孟子倡导一种"美刺"学风没错,甚至汉代《毛诗序》也的确有为诗篇寻找"本事"、将诗篇"个别化"的倾向。但问题是,他所谓"《毛诗序》把每篇《诗》按上对某王某君,或王后、君夫人的赞美或讥刺",与其结论"制造了假历史"之间,却无法形成必然的逻辑推导。[①]也就是说,《毛诗序》这种"讲本事"的解诗方式,目的未必是要建构起一种什么新的"历史";并且,《诗序》所讲之"本事",未必一定追求与诗篇本义之规规然相合——这也正是"假历史"之"假"的矛头指向,也是历代主张废弃《诗序》、视《诗序》解诗为"穿凿附会"的根本缘由所在!这里,让我们从《毛诗序》的结构分析入手,以期明了《诗序》的性质与功能,包括纠正长期以来存在的对《毛诗序》的认识误区。

1.《毛诗序》及三家诗说未制造"假历史"

首先应该了解,《毛诗序》非成于一时,非出于一手,是一个有层级的结构。按照马银琴的研究,《毛诗序》从结构上可以分为"首序"(或称"古序")和"续序",二者有一个时间上的差距。所谓"首序",是指每篇《诗序》中开头一句的简练文辞;"续序",则指"首序"之后相对较长的文字,是对"首序"的引申与发挥。譬如《周南·螽斯》之序云:"后妃子孙众多也。言若螽斯不妒忌,则子孙众多也。"其中"后妃子孙众多也"即为首序,"言若螽斯不妒忌,则子孙众多也"则为续序。学界一般认为,续序及《关雎》之前的《诗大序》出自汉人手笔,但"相传两千多年的《毛诗》首序,应是周代礼乐制度的直接产物,它的产生,至晚应在周代礼乐制度尚未崩坏的春秋末期以前。……它的产生,在诗歌被采辑、编录的同时。"[②]又据

---

① 杜正胜:《译者导言》,第 36 页。

② 马银琴:《毛诗首序产生的时代》,载《文学遗产》2002 年第 2 期。

马银琴考证,《诗》文本的形成,乃是经历了"康王时代"、"穆王时代"、"宣王时代"、"平王时代"、"齐桓公时代"和"孔子删《诗》"的六次结集①。也就是说,从周康王到孔子时代,渐次产生了《诗》之首序,至汉初经师进一步阐发引申而成"续序",才形成了后世所见包含"首序"与"续序"两个层级的完整的《毛诗序》。很显然,杜正胜先生关于《毛诗序》形成历史的论断略显简单化了。

需要特别注意的是,《毛诗》"首序"的解诗模式与周代礼乐制度之间有着内在的对应关系。"首序"的功能,本不是从文辞角度对诗篇之"诗本义"作出某种解说,而主要用以揭示诗篇的"仪式义"或"乐章义"等。须知其初,《风》、《雅》、《颂》是按照特定的标准编集在一起,用于仪式合乐奏唱的。也就是林耀潾先生所谓,《诗》最先主要是一种"礼乐用途",其次才是"义理用途"②。马银琴曾将"首序"解诗之法区分为四种模式:一是"言明诗歌的仪式之用",二是"说解诗歌的乐章义",三是"从诗人作诗本意出发来解诗",四是"'以一国之事系一人之本',将诗歌的创作与时政联系起来"③。其中,只有第三点才算严格意义上的解说"诗本义",其余三者均可能与"诗本义"存在差距,有时甚至相去甚远。譬如关于最后一种"以一国之事系一人之本"④的解诗方式,马银琴认为:

> 这一类序多采用"刺□□也"、"哀□□也"、"闵□□也"等句式,序义多与诗本义不合。如《小雅·车舝》记述新婚,其序云:"《车舝》,大夫刺幽王也。"《小雅·采绿》言少女思嫁,其序云:"《采绿》,刺怨旷也。"《邶风·静女》述两情相悦、相会赠物之事,其序云:"《静女》,刺时也。"《郑风·大叔于田》美"叔"之勇武,其序云:"《大叔于田》,刺庄公也。"以这种模式解诗,多见于《小雅》与《国风》,尤以《国风》最多。联系史籍关于"太师陈诗以观民风"的记载,此种序诗模式,当与周代采诗制度相关。⑤

---

① 刘毓庆先生认为《诗》文本经历了三次结集,分别为"宣王中兴与《诗》之第一次结集"、"平王崇礼与《诗经》的再度编辑"、"孔子删诗与《诗》之三度编辑"。见刘毓庆、郭万金:《从文学到经学——先秦两汉诗经学史论》,华东师范大学出版社2009年版,第3—25页。

② 参见林耀潾:《先秦儒家诗教研究》第一章,(台湾)天工书局1990年版,第40页。

③ 马银琴:《毛诗首序产生的时代》,载《文学遗产》2002年第2期。

④ 唐孔颖达《毛诗正义》释云:"诗人览一国之意,以为己心,故一国之事系此一人,使言之也。"

⑤ 马银琴:《毛诗首序产生的时代》,载《文学遗产》2002年第2期。

而历代主张“废序”者，恰恰以“序义”与“诗义”不合指斥《诗序》解诗之“附会”[①]，这实在是对于《诗序》的极大误解！换句话说，《毛诗》首序“是周王室的乐官在记录仪式乐歌、讽谏之辞以及那些为‘观风俗、正得失’的政治目的采集于王朝的各地风诗时，对诗歌功能、目的及性质的简要说明”[②]。这便意味着，《毛诗》首序从产生之初，注定会在大多数情况下与“诗本义”不相一致。

至于汉代产生的《毛诗》“续序”，较诸“首序”有着更为浓重的为诗篇寻找“本事”的色彩，但仍然不能将其作为构建周代史的根据。这中间又可分两种情形：一种情形是，“首序”极简略地提及本事，“续序”在其基础上叙述稍详，譬如《邶风·日月》诗序云：“卫庄姜伤己也。（按：首序）遭州吁之难，伤己不见答于先君，以至困穷之诗也。（按：续序）”另一种情形是，“首序”未提及本事，“续序”则据“首序”之意衍生出本事，譬如《魏风·卢令》诗序云：“刺荒也。（按：首序）襄公好田猎毕弋，而不修民事，百姓苦之，故陈古以风焉。（按：续序）”然而这两种情形有一个共同点，就是无论“首序”之义还是“续序”之义，皆与诗之本义方枘圆凿，不相契合[③]，而且“续序”皆为“首序”基础上的一种自然延伸或阐说。

由此说来，无论“首序”还是“续序”，《毛诗序》的诸种说解，本当从周代礼乐文化制度背景下的“仪式、讽谏用途”角度去理解，而不应当将其作为理解“诗本义”的文字依据（尽管有些诗篇意义是相合的）。同理，尽管《诗序》解诗的确有为诗篇寻找“本事”的倾向，“把每篇《诗》按上对某王某君，或王后、君夫人的赞美或讥刺”（第36页），可是我们不能按照这样一个解说系统去构建所谓的周代历史[④]，《毛诗序》本无意也未曾构建起《诗经》学史上的“假历史”！而后世之所

① 譬如郑振铎《读毛诗序》云：“《毛诗序》最大的坏处，就在于他的附会诗意，穿凿不通。《毛诗》凡三百十一篇，篇各有序，除《六笙诗》亡其辞，我们不能决定《诗序》的是非外，其余三百五篇之序，几乎百分之九十以上是附会的，是与诗意相违背的。”（《古史辨》第三册，上海古籍出版社1982年版，第388页）

② 马银琴：《毛诗首序产生的时代》，载《文学遗产》2002年第2期。

③ 按今人程俊英、蒋见元“就诗论诗”的说解，《日月》“是一位弃妇申诉怨愤的诗”，《卢令》“是一首赞美猎人的诗”。见氏著《诗经注析》，中华书局1991年版，第71、279页。

④ 台湾学者李辰冬《诗序引人走入了迷途》一文，称：“由于《诗序》的错误，而中国历史也几乎改了面目。……《诗序》无一篇不是胡扯，可是，不仅经学家引它作证，连历史学家与地理学家也引它作证，那么中国古代史与地理的可靠性就大有疑问了！”实际也是认为《毛诗序》制造了“假历史”。载氏著《诗经研究》，台湾水牛出版社，2002年，第206、207页。

以认为《毛诗序》制造了《诗经》学史上的"假历史"，究其因，乃是忽略了《诗》最初流传时的周代礼乐制度的历史背景。

其实不惟《毛诗序》未曾制造《诗经》学上的"假历史"，即便是汉代鲁、齐、韩三家诗说，亦未曾制造这种"假历史"。首先，三家诗与《毛诗》解诗方式不同，《毛诗序》注重通过"以一国之事系一人之本"的方式阐说诗歌的"仪式义"或"讽谏义"，其特点便是往往将诗篇与"时政"联系起来；而三家诗则多从诗本身出发阐发"诗本义"，本来就少有与"某王某君"的关联；其次，根据马银琴的研究，"齐、鲁、韩、毛四家诗具有同源关系"[①]，他们共同的本源正是跟随诗篇进入诗文本时所产生的"首序"。因此，审视三家诗说，也应当站在周代礼乐制度的角度。

2. 郑玄《诗谱》是制造"假历史"的始作俑者

应当说，第一个有意识为三百十一篇诗（包括六篇有目无辞的"笙诗"）建构一个历史谱系的，是东汉经学大师郑玄。郑玄撰作《诗谱》，才真正建构起了《诗经》学史上的"假历史"。

其一，郑玄有着明确的为《诗》着"史"的意识。《诗谱序》云：

> 夷、厉已上，岁数不明。太史《年表》自共和始，历宣、幽、平王而得春秋次第，以立斯《谱》。欲知源流清浊之所处，则循其上下而省之；欲知风化芳臭气泽之所及，则傍行而观之，此《诗》之大纲也。[②]

这里的"太史《年表》"，当指西汉司马迁的《史记・十二诸侯年表》。史迁作《十二诸侯年表》，便是为了于春秋时期周王室及鲁、齐、晋、秦等十三诸侯（名为"十二"，实为"十三"）之历史"综其终始"[③]，着史意识极为强烈。郑玄标举"太史

---

① 马银琴：《两周诗史・绪论》，社会科学文献出版社，2006 年，第 60 页。

② 《诗谱》及下文表格中《毛诗序》文字，皆据中华书局 1980 年版《十三经注疏・毛诗正义》，下同。

③ 司马迁：《史记・周本纪》，中华书局，1959 年，第 511 页。

《年表》”、“春秋次第”，显然是为着建构“诗史”，所谓“欲知源流清浊之所处”，“欲知风化芳臭气泽之所及”，即其意也。

其二，郑玄撰作《诗谱》，排定《诗经》世次，建构起了完整的“诗史”。这个世次又分为两个层次，第一是十五国风、小大雅、三颂的层级，第二是三百十一篇诗的层级。第一个层级的排定，其理论依据便是《诗大序》提出的“风雅正变”说。《诗谱序》云：

周自后稷播种百谷，黎民阻饥，兹时乃粒，自传于此名也。陶唐之末，中叶公刘，亦世修其业，以明民共财。至于大王、王季，克堪顾天。文、武之德，光熙前绪，以集大命于厥身，遂为天下父母，使民有政有居。其时诗，风有《周南》、《召南》，雅有《鹿鸣》、《文王》之属。及成王、周公致大平，制礼作乐，而有颂声兴焉，盛之至也。本之，由此风、雅而来，故皆录之，谓之《诗》之正经。后王稍更陵迟，懿王始受谮，亨齐哀公。夷身失礼之后，邶不尊贤。自是而下，厉也幽也，政教尤衰，周室大坏，《十月之交》、《民劳》、《板》、《荡》勃尔俱作。众国纷然，刺怨相寻。五霸之末，上无天子，下无方伯，善者谁赏？恶者谁罚？纪纲绝矣。故孔子录懿王、夷王时诗，讫于陈灵公淫乱之事，谓之变风、变雅。

照此，《毛诗》系统中，《周南》11 篇、《召南》14 篇，为“正风”；《小雅》自《鹿鸣》至《菁菁者莪》16 篇，《大雅》自《文王》至《卷阿》18 篇，为“正雅”。这 59 篇作品均产生于西周盛世文、武、成、康时期。而《邶风》以下十三国风计 135 篇，为“变风”；《小雅》自《六月》以下 58 篇、《大雅》自《民劳》以下 13 篇，为“变雅”。计 206 篇，主要产生于衰世周懿王、夷王至春秋陈灵公(周定公)时期。至于“周颂”，则产生于成王、周公太平之时。这个层级的《诗谱》，有学者认为：“填补了《诗经》训解中有大序和小序却没有中序的空缺。”①

第二个层级，则是郑玄将《诗经》中的每一首诗，都找到了对应的“某王某君”的时代。见下表：

---

① 冯浩菲：《郑氏诗谱订考·绪论》，上海古籍出版社，2008 年，第 9 页。

郑玄《诗谱》所定诗篇世次表①

所属时代		篇数	具体诗篇
商代	成汤	1	那 1 篇
	中宗太戊	1	烈祖 1 篇
	高宗武丁	3	玄鸟、长发、殷武 3 篇
周代	文王	40	周南 11 篇；召南除甘棠、何彼秾矣外 12 篇；小雅之鹿鸣至杕杜 9 篇；大雅之文王至灵台 8 篇
	武王	8	召南之甘棠、何彼秾矣 2 篇；小雅之南陔至鱼丽 4 篇；大雅之下武、文王有声 2 篇
	成王	55	豳风 7 篇；小雅之由庚至菁菁者莪 9 篇；大雅之生民至卷阿 8 篇；周颂 31 篇
	懿王	5	齐风之鸡鸣至东方未明 5 篇
	夷王	1	邶风之柏舟 1 篇
	厉王	11	桧风 4 篇；陈风之宛丘、东门之枌 2 篇；大雅之民劳至桑柔 5 篇
	共和	1	唐风之蟋蟀 1 篇
	宣王	25	墉风之柏舟 1 篇；秦风之车邻 1 篇；陈风之衡门至东门之杨 3 篇；小雅之六月至无羊 14 篇；大雅之云汉至常武 6 篇
	幽王	46	小雅之节南山至何草不黄 44 篇；大雅之瞻卬、召旻 2 篇
	平王	30	邶风之绿衣 1 篇；卫风之淇奥至硕人 3 篇；郑风之缁衣至大叔于田 4 篇；魏风之葛屦至十亩之间 5 篇；唐风之山有枢至鸨羽 7 篇；秦风之驷驖至终南 4 篇；王风之黍离至葛藟 6 篇(除去兔爰)
	桓王	38	邶风之燕燕至二子乘舟 17 篇；墉风之墙有茨至鹑之奔奔 4 篇；卫风之氓至有狐 5 篇(除去河广)；郑风之羔裘至有女同车、褰裳 6 篇；魏风之伐檀、硕鼠 2 篇；陈风之墓门 1 篇；王风之兔爰、采葛、大车 3 篇
	庄王	14	郑风之山有扶苏至扬之水 7 篇(除去褰裳、丰)；齐风之南山至猗嗟 6 篇；王风之丘中有麻 1 篇
	厘王	5	郑风之出其东门至溱洧 3 篇；唐风之无衣、有杕之杜 2 篇
	惠王	10	墉风之定之方中至载驰 5 篇；卫风之木瓜 1 篇；郑风之清人 1 篇；唐风之葛生、采苓 2 篇；曹风之蜉蝣 1 篇
	襄王	15	卫风之河广 1 篇；秦风之黄鸟至权舆 5 篇；陈风之防有鹊巢、月出 2 篇；曹风之候人至下泉 3 篇；鲁颂 4 篇
	定王	2	陈风之株林、泽陂 2 篇

① 此表据洪湛侯《诗经学史》及冯浩菲《郑氏诗谱订考》相关统计制作。

其三，郑玄所构建的“诗史”是一段“假历史”。应当说，郑氏《诗谱》通过说明某类诗籍的产生地域及历史背景、某篇诗作的某公某王归属等，建构起了一个按照时代排列和解释诗篇的完备体系，对于理解《诗经》提供了极大方便，对后世产生了深远影响。譬如南宋王应麟着《诗地理考》六卷，便是“全录郑氏《诗谱》，又旁采《尔雅》、《说文》、《地志》、《水经》以及先儒之言”①而荟萃成编。然而如果我们衡以历史实际，却发现《诗谱》与史实之间存在着非常大的差距。换句话说，《诗谱》所构建的“诗史”并不是真历史。譬如《二南》，《诗谱》将《召南》之《甘棠》、《何彼秾矣》归为“武王”，其余23篇皆归“文王”，并称：“周、召之地，为周公旦、召公奭之采地，施先公之教于已所职之国。”而事实上，“余按《诗》、《书》之文，周公、召公皆至武王之世始显，至成王之世始分陕而治。于文王时，初未尝有所表见也。”②因此《诗谱》将《二南》多数归于“文王时代”，显然有违史实。而郑玄之所以如何处置，究其因，乃在于他排定诗篇世次的理论依据是《毛诗序》，“他的论列，完全继承了《毛诗序》‘《风》《雅》正变’和‘美刺’之说，并且作了进一步的发挥。这些论列，如按诗篇内容来加以考核，根本不能成立”③。也就是说，郑玄对《诗经》世次的排定实际基于一种“经学”考虑，而非“史学”。加之因《毛诗》超越三家诗后来居上，郑玄《诗谱》、《诗笺》诸说得以附于《毛诗》而获得极大范围的流行与传播。

3. 史迁真的留下一个“令人不解的谜”吗?

杜正胜先生认为，《诗经》不是不可以讲本事，《诗经》也可以走一条“历史化”之路，但前提是将《诗经》“史料化”，只能视其为“社会史、政治史、文化史”的材料，而不能像经学家那样视其为一部“神圣经典”。走近代历史化的新路，首先要清除长期以来根深蒂固的“假历史”。杜先生乃是受了胡适《谈谈诗经》一文的很大影响，很显然，这是一种现代史学的立场。

---

① (清)永瑢:《四库全书总目》卷十五，中华书局，1965年，第126页。

② (清)崔述:《读风偶识》卷一，道光四年东阳署中刻本。

③ 洪湛侯:《诗经学史》第二编，中华书局，2002年，第204页。

正是在《诗经》"史料化"的前提下，杜先生指出，可以"讲本事"的诗篇，仅是那些"明白指涉当代人物"的"少数篇章"[①]，譬如"小雅《正月》的褒姒，《出车》的南仲，《六月》的吉甫"等等。得出这一结论，很大程度上依然是出于对《毛诗序》功能的误解，因为若将《毛诗序》理解为是对"诗本义"的阐说，自然会在多数情况下彼此不合，故而无法完成一种真实历史的建构。

如何"讲本事"？站在现代史学的立场，自然要以"科学、客观"为标准来衡量。比如《小雅·正月》一诗，讽刺了西周末年衰败腐化的政治情势，不过"虽然小雅《正月》有'赫赫宗周，褒姒灭之'的指责，但《诗经》所述王朝的衰亡，集体因素比个人因素复杂得多：大抵是内政不修，外战不止，统治阶级分裂，民生凋敝，至于日蚀、地震，当代及稍后的诗人并不特别强调"。[②]于是，杜先生细致剖析《十月之交》、《小旻》、《节南山》、《北山》诸诗，揭示出西周亡国前夕朝政的实际状况。在他看来，如此处置，才建构起了西周覆亡的"真历史"。

然而，史家司马迁却没有这样做。史迁在撰作《史记·周本纪》时，恰是主要依据《正月》中的"赫赫宗周，褒姒灭之"一句勾勒出西周灭亡的基本线索，这使得杜正胜先生深感不解。在他看来，司马迁据《诗经》中《生民》、《公刘》、《绵》、《皇矣》、《大明》等史诗所构建的西周"建国史"尚为可信，

不过，《史记》所记西周王朝的灭亡，司马迁运用史料的方法和态度上，却与建国史完全两样。西周覆亡这件历史大事，大史家司马迁的撰述与其说是历史，不如说是小说。他把国家的灭亡简单归之于一个妇人褒姒，一方面因为她的出生是几百年前的妖孽造成的——周王宫廷小女奴沾上夏王朝时代留下的龙精而受孕；另一方面是周幽王举烽火召来诸侯以博褒姒一笑，诸侯发现被骗，等到犬戎真的入寇，不来勤王，周王朝遂亡。这篇故事前段采自《国语·郑语》，史伯给桓公讲的古代神话，后段根据《吕氏春秋·疑似》篇的传说。

我们不是以后世铜器铭文研究成果或考古新资料来责备贤者，即使是以司马迁所熟悉的传统文献，尤其是《诗经》，都可以建构一个合情合理的王朝衰亡

---

① 杜正胜：《译者导言》，第36页。

② 同上，第19、20页。

史，他却没这样做。这是司马迁史学令人不解的谜。[①]

那么，究竟该怎样解答司马迁史学这个“令人不解的谜”？究竟该怎样理解杜正胜先生的这个疑惑呢？

首先，杜先生所言史迁所构建之“西周覆亡史”略失偏颇。其实史迁在《周本纪》中，并没有完全“把国家的灭亡简单归之于一个妇人褒姒”。《周本纪》载：“幽王以虢石父为卿，用事，国人皆怨。石父为人佞巧善谀好利，王用之。又废申后，去太子也。申侯怒，与缯、西夷犬戎攻幽王。幽王举烽火征兵，兵莫至。遂杀幽王骊山下，虏褒姒，尽取周赂而去。于是诸侯乃即申侯而共立故幽王太子宜臼，是为平王，以奉周祀。”[②]可见，史迁笔下的西周败政，起码有两方面的表现：一是重用奸佞，二是宠幸褒姒，而这实际上恰是西周覆亡两个至为重要的因素。另外，杜先生所谓“至于日蚀、地震，当代及稍后的诗人并不特别强调”亦不符实情，《周本纪》便记载了“幽王二年，西周三川皆震”，“是岁也，三川竭，岐山崩”[③]的灾异天象，并借伯阳甫之口作出与政事密切关联的解释[④]。

其次，杜先生的确有“责备贤者”之嫌。一方面，因为史迁熟悉《诗经》，所以他就应当博采《正月》、《十月之交》、《小旻》诸篇“建构一个合情合理的王朝衰亡史”，这仅是一种理想化的设想，逻辑与历史未必相符；另一方面，关于褒姒事迹，因为史迁取材《国语》、《吕氏春秋》，其中有诸多神话传说之语，便称《史记》之文“与其说是历史，不如说是小说”，亦过于现代。因为史迁时代，并无后世意义上的“史学”观念；更何况，“在天人问题上，司马迁并没有摆脱天命神学的历史观”[⑤]，出现如此面目的记述，实属正常。

如此说来，《史记》所言，其实本不神秘。然而，史迁在构建西周亡国史时的

---

① 杜正胜：《译者导言》，第 19 页。

② 司马迁：《史记·周本纪》，中华书局，1959 年，第 149 页。

③ 同上，第 145、146 页。

④ 《史记·周本纪》载：“伯阳甫曰：‘周将亡矣。夫天地之气，不失其序；若过其序，民乱之也。阳伏而不能出，阴迫而不能烝，于是有地震。今三川实震，是阳失其所而填阴也。阳失而在阴，原必塞；原塞，国必亡。夫水土演而民用也。土无所演，民乏财用，不亡何待！昔伊、洛竭而夏亡，河竭而商亡。今周德若二代之季矣，其川原又塞，塞必竭。夫国必依山川，山崩川竭，亡国之征也。川竭必山崩。若国亡不过十年，数之纪也。天之所弃，不过其纪。’”（中华书局，1959 年，第 145—146 页）

⑤ 金春峰：《汉代思想史》第七章，中国社会科学出版社，2006 年修订第 3 版，第 229 页。

确通过这种“小说”笔法凸显了褒姒个人的破坏作用，这背后是否隐藏着某种深意？让我们来看《史记》中的两处记载。《周本纪》载：

三年，幽王嬖爱褒姒。褒姒生子伯服，幽王欲废太子。太子母申侯女，而为后。后幽王得褒姒，爱之，欲废申后，并去太子宜臼，以褒姒为后，以伯服为太子。周太史伯阳读史记曰：“周亡矣。”①

又，《秦本纪》载：

孝王欲以为大骆适嗣。申侯之女为大骆妻，生子成为适。申侯乃言孝王曰：“昔我先郦山之女为戎胥轩妻，生中潏，以亲故归周，保西垂，西垂以其故和睦。今我复与大骆妻，生适子成。申骆重婚，西戎皆服，所以为王。王其图之。”于是孝王曰：“昔伯翳为舜主畜，畜多息，故有土，赐姓嬴。今其后世亦为朕息马，朕其分土为附庸。”邑之秦，使复续嬴氏祀，号曰秦嬴。亦不废申侯之女子为骆适者，以和西戎。②

由《周本纪》的这段记载不难看出，史迁乃以幽王欲废申后、去太子宜臼，立褒姒子伯服为太子，作为西周败亡的一个重要因由。而之所以这一废一立如此利害攸关，根本原因在于《秦本纪》所载透射出的这样一个重要讯息：“周孝王时代，在以姬姜联盟为基础的西周政权中，居住于骊山的姜姓申侯对维护周王室西部边陲安宁所发挥的举足轻重的作用。……幽王之废申后、立褒姒，不仅仅是对一个女子的冷落和对另一个女子的宠爱。废宜臼而立伯服为太子，也不仅是一般意义上的嫡庶太子之争。更重要的是，这件事意味着以幽王为代表的姬姓政权力量对以申侯为代表的姜姓诸侯政治势力的打击。”③难怪这会触怒申侯，从而联合犬戎杀死幽王，最终灭周。由此，褒姒缘何不加以浓笔重彩！

---

① 司马迁：《史记·周本纪》，中华书局，1959 年，第 147 页。

② 司马迁：《史记·秦本纪》，中华书局，1959 年，第 177 页。

③ 马银琴：《两周诗史·西周诗史》，社会科学文献出版社，2006 年，第 245—246 页。

至于史迁在褒姒身上所采用的"小说"笔法，除去前文提到的"天命神学历史观"的局限外，其实还可以有一个更为重要的审度视角：史迁本不是现代意义上的仅仅注重"秉笔直书"的"史家"，他同时是一个"究天人之际，通古今之变，成一家之言"的"经师"！史迁的这种"小说笔法"，不妨可以理解为一种"春秋笔法"，他似乎在着意提醒读者：在西周覆亡过程中，需要特别注意这个带有浓厚神话色彩的褒姒，需要特别关注西周时代婚姻关系所包含的强烈政治意义！

不过，在现代史家的视阈里，史迁的这种经学思考，当然会是一个"令人不解的谜"！

四　如何认识《诗经》学史上的"假道学"？

杜正胜先生所谓"假道学"，显然是从"古板迂腐，拘泥礼法"这个意义上说的。他把孔子、《诗序》、朱熹归为一类，认为他们都把《诗经》中的"恋爱诗"视为"淫诗"，是一种维护封建礼教的"假道学"。他认为应当去除这些"浓厚的偏见或成见"，从诗本义出发"构建古代社会史"。①然而杜先生无论对孔子、《诗序》抑或朱熹，都存在着很大的误解，孔子及汉代以来经学家倡导《诗》之教化义，不可视为"偏见或成见"，因为那也代表了《诗经》学的一段真实历史，与从诗本义角度构建的古代社会史其实是两个不同的论域。

1. "郑声淫"与"真道学"：从孔子到朱熹

关于"郑声"，《论语》中有两处提及：

《卫灵公》："颜渊问为邦。子曰：'行夏之时，乘殷之辂，服周之冕，乐则《韶》、《舞》。放郑声，远佞人，郑声淫，佞人殆。'"

《阳货》："子曰：'恶紫之夺朱也，恶郑声之乱雅乐也，恶利口之覆邦家者。'"

---

① 杜正胜：《译者导言》，第37页。

孔子之所以对“郑声”持一种“放”和“恶”的态度，理由是“郑声淫”。但果真是因为《郑风》中“关于男女爱情坦率露骨的歌颂占相当大的分量，孔夫子受不了”（《译者导言》，第37页）吗？按照杜正胜先生的断语，显然是将“郑声”理解成了“郑诗”，将“淫”理解成了“淫邪”、“淫秽”之意。然而，“声”与“诗”、“淫”与“淫”意义有别，杜氏之解，实乃有违孔子本意。关于这点，古人已有指摘，明人杨慎云：

《论语》“郑声淫”，淫者，声之过也。水溢于平曰淫水，雨过于节曰淫雨，声滥于乐曰淫声，一也。郑声淫者，郑国作乐之声过于淫，非谓郑诗皆淫也。后世失之，解郑风皆为淫诗，谬矣。①

又，清人陈启源云：

夫孔子言“郑声淫”耳，曷尝言郑诗淫乎？声者，乐音也，非诗辞也。淫者，过也，非专指男女之欲也。古之言淫多矣，于星言淫，于雨言淫，于水言淫，于刑言淫，于游观田猎言淫，皆言过其常度耳。乐之五音十二律，长短高下皆有节焉。郑声靡曼幻眇，无中正和平之致，使闻之者导欲增悲，沉溺而忘返，故曰淫也。②

可见，孔子所谓“郑声淫”其实是就当时淫滥之“郑声”新乐而言，并非指与文辞对应的“郑诗”（即《诗经》中之《郑风》）而言；所谓“淫”，亦非指内容“淫秽”（“淫”之本义），而是指其乐狭邪靡滥，淆乱雅乐。因此，孔子绝不会因为《郑风》之诗在文辞内容上“坦率露骨”、“受不了”而提出“放郑声”。

那么，如此解说是否与孔子所言“《诗》三百，一言以蔽之，曰思无邪”（《论语·为政》）相矛盾呢？回答是否定的。一方面，淫与不淫，邪与不邪，不同时代有不同的标准，后世认为淫邪的，孔子之世或其前代未必是同样观念，理解诗义

---

① （明）杨慎：《丹铅摘录》卷五，文渊阁四库全书本。

② （清）陈启源：《毛诗稽古编》卷五，文渊阁四库全书本。

切不可“以今律古”。比如《郑风·溱洧》有“维士与女，伊其相谑，赠之以勺药”的诗句，朱熹《诗集传》解为：“此诗淫奔者自叙之词。”①而据《周礼·地官·媒氏》，周时有这样的风俗：“仲春之月，令会男女，于是时也，奔者不禁。若无故而不用令者，罚之。司男女之无夫家者而会之。”男女以时相会，不但不禁，反而提倡，绝非后世“道学”观念之“淫奔”行为。另一方面，就“思无邪”三字本义来讲，“盖‘思无邪’者，诗教之体也，其义有二，一曰重真情流露、自然质朴之表达，一曰重归于人类情性之正”②。孔子删订《诗》文本，保留《郑风》、《卫风》等如此众多后世看来属于“淫词”的诗，正是基于这一“诗教”观念。

值得深味的是宋儒朱熹对待“郑声淫”的态度。尽管朱子在《论语集注》中也意识到了“声”与“诗”的差别，云：“郑声，郑国之音。”③但在《诗集传》中却试图消泯这种差别，朱子称：

郑卫之乐，皆为淫声。然以诗考之，卫诗三十有九，而淫奔之诗才四之一；郑诗二十有一，而淫奔之诗已不翅七之五。卫犹为男悦女之辞，而郑皆为女惑男之语。卫人犹多刺讥惩创之意，而郑人几于荡然无复羞愧悔悟之萌。是则郑声之淫，有甚于卫矣。故夫子论为邦，独以郑声为戒而不及卫，盖举重而言，固自有次第也。《诗》可以观，岂不信哉！④

在这里，朱子实际是将“郑声淫”的命题偷换成了“郑诗淫”，而“淫”之义，乃取“淫乱”、“淫邪”之意，而这并不符合孔子原意。在此基础上，朱熹进一步提出“淫诗说”，将《邶风·静女》、《墉风·桑中》等三十二首诗订为“淫诗”⑤，并对后

① 朱熹：《诗集传》卷四，上海古籍出版社，1980年新1版，第56页。

② 林耀潾：《先秦儒家诗教研究》第三章，（台湾）天工书局，1990年，第124页。

③ 朱熹：《四书章句集注·论语集注卷八》，中华书局1983年版，第164页。

④ 朱熹：《诗集传》卷四，上海古籍出版社，1980年新1版，第56—57页。

⑤ 这三十二首“淫诗”分别为：《邶风·静女》；《墉风·桑中》；《卫风》之《氓》、《有狐》、《木瓜》；《王风》之《大车》、《采葛》、《丘中有麻》；《郑风》之《将仲子》、《叔于田》、《遵大路》、《有女同车》、《山有扶苏》、《萚兮》、《狡童》、《褰裳》、《东门之墠》、《丰》、《风雨》、《子衿》、《扬之水》、《出其东门》、《野有蔓草》、《溱洧》；《齐风》之《东方之日》；《陈风》之《东门之枌》、《东门之池》、《东门之杨》、《防有鹊巢》、《月出》、《株林》、《泽陂》。

世理学家如王柏、王阳明、茅坤、程敏政等产生了重要影响。

那么,朱子如此解诗的意图何在? 陈启源即曾这样质疑过朱子:

> 朱子以郑声为郑风,以淫过之淫为男女淫欲之淫,遂举《郑风》二十一篇尽目为淫奔者所作。幸免者,惟《缁衣》、《大叔于田》、《清人》、《羔裘》、《女曰鸡鸣》五篇而已。其余虽思君子如《风雨》,刺学校废如《子衿》,亦排众论而指为淫女之词。夫孔子删《诗》以垂世立训,何反广收淫词艳语,传示来学乎?[①]

理解这点,还是应当把朱熹放到宋代理学大兴的时代背景中,正如台湾学者文幸福所言:"盖其时道学盛行,礼教渐密,于男女言情之作,辄视之为淫篇秽辞而绝之。"[②]如此说来,朱熹提倡"淫诗说"才真正体现出了所谓的《诗经》"道学"观念,而在孔子那里其实本没有,孔子那里有的只是儒家早期的"诗教"观念。不过说到底,朱熹的道学观念也是一种诗教观念,只是属于经学范围内,与孔子的诗教观念有所区别。我们甚至可以说,朱熹的这种诗教观念其实是一种"真道学",只是现代认为这种解说不符合《诗经》本义才称之为"假道学";但无论如何不能把它看成是一种"浓厚的偏见或成见",因为朱子毕竟也是想通过这样一种经学阐说达到"经夫妇,成孝敬,厚人伦,美教化,移风俗"(《诗大序》)的目的,也代表了一段真实的"经学历史"。经学时代中的朱子,不可能跳脱这种历史局限,不可能指望这样一个经师"超越假道学",把这些诗解释成"近代意义上的恋爱诗"。[③]

2. "淫诗说":从《毛诗序》到《诗集传》

如上所述,朱熹在解说《诗经》时提出"淫诗说",体现出一种强烈的"道学"观念,其实并不符合孔子本意。若要追溯朱熹"淫诗说"的渊源,按照文幸福先生的研究,当远追《毛诗序》,近追宋人欧阳修《诗本义》、郑樵《诗辨妄》[④]。杜正

---

① (清)陈启源:《毛诗稽古编》卷五,文渊阁四库全书本。

② 文幸福:《孔子诗学研究》第七章,(台湾)学生书局,2007 年修订 1 版,第 165 页。

③ 杜正胜:《译者导言》,第 37 页。

④ 参见文幸福:《孔子诗学研究》第七章,(台湾)学生书局,2007 年修订 1 版,第 161 页。

胜先生也说："《诗》学者对这类爱情诗通通贴上'淫风大行'、'男女淫奔'的标签，《诗序》是其代表，一千多年后的朱熹（1130—1200）作《诗集传》也承袭这个传统。"[①]这究竟该怎样理解呢？

先让我们来作一个统计和对比。综观《毛诗》"首序"，并未出现"淫"之类字眼，汉代问世的"续序"则大量出现以"淫"解诗（且取"淫秽"、"淫邪"之义）的实例[②]。这些诗，皆在"国风"中，见下表：

《诗序》以"淫"解诗对照表

诗篇		首　序	续　　序
国属	篇名		
邶风	雄雉	刺卫宣公也	淫乱不恤国事，军旅数起，大夫久役，男女怨旷，国人患之而作是诗
	匏有苦叶	刺卫宣公也	公与夫人并为淫乱
	谷风	刺夫妇失道也	卫人化其上，淫于新昏而弃其旧室，夫妇离绝，国俗伤败焉
墉风	君子偕老	刺卫夫人也	夫人淫乱，失事君子之道，故陈人君之德，服饰之盛，宜与君子偕老也
	桑中	刺奔也	卫之公室淫乱，男女相奔，至于世族在位，相窃妻妾，期于幽远，政散民流而不可止
	蝃蝀	止奔也	卫文公能以道化其民，淫奔之耻，国人不齿也
卫风	氓	刺时也	宣公之时，礼义消亡，淫风大行，男女无别，遂相奔诱，华落色衰，复相弃背。或乃困而自悔，丧其妃耦，故序其事以风焉。美反正，刺淫泆也
王风	大车	刺周大夫也	礼义陵迟，男女淫奔，故陈古以刺今，大夫不能听男女之讼焉
郑风	溱洧	刺乱也	兵革不息，男女相弃，淫风大行，莫之能救焉
齐风	鸡鸣	思贤妃也	哀公荒淫怠慢，故陈贤妃贞女，夙夜警戒相成之道焉
	东方之日	刺衰也	君臣失道，男女淫奔，不能以礼化也
	南山	刺襄公也	鸟兽之行，淫乎其妹，大夫遇是恶，作诗而去之

① 杜正胜：《译者导言》，第 37 页。

② 有些诗"续序"中虽出现"淫"字，却不能算作以"淫"解诗，如《召南・野有死麕》首序云："恶无礼也。"续序云："天下大乱，强暴相陵，遂成淫风，被文王之化，虽当乱世，犹恶无礼也。"又如《邶风・凯风》首序云："美孝子也。"续序云："卫之淫风，流行虽有七子之母，犹不能安其室，故美七子能尽其孝道，以慰其母心而成其志尔。"

（续表）

诗篇		首序	续序
国属	篇名		
齐风	敝笱	刺文姜也	齐人恶鲁桓公微弱，不能防闲文姜，使至淫乱，为二国患焉
	载驱	齐人刺襄公也	无礼义，故盛其车服，疾驱于通道大都，与文姜淫，播其恶于万民焉
陈风	宛丘	刺幽公也	淫荒昏乱，游荡无度焉
	东门之枌	疾乱也	幽公淫荒，风化之所行，男女弃其旧业，亟会于道路，歌舞于市井尔
	东门之池	刺时也	疾其君之淫昏，而思贤女以配君子也
	株林	刺灵公也	淫乎夏姬，驱驰而往，朝夕不休息焉
	泽陂	刺时也	言灵公君臣淫于其国，男女相说，忧思感伤焉
桧风	隰有苌楚	疾恣也	国人疾其君之淫恣，而思无情欲者也

读上表可知，“首序”乃是从诗篇“讽谏功能”的揭示角度立言，与某国时政联系起来，距离“淫诗说”甚远，“续序”则大量以“淫”解诗。据此，文幸福先生称：

其中除《邶风·雄雉》刺卫宣公淫乱不恤国事，《匏有苦叶》刺卫宣公与夫人并为淫乱，《墉风·君子偕老》刺卫夫人淫乱，《齐风·南山》、《载驱》刺襄公淫乎其妹文姜，《敝笱》刺文姜淫乱，《陈风·宛丘》刺幽公淫荒昏乱，《株林》刺灵公淫乎夏姬，为个案特例外，其余续序皆直斥其“淫”，或刺淫，或止淫，或疾淫，不一而足，虽类皆就其人、其地、其时而刺之，然实启朱子淫诗之说也。①

这中间有两个问题需要特别注意：其一，杜正胜先生认为《诗集传》受了《毛诗序》的影响，这大概是不错的，但有必要对《诗序》的层次做一区分，不能笼统言之。因为对《诗集传》造成影响的应当是“续序”，而非“首序”。其二，虽然不否认《毛诗序》对《诗集传》以“淫”解诗有所启发，但《毛诗序》解诗所形成的“道学”

① 文幸福：《孔子诗学研究》第七章，（台湾）学生书局，2007年修订1版，第161页。

与《诗集传》解诗所形成的"道学"并不全同。除去时代远近带来的差异，还有一点就是各自立论的出发点有所区别。汉代"续序"成文乃缘于对"首序"的引申与发挥，"首序"的功能性质决定了这种阐释不追求与诗本义的一致；而朱熹提倡"淫诗说"的一个基点，则是追求与诗文本义的相合。朱熹在《诗序辨说》中，恰恰就基于这点对《毛诗序》有所批判：

近世诸儒多以《序》之首句为毛公所分，而其下推说云云者为后人所益，理或有之。但今考其首句，则已有不得诗人之本意而肆为妄说者矣，况沿袭云云之误哉！……故此《序》者遂若诗人先所命题，而诗文反为因《序》以作，于是读者转相尊信，无敢拟议。至于有所不通，则必为之委曲迁就，穿凿而附合之，宁使经之本文缭戾破碎，不成文理，而终不忍明以《小序》为出于汉儒也。①

正缘于此，有学者对朱熹"淫诗说"大力阐扬，认为其实质乃在于昭示着《诗经》学"从经学走向文学"②的重大转变。

不过，杜正胜先生认为："朱熹的进步在于解消《诗序》的特定人物指涉，把国风归于某国的风格，于是破除《诗序》的'假历史'，还原为社会事实。"③这中间既存在对《毛诗序》的误解，也存在对朱熹的误解。首先，如前文所述，《毛诗》"首序"是周代礼乐制度的直接产物，《诗序》无意也未曾制造出《诗经》学史上的"假历史"，真正建构起"假历史"的是东汉郑玄所著《诗谱》。其次，朱熹并未也不可能"破除《诗序》的'假历史'"，即如《诗经》首篇的《关雎》，郑玄《诗谱》继承《毛诗序》"《风》《雅》正变"和"美刺精神"将其归于"文王时代"，而《诗集传》不但亦归为文王时代，而且将"君子"、"淑女"直接释为文王、太姒，云："女者，未嫁之称，盖指文王之妃太姒为处子时而言也。君子，则指文王也。"④究其因，朱熹终究还是一位经师，他不可能违背《诗经》学得以展开的基本依据——《毛诗序》。

---

① 载《朱子全书》册一，上海古籍出版社、安徽教育出版社，2002年，第353页。

② 参莫砺峰：《从经学走向文学：朱熹"淫诗说"的实质》，载《文学评论》2001年第2期。

③ 杜正胜：《译者导言》，第37页。

④ 朱熹：《诗集传》卷一，上海古籍出版社，1980年新1版，第1页。

再次，无论《诗序》制造的历史是"真"是"假"，它对后世的影响确然存在，而且只能从"经学"角度去理解(尤其是《诗大序》，集中代表了汉代经学的诗教理念)，这与所谓"朱熹只说这(按：指《邶风·匏有苦叶》)是'刺淫乱之诗'，于是就可以用这篇诗来建构古代社会史了"[①]，完全是两个论域的事情——一个是"古典经学"，一个是"现代史学"，杜正胜先生显然把它们弄混了。

五 结　语

最后，让我们梳理总结一下全文：

第一，对待《毛诗序》，应当站在周代礼乐制度的角度分析，将其放到《诗》文本的结集历程中考察。《毛诗》"首序"是对诗篇在仪式、讽谏之用中的一种功能提示，目的不是解说诗本义。《毛诗序》无意也未曾制造《诗经》学史上的"假历史"，郑玄《诗谱》才是始作俑者，但亦应当从一种"经学"视角审度。若以现代史学"科学客观"的标准来衡量《毛诗序》的"讲本事"倾向，则无法解释司马迁在《史记》中对《诗经》文辞的应用。

第二，说孔子"郑声淫"开启《诗经》学史上的"假道学"之风实际是一种误解，"郑声"非"郑诗"，"淫"非"淫"，孔子所谓"郑声淫"体现出一种早期"诗教"观念，并非后世意义上的"道学"观念。《毛诗》"首序"并无"淫"字，"续序"则多以"淫"字解诗，这是汉代产生的一种经学观念，启发了朱熹《诗经》"淫诗说"的产生，朱熹所持才是"真道学"。朱熹虽从"诗本义"[②]角度倡言"淫诗说"，但他并未也不可能推倒《毛诗序》的"假历史"。

关于如何对待《毛诗序》及整个《诗经》，还有如下三个问题需要讨论：

1. "迷雾"还是另一种"真历史"?

杜正胜先生在《译者导言》中说："廓清两千年诗经学迷雾的第一响炮，出自

① 杜正胜：《译者导言》，第37页。

② 准确地说是"诗字面义"，与"诗本义"并不等同。详见车行健著：《诗本义析论》，(台湾)里仁书局，2002年。

法国社会学家兼汉学家葛兰言，1919年出版《中国古代之祭祀与歌谣》，从祭典和情歌的角度解读《诗经》。”①而约五十年后，日本学者白川静撰《诗经的世界》，着重开掘“古代歌谣世界”，正是秉承和“延续葛兰言开启的新路径”②。但葛兰、白川二人果然廓清了两千来的“诗经学迷雾”吗？进一步追问：《诗经》学史上的“假历史”和“假道学”果然是一种“迷雾”吗？其实此处，恰又表明杜正胜先生乃以“现代史学”眼光审度“古典经书”。说白了，葛兰、白川所做的工作，乃是从《诗经》本文入手探究西周时代的“真历史”，是一种现代史学及社会学的角度，他们关注的是所谓“礼教化以前的历史”③；《毛诗序》以来的“假历史”和“假道学”绵延两千余年，确然存在并着实产生影响，形成了一段古典经学的历史，这也是一段“真历史”，同样值得研究，切不可视为“迷雾”而加以扫荡摒除。

另外，若讲“假道学”，其实还应该再往前追溯，因为在周公“制礼作乐”的历史背景下，诗篇自采集、创作进入《诗》文本开始，便在一种“礼教”意义上发挥社会教化作用，“假道学”之论，其实并非是“礼教形成、甚至僵化之后才流行的教条”。④“假道学”的历史与《诗经》时代的历史，是两种性质不同的“真历史”。

2. “清除”、“扫除”还是“清理”？

今日该以何种方式对待和处置《毛诗序》以及《诗经》学史上所谓“假历史”和“假道学”？杜正胜先生提供的方案是——“清除”，他说：“走近代历史化的新路，首先要清除长期以来根深蒂固的‘假历史’。”⑤按照《辞源》的解释，“清除”的意思是“扫除干净”，这显然有些武断。

上世纪前叶，郑振铎先生曾就《毛诗序》打过一个著名的比方：

> 《诗经》也同别的中国的重要书籍一样，久已为重重迭迭的注疏的瓦砾把他的真相掩盖住了。……我们要研究《诗经》，便非先使这一切压盖在《诗经》上面

---

①③④ 杜正胜：《译者导言》，第38页。

② 同上，第40页。

⑤ 同上，第36页。

的重重迭迭的注疏、集传的瓦砾爬扫开来，而另起炉灶不可。……在这种重重迭迭压盖在《诗经》上面的注疏、集传的瓦砾里，《毛诗序》算是一堆最沉重最难扫除而又必须最先扫除的瓦砾。[①]

应当说，郑振铎是从探求“诗本义”的角度说这番话的，试图将《诗经》从“经学”降而为“文学”，这在当时的社会背景下有其一定的“历史正当性”。糟糕的是，他所提供的“扫除”的处理方式同样有失武断。因为，“殊不知瓦砾也代表了一段历史的真相，可以‘清理’，但却不是可以简单地‘扫除’的。”[②]

3.《诗经》研究中的“迂”和“妄”

今天的我们到底该如何做？有两种倾向都要避免。俞平伯先生在《葺芷缭衡室读诗札记》中指出：“古今人各有所蔽，古之蔽也迂，今之蔽也妄。”[③]杜正胜先生认为：“迂即是上文所论的‘假历史’和‘假道学’，妄则是缺乏小学考辨的无稽之谈。”[④]对于“迂”，我们要有一种“古典”的眼光，不能简单否定。即如《诗序》，固然其所作解说并不符合“诗本义”，但一方面渊源有自，一方面在此基础上所生发的“经学义”在古典社会切实发挥过持久而正面的作用。因此，《诗序》的历史是我们透视古典社会的重要窗口，应当给以足够重视。至于“妄”，很大程度上比“迂”更为可怕，也是今人最易犯的错误，因此依然要求我们需要静下心来，老老实实补古典学养的课。

综言之，对待“假历史”与“假道学”，对待《诗序》、《诗经》以及所有古代经典，我们需要本着尊重传统的态度，以“古典”的眼光，走近古人，感受智慧，涵泳经典，进德修业，这才是焕发古代经典现代生机的康庄坦途！

---

① 郑振铎：《读毛诗序》，载《郑振铎全集》第四卷，花山文艺出版社，1998年，第3—6页。

② 王昆吾：《诗六义原始》，载《中国早期艺术与宗教》，东方出版中心，1998年，第219页。

③ 载《古史辨》第三册，上海古籍出版社，1982年，第478页。

④ 杜正胜：《译者导言》，第39页。

“三统”与“疆域”

——廖平《知圣篇》对今文“三统论”的改造与发展

李长春*

一

对于汉儒而言,“三统”大体上可以看作三种不同的礼制。三种不同的礼制首先表现为三种不同的正朔。假如王朝历史是线性时间中的一段,则正朔的选择即是为这个线段选择一个合适的开端,服色、居处和牲器等则标识或象征着人事变化与天道轮回之间的神秘关联。“通三统”有历史哲学和政治哲学的双重含义。确认王朝在历史中的正当位置及合法存在,同时确定王朝所代表的文教传统与先前有过或以后可能的文教传统之间的先后秩序,这是它的历史哲学含义;新的政教传统的建立必须在尊重、消化和吸收既有政教传统的合理因素,这是它的政治哲学含义。

但是,对于清儒来讲,汉儒的“三统”论说已经很难继续作为他们解释历史或应对时变的有效资源。这首先是因为“三统”说更适宜对单一的“革命”方式实现更替的政权进行合法性论证,而魏晋以后华夏帝国的王朝谱系赓续的复杂

---

* 作者单位:中山大学哲学系。

性破坏了这种论证的有效性。[①]这突出表现为在庄存与的《春秋正辞》中"三统"之说根本不具备"正辞"的地位而只能屈居"奉天"辞的子目。可见在常州今文经学的义理系统中,它的地位已经严重下降。其次,清王朝以异族的身份入主中国,面临的最重要的问题之一就是如何掩盖自己的塞外民族身份而进入中原王朝更迭统绪。这就需要满洲统治者迅速接受中原的礼仪和文化,并且延续宋明以来的文教—政治系统。在这样的历史境遇中,清王朝不可能去自觉地缔造一个新的有别于前代的政教传统——至少不能在理论的层面声称自己正在缔造这样一个新统。刘逢禄的公羊学特别强调了区分华夷不应该以种族,而应该以礼仪为标准,同时也强调华夏和夷狄可以相互转化,夷狄可以进而为中国,中国也可以退而为夷狄。[②]这样,即使刘逢禄承认三统说在公羊学中的重要地位,也无法让它像汉代三统说那样发挥促成建立新统并垂范后世的作用。

在常州派今文学中,"通三统"说一直不是其理论的重心所在。尽管庄存与、刘逢禄都曾用不少的篇幅来讲"通三统",但他们更关心的是"异内外",即华夷关系的问题。毕竟,"内外"问题既关涉到清帝国统治的合法性,又是满汉读书人共同的焦虑与困惑所在。但是,这并不意味着常州今文学的"三统"论毫无新意可言。以刘逢禄为例:刘氏对今文经学的重要贡献之一就是推《春秋》之意以说群经。以"三统"义说《诗经》、说《论语》最为显著。

刘逢禄以"三统"义说《诗》。其言曰:"《诗》之言三正者多矣,而尤莫著于三颂。夫子既降《王》为《风》,言商、周之既亡,终之以三颂,非新周、故宋、以《鲁颂》当王而为新王之明征乎?夫既以《鲁颂》当新王,而次《周》之后,复以《商颂》

---

① 汪晖说:"清代大一统政治是对夷夏关系的重新调整,它安排前朝遗绪,力图恢复儒学的正统地位,但在汉人学者眼里,清朝无法以一种王朝赓续的模式建立自己的合法性。这里的困难是:清朝力图以王朝正统为王朝提供合法性,从而它必须排除自己的塞外历史谱系才能被纳入中国王朝而赓续关系之中。"(《现代中国思想的兴起》上卷,第二部,生活·读书·新知三联书店,2004年,第555页)

② 刘逢禄:《春秋公羊何氏释例·秦楚吴进黜表》曰:"秦始小国僻远,诸夏摈之,比之戎狄,然其地为周之旧,有文武贞信之教,无放僻骄侈之志,亦无淫逸骄懒之风,故于《诗》为夏声,其在《春秋》,无僭王滑夏之行,亦无君臣篡弑之祸,故《春秋》以小国治之,内之也。吴通上国最后,而其强也最骤故亡亦乎焉。秦强于内治,败崤于后,不勤远略,故兴也勃焉。楚之长驾远强于秦,而其内治亦强于吴,故秦灭国而终灭秦者楚也。圣人以中外狎主而承天之运,而反之于礼义,所以裁成辅相天地而不过乎物。故于楚庄、秦穆之贤而予之,卒以中国无桓文而文归之矣。何待定、哀之末而京师楚哉?于吴光之败陈、许,几以中国听之,慨然深思其故曰:中国亦新夷狄也。"

次《鲁》，而明继夏者殷，非所谓三王之道若循环乎？故不明《春秋》，不可与言五经，《春秋》者，五经之莞钥也。"《王风》作为《国风》，表示平王东迁之后，周室降而为诸侯。《鲁颂》作为三《颂》之一，则表示孔子"讬王于鲁"，以《春秋》当新王。《鲁》次《周》、《商》次《鲁》，意味着三统循环，《春秋》所代表的新统介于周、商之间。

刘逢禄以"三统"义说《论语》曰："'其或继周者，虽百世可知。'何谓也？曰：殷受夏、周受殷，有改制之名，无易道之实。故《春秋》立百王之制，通三统之义，损周之文益夏之忠，变周之文从殷之质，百世以俟圣人而不惑者也。故告颜子为邦，兼用夏殷周之制。仲尼以万世为土，何但十世哉？"(《论语述何》)又云："子曰：'周监于二代，郁郁乎文哉！吾从周。'何谓也？曰：正朔三而改，文质再而复，如回圈也，故王者必通三统。周监夏殷，而变殷之质用夏之文。夫子制《春秋》，变周之文从殷之质，所谓从周也。乘殷之辂，从质也；服周之冕，从文也。"(《论语述何》)又云："乘殷之辂，何也？谓贵其质也，夫子善殷礼者多矣，以辂举其意。服周之冕，何也？谓贵其文也。存二代以著师法之意，故正月、二月、三月皆书王也。乐则韶舞，何也？《春秋》拨乱反正，文成致麟，犹尧舜之隆，箫韶九成，凤皇来仪也。"(《论语述何》)刘逢禄的这些说法显然对晚清今文经学对《论语》的解读产生了极为重要的影响。康有为注《论语》，很多说法明显受到刘逢禄的影响；廖平《知圣篇》申素王受命改制之意，是主要通过以今文义说四书(尤其是《论语》)来完成，[①]其说《论语》与刘逢禄之《论语述何》亦多有异曲同工之处。

以"三统"义说群经，刘逢禄仅启其端。刘逢禄以后的今文学者，大多对公羊"三世"有着更多的兴趣。"三统"说被作为基本的思想资源和阐释方法，被广泛应用到经典解释之中，还要等到廖平出现。

二

廖平《知圣篇》中论述"三统"说，与此前的今文经学有很大不同。

---

① 拙作《〈知圣篇〉中的〈论语〉诠释》一文有详细讨论。参见《社会科学研究》2011年第3期。

首先，廖平把六经师说中带有循环模式和辩证色彩的内容统统归入“三统”说；而把诸经礼制中不能循环或辩证的内容归入“三世”说。以“三统”为循环例，以“三世”为进化例。循环和进化相互影响，共同作用于历史的发展演变。这样，使得“三统”循环不再是简单的重复；“三世”进化也不再是直线的发展。

董仲舒《春秋繁露·三代改制质文》曰：“故王者有不易者、有再而复者、有三而复者、有四而复者、有五而复者、有九而复者。明此，通天地、阴阳、四时、日月、星辰、山川、人伦，德侔天地者，称皇帝；天佑而子之，号称天子。故圣王生则称天子，崩颛则存为三王，绌灭则为五帝，下至附庸，绌为九皇，下极其为民，有一谓之三代。”廖平解释说：

> 三统以《尚书》为本，乃经学大例。观《四代礼制沿革表》，可见先儒虽主此说，于经少所依附。今按其说，当于《诗》、《春秋》中求之。四代无沿革，而名号小有异同，此即三统例之大端。至于服色、牲器，犹其小焉者矣。董子云：九而易者，大九洲、九洛、九主之说也；五而易者，五帝循环、《小雅》五际说也；四而易者，《尚书》说也；以三而易者，三《颂》说也；以二而易者，《鲁》、《商》中外文质说也。……不惟经学易明，而孔子“百世可知”之意亦见矣。今已改三统不能循环者，为《三世进化表》矣。

按照一般的理解：“三统”循环原型仅及夏、商、周三代，而此后的历史仅仅是依照三代模式进行的循环。其实不然。依照董子的理论，三代不是一个静态概念，而是以本朝为起点，前推三代为“三王”，[①]他们对于新王法统的建立具有至关重要的意义；再前推五代为“五帝”，他们对于新王法统的建立具有较次要的意义；再前推，就是“九皇”，他们对于新王法统的建立所具有的意义已经很小。所以，“皇”、“帝”、“王”这些称号不是历史上这些君主的实际称号，而是汉人给他们的封号。这些封号标示了一个由近及远的时空次序。今文学家安排这个时空次序的基本方式就是近者存而远者绌。董仲舒所说的“不易者”，当然是“道”。因为“天不变，道亦不变”（《天人三策》）。亘古不变的道自然要通过不断

---

① 因为秦为“闰统”，故不在“三王”范围内。

变易的历史才能实现。历史的发展演变是不可能准确预测的，但却是有一定规则可以遵循的。这个规则就是“三统”。廖平以“大九洲”、“九洛”、“九主”，解释“九而复者”，以“五帝”、“五际”解释“五而复者”，以《尚书》之“四代”解释“四而复者”，以《诗》之“三颂”解释“三而复者”，以“文、质”解释“二而复者”，大体上符合董子之意。《易》曰：“复，其见天地之心乎！”正是因为有九而复者、有五而复者、有四而复者、有三而复者、有二而复者，那不变之道、天地之心方才可感、可见、可知。董仲舒的历史哲学与政治哲学，本不强调以“三”作为变数的基准，但是由他讲“三正”、“三王”之处太多，导致人们以“三正”解释“三统”，对“三统”的理解日趋狭隘和僵化。廖平强调循环和变易的不仅仅是“三正”，还有以二易者，以四易者，以五易者，以九易者。所有这些都在“三统”说的范围之内。这样，“三”不再是一个具体的数字，而是一个抽象的“数”。把“三”由一个具体的数字抽象成一个“数”概念，就意味着“三统”这一用于解释特定阶段王朝更迭与政教轮替的模式被抽象为解释一切历史乃至整个世界的基本原理。从以后的论述中我们可以清晰地看到这一点。

其次，廖平反对汉代以来以《春秋》说“三统”的传统。他强调“三统”说的依据乃是《诗》之三《颂》，而非《春秋》。“三统”论的很多具体内容很难比附《春秋》，但它们都可以在《诗经》中找到与之对应的内容。

廖平认为六经之中，孔子作《诗》最早，所以《诗》为六经总纲。孔子又重视教人以《诗》，这是因为《诗》言志。而《诗》之志，就是《春秋》之志。汉儒(例如董仲舒)所讲的“新周”、“故宋”、“王鲁”、“周亡孔子王”等各种非常异义可怪之论，皆当寓于《诗经》之中：

> 三统之说，统于三《颂》。凡一切旧说，皆当以此统之。董子“王鲁”，制寓于《鲁颂》。周公及“世及”之“及”。武王制礼作乐，故以王寓之。以其说解诗，则有征信；董、何以说《春秋》，则不免附会矣。纬书“新周”，不可说《春秋》，而《诗》以鲁后周，即此意。《诗》明云：“其命维新”，是经义直以《周颂》为继周之新周，非果述姬周也。先儒改周之文、从殷之制，亦从此出。……绌杞之例，亦本于《诗》，《春秋》杞不称公，《三颂》绌杞不言，是其本意。今凡周亡、孔子王，一切骇人听闻之说，皆以归附于《诗》。治经者知此意，然后以读别经，则迎刃而解。

(《知圣篇》)

廖平以"三统之说统于三《颂》"显然是受到了刘逢禄的影响。但是廖平与刘逢禄的说法貌似相同,实则相反:刘逢禄只是推《春秋》公羊义以说《诗经》,认为《诗经》中蕴含着公羊学的"三统"、"三正"论;而廖平则直截了当认为"三统"之说源于三《颂》,汉代公羊家讲"三统"根本就是推《诗》义以说《春秋》。例如:董仲舒所讲的"王鲁"说,实际上原本寓于《诗》之《鲁颂》。因为周公封国在鲁,周公(鲁)继武王(周)而制礼作乐,因此,周公所代表的鲁就获得了与文王、武王所代表的周对等的地位。所以《诗》之《周颂》后继之以《鲁颂》。纬书中讲的"新周"之说,也与《春秋》无关。《诗·大雅·文王》曰:"周虽旧邦,其命维新。""新周"之说,当从此而起。对应到三颂之中,应当是《周颂》。而《周颂》绝不是记述姬周之诗,因为平王东迁之后,周室已经沦落,其地位与诸侯无异,在《诗经》中,其地之诗也已经被贬而为《风》,即《诗》之《王风》。因此,廖平断言:董仲舒、何休用"新周"、"王鲁"来比附《春秋》是完全错误的。[①]想了解汉代经文经学学所主张的"一切骇人听闻之说"只有从深刻理解《诗经》的"三统"论开始。

此外,尤其得注意的一点:廖平从自己定义的"三统"论出发,对"大一统"进行了全新的阐释。

廖平把群经之中关于三代礼制不同且可以循环变易的内容统统归入"三统"。这样,"三统"的内容和范围就被大大扩展了。汉儒言"三统",只是举正朔、服色、尊号、居处等为说,但廖平所讲的"三统"已经涉及社会生活的诸多方面。不仅如此,在廖平心目之中,汉人津津乐道的"三统",根本不是对夏、商、周

① 廖平在《何氏公羊解诂三十论·主素王不主王鲁论》中批评董仲舒、何休的《春秋》王鲁说:"王鲁之说,久为世诟病。……盖尝以经例推之,则鲁为方伯,讥僭诸公,非作三军,则是《春秋》仍以侯礼责鲁也。讥不朝,非下聘,则是《春秋》仍君天王而臣鲁侯也。且《春秋》改制作,备四代,褒贬当时诸侯,皆孔子自主,鲁犹在褒贬中。其一切改制进退之事,初不主鲁,则何为'王鲁'乎?若以为'王鲁',则《春秋》有二王,不惟伤义,而且即传推寻,都无其义。此可据经传而断其误矣。又《公羊》精微,俱见纬侯,凡在枝节,莫不具陈。而'王鲁'全经大纲,纬书并无其语。而言'素王'孔子主王法,乘黑运者,不下三四十见。此可见本'素王'而不本'王鲁'矣。"丁亚杰据此以为廖平反对王鲁说,其实不大准确。廖平反对以《春秋》说"王鲁",但不反对"王鲁说"本身。他只是认为"王鲁"一说源自《诗经》而已。参见丁亚杰:《清末民初公羊学研究》,台北:万卷楼图书有限公司,2002年,第246页。

三代政教传统的理论概括和真实描述，而是素王孔子为改制立法而虚设的不同的礼法和制度：

> 三统之说，孔子时已然，非后儒所附会。如宰我言社树，《戴记》中所引孔子言四代者是也。《王制》、《国语》、《祭法》庙制，与《春秋》、《诗》、《孝经》时制，皆当以三统说之。既知此非真四代制，又知此为百世立法，又推本经书为主，以收传记之说，更推考异义以化畛域。此例一明，而群经因之以明矣。（《知圣篇》）

要说明“三统”是孔子之说而非汉儒附会，并不太难。如前文所述，《论语》中就提供了很多论述三代礼制不同的内容。廖平并不以此为限，他进一步推论凡群经之中言及庙制、时制四代不同，都可以理解为“三统”。再而强调它们讲的不是真正的四代制度，而是孔子所立新制。与汉儒宣称孔子为汉立法不同，廖平声言孔子是为万世立法。正因为孔子的制作是万世之法，就不仅仅是一代之制。一代之制可以固定不变、确定不移，而万世之法则须随时改作，以应时变。时变势变，法亦应随之而变。这样，可变、并且善变就应该成为“三统”的基本精神。文质、三色、四代、五际、九洛、九主等，既描述了变易的内容，又指示了变易的法则，所以，它们共同构成了“三统”所代表的万世法的基本内容。这毋宁是说，“三统”也许在历史世界中有其切实的根据（如正朔、服色、尊号、居处等），但是经典世界中作为礼法和制度的“三统”却无一不是孔子的制作。

董仲舒以“三统”说“大一统”，首先强调受命之王要“改正朔、易服色、徙居处”。廖平则与之完全不同。他强调：“四代无沿革，而名号小有异同，此即三统例之大端。至于服色、牲器，犹其小焉者矣。”欲了解“三统”，就必须透过小有异同的名号，看到孔子假托四代所立的礼乐政教。在廖平看来，孔子假托四代所设立的礼乐政教有其内在统一性，了解其内在统一性才是至关重要的，而正朔、服色、牲器方面的差异只是无关紧要的细枝末节罢了。

要证明这一点，最好的例子莫过于《尚书》。所以廖平说：“三统以《尚书》为本，乃经学大例。”他还说：“《尚书》言四代之制，由一化四，此三统变通之意也。”这个“一”，显然就是“大一统”。所谓“由一化四”，就是“三统变通”，也就是来统摄和会通四代礼制以实现“大一统”。四代礼制，有同有异。同者是大纲，异者是细节。区分大纲和细节，对于深刻理解和准确把握“三统”，尤为重要：

盖圣人定制，先立大纲，细节则多备三统之文。大纲之封建、职官、选举、学校，群书皆同，而细节则小异矣。即以庙制言，大纲之七庙祀天神、人鬼莫不同，而细节则小异。《祭法》有日月之祀，《孝经》只春、秋二祭，配天郊禘说各不同，此三统文质改变之说也。(《知圣篇》)

“圣人定制，先立大纲”是说圣人改制立法，首先以“大一统”为最终目的和最高准则。这里的“大纲”就是指“大一统”，也就是四代制度所体现出的内在统一性。这种内在统一性并非在历史中形成，而是由圣人预先谋划。正因是圣人的谋划，所以它对应的绝不是历史事实，而是政治理想。政治理想要实现为生活秩序，必须借助于各种制度和仪轨，即大纲必须落实为细节。大纲是不变的，而细节却是可以因时制宜、因地制宜。所以，经典中的四代礼制只是圣人为理想的“大一统”落实为现实的生活秩序而设计的可供选择的不同方案。“三统变通”就是根据不同时间、不同地域以及不同的历史情境选择不同的制度和仪轨以实现理想中的“大一统”。

这里，我们可以明晰地看到廖平试图在“三统”问题上改造汉人学说的强烈意图。在汉儒看来，“三统”就是汉代所要面对的真实存在的三代的历史文化传统。汉儒面对的问题是如何转化、消化自己的历史资源以便为帝国建立精神文化和政治生活的新秩序。而廖平则试图将“三统”从具体的历史语境中抽离出来，使之更加抽象，更具概括性和解释力，并以它为工具来理解整个历史过程和现实世界。

经过廖平的改造，“三统”说的诠释向度发生了逆转：即由面向历史转变为面向现实和面向未来。

三

汉儒讲的“三统”，大体上是一个时间性结构，它与空间或者疆域无关。也就是说，汉儒理解的“三统”，是存在于同一空间(疆域)内的不同的历史时间中的政教传统。而在廖平的论述中,“三统”却变成了一个空间性结构,即“三统”被理解为同一时间之内分布于不同的地域的各种历史文化和政教传统。之所以发生这种转变,与清代历史的进程和知识话语的变迁不无关联。这主要表现在:其一,清代舆地学的兴起大大地拓展或者改变了清儒的经学视野;其二,与西方的经济、文化乃至军事的冲突和碰撞使得传统儒家的夷夏观念无法继续维系其对世界的原有认知;其三,西方地理学、天文学的传入重塑了清儒的世界观。在清季学林,除了像倭仁这样的理学知识分子,大多数读书人已经不可能再将世界视为一个由华夏和夷狄构成的以“中国”为中心的“天下”。取而代之的是由包括“大清”在内的“万国”组成的“全球”、“世界”。在这样一种背景之下,疆域(疆宇)问题逐渐浮现出来,并成为廖平经学所要应对的一个重要课题。

“天下”世界观被“全球”世界观所取代,并不仅仅意味着地理学意义上的“去魅”。知识谱系的变迁仅仅是浮在水上的冰山一角,任何一个敏感的思想家都能感受得到这种变迁背后隐藏的价值体系被颠覆或置换的隐忧。以往的“天下”世界观中,“中国”居于中心,四周都是“夷狄”。“中国”和“四夷”既表现为地理结构上的中心和边缘的关系,又表现为政治结构上的宗主和藩属的关系。更重要的,它还标志着一种文化上的等差秩序,即教化与被教化的关系。地理上的远近和政治上的高低都不是要害,真正要紧的是文明程度的深浅。“天下”世界观寄托着“大一统”的文化诉求,即由“内其国外诸夏”到“内诸夏外夷狄”,最后达到“夷狄进于爵,天下远近大小若一”的教化理想。前文已述:“普天之下,莫非王土;率土之滨,莫非王臣”在今文家看来,不是对殷周历史所作的事实描述,而是太平之世天下皆被王化,实现了王者无外的未来图景。先治其国再治诸夏,“洋溢中国”然后“施及蛮貊”是儒者所信奉的文化价值的实现途径;由修身齐家而治国平天下是儒者个人价值的实现方式。这两者不但是同构的,而且是同质的。可是如今,因为世界观的转变,两者都难以维系。

“天下”变成了“全球”,世界就不再是由差序的“华夏”和“夷狄”构成,而是由形式上并列的“万国”构成。华夷之辨不再能够有效解释世界,与“中国”相对的不再是需要中国去教化(影响和感化)的“夷狄”,而是与中国地位上并列、价值上对等的“万国”。中国不再是四夷的表率,当然也不再是教化使命的承担者。对于儒家而言,一旦放弃自己的教化使命,就无异于放弃了自己的“化成天下”、“天下文明”的“大一统”的文化理想。同时,“天下”变成“全球”,“中国”就不再是文化上高于“夷狄”的“华夏”;“中国”只是“万国”中之一国。那么,“中国”所代表的伦理、信念和生活方式也将毫无优越性可言,遑论神圣性。中国古代读书人无不深信自己的文化所承载的价值具有普世意义。可是如今,我们固有的思想文化不再是“洋溢中国、施及蛮貊”的“普世价值”。随着优越性和神圣性的丧失,它可能会沦落为中国一隅的“地方性知识”。而一旦沦落为“地方性知识”,它就离瓦解和崩溃的日子不远了。

廖平必须面对的问题是:一方面,“西方”不可避免地出现于人们的视野之中,它已不再可能被简单地理解为“夷狄”;“全球”也已取代“天下”而成为中国人对世界的基本认知。这是无法改变的事实。另一方面,中国文化所承载的价值必须维护,由孔子开启至汉儒完成的“大一统”的教化理想更需要坚守。“西方”不是有待教化的“夷狄”,意味着“中国”非但不再是世界的权力中心,而且不再是世界的文明楷模。而且,跟着坚船利炮滚滚而来的也不仅仅是西方的商品,更重要的是它的宗教、伦理、制度和生活方式。“中国”自身能否继续存在都成为极其严峻的问题,遑论教化对方使之服膺自己的文明。在这种情况之下,中国读书人大概有两种选择:其一是强调中国文化的独特性,强调中国文化对于“现代”的适应性。这无异于先承认中国文化为一种“地方性知识”再进行保护或者保守。其二是采取一个积极的进取姿态,非但不承认中国文化的独特性,而且要强调中国文化对于“西方”的重要性。这实际上是先认定中国文化所承载的价值所具有的普世意义,然后再反守为攻。廖平反复强调“凡有血气,莫不尊亲”,可见,他是把中国文化所承载的价值视为真正的“普世价值”。与近代以来大多数读书人不同,他选择了后一条道路。既然如此,如何在“华夏”和“夷狄”的等差秩序被打破之后,在“中国”和“西方”对置的格局中有效论证“中国”对于“全球”的意义就成为一个至关重要的问题。

廖平以“文”和“质”来理解中国和西方的关系。他声称依据经典世界的提供的标准,“文家即所谓中国,质家则为海外。”(《知圣篇》)①传统中国习惯“以文

① 类似说法在《知圣篇》中很多。如“鲁”、“商”二字,即“文”、“质”,“文”、“质”即中外、华洋之替字。中国古无质家,所谓质,皆主海外。

野辨华夷”，华夏近夷狄则夷狄之，夷狄近华夏则华夏之。“文”和“野”被认定为区分“华夏”和“夷狄”的唯一标准。“质”则是一个与“野”既相通又不相同的概念。无论是用来描述个人还是用于描述群体，两者含义的异同都是显而易见的。两者的相通之处在于它们都与自然有关。“野”是未经文明教化的纯粹自然状态；而“质”则是指经历了文明教化之后仍然保有的自然的因素。孔子说：“质胜文则野，文胜质则史。”可见，最好的“质”必须是接受了教化的自然；最好的“文”必须是尊重自然的教化。“文”和“质”之间，即人文和自然之间、教化和本性之间必须保持适当的平衡，这就是“文质彬彬，然后君子”。以“文”和“质”取代“文”和“野”，成为认识中国与西方的差别的基本模式。这种看法标志着廖平观察世界的视野在儒学内部进行了某种调节和转换。它意味着西方不再被简单地看作消极的有待于教化的“夷狄”。以“文家”和“质家”分别标示中国和西方，就等于承认了西方也是一个文明，一个形式上与中国对等，内容上与中国各异的文明。

“文”和“质”在汉代哲学中，往往被看作交互作用并共同促成历史发展的两种异质的力量。在《春秋繁露》的《三代改制质文》篇中，董子就把文和质的交替看成是三统循环的主要动力。[①]“文”和“质”的关系可以概括为这样两种：其一，就时间而言，它们前后相继地成为主导性的力量；其二，就作用而言，它们互相补充，相互救治。[②]以“文”为主导性的力量建立一个政教传统，是为“文统”。“文统”推行既久，自然会产生许多弊端。要克服这些弊端，“质”就会逐渐取代“文”而成为主导性的力量。这样，又会形成一个新的政教传统，即“质统”。而“质统”最终也会因其无法克服的弊端而被新的“文统”所取代。这是汉儒的基本看法。廖平用“文家”和“质家”划分中国和海外，显然是把“文”和“质”在时间上的相继转换成了一种空间上的并存。

廖平所要强调的是：“文家”和“质家”是同时共存的两种政教系统。虽然经

① 《三代改制质文》曰：“春秋何三等？曰：王者以制，一商一夏，一质一文，商质者主天，夏文者主地，春秋者主人，故三等也。……主天法商而王，其道佚阳，亲亲而多仁朴……主地法夏而王，其道进阴，尊尊而多义节……主天法质而王，其道佚阳，亲亲而多质爱，……主地法文而王，其道进阴，尊尊而多礼文。”

② 廖平说：“经始萌芽，行之既久，不能无弊。经说有文质相救之法，文弊继以质，质弊继以文。当其文弊初改之日，弊已深，不能不改，亦不敢谓所改者之无弊。阴阳寒暑，循环往复，相反相成。”（《知圣篇》）

过由时间关系到空间关系的转换，文质互补、文质互救的意义并没有任何改变。“一文一质，谓中外互相取法。”(《知圣篇》)中国需要向西方学习，同时，西方也需要向中国学习。[①]西方跟中国一样，在其文明开辟初期，都有过伟大的圣王为之创制垂统；[②]中国在孔子创教之前，也如同今日西方，在民政、军政、财政等方面都有着非常成功的制度，但在伦理教化方面并不昌明。有了孔子和六经，中国的传统政治就首重伦理和教化，与之相应，军事和财政在政治生活中的重要性相对降低，所以制度施设也就比较简略。廖平对中国问题的判断是“文弊”。所谓“文弊”，就是过于强调伦理教化的作用，而疏略了在制度设计方面的用心。今日世界，所谓“中外互相取法”，就是中国学习西方的军事和财政，而西方则应该学习中国的伦理和教化。

廖平的目的在于：承认西方是一个与中国对等的文明(而不是“夷狄”)的前提下，维护孔子之教的普世性质，重申儒家“大一统”的教化理想[③]。所以，他必须像汉代的何休那样，重新勾勒一个可以预期的未来图景。这个图景就是：“百世以下，则以文质合中为一大例。”廖平声言这不是他个人的预测，而是经典世界中本来就蕴含的理想：

《诗》以鲁为文、商为质。文主中国，即六歌之《齐》，质主海外，即六歌之《商》。至“新周”合文质，乃为极轨，所谓“文质彬彬”也。孔子因旧文而取新义，

① 廖平用一种恢诡奇谲的修辞来表达中外(文质)互相取法的思想：“泰西八大帝王，平大灾，御大难，与夫开辟疆宇，如华盛顿之类，中国古之帝王，实亦如此。大约孔子未出之先，中国即如今之西人，于保庶兵食之制，详哉言之。而惟伦教未及修明，孔子乃专以言立教，详伦理。六经一出，世俗尽变。以今日之中国论，则诚所谓文弊，先师所谓周末文弊者，为今之天下言也。服习孔教久，则兵食之事多从简略，故百世以下，则以文质合中为一大例。合通地球，不能再出孔子，则以海外通中国，沾孔子教化，即如孔子再生。今日西人闻孔子之教，则与春秋时闻孔子之言相同。学者不见孔子未生以前之中国，观于今之西人，可以悟矣。”(《知圣篇》)今之读者，往往河汉其言而不知所云。或纠缠于“尊孔”之说，以为廖平欲尊孔子无所不用其极，实不解其用意旨在发明中外应互相取法之意。

② 廖平视野中的西方显然只是一个“现代”的西方。所以他例举的圣王是美国的开国总统华盛顿，而不是古代希腊或者罗马的帝王。所以，把西方定性为“质”实际上是把西方的“现代”定性为“质”。如果廖平了解更多的西方古典文化，或许他会认为西方也有它自己的“文统”和“质统”。这里可以可以看出廖平的一个模糊的古今视野。

③ 廖平说：“《诗》以文为中国，质为殷商。《荡》七‘文王曰咨，咨女殷商’七章为七襄、七子，为以文化质、周监于殷。一文王为中，东七殷商为七州牧，以中国化海外，为以一服八。”(《知圣续篇》)这里仍然强调的是“文”对于“质”的教化。虽然文王处弱势、居下位，但是对于处强势、居上位的殷商有教化之实。

其意全见于《诗》。(《知圣篇》)

新的“大一统”就是“文质合中”,就是孔子讲的“文质彬彬”,也就是“三统”论中的合“鲁文”、“商质”为“新周”。廖平深信:经典世界中蕴含的理想,一定会在历史世界中展开为现实。

四

“疆域”一词按照现代的理解,似乎应该指国家主权所覆盖的全部领土。但在古典语境中,由于没有明晰的边界概念与之相应,我们很难确定它究竟指称多大的范围[①]。由于帝国统治中心以外的区域和族群与帝国权力核心的关系千差万别,所以“疆域”的概念也就因之显得稍微有些复杂。很多时候,“疆域”一词不仅指称帝国政教已经达到的区域,也指称帝国政教所可能达到的区域。正因为如此,很多实际上并没有归化帝国中央的蛮夷也会被划入“疆域”之内。由此可见,“疆域”这个词实际上带有非常强烈的理想色彩。它的背后是儒家“王者无外”的“大一统”的教化蓝图。“王化”延伸到哪里,“疆域”就扩展到哪里。廖平用“文”、“质”来划分世界,就等于把全球都纳入了同一“疆域”。显然,这个“疆域”不是指帝国政治势力的辐射范围,而是指孔子教化将来可能达到的区域。

随着地理学、天文学知识的传播,中国人对世界的认识不断扩大,而“疆域”的范围势必随之扩展。扩展之后的“疆域”能否纳入经典的视野?或者,经典的资源能否解释扩大了的“疆域”?就成为儒者必须回答的一个问题。如果仅仅是人们对世界的认识范围扩展了,而经典的解释范围却没有随之扩展——经典的解释力只能停留在世界的一部分而不能达到它的全部——经典所承载“普世价值”势必沦落为“地方性知识”。廖平用“文”、“质”来划分世界就是尝试用经

---

① “边界”是一个较为现代的概念。历史学家讲到“以××为界”时,大多是指军事分界线而不是法律意义上的边界,如阴山、黄河、长江、长城等。又且,很多实际上不在军事控制或政治管辖范围内的地区,依然会被视为在疆域之内。譬如,有宋一代始终未能取得燕云十六州,但宋人绝不会认为燕云在宋的疆域之外。

典资源来解释新“疆域”的一个尝试。但这远远不够。他必须从“三统”说中提炼出更多的资源来对应“疆域”的空前扩展。

服制，是汉儒三统论的重要内容之一：夏、商、周三代所代表的王朝法统本身就是以服色命名；而且每当新王受命，必得改正朔、易服色。但是，廖平之言三统服色，与汉儒有非常大的不同。首先，廖平依据自己“三统之说统于三《颂》”的新说立论，认为“三统”服色不当是董子所说的黑、白、赤，而应该是素、青、黄；然后，他又根据《礼记》、《论语》等经典提供的材料来论证何以三统服色不取黑、白、赤，而取素、青、黄。他说：

> 《月令》五帝五色，东青、南赤、中黄、西白、北黑，乃《诗》于五色独立三《颂》著之。素、青、黄即东、西、中，《论语》所谓“缁衣羔裘，素衣麑裘，黄衣狐裘”是也。南北不立《颂》，故《论语》曰：“不以绀緅饰，红紫不以为亵服。”而以二《南》司之，所谓火正、北正之重黎是也。（《知圣续篇》）

《月令》中，每一个季节都有与之相应的“帝”和“神”，每一个帝又有与之相应的方位和颜色。[①]四方之帝加上中央之帝，共为五帝。既然是“五帝”，为什么礼制只有“三统”而没有“五统”呢？廖平认为《诗》以三《颂》立“三统”，根据在于《论语·乡党》。以素(西)、青(东)、黄(中)为三统，乃是因为《论语》里讲“缁衣羔裘，素衣麑裘，黄衣狐裘”；不以赤(南)、黑(北)为二统，乃是因为《论语》里讲“不以绀緅饰，红紫不以为亵服。”南、北二帝虽不立统，但在《诗》中也有相应的位置。

廖平用素、青、黄三种服色来标识“三统”，是为了把它和董仲舒的黑、白、赤

---

① 《月令》曰：“孟春之月……其帝大皞，其神句芒。……天子居青阳左个。乘鸾路，驾苍龙，载青旂，衣青衣，服仓玉；食麦与羊，其器疏以达。……立春之日，天子亲帅三公九卿诸侯大夫以迎春于东郊。……孟夏之月……其帝炎帝，其神祝融。……乘朱路，驾赤骝，载赤旂，衣朱衣，服赤玉，食菽与鸡。……立夏之日，天子亲帅三公九卿大夫以迎夏于南郊。……中央土，其日戊己。其帝黄帝，其神后土。……天子居大庙大室；乘大路，驾黄骝，载黄旂，衣黄衣，服黄玉。……孟秋之月，其帝少皞，其神蓐收。……天子居总章左个，乘戎路，驾白骆，载白旂，衣白衣，服白玉。……天子亲帅三公九卿诸侯大夫，以迎秋于西郊。……孟冬之月……其帝颛顼，其神玄冥。……天子居玄堂左个，乘玄路，驾铁骊，载玄旂，衣黑衣，服玄玉。……立冬之日，天子亲帅三公九卿大夫以迎冬于北郊。”

"三统"明显地区别开来。这样做的意义在于:董仲舒的黑、白、赤三统是和夏、商、周三代的历史紧密联系在一起的;当服色改为素、青、黄之后,新的"三统"说就可以挣脱汉代"三统"说的历史语境而获得更高的抽象性和更强的解释力。换言之,廖平的"三统"论已经与三代的历史没有多大的关系;三代的历史在廖平的经学视野中已经被彻底淡化。让三代的历史退出"三统"这个事件本身就是廖平对"通三统"原理的应用。①与此同时,廖平的新"三统"论把五帝、五方、五色等纳入同一个系统。既有利于吸纳新的知识话语(尤其是地理学和天文学的知识)进入经典的解释系统,又可以有效挖掘并灵活运用经典中的各种资源来应对不断扩展的"疆域"。

素、青、黄三统是怎么样跟疆域发生关系的呢?换言之,服色、方位与地理之间的关联是怎样建立起来的呢?

盖《列子》所云南中北三段,即《周礼》地中之师说也。……合地球而言,惟两黄道、两温带以内乃善地;两黑道非善地,不足以为地中也。又《月令》五衣,紫青黄之外,有黑赤,合为五方五色。今《诗》取素青黄,而不用赤黑,以赤黑当二冰海。《论语》:绀緅不饰,红紫不服,即不取红赤二极之意。至于素青黄,则在纬度之分,而不关经度之地。同在黄道,纬度相合,风雨寒暑亦相同。然则三统同为一度,实本一地。因其周经长分为三段,曰东西中,素青黄。东西、素青皆强立之名,实则一中一黄而已。故《周礼》"地中"与《列子》"中央之国",以南北两极言。北南与东西、素青对文,故三统立都皆在地中。(《知圣续篇 21》)

地球南北两极不适合人类生存,南北两温带最适合人类生存。所以"地中"理所应当地应该在两温带之间的区域。如果用五方来配地球,除去南北两极,则东(青)、西(素)、中(黄)刚好在同一纬度。实际上东、西、中的位置又是不是确定不移的,它们随着皇极的改变而改变。"以地中为都邑,则中国为震旦,西美为

---

① 按照汉代公羊学的三统论,"三统"的形式不变而内容可变。即组成"三统"的"三王"是不断变化的。每一新王建统,就有一旧王退出"三统";退出三统的旧王成为"五帝"之一,相应地"五帝"之中就必须有一个退出并加入"九皇"。其精神实质在于强调历史文化的新陈代谢。可参看蒋庆《公羊学引论》,第 302 页。

西极；青帝建都于中国，则西美为东，地中为西；少昊建都于西，则以地中为东，中国为西。东西左右，由三统京师而定。”（《知圣续篇》），处于同一维度之上，东、西、中随着建都位置的改变而改变，三统之中何者居中不是一成不变，而是在不断循环。又因为“三统立都皆在地中”，所以“三统”实为“一统”，东西、素青都是强立之名罢了。

确立经制中的“地中”为地球两黄道之间，则经制（“疆域”）中“东西”、“南北”与地球上不同的方位对应关系极其相应的含义也就随之确立。

就“疆域”而言，东（青）、西（素）是地中（黄）的左右两邻，随地中位置的变化而变化。就衣服而言，服色上的素（西）、青（东）、黄（中）意味着服制上的凶、吉、齐。《周礼·春官·司服》所言服制为三门：吉服为五冕，凶服为五弁，齐服则有玄端、素端。《诗经》中屡言“素衣”、“素冠”、“素韠”，一般都认为是凶服；《诗经》中也曾提到“羔裘”、“缁衣”，《论语·乡党》里又说“羔裘玄冠不以吊”，所以“玄冠”肯定是吉服。由此而可见，吉、凶皆有五服，而齐服的兼取吉凶。经典中提到“五服”，有的地方指衣服，有的地方指疆域。譬如《尚书》之《虞书·益稷》中的“弼成五服”，就指的是对王朝中央承担不同义务的五种疆域。在《夏书·禹贡》有关于它的详细解释。廖平把两种“五服”联系起来，素、青、黄三统既对应东、西、中三个方向，又对应吉、凶、齐三种衣服。《礼》中的吉、凶、齐三服，就是《易》所言之吉、凶和无咎。“吉为东邻文、凶为西邻质；咎从卜从各，各君各子为‘小统’，分裂合好则为无咎。”（《知圣续篇 22》）“各君各子”就是各君其君、各子其子；“分裂合好”意谓由分裂到合好（统一）。吉为文、凶为质，合吉、凶为齐，就是合文质为“一统”。“一统”有“小一统”，有“大一统”。由“咎”走向“无咎”，就是由“小统”走向“大统”。吉、凶、齐各有五服，合三门（三统）共十五服。又因为南北半球各有一个黄道，每黄道十五服，南北总共为三十服。三十服之数正合《车辐图》之三十辐[①]。故依《车辐图》而立《大统疆域图》。

南北方向的问题要稍微复杂一些。“北球以北极为北，赤道为南，东左西右；南球以南极为北，赤道为南，西为左，东为右。颠倒反覆，同以所向南面赤道为中心。而背北，黑道不取。今地中海正当赤道，而两冰海皆在北，是不北流之

---

① 《老子》云：“三十辐共一毂，当其无有，车之用。”可知古代车制为三十辐共一毂。

实意。”(《知圣续篇 45》)说南半球以南极为北以赤道为南并非常识错误,而是言语道断。廖平想要表达的是:南半球和北半球有共同的方位感。这种方位感是我们体察自然秩序和人间秩序的基础。南北两极冰雪融化,水都由“北”向“南”流向赤道方向。这恰好验证了《说苑》所云之“北鄙杀伐,南方生育,王道流南不流北”。他把这种共同的方位感规定为:以所居为北,以所向为南。何为南、何为北不再取决于地球上的南北两极,而是取决于疆域图上是以那里为居(“地中”)或者“皇极”建于何处。这样,“南”、“北”就不再指具体的地理方向,而是指抽象的疆域远近。

中国为“小统”,“小统”疆域中,所居之“地中”自然是在地球黄道。但是就全球“大统”而言,“地中”则完全可能是在赤道。

居乃地中赤道,以赤道为北极,非北方之极。所向为南,四时朝宗觐遇,四面皆可为南。故《二南》四方皆得称“南”,《鄘》、《卫》四方皆得言北也。(《知圣续篇》)

依照以所居为北,以所向为南的原理。“地中”所居为赤道,就应当以赤道为北极。这样,就出现了两个北极:一个是经制(疆域)中的“北极”;一个是时制(地理)中的北极。经制中以皇极所在为北极;时制中是以北冰洋所在为北极。《诗经》中《周》、《召》二《南》是讲周召二伯率诸侯朝觐之制;《鄘》、《卫》两《风》是讲天子巡守八方之制。《周南》、《召南》中言及方位,都称“南”;《鄘》、《卫》中言及方位,都称“北”。由此可见,以所居为北,所向为南的确是经制。

在经制中,北极(皇极)为中心的疆域,由北(所居)向南(所向)依次展开。

皇极在赤道中心为衣,由衣推裘,则以赤道为中,两黑道为南,合两赤道地中之中为居。从居至远荒,每方三分,极边之南。皆坐北向南,分三段临驭四方,莫不从同。(《知圣续篇》)

疆域由北推南,服制随之由衣推裘。“以赤道中心为居衣,临驭四方;以两黄道及冀弇为黄裳;每边极南为裘。”(《知圣续篇》)这里依然遵循的是“以衣服比幅员”的方法。从地理上讲，由赤道向两极，纬度愈高，气候愈冷，穿着也因之而有由短衣至长裳之皮裘的变化。这原本是一种自然秩序，是人类顺应自然条件的变化对自己生活方式作出的相应改变。但在廖平的疆域论中，这种自然秩序显然被改造成一种有人文教化含义的政治秩序。它包含的由近及远法天而治的政治哲学含义显而易见。只不过它不是廖平的首创，而是汉代哲学的遗产罢了。当然，“地中”是可变的，它甚至可能会在地理上的北极。[①]如果所居之“地中”不在赤道，则服制之衣、裳、裘就只是“空言”之所讬，而非真正的衣服了。

这里需要注意“地中”和“中国”的异同。与古代中国人把中国想象成世界的中心不同，廖平用“地中”这个新的概念来指代世界的中心。显然，在他的疆域论中，“中国”和“地中”是两个截然不同的概念。“中国”依然是中国，它既指地理上的中国，也指文化上的中国。以中国为“文家”，西方为“质家”，这种划分在承认西人器物制度皆优于我的前提下，依然保持了斯文在兹的自信。但是，中国毕竟不再是世界的中心。“地中”是一个可变的概念。既然文明并不非常发达的赤道和暂无人口居住的南北两极都可能成为世界的中心，这只能说明暂时没有或者尚未形成一个真正的世界中心。“地中”只能存于经制以俟后圣。“地中”之“黄统”必合“东”（青统）、“西”（素统）乃成。“东”为“吉”、为“文”，“西”为“凶”、为“质”，合“东”、“西”，就是合“吉服”、“凶服”为“齐服”（“无咎”），也就是合“文家”、“质家”而成“大一统”。这样，即使昔日的“中国”（“文家”）不再是世界的中心，它依然对人类的未来肩负着重要的责任，承担着伟大的使命。

---

① 这里仍要严格区分“疆域”（经制）和地理（时制）。若就疆域而言，可以“颠倒衣裳”，即以北极为居，四方皆南。若就地理而言，则东西无极，南北有极。“《北山》赤、黑之下，言‘既亟且只’，所谓南北极也；言无极者，‘昊天罔极’，‘士也罔极’，‘畏此罔极’。昊天有二，东为太昊，西为少皞，‘昊天罔极’，所谓东西二帝。……此东西无极，南北有极之说也。”（《知圣续篇》）

论《礼记·檀弓》中的今古问题

——兼论公羊家的文质概念

曾　亦*

今古问题由来已久,殷周以后,每当王朝革易与社会剧变之际,必有古今之论。然经学中的今古问题则晚得多。嬴秦禁止民间私藏诗书,至汉惠以后,始除挟书之律,广开献书之路,于是先秦古书乃发于山岩屋壁之间,而渐次现于世矣。不过,当时朝廷博士所习之经籍,以汉时文字书写,此为今文经;至于先秦古书,则以战国文字书写,此为古文经。今古之分自此而起。哀帝时,刘歆校中秘书,以今文家所据经典残缺不全,则今、古学所据之经典内容亦不同。今文经本据师弟口授而相传,自无训诂之必要,故今文家专以章句、义例解经;若古文经典则不同,其中多古字古言,虽亦效今文家章句、义例之学,然不得不先之以训诂。可见,今、古学之解经方法亦不同。至东汉章帝时,贾逵发《左氏》长义,以《左氏》长于君臣、父子纪纲,则今、古学之义理亦各自不同。

汉时公羊家有"孔子改制"之说,以孔子作《春秋》,乃损益虞、夏、殷、周四代旧制,而成一代新制。《春秋》为礼义之大宗,其中种种制度,经两汉诸儒数世之努力,乃次第施行于汉世。公羊家谓《春秋》"为汉制法",诚非虚语。其后两千余年,上自朝廷大典,下至百姓日用,莫非出于《春秋》之制,则《春秋》又"为万世

* 作者单位:同济大学哲学系。

制法"也。晚清今古之争再起，古文家拘于文字之考订，力辩"孔子改制"之非。其实，若以通贯历史之态度视之，则儒家当礼崩乐坏之际，以周文疲敝而损益之，实属常理。清末民初，虽斗屑之辈，亦莫不以变易古制为事，而孔子为一代大圣，得发改制之论，又何足怪哉！

今、古学严壁垒之时，盖未有以制度论古、今学之不同者。虽然，公羊家犹有"文质再复"之论，谓孔子据殷法而改周制，损周文而用殷质，此殷周制度之变迁也；又以《春秋》尚质，且以质法通于后世，此周秦制度之变迁也。可见，以制度而论今古之不同，实为公羊旧说也。汉末郑玄杂糅今古，遍注群经，据《周礼》言周制，而以凡不同于《周礼》者为殷制，甚至推为虞、夏之制，如是自殷至周，乃有制度之变迁矣。清末，廖平折衷公羊家与郑玄之说，定《王制》为孔子《春秋》之法，而以《周礼》为古文家之旧制。如是，今、古学之不同，又为周制与《春秋》制之不同。然而，廖平之后，经学废坠，今古问题亦未见有进一步之深入讨论矣。

廖平以制度别今古，然对其内在之缘由实未能深究，盖据《王制》而不知《檀弓》之重要也。今考《檀弓》一篇，其中所载莫不论虞、夏、殷、周四代制度之异同，且孔子及其门人高弟论改制，比比皆是；又颇载当时贤者之论，皆以变通周礼为事。可见，《檀弓》一篇，最与《公羊》相通，惜乎学者多未之察也。不独如此，学者以《檀弓》所载多非儒家言，甚至以为"专为底訾孔门而作"[①]，实不通《公羊》故也。

一　古今异同与孔子改制

周秦之际，中国之社会、政治结构发生了根本的变化，这主要是宗法制的瓦解。自此，两世或三世的小家庭遂成为社会之基本单位，而孝道这一家庭伦理开始凸显出来。孝道，乃血亲间之原则，本施于家庭内部而已。然儒家素重孝道，亲亲而仁民，仁民而爱物，孝道遂越出家庭伦理之范围，至于一切社会、政治之原则，亦莫不视为孝道之所出矣。《论语·学而》曰："君子务本，本立而道

---

① 参见夏炘：《檀弓辨诬》。

生。”后世政治标榜以孝治天下，正以此也。不过，孝道虽为儒家所尚，然实不起于儒家，盖自生民以来，抑或即有孝道矣。虽然，考诸其他民族，实未有若中国这般重视孝道者。

上古之时，人类主要依据血缘而相抟聚，孝道之所施，初甚狭隘，不过限于母子间而已。《丧服传》曰：“禽兽知母而不知其父。”非独禽兽，人类初时殆亦如此。盖子女初依母氏而居，唯知亲母，而不问其父。今犹有土著颇存其遗俗，或可推知上古之情形也。其后，夫妻共居，子女乃知亲父矣，虽然，犹谓“父母何算焉”，则虽知亲父，尚不能尊父也。盖儒家言孝道，实兼二义，子女不独亲父亲母，亦当尊父尊母，且以父为至尊，母为私尊，母尊实屈于父尊也。是以儒家言孝道，当兼尊尊与亲亲二义。此二种意义，虽亦见于其他民族，然唯至儒家始能尽揭诸明白。

是以就孝道二义而言，人类初时虽能孝其亲，不过亲爱其母而已，此乃孝道之至弱者也。其后，至母系氏族晚期，夫妻共居而不复独立矣，乃各为一半而“牉合”成一新的整体，此为个体家庭之形成。子女至是从父而居，若是乃能亲父矣，且渐而知父尊于母矣。至此，因个体家庭之形成，孝道之内涵始为完备。虽然，人类大多数民族皆进化至个体家庭，亦皆知亲亲与尊尊二义，然儒家能强化孝道，至于视为普遍之社会、政治原则，此则唯中国为仅见矣。

《礼运》谓“天子有田以处其子孙，诸侯有国以处其子孙，大夫有采以处其子孙”，盖自天子、诸侯以下，至于卿大夫，各以土地封建其子孙，如是而派生出宗法之制。对于宗族而言，家庭不过其中一分子而已，且宗族中之家庭实不过五世同居之小宗，而统于大宗，故孝道此种家庭原则遂为宗法原则所抑制。考诸《丧服》经传中之尊降、压降诸例，可知孝道尚未能彰显于宗族之中。唯自春秋战国以降，宗法制崩溃，整个社会分裂为小家庭为基本单位之格局，而其中固有之孝道原则始得以伸张。儒家正是有鉴于此种社会结构之变迁，遂将孝道发挥出来，使之成为其整个理论的首要原则。可见，儒家改制诚有多端，然孝道实为其中最大者。

1. 虞、夏、殷、周四代异同

《檀弓》中颇论虞、夏、殷、周四代礼制之不同。如论棺椁之制云：

有虞氏瓦棺，夏后氏塈周，殷人棺椁，周人墙置翣。周人以殷人之棺椁葬长殇，以夏后氏之塈周葬中殇、下殇，以有虞氏之瓦棺葬无服之殇。

《易·系辞》云："古之葬者，厚衣之以薪，葬之中野，不封不树，丧期无数，后世圣人易之以棺椁。"盖人类葬其亲，实为后起，且其初时亦极质朴，故有虞氏不过以瓦棺葬亲；夏后氏稍文，则于瓦棺外加以塈周；殷人又文，以梓棺代替瓦棺，又为椁代替塈周；周人则极文，更于椁旁置柳、置翣以饰其棺椁。棺椁之制，皆所以蔽尸骨、不朽其亲，而全孝子之心也。四代之制不同如此，郑玄以为，"凡此言后王之制文"，可见，自虞、夏至殷、周，人类社会愈演愈文也。

《檀弓》又论夏、殷、周三代戎事、丧事之异云：

夏后氏尚黑，大事敛用昏，戎事乘骊，牲用玄。殷人尚白，大事敛用日中，戎事乘翰，牲用白。周人尚赤，大事敛用日出，戎事乘騵，牲用骍。

公羊家有"通三统"之说，盖以夏、殷、周所法"物见之色"不同，如是而有三统之异。《春秋繁露·三代改制质文》云："三正以黑统初，正日月朔于营室，斗建寅。天统气始通化物，物见萌达，其色黑。故朝正服黑，首服藻黑，正路舆质黑，马黑，旗黑，大宝玉黑，郊牲黑，牺牲角卵。……祭牲黑牡，荐尚肝。乐器黑质。……正白统者，历正日月朔于虚，斗建丑。天统气始蜕化物，物始芽，其色白。故朝正服白，首服藻白，正路舆质白，马白，大节绥帻尚白，旗白，大宝玉白，郊牲白，牺牲角茧。……祭牲白牡，荐尚肺。乐器白质。……正赤统者，历正日月朔于牵牛，斗建子。天统气始施化物，物始动，其色赤，故朝正服赤，首服藻赤，正路舆质赤，马赤，大节绥帻尚赤，旗赤，大宝玉赤，郊牲骍，牺牲角栗。……祭牲骍牡，荐尚心。乐器赤质。"而《白虎通·三正篇》云："十一月之时，阳气始养根株黄泉之下，万物皆赤，赤者，盛阳之气也。故周为天正，色尚赤也。十二月之时，万物始牙而白，白者，阴气，故殷为地正，色尚白也。十三月之时，万物始达，孚甲而出，皆黑，人得加功，故夏为人正，色尚黑。《尚书大传》曰：'夏以孟春月为正，殷以季冬月为正，周以仲冬月为正。夏以十三月为正，色尚黑，以平旦为朔。殷以十二月为正，色尚白，以鸡鸣为朔。周以十一月为正，色尚赤，以夜半为朔。’”又，《公羊传》隐元年何休注云：“夏以斗建寅之月为正，平旦为朔，法物见，色尚黑；殷以斗建丑之月为正，鸡鸣为朔，法物牙，色尚白；周以斗建子之月为正，夜半为朔，法物萌，色尚赤。”古人以“道法自然”，是以三代制度之异，不过由所尚物色之不同故也。观此，则知《檀弓》此说实出于公羊家言。

就此而言，夏以建寅之月为正，物生色黑，故大事敛用昏，以昏时黑也，而马黑色曰骊；殷以建丑之月为正，物牙色白，而日中时亦白，马白曰翰；周以建子之月为正，物萌色赤，而骒、骍皆赤类。

又论殷、周葬冠之异云：

周人弁而葬，殷人冔而葬。

《士冠记》云：“周弁、殷冔、夏收。”弁、冔与收，乃三代之祭冠，而非丧冠。古之丧礼，有“即远”之义，盖人死愈久，而渐为神矣，而人之事死者，虽有事生之义，然至葬时，骨肉归于土，而魂气归于天，此时当以敬神之道处之，故葬时变丧冠而服祭冠。

又论冠有缩缝、衡缝之异云：

古者冠缩缝，今也衡缝。故丧冠之反吉，非古也。

缩缝，纵缝也；衡缝，横缝也。盖古人之冠有辟积，须缝之以相连缀也。孔颖达谓此处所言之“古”指殷以上，而“今”则指周。盖殷以前尤质，无论吉冠、凶冠，皆直缝，辟积少，故一一前后直缝之。周之吉冠多辟积，不复一一直缝，但多作褶而横缝之；若丧冠，犹疏辟而直缝。古时以质故，吉冠与丧冠同，皆直缝；而周则极文，是以吉冠横衡，而丧冠犹直缝，故丧冠之反吉，非古礼也。

《檀弓》一篇，除上列数条外，论古今礼之异同者颇多，其中，尤论殷、周之礼不同者为甚。

2.《春秋》与孔子改制

虞、夏、殷、周四代之礼固不同，至周秦之际，孔子当礼崩乐坏之时，自当以重建新制度为己任，此孔子所以改制也。后者学者多能认同孔子接续与保存旧文化之功，其实，孔子此种“存亡继绝”之功当与其建立新制度之用心相关。换言之，孔子之秩序重建，绝非仅仅“从周”之谓也，而是鉴于周文疲敝，而折衷往古之制，可谓一新的创造也。公羊家言孔子“改制”，其实质正在于此。

是以就孔子作《春秋》而言，《春秋》实当一王之法，此为“今”也，至其所欲损益之周制，则为“古”；然周礼虽有崩坏，犹“今用之”，孔子损周文而益殷质，则以周文为“今”，而以殷质为“古”矣，至于孔子所参用虞、夏之制，则尤为“古”也。儒家有“法先王”与“法后王”之辨，后人多聚讼于此，良不明《春秋》改制之说故也。

孔子改制，又与当时社会结构之变化有关，即西周宗法之崩溃，而代之以两世、三世之小家庭，此为当时社会之基本单位。宗族者，弟道也；家庭者，孝道也。儒家强调孝道，而少言弟道，其社会基础正在于此。

两千余年来，儒家不断强化孝道，然至晚清以降，或因传统社会结构之变化，或因西方文化之影响，孝道观念始受冲击。盖孝道与个体家庭之形成有莫大关系，正因如此，人类随着家庭之消亡，孝道亦不复必要，反而成为人类实现大同理想之障碍。康有为《大同书》颇设想了家庭的消亡，且设计种种办法，以消除父母与子女之间的情感，欲彻底瓦解子女对父母之孝道义务。至于西方，则自古希腊罗马以来，始终以家庭为社会之基本单位，且常有瓦解家庭之倾向，此西方文化所以高标个体之自由也。因此，马克思主义欲实现西方文化之千年理想，视家庭之消亡为实现个体自由之基本前提。中国人则不同，而以自由不离于家庭，甚至不离于宗族、国家，是以儒家主张之自由，实非个体之自由。

西方人则欲使其个体实现自由，则不仅摧毁国家，最终亦将摧毁家庭。上世纪初以来，马克思主义宣称找到了一条通往此种理想的道路，此即标榜其科学性的共产主义实践，然而，共产主义实践在现实中造成了巨大的灾难，譬如，“文革”时妻告其夫、子证其父之种种悖离伦常的行为，正是实施此种理想的实际后果。因此，对孝道的重新反思，多少意味着对不同于西方的人类发展道路之探究。

关于孔子改制之思想，除《公羊传》外，其他儒家经典亦颇见之。如《论语·卫灵公篇》云：

颜渊问为邦。子曰："行夏之时，乘殷之辂，服周之冕。乐则韶舞。"

孔子盖兼取虞、夏、殷、周四代之制而治国，未纯用周礼也。又《八佾篇》云：

子曰："夏礼，吾能言之，杞不足徵也；殷礼，吾能言之，宋不足徵也。文献不足故也。足，则吾能徵之矣。"

据此，孔子能知夏、殷、周三代之礼，此其所以"通三统"也。

此外，《礼记》之《礼运篇》与《中庸篇》另有两段话，与此相似。《礼运》载孔子语云："我欲观夏道，是故之杞，而不足徵也。吾得《夏时》焉。我欲观殷道，是故之宋，而不足徵也。吾得《坤乾》焉。《坤乾》之义，《夏时》之等，吾以是观之。"此言孔子于夏、殷之礼，仅得《夏时》与《坤乾》二端。《礼运》盖因孔子之叹鲁，而明以礼治国为急，故郑玄以为孔子"欲行其礼，观其所成"，则孔子实欲取夏、殷之礼以治国。若就"通三统"之义而论，则孔子于夏、殷二代之礼，唯取《夏时》、《坤乾》二端以行于今世也。

又，《中庸篇》云："吾说夏礼，杞不足徵也。吾学殷礼，有宋存焉。吾学周礼，今用之，吾从周。"此段明言孔子学夏、殷二礼之意，在于"用"也。然孔子有其德而无其位，故不能显然改周之制，故以周礼为"今用之"，故从周也，此孔子之"法后王"也。至其参用四代之礼，此其"法先王"也。可见，孔子之从周，非为复古，实以其无位而不得不随俗耳，然其不从周礼之意亦甚明白。《公羊传》"损周文用殷质"之说，言之甚明。

至于《檀弓》一篇，则极言孔子改制之旨，实未纯用周礼，而多取殷法也。《檀弓》载孔子寝疾时之语云：

夏后氏殡于东阶之上，则犹在阼也。殷人殡于两楹之间，则与宾主夹之也。周人殡于西阶之上，则犹宾之也。而丘也，殷人也。予畴昔之夜，梦坐奠于两楹之间。夫明王不兴，而天下其孰能宗予？予殆将死也。

案，殷人殡于两楹之间，而孔子本殷人后，故自梦如此。然后人多因以谓孔子行殷法，如赵商问郑玄曰："两楹奠殡哭师之处，皆所法于殷礼，未必由周。"

孔子没，其弟子以三代之礼葬之。《檀弓》云："孔子之丧，公西赤为志焉：饰棺、墙，置翣，设披，周也；设崇，殷也；绸练设旐，夏也。"弟子葬孔子如此，盖以孔子改制而兼取三代礼故也。

又，孔子使其子伯鱼丧出母，后人多以为非周礼，盖孔子能行权，"道隆则从而隆，道污则从而污"，至其孙子思，则据周礼而不丧出母。今之《仪礼》谓为出母服期，然朱子以为，此乃"后世沿情而制者"，则孔子使伯鱼丧出母，乃变礼也，若子思不使其子丧出母，实为正礼，即周礼也。[①]宋游桂亦与朱子说同，以为丧出母，乃后世之制。至于孔子丧出母，惟孔子行之而非以为法也，乃礼之变焉。[②]《春秋》尚质，故子虽为父所出，然不绝母子之情，至今犹然，可见，孔子之用质，实通于后世也。[③]

《檀弓》又云：

> 孔子在卫，有送葬者，而夫子观之，曰："善哉为丧乎！足以为法矣，小子识之！"子贡曰："夫子何善尔也？"曰："其往也如慕，其反也如疑。"子贡曰："岂若速反而虞乎？"子曰："小子识之，我未之能行也。"

古人以神必有所依，盖人生时其神依于肉体，死后，其肉体虽不即坏，犹设重以主之。至葬后，肉体弃亡于阴间，则死者全为神矣，故当迎魂气之反，"速反而虞"，以安其神。此为礼之常，即周礼也。然卫人葬死者，"往也如慕，反也如疑"，孔子许为得礼，郑玄以为重哀戚之情，得礼之本也。孔子改制，尚殷之质，故以人情为礼之本也。

又云：

> 殷练而祔，周卒哭而祔。孔子善殷。

---

① 参见《朱子语类》卷87。

② 参见卫湜：《礼记集说》卷18。

③ 为出母服丧，或以为母系时代之阙遗，然毕竟与周制不同，而孔子假殷制而取以为法。

祔者，新死者祔于祖庙也。庙者，神之所居，而以新死者祔庙，盖神之也。死者祔庙前，犹人也，故以哀戚之情而伤死者；祔庙后，则死者已为神矣，则哀情减而敬心生焉。周人至卒哭而祔庙，盖百日即神死者，然犹未洽于人情也；若殷人至练而祔庙，已十三月矣，则哀亲之情尽矣，故郑玄以为"期而神之，人情也"。孔子重人情，所以善殷也。

此为孔子改周制也。至其门人高弟，《檀弓》一篇颇载种种改制之事。

古代本无为师服丧之礼，然至孔子卒，门弟子以丧父而无服之礼为孔子服丧。《檀弓》云：

孔子之丧，门人疑所服。子贡曰："昔者夫子之丧颜渊，若丧子而无服；丧子路亦然。请丧夫子，若丧父而无服。"

孔子为颜渊、子路服丧，犹父为子服，此实改制也，故其弟子为师服三年，非礼经，亦改制也。

《檀弓》又云："事师无犯无隐，左右就养无方，服勤至死，心丧三年。"此实资于事父以事师，恩虽三年，然不为制服。又云："孔子之丧，二三子皆绖而出。"弟子虽不为师制服，犹有绖带之制也。

至朋友死，古亦无服。然曾子曰："朋友之墓，有宿草而不哭焉。"则期内犹哭也。盖为师为朋友，皆不见于礼经，故孔子以事师比于事父、事君，以朋友比于兄弟，乃制为心丧而无服。又，"群居则绖，出则否"，则朋友间平时无服，群居则服，盖降于为师服也。又，子张死，曾子有母之丧，齐衰而往哭之。然《檀弓》以为，"有殡，闻远兄弟之丧，虽缌必往；非兄弟，虽邻不往"，则曾子有母丧，不当吊朋友；然曾子答曰："我吊也与哉！"盖曾子以兄弟比朋友，故为子张服，非吊也。

又云：

曾子曰："尸未设饰，故帷堂，小敛而彻帷。"仲梁子曰："夫妇方乱，故帷堂，小敛而彻帷。"小敛之奠，子游曰："于东方。"曾子曰："于西方，敛斯席矣。"小敛之奠在西方，鲁礼之末失也。县子曰："绤衰繐裳，非古也。"

同为帷堂与小敛之奠，孔门弟子之理解各不同，可见，当时未必有周礼显然可据，故诸弟子各以义起而制礼也。

又云：

> 公叔木有同母异父之昆弟死，问于子游。子游曰："其大功乎？"狄仪有同母异父之昆弟死，问于子夏。子夏曰："我未之前闻也，鲁人则为之齐衰。"狄仪行齐衰。今之齐衰，狄仪之问也。

《丧服》唯有同父异母兄弟之服，若同母异父，则未有规定。当时鲁人多行齐衰，而子夏从俗，然此说后儒多非之。盖子随母改嫁，乃有为同母异父兄弟服之理，然为同居继父不过服期，则为继父之子当不过服大功而已。可见，子夏之论甚乖于礼意。宋张载以为，不分别同母异父兄弟与同父异母兄弟，乃知母而不知父，禽兽之道也，故张氏以服大功亦似太过，主张服小功可也。唐《开元礼》即降同母异父兄弟为小功。

子游之论，盖据继父而论。然子夏之论，或据母而论。马昭云："异父昆弟，恩继于母，不继于父。"据母而论，则同父兄弟与异父兄弟，其亲同，当服齐衰。游桂以为，"同母异父之昆弟，子游为之大功，鲁人为之齐衰，亦非礼之正也。昔圣人制礼，教以人伦，使父子有亲，男女有别，然后一家之尊知统乎父，而厌降其母，同姓之亲厚于异姓，父在则为母服齐衰一年，出母则不为服，此礼之正。后世不明乎父母之辨，不别乎同姓异姓之亲，既为出母制为服限，则虽异父之子，以母之故，亦当为之服矣。此其失在乎不明一统之尊，不别同姓异姓之亲而致然也。……母统于父，则不得不厌降其母；厚于同姓，则不得不降杀于异姓。夫是以父尊而母卑，夫尊而妇卑，天尊而地卑，君尊而臣卑，皆顺是而为之也。今子游欲以意为之大功，此皆承世俗之失而失之之原，其来寖远而不可复，后世不由其原考之礼节之失，未见其能正也。"①游桂甚至以子游之论为不经，遑论子夏从俗之论乎！然不别同父、异父者，实母系时代之遗俗，盖子从母而居故也。

不独孔子及其门人改制，当时贤者亦颇有改制者。《檀弓》云：

---

① 卫湜：《礼记集说》卷18。

鲁庄公及宋人战于乘丘。县贲父御，卜国为右。马惊，败绩，公队。佐车授绥。公曰："末之卜也。"县贲父曰："他日不败绩，而今败绩，是无勇也。"遂死之。圉人浴马，有流矢在白肉。公曰："非其罪也。"遂诔之。士之有诔，自此始也。

案周礼，士无诔，自鲁庄公诔士而有之。此时君之改制也。

又云：

邾娄复之以矢，盖自战于升陉始也。鲁妇人之髽而吊也，自败于台鲐始也。

案，以矢复、以髽吊，本出于方便，后遂因以为常礼。此世俗之改制也。

又云：

将军文子之丧，既除丧，而后越人来吊，主人深衣练冠，待于庙，垂涕洟，子游观之曰："将军文氏之子其庶几乎！亡于礼者之礼也，其动也中。"

据《丧服》，深衣非丧服，既祥后乃得著之；若练冠，则小祥至大祥祭时所著冠，犹丧冠也；既祥后无哭，而主人垂涕洟，稍有哀也；庙者，神主所在，非受吊之所。《丧服》虽无吊人于除丧之后，亦无除丧后受人之吊者。今越人来吊，主人待于庙，深衣练冠，垂涕洟，能得礼之变也。宋陈祥道以为，"丧已除而吊始至，非丧非无丧之时也；深衣练冠，非凶非不凶之服也；待于庙，非受庙非不受庙之所也。文子于其非丧非无丧之时，能处之以非丧非无丧之礼"①，此论极精。此为卿大夫之改制也。

至于当时之贤女子，如敬姜，其所改制，亦颇为儒家所称扬。《檀弓》云：

帷殡，非古也，自敬姜之哭穆伯始也。

穆伯之丧，敬姜昼哭；文伯之丧，昼夜哭。孔子曰："知礼矣。"

季康子之母死，陈亵衣。敬姜曰："妇人不饰，不敢见舅姑，将有四方之宾

① 卫湜：《礼记集说》卷18。

来，亵衣何为陈于斯？”命彻之。

帷殡非古礼，自敬姜而有之；亲始死，于礼当昼夜哭，而敬姜哭子不哭夫；大、小敛，当尽陈衣服，而敬姜彻之。凡此，皆礼之变也。

虽然，当时亦有变礼而为所讥者。《檀弓》云：

悼公之母死，哀公为之齐衰。有若曰：“为妾齐衰，礼与？”公曰：“吾得已乎哉？鲁人以妻我。”

子思之母死于卫，赴于子思，子思哭于庙。门人至曰：“庶氏之母死，何为哭于孔氏之庙乎？”子思曰：“吾过矣，吾过矣。”遂哭于他室。

虽然，《檀弓》亦颇载孔子及门人从周制者。《檀弓》云：

公仪仲子之丧，檀弓免焉。仲子舍其孙而立其子，檀弓曰：“何居？我未之前闻也。”趋而就子服伯子于门右，曰：“仲子舍其孙而立其子，何也？”伯子曰：“仲子亦犹行古之道也。昔者文王舍伯邑考而立武王，微子舍其孙腯而立衍也；夫仲子亦犹行古之道也。”子游问诸孔子，孔子曰：“否！立孙。”

案，隐元年《公羊传》云：“立适以长不以贤，立子以贵不以长。”何休注云：“礼，嫡夫人无子，立右媵；右媵无子，立左媵；左媵无子，立嫡侄娣；嫡侄娣无子，立右媵侄娣；右媵侄娣无子，立左媵侄娣。质家亲亲，先立娣；文家尊尊，先立侄。嫡子有孙而死，质家亲亲，先立弟；文家尊尊，先立孙。其双生也，质家据见立先生，文家据本意立后生。”又，隐三年《公羊传》云：“君子大居正，宋之祸，宣公为之也。”盖殷人兄终弟及，而宋为殷后，据殷礼而传弟，然宣、缪之及，宋国因以大乱，《公羊传》乃发“大居正”之论，欲明周礼传子之制为正也。

此处谓公仪仲子之丧，其嫡子死，当立嫡孙，然其兄子服伯子据古礼而立次子，孔子以为非。此处盖以殷礼为古，而周礼为今，孔子盖从今礼也。王国维以有周一代制度皆出于立子立嫡之制，而《檀弓》将此段置于篇首，可谓有识。

然此制不独为政治制度，实与当时之社会变革相适应。盖母系时代，夫妻不同居，而子女从母居，则父之财产自当传弟而不得传子。随着个体家庭之形成，子女从父而居，夫妻亦形成共同之家庭财产，此时家庭财产则传子矣。因此，社会领域中小家庭之形成与政治领域中之立子立嫡制，实为同一步骤，未必如王国维所说，乃周公个人之特识也。

3. 文质与古今

文质概念本出于孔子。《论语》中有数条与此有关：

子曰："质胜文则野，文胜质则史。文质彬彬，然后君子。"(《雍也篇》)

棘子成曰："君子质而已矣，何以文为？"子贡曰："惜乎，夫子之说君子也，驷不及舌！文犹质也，质犹文也；虎豹之鞟，犹犬羊之鞟。"(《颜渊篇》)

又，《为政篇》云：

子张问："十世可知也？"子曰："殷因于夏礼，所损益，可知也；周因于殷礼，所损益，可知也。其或继周者，虽百世，可知也。"

何晏《集解》以为，十世、百世之异，乃"文质礼变"。

又，《先进篇》云：

先进于礼乐，野人也；后进于礼乐，君子也。如用之，则吾从先进。

宋程子论曰："子曰：'先进于礼乐，野人也。'言其质胜文也；'后进于礼乐'，君子也，言其文质彬彬也；'如用之，则吾从先进'，言若用于时，救文之弊，则吾从先进，小过之义也。'麻冕礼也，今也纯俭，吾从众；奢则不孙，俭则固，与其不孙也，宁固'，此之谓也，不必惑从周之说。"[①]又曰："'行夏之时，乘殷之辂，服周之

① 《河南程氏遗书》卷9。

冕'，与从周之文不悖。从先进则为时之弊言之，彼各有当也。"[①]可见，程子亦据《春秋》文质说而解此章也。

其后，公羊家乃取以论殷周制度之异。

隐元年，春，王正月。《公羊传》云："立嫡以长不以贤，立子以贵不以长。"何休注云："礼，嫡夫人无子，立右媵；右媵无子，立左媵；左媵无子，立嫡侄娣；嫡侄娣无子，立右媵侄娣；右媵侄娣无子，立左媵侄娣。质家亲亲，先立娣；文家尊尊，先立侄。嫡子有孙而死，质家亲亲，先立弟；文家尊尊，先立孙。其双生也，质家据见立先生，文家据本意立后生。皆所以防爱争。"此以文质论殷、周继嗣法之异。

隐七年，齐侯使其弟年来聘。传云："母弟称弟，母兄称兄。"何注云："分别同母者，《春秋》变周之文，从殷之质。质家亲亲，明当亲厚异于群公子也。"殷人子女多从母居，则同母兄弟为亲，《春秋》尚质，故别同母兄弟与异母兄弟也。《檀弓》中子夏据鲁俗而答狄仪之问，以为当服齐衰，则《春秋》或有取于鲁俗耶？

隐十有一年，春，滕侯、薛侯来朝。何注云："滕序上者，《春秋》变周之文，从殷之质，质家亲亲，先封同姓。"滕与鲁皆姬姓，《春秋》亲亲，故以滕侯序于薛侯之上。

桓十一年，郑忽出奔卫。传云："《春秋》伯、子、男一也，辞无所贬。"何注云："《春秋》改周之文，从殷之质，合伯子男为一，一辞无所贬，皆从子，夷狄进爵称子是也。忽称子，则与《春秋》改伯从子辞同，于成君无所贬损，故名也。名者，缘君薨有降既葬名义也，此非罪贬也。君子不夺人之亲，故使不离子行也。王者起所以必改质文者，为承衰乱救人之失也。天道本下，亲亲而质省；地道敬上，尊尊而文烦。故王者始起，先本天道以治天下，质而亲亲；及其衰敝，其失也亲亲而不尊，故后王起，法地道以治天下，文而尊尊；及其衰敝，其失也尊尊而不亲，故复反之于质也。质家爵三等者同，法天之有三光也。文家爵五等者，法地之有五行也。合三从子者，制由中也。"其先，董仲舒《三代改制质文》及《爵国》皆以文质论周爵五等与《春秋》爵三等之异。此处何休论之尤详。

何休于《解诂》中屡发殷质周文之论，今不赘录。然其说不过由师徒相传而

---

① 《河南程氏遗书》卷11。

得之，考诸汉人议论，实非鲜见。司马迁《史记·孔子世家》云：

观殷夏所损益，曰："后虽百世可知也，以一文一质。周监二代，郁郁乎文哉！吾从周。"

据此，殷、夏间之损益，亦一文一质也，其后，虽百世之嬗替，皆文质相损益也。

而司马迁学于董仲舒，观《春秋繁露》，颇有文质之说。其中，《三代改制质文》一篇，尤为董仲舒论文质之大端。其曰：

商质者主天，夏文者主地，《春秋》者主人，故三等也。主天法商而王，其道佚阳，亲亲而多仁朴。故立嗣予子，笃母弟，妾以子贵。昏冠之礼，字子以父。别眇夫妇，对坐而食，丧礼别葬，祭礼先臊，夫妻昭穆别位。制爵三等，禄士二品。……主地法夏而王，其道进阴，尊尊而多义节。故立嗣与孙，笃世子，妾不以子称贵号。昏冠之礼，字子以母。别眇夫妇，同坐而食，丧礼合葬，妇从夫为昭穆。制爵五等，禄士三品。

此以文、质论夏、殷、周三代各项制度之异。

《白虎通》言文质尤备。《三正篇》论文质之义云：

王者必一质一文者何？所以承天地，顺阴阳。阳之道极，则阴道受；阴之道极，则阳道受，明二阴二阳不能相继也。质法天，文法地而已。故天为质，地受而化之，养而成之，故为文。《尚书大传》云："王者一质一文，据天地之道。"《礼·三正记》曰"质法天，文法地"也。帝王始起，先质后文者，顺天地之道，本末之义，先后之序也。事莫不先有质性，后乃有文章也。

其论改朔征伐先后云：

文家先改正，质家先伐何？改正者文，伐者质。文家先其文，质其先其质。

又论改正不随文质云：

天质地文。质者据质，文者据文。周反统天正何也？质文再而复，正朔三而改。三微质文，数不相配，故正不随质文也。

可见，历代制度之异同与变化，汉人多以文、质而析其义。

至于《礼记》诸篇，凡涉四代制度之异，后世诸家莫不据文质以别之。今据《檀弓》一篇，稍引数条以明之。《檀弓》云：

公仪仲子之丧，檀弓免焉。仲子舍其孙而立其子，檀弓曰："何居？我未之前闻也。"趋而就子服伯子于门右，曰："仲子舍其孙而立其子，何也？"伯子曰："仲子亦犹行古之道也。昔者文王舍伯邑考而立武王，微子舍其孙腯而立衍也，夫仲子亦犹行古之道也。"子游问诸孔子，孔子曰："否！立孙。"

据董仲舒《三代改制质文》，"立嗣予子"为文家法，"立嗣予弟"为质家法。

《檀弓》记合葬之礼云：

大公封于营丘，比及五世，皆反葬于周。君子曰："乐，乐其所自生。礼，不忘其本。"古之人有言曰："狐死正丘首，仁也。"

孔疏云："先王制礼，其王业根本，由质而兴，则制礼不忘其本，而尚质也。若王业根本由文而兴，制礼尚文也，是不忘其本也。礼之与乐皆是重本，今反葬于周，亦是重本，故引礼乐以美之。"周人夫妻同居而合葬，种种制度莫不自此而出，周之"郁郁乎文哉"，盖以此出。周人尚文，故合葬焉，此其反本也。

又记冠之横、直缝云：

古者冠缩缝，今也衡缝。故丧冠之反吉，非古也。

孔疏云："古者，自殷以上。缩，直也。殷以上质，吉凶冠皆直缝，辟积襵少，故一一前后直缝之。今，周也。衡，横也。周吉冠多辟积，不复一一直缝，但多作襵而并横缝之；若丧冠，犹疏辟而直缝。是丧冠与吉冠相反。”陈祥道云：“一幅之材，顺经为辟积则少而质，顺纬为辟积则多而文。”则冠之缩、衡，乃殷、周质文之异也。

又记子张之丧云：

子张之丧，公明仪为志焉：褚幕丹质，蚁结于四隅，殷士也。

陈祥道云：“子张之丧，门人公明仪为志，不墙不翣，画褚以蚁而葬之，以殷士之礼，何也？殷礼质同，周礼文，质则厚，文则薄，子张之时既甚文矣，故门人从质以救其弊。”

又论周人名字之例云：

幼名，冠字，五十以伯仲，死谥，周道也。

孔疏云：“此一节论殷、周礼异之事。名以名质，生若无名，不可分别，故始生三月而加名，故云‘幼名’也。人年二十，有为人父之道，朋友等类，不可复呼其名，故冠而加字。年至五十耆艾转尊，又舍其二十之字，直以伯仲别之，至死而加谥。凡此之事，皆周道也。然则自殷以前为字不在冠时，伯仲不当五十，以殷尚质，不讳名故也。又殷以上有生号，仍为死后之称，更无别谥，尧、舜、禹、汤之例是也。周则死后别立谥，故总云‘周道’也。《士冠礼》二十已有‘伯某甫、仲叔季’，此云‘五十以伯仲’者，二十之时，虽云‘伯仲’，皆配‘某甫’而言。五十之时，直呼伯仲耳。《礼纬·含文嘉》云：‘质家称仲，文家称叔。’周代是文，故有管叔、蔡叔、霍叔、康叔、聃季等，末者称季是也。”殷、周名字讳谥之不同，亦以文质故也。

又论丧葬之制云：

掘中溜而浴，毁灶以缀足。及葬，毁宗躐行，出于大门，殷道也。学者行之。

方慤云："凡此，皆殷所常行。殷尚质，故礼之所由本；周尚文，故礼之所由备。生以文为尚，故名字之制，学礼者行乎周道焉；死以质为尚，故丧葬之制，学礼者行乎殷道焉。"①

又论丧事与吉事之异云：

丧事欲其纵纵尔，吉事欲其折折尔。故丧事虽遽不陵节，吉事虽止不怠。故骚骚尔则野，鼎鼎尔则小人，君子盖犹犹尔。

李格非云："质胜文，故骚骚；文胜质，故鼎鼎。犹犹，则质不至于骚骚，而文不至于鼎鼎。"②

又论明器之制云：

仲宪言于曾子曰："夏后氏用明器，示民无知也；殷人用祭器，示民有知也；周人兼用之，示民疑也。"曾子曰："其不然乎！其不然乎！夫明器，鬼器也；祭器，人器也；夫古之人，胡为而死其亲乎？"

孔疏："(曾子)言二代用此器送亡者，非是为有知与无知也，正是质文异耳。夏代文，言鬼与人异，故纯用鬼器送之，非言为无知也。殷世质，言虽复鬼与人有异，亦应恭敬是同，故用恭敬之器，仍贮食送之，非言为有知也。说二代既了，则周兼用之，非为疑可知，故不重说。寻周家极文，言亡者亦宜鬼事，亦宜敬事，故并用鬼敬二器，非为示民言疑惑也。然周唯大夫以上兼用耳，士唯用鬼器，不用人器。崔灵恩云：'此王者质文相变耳。'曾子说义既竟，又更鄙于仲宪所言也。'古'谓夏时也，言古人虽质，何容死其亲乎？"

又论丧事之仪节云：

辟踊，哀之至也，有算，为之节文也。袒、括发，变也；愠，哀之变也。去饰，去美也；袒、括发，去饰之甚也。有所袒、有所袭，哀之节也。

①② 卫湜：《礼记集说》卷18。

方悫云："有算则有节，有节则文，无节则质，故谓之节文。"①

又论朝礼云：

丧之朝也，顺死者之孝心也。其哀离其室也，故至于祖考之庙而后行。殷朝而殡于祖，周朝而遂葬。

孔疏："殷人尚质，敬鬼神而远之，死则为神，故云朝而殡于祖庙。周则尚文，亲虽亡殁，故犹若存在，不忍便以神事之，故殡于路寝，及朝庙遂葬。"

凡此，足见汉以后注疏家多用文质说礼也。

4. 尊尊与亲亲

《礼记·大传》云："上治祖祢，尊尊也。下治子孙，亲亲也。"尊尊处理与祖祢之关系，亲亲则处理与子孙之关系，尊尊与亲亲实为家庭中两项基本伦理。又云："圣人南面而治天下，必自人道始矣。……其不可得变革者，则有矣。亲亲也，尊尊也，长长也，男女有别，此其不可得与民变革者也。"至于圣人治天下，以亲亲、尊尊、长长、男女有别为人道之常，而亲亲、尊尊此家庭伦理为圣人治世之二端。王国维则以为，有周一代之政治制度，莫不出于亲亲、尊尊、贤贤、男女有别四原则，而亲亲、尊尊亦在其中。可见，小至家庭，大至天下，皆不离乎亲亲、尊尊二原则也。

公羊家以文质论殷周之异，而文质之大者，则周尚尊尊、殷尚亲亲而已。桓二年，何休说宗庙、社稷之方位云："质家右宗庙，上亲亲；文家右社稷，尚尊尊。"又，庄十九年，何休释诸侯一娶九女、各以其侄娣从之制云："因以备尊尊、亲亲也。"徐彦疏云："备侄所以尊尊，备娣所以亲亲。"又，桓十一年，郑忽出奔卫。何休释周爵五等、殷爵三等之制云："天道本下，亲亲而质省；地道敬上，尊尊而文烦。"又，隐七年，何休释母弟称弟、母兄称兄之制云："分别同母者，《春秋》变周之文，从殷之质。质家亲亲，明当亲厚异于群公子也。"其先，董仲舒《春秋繁

① 卫湜：《礼记集说》卷18。

露·三代改制质文》,即以夏文法地而尊尊,殷质法天而亲亲,周文亦法地而尊尊,皆以文质与尊尊、亲亲互释。

其实,董仲舒以前,汉人已有类似说法。《史记·梁孝王世家》载:"梁王西入朝,谒窦太后,燕见,与景帝俱侍坐于太后前,语言私说。太后谓帝曰:'吾闻殷道亲亲,周道尊尊,其义一也。安车大驾,用梁孝王为寄。'景帝跪席举身曰:'诺。'罢酒出,帝召袁盎诸大臣通经术者曰:'太后言如是,何谓也?'皆对曰:'太后意欲立梁王为帝太子。'帝问其状,袁盎等曰:'殷道亲亲者,立弟。周道尊尊者,立子。殷道质,质者法天,亲其所亲,故立弟。周道文,文者法地,尊者敬也,敬其本始,故立长子。周道,太子死,立適孙。殷道。太子死,立其弟。'帝曰:'于公何如?'皆对曰:'方今汉家法周,周道不得立弟,当立子。故春秋所以非宋宣公。宋宣公死,不立子而与弟。弟受国死,复反之与兄之子。弟之子争之,以为我当代父后,即刺杀兄子。以故国乱,祸不绝。故《春秋》曰'君子大居正,宋之祸宣公为之'。"其时《春秋》尚未独尊,然汉人议论已颇用其说矣。

可见,尊尊与亲亲对于理解殷、周制度之变迁,极为重要。

今且就家庭之孝道而论,实兼尊尊与亲亲二义。中国自汉以后,家庭之规模恒小,不过两世、三世共居之小家庭而已。然春秋以前,家庭之规模当较后世为大。宗法所言之小宗,皆在五服之内,盖以亲亲而相缀属,至六世以外则亲尽矣,其性质犹后世之大家庭也。小宗之内,或亲或尊,皆可藉孝道而得维系。至于大宗,虽有共同始祖之亲,然皆在五服之外,俗语谓"远亲不如近邻",可见族人血亲之疏也。族人之间既不复以血亲而相缀属,则推族人之始祖所自出者为宗,族人敬祖,故敬宗。则宗族之内,因血疏而建宗子之尊以统率族人。如是,孝道之外又有弟道,以及由此扩充而来之君道。后世君臣关系出于父子,而西周时之君臣关系,则出于兄弟也。是以《丧服》规定族人服宗子,与庶民为国君服同,皆齐衰三月,盖族人与宗子之间,亲虽不过三月,然尊则至齐衰,犹庶人之尊君也,此等丧服足见孝道之局限,亦可见君道之实质也。

《丧服传》云:

> 是故始封之君不臣诸父、昆弟,封君之子不臣诸父而臣昆弟,封君之孙尽臣诸父昆弟。

盖上古之建国，莫不化家而来，是以太祖与诸父、昆弟，犹为一家也，是以不必臣诸父、昆弟，盖太祖尚能以父兄之身而率其子弟也；至其化家为国，继嗣君以诸父为父所不臣，故亦不得臣，至于诸弟，虽欲以弟道率之，则诸弟因立嫡立长之制，当自疏别于王族、公族，是以不得不以臣之卑而屈于君也。弟道必然为君道，此封君之子必然臣诸弟也。其下至封君之孙，祖、父之余烈未可尽恃，乃须尽臣诸父昆弟矣。

是以就一家而言，能以血亲而相属，而尊道不过见于父子、祖孙之间而已，其余则报矣。此尚不出孝道之藩篱。至一族而言，《大传》谓“四世而缌，服之穷也。五世袒免，杀同姓也。六世，亲属竭矣”，族人间虽有百世而婚姻不通之亲，有合族而食之谊，然毕竟疏矣，故尊大宗为君，服齐衰之等，盖非此不足以抟聚族人。至一国而言，君以孤寡自处，其子孙自三代以后则别自为族，不得称公子、公孙矣，遑论一国之庶人乎！是以《礼记·礼器》云：“天子之堂九尺，诸侯七尺，大夫五尺，士三尺。”尊卑之严如此，盖以其亲疏，而不得以血属，遂不得不尊君至极以率众民也。

孝道之尊与弟道之尊不同。父子之间，以至亲之故，其尊亦出自然。若兄弟之间，亲不及父子，而弟之尊兄，亦难施设。兄弟尚且如此，是以君之于臣，乃至于庶民，非尊之至极，而不足以自尊也；臣、民之于君王，非卑之至极，而不足以尊君也。古代国家如此，至于现代之国家，政府与百姓绝无亲属可言，亲亲之情仅见于家庭，而绝无可能扩充至公众生活，是以政府之自尊又远迈古人矣，而人民虽假以主人之虚名，然其卑亦远逊古人也。然唯其如此，人民与政府始能团结一致，万众一心。至于古代之国家，天子尚能亲诸侯，诸侯尚能亲大宗，大宗尚能亲小宗，小宗之内各以其服相系属，上下用情，则周制虽文，而尊尊之义绝不若现代国家之甚矣。

诚若此论，群体愈小，且能相亲，则尊尊之义愈弱；群体愈大，彼此愈是疏远，则尊尊之义愈强。凡此，皆出于群体存在之必要。故对于家庭而言，至亲之服可至期，甚至加隆至于三年；然对于宗族而言，族人之间不相为服，故定宗子之服。宗子之尊比于国君，故与庶人为君服同；宗子之亲疏于缌麻，故止为服三月。则宗子之于族人，亲不过三月，而尊则至于齐衰矣。

然自春秋以降，宗法崩溃，弟道唯限于家庭之内，且无立子立嫡之制以佐之，兄弟不免常相等夷矣，则弟道因宗法之衰而势微矣。若孝道，则实不稍衰也。盖此时小家庭为社会之基本单位，而亲亲原则亦愈见推重。《春秋》损文用质，故厚母弟，以杀世子、大臣为罪，欲君臣间以恩义而相结，皆家庭原则之扩充也。父子之亲被普遍化，而子之尊父亦因以解释君臣之道矣。至此，君道与弟道的关系，遂为君道与孝道之关系所取代。

就亲亲而言，《礼记·郊特牲》云："男女有别，然后父子亲。"此语颇能反映人类更晚近时候的情况。盖人类由从母而居，进而至于从父而居，女子出嫁之前，或未能别男女，至其婚后，则有男女之大防。此时子知其父，父亦知其子，如是而生父子之亲。否则，男子若不能确信其子为其所生，如何能亲之爱之？因此，对男子而言，唯其亲生，始能亲其所生矣。此为人之常情。不独古人如此，今人亦何尝不如此？儒家讲亲亲之义，殆始于父子相亲，非必追溯至母子之亲也。

《丧服传》云："野人曰：父母何算焉。"据贾公彦疏，居于国外或城外者为野人，与"都邑之士"相对，盖远于政化也。周礼崇尚等级尊卑，野人居于城外，不为周礼所化，故不知父尊母卑之义。因此，不独今人崇尚男女平等，其实人类早期亦经历过此种阶段，盖彼时唯知亲父，而不知尊父。今日概谓父为"父亲"，殊不知父亦当有"父尊"之名。因此，《丧服传》在解释为父何以服斩衰时，即以为"父至尊也"。

又，《论语·为政》有这样一段：

> 子游问孝。子曰："今之孝者，是谓能养。至于犬马，皆能有养。不敬，何以别乎！"

关于此段之义，大致有二说。一说以为，人之养亲，若不能敬之，则与养犬马无异。又有一说，古时多以犬马比人子，至今犹然，故人子事亲，当效犬马之劳，至于谄事他人，亦常以此为喻。盖犬能守御，马能负乘，人子亦当如此而事其亲也。不过，此二说皆未能切中此段之实质。

《孟子·尽心上》上有一段话颇能说明其义，其曰："食而弗爱，豕交之也。爱而不敬，兽畜之也。恭敬者，币之未将者也。"赵岐注云："人之交接，但食之而不爱，若养豕也。爱而不敬，若人畜禽兽，但爱而不能敬也。”又，《坊记》曰：“小人皆能养其亲，君子不敬，何以辨?”今且仅就人情考之，养豕与养犬马不同。养豕者，不过利其肉而食之而已，且人于豕之蠢垢，常怀憎厌之心。若犬马则不然，观今人之畜宠物，则备极亲近，至于溺爱之。至于犬马之视主人，亦甚亲昵。然而，主人与犬马之间，不过小人之态而已。今日西人处父子关系，多以朋友之道视之，则唯取其亲爱而已。是以西方多有老人，无奈子之不孝，乃养犬马而自欢慰，盖犬马之亲犹子之亲，此视犬马若子也。因此，人与犬马之间，亲昵有余，而无敬意焉。人子若仅视其父为“父亲”，而不以为“父尊”，则不论人子养其亲如犬马，抑或自比犬马而服事其亲，皆以亲昵之甚，而不能敬其父也。观乎日本封建社会，子敬其父，而过于亲其父，至于父之于子，幼小尚能亲之，至其稍长，则多以敬遇之矣。

二　墓葬、家庭与孝道

《礼记·檀弓》中关于墓葬的讨论颇多，从中可以了解当时中国社会结构之变化，正是基于这样一种变化，儒家提出一种新的伦理，即基于家庭关系的孝道。

孝道初仅施于家庭中而已。最初，因子女从母氏而居，此时虽有孝道，当不过孝于其母及其党也。其后，夫妻共居，而子女由亲母而至亲父矣，如是孝道渐及于其父矣。虽然，西周因封建而有宗法之制，则孝道又常为宗族伦理所屈抑。至春秋中晚期以降，宗族渐趋崩溃，家庭成为社会之基本单位，而孝道始伸张，至于国家伦理，若忠君之属，亦莫能与抗矣。

上古时，人类因血亲而族属。无论家庭，抑或氏族、宗族，皆血缘团体也。人类生时而合族，死后亦不离散，此所以有合葬之制也。合葬之形态有二：其一，族葬也，即同族之人葬于一处，不过非同穴也。此制发端于氏族时代，乃泰古之制也。此时夫妻犹析居别葬，各与其族人合葬。《周礼·地官·大司徒》中有“族坟墓”之说，《春官》中又有“公墓”与“邦墓”之分，皆谓族葬也。其二，夫妻合葬。后世“生同衾，死同穴”之说，即谓此也。此种合葬起源较晚，大致见于母系氏族晚期，随着个体家庭之形成而出现。族葬不过合葬于一地，而夫妻则合葬于一穴也。夫妻合葬出现以后，族葬继续存在，此即后世之公有墓地，今之农村犹颇有此种制度之阙遗也。

就族葬而言，其墓制当“墓而不坟”，阖族之人皆葬有定所，自无封树之必要。其后夫妻共居而为一体，因夫妻之卒有先后，则孝子必知先葬者之墓，后死者乃得合葬焉，于是既墓且坟，有封树之制矣。观《檀弓》谓孔子“不知其父殡于五父之衢”，可见封树之制，当出于合葬之需要也。然孔子合葬其母之后，又封之崇四尺，且曰：“今丘也，东西南北人也，不可以弗识也。”则以墓祭之故而封树矣。自此，墓祭成为孝道之内在要求矣。①

可见，后世墓葬之制，基于两种理由：其一，出于合葬之需要。就此种理由而言，则合葬起源甚早，《檀弓》中推至周初。此时是否有墓祭，则未可知也。其二，出于孝道之需要。就此种理由而言，则必有墓祭矣。然墓祭之起源，当与宗族之有关，大致稍早于孔子时代。

1. 传子与合葬

《檀弓》以传子制列全篇之首，其中或有深意焉！王国维《殷周制度论》以传子制为有周一代礼制之所出，可谓卓识。不过，王氏论传子制，偏于政治制度为言，故以为周公个人之创制，而未见及其当时社会结构之变化。

就政治制度而言，传子制容或起于周有天下之后，盖周公居摄，欲自别嫌故也。今又有考古家言，以为殷之中晚期已颇施行传子之制矣。若据人类学之说，则传子制之确立久矣。盖在母系氏族时代，男女异居，男子夜宿女家，而朝即归己之氏族，实未尝有共同之生产与生活也。至于子女，必定从母居，且常不知其父。此种情形与动物世界无异。《丧服传》谓“禽兽知母而不知其父”，其实早期人类亦然。此时男女既非稳定同居，则必定无共同之家庭财产，而财产多为公有；即便有私有财产，亦不过传予同族之兄弟而已，此殷人所以有“兄终弟

---

① 孔子墓祭，盖从俗耳，非儒家之创制也。案今日发掘之战国墓，其中有享堂，可见此时已有墓祭之法。既有墓祭，则必有封树之法。不过，就其理而言，墓祭之起源更早，且符合儒家倡导之孝道，故无怪乎孔子之坟其墓也。

及”也。随着人类进入父系氏族时代，男女同居，一起共同生活，一起共同生产，男女不再为独立之个体，而各为一半而组成一整体之家庭，《丧服传》谓夫妻“牉合”，即谓此也。于是家庭有共同之财产，子女随父而居，亦能亲父矣，如是传子之制始得确立。

母系氏族时期，夫妻生时既不同居，死后亦当各归葬于本族，此时盖族葬也。《檀弓》云：

大公封于营丘，比及五世，皆反葬于周。

关于五世反葬这种做法，《檀弓》作者及后世儒家的解释，都是立足于儒家“不忘本”之精神，即从孝道来解释。不过，后人亦有怀疑这条记载的真实性，以为不合情理。然而，且不论事实之真假，此条表明当时人们犹行族葬也。

又云：

季武子成寝，杜氏之葬在西阶之下，请合葬焉，许之。入宫而不敢哭。武子曰：“合葬非古也，自周公以来，未之有改也。吾许其大而不许其细，何居？”命之哭。

舜葬于苍梧之野，盖三妃未之从也。季武子曰：“周公盖祔。”

祔，夫妻合葬也。季武子以为，合葬非古制，自周公以来始有之，又举舜事以明之。结合五世反葬之事，可见，周以前多行族葬，而周以后则始有合葬。董仲舒就认为，殷人是“丧礼别葬”，而周人则合葬。[①]

如果我们同意王国维关于传子制的论述，那么，我们不妨认为，人类由族人合葬到夫妻合葬，其实与传子制有着内在的关系，皆起源于个体家庭的形成。因此，殷周之际的变革，从政治制度上表现为周公之创制，而在社会层面上，则早在周公之前，与之相应的一套社会结构已经发生根本变化了。周公制礼，不过个体家庭这种社会变化与西周封建这种政治行为相结合的产物而已。

---

① 董仲舒：《春秋繁露·三代改制质文》。

可以说，个体家庭的形成，不仅构成了周礼的前提，而且还构成了以后数千年中华文明的前提。正因如此，孔子当周礼崩坏之余，但依然坚持周人之传子制。是以孔子其母死，犹欲将之合葬于其父其墓。

关于人类由母系时代到父系时代的转变，我们可以分析《檀弓》中如下一段话：

子上之母死而不丧，门人问诸子思曰："昔者子之先君子丧出母乎？"曰："然。""子之不使白也丧之，何也？"子思曰："昔者吾先君子无所失道，道隆则从而隆，道污则从而污，伋则安能！为伋也妻者，是为白也母；不为伋也妻者，是不为白也母。"故孔氏之不丧出母，自子思始也。

这段话历来分歧很大。首先，孔子、伯鱼、子思三代是否皆有出妻之举。清代夏炘作《檀弓辨诬》，以为不论在史实上，还是情理上，此段皆不可靠。

其次，《丧服》规定子为出母服齐衰杖期。那么，这条规定到底是周礼，还是经过孔子改制的礼？譬如，朱子就认为，子思是从古礼，而孔子不过是因"时人丧之，故亦令伯鱼丧之"而已。[①]而且，据子思对孔子"道隆则从而隆，道污则从而污"的说法，显然是指孔子为圣之时者，故能随俗。朱子这种说法是可取的。

第三，孔子使伯鱼为出母服，而子思却不从孔子，而坚持不让子上为出母服，其中如果有礼作为依据的话，那么，这个礼肯定是古礼，也就是周礼，而孔子的做法就未必是周礼。这就证实了一点，今天看到的《丧服》是经过孔子之订正的。这与公羊家认为孔子"损周文用殷质"的说法，是一致的。

最后，为什么孔子让伯鱼服？是否有礼的依据，还是自己觉得应该对周礼有损益，或者就是从俗？在公羊家看来，孔子对周礼的损益是有原则的，这个原则就是在《公羊传》中强调的尚质原则，即人情。因为母为父所出，只是父母之恩断义绝而已，至于母子间之恩义则未断，故缘情制礼，子应该为出母服。

其实，关于为出母服的问题，《丧服》中还有一条规定："父卒，继母嫁，从，为之服，报。传曰：何以期也？贵终也。"这条规定可以帮助我们理解《檀弓》这段

---

① 《朱子语类》卷87。

话。盖继母非生母，乃嫡母死而父再娶之继室，父卒，继母改嫁而己从之，故为服期。继母尚如此，生母改嫁，更当为服。可见，服不服的关键在于从不从。这里我们可以看到母系时代的实质在于，子女是从母居的，自当为母服，至父系时代，子女虽从父而居，但一旦因父死母嫁而从之，其道理与母系时代之从母并无不同。正因如此，当子女不从母嫁时，服不服就成了问题。站在父系时代从父居的角度，子女自当不为出母服。我们从子思那段非常坚持的话语，不难看到周礼背后的父系色彩。虽然，母系时代的残余并没有完全因周礼而清除，从母居乃至从母姓的做法还大量保存下来，甚至一直到两汉，还有大量的残余。然而，这反而成为孔子改制的依据，即把母系时代的这些因素当成了一种最自然的人情，以此来淡化周礼中的尊尊之义。

当然，周礼中父系的因素也在一定程度上肯定下来。譬如，《丧服传》对"出母服期"有一条补充解释："出妻之子为父后者，则为出母无服。传曰：'与尊者为一体，不敢服其私亲也。'"就是说，只有当出母之子是承继宗庙的"为父后者"时，才不为出母服。对此，《公羊传》中就有不少类似的规定，譬如，文姜弑其夫，其子庄公念母，《公羊传》就提出了批评；卫太子蒯聩欲弑其母，为其父灵公所逐，灵公死，蒯聩子辄继位，而拒其父归国，虽伤父子之情，而《公羊传》犹以为得礼。可见，在儒家看来，血亲虽重要，但若因此而损害了整个宗族和国家时，是可以牺牲的。在西周封建时代，父系是与宗族联系在一起的。

因此，子思不使其子为出母服，是站在周礼的立场，代表了父系时代的精神。至于孔子使其子为出母服，则是站在损益周礼的立场，以母子关系这种人情因素来淡化周礼的尊尊之义。

2. 坟、墓与封树之制

《檀弓》云：

孔子少孤，不知其墓。殡于五父之衢。人之见之者，皆以为葬也。其慎也，盖殡也。问于郰曼父之母，然后得合葬于防。

孔子欲合葬其亲，却无从知其父墓所在，可见，当时封树之制尚不普遍。不过，亦因此表明，正是因为合葬的要求，而导致了封树之制的出现。

《檀弓》又云：

孔子既得合葬于防，曰："吾闻之：古也墓而不坟；今丘也，东西南北人也，不可以弗识也。"于是封之，崇四尺。孔子先反，门人后，雨甚；至，孔子问焉曰："尔来何迟也?"曰："防墓崩。"孔子不应。三。孔子泫然流涕曰："吾闻之，古不修墓。"

坟与墓不同，墓是为了埋棺藏尸而已，至于筑坟的目的，由上面两段话，可以推知两点理由：其一，合葬的需要，否则，就可能像孔子一样，找不到先死者之墓，也就无合葬了。其二，合葬以后，本无须筑坟封树，然而，孔子又以自己为"东西南北人也，不可以弗识也"，就是说，孔子封树其亲墓，是为了使自己记住亲墓所在，目的显就是为了祭奠。

盖夫妻别居，死各葬于其氏族，亦不必有封树也。唯至周时，人类结成个体家庭，则生同居，而死同穴矣。然父、母之卒，常一先一后，故于先死者当封树之，以为标识，以待后死者得合葬焉。是以孔子其父死，而无封树，至其母死，而不得不殡于五父之衢，问于郰曼父之母，乃得合葬于防。可见，封树之制实与合葬之需要有关。后世封树其父母之墓，则以孝子之哀思得托于此焉。

关于坟墓之制，《檀弓》中还有一种说法：

葬也者，藏也，欲人之弗得见也，是故衣足以饰身，棺周于衣，椁周于棺，土周于椁，反壤树之哉?

这段话是以批评的口吻提到封树之制，因为这个做法违背了墓以"藏尸"的古义。古人对葬的这种理解，应该与土葬这种葬法有关。譬如，对于火葬或天葬来说，就不会有"藏尸"的必要。正因为如此，古人对死亡的理解也因此不同。郑玄《三礼目录》云："不忍言死而言丧，丧者，弃亡之辞，若全存居于彼焉，已亡之耳。"显然，这种说法只有放在土葬这种葬法才可以理解。并且，人类普遍都有一个阴阳观念，这种观念与中国的土葬习俗结合起来，形成了中国人非常特殊的世界观，即阴间与阳世的两重世界观。中国人一般认为，阴阳是完全相反的，两个世界通常不相往来，这种观念其实大量体现在丧葬的具体仪式之中。

《檀弓》中还有一段话：

> 延陵季子适齐，于其反也，其长子死，葬于嬴、博之间。孔子曰："延陵季子，吴之习于礼者也。"往而观其葬焉。其坎深不至于泉，其敛以时服。既葬而封，广轮掩坎，其高可隐也。既封，左袒，右还其封且号者三，曰："骨肉归复于土，命也。若魂气则无不之也，无不之也。"而遂行。孔子曰："延陵季子之于礼也，其合矣乎！"

在孔子之前，吴国的季札葬其子，即封树其墓，而孔子以为知礼。可见，封树之制大概在孔子之前就已存在，因为它符合个体家庭的要求，甚至可能就是周礼的规定。故《周礼·春官·冢人》云："以爵等为丘封之度与其树数。"虽然《周礼》之真伪颇成问题，但普遍认为至少在战国时就已成书，因此，其中关于"封树"的说法，应该反映了当时普遍的做法，孔子不过从其俗耳。是以孔子封其父墓四尺，郑玄以为，"高四尺，盖周之士制"，而《春秋纬》以为，"天子坟高三刃，树以松。诸侯半之，树以柏。大夫八尺，树以药草。士四尺，树以槐。庶人无坟，树以杨柳"。可见，墓上筑坟的做法在当时应该是比较普遍的。

可以说，传子、合葬、封树是相连贯的一整套社会制度，皆与个体家庭之形成有关，此实为孔子从周礼之大端也。

不过，此处孔子从周礼，除了合葬的考虑外，还有一个原因，这就是墓祭的需要。可以说，墓祭完全符合与个体家庭相适应的伦理，即孝道观念。

《礼记·祭义》云：

> 众生必死，死必归土，此之谓鬼。骨肉毙于下，阴为野土。其气发扬于上，为昭明焄蒿凄怆，此百物之精也，神之著也。因物之精，制为之极，明命鬼神，以为黔首则，百众以畏，万明以服。

对中国人来说，骨肉销归于土，虽有墓以藏之，实无祭祀之必要。至于魂气，能发扬于上，无所不之，为昭明焄蒿凄怆，为百物之精，此古人以之为鬼神而祭之也。游桂以为，“古人以为，死者魂气归于天，形魄归于地。于人之始死而为之重，既葬而为之主，召致其魂气而祭之；于体魄则无所事焉，故既葬则去之”①，可见，就古人之灵魂观念而言，实无墓祭之需要。

游桂又以为，“及夫后世，始封为坟。夫既已为之坟，则孝子仁人之见之，固亦有所不忍。此虽后世之异于古，亦人情所不能已也”②，就是说，逻辑上是先有封树的做法，然后才有墓祭。然人类所以墓祭其亲，则出于人情之自然，即出于孝道。

《檀弓下》有这样一段话：

子路去鲁，谓颜渊曰：“何以赠我？”曰：“吾闻之也，去国，则哭于墓而后行。反其国，不哭，展墓而入。”谓子路曰：“何以处我？”子路曰：“吾闻之也，过墓则式，过祀则下。”

子路、颜渊虽为孔门弟子，然从两人之对答来看，不过遵从时俗而已。就是说，时人已视墓为亲之所在，故哭墓而行、展墓而入，盖取“出必告，反必面”之义，事生如此，事死亦如此。

古人葬亲之尸，先是藏之而已，继则封树之，种种做法，或出于土葬法的内在逻辑所致。盖无论如何土葬，其中莫不有这样一种观念，即埋尸之茔域始终未割断与亲属之关系，不论从神秘的意义上，还是从人情的表达上，皆是如此。可以说，土葬之法，最终必将导致墓祭这种行为。而且，春秋以后，墓祭又与宗法崩溃以后之孝道观念相结合，终于造成了一种影响国人至今的习俗。虽然，墓祭与庙祭之不同，亦终始如故。盖古人以灵魂与肉体相分离，葬时送形以往，祭时乃迎魂而归；墓祭不过哀其亲之弃亡于彼，而庙祭则喜其亲之显现于此矣。

此外，儒家主张墓祭，除了合葬与孝道的原因之外，还有一点，即此种做法符合了中国人的灵魂观念。对于施行火葬或天葬的民族来说，灵魂须通过消灭

---

①② 卫湜：《礼记集说》，卷18。

肉体才得以自由，但对于施行土葬的中国人来说，骨肉虽归于土，但毕竟在一定时间还是不朽的，甚至古人还要弄出一套棺椁之制来防止骨肉的朽坏。不仅如此，生时灵魂依于肉体，死后则立神主以依神，可见，对中国人来说，灵魂从来不是绝对自由的，而是有所凭依的。正因为如此，坟墓不仅仅是藏尸之处，而且，死者的灵魂也没有完全割断与坟墓的联系，因此，后人才可能到坟墓去致其哀思，且冀死者有所知而已。

3. 葬亲与孝道

最初，人类殆未尝葬其亲者。《易传》云："古之葬者，厚衣之以薪，葬之中野，不封不树，丧期无数。"相对于后世之瓦棺、堲周与棺椁而言，此说或许描述了一种更早的葬法。不过，亦可能表明上古人类是不葬其亲的。《易传》中的这种说法，不过是对类似野葬那种前葬礼做法的解释而已。譬如，在藏族、蒙古族、门巴族等民族中，曾盛行过天葬、鸟兽或野葬的做法，这种对尸体的处理，可以视作上古时不葬其亲这种习俗的阙遗。当然，对于文明程度较高的汉民族来说，不仅看不到这种习俗，而且，丝毫记忆亦不存在了。

那么，葬礼是如何起源的呢？孟子虚构了这样一个过程：

> 盖上世尝有不葬其亲者。其亲死，则举而委之於壑。他日过之，狐狸食之，蝇蚋姑嘬之。其颡有泚，睨而不视。夫泚也，非为人泚，中心达于面目。盖归，反蘽梩而掩之。（《孟子·滕文公上》）

在孟子看来，上古曾经有过不葬其亲的阶段。至于葬礼之起源，孟子既视作一种偶然的产物，不过，又溯源于孝亲这种心理的自然表达，就后一种意义而言，葬礼又是必然的。

显然，孟子的说法反映了儒家对葬礼的理解。儒家以葬亲出于孝道，这应该是一种后起的看法，至于更早些时候，据《檀弓》所说，葬亲乃出于"藏尸"的目的。

那么，为什么人类要藏尸呢？我们可以从古人对丧服的理解，或可找到某种合理的解释。

儒家对丧服起源的解释，同样贯彻了孝道的原则。譬如，《尚书·尧典》云："二十有八载，帝(唐尧)乃殂落，百姓如丧考妣，三载，四海遏密八音。"贾公彦认为，"黄帝之时，朴略尚质，行心丧之礼，终身不变。……唐虞之日，淳朴渐亏，虽行心丧，更以三年为限。……三王以降，浇伪渐起，故制丧服，以表哀情。"①这代表了儒家的普遍看法，就是说，人类本有孝亲之心，最初表现为终身心丧，后世则表现为丧服，然不过三年而已。

但是，《礼记》里的一些说法，可以让我们看到古人对丧服的不同的理解。譬如，《檀弓》云：

> 君临臣丧，以巫、祝、桃、茢，执戈，斯恶之也，所以异于生也。丧有死之道焉，先王之所难言也。

又，《檀弓》载子游答有子云：

> 人死，斯恶之矣；无能，斯倍之矣。是故制绞衾，设蒌翣，为使人勿恶也。

可见，古人制定丧服，未必是出于孝亲之心，而是出于一种对死者的厌恶或恐惧之情。显然，人类对亲人的这种情感，就道德伦理而言，完全是负面的，是必须消除的。基于此种考虑，人们才制定出种种丧服，以便消除这些负面情感，并且，还试图激发现哀亲思亲这种积极的情感。②

可见，如果先民对死者有这种厌恶或恐惧的情感，那么，出于此种目的而把死者埋葬起来，是非常自然的做法。而且，这也让我们可以很好解释"墓而不

---

① 贾公彦：《礼记·丧服》疏。

② 其实，民俗学有不少类似的说法。阴法鲁《中国古代文化史》中说道："丧服的最初意义在于表示禁忌。原始社会的先民出于对鬼魂的恐惧心理，担心死者会降祸作祟，为了不被鬼魂辨识，免遭灾祸，在办理丧事时往往披头散发，以泥涂面，衣着也同平时大不一样。"可见，先人对死者甚恐惧也。此外，《墨子·节葬下》云："故古圣王制为葬埋之法，曰：棺三寸，足以朽体；衣衾三领，足以覆恶。"则表明对死者之厌恶。

坟"的道理。

至于中国人为什么选择土葬这种形式,则完全是由自然环境和生活方式决定的。对于游牧民族来说,可能会自然选择鸟葬、兽葬或野葬,而对于渔猎民族来说,则会选择水葬。中国至西周以后,就始终是一个依靠土地耕作而生活的民族,选择土葬也是很自然的。虽然,葬法虽有不同,但里面那种厌恶或恐惧死者的情感,则是共通的。从这个意义上讲,"藏尸"这种说法或许可以解释所有的葬法。因为不论是土葬之埋尸,还是火葬、土葬等葬法之灭尸,都是基于人类对死者的这些负面情感,即在人类看来,死者必须要从生者的世界中驱逐出去,否则,如此阴阳淆乱,是非常可怕的。

然而,当儒家兴起以后,面对基于家庭单位的新社会结构,就要求把家庭中的孝道原则与对古礼的重新阐释结合起来。关于这方面,《檀弓》中有大量的文字,从中不难发现,儒家是有意识地从孝道的角度对古礼进行了不同的阐释。

儒家除了对葬亲的重新阐释外,还有许多仪式都不难看到这一点。《檀弓》云:

> 丧之朝也,顺死者之孝心也。其哀离其室也,故至于祖考之庙而后行。殷朝而殡于祖,周朝而遂葬。

葬前有朝庙之礼,而《檀弓》的这番解释,完全是儒家化的。儒家讲"事死如事生",由于生时之孝亲,应当"出必告,反必面",那么,当亲人死后,也应当朝庙,这里面的道理完全是一样的。显然,此处儒家是以孝道为出发点,来对殷、周之朝庙礼进行取舍的。

又云:

> 丧礼,哀戚之至也。节哀,顺变也,君子念始之者也。

丧礼的意义何在?在儒家看来,因为亲人弃世而自然产生一种哀戚之情,丧礼就是这种情感的自然表达。然而,在很多民族那里,亲人去世同样伴随有哀戚的表现,但未必就是儒家讲的思亲念亲之心。有的民俗学者就发现:

丧服的第一主旨乃在于表示服丧者的禁忌(Taboo)状态。典型的丧服与服丧者平常的服饰恰为显著的对照。平常剃发的人都任他们的头发生长,辫发或结发的人则改为散发。阿依奴族的人在举行葬式时便是把他们的外衣翻过一面来穿着的。像这一类的相反情形甚多,有些地方服丧中的亲族,或将身上穿的衣物脱弃改以文身,有的切掉指上关节,又有的用小刀割伤身体将血流在坟墓上。他们或者绝食,或者在葬毕以前只吃很少的食物,在调理上往往又加以控制,家中不举火,以防护某种不祥的事情发生。①

丧礼的过程中往往伴随着对身体的毁伤,所以儒家讲"毁不灭性",又认为,这本身就是孝的表现,"君子念始之者也"。然而,我们从上面所引的材料发现,许多民族毁伤自己的身体,完全是出于对死者的恐惧。

《檀弓》又云:

仲宪言于曾子曰:"夏后氏用明器,示民无知也;殷人用祭器,示民有知也;周人兼用之,示民疑也。"曾子曰:"其不然乎!其不然乎!夫明器,鬼器也;祭器,人器也;夫古之人,胡为而死其亲乎?"

这里提到了两种对明器的解释。仲宪的说法,很可能是一种更古老的解释,但是,曾子的批评显然是站在孝亲的角度,而提出了一种新的解释。

按照仲宪的说法,夏人以死者无知而用明器,犹子游所说的死者"无能,斯倍之矣";至于殷人以死者有知而用祭器,亦犹子游所说的"人死,斯恶之矣",即出于一种恐惧之心。这种对夏、殷之礼的解释,皆无关乎孝道。此处曾子尤其反对的是仲宪对夏人做法的解释,毕竟殷人的做法还容纳了"事死"的必要性,如果按照仲宪对夏人的解释,则死后世界就根本不存在,也就无从"事死"了。而且,就人之孝心而情,是不愿意亲人就这么一死百了的,总是希望亲人死后还生活在另一个世界,曾子的说法,实际上是认为人类从一开始就有孝亲之心。

其实,从马克思主义意识形态来看,完全否认了死后世界的存在,同时,那

① [美]C. S. Burne,《民俗学概论》,转引自章景明《先秦丧服制度考》。

种“四海之内皆兄弟”的阶级感情，也是没有孝亲之心的地盘的。既然今人可以“死其亲”，为什么夏人就不能“死其亲”呢？或许，仲宪的解释更符合上古人的观点。这里，我们明显看到儒家在阐释古礼时的那种孝道价值关怀。

可见，儒家讲改制，不仅是对古礼的节文度数进行了损益，而且，对许多古礼都赋予了新的意义，尤其是站在孝道的基础上，对以周礼为主的古礼进行了重新阐释，以便适应家庭为基本单位的新社会结构。

三 礼制与人情

文质关系的另一个表现，就是礼制与人情的关系问题。《春秋》尚质，而《春秋》多以人情为质，观乎《檀弓》亦然，故孔子改制，盖缘人情以制礼也。《荀子》谓圣人“称情立文”，实就孔子改制而言。前乎孔子之圣人，如周礼尚文，则不由人情也；而后乎孔子者，如今之法制国家，其制度施设，或出于某种抽象理念，或出于某种功利考虑，何尝有丝毫念及人情者哉？①

先秦对人情之理解，与宋明以后学者迥然不同，大致皆以人情有美有恶，有过不及，是以圣人制礼，其美者表而扬之，其恶者抑而制之；其过者俯而就之，其不及者跂而及之。唯人情之不齐若此，于是圣人起而立中制节，始为必要。此礼制与人情问题所由而起也。

1. 称情立文

孔子改制的基本精神，即公羊家讲的尚质。那么，如何改制呢？此即荀子“称情立文”之说也。盖周礼以敬为本，而儒家则以仁为本，且将仁落实到家庭中的孝亲之情，质言之，儒家盖据孝亲之情而改造周礼也。

《荀子·礼论》云：

> 三年之丧，何也？曰：称情而立文，因以饰群，别亲疏贵贱之节，而不可益损

① 西人如康德之流，以道德法则出于神圣之律令，则人以敬畏之心视之，亦与人情无涉也。

也。故曰：无适不易之术也。创巨者其日久，痛甚者其愈迟，三年之丧，称情而立文，所以为至痛极也。齐衰、苴杖、居庐、食粥、席薪、枕块，所以为至痛饰也。三年之丧，二十五月而毕，哀痛未尽，思慕未忘，然而礼以是断之者，岂不以送死有已，复生有节也哉！凡生乎天地之间者，有血气之属必有知，有知之属莫不爱其类。今夫大鸟兽失亡其群匹，越月逾时，则必反铅；过故乡，则必徘徊焉，鸣号焉，踯躅焉，踟蹰焉，然后能去之也。小者是燕爵，犹有啁噍之顷焉，然后能去之。故有血气之属莫知于人，故人之于其亲也，至死无穷。将由夫愚陋淫邪之人与，则彼朝死而夕忘之；然而纵之，则是曾鸟兽之不若也，彼安能相与群居而无乱乎！将由夫修饰之君子与，则三年之丧，二十五月而毕，若驷之过隙，然而遂之，则是无穷也。故先王圣人安为之立中制节，一使足以成文理，则舍之矣。

三年之丧，今人视为至难，甚至以为古礼之违逆人情者，莫此为甚。不独今人也，观乎宰予之疑，则古人亦有以三年为太长者。然荀子恰恰由三年之丧入手，而谓其亦出乎人情之不容已者。对荀子而言，若能成立此论，则其余诸礼，更是合乎人情也。自孔子之讥宰予，及孟子之答公孙丑、劝滕文公，可见，此种思路自孔子、孟子以至荀子，可谓一以贯之，即当古礼之宗法制基础崩溃以后，如何在家庭及孝的情感基础上重建礼制。

然而，孔、孟、荀此番努力实为不易。首先，礼之出乎人情，古人即有不同看法。孟子尝与告子论辩，提出“义内”之说，极论礼之本于性，出于人情之自然。

《孟子·告子上》云：

告子曰：“性，犹杞柳也；义，犹桮棬也。以人性为仁义，犹以杞柳为桮棬。”孟子曰：“子能顺杞柳之性而以为桮棬乎？将戕贼杞柳而后以为桮棬也？如将戕贼杞柳而以为桮棬，则亦将戕贼人以为仁义与？率天下之人而祸仁义者，必子之言夫！”

先秦时，性与情无甚分别，皆指人之自然者为性为情。告子以仁义外在于人性，孟子则以仁义不外乎人性，即出于自然之情也。

又云：

告子曰："性，犹湍水也，决诸东方则东流，决诸西方则西流。人性之无分于善不善也，犹水之无分于东西也。"孟子曰："水信无分于东西，无分于上下乎？人性之善也，犹水之就下也。人无有不善，水无有不下。今夫水搏而跃之，可使过颡；激而行之，可使在山。是岂水之性哉？其势则然也。人之可使为不善，其性亦犹是也。"

进而，孟子又论人性之自然即有道德属性，若能顺其自然，仁义自在其中。

又云：

告子曰："食色，性也。仁，内也，非外也；义，外也，非内也。"孟子曰："何以谓仁内义外也？"曰："彼长而我长之，非有长于我也；犹彼白而我白之，从其白于外也，故谓之外也。"曰："异于白马之白也，无以异于白人之白也；不识长马之长也，无以异于长人之长欤？且谓长者义乎？长之者义乎？"曰："吾弟则爱之，秦人之弟则不爱也，是以我为悦者也，故谓之内。长楚人之长，亦长吾之长，是以长为悦者也，故谓之外也。"曰："耆秦人之炙，无以异于耆吾炙。夫物则亦有然者也。然则耆炙亦有外与？"

告子在此举兄弟之爱为喻，即以基于亲缘关系的伦理可视为"内"，也就是人情之自然，或者说，孟子说的"老吾老"、"幼吾幼"可以算作"内"，至于"及人之老"、"及人之幼"，则是"外"，因为不是出于人情之自然，只是一种社会价值的外在要求。孟子与告子的这种不同，让我们充分看到儒家重建核心价值的努力方向，就是要将整个社会价值建立在家庭情感的基础之上，或者说，家庭内部的情感必须扩充为一种普遍的道德情感。可以说，儒家改造周礼的基本方向，即在于此。

又云：

孟季子问公都子曰："何以谓义内也？"曰："行吾敬，故谓之内也。""乡人长于伯兄一岁，则谁敬？"曰："敬兄。""酌则谁先？"曰："先酌乡人。""所敬在此，所长在彼，果在外，非由内也。"公都子不能答，以告孟子。孟子曰："敬叔父乎？敬弟乎？彼将曰：'敬叔父。'曰：'弟为尸，则谁敬？'彼将曰：'敬弟。'子曰：'恶在其敬叔父也？'彼将曰：'在位故也。'子亦曰：'在位故也。'庸敬在兄，斯须之敬在乡人。"季子闻之曰："敬叔父则敬，敬弟则敬，果在外，非由内也。"公都子曰："冬日则饮汤，夏日则饮水，然则饮食亦在外也？"

"敬"本是周礼的基本原则，与宗法制度中大宗率小宗这种结构有关，本非自然之情，即便如孟子所说，视为"义内"，亦与家庭亲情无关。盖宗子与族人，本为无服之亲，唯因敬宗之故而为三月之服。然而，孟子在此似乎推论过度，而把基于等级关系的周礼亦视为"称情立文"，不过，若就儒家扩充自然情感的努力来看，则势所必然。

基于这种认识，孟子把仁义礼智这些普遍的道德要求都看作内在情感的体现，皆出于"心之所同然"。是以《告子上》有云：

恻隐之心，人皆有之；羞恶之心，人皆有之；恭敬之心，人皆有之；是非之心，人皆有之。恻隐之心，仁也；羞恶之心，义也；恭敬之心，礼也；是非之心，智也。仁义礼智，非由外铄我也，我固有之也，弗思耳矣。

又曰：

口之于味也，有同耆焉；耳之于声也，有同听焉；目之于色也，有同美焉。至于心，独无所同然乎？心之所同然者，何也？谓理也，义也。圣人先得我心之所同然耳。故理义之悦我心，犹刍豢之悦我口。

可见，孔子首先提出了仁的原则，并以仁为礼之本，至孟子，则把仁植根于一种内在自然的情感，并试图在此情感上重建一种新的秩序。当然，从孟子与时人的论辩来看，这番苦心是不大有人理解的，毕竟孔、孟对古礼的理解实在是一种新的创造，未必与周礼的精神相符合。

其次，孔子的时代，为亲服三年之丧并不多见，至于其弟子宰予，即以三年太长，而一年足矣。宰我的理由是这样的：

三年之丧，期已久矣。君子三年不为礼，礼必坏；三年不为乐，乐必崩。旧谷既没，新谷既升，钻燧改火，期可已矣。（《论语·阳货》）

孔子不同意宰予之说，并批评其不仁。关于仁之定义，孔子从未给出明确的说法，而此处提到了另一个概念，即“爱”。关于仁与爱的关系，后来宋儒颇有讨论，从这些讨论中，大致可以看到有两个基本的要点：其一，仁是本体，与作为情感表现的爱不同，或者说，仅仅有爱，尚不能视为仁。其二，仁之表现，必然是爱，人若无爱，则不得为仁。

关于此问题，我们不打算多做探讨，只是就孔子的回答来稍作推究。面对宰予的质疑，孔子事后提到他主张三年之丧的理由，即人子“有三年之爱于其父母”，故必须为父母守丧三年。然而，就人之常情而论，人子在襁褓之中，父母之爱多出自然，较少伦理的成分；至于父母去世，人子哀痛愈恒，亦多出自然之情。凡此，皆可视为“义内”。不过，人子若进而报以一年或三年之丧，则似乎更多出于伦理之要求，或可称为“义外”矣。因此，孔子此处批评宰予不仁，结合孔子在其他场合对仁的使用来看，仁显然是一种伦理上的至高价值，绝非人情之自然。宰我之不仁，不是因为对父母没有自然之情，而是不能把那种自然之情进一步扩充，达到仁的高度。

因此，我们回过头来看宋儒关于仁、爱的讨论，便可明了其义。盖人莫不有爱，此为人情之自然，然而，爱就其发乎自然而言，则莫不有偏有私，故多能爱妻子，而不能爱父母，遑论及于他人。如是，常人只是偏爱而已，能私于一处而不达爱之全体，非为仁也。人若能仁，则当无所不爱，而达乎仁之全体大用矣。若人只有爱之自然，则多不免偏私，未足为仁也，且在现实中亦常害事。因此，仁虽不离爱，而爱亦不足以尽仁矣。

可见，孔子此处应该意识到仁与爱的不同。后来孟子对恻隐之心的论述，以及劝喻齐宣王行仁政，都有着同样的问题意识，即人皆有此自然之情，至于将此自然之情扩充为一种普遍的伦理情感，则需要道德上的修养工夫。

至于荀子对三年之丧的讨论，其问题意识亦与孔子、孟子相同。在荀子看来，鸟兽于其同类之死，尚有鸣号啁噍之时，而人类亦血气之属，自然能哀其亲之死。而且，荀子还进一步推论，鸟兽哀痛的时间较短，人则是万物进化的顶点,“有血气之属莫知于人”,如此,人之哀痛情感不仅出于自然,而且对亲人去世的感受更强烈,“创巨者其日久,痛甚者其愈迟”,因此,人对死者的哀痛是无穷无尽的,就其服制而言,也当是“丧期无数”。

荀子对人情的这种理解,决定了他对三年之丧的解释。在宰予看来,三年之丧是勉为其难,非人情之自然,或者说,就人情之自然表现而言,最多不过取法四时之终始,一年即已足矣。然而,荀子以为,三年之丧只是“立中制节”,是中道。换言之,三年之丧对某些人来说,乃勉为其难,因此,“不至焉者,跂而及之”;然而,君子之感情却不同,“三年之丧,二十五月而毕,若驷之过隙,然而遂之,则是无穷也”,因此,对于君子来说,三年之丧乃“过之者,俯而就之”,出于“送死有已,复生有节”的道理,而不得不加以克制其绵绵无绝期的自然情感。

人之情感,或过或不及,皆出于自然而已。圣人制礼,不是偏向其中一种情感,而是在两种情感之中确立一个中道,以便兼顾两种不同的人群。这种礼意在《檀弓》中多有反映。譬如,子思认为“水浆不入于口三日”是中道,达不到三日者当“跂而及之”,至于曾子“水浆不入于口者七日”的做法则过了,当“俯而就之”。又,三年之丧后当鼓素琴以释哀,然孔子两个弟子的表现就不一样:子张鼓琴,则和之而和,弹之而成声,然以“先王制礼,不敢不至焉”而自解,此乃“跂而及之”者;而子夏鼓琴,则和之而不和,弹之而不成声,然辞以“哀未忘也,先王制礼,而弗敢过也”,此乃“俯而就之”者。又,弁人母死而孺子泣,孔子对此则曰:“哀则哀矣,而难为继也。夫礼,为可传也,为可继也。”盖情之过者,实难为他人效法,不可据以为礼也。

因此,先王制定三年之丧,实出于“立中制节”的礼意,如此方能兼顾两种或过不及的人情,才是“称情立文”的内中深意。自荀子视之,“遂之而无穷”的情感是过,“朝死而夕忘之”的情感则是不及,只有三年之丧,才符合中道。可见,圣人制定三年之丧,并非纯粹是勉为其难,强人所不能,而是针对两种不同的人,人情淡薄的人要拔高自己的情感,而人情深厚的人则要克制自己的哀情,节哀而顺变而已。

进一步的问题是,诚如宰予所疑,先王制礼,为什么要以三年为中道,而不是一年,或者别的时间呢?宰予的理由颇有代表性,荀子在《礼论》中也重复了同样的理由,亦以为父母服丧,本当一年而已,因为“天地则已易矣,四时则已遍矣,其在宇中者莫不更始矣,故先王案以此象之也”。盖天地之变化,四时之更迭,皆以一年为期,可谓自然的法则,而古人讲究事事取法自然,“道法自然”,因此,人情亦当顺应这种规律,有始有终,春去秋来,满一年就可以结束了。天地万物,莫不有生有灭,人情亦然,过去的就过去了,如果不断重温旧情,既不符合自然,亦非人情所能堪。

既如此,为什么为父母又要服丧三年呢?荀子认为,这是出于加隆的缘故。但是,为何要加隆呢?诸家未有明说。《论语》中提到一种理由,因为人子“有三年之爱于其父母”,故出于报恩的需要,应该以三年为期。然而,依据《荀子》、《礼记》中“至亲以期断”的说法,以及《丧服传》中夫妻、兄弟之至亲亦止一年的规定,可见,仅仅出于亲爱之情,不应该超过一年。《丧服传》又认为,父母、祖父以至尊之故,可以加隆。因此,人情之自然犹如天道之循环,于其亲死,而服丧不当超过一周年,然因尊尊之义,则可加隆至三年矣。①

因此,在孔子那里还只是泛泛地强调仁为礼之本,而到了《荀子》、《礼记》那里,则意识到人情的复杂,强调礼必须兼顾人的不同情感,而相应制定不同的仪节,这才是“称情立文”的全部内涵。

2. 中道:过俯与跂及

儒家讲中道,那么,这个中道如何确立呢?这个标准就在礼那里。《檀弓》中关于丧礼的大量讨论,从中不难体会儒家对中道的把握。

在儒家看来,一方面,丧礼是人最为悲痛的时候。譬如,《檀弓》认为,“丧礼,哀戚之至也”,《荀子·礼论》则以三年之丧为“至痛极也”,丧礼中的种种仪节,如“齐衰、苴杖、居庐、食粥、席薪、枕块,所以为至痛饰也”,都是极度哀痛之情的外在表现。至于《仪礼·丧服》中对五等丧服的不同规定,其中体现了这样一个基本精神,即与自己关系愈亲近的人去世,带来的哀痛就越强烈,穿着的丧服也就更重,而且还规定人的行为、饮食都要与之相应。

---

① 具体论述,可参见曾亦:《论丧服制度与中国古代之婚姻、家庭与政治观念》一文,《思想史研究》第三辑,上海人民出版社,2007年。

另一方面，儒家又要求对这种哀痛之情进行节制。譬如，《荀子·礼论》中讲“立中制节”，就是说，孝子对亲人的去世，就其人情之自然表现而言，应该是无穷无尽处于哀痛之中，此恨绵绵无绝期也；但是，对于小人来说，则亲人朝死而夕忘之。因此，圣人制定三年丧，就是要在孝子与小人之间，寻找一个平衡点，这就是中道。

《檀弓》中对中道有大量的阐发。譬如：

曾子谓子思曰：“伋！吾执亲之丧也，水浆不入于口者七日。”子思曰：“先王之制礼也，过之者，俯而就之；不至焉者，跂而及之。故君子之执亲之丧也，水浆不入于口者三日，杖而后能起。”

曾子七日不进水浆，乃尽乎哀情也。子思裁以三日，则得礼之中也。换言之，礼规定三日不进水浆，乃为中道。

后世学者多喜欢引《论语》中“过犹不及”一语，以明儒家中道之精神。其实，《论语》中那段话，远不如《檀弓》这段话说得透辟。按子思的说法，中道的标准就是礼，因此，过礼者当“俯而就之”，不及礼者则当“跂而及之”。

《檀弓》又云：

子路有姊之丧，可以除之矣，而弗除也。孔子曰：“何弗除也？”子路曰：“吾寡兄弟而弗忍也。”孔子曰：“先王制礼，行道之人皆弗忍也。”子路闻之，遂除之。

据礼，兄弟姊妹相为服期，若姊妹出嫁，则彼此降一等服大功；唯姊妹于嫡兄弟不降，而嫡兄弟于姊妹犹服大功。《丧服》此种规定，即是中道。然子路以为，己虽为嗣子，但以寡兄弟之故，则姊弟之情更厚，此为情之自然，故缘情制礼，而不降其姊服。可见，子路虽顺乎人情，却为过礼；若孔子明宗法传重之义，得周礼之文，如此而为文质彬彬，斯为中道矣。

此处与伯鱼“期而犹哭”一段，礼意相近，皆孔子据尊尊之义以裁抑人情之过。皆中道之义也。

又云：

弁人有其母死而孺子泣者，孔子曰："哀则哀矣，而难为继也。夫礼，为可传也，为可继也。故哭踊有节。"

据礼，成服之前，哭不绝声，自无哭踊之节，故曾子譬诸婴儿之无常声。其后成服，乃各自为位，有哭踊之节矣。此处弁人如孺子之泣，当指成服后犹哭不绝声，则非中道矣。

盖圣人虽缘情以制礼，若弁人为孺子泣者，此质之甚者，非常人所能。礼以是裁之，非不以质为可贵，然欲众人皆得尽其情也。因此，礼之为中道，不过在君子与小人之间取其中而已，使君子能俯就，小人能跂及耳。此段可见圣人立中制节之用意，犹今人讲的"普遍有效"也。

又云：

丧礼，哀戚之至也。节哀，顺变也，君子念始之者也。

尽哀，自孝之至也；而节哀，亦为孝也。古人以子女为父母之遗体，故善待自己的身体，犹如爱护父母之身体。曾子临终嘱人"启予手，启予足"，即孝子"念始"之意。可见，儒家讲中道，尚有孝道的考虑。

此段尚有一层意思，盖人情总是不断变化的，始则强烈，终则淡然，如《荀子》所谓"至死无穷"之情感，实非常情，故三年之丧，有始死、成服、下葬、卒哭、小祥、大祥、禫之节次，皆不过顺应人情变化之规律而已。

又云：

颜渊之丧，馈祥肉，孔子出受之，入，弹琴而后食之。

此段颇受后儒质疑，如宋程子即以受肉弹琴，非圣人举动。盖宋儒多尚质，故以尽哀全哀为上，遂不明礼有散哀之义也。

据礼，大祥除服，则有散哀之义，至禫则哀尽矣。若孔子之于颜渊，若丧子而无服，乃为心丧三年而已。至馈祥肉，则三年丧已毕，故孔子得弹琴以散哀。

又云：

辟踊，哀之至也。有算，为之节文也。

孔颖达以为，“孝子丧亲，哀慕至懑，男踊女辟，是哀痛之至极也”，则辟踊乃哀痛至极的表现。然而，辟踊却有算，如大夫五踊、士三踊之类，则至痛之时又有节制，如是而为中道也。

诸上所引各段，可见儒家所言中道，皆以礼为准，甚至据礼而节制人情。

3. 余哀未了：祥、禫之制

三年之丧，实二十五月而已，故大祥除服，明丧之终也。儒家又有禫祭之说，然不见于《礼经》，唯《礼记》数篇有之。如《间传》云：“中月而禫，禫而饮醴酒。……中月而禫，禫而床。……中月而禫，禫而纤，无所不佩。”《丧大记》云：“祥而外无哭者，禫而内无哭者，乐作矣故也。禫而从御，吉祭而复寝。”《杂记》云：“十一月而练，十三月而祥，十五月而禫。”《丧服小记》又有为父、母、妻、长子禫之条。

大祥虽除服，犹有哀情；而禫者，澹也，至此则哀终矣。故表现在仪式上，祥后以余哀未了，故不得纯吉，乃素缟麻衣，不饮醴酒，不睡床，不御妇人。然其间可以鼓素琴作乐，盖欲散哀也；至禫后，因哀已尽，则尽复其故常矣。此说乃礼家之通论，今细绎《檀弓》一篇，则颇疑禫祭本非古礼，实孔子之改制也。

《檀弓》云：

鲁人有朝祥而莫歌者，子路笑之。夫子曰：“由，尔责于人，终无已夫？三年之丧，亦已久矣夫。”子路出，夫子曰：“又多乎哉！逾月则其善也。”

按礼有“吉凶不相干”之说，故祥、歌不同日，此子路所以笑之也。又，《丧服四制》谓“祥之日，鼓素琴”，则弹琴与歌不同，其意在散哀，未便为吉也。不过，孔子之讥鲁人歌，实以祥后而余哀未了，失尚质之义也。

历来礼家多从郑玄之说，以为《间传》所言“中月而禫”，乃祥后间隔一月而禫，即二十七月而禫。而郑玄之说，实出于戴德。然王肃以为，“中月”即月中而禫，则祥、禫同月。然就此段而论，孔子盖以逾月得歌，歌当为禫后事，则祥、禫同月，郑玄之说非也。然郑注、孔疏于“逾月”之语，皆避而不谈，甚可怪也。又，郑玄谓士逾月葬，以为间隔一月而葬，则郑玄殆以“逾月”即二十七月而得歌也。然观此处孔子“多乎哉”之语，则“逾月”不过稍延数日而已，不至于隔一月之久也。如宋陆佃以为大祥距逾月不过数日，陈澔以为二十四月大祥，以“逾月”为二十五月。

又云：

> 祥而缟，是月禫，徙月乐。

此段明谓祥、禫同月，然郑玄于“是月”二字未著一词，而孔疏谓“是月禫，谓是禫月而禫”，此说甚是迂曲。宋朱熹、马晞孟皆据此段，以为祥、禫同月，三年丧实止二十五月也。

又，祥后得鼓素琴，则“徙月乐”非谓鼓素琴，即前段“逾月歌”之义也。方悫即持此说。

又云：

> 孔子既祥，五日弹琴而不成声，十日而成笙歌。

案，祥后得鼓素琴，徙月得歌，则据此段所言，大祥祭当在二十五月下旬第一日，如是过十日乃徙月而得歌矣。《曲礼》谓“丧事先远日”，孔疏亦云：“祥是凶事，用远日，故十日得逾月。”至于禫祭，当在二十五月最后一日举行。

又云：

> 孟献子禫，悬而不乐，比御而不入。夫子曰：“献子加于人一等矣。”

据礼，祥而除服，禫而御妇人。又，此处所言“乐”，非谓鼓素琴，盖有歌矣。祥后乃散哀时日，然孟献子犹以余哀未了，乃悬而不乐，不御妇人，孔子之许孟献子，非谓其得礼，盖取尚质之意也。

丧礼讲究变除有渐，故大祥除服后，未便即吉，犹有余哀未尽，是以《檀弓》谓“有子盖丝履、组缨”，以为除服即吉，失禫祭之义也。

又云：

子夏既除丧而见，予之琴，和之而不和，弹之而不成声。作而曰：“哀未忘也。先王制礼，而弗敢过也。”子张既除丧而见，予之琴，和之而和，弹之而成声，作而曰：“先王制礼，不敢不至焉。”

此段颇见儒家禫祭之义。除丧者，谓大祥除服也。虽除服，犹未尽哀，故子夏弹琴而不成声，盖得禫祭哀终之义。至于子张弹琴成声，得禫祭散哀之意。

儒家主张禫祭，一则表明，丧服虽终，然“哀痛未尽，思慕未忘”，此恨当绵绵无绝期，“人之于其亲也，至死无穷”；又则表明，“三年之丧，二十五月而毕”，不过出于送死有已、复生有节之义，而不得不“立中制节”，故有散哀之要求。虽然，又何必有禫祭以明哀之终耶？

4. 戎狄之道与礼道

《檀弓》中记载了一段子游与有子的对话：

有子与子游立，见孺子慕者，有子谓子游曰：“予壹不知夫丧之踊也，予欲去之久矣。情在于斯，其是也夫？”子游曰：“礼有微情者，有以故兴物者。有直情而径行者，戎狄之道也。礼道则不然，人喜则斯陶，陶斯咏，咏斯犹，犹斯舞，舞斯愠，愠斯戚，戚斯叹，叹斯辟，辟斯踊矣。品节斯，斯之谓礼。人死，斯恶之矣；无能也，斯倍之矣。是故制绞衾、设蒌翣，为使人勿恶也。始死，脯醢之奠；将行，遣而行之；既葬而食之，未有见其飨之者也。自上世以来，未之有舍也，为使人勿倍也。故子之所刺于礼者，亦非礼之訾也。”

有子是主张直情径行者，然子游却区分了两类情感：一类情感是善的，如父子、兄弟、夫妇、朋友之情，这既表现为生时之喜慕，又表现为死时之哀思。此类情感之表达往往是有步骤的，如喜、陶、咏、犹、舞、愠、戚、叹、辟之节次，这种情感上的节次表现在礼文上就是所谓“繁文缛节”。情与礼的这种关系，最具代表性的就是丧服之变除。古时为父母守丧三年，其间经历始死、成服、卒哭、小祥、大祥、禫等阶段，每个阶段都伴随着服饰、行为以及情感的变化。其所以如此，大致随着生人与死者的距离越来越远，“丧事即远”，对死者的哀情也越来越淡，故通过丧服之变除来体现这种情感上的变化。

古人制定丧服，据子游的说法，其缘由有二：即“微情”与“以故兴物”。所谓“微情”，子思称为“过之者，俯而就之”（《檀弓》），荀子称为“送死有已”（《礼论》），即要求生人克制自己对死者的哀情；而所谓“以故兴物”，子思称为“不至焉者，跂而及之”（《檀弓》），荀子称为“复生有节”（《礼论》），即要求生人尽可能表达自己对死者的哀情。总之，从丧服中我们可以清楚看到古人所追求的情感表达方式，就是“立中制节”，从而“绵绵无绝期”；今人则不同，唯求发泄，如江河之决堤，以快足于一时。然快则快矣，一则伤身，一则未必合死者心意。故孔子讥弁人孺子泣，以为当“哭踊有节”，即以情感表达当有节制、有步骤，如此方能持久，而礼制中的种种规定实由情感本身之有节次而来。

另一类情感则是消极的，甚至是恶的。这一类情感虽不甚好，却又无法泯除，故必须通过礼来加以矫治。譬如，按子游的说法，人对死者的态度是颇矛盾的。因为人之于亲人，生时固能备极喜慕，然死后往往会伴随有其他一些情感，如对死者尸体的恐惧乃至厌恶，“人死，斯恶之矣”①，还有对死者的忽略、轻慢乃至背叛，“无能，斯倍之矣”，所以，古人在丧礼中，除了有表达自己哀思的一些仪节外，还有一些仪节就是要消除这些负面的情感，如敛殡之修饰及朝夕祭奠之礼，如此，方能全其思慕、哀悼之善心。

这段话颇能看到儒家对人情的理解是非常细腻的，一方面，人情有善有恶，

---

① 《礼记·杂记下》云：“凿巾以饭，公羊贾为之也。”孔疏云：“大夫以上贵，故使宾为其亲含，恐尸为宾所憎秽，故设巾覆尸面，而当口凿穿之，令含得入口也。而士贱，不得使宾，则子自含其亲，不得憎秽之，故不得凿巾，但露面而含耳。于是公羊贾是士，自含其亲，而用凿巾，则是自憎秽其亲，故为失礼也。”则古礼中自有厌恶死者之道也。又《杂记下》云：“冒者何？所以掩形也。自袭以至小敛，不设冒则形，是以袭而后设冒也。”郑注云：“言设冒者，为其形人将恶之也。”则人恶死者，实人情之自然，故礼有以去此情也。

另一方面,人情的表达又是有节次的。人情的这两个特点,决定了儒家对礼的理解也非常复杂,譬如,对于恶的情感,如对死者的厌恶、背叛,则制绞衾、设柳翣,“为使人勿恶也”;死后依然有祭奠之礼,一如生时之奉养父母,“为使人勿倍也”。人又有善的情感,但不免有过不及的不同,对于情之过者,则礼以“微情”;对情之不及者,则“以故兴物”。此段颇见子游对礼的领会,在整个孔门弟子中,显然是无人出其右的。

人类情感的特点如此,儒家对礼的阐释绝不是简单地顺应人情,如此而直情径行,不过是“戎狄之道”而已。儒家主张的礼道,则是要求情感的表达要有节次,要有抑有扬。

四　孝道与鬼神:儒家对古礼的重新阐释

上古素有鬼神观念,或与人类关于死亡之经验有关。盖死亡虽然为一自然事实,但死亡观念却并非从来就有,譬如,《淮南子》中有“姮娥奔月”之神话,可见,人类初时本以死为偶然。然后,人类一旦相信人必有死,且时常经验到灵魂与肉体之不同,遂以人之死不过是肉体之消亡而已,而灵魂则无所不之,非随肉体而归于尘土也。凡此种种,皆出于人类之普通经验。如是,人类自然产生两重世界之观念,即阴间与阳世。自此种观念视之,人死不过灵魂之离开肉体而已,肉体虽销归于尘土,而灵魂则常存于彼界矣。且就人之情感而言,见其生,则不忍睹其死,其于亲人,朝夕思慕之念,恒不绝于心,曾子谓“胡为而死其亲乎”,真人之常情也。

然人之于鬼神,其态度实甚复杂。盖人于其亲之生也,虽爱之极,敬之极,然一旦亲死,则不免有种种负面情感,或恐惧,或厌恶,皆不可不谓非人情之自然也。《坊记》屡言“人情之不美”,诚是矣。虽然,实不可或免,是以圣人制礼,“设绞衾,制蒌翣”,而脯醢之奠不可暂舍,皆出于消弭此种负面情感之考虑。儒家缘情而制礼,推事生之情以事死,则生时尽其孝养亲爱之情,死时亦不欲亲之弃亡于彼,而犹欲常相亲近焉,则死者虽弃亡于彼,而生者犹欲祭于此。古人不欲死其亲,而有种种追孝之礼,盖以此也。

儒家兴于西周宗法崩溃之时。就宗法而言,其精神在于抟聚族人于列祖列宗之下，则不得不遍祭诸神也。《礼记·大传》云："自仁率亲，等而上之至于祖，名曰轻。自义率祖，顺而下之至于祢，名曰重。"则族人之事神，愈远愈尊，盖敬而远之也。宗法既坏，社会之基本单位为两世、三世之小家庭，则父子、兄弟之情渐为人看重，而其事神，常不过祖、祢而已。宗族则不然，常欲推神于久远，如是而抟聚之族人愈众，然其于鬼神实不能有亲，盖藉尊事鬼神之礼而亲其族人也；至于家庭之事神，则以祖、祢去已未远，其音容笑貌常接于耳目之间，故其事神，不过推事生之心以事死而已。

观《檀弓》一篇，其与丧礼相关者，莫不有两种解释，或出于尊鬼神之心，或出于孝亲之心，而后者尤见儒家改制之用心所在。

1. 始死与招魂

《檀弓》云："始死，充充如有穷。"又谓颜丁善居丧，"皇皇焉如有求而弗得"。充充者，穷急之貌。皇皇者，即栖栖也，心无所依之貌。古人以孝子当终身思慕父母，今父母一朝而去，则穷急无所依，念念不舍，其貌自如此。观幼儿小时之念父母，亦类此。可见，儒家以始死时人之居丧仪节，乃出于事生之孝心，与事神不同。

古人对死之了解，与今人绝不同，盖以灵魂之离开肉体为死亡。而灵魂之进出，则在鼻息进出之间，故临终乃有"属纩"一节，盖藉以观气息之有无，而知灵魂之所在也。

气息既无，古人犹不信亲之死，故有招魂之礼，即复也。《檀弓》云：

复，尽爱之道也，有祷祠之心焉。

孔疏云："始死招魂复魄者，尽此孝子爱亲之道也。非直招魂，又分祷五祀，冀精气之复反，故云'有祷祠之心焉'。言招魂之时，于平生馆舍求魂欲反，又于五祀祷请求之，复与五祀，总是祈祷，故云'祷祀之心焉'，以总结之。"此种解释亦以复礼出于孝子爱亲之心，"爱之欲其生也"。

然亲之复生，虽为可喜之事，毕竟甚为可怖之事，故疑上古人类之招魂，不过欲确证其亲之死亡而已，与“属纩”之意同，绝无祷祠之心焉。虽然，《檀弓》中对招魂之解释，深合儒家之孝道观念焉。

2. 虞与卒哭

《檀弓》云：

孔子在卫，有送葬者，而夫子观之，曰：“善哉为丧乎！足以为法矣，小子识之！”子贡曰：“夫子何善尔也？”曰：“其往也如慕，其反也如疑。”子贡曰：“岂若速反而虞乎？”子曰：“小子识之，我未之能行也。”

此处提到两种对虞祭的理解。子贡“速反而虞”的说法，应该是虞祭之古义。盖人之灵魂，生时依于肉体，死后，亦未遽去之，然犹有重、奠以依神。至葬后，肉体销归于尘土，而神始真无所依矣，故须速行虞祭以安神，否则，不免孤魂野鬼矣。是以葬事虽未毕，而主人与有司乃速反而行虞祭。可见，中国人之鬼神观念与西人实大不同。

孔子赞卫人“其往也如慕，其反也如疑”，盖死者虽归于阴间，犹怀思亲事生之心，故孔疏云：“言慕如小儿啼呼者，谓父母在前，婴儿在后，恐不及之，故在后啼呼而随之。今亲丧在前，孝子在后，恐不逮及，如婴儿之慕。疑者，谓凡人意有所疑，在傍徨不进。今孝子哀亲在外，不知神之来否，如不欲还然，故如疑。……哀亲在彼，是痛切之本情，反而安神，是祭祀之末礼。”孔疏之语，颇能体现儒家“事死如死生”之态度。不过，孔疏谓“孝子哀亲在外，不知神之来否，如不欲还然，故如疑”，而郑注则以为，“疑者，哀亲之在彼，如不欲还然”，孔疏稍失郑注意，盖郑注尤得儒家尚质之义也。此段明孔子重痛切之本情，至于鬼神之存亡，则弗措意焉。

《檀弓》又云：

葬日虞，弗忍一日离也。是月也，以虞易奠。

郑注云:“弗忍其无所归。”案郑氏之说似与经文之本意不同。盖“弗忍一日离”,犹孝子之思慕父母也,乃事生之情;若郑氏说,则以神待死者,乃不欲神之无所依而已。可见,郑氏说为古义,而经文则为儒家新义。孙希旦谓“不忍一日离亲之神也”,得经文义也。

虞后又有卒哭祭。虞乃对死者而言,盖自肉体下葬,则鬼归而神来矣。卒哭则对生者而言。盖前乎卒哭者,皆哀亲之亡也;后乎卒哭者,则以敬事亲之神矣。是以卒哭者,卒无时之哭也,至此哀情渐杀,而敬意生矣。

《檀弓》云:

卒哭曰成事,是日也,以吉祭易丧祭,明日,祔于祖父。其变而之吉祭也,比至于祔。必于是日也接,不忍一日未有所归也。殷练而祔,周卒哭而祔,孔子善殷。

孔疏云:“今既卒无时之哭,唯有朝夕二哭,渐就于吉,故云成事,祭以吉为成故也。”则对生者而言,卒哭祭乃吉凶之转折点,体现在人情上,则哀情渐杀矣。卒哭之明日有祔,盖死者至葬后而为神,而生者至卒哭后而事神之心生,于是,不论自死者而言,抑或自生者而言,死者皆为神矣,故乃祔于庙而以神事之矣。

因此,虞祭到卒哭祭,就死者而言,乃由鬼到神的转折;就生者而言,则由事鬼之哀情到事神之敬意的转折;体现在仪式的性质上,则为丧祭到吉祭的转折。卒哭之为吉祭,盖此时死者已为神矣,故止哀痛之情。孔子所以善殷,盖殷人练而祔,死者之为神迟,则犹以孝子之情而事之;若周人卒哭而祔,则死者之为神速,卒哭则因敬神而远其亲矣。孔子尚质,欲以事生之心事死者也;若周人尚文,则以事神之心事死者也。

又云:

卒哭而讳,生事毕而鬼事始已。既卒哭,宰夫执木铎以命于宫曰:“舍故而讳新。”自寝门至于库门。

葬前,生者犹以孝亲之心事死者,此“生事”也。葬后,则以敬鬼神之心而事死者,此“鬼事”也。卒哭而后有讳,盖周人以讳事神也。

且就虞祭与卒哭祭而言，儒家似乎更重视卒哭祭，故就三年之丧而论，其变服、除服多据卒哭祭为界限。此亦见儒家事生尚质之精神也。

3. 奠

人甫死，即有奠，一直到葬日，莫不有奠。盖奠颇能体现古人之鬼神观念，观乎儒家对对奠的阐释，则人虽死而未至葬，犹当以事生之意以待死者也。

《檀弓》云：

曾子曰："始死之奠，其余阁也与？"

余阁者，生时庋阁上所余食物也。盖人老及病，饮食须臾不可离身，故就近置于室内庋阁上。至其始死，仓猝间不能准备新食物，故以余阁者奠之。人生时不可离开食物，至其死，鬼神亦依于食物，所以用余阁者，犹事死如事生之意，以老者常不离于饮食也。

然就奠之古义而言，或与古人对鬼神之理解有关。盖人之灵魂不独依于肉体，亦依于饮食，至死后，犹当以奠依神。孙希旦云："鬼神依于饮食，始死即设奠，所以依神也。"可见，奠以依神，古义也；以亲老生时不离食物，死后亦以此事之，则儒家之新义也。

又云：

奠以素器，以生者有哀素之心也。唯祭祀之礼，主人自尽焉尔，岂知神之所飨，亦以主人有齐敬之心也。

葬前奠，葬后祭，一则哀亲，一则敬神，此祭、奠之不同也。虽然，无论祭与奠，儒家皆以为本乎生者之心，非关乎死者之魂灵也。是以奠出于哀素之心，固孝子之情也，至于祭，亦出于内在之情，犹孟子"义内"之旨也。

就奠而言，因生者哀痛其亲，而不假修饰，所以用奠，与古人制丧服之意同。就祭而言，所以稍饰其器者，盖亦因敬神之心使然。儒家讲礼制与人情，亦以内外而别之也。

又云：

始死，脯醢之奠；将行，遣而行之；既葬而食之，未有见其飨之者也。自上世以来，未之有舍也，为使人勿倍也。

自始死以至于既葬，乃至种种祭祀仪式，莫不具食物以享死者，所以然者，盖以死者之魂灵不灭，而常存于彼世也。此种对死者的观念，显然与儒家后来的解释不同，盖子游以祭奠之礼非出于人情，而出于人们对鬼神的理解，质言之，鬼神即存于彼世，则自当有食物以享之。虽然，子游“为使人勿倍也”之语，则又有“圣人神道设教”之意焉。

4. 明器与殉葬

古人埋葬死者，为什么又要陪葬相当数量的东西呢？中国人常常把这种做法看作生者的尽爱尽孝。显然，此种解释当属后起，非古义也。不过，其中却蕴涵了古往今来共有的一个基本观念，即肉体虽然消亡，而灵魂还会存在于另一个世界，这就是中国人讲的阴间、冥界。并且，人死后来到另一个世界，却依然有着同样的需求和生活方式。

法国人类学家列维·布留尔曾提出“互渗律”的概念。按照这个概念，死者灵魂是无所不在的，渗透到与之有密切关系的一切事物之中，因此，原始人对死者及其灵魂的恐惧或厌恶，就扩展到了死者生前用过的物品，甚至他的妻妾。厚葬以及殉葬的习俗就是由此而来。[①]其实，直到今天，这种心理依然没有变化。区别仅仅在于，今人可能把更多的物品，尤其是钱财，消除了与死者的密切关

① 按照互渗的原理，死者用过的东西，就是他自己的一部分，原始人非常实在地感受到这些东西所包括的神秘因素。譬如对某个人的财产而言，我们总是认为，不论这个人是活着，还是死了，财产总是某个人的财产。当然，现代人或只是把它看作一种法律上的认定，但是，原始人却非常真实地在些财产里面感受到某种实在的东西，即所属的那个个人的力量。可见，对财产的态度，原始人与现代人一样，看作总是属于某个个人的，除非财产所有者同意转让。因此，原始人不可能因为死者的不在而占有他的财产。欧洲人曾对原始人这种做法大惑不解，原始人则回答道：“这些衣服属于他们所有，干吗夺掉他们的衣服？”

系，而仅仅把少数生活用品，譬如贴身衣物，依旧归于死者，不得为活人占有；至于原始人，则通常把一切与死者生前有关的东西都视为禁忌，不仅是物品，甚至还包括了属于死者的人，这就是厚葬和殉葬的根源。

《仪礼·既夕礼》把死者的陪葬物分为明器、用器、祭器、役器、燕器。《檀弓》对明器的讨论有数条，其中不难看到儒家改造古礼的做法。

《檀弓》云：

> 孔子曰："之死而致死之，不仁而不可为也；之死而致生之，不知而不可为也。是故竹不成用，瓦不成味，木不成斫，琴瑟张而不平，竽笙备而不和，有钟磬而无簨虡。其曰明器，神明之也。"

从孔子的说法来看，随葬物的构成与古人对死亡的理解有关。一种理解认为，人死而无知觉，则不过为朽骨而已；另一种则认为，人虽死，依然有知觉，盖如生者一般而存在于另一个世界而已。至于儒家的理解，则是在不生不死之间对待死者，故主张用明器。

孔子不语怪力乱神，以为幽冥之事难言也，其用明器，就在于明器有"备物而不可用"的特点。孔疏引何胤语云："若全无知，则不应用。若全有知，则亦不应不成。故有器不成，是不死不生也。"儒家盖以人死之后，乃在不死不生之域，故以不善之器与之。儒家既以鬼神在生死之间，故不以事死之心以事死者，而以事生之哀情以事死者。

又云：

> 仲宪言于曾子曰："夏后氏用明器，示民无知也；殷人用祭器，示民有知也；周人兼用之，示民疑也。"曾子曰："其不然乎！其不然乎！夫明器，鬼器也；祭器，人器也；夫古之人，胡为而死其亲乎？"

仲宪亦孔子弟子，其对明器的解释可能更近于孔子的说法。郑注云："示民无知，所谓致死之。示民有知，所谓致生之。示民疑，言使民疑于无知与有知。"仲宪以夏人致死死者，殷人致生死者，此与孔子同；然孔子以周人疑于无知与有知，故用明器，而仲宪则以明器为不堪用之器，盖夏人以死者无知也，此其异也。

不过，曾子的解释肯定更符合儒家的精神。盖自曾子视之，时人用明器，与夏人之死亡观念不同，否则，若是则“死其亲”矣，而大乖儒家之孝道。曾子应该是站在儒家孝道的立场，对明器作了重新阐释。并且，曾子对鬼神的态度要明确得多，即直以明器为鬼器，而孔子在生死之间讲明器，固为究竟之说，毕竟是“打通后壁”之言，非有益于教化也。

又云：

宋襄公葬其夫人，醯醢百瓮。曾子曰：“既曰明器矣，而又实之。”

曾子此处的说法，后儒多以为不当。不过，就曾子对明器的理解而言，鬼器自不当作人器用。

又云：

孔子谓：“为明器者，知丧道矣，备物而不可用也。哀哉！死者而用生者之器也，不殆于用殉乎哉。其曰明器，神明之也。途车刍灵，自古有之，明器之道也。”孔子谓为刍灵者善，谓为俑者不仁，不殆于用人乎哉！

看来，孔子对明器的解释，其意图与曾子不同。曾子据孝道而重新阐释明器之义，而孔子的理解则是为了针对当时殉葬之风俗。

其实，就《檀弓》一篇而言，即有数条批评当时殉葬的做法。如陈子车死，其妻与家大夫欲谋殉葬，理由是人死后亦有当所养；又，陈乾昔临终，遗命以二妾同棺。《檀弓》对此都加以批评。可见，孔子对明器的解释是出于反对殉葬的考虑。①

---

① 按照互渗的说法，较之其他的物品，妻子与丈夫有更多的互渗关系。正如占用死者的财产会遭到死者的报复，娶寡妇无疑会有更大的危险性。因此，最初寡妇都是要殉葬的，后来才让寡妇活着，不过仍然是作为一个渗透着死者亡灵的危险人物而被隔离开来。女人是与男人的魂发生关系的，不仅生前渗透着丈夫的魂，而且死后也必然为丈夫的魂而守节。这种渗透从订婚时就开始了，所以，极端的情形就是，女子若许配于人，但若未嫁则夫已死，女子常常也会为夫守节。可以说，孔子在这里试图通过明器的重新阐释来颠覆殉葬这个古老的习俗。

但是，如果从孝亲的角度来看，不大可能提供否定殉葬的理据，更不可能反对厚葬。因此，随着儒家伦理确立了在中国社会的主导地位，上古时的厚葬之俗[①]得到了孝道的支持，然而，其弊端实为无穷，且由此导致的盗墓之举，反而损害了孝亲的初衷。

5. 君临臣丧

《檀弓》云：

> 君临臣丧，以巫祝、桃茢，执戈，恶之也，所以异于生也。丧有死之道焉，先王之所难言也。

《礼记·杂记》云："君于卿大夫，比葬，不食肉，比卒哭，不举乐。"《檀弓》记智悼子卒，晋平公犹燕饮，而杜蒉谏之。《公羊传》于仲遂卒，讥鲁宣公"犹绎"，皆以君于臣卒当有恩礼也。

故君闻大夫丧，当去乐卒事而往，礼也。然《檀弓》则于臣临臣丧一节，记有"以巫祝、桃茢，执戈"之事，其意则在恶死者也。郑注云："人之死，有如鸟兽死之状。鸟兽之死，人贱之。圣人不明说，为人甚恶之。"君临臣臣，斯为恩也；然人类之于死亡，自然有一种厌恶恐惧之情，故以巫祝、桃茢、执戈，即是为了驱逐这种负面的情感。正如子游论柳翣之制，其义亦在消除此种情感。然而，就儒家之崇尚亲亲而言，又不能明说，故《檀弓》以为，"丧有死之道焉，先生之所难言也"。可以说，古礼中的某些仪式，本来是有其古义的，但对儒家来说，既不能废其仪式，只好对其重新阐释，或者避而不谈。

不过，后世有些学者不明礼有古今之义，遂妄加訾议《檀弓》中之诸多记载。如宋刘敞即断然以《檀弓》所记桃茢之举为非礼，乃周末之事，曰："君臣之义非

---

① 关于厚葬之俗，人类学通常有三种解释：第一，让死者在另一个世界仍能过上好日子，至少与之身份相称的生活。第二，避开受死亡玷污因而不宜用的物品，如房子与床。第三，避免那个嫉妒地监视着活人的死者想要转回来寻找其财产的危险。三者皆与孝道无关。

虚加之也，寄社稷焉尔，寄宗庙焉尔，寄人民焉尔，夫若是其孰轻，故君有庆臣亦有庆，君有戚臣亦有戚。《书》曰：'元首明哉！股肱良哉！尊卑异而已矣。'虽于其臣亦然，故臣疾君亲问之，臣死君亲哭之，所以致忠爱也。若生也而用，死也而弃；生也而厚，死也而薄；生也而爱，死也而恶，是教之忘生也，是教之背死也。"[①]显然，刘氏这种说法，完全是站在儒家君臣之道的立场，却对古礼本身缺乏透彻的了解。

清人孙希旦之论则颇精妙，曰："君于大夫士之丧，于殡敛必往焉，临其尸而抚之，其于君臣之恩谊至矣。然必用巫祝、桃茢者，盖以死有澌灭之道，先王之所不忍言，故必有所恃，以祛其疑畏，正所以使其得尽吊哭之情也。"在孙氏看来，所以备巫祝、桃茢者，最终还是为了全君臣之道，此种理解正是建立在古义的基础之上的。

6. 朝庙

《檀弓》云：

> 丧之朝也，顺死者之孝心也。其哀离其室也，故至于祖考之庙而后行。殷朝而殡于祖，周朝而遂葬。

此段对朝庙礼的解释带有明显的儒家的色彩。盖死者生时，出必告，反必面，此孝子之情也；至死后下葬，将永弃其亲于泉壤之下，故朝庙而后葬，亦事死如事生也。

至于朝庙礼之古义，则未可知。观殷人朝而殡于祖，则显然无儒家孝亲之义。祖者，神之所居也，今朝而殡于祖，则神之也，若是，其子孙将不复以哀心事之，而以事神之敬心处之焉。清孙希旦云："殷人以死则为神，鬼神以远于人为尊，故朝而遂殡于祖庙。"此说盖得之。

---

① 卫湜：《礼记集说》卷18。

五　余论:家庭与孝道之意义

中国人尤重家庭,儒家以孝道为最基本之伦理,正在于此。家庭乃人类最小之血缘团体,起源甚早,然最初却未能独立于氏族或宗族之外,且常为氏族或宗族之团体精神所压抑。观乎《丧服》中“压降”及“尊降”之例,可知家庭之孝道常屈从于宗族之尊尊原则也。唯自春秋早晚期以降,宗法崩溃,家庭遂成为中国社会之基本单位,其后历两千余年,此种格局皆未改也。此为孔子改制之基本背景,亦是后世儒家得以独尊之社会基础也。

然自晚清以降,西方个人主义思潮传入中国,个体乃渐从家庭中解放出来,若是,家庭渐趋瓦解,而社会之基本单位亦不复为家庭,乃一转而为个体也。古人以孝亲为天职,则个体唯奉家庭之“公”而已,而无所容己之“私”也,即便有私,亦诚如《丧服传》所说,其东宫、西宫之别居,其终不过奉其孝亲之私而已。然而,今世则不然,一则个体得以尽成其“私”,至于夫妻之间,亦相防范;一则以国家为最大之“公”,此个体所以为“公民”也。设如是,家庭之于个体,不过人生旅途之寓所而已,而不复有“公”义矣,而儒家之社会基础又将何在焉!

明 堂 考

陈 徽*

一 明堂形制考

在古典建筑中，最令诸儒不能释怀而又聚讼纷纭的，莫过于明堂了。作为一种渊源甚深的古典建筑，明堂是儒家心中“王者之治”的象征。它蕴含着深刻的伦理政治意味，承载着儒家的社会理想。从古至清，历代几乎皆建有明堂或者类似明堂的建筑，以彰王道。

孙希旦云：“明堂之名，见于《周颂》、《孝经》、《左传》、《孟子》、《荀卿》、《考工记》、《礼记》、《家语》，其制不见于经。”①其中，《考工记》为记述明堂形制最详者。然文亦了了，殊难明断，其曰：

夏后氏世室，堂修二七，广四修一，五室，三四步，四三尺，九阶，四旁、两夹，窗白盛②，门堂三之二，室三之一。殷人重屋，堂修七寻，堂崇三尺，四阿重屋。

---

* 作者单位：同济大学哲学系。

① 孙希旦：《礼记集解》，中华书局，1989 年，第 411 页。

② 文中“四旁两夹窗白盛”一语，历来多被断为“四旁两夹窗，白盛”；亦有断为“四旁两夹，窗，白盛”（郑玄）者（参见郑玄注、贾公彦疏：《周礼注疏》，北京大学出版社，1999 年，第 1151 页）；还有断为“四旁两夹、窗，白盛”（王世仁）者（王世仁：《理性与浪漫的交织》，中国建筑工业出版社，1987 年，第 79 页）。（转下页）

周人明堂，度九尺之筵，东西九筵，南北七筵，堂崇一筵，五室，凡室二筵。

夏“世室”、殷“重屋”与周“明堂”分别指三代明堂。对此，诸儒向来无异议。然《考工记》所述明堂之制，实在是简约，颇令人迷惑。故自战国晚期以来，诸儒始终聚讼不休。诚如王静安所云：“古制中之聚讼不决者，未有如明堂之甚者也。”①

统览诸儒所辨，其于古明堂之制论之最明者，乃近儒王静安。对于上引《考工记》之文，静安之说有两点殊可留意：其一，“世室”即“太室”。静安云：“世亦大也。古者太大同字，世太为通用字，故《春秋经》之世子，《传》作太子；《论语》之世叔，《左氏传》作太叔。又如伯父之称世父，皆以大为义，故《书·洛诰》、《礼·月令》、《春秋左氏》、《谷梁传》之太室，《考工记》、《明堂位》、《公羊传》并称世室。”而“太室”者，“其在《月令》则谓之太庙太室”②。其二，“重屋”即“四阿重屋”。时下学者普遍认为：“四阿”谓“四面坡大屋顶”，“四阿重屋”是指具有“四面坡大屋顶”且“重檐”的大房子。此说甚误。静安正之曰：“四阿者，四栋也（引按：‘阿’之所以释作‘栋’，其辨在下文）。为四栋之屋，使其堂各向东西南北。于外则四堂，后之四室，亦自向东西南北而凑于中庭矣。”③所谓“中庭”，即后来周之“太室”，“太室之上，为圆屋以覆之，而出于四屋之上，是为重屋”④。所以，“世室”与“重屋”分别指夏、殷二代明堂的中央“大室”，它们相当于周明堂的“太庙太室”。由于二者是夏、殷明堂中的标志性建筑，《考工记》遂谓之为二代之明堂。

（接上页）上述三种句读并无本质区别，即皆从文义上将“窗”与“白盛”割裂开来。由是，所谓“窗”者，郑玄谓“每室四户八窗”（郑玄注、贾公彦疏：《周礼注疏》，第1151页），王氏则曰“下层堂每堂二门一窗，上层室每面一门二窗”（王世仁：《理性与浪漫的交织》，第80页）。皆是臆添经文，殊难致信。至于“白盛”者，郑玄云：“以蜃灰垩墙，所以饰宫室也。”（郑玄注、贾公彦疏：《周礼注疏》，第1151页）王氏先是认为郑玄此注“实在太勉强，恐怕是衍文”（王世仁著：《理性与浪漫的交织》，第79页），接着又说：“‘白盛’，实在不明白是何意思。”（王世仁：《理性与浪漫的交织》，第80页）实际上，“四旁两夹窗白盛”的正确句读应为：“四旁两夹，窗白盛。”《大戴礼记·明堂》篇尝记明堂的户、牖之制云：“赤缀户也，白缀牖也。”“缀”者，饰也；此句义为：明堂之门被饰为红色，窗则被饰为白色。此说正与《考工记》的“窗白盛”相合：“白盛”之“盛”取修饰义，读如盛饭之盛；“窗白盛”即谓窗以白色为饰。初作此句读者，乃清儒孔广森，如王静安云：“《考工记》此句自汉以来皆读‘四旁两夹窗’为句，孔广森《礼学卮言》始读‘四旁两夹’为句，而以窗字属下，读‘窗白盛’为句，证以《大戴礼》之赤缀户也，白缀牖也，其读确不可易。”（傅杰编校：《王国维论学集》，中国社会科学出版社，1997年，第72页）

①③ 傅杰编校：《王国维论学集》，第70页。

② 傅杰编校：《王国维论学集》，第73页。

④ 傅杰编校：《王国维论学集》，第71页。

静安历考明堂之论，参核比较，辨析甚精，深有所得。今于其论引之如下，可资参验，其曰：

《考工记》言五室、言堂而不言堂之数，《吕氏春秋·十二纪》、《小戴记·月令》均言一太室、四堂、八个（《尚书大传》略同，唯改四大庙为正室），《大戴记·盛德篇》（引按：此处王氏所记有误，当为《大戴礼记·明堂篇》，下同）则言九室，此三者之说已不相合。今试由上章所言考之，则《吕氏春秋》之四堂、一太室，实为古制。《考工记》中世室、五室、四堂、两夹、四阿重屋等语，均与古宫室之制合。唯五室凡室二筵之文，则显与自说相牴牾。至大戴九室之说，实为秦制（《隋书·宇文恺传》引《礼图》，并见聂崇义《三礼图》）。恐秦时据《考工记》五室、《吕览》四堂之文，昧古代堂与室之分，而以室之名概之（《尚书大传》以四堂为四正室，是秦汉间人不知堂与室之分之证也）。并四与五则为九矣。说明堂月令者又云，明堂九室、十二堂（见《玉藻》明堂位疏引郑玄《驳五经异义》，后人误羼入《大戴记·盛德篇》中）。则又恐据古之四堂八个、秦之九室而兼数之，所谓歧路之中又有歧者也。

自汉以后，或主五室说，或主九室说：

主五室者多主一堂之说，而其位置此五室也各不同：或置诸堂之中央及四正（《艺文类聚》礼部引古《三礼图》说）；或置诸中央及四隅（郑玄《考工记》注并《玉藻》《明堂位》疏引郑《驳五经异义》）；或置诸堂个之后（汪中《明堂通释》与孔广森《明堂億说》略同）；其主四隅说者，或谓四室接太室之四角为之（聂崇义《三礼图》如此，戴震《考工记图》、张惠言《仪礼图》从之，而又参以《月令》之四堂八个）；或谓四室不与太室相属，而远在堂之四隅（汪中《明堂通释》所图郑说如此）。即同主一说者，其殊固已如此矣。

其主九室说者，则或接太室之四角为四室，又接四室之四角为四室（聂氏《三礼图》谓为秦制，任启运《朝庙宫室考》从之）；或三三相重，房间通街（后魏李冲所造如此。见《隋书》牛弘及宇文恺《传》）。

又主调停说者，则有若贾思伯于太室四角为四室，以一室充二个之用，以当《考工记》之五室、《月令》之四堂八个者矣[①]（《魏书·贾思伯传》）；有若焦循于太室

① 引按：朱子亦主此说，而孙希旦和王聘珍等从之。分别参见孙希旦撰：《礼记集解》，第412页；王聘珍著：《大戴礼记解诂》，中华书局，1983年，第150—151页。

之角接以四室，而又两分四室为句股形者八，以充五室及四堂八个者矣(《群经宫室图》)；有若唐仲友于一堂中画东西南北，以为四堂八个，而置五室于四堂之间者矣(《帝王经世图谱》)；有若阮元以《考工记》虽言一堂而实有四堂，故为广九筵修七筵之堂四于外，而于其中央方九筵之地置方二筵之室五，则又合唐氏之说以《考工记》之度矣(《揅经室续集》卷一)。[①]

不仅如此，对于明堂之制，静安还以其深厚的学养与卓绝之识，劈繁斩芜、拨乱反正，进行了富有创造性的辨察。首先，通过考辨古语中"室"、"宫"、"堂"、"房"、"箱"、"夹"等字的意蕴之别，确定了古宫室的大体格局。其曰：

(《易传》等典籍所谓的上古"穴居"或"野处"之时，)唯有室而已，而堂与房无有也。初为宫室时亦然。故室者，宫室之始也。后世弥文，而扩其外而为堂，扩其旁而为房，或更扩堂之左右而为箱、为夹、为个(三者异名而同实)，然堂后及左右房间之正室，必名之曰室，此名之不可易者也。故通言之，则宫谓之室，室谓之宫；析言之，则所谓室者，必指堂后之正室，而堂也、房也、箱也，均不得蒙此名也。《说文》："室，实也。"以堂非人所常处，而室则无不实也，昼居于是(《玉藻》："君子之居恒当户。"户谓室户也)，夜息于是，宾客于是(《曲礼》："将入户，视必下。"又："户外有二屦，言闻则入。"皆谓室户)，其在庶人之祭于寝者，则诏祝于是，筵尸于是，其用如斯其重也。后庭前堂，左右有房，有户牖以达于堂，有侧户以达于房，有向以启于庭。……故室者，又宫室之主也。明乎室为宫室之始及宫室之主，而古宫室之制始可得而言焉。[②]

其次，静安还从古代家族制度入手，探讨了诸宫室之间的关系，为理解明堂与庙、寝之制提供了历史生活的证据。他说：

我国家族之制古矣。一家之中，有父子，有兄弟，而父子兄弟又各有其匹偶

---

① 傅杰编校：《王国维论学集》，第70—71页。引按：此处对所引文字的标点略作了修改。

② 傅杰编校：《王国维论学集》，第69页。

焉。即就一男子言，而其贵者有一妻焉，有若干妾焉。一家之人，断非一室所能容，而堂与房又非可居之地也。故穴居野处时，其情状余不敢知，其既为宫室也，必使一家之人所居之室相距至近，而后情足以相亲焉，功足以相助焉。然欲诸室相接，非四阿之屋不可。四阿者①，四栋也。为四栋之屋，使其堂各向东西南北。于外则四堂，后之四室，亦自向东西南北而凑于中庭②矣。此置室最近之法，最利于用，而亦足以为观美。明堂、辟雍、宗庙、大小寝之制，皆不外由此而扩大之缘饰之者也。③

谓明堂与庙、寝同制，且前二者形制皆源于后者，郑玄已有此说，如其云："庙之言貌也，死者精神不可得而见，但以生时之居，立宫室象貌为之耳。"④"天子庙及路寝，皆如明堂制。"⑤孔颖达亦主此说，他在释郑玄"立宫室象貌而为之耳"时言曰："言死者之宗庙，象生时之宫室容貌，故《冬官·匠人》所论宗庙及路寝，皆制如明堂⑥。是死之宗庙，犹生之路寝，故云象貌为之。由此而言，自天子至于卿士得立庙者，其制皆如生居之宫矣。"⑦但郑、孔之说皆无静安所论详明，且后者

---

① 关于"四栋"和"四栋之屋"，后人亦多有误解。王静安云："若四阿之释，则或以为四注屋（郑氏《考工记》四阿重屋注），或以为阿为屋翼（唐仲友《帝王经世图谱》），或以为阿为楣（程瑶田《释宫小记》）。然郑氏于《考工记·匠人》'王宫门阿之制五雉'注及《士昏礼》'当阿'注皆云：'阿，栋也。'盖屋当栋处最高，计屋之高必自其最高处计之，门阿之制五雉，谓自屋之最高处至地凡五雉，自不能以屋翼及楣当之矣。郑以明堂止有一堂，一堂不能有四栋……既有四栋，则为四堂无疑（案据此，'四栋之屋'实乃四堂之屋也），故《考工记》所言明堂之制为四堂而非一堂，自其本文证之而有余。明堂合四堂而为一，故又有合宫之称。《尸子》曰：'黄帝合宫，殷人总章，殷人阳馆，周人明堂。'益知四堂之说不可易也。"（傅杰编校：《王国维论学集》，第72—73页）

② "中庭"其后又演变为明堂的"中央太室"。关于诸室、堂、房、夹之间的关系和秩序，王静安亦指出："古者室在堂后，有室斯有堂。又一堂止一室，故房有东西也，夹有东西也，个有左右也，而从不闻有二室。今既有五室，则除中央太室外，他室之前必有一堂，有四室斯有四堂矣。四旁两夹亦然。每堂各有两夹，而四堂分居四旁，此所谓四旁两夹也。"（傅杰编校：《王国维论学集》，第72页）

③ 傅杰编校：《王国维论学集》，第69—70页。引按：此处文对所引文字的标点略作了修改。

④ 毛亨注、郑玄笺、孔颖达疏：《毛诗正义》，北京大学出版社，1999年，第1278页。

⑤ 郑玄注、孔颖达疏：《礼记正义》，第872页。

⑥ 对于郑说，孙希旦不以为然，认为："则郑氏谓'天子庙及路寝如明堂制'者，盖未必然。"然观孙氏所论，除了驳"郑氏误以世室为大庙，重屋为路寝"之说为是外，即世室、重屋与明堂乃分别为三代之明堂，他所谓的大庙、路寝"有必不可与明堂同制者"之论，亦简略而难以置信（参见孙希旦撰：《礼记集解》，第777页）。今从郑、孔之说。

⑦ 毛亨注、郑玄笺、孔颖达疏：《毛诗正义》，第1280—1281页。

益以古家族制度之证，更增益其信。

对于明堂之制，静安又云：“自余说言之，则明堂之制，本有四屋、四堂相背于外，其左右各有个，故亦可谓之十二堂。堂后四室相对于内，中央有太室，是为五室。太室之上，为圆屋以覆之，而出于四屋之上，是为重屋。其中除太室为明堂、宗庙特制外，余皆与寻常宫室无异，其五室、四堂、四旁、两夹、四阿重屋，皆出于其制度之自然。”①他还指出：明堂之制即宗庙之制；路寝、燕寝之制与前二者稍有异，即后二者无“太室”，延续了古宫室“中庭”之制；“至于四屋相对，则为一切宫室之通制”②。据此，明堂、宗庙、大寝、燕寝之制，若付诸图形，可示之如下：

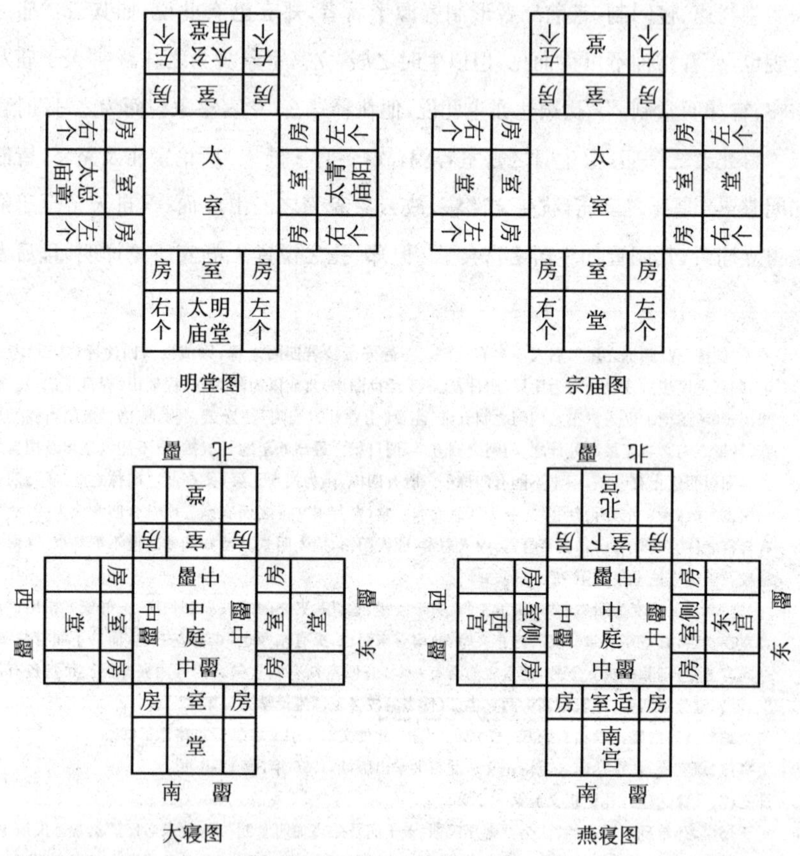

明堂图　　宗庙图

大寝图　　燕寝图

① 傅杰编校：《王国维论学集》，第71页。引按：此处对所引文字的标点略作了修改。

② 傅杰编校：《王国维论学集》，第76页。

二 明堂功用考

关于明堂的功用,历来诸儒也聚讼不休,莫衷一是。历史上,明堂常与其他古典建筑如太庙、辟雍、大学乃至灵台等纠缠在一起。何为明堂已难辨明,至于其功用,亦易与上述建筑相牵绕。今据古文献,考之如下。

1. 明堂与太庙、灵台、辟雍或大学关系考

综观诸儒所论,谓明堂即是太庙、辟雍、大学乃至灵台者,不在少数。且自汉至清,绵绵不绝。如《大戴礼记・明堂》云:"或以为明堂者,文王之庙也。"①又云:"明堂者,所以明诸侯尊卑。外水曰辟雍②。"《大戴礼记・政穆》云:"大学,明堂之东序也。"《韩诗外传》云:"辟雍者,天子之学,圆如璧,壅之以水,示圆,言辟,取辟有德。……在南方七里之内,立明堂于中。"③王聘珍亦曰:"古者明堂、灵台、辟雍为一。"④王氏还详引先儒之言证之曰:

孔氏《毛诗灵台》疏云:"卢植《礼记注》云:'明堂即太庙也。天子太庙,上可以望云气,故谓之灵台;中可以序昭穆,故谓之太庙;圆之以水,似璧,故谓之辟廱。古法皆同一处,今时殊异分为三耳。'"蔡邕《月令论》:"取其宗庙之清貌,则曰清庙;取其正室之貌,则曰太庙;取其堂,则曰明堂;取其四门之学,则曰太学;取其周水圆如璧,则曰辟廱。异名而同耳,其实一也。"颖子容《春秋释例》云:

---

① 清儒王聘珍云:"《孝经》曰:'宗祀文王于明堂,以配上帝。'《五经异义》云:'讲学大夫淳于登说,周公祀文王于明堂,以配上帝。上帝,五精之神,太微之庭有五帝座星。《古周礼》、《孝经》说,明堂,文王之庙,夏后氏曰世室,殷人曰重屋,周人曰明堂,周公所以祀文王于明堂,以昭事上帝。'"(王聘珍著:《大戴礼记解诂》,第151页)孔颖达亦引旧说云:"杜预注曰:'明堂,祖庙也。'"(杜预注、孔颖达疏:《春秋左传正义》,北京大学出版社,1999年,第492页)"《左氏》旧说及贾逵、卢植、蔡邕、服虔等,皆以主庙与明堂为一,故杜同之。"(同上书,第493页)

② 按:古"雍"、"壅"、"廱"相通,塞也;又,"雍"与"廱"亦有和义。故在下文征引中,"雍"或作"壅",或作"廱"。

③ 转引自毛亨注、郑玄笺、孔颖达疏:《毛诗正义》,第1039页。

④ 王聘珍:《大戴礼记解诂》,第151页。

“太庙有八名，其体一也。肃然清净，谓之清庙；行禘祫，序昭穆，谓之太庙；告朔行政，谓之明堂；行乡射，养国老，谓之辟廱；占云物，望氛祥，谓之灵台；其四门之学，谓之太学；其中室，谓之太室；总谓之宫。”贾逵、服虔注《左传》，亦云“灵台在太庙明堂之中”。此等诸儒，皆以庙、学、明堂、灵台为一也。①

然而，所谓明堂与太庙、辟雍、大学、灵台乃异名同实之说，并非通见，亦颇受质疑。如孔颖达云：“辟雍是学也，不得与明堂同为一物。……是明堂与祖庙别处不得为一也。”②孙希旦也认为：“谓明堂、大庙、辟廱同实而异名，非也。”③二氏所辟甚是。今考古籍，明堂乃天子听朔布政之所，不得与太庙、灵台、辟雍等混而为一。

(1) 明堂非太庙。宗庙者，乃古代贵族供奉、祭祀祖先的处所。其中，始祖之庙曰太庙。孔颖达之所以反对明堂即是太庙之说，原因有二：一方面，二者所处的方位相悖。明堂位于“王城”外的东南部，④宗庙则位于“王城”内宫城的左前方处，《周礼》云：“小宗伯之职，掌建国之神位，右社稷，左宗庙。”(《春官宗伯》)《礼记》亦曰：“建国之神位，右社稷而左宗庙。”(《祭义》)孔颖达进而指出：“‘又天子宗庙在雉门(引按：“雉门”或当作“应门”⑤)之外。’《孝经

---

① 王聘珍：《大戴礼记解诂》，第151—152页。

② 郑玄注、孔颖达疏：《礼记正义》，第875页。

③ 孙希旦：《礼记集解》，第412页。

④ 如《大戴礼记·明堂》谓明堂在“王城”东南三十里处，王聘珍据《公羊传》认为“三十里”是笼统之说，具体当为二十五里，其曰：“《五经异义》云：‘《公羊》说，皆在国之东南二十五里。东南，少阳用事，万物着见。用二十五里者，吉行五十里，朝行莫反也。’此经言三十里者，约成数也。”(王聘珍著：《大戴礼记解诂》，第151页)汉儒淳于登虽于距离持异说，然亦谓明堂在“王城”的东南方，其曰：“明堂在国(引按：此‘国’即‘王城’)之阳，丙巳(引按：亦南偏东)之地，三里之外，七里之内。”(参见郑玄注、孔颖达疏：《礼记正义》，第875页)

⑤ 长期以来，学界关于天子“五门”(即皋、库、雉、应、路)和诸侯“三门”(即皋、应、路)之说实有不确。据刘敞、戴震和孙希旦等考证，天子与诸侯之宫皆为三门。天子三门为皋门、应门和路门，诸侯三门为库门、雉门和路门。如孙希旦云：“天子三门，诸侯亦三门，但其名异而其制亦杀焉。库门，天子皋门者，皋门，天子之外门，库门，诸侯之外门，鲁之库门，制如天子之皋门也。雉门，天子应门者，应门，天子之朝门，雉门，诸侯之朝门，鲁之雉门，制如天子之应门也。子家驹曰：‘设两观，天子之礼也。’两观在雉门之两旁，是鲁之雉门，用天子之制明矣。刘氏敞曰：‘此经有五门之名，而无五门之实。以《诗》、《书》、《礼》、《春秋》考之，天子有皋、应、毕，无库、雉、路；诸侯有库、雉、路，无皋、应、毕。天子三门，诸侯三门，门同而名不同。何以言之？《诗》曰：‘乃立皋门。’‘乃立应门。’《书》曰：‘二人雀弁执惠，(转下页)

纬》云：'明堂在国之阳。'又此云'听朔于南门之外'，是明堂与祖庙别处，不得为一也。"①

另一方面，明堂象征着王者之制，唯天子有之，天下应当仅设一处。而太庙则自天子、诸侯以至于卿、大夫等皆可有之，其间之别唯在于庙数有等级之差，《礼记》云："天子七庙，三昭三穆，与太祖之庙而七。诸侯五庙，二昭二穆，与太祖之庙而五。大夫三庙，一昭一穆，与太祖之庙而三。士一庙。"(《王制》)孔颖达也认为："《孟子》云：齐宣王问曰：'人皆谓我毁明堂。'孟子对曰：'夫明堂者，王者之堂也。王欲行王政，则勿毁之矣。'是王者有明堂，诸侯以下皆有庙，又知明堂非庙也。"②故明堂非太庙甚明。

(2) 明堂非灵台。欲明明堂与灵台的关系，先需明何谓台与灵台。《说文》云："台，观四方而高者。"邢昺疏曰："积土四方而高者名台。……李巡云：'积土为之，所以观望。'"③台乃积土而成，以为"观望"。"观望"者，谓天子登台观望"天文"或"气祥"之变，以探测天意。是以台又曰观台，义即观"天文"之台，它是天子"沟通"天人、禀天受命的重要媒介与象征。如此，早期台的体量便十分巨大。④此状在殷周时尚然，如刘向云：纣王建有鹿台，"七年而成，其大三里，高千仞，临望云雨。"(《新序·刺奢》)周时，观台已专谓"诸侯之台"，且此时的"观"字，其义已非先前的观天象之观，而是观游之观；至于"天子之台"，则曰灵台，孔

(接上页)立于毕门之内。'又曰：'王出在应门之内。'此皆言天子也。毕门或谓之虎门，盖王在国，则虎贲氏守王之宫，盖居此门，故曰虎门。又或谓之路门，盖建路鼓于此门之外，故曰路门。无道库、雉者，非天子门故也。《明堂位》所言，盖鲁用王礼，故门制同王门，而名不同也。诸侯有路寝，路寝之门，是谓路门。此诸侯三门也。《春秋》曰'雉门及两观灾'，讥两观不讥雉门也。无道皋、应、毕者，非诸侯门故也。戴氏震曰：天子诸侯皆三朝，则天子诸侯皆三门。《礼说》曰'天子五门，皋、库、雉、应、路，诸侯三门，皋、应、路'，失其传也。天子之宫，有皋门，有应门，有路门。路门一曰虎门，一曰毕门，不闻天子库门、雉门也。(《郊特牲》云'献命库门之内'，此亦据鲁之事。记者以鲁用天子礼乐，故推鲁事合于天子，所称多传会失实)。诸侯之宫，有库门，有雉门，有路门，不闻诸侯皋门、应门也。"(孙希旦撰：《礼记集解》，第846—847页)若此，则紫禁城"五门"之制(即"天安门"、"端门"、"午门"、"太和门"和"干清门")乃后人附会，失其制也。此处孔颖达谓"天子宗庙在雉门之外"亦误，或当曰在"应门"之外。虽然如此，不害文中孔氏考证之义也。

①② 郑玄注、孔颖达疏：《礼记正义》，第875页。

③ 郭璞注、邢昺疏：《尔雅注疏》，北京大学出版社，1999年，第127页。

④ 有学者指出：先秦以前的台与后世所谓的"台榭"之台完全不同，"它们是一些山岳般高大的筑土建筑"，且是模仿山岳建造而成。其功用非为游乐，而是为了满足山岳崇拜和沟通神灵的需要。(参见王毅著：《园林与中国文化》，上海人民出版社，1990年，第5—9页)

颖达云:“……天子之台皆名曰灵台。服虔《左传》注云:‘天子曰灵台,诸侯曰观台。’是也。”[①]又曰:“天子有灵台以观天文,有时台以观四时施化,有囿台以观鸟兽鱼鳖。诸侯当有时台、囿台。诸侯卑,不得观天文,无灵台。”[②]灵台之名源于周人颂文王作灵台之事,《诗·大雅·灵台》记云:

经始灵台,经之营之。
庶民攻之,不日成之。
经始勿亟,庶民子来。
王在灵囿,麀鹿攸伏。
麀鹿濯濯,白鸟翯翯。
王在灵沼,於牣鱼跃。
虡业维枞,贲鼓维镛。
於论鼓钟,於乐辟雍。
於论鼓钟,於乐辟雍。
鼍鼓逢逢,矇瞍奏公。

文王化民如和风细雨,润之于无知无觉中,此功犹如神明之施,无声无臭,其所作之台故曰灵台。孔颖达云:“非天子不得作灵台……此实观气祥之台,而名曰灵者,以文王之化行,是神之精明,故以名焉。”[③]何止于灵台?灵沼与灵囿亦然。对于诗中“三灵”的关系,郑玄指出:“同言灵者,于台下为囿、沼,则似因台为名,其实亦因相近,灵道遍行,故皆称灵也。”[④]谓明堂即灵台者,多为汉儒,后儒罕言之。因就灵台而言,无论其形制还是功用,皆很独特,不契于明堂。

(3) 明堂非辟雍或大学。先来看何为辟雍与大学。关于辟雍,郑玄先后提出了两种说法:其一是笺《诗》之“毛注:天子辟雍,诸侯泮宫”时云:“辟雍者,筑

---

① 毛亨注、郑玄笺、孔颖达疏:《毛诗正义》,北京大学出版社,1999 年,第 1042 页。
② 毛亨注、郑玄笺、孔颖达疏:《毛诗正义》,第 1039 页。
③ 毛亨注、郑玄笺、孔颖达疏:《毛诗正义》,第 1042 页。
④ 转引自毛亨注、郑玄笺、孔颖达疏:《毛诗正义》,第 1043 页。

土雍水之外，圆如璧，四方来观者均也。”[1]其二是注《王制》时云：“辟，明也。廱，和也。所以明和天下。”[2]孔颖达认为郑玄的两说可以兼容，即：前者是就辟雍之形而言，后者乃就其义而发。[3]孙希旦则主张取郑之前说：“廱，泽也。《诗》毛传云：‘水旋丘如璧曰辟廱。’”[4]“辟廱环水，故谓之泽。”[5]认为郑玄之所以对辟雍持有两说，是因为“盖郑注《礼记》时未见《毛诗》传，当以毛传及郑笺《诗》之说为确。朱子《诗集传》亦用毛传、郑笺之说”[6]。

虽然对于“雍”的理解有所出入，诸儒皆认为辟雍乃天子之大学，而泮宫乃诸侯之大学。周以前，大学与辟雍为一，大学即辟雍，辟雍亦即大学，此本无疑义。至周时，大学分而为二，即：“国学之大学”与“乡学之大学”；前者又曰“太学”，后者又曰“虞庠”。此时，辟雍已不可以大学浑沦言之，而专谓“国学之大学”（“太学”），以别于“乡学之大学”（“虞庠”）。关于大学内涵的这种变化，孙希旦论之较确，如其考古代学宫之制云：

天子诸侯皆有国学、乡学，而国学、乡学又各有大小。乡学以闾之塾，州、党之序为小，以乡之虞庠为大[7]；国学以在公宫南之左者为小，以辟廱、頖宫为大。胄子之入小学者，皆于国之小学，其入大学，则在辟廱、頖宫。士庶之子入小学者，皆于闾之塾，而递升于州、党之序，其入大学，则于乡之庠。其俊异者，乃升于国学而教之，下文所谓“俊造”是也。[8]

另外，郑玄又有“泽宫”之说，其解《郊特牲》“卜之日，王立于泽，亲听誓命，受教谏之义也”时云：“泽，泽宫也，所以择贤之宫也。既卜必到泽宫，择可与祭祀者，

---

① 毛亨注、郑玄笺、孔颖达疏：《毛诗正义》，第1396页。

② 郑玄注、孔颖达疏：《礼记正义》，第370页。

③ 毛亨注、郑玄笺、孔颖达疏：《毛诗正义》，第1398页。

④ 孙希旦撰：《礼记集解》，第332页。

⑤ 同上，第691页。

⑥ 同上，第332页。

⑦ 清儒陈立则认为，“虞庠”乃周之“小学”，他说：“然则周立当代大学于国中，谓之东胶，又立小学于西郊，谓之虞庠，后又立于东南北三郊。”（陈立撰：《白虎通疏证》，中华书局，1994年，第256页）然考周代“于大学养老”等说，当以孙说为是。

⑧ 孙希旦撰：《礼记集解》，第332页。

因誓敕之以礼也。”孔颖达亦从郑说，曰：“泽，泽宫也。王在于泽宫中，于其宫以射择士，故因呼为泽宫也。王卜已吉，又至于泽宫射，以择贤者为助祭之人，故云‘王立于泽’也……泽，习礼之处。”①这样，涉及王者之治的古典建筑，除了明堂、辟雍、大学与灵台，郑、孔又增之以所谓“泽宫”。对于二氏之说，孙希旦甚不以为然，而谓“泽宫”即是“辟雍”或“大学”，是天子祀天之前的“受教之所”。他说：

泽，辟廱也。辟廱环水，故谓之泽。《诗》“振鹭于飞，在彼西雝”，毛传云“雝，泽也”，是也。誓命，谓戒王以失礼之谴也。郊天至重，故王亦受誓戒。《周礼·大宰职》“祀五帝，则掌百官之誓戒”，“前期十日，帅执事而卜日，遂戒”。不言戒王者，尊王，不敢言戒，其实亦并戒王矣。受教谏之义者，释所以听誓命于泽之意也，大学者，王受教之所，所谓“诏于天子，无北面者”。誓王有教谏之义，此其所以不于朝庙而于泽也。②

孙氏考证精详，至为可信，既然辟雍即是大学，则二者绝非明堂。因为，其一，天子辟雍与诸侯泮宫③对言，若谓辟雍或大学即是明堂，岂非曰诸侯之泮宫亦为明堂了？其二，辟雍或大学既是贵族子弟的受教之宫或天子祀天之前的“受教之所”，亦为古代的“养老”之所。所谓“养老”是指燕、享老者之礼。此礼彰尊老、敬老之义，期以感化天下、移风易俗，如《礼记·祭义》云：“食三老五更于大学，所以教诸侯之弟也。”“老”有“国老”与“庶老”之分，其所“养”之处有所区别，各代之名亦有变异，《王制》云：“有虞氏养国老于上庠，养庶老于下庠。夏后氏养国老于东序，养庶老于西序。殷人养国老于右学，养庶老于左学。周人养国老于东胶，养庶老于虞庠，虞庠在国之西郊。”就周制而言，“东胶”与“虞庠”即分

---

① 郑玄注、孔颖达疏：《礼记正义》，第 799 页。

② 孙希旦撰：《礼记集解》，第 691 页。

③ 泮宫之“泮”，亦是与水（泽）有关，孙希旦云：“（頖宫之）頖，《诗·鲁颂》作‘泮’，郑云：‘泮之言半也。半水者，盖东西门以南通水，北无也。’辟廱、頖宫，天子诸侯大学之异名也。……《水经注》曰：‘泮宫，在高门直北道西，宫中有台，高八十尺。台南水东西一百步，南北六十步，台西水南北四百步，东西六十步。台池咸结石为之。《诗》所谓思乐泮水者。此鲁泮宫之制。其台东亦当有水，盖久而堙塞耳。”（孙希旦撰：《礼记集解》，第 332 页）

别谓“国学之大学”（辟雍）与“乡学之大学”，且分别是养“国老”与“庶老”之所。孙希旦亦辨云：

上庠、下庠、东序、西序、右学、左学，皆在国之大学也。此历言四代之学，而独言“虞庠在国之西郊”，则其余皆在国矣。《孟子》夏之乡学名校，殷之乡学名序，则夏之东序、西序，殷之右学、左学，皆大学而非乡学矣。盖古者天子皆不止于一学，以周立四学推之可知也。上庠、西序、右学皆在西，下庠、东序、左学皆在东。虞、殷以西为尊，夏人以东为尊。周之东胶，大学也；虞庠，乡学也。四郊皆有庠，而养庶老独于西郊之庠，亦取其与殷礼相变与？虞、夏、殷养国老、庶老皆于国学，周养国老于国学，养庶老于乡学者，周代文，故辨于贵贱之礼也。[①]

文中所谓“皆在国之大学也”，曰虞、夏、殷、周四代“国学之大学”皆在“王城内”，此状与明堂位于“王城”外东南部的古制相悖。而且，就虞、夏、殷三代来说，其“国学之大学”分而有二，即：上庠与下庠、东序与西序、右学与左学。明堂则唯有一处，与“国学”于数目上不合。即便是周文有变，分大学于“国学”（东胶）与“乡学”（虞庠）之序，亦遽不可尽弃传统，将明堂并于“国学”。又，综观史料所载，历来谈及明堂多主“听朔布政”之说，从不闻于明堂“养老”之论。所以，明堂亦绝非辟雍或大学也。

2. 明堂之功用

关于明堂的功用，历来也分歧不断。主要原因有二：一曰秦汉以后，明堂总是与太庙、辟雍、大学等古典建筑纠缠在一起，以致它们的功用也常被混淆。如《白虎通》云：“天子立明堂，所以通神灵，感天地，正四时，出教化，宗有德，重有道，显有能，褒有行者也。”（《辟雍》）[②]此即是合众物之功而论。二曰明堂最初可能就是从宗庙等建筑演化而成的，故其功用难消其母体建筑之印痕。

---

① 孙希旦撰：《礼记集解》，第 385 页。

② 陈立撰：《白虎通疏证》，第 265 页。

《礼记》云："明堂也者，明诸侯之尊卑也。"(《明堂位》)《大戴礼记》亦曰："明堂者，所以明诸侯尊卑。"(《明堂》)若此，明堂似乎是明尊卑贵贱之所。孙希旦却不以为然，认为天子于明堂接受诸侯的朝觐并非常例，只是一时之事，且谓明堂之名应是基于其方位与形制而来。他说："愚谓明堂以其在国之阳而洞然通明，故以为名，朝诸侯特一时之事耳。以为明诸侯之尊卑，乃附会之说也。"①

孙氏之说有其道理。据前文所考，除中央的太庙太室外，明堂的其余四室及其前面的四堂(即青阳太庙、明堂太庙、总章太庙和玄堂太庙)分别朝向东、西、南、北四方。从形制上看，明堂各方向的堂、室、个等组成部分布局均匀，似乎没有古典建筑常有的坐、向之制。然若细审之，明堂实是坐北向南的。因在北半球，四堂中唯有南面的明堂太庙受阳光照射时间最长，较之于他堂，此堂更显得"洞然通明"。与之相对，位于明堂北面的建筑基本上无阳光照射，其堂因而名曰"玄堂太庙"。玄者，黑也，"玄堂"乃谓"阴暗之堂"。其余二堂即青阳太庙与总章太庙所受光照次之，其明暗介于明堂太庙和玄堂太庙之间。整个明堂建筑以南方之堂(明堂)名之，可能既为了突出明堂之明义，也为了突出明堂之朝向。又，《明堂位》曰："昔者周公朝诸侯于明堂之位：天子负斧依，南乡而立。"②《明堂》亦曰："(诸侯)待朝在南宫，揖朝出其南门。"皆谓天子接受诸侯大朝觐时是在明堂太庙进行的。这不仅因为四堂中唯有此堂光线充足，便于行礼，且唯有如此，方能尽彰天子南面而治的无为之道，《论语》记夫子之言曰："无为而治者，其舜也与！夫何为哉？恭己正南面而已矣。"(《卫灵公》)因此，以整个明堂建筑为坐北向南之制，实为理之当然。

诚如孙希旦所言，不能因大朝觐之礼在明堂太庙举行，便谓明堂乃是为了"明诸侯尊卑"所设。一方面，大朝觐之礼仅行于明堂太庙，与其他四堂关系不大；另一方面，"明诸侯尊卑"之礼同样也可以在宗庙、朝堂等处举行，未必非限

① 孙希旦撰：《礼记集解》，第841—842页。

② 其详云："昔者周公朝诸侯于明堂之位：天子负斧依，南乡而立；三公，中阶之前，北面，东上；诸侯之位，阼阶之东，西面，北上；诸伯之国，西阶之西，东面，北上；诸子之国，门东，北面，东上；诸男之国，门西，北面，东上；九夷之国，东门之外，西面，北上；八蛮之国，南门之外，北面，东上；六戎之国，西门之外，东面，南上；五狄之国，北门之外，南面，东上；九采之国，应门之外，北面，东上。四塞，世告至。此周公明堂之位也。"(《礼记·明堂位》)

于明堂太庙。且据先儒考证，在明堂太庙行大朝觐之礼并非常制，而是偶然为之，如孙希旦云："（王）四时常朝受于庙，大朝觐则为坛明堂，以祀天布政，本非朝诸侯之所，此盖以洛邑初成，故大朝觐之事特于明堂行之，盖异其事以新天下之耳目，乃一时创行之典也。"①

明堂虽非宗庙，却具有宗庙的一定功能。《左传》载："（狼）瞫曰：'《周志》有之，勇则害上，不登于明堂。死而不义，非勇也。共用之谓勇。'"（《文公二年》）杜预注曰："明堂，祖庙也，所以策功序德，故不义之士不得升。"②孔颖达亦疏云："郑玄以为明堂在国之阳，与主庙别处。《左氏》旧说及贾逵、卢植、蔡邕、服虔等，皆以主庙与明堂为一，故杜同之。《祭统》云'古者明君必赐爵禄于大庙'，传称公行还告庙，舍爵策勋。是明堂之中所以策功序德，故不义之人不得升也。"③《左传》乃春秋末期（按：若信其为左丘明所著）时书，若无传抄之误，则明堂似乎又有太庙的"策功序德"之功。盖因此故，诸儒往往将其二者视为同一。

又如《礼记》云："祀乎明堂，所以教诸侯之孝也。食三老五更于大学，所以教诸侯之弟也。祀先贤于西学，所以教诸侯之德也；耕藉，所以教诸侯之养也；朝觐，所以教诸侯之臣也。五者，天下之大教也。"（《祭义》）所谓"祀乎明堂"者，孙希旦认为"宗祀文王于明堂以配上帝也"。④据此，则明堂又具有祭天祀祖的功能。

关于明堂的功用，最著名的还是"听朔布政"之说。《明堂》云："明堂月令。"后周卢辩注曰："于明堂之中，施十二月之令。"⑤孙希旦亦谓："每月之朔，则于此（引按：即明堂）告朔于上帝及文王，而各顺其月之方居之，以听朔焉。"⑥《礼记·月令》则详细列举了一年之中天子每月于相应的堂、个"听朔"、"布政"之状。如在"孟春之月"：

---

① 孙希旦：《礼记集解》，第840页。

② 杜预注、孔颖达疏：《春秋左传正义》，第492页。

③ 杜预注、孔颖达疏：《春秋左传正义》，第493页。

④ 孙希旦：《礼记集解》，第1231页。

⑤ 参见王聘珍：《大戴礼记解诂》，第150页。

⑥ 孙希旦：《礼记集解》，第410页。

……天子居青阳左个。乘鸾路，驾苍龙，载青旂，衣青衣，服仓玉，食麦与羊，其器疏以达。

是月也，以立春。先立春三日，大史谒之天子曰："某日立春，盛德在木。"天子乃齐。立春之日，天子亲帅三公、九卿、诸侯、大夫，以迎春于东郊。还反，赏公、卿、大夫于朝。命相布德和令，行庆施惠，下及兆民。庆赐遂行，毋有不当。乃命大史，守典奉法，司天日月星辰之行，宿离不贷，毋失经纪，以初为常。

是月也，天子乃以元日，祈谷于上帝。乃择元辰，天子亲载耒耜，措之于参保介之御间，帅三公、九卿、诸侯、大夫躬耕帝籍。天子三推，三公五推，卿诸侯九推。反，执爵于大寝，三公、九卿、诸侯、大夫皆御，命曰劳酒。

是月也，天气下降，地气上腾，天地和同，草木萌动。王命布农事，命田舍东郊，皆修封疆，审端经术。善相丘陵、阪隰、土地所宜，五谷所殖，以教道民，必躬亲之。田事既饬，先定准直，农乃不惑。

是月也，命乐正入学习舞。乃修祭典。命祀山林川泽，牺牲毋用牝。禁止伐木。毋覆巢，毋杀孩虫、胎、夭、飞鸟，毋麛、毋卵。毋聚大众，毋置城郭。掩骼埋胔。

是月也，不可以称兵，称兵必天殃。兵戎不起，不可从我始。毋变天之道，毋绝地之理，毋乱人之纪。

上述情形在其他十一个月亦有相应的表现。若遇闰月，则如《玉藻》所述："(天子)闰月则阖门左扉，立于其中。"孙希旦释之云："(天子)闰月则阖门左扉，立于其中，谓听朔时也。每月听朔于明堂之十二室，闰月非常月，于十二室无所当，故阖明堂应门之左扉，而立于其中以听朔也。还则居路寝门终月，《大史》'闰月，诏王居门终月'是也。"①

对于《月令》此说，诸儒亦有疑议，如孙希旦云："(《月令》)本《吕氏春秋》十二月纪之首章，礼家好事者抄合之，其中官名、时、事，多不合周法。……其中多杂秦制，又博采战国杂家之说，不可尽以三代之治通之。"②转而又曰："然其上察

① 孙希旦:《礼记集解》，第776页。

② 孙希旦:《礼记集解》，第399页。

天时，下授民事，有唐、虞钦若之遗意。”[①]并不以之为全非。王静安也说：“（明堂）未必为听朔布政而设。而其四堂八个适符十二月之数，先王因之而月异其居，以听朔布政焉，此自然之势也。然则古者听朔之事，可以闰字证之，而四堂八个之制，又可由听朔证之。《月令》之说固非全无依据矣。”[②]若据静安之说，明堂似乎与“听朔布政”本不甚相干，《月令》之制乃后起焉。但他又肯定了两点：一是“听朔布政”之说不是无中生有的；二是明堂产生以后，天子必于明堂举行“听朔布政”之礼。“听朔布政”当有其事，非为虚构，《论语》尝载：“子贡欲去告朔之饩羊。子曰：‘赐也！尔爱其羊，我爱其礼。’”（《八佾》）诸侯是有“告朔之礼”的。既有诸侯之“告朔”，则当必有天子之“听朔”。所谓天子“听朔”于明堂而诸侯“告朔”于宗庙之说，亦为诸儒通论。其间的区别，乃在于明堂最初是否专为天子的“听朔布政”而设。

关于明堂的产生及其源初的功用，看来已漫灭难明。本文也只能依据史料推测一二。首先，明堂必为王道的象征。《孟子》载云：“齐宣王问曰：‘人皆谓我毁明堂。毁诸，已乎？’孟子对曰：‘夫明堂者，王者之堂也。王欲行王政，则勿毁之矣。’”[③]（《梁惠王下》）直以明堂为昭彰“王政”（王道）之物。《荀子》论秦国之政时亦言及明堂，曰：“节威反文，案用夫端诚信全之君子治天下焉，因与之参国政，正是非，治曲直，听咸阳，顺者错之，不顺者而后诛之。若是，则兵不复出于塞外，而令行于天下矣。若是，则虽为之筑明堂于塞外（引按：或曰‘于塞外’为衍文）而朝诸侯，殆可矣。假今之世，益地不如益信之务也。”（《强国》）杨倞注云：“明堂，天子布政之宫。”[④]亦是从“王政”的角度论明堂。孟、荀去古未远，恐非虚语，当有所据。《尚书·尧典》记有尧、舜禅让于“文祖”之说，汉儒无论今古文家皆谓“文祖”又名“五府”，即如后世周之明堂。[⑤]禅让乃王道之盛的象征。若汉儒所言为是，则明堂之制不仅渊源甚深，且其所彰王道之意似可定谳。

其次，明堂盖由宗庙衍生而来，保留着一定的宗庙祭祀功能。据王静安考

---

① 孙希旦：《礼记集解》，第 400 页。

② 傅杰编校：《王国维论学集》，第 72 页。

③ 盖战国以降，天子失势，诸侯僭越，是以邦国亦有修建明堂者。

④ 杨倞著：《荀子注》，上海古籍出版社，1996 年，第 165 页。

⑤ 参见皮锡瑞著：《今文尚书考证》，中华书局，1989 年，第 45 页。

证，明堂与宗庙在形制上完全相同（按：参见前文关于明堂形制之论）。如此相合，表明二者原本为一。作为王道的象征，明堂应晚于且衍生于主要用来供奉、祭祀祖先（神位）或决定本部落（族）重大事宜场所的宗庙。因为，王道展现的是一种更高级的伦理政治生活。其后，盖出于安息祖先神灵的考虑，或者为了与诸侯的"告朔"之礼区别开来，以彰王道理想和无为而治的精神，天子又于"王城"的东南郊另建一座宗庙形制的建筑，将一些与祭祀祖先不甚相关的重大政治活动如"听朔"、"布政"以及一些"祀天"之礼等从宗庙移至于此，并命之曰明堂。此种衍变，后人难察其故，以致常混宗庙与明堂为一。

再次，《礼记》所谓"昔者周公朝诸侯于明堂之位"、"明堂也者，明诸侯之尊卑也"（《明堂位》）、"祀乎明堂，所以教诸侯之孝也"（《祭义》）、"祀乎明堂而民知孝"（《乐记》）等说，恐有后儒附会处，未必为初设明堂之鹄的。但上述之说既然为儒家所坚持，则对于后者而言，明堂又未尝不可曰具有明尊卑、化生民、移风易俗等伦理政治的教化功能。

试析郑玄与马融解经方式之不同

——以“五祀”问题为例

华　喆*

清代学者论述东汉以来学术发展，涉及到古文学，往往标举“贾马服郑”四家，以贾逵、马融、服虔、郑玄四人为古学正宗。这种说法显然受到范晔《后汉书·郑玄传》的影响很大，《郑玄传》中写道“初，中兴之后，范升、陈元、李育、贾逵之徒争论古今学，后马融答北地太守刘瓌及玄答何休，义据通深，由是古学遂明。”①以贾、马、郑三人为东汉古文学的代表，似乎学术一脉相承，然而四家之间关系如何，清人却没有给出明确答案，后来学者也只是模糊其词，并没有人对此作出深入讨论。

现在看来，要想正面回答这一问题确实有一定难度。四家之中，贾、马、服三家学说均已亡佚，今天只能凭借唐人注疏中所引用的只言词组进行推断，难以窥其全貌。许多学术史研究者只好依据《三国志·魏书·王肃传》中“肃善贾、马之学而不好郑学”，②以及《蜀书·李譔传》中的“皆依准贾、马，异于郑氏”，③认为贾逵、马融与郑玄学术有所不同，但这些不同究竟表现在哪些地方，

---

* 作者单位：北京大学历史系。

① 范晔：《后汉书》卷三五《郑玄传》，第 1208 页。

② 陈寿：《三国志》卷一三《魏书·王肃传》，第 419 页。

③ 《三国志》卷四二《蜀书·李譔传》，第 1027 页。

仍然是一个无法解答的问题。本文拟就马融与郑玄针对“五祀”的不同解释进行比较，试图理清马融与郑玄解经方法以及学术立场的不同。

一　关于马、郑关系旧说的检讨

按照传统说法，马融以古学闻名当时，而郑玄则是兼通今古，两人学说有所不同，是可以想见的事情。然而郑玄曾求学于马融，在马融门下多年，临行之时，马融有“郑生今去，吾道东矣”之叹，郑玄在注解群经时却一次都没有提到过马融。针对这样的现象，以往曾有两种不同的猜测，试图对郑、马关系作出解释。这两种观点都在孔颖达《礼记正义》中出现过，在今天看来仍有重加审视的必要。

第一种观点认为，郑玄不同意马融对经义的理解，但又不愿意直斥其非。这种观点诞生较早。比如《礼记·丧服小记》“庶子不为长子斩，不继祖与祢故也”一句有郑注“言不继祖、祢，则长子不必五世”，[①]孔颖达在《礼记正义》中对这一郑注有所发挥：

> 马季长注《丧服》云：“此为五世之适，父乃为之斩也。”而郑注此云：“言不继祖、祢，则长子不必五世矣。”……而郑不言世数者，郑是马季长弟子，不欲正言相非，故依违而言曰“不必”也。[②]

关于这段文字里面包含的具体内容，因为与本题关系不大，这里暂不赘述。只从文意来看，似乎是郑玄不同意马融的旧说，但碍于师生之谊，所以采用了“不必”这种较为暧昧的说法。

这一观点实际上并非孔颖达首创，而是来自于梁代经师皇侃。在日本早稻田大学所藏郑灼记、皇侃疏《礼记子本疏义》残卷中，我们就可以看到同样的内

---

① 《礼记郑注》卷十《丧服小记》，学海出版社影印南宋绍熙建安余仁仲万卷堂刻本，1992年，第425页。

② 孔颖达：《礼记正义》卷三二《丧服小记》，台湾艺文印书馆影印嘉庆二十年阮刻《十三经注疏》，第593页。

容，文字与孔疏几乎完全一致。《礼记正义》以皇侃义疏为蓝本修订而成，多有蹈袭皇氏学说而不名之处，这一段即是如此。其实“不必”一词在《礼记》郑注中并不少见，义疏学者唯独对这里的“不必”如此敏感，没有按照郑注的通例来理解，我想是大概因为他们也对马、郑关系心存困惑，恰好看到这里两人解说有所分歧，所以不愿轻易放过，一定要对此加以发挥。

然而事实却并非如此。《通典·礼·五服年月降杀》中“斩缞三年”一条中有这样的记载：

> 汉戴圣、闻人通汉皆以为父为长子斩者，以其为五代之嫡也。马融注《丧服经》用之，郑玄注《小记》则以为己身继祢，便得为长子斩。自后诸儒皆用郑说。①

从杜佑这段描述可知，马融在注解《丧服》时所采用的经说，不过是沿用西汉戴圣与闻人通汉的旧说而已，并非马融个人的创造。戴圣与闻人通汉均曾参加汉宣帝甘露三年的石渠阁会议，两人关于礼制、服制等方面进行过大量的讨论。《隋书·经籍志》载有戴圣撰《石渠礼论》四卷，②《通典》在编纂吉、嘉、军、凶四礼条目时也参考了两人的礼论，可以认定《通典》中的这段话是对戴圣《石渠礼论》的撮要概括。石渠议礼是由汉宣帝亲自主持的官方活动，其所议之礼是否都在实际生活中被一一实施暂且不论，父为五世之嫡子服斩衰三年的说法既然经石渠阁会议讨论通过，那么此说在后世礼学家之中变成通行说法，直到东汉末年的马融仍然沿袭旧说，这也是毫不奇怪的事情。郑玄在此处突然提出“不必”，也未必是对马融而发的依违之辞，只是针对当时常规解释提出修正而已。由此可见，南朝义疏学者所谓郑玄不愿正面反驳马融的看法，是难以成立的。

第二种观点虽然也与《礼记正义》有关，但提出较晚。清代学者王鸣盛在其《蛾术编·说人》条中曾写道：“融欲害郑，未必有此事，而郑鄙融却有之。盖融以侈汰为贞士所轻，载《赵岐传》注；郑虽师融，著述中从未引融语，独于《月令》

---

① 杜佑：《通典》卷八八《礼·斩缞三年》，中华书局，1988年12月，第2422页。

② 《隋书》卷三二《经籍志一》，第923页。

注云:‘俗人云:周公作《月令》。未通于古。’《疏》云:‘俗人,马融之徒。’”[①]前面刚刚提到南朝学者认为郑玄为尊敬马融而回避其名,然而王鸣盛却认为郑玄鄙薄马融而不愿提及其人,又引用《礼记正义》作为证据,两种观点恰好相反。王氏在乾嘉学者中声名赫赫,也算是位考据大家,其列举种种例证,似乎立论严密,然而事实如何,却需要我们一一检核。

所谓马融欲害郑玄,见于《世说新语·文学篇》,[②]历代学者为此争论甚多,姑且置而不论。至于马融为人轻视,《后汉书·赵岐传》则有这样的记载:“岐少明经,有才艺,娶扶风马融兄女。融外戚豪家,岐常鄙之,不与融相见。”李贤注有更加详细的补充,其引《三辅决录》称:“岐娶马敦女宗姜为妻。敦兄子融尝至岐家,多从宾与从妹宴饮作乐,日仄乃出,过问赵处士所在。岐亦厉节,不以妹婿之故屈志于融也。与其友书曰:‘马季长虽有名当世,而不持士节,三辅高士未曾以衣裾襒其门也。岐曾读《周官》,二义不通,一往造之。’贱融如此也。”[③]马融之所以被三辅地区的名士鄙视,很大程度上是因为他在南郡太守任上贪污所致。[④]但不论贪污也罢,无行也罢,他在学问上的成就仍然是有目共睹,赵岐在无奈之下去拜访马融,也是使用请教《周礼》作为托词。郑玄通过卢植介绍投入马融门墙,已经是在马融贪污事发之后,而且郑玄在及门人问答之际提到马融时,的确以“先师”称之,[⑤]可见郑玄对马融还是极为尊敬的。

类似这样的为人品行问题,本来就难有结论,王氏立论的关键其实是在郑玄《月令》注中所举俗人之说。郑注的“俗人”到底是不是专指马融呢?这是王鸣盛说能否成立的关键。其实检核原文就可以明白,郑玄因经文中有“命大尉赞桀俊”云云,所以在注中强调“三王之官有司马无大尉,秦官则有大尉。今俗

① 王鸣盛:《蛾术编》卷五十八《说人八》,商务印书馆,1958年10月,第889页。

② 余嘉锡:《世说新语笺疏》卷上之下《文学第四》,中华书局,2007年,第223、224页。

③ 《后汉书》卷六四《赵岐传》,第2121页。

④ 《太平御览》卷六四一引《三辅决录》称“马融为南郡太守,三辅以融在郡贪浊,受主计掾岐肃钱四十万。融子强又受吏白向钱六十万,布三百匹,以肃为孝廉,向为主簿,又坐忤大将军梁冀旨,髡徙朔方。”又《后汉书·列女·袁隗妻传》:“汝南袁隗妻者,扶风马融之女也。……隗又问曰:‘南郡君学穷道奥,文为辞宗,而所在之职,辄以货财为损,何邪?’”

⑤ 皮锡瑞:《郑志疏证》卷三“答炅模云:‘为《记》注时,执就卢君,先师亦然。后乃得毛公《传》,既古书,义又宜,然《记》注已行,不复改之。’”

人皆云周公作《月令》，未通于古”。[①]孔《疏》原句是“俗人谓贾逵、马融之徒皆云《月令》周公所作，故王肃用焉”。[②]可知郑注并非专为马融而发。陆德明在《礼记释文·月令》中写道：“此是《吕氏春秋·十二纪》之首，后人删合为此记，蔡伯喈、王肃云周公所作。”[③]由此可见，东汉的贾逵、马融、蔡邕，乃至曹魏的王肃均以《月令》为周公所作，大概也是东汉时期的流行说法。郑玄在《礼记目录》中强调：“《月令》者，以其记十二月政之所行也。本《吕氏春秋·十二月纪》之首章也，以礼家好事抄合之，后人因题之名曰《礼记》，言周公所作。其中官名时事多不合周法。”[④]郑玄注中的“俗人”只是流俗之见的意思，并不针对具体某个经师，王鸣盛有意骇人听闻，于是节略孔《疏》，歪曲了郑玄与孔颖达的原意。

通过上面对两种旧说的分析，我们也可以了解到，郑玄在具体经说上确实与贾逵、马融等人有所不同。马融礼说与前代经师颇多相合，可谓沿袭多于创获，郑玄却独树一帜，郑、马不同，在以上两例中已可略见端倪。

二　马融以“五祀”为五官之神

所谓“五祀”，通常的理解是在一年之中，分四季对房屋宫室的五个部分，即门、户、灶、井(一说行)、中溜的祭祀活动。抛开经书文献不论的话，五祀在汉代已见记载，《汉书·郊祀志》就提到“大夫祭门、户、井、灶、中溜”[⑤]，依次为春祭户，夏祭灶、季夏六月祭中溜，秋祭门、冬祭井。至于冬天究竟祭井还是祭行，石渠礼议与《白虎通》、《汉书》中均作“井”[⑥]，大概出于今文礼家的学说。但在今本《礼记》中冬祭却均作“行”。《礼记》诸篇中，关于“五祀”的记载互相抵牾之处甚多，如果不参照郑玄注的话，理解起来十分别扭。比如《曲礼》中说“天子祭天地，祭四方，祭山川，祭五祀，岁徧。诸侯方祀，祭山川，祭五祀，岁徧。大夫祭五

---

① 《礼记郑注》卷五《月令》，第200页。

② 《礼记正义》卷十五《月令》，第307页。

③ 陆德明申《礼记释文》卷一《月令》，《中华再造善本丛书》影印宋淳熙二年抚州公使库刻本。

④ 《礼记正义》卷十五《月令》，第278页。

⑤ 《汉书》卷二十五《郊祀志上》，第1193、1194页。

⑥ 《通典》卷五一《礼·吉礼十》“天子七祀”小字注“按汉诸儒戴圣、闻人通汉等《白虎通》议五祀则有井之说”，第1421页。

祀,岁徧。士祭其先"[①],里面明确提到天子至大夫均有五祀之祭,而《祭法》中又说"王为群姓立七祀,曰司命,曰中溜,曰国门,曰国行,曰泰厉,曰户,曰灶。王自为立七祀。诸侯为国立五祀,曰司命,曰中溜,曰国门,曰国行,曰公厉。诸侯自为立五祀。大夫立三祀,曰族厉,曰门,曰行。适士立二祀,曰门,曰行。庶士、庶人立一祀,或立户,或立灶。"[②]两相比较之下,不免令人奇怪,同是《礼记》一书,怎么会在《曲礼》中说大夫以上皆有五祀,到《祭法》中却变成只有诸侯祭五祀了?如果再把《月令》里面按照四季分别祭祀门、户、灶、行、中溜的说法也掺和进来的话,就更让人摸不着头脑了:《祭法》里面的司命和泰厉又是怎么回事,到底该安排在什么时候去祭祀呢?

不仅如此,还有更麻烦的问题在后面。《礼记》中一些篇目将五祀置于社稷之后,但又有一些篇目将五祀置于山川之后,这是否意味着五祀地位高下有所不同?这不单纯是《礼记》本身的问题,还影响到对《周礼》、《仪礼》的理解,因为《周礼·春官大宗伯》里面提到"以血祭祭社稷、五祀、五岳",[③]而《仪礼·既夕礼》中又要孝子"乃行祷于五祀"。[④]汉代人一直在努力寻找解决这些矛盾的途径,从西汉宣帝甘露三年的石渠阁会议,到东汉章帝建初四年的白虎观会议,学者们都曾对五祀问题做过讨论。其中尤以白虎观会议最为重要,其结集而成的《白虎通》一书中有专门的"五祀"一章,基本参照《礼记》中《曲礼》、《王制》、《月令》等篇作出了一些简要的说明。《白虎通》的文字比经书略见简明,为了下面讨论方便,先将有关文字引述于下:

五祀者何谓也?谓门、户、井、灶、中溜也。所以祭何?人之所处出入,所饮食,故为神而祭之。何以知五祀谓门、户、井、灶、中溜也?《月令》曰:"其祀户。"又曰:"其祀灶"、"其祀中溜"、"其祀门"、"其祀井"。独大夫已上得祭之何?士者位卑禄薄,但祭其先祖耳。《礼》曰:"天子祭天地,诸侯祭山川,卿大夫祭五

---

① 《礼记郑注》卷一《曲礼下》,第49、50页。

② 《礼记郑注》卷一四《祭法》,第591、592页。

③ 贾公彦:《周礼注疏》卷一八《春官·大宗伯》,第272页,台湾艺文印书馆影印嘉庆二十年阮刻《十三经注疏》。

④ 贾公彦:《仪礼注疏》卷四十《既夕礼》,第474页,台湾艺文印书馆影印嘉庆二十年阮刻《十三经注疏》。

祀，士祭其祖。"《曲礼》曰："天地、四时、山川、五祀岁遍。诸侯方祀，山川、五祀岁遍。卿大夫祭五祀，士祭其先。非所当祭而祭之，名曰淫祀。淫祀无福。"祭五祀所以岁一徧何？顺五行也。故春即祭户。户者，人所出入，亦春万物始触户而出也。夏祭灶者，火之主，人所以自养也。夏亦火王，长养万物。秋祭门，门以闭藏自固也。秋亦万物成熟，内备自守也。冬祭井，井者水之生，藏在地中。冬亦水王，万物伏藏。六月祭中溜，中溜者象土在中央也。六月亦土王也。故《月令》春言"其祀户，祭先脾"，夏言"其祀灶，祭先肺"，秋言"其祀门，祭先肝"，冬言"其祀井，祭先肾"，中央言"其祀中溜，祭先心"。春祀户，祭所以时先脾者何？脾者土也。春木王煞土，故以所胜祭之也。是冬肾六月心，非所胜也，以祭何？以为土位在中央，至尊，故祭以心。心者藏之尊者。水最卑，不得食其所胜。祭五祀，天子诸侯以牛，卿大夫以羊，因四时牲也。一说：户以羊，灶以雉，中溜以豚，门以犬，井以豕。或曰：中溜用牛，余不得用豚，井以鱼。①

《白虎通》大体上是以《月令》为基础，将其他篇目中的"五祀"整合在一起。至于前面提到的《礼记》诸篇之间的种种矛盾，包括三《礼》之间所记五祀的相互关系等问题，《白虎通》基本只字未提。这究竟代表一种无视的态度，还是当时儒生也认为无法解决，故而暂时置而不论？因为材料所限，目前还不清楚。总而言之，在五祀问题上，《白虎通》并未对经书中存在的问题做出实质性的解决。

王充在《论衡》一书中也提到过五祀问题：

五祀，报门、户、井、灶、室中溜之功。门、户，人所出入；井、灶，人所饮食；中溜，人所托处。五者功钧，故俱祀之。周弃曰："少昊有四叔，曰重、曰该、曰修、曰熙，实能金木及水。使重为句芒，该为蓐收，修及熙为玄冥，世不失职，遂济穷桑，此其三祀也。颛顼氏有子曰犁为祝融，共工氏有子曰句龙为后土，此其二祀也。后土为社。稷，田正也，有烈山氏之子曰柱为稷，自夏以上祀之。周弃亦为

① 《白虎通德论》卷二《五祀》，《中华再造善本丛书》影元大德五年无锡州学刊本。案今天通行的陈立《白虎通疏证》以卢文弨校本作为底本，卢氏初校时未见元大德本，对底本文字妄加删改，又误以元小字本为北宋本，导致其分卷及文字均与元本有很大出入，所以本文在引用《白虎通》一书时不取陈氏《疏证》，特此说明。大德本中的一些版刻误字，今据《再造善本丛书》影黄丕烈藏元刊小字本予以校正。

稷，自商以来祀之。”……传或曰：“炎帝作火，死而为灶。禹劳力天下，死而为社。”《礼》曰：“王为群姓立七祀，曰司命、曰中溜、曰国门、曰国行、曰泰厉、曰户、曰灶。诸侯为国立五祀，曰司命、曰中溜、曰国门、曰国行、曰公厉。大夫立三祀，曰族厉、曰门、曰行。适士立二祀，曰门、曰行。庶人立一祀，或立户，或立灶。”①

王充列举了两种不同的五祀说，最后也没有办法作出取舍判断，只能承认：“社稷、五祀之祭，未有所定，皆为思其德，不忘其功也。”可见汉代学者已经注意到经书记载的抵牾，并且对五祀的解释也一直存在分歧。

马融作为东汉末年最为著名的学者之一，他对以往学者的争议之处应当不会陌生。《后汉书》本传中说他“注《孝经》、《论语》、《诗》、《易》、《三礼》、《尚书》”②，可谓遍注群经，对经书中各种抵牾之处理应有自己的思考。尽管马融注今天已经亡佚殆尽，偏巧杜佑在编辑《通典·礼》时，也注意到五祀的问题，并自己对诸家学说有争议之处作出平议。就在这段平议之中，马融的五祀说被保存了下来：

说曰：天子诸侯必立五祀。五祀者，为其有居处出入饮食之用，祭之所以报德也。历代同，或五或七。……马融以七祀中之五：门、户、灶、行、中溜，即句芒等五官之神配食者。句芒食于木，祝融食于火，该食于金，修及【熙为】玄冥食于水，句龙食于土。《月令》五时祭祀，只是金木水火土五行之祭也。③

这一段应当是马融《礼记注》的佚文，虽然文字未必与原文尽合，但内容大意已经可以掌握。马融根据《礼记·祭法》“天子为群姓立七祀，曰司命、曰中溜、曰

① 黄晖：《论衡校释》卷二十五《祭意篇》，中华书局，1990年2月，第1059、1060页。

② 《后汉书》卷六十上《马融列传》，第1972页。

③ 《通典》卷五一《礼·沿革十一·吉礼十》“天子七祀”，第1420页。“熙为”二字为笔者所加。据《左传·昭公二十九年》“少皞氏有四叔曰重、曰该、曰修、曰熙，实能金木及水，使重为句芒，该为蓐收，修及熙为玄冥”，则玄冥为少昊氏之子修、熙二人，原文当有脱文。《十通》本《通典》此处改为“蓐收食于金，玄冥食于水”，而下文勾龙是后土之名，《十通》本又未作修改。故此处在北宋本原文基础上补入“熙为”二字。

国门、曰国行、曰泰厉、曰户、曰灶”，认为五祀只是七祀中的一部分。更为有趣的是，马融将五祀与五官之神联系在一起，《白虎通》在卷三《五行》篇中也记有句芒等五行之神，但并未出现“五官之神”的字样，也没有提到与五祀有关。前面王充在《论衡》中的记述中也提到了句芒、祝融等，但也没有说到“五官之神”。如此说来，五官之神到底是怎么回事，马融主张的五祀即五行之祭，又有什么样的根据呢？

所谓五官之神，其说出自《左传》。《左传·昭公二十九年》载蔡墨曰：“有五行之官，是谓五官，实列受氏姓，封为上公，祀为贵神，社稷五祀，是尊是奉。木正曰句芒，火正曰祝融，金正曰蓐收，水正曰玄冥，土正曰后土。”孔《疏》引贾逵云：“句芒祀于户，祝融祀于灶，蓐收祀于门，玄冥祀于井，后土祀于中霤。”[①]由此可知，贾逵在其《春秋左氏解诂》中最先提出五祀应祭祀五官之神。贾逵曾参与白虎观会议，而他的五祀说并未反映在今本《白虎通》之中，似乎在五祀问题上，今文《礼》家在白虎观会议中占了上风。但古文家并未因此而放弃这一说法，《后汉书·马融传》中提到，马融“尝欲训《左氏春秋》，及见贾逵、郑众注，乃曰：‘贾君精而不博，郑君博而不精。既精既博，吾何加焉！’但着《三传异同说》”，[②]可见马融的确看到过贾逵的《左氏解诂》。所以马融将贾逵在《左传》中的礼说，吸收至其《礼记注》中，并且续有发挥，明确提出《月令》五时祭祀，须配食五官之神，虽然形式上是祭祀宫室之中的各个部分，其实质则是五行之祭。

马融解决问题的方式很简单，他认为经书中的七祀和五祀其实是一回事，只是在不同情况下记载的数量有些许差别，并不构成严重的矛盾。此说在一定程度上解决了《祭法》中七祀与五祀之间的矛盾。虽然解决得很不彻底，但毕竟比《白虎通》更进了一步。而他用贾逵的《左氏》说来注《礼记》，既表现了马融作为一位古文学者的立场，也说明了马融很注意五经之间经说的一致性。至于马融在五祀问题的解释上犹有未尽之处，这是《礼记》文本本身太过复杂造成的，

---

① 孔颖达：《春秋左传正义》卷五三《昭公二十九年传》，台湾艺文印书馆影印嘉庆二十年阮刻《十三经注疏》，第923至925页。

② 《后汉书》卷六十上《马融列传》，第1972页。

也不能够以此来苛责马融。但马融的解经方法确实不足以对这样头绪繁多的材料进行处理，这也说明单纯用经书互相印证发明，很难正面解决三《礼》之间的矛盾问题。

三　郑玄以《周礼》分割“五祀”、“七祀”

郑玄的经学体系是以《周礼》为基础构造出来的，他将《周礼》作为周代礼制的代表，由《周礼》而入《礼记》。凡《礼记》与《周礼》有相互违戾，或《礼记》内部有矛盾难解之处，郑玄都先确定周礼，然后再将矛盾处解释为夏殷礼。五祀也不例外，郑玄在《周礼・春官大宗伯》“以血祭祭社稷、五祀、五岳”一句中注解中说道：

> 郑司农云：“……五祀，五色之帝于王者宫中曰五祀。罢辜，披磔牲以祭，若今时磔狗祭以止风。”玄谓此五祀者，五官之神在四郊，四时迎五行之气于四郊，而祭五德之帝，亦食此神焉。少昊氏之子曰重，为句芒，食于木；该为蓐收，食于金；修及熙为玄冥，食于水。颛顼氏之子曰黎，为祝融、后土，食于火、土。①

在这里，郑玄先引用了郑众的注解。郑众的五祀说与前面一节中提到的贾逵、马融诸家均不相同。所谓五色之帝，恐怕是指秦汉时期的青白黄炎黑五帝。郑众说的依据为何，现在已经无法得知。郑玄不同意郑众的看法，因为根据纬书记载，五色之帝是苍帝灵威仰、赤帝赤熛怒、黄帝含枢纽、白帝白招拒、黑帝汁光纪，这是郊祀时要祭祀的五天帝，怎么能够只在王者宫中进行祭祀呢？所以郑玄便在下面提出了自己的观点，四时迎气时，需要在四郊祭祀五德之帝，也就是太昊、炎帝、少昊、颛顼、黄帝五人帝，以五官之神配食。五祀就是在四郊祭祀五官之神。

郑玄在郊祀问题上有所谓“六天”之说，认为周代制度应为冬至圜丘祭昊天上帝，配享喾；夏正南郊祭苍帝灵威仰，配享后稷；四时四郊迎气，祭各时所当之

---

① 《周礼注疏》卷一八《春官・大宗伯》，第272页。

天帝，所以四郊迎气时不但要祭祀五天帝，还要配享五人帝，配食五官之神。祭天神时需用禋祀，而地祇应用血祭。《周礼》这一段经文，前面已经提到“以血祭”，又将五祀置于社稷之后、五岳之前，说明这一祭祀的对象应当是地祇，其重要程度亦在社稷之下、五岳之上，所以郑玄将五祀理解为在四郊祭祀五官之神。[①]

值得注意的是，郑玄在注中用了“此五祀者”的表达，这是值得我们玩味的地方。郑玄为什么要对这一“五祀”作出特别强调，我想大概是因为同在《春官·宗伯》之下的《小祝》中有“及葬，设道赍之奠，分祷五祀”[②]的记载，而郑玄认为《小祝》的五祀与《大宗伯》的五祀不是一回事，这一问题后面还有交待，这里暂不赘述。在郑玄看来，《大宗伯》的五祀与社稷连称，并非孤立出现，所以地位不同，必须着重指出。因为“五祀”与“社稷”并举，亦可见于《周礼》其他篇目。譬如在《大宗伯》之后，《春官·司服》有“祭社稷、五祀则希冕”[③]，《夏官·小子》亦有“掌珥于社稷，祈于五祀”，[④]郑玄均将其视为祭五官之神，并且在《春官·肆师》注中表示：“玄谓大祀又有宗庙，次祀又有社稷、五祀、五岳，小祀又有司中、风师、雨师、山川、百物。”[⑤]

郑玄在《礼记》注中也充分贯彻这一观点。例如《礼记·礼器》：“君子曰：礼之近人情者，非其至者也。郊血，大飨腥，三献爓，一献孰。”郑注认为“郊，祭天也。大飨，祫祭先王也。三献，祭社稷五祀。一献，祭群小祀也。爓，沉肉于汤也。血、腥、爓、孰，远近备古今也。尊者先远，差降而下，至小祀孰而已”。[⑥]这里的“社稷五祀”之说明显来自于《周礼》，与“群小祀”相区别，仍然指四郊之祭。

郑玄既然把周礼五祀解释为四郊祭五官之神，那么汉儒旧说中祭户、灶、中溜、门、行的五祀又怎么办呢？郑玄对此也有安排，他将这一类五祀归入群小

---

① 这里郑注稍有疑问，句芒、祝融等当为人鬼，而非地祇。故此金鹗对此段郑注有所批评，见孙诒让《周礼正义》卷三三《春官大宗伯》引，及秦蕙田《五礼通考》卷五三《五祀》。

② 《周礼注疏》卷二五《春官·小祝》，第391页。

③ 《周礼注疏》卷二一《春官·司服》，第323页。

④ 《周礼注疏》卷三十《夏官·小子》，第457页。

⑤ 《周礼注疏》卷一九《春官·肆师》，第295页。

⑥ 《礼记郑注》卷七《礼器》，第313、314页。

祀，置于《礼记·祭法》提到的“七祀”中：

王为群姓立七祀，曰司命，曰中溜，曰国门，曰国行，曰泰厉，曰户，曰灶。王自为立七祀。诸侯为国立五祀，曰司命，曰中溜，曰国门，曰国行，曰公厉。诸侯自为立五祀。大夫立三祀，曰族厉，曰门，曰行。适士立二祀，曰门，曰行。庶士、庶人立一祀，或立户，或立灶。①

这一段是《祭法》一篇的经文，郑玄把这段文字当做周制。在郑玄看来，户、灶、中溜、门、行的五祀是五帝首创，后来所谓宫室制度，即由五祀发展而来。②而这一五祀，到了周代以后已经发展为七祀。《祭法》原文说得很清楚，王立七祀，诸侯立五祀，大夫三、士二、庶人一，等级井然有序。但五祀的对象已经发生了新的变化。因为在七祀之下，只有诸侯才有五祀，而且把原来的户、灶两祭更换为司命和中溜，所以汉儒旧说中的户、灶、中溜、门、行在周礼中只能同时存在于七祀中，而不能再用“五祀”一词来表示了。

为什么郑玄要将《祭法》视为周制，他在注中没有直接说明，但孔《疏》引用郑玄《礼记目录》，认为此篇“名曰《祭法》者，以其记有虞氏至周天子以下所制祀群神之数”。③而且在七祀之前的经文也讲到“王立七庙”云云，以下诸侯五庙，大夫三庙等，正好与七祀的情况相对应，符合由天子以下隆杀以两的排序，这与郑玄理解中的周礼若合符契。郑玄还特意在此处的注文中指出，七祀不是什么重要的大祭祀，只是群小祀而已，“此非大神所祈报大事者也，小神居人之间，司察小过，作谴告者尔。”我猜想郑玄在此留有一句潜台词，即周礼五祀所祭才是大神，而这里的七祀与五祀完全不同，之前所有的学者都将七祀与五祀混淆在一起，这是完全不对的。

郑玄的这段潜台词实在是有感而发，不仅仅针对前面所举的贾逵、马融两

---

① 《礼记郑注》卷一四《祭法》，第591、592页。

② 《礼记·礼运》“是故夫政必本于天，殽以降命。……降于五祀之谓制度。”郑注：“谓教令由五祀下者。五祀有中溜、门、户、灶、行之神，此始为宫室制度。”案孔《疏》引郑玄《礼记目录》称“名为《礼运》者，以其记五帝三王相变异，阴阳转旋之道。”则此五祀盖指五帝时首创五祀为宫室制度。

③ 《礼记正义》卷四六《祭法》，第796页。

家而已，在五祀问题上，郑玄的对手可谓所在皆是。从《礼记正义·礼器》的孔《疏》中，还可以看到郑玄与许慎的争论。《礼器》经文说道：“孔子曰：‘臧文仲安知礼！夏父弗綦逆祀而弗止也。燔柴于奥。夫奥者，老妇之祭也。盛于盆，尊于瓶。’”经文的内容我们且不去管它，下面的郑注是争议所在：

“奥”当为“爨”字之误也，或作“灶”。礼，尸卒食，而祭饎爨、饔爨也。时人以为祭火神乃燔柴。老妇，先炊者也。盆、瓶，炊器也。明此祭先炊，非祭火神，燔柴似失之。[①]

孔《疏》引许慎《五经异义》：“灶神，今《礼》戴说此燔柴盆瓶之事。古《周礼》说，颛顼氏有子曰黎为祝融，祀以为灶神。许君谨案同《周礼》。”郑玄于此有驳：“祝融乃古火官之长，后稷为尧司马，其尊如是，王者祭之，但就灶陉，一何陋也！祝融乃是五祀之神，祀于四郊，而祭火神于灶陉，于礼乖也。”[②]许慎赞同古《周礼》说，以祝融为灶神，由此可推知，许慎也认为五祀就是户、灶、中溜、门、行之祭，所祭者为祝融等。当然此处的“灶神”与贾、马“五官之神”的含义不同，并不能认为许慎说与贾、马两家完全相同。不过，既然许慎的五祀说与郑玄不同，郑玄当然要据礼反驳，强调这里是祭先炊，并非是祭火神，而且祝融也不是地位低下的灶神。我们只要对照郑玄驳论与注文中的“非祭火神”和上文提到的郑注“此非大神”云云，郑玄的用意已经可以一目了然了。

经过郑玄的周密安排，《周礼》与《礼记·祭法》之间自然不会再出现矛盾。那么《礼记》诸篇中的内部矛盾，郑玄又是如何处理的呢？比如《礼记·曲礼下》“天子祭天地，祭四方，祭山川，祭五祀，岁徧。诸侯方祀，祭山川，祭五祀，岁徧。大夫祭五祀，岁徧。士祭其先。”按照前面郑玄对《周礼·春官·大宗伯》和《礼记·祭法》的理解，天子有中祀五祀，有小祀七祀，诸侯五，大夫三，怎么会从天子到大夫均有五祀呢？郑注称：

---

① 《礼记郑注》卷七《礼器》，第 311、312 页。

② 《礼记正义》卷二三《礼器》，第 459 页。

祭四方，谓祭五官之神于四郊也。句芒在东，祝融、后土在南，蓐收在西，玄冥在北。《诗》云："来方禋祀。"方祀者，各祭其方之官而已。五祀，户、灶、中溜、门、行也。此盖殷时制也。《祭法》曰天子立七祀，诸侯立五祀，大夫立三祀，士立二祀，谓周制也。①

《曲礼》这段话将祭四方与五祀分开，郑玄认为祭四方即四郊，而五祀是户、灶、中溜、门、行。但这与他对《礼记·祭法》的理解明显抵牾，郑玄当然不会这么不严密，马上就加了一句"此盖殷时制也"，轻松将矛盾之处解决。郑玄如此解释的理由是两段经文中祭祀对象的排序不同。《周礼·春官·大宗伯》的五祀地位仅在社稷之下；而《礼记·曲礼下》则排列为天地、四方、山川、五祀，五祀地位甚至低于山川，两者地位不同，不可能是同一种礼制。既然不可能是"社稷五祀"，那么就应当归入群小祀。但群小祀的"五祀"情况又与设想中的周制不合，只好又把它推为前代礼制，自然平息了这些矛盾。孔颖达《正义》对此郑注做了阐发，认为"此经直言'祭四方'，知非祭五天帝于四方者，以上云'祭天地'则五帝在其中矣，故知非天帝也。……云'五祀，户、灶、中溜、门、行'者，此《月令》文。《大宗伯》五祀以为五官者，以其在五岳之上，此五祀在山川之下，又与大夫同祭，故知是户、灶等。云'此盖殷时制也'者，以天子诸侯大夫同云'祭五祀'，既无差等，故疑殷时制也。"②

"殷礼"这样的概念并非郑玄所创。《礼记》与《白虎通》中都有关于三代礼制演变的记载。郑玄只不过是将"殷礼"引入了经书解释之中，改易先儒旧说，漂亮地解决了经文之间的矛盾。郑玄在五祀解释上明显受到贾逵、马融的影响，认同五祀是祭五官之神，但郑玄更加重视祭祀的高下之别，认为大神不能位列小祀，就创立新说，把五祀变成了四郊之祭，而将原本祭户、灶、中溜、门、行的祭祀扩大为周礼七祀，凡不合于周礼七祀者就归为殷礼五祀。这样处理之后，《周礼》和《祭法》代表周制，而《曲礼》只是在记殷制，经文被赋予了在字面之外的含义，使其原本矛盾之处得到疏通解决。

---

① 《礼记郑注》卷一《曲礼下》，第50页。

② 《礼记正义》卷五《曲礼下》，第96页。

自立新说并非易事，郑玄固然解决了很多问题，但也制造出了一连串新的问题。体味郑玄注中对五祀的解释，仍然存在一些窒碍难通的地方。比如前面提到过的《周礼·春官·小祝》："及葬，设道赍之奠，分祷五祀。"在《大宗伯》处刚说过五祀是四郊祭五官之神，这里要照搬前注的话，显然讲不通。但郑玄注意到《小祝》的五祀并不与"社稷"连称，于是解释作："玄谓赍犹送也。送道之奠，谓遣奠也。分其牲体以祭五祀，告王去此宫中，不复反，故兴祭祀也。王七祀，五者，司命、大厉，平生出入不以告。"[①]这样解释虽然符合郑玄的经学体系，但总给人一种略显勉强的感觉。再比如《礼记·王制》："天子祭天地，诸侯祭社稷，大夫祭五祀。"郑注忽然说："五祀，谓司命也，中溜也，门也，行也，厉也。此祭谓大夫有地者，其无地祭三耳。"[②]未免有突兀之嫌。《王制》成书时间较晚，卢植认为"汉文帝令博士诸生作此篇"[③]，而郑玄则认为《王制》是"以其记先王班爵授禄、祭祀养老之法度"[④]，所以在郑玄看来，《王制》一篇中同时杂有三代制度。那么郑玄认为"天子祭天地"以下云云应为周制，并不奇怪。但这里既然是"五祀"，郑玄就只好用《祭法》中的诸侯五祀进行解释，可《祭法》大夫只有三祀。为了自圆其说，郑玄无奈之下又在后面作了有无采邑封地的调整，变成大夫有地则五祀，无地则三祀。孔《疏》试图对郑玄的用意作出妥善的解释，说道："以《曲礼》天子诸侯大夫皆祭五祀，更无等差，故以《月令》五祀当之，总为殷礼。此文天子云祭天地，诸侯云祭社稷，大夫云祭五祀，既别为尊卑之差，故以周法解之。"[⑤]郑玄是否只是出于"尊卑之差"的考虑，才将这段文字视为周制，恐怕还需进一步分析研究。仅就郑玄"有地"、"无地"之说而论，这不过是郑玄为了通解经文而设的应机之辞，与《祭法》已经不尽相合，故此陈澔、秦蕙田等学者对郑玄此注批评甚多，[⑥]并非没有道理。

值得一提的是，郑玄《论语注》虽然亡佚已久，但在《太平御览》中仍然保留了郑注《论语》的佚文，其中就有关于五祀的内容。这部分内容后来在吐鲁番出土的阿斯

① 《周礼注疏》卷二五《春官·小祝》，第 391 页。

② 《礼记郑注》卷四《王制》，第 159 页。

③ 《礼记郑注》卷四《王制》，第 145 页。

④ 《礼记正义》卷一一《王制》，第 212 页。

⑤ 《礼记正义》卷一二《王制》，第 243 页。

⑥ 参见陈澔：《礼记集说》卷三，秦蕙田《五礼通考》卷五三《五祀》。

塔纳363号墓写本郑玄《论语注》中完整保存下来。《论语·八佾篇》中提到：

王孙贾问曰："与其媚于奥，宁媚于灶，何谓也？"

【郑注】王孙贾自周出仕于卫也。宗庙及五祀之神皆祭于奥。室西南隅谓之奥。灶者，爨也。凡祭之礼，尸（中缺）怪此言与我义反，故问之也。

子曰："不然，获罪于天，无所祷。"

【郑注】明当媚其尊者，夫灶者，老妇之祭。①

郑玄在这里说"宗庙及五祀之神皆祭于奥"，有一点费解，但依然可以在《礼记》中得到解决。《礼记·月令》"其祀户，祭先脾"句郑注云："凡祭五祀于庙，用特牲，有主有尸，皆先设席于奥。祀户之礼，南面设主于户内之西，乃制脾及肾为俎，尊于主北。又设盛于俎西，祭黍稷，祭肉，祭醴，皆三。祭肉，脾一，肾再。既祭，彻之，更陈鼎俎，设馔于筵前。迎尸略如祭宗庙之仪。"②孔《疏》对此解说为："云'凡祭五祀于庙，用特牲'之下，皆《中溜礼》文。云'祭五祀于庙'者，设祭户、祭中溜，在于庙室之中，先设席于庙堂之奥。若祀灶、祀门、祀行，皆在庙门外，先设席于庙门之奥。虽庙室庙门有别，总而言之，皆谓之庙，故云'凡祭五祀于庙'。此谓殷礼也，若周则七祀，加司命与厉也。不审祀之处所，亦当与灶、门、行等俱在庙门之外祀也。"③由此可见，殷礼五祀的祭祀场所均在奥。然而王孙贾是周室后裔，出仕卫国，郑玄为什么要用殷礼五祀来解释，而不用周礼七祀之说呢？我猜测王孙贾这时已仕于卫，所以郑玄必须按照《祭法》诸侯五祀之说来进行解释，但诸侯五祀之中却又不包括灶，实在难以了解郑玄的用意。而孔颖达《礼记·礼器正义》中认为奥是祭灶之神，恐怕是出于南朝学者的谬说，明显与郑玄的用意相违。④

① 王素：《唐写本论语郑氏注及其研究》，文物出版社，1991年11月，第20页。又参见《太平御览》卷五百二十九《礼仪部八·祷祈》，中华书局影宋本，1960年2月，第2401页。

② 《礼记郑注》卷五《月令》，第184页。

③ 《礼记正义》卷一四《月令》，第284页。

④ 《礼记正义》卷二三《礼器》，第459页。

下面我们可以总结一下郑玄的五祀说。郑玄认为五祀在周礼中就是四郊祭五官之神，而户、灶、中溜、门、行的五祀是殷礼。户、灶、中溜、门、行在周礼中应加上司命、泰厉，合称七祀，属群小祀。但七祀之下也有诸侯五祀，因为诸侯地位低于天子，所祭应在七祀基础上去掉户、灶，则为司命、中溜、门、行、厉五祀。以下则大夫有封地者五祀，无封地者三祀，士二祀，庶人一祀。这样三《礼》之间就绝无矛盾，而且祭祀之间地位高下俨然有序。郑玄在周礼中将七祀与五祀分割开来，又使用殷礼五祀解决相应的矛盾之处，虽然失于繁琐支离，但因三《礼》篇目形成时间、来源不一，唯有如此才能彻底解决经书中出现的问题。

附:郑玄对三《礼》中"五祀"分类一览表

篇　名	经　文	郑玄的分类
《周礼·春官·大宗伯》	以血祭祭社稷、五祀、五岳	周礼五祀
《周礼·春官·司服》	祭社稷、五祀则希冕，祭群小祀则玄冕。	周礼五祀
《周礼·夏官·小子》	而掌珥于社稷，祈于五祀	周礼五祀
《礼记·曾子问》	大宰命祝史，以名徧告于五祀山川	周礼五祀
《礼记·曾子问》	五祀之祭不行	周礼五祀
《周礼·春官·小祝》	及葬，设道赍之奠，分祷五祀	周礼七祀
《仪礼·士虞礼》	乃行祷于五祀	周礼七祀
《礼记·王制》	天子祭天地，诸侯祭社稷，大夫祭五祀	周礼七祀
《礼记·曾子问》	天子尝、禘、郊、社、五祀之祭	周礼七祀
《礼记·祭法》	王为群姓立七祀……王自为立七祀。诸侯为国立五祀……诸侯自为立五祀。大夫立三祀……适士立二祀……庶士、庶人立一祀	周礼七祀
《礼记·曲礼下》	天子祭天地，祭四方，祭山川，祭五祀，岁徧。诸侯方祀，祭山川，祭五祀，岁徧。大夫祭五祀，岁徧	殷礼五祀
《礼记·月令》	天子乃祈来年于天宗，大割祠于公社及门闾，腊先祖五祀	殷礼五祀
《礼记·礼运》	降于五祀之谓制度	殷礼五祀
《礼记·礼运》	五祀所以本事也	殷礼五祀
《礼记·礼运》	礼行于五祀……故自郊社、祖庙、山川、五祀	殷礼五祀

比较马融与郑玄对五祀的解说，不由让人感叹古人治经不易。两人都对经书中的难解之处做出了思考，但拿出来的解决方法却迥然有异，效果也大不相同。

要言之，马融在尝试消解经文中的矛盾。他认为《礼记・月令》是周公所作，与《礼记・祭法》都代表周制，《祭法》中提到的七祀与《月令》及其他诸篇中的五祀只是数目上不同，地位并无高下之别，这其实只是个简单的数目加减法而已。至于援《左传》中"五官之神"一说来解释五祀，无非是古文家学术立场的表现，并没有更多的创造在内。马融也曾注解三《礼》，但因其书已佚，所以无法确知他究竟怎样看待《周礼・春官大宗伯》和《礼记・曲礼下》中两处五祀地位的不同。不过从现有材料来推断，马融应当不会强调这些细节上的差异。我们当然不能说马融没有意识到经书中的抵牾，而是这种位置的不同可以被视为不同语境下的不同表达，其意义是由解释者来赋予的。毕竟经书中的情况过于复杂，如果用尽可能简单的手段，将小异说成大同，那么矛盾自然也就解决，更能避免问题的复杂化。

郑玄可不会像马融这样简单地处理问题，他的解经手段比马融丰富。与马融消解矛盾的态度相反，郑玄用尽手段，将小异强调为大异，制造种种不同，使经文变得名同而实非。这样原本矛盾的经文在内容上就没有了关联性。这种手段固然高明，然而引出的问题就会变得越来越多。郑玄也不畏繁剧，只要出现问题就会迎难而上。最后我们看到郑氏三《礼》注中，郑玄经常要忙于解释各种"突发现象"。还是以五祀为例，《仪礼・既夕礼》中经文说："乃行祷于五祀"，郑玄注云："尽孝子之情。五祀，博言之。士二祀，曰门，曰行。"[①]《仪礼》本来是士礼，这里却用了五祀一词，但按照郑玄的理论体系，适士仅有二祀，只好用"博言之"来搪塞过去。我们如果站在郑玄的体系中去看这句经文，就会觉得郑玄的解释倒也可以理解，但转念一想，就会觉得很是奇怪：既然是"博言"，何必还要称"五祀"，换成"七祀"行不行？既然是士礼，那么直接说"二祀"好不好？所以元代学者敖继公在《仪礼集说》中就直取郑注的前半截，而没有保留关于"五祀"的解说，又加以评论道："继公谓：此祷于平常所祭者也。士之得祭五祀，于此可见。"[②]

---

① 《仪礼注疏》卷四十《既夕礼》，第474页。

② 敖继公：《仪礼集说》卷一三《既夕礼》，《中华再造善本》影印元刻明修本。

郑玄虽然师从马融，但郑玄与马融的经学完全不同。郑玄是位真正的经学理论家，他对什么是周礼有一种超乎寻常的执着追求。在郑玄学术体系中，我们可以读到三种不同的表达，也就是周礼、夏殷礼、不合礼。其中周礼是郑玄基于《周礼》等经书的构想，夏殷礼是他解决矛盾的手段，不合礼是他对违戾周礼的批评，但这一切只存在于郑玄个人的精神世界中，并不等于经书本身，甚至可以这样说，在郑玄的体系愈显精妙之处，郑玄离开经书也就愈远。所以郑玄的经学是一种个人的创造，不能笼统地用今古学的眼光进行归类。事实上，只有到王肃站出来批评郑玄时，才是经学家开始尝试吸收郑注，与郑玄发生全面的思想碰撞之时。遗憾的是，这时郑玄已经过世二、三十年之久，我们永远也无法知道郑玄本人会对此作何响应了。

论《春秋》书法中"实与而文不与"问题

黄　铭*

一　《春秋》书法

《礼记·经解》云："属辞比事，《春秋》之教也。"《春秋》的微言大义，往往在辞中体现。按照传统的讲法，孔子作《春秋》，主要依据的是鲁国的史记。而《春秋》之成为经，就是通过孔子的笔削，加王心于鲁史。问题是当从何处求王心？《公羊》学专家段熙仲先生认为，王心"于属辞见之"[①]。所谓的辞，就是《春秋》的书法，《春秋》通过对于事件的不同的表达方式，来阐述其中的价值判断，这就是通常说的《春秋》书法、一字褒贬。

当然，对于《春秋》是否具有褒贬之意，以及是否是"一字"褒贬，在学术史上有不同的观点，郑樵《六经奥论》云：

诸儒之说《春秋》，有以一字为褒贬者，有以为有贬无褒者，有以为褒贬俱无者。谓《春秋》以一字为褒贬者，意在于推尊圣人，其说出于太史公。曰：夫子修《春秋》，游夏之徒不能赞一辞。故学者因而得是说也。谓《春秋》有贬无褒者，

* 作者单位：同济大学哲学系。

① 段熙仲：《春秋公羊学讲疏》，南京师范大学出版社，2002年，第153页。

意在于列国之君臣也，其说出自孟子。曰：春秋无义战，彼善于此则有之矣。故学者因而得是说也。谓《春秋》无褒贬者，意在矫汉儒，其说出于《竹书纪年》所书，载郑弃其师、齐人歼于遂之类，皆孔子未修之前；故学者因而得是说也。虽其意各自有所主，然亦不可泥。泥一字褒贬之说，则是春秋二字皆挟剑戟风霜，圣人之意不如是之劳顿也。泥于有贬无褒之说，则是《春秋》乃司空城旦之书，圣人不如是之惨刻也。泥于无褒贬之说，则是《春秋》为琐语小说，圣人又未尝无故而作经也。①

依郑氏之说，对于《春秋》褒贬的书法有四种观点：一为《春秋》有一字褒贬；二为《春秋》有贬无褒；三为《春秋》无褒贬；四为《春秋》有褒贬，但非一字褒贬。其中第四种是郑樵的观点。第一种是比较传统的说法，皮锡瑞云："以《春秋》为一字褒贬，《公》、《谷》之古义也……《春秋》一字之褒一字之贬，两汉诸儒及晋范宁皆明言之。"②而对于第二、三两种观点，阮芝生先生依据皮锡瑞之言做了很好的反驳，认为，有贬无褒是孙复之新说，系有为之言；而褒贬俱无，则视《春秋》为史书，不足以成为经。郑樵认为《春秋》有褒贬，但不同意一字褒贬。郑氏的观点，认为可以从《春秋》中看出治乱兴衰之由，但《春秋》的书法本身应该是直接明了的。而阮先生对郑氏的观点也进行了反驳。

《春秋》借事明义，张三世义以立治法，故非记事之史……且《春秋》之有褒贬，非以为褒贬也，乃假褒贬以示法，故其无所谓"挟剑戟风霜"也。③

由此可见，《春秋》的一字褒贬，蕴含着借事明义的方法，通过文辞之褒贬，将圣人的微言大义表达出来。从圣人所褒所贬之处，看圣人之垂法。而如果仅仅是兴衰之由的话，史书上也能求得，但是改制立法等等微言大义，却是史书不能提

① 郑樵：《六经奥论》，卷四，通志堂经解本。然而《六经奥论》并非郑樵所作，《四库全书总目》已言之，今为行文方便，仍题郑樵之名。

② 皮锡瑞：《经学通论·春秋通论》，中华书局，1954年，第76页。

③ 阮芝生：《从公羊学论春秋的性质》，台湾大学历史系硕士论文，1968年，第186页。

供的。如果不承认文辞的一字褒贬，就抽去了蕴含在文辞中的“王心”，借事明义无从谈起，而《春秋》也就从“经”降格为“史”了。由此，我们也可以反过来讲，圣人对于辞是非常重视的，辞肯定有义例可循[①]，只有通过对于文辞的反复推敲，才能揭示出圣人的微言大义。

以上仅就褒贬一例，看出文辞对于《春秋》重要性，那么需要我们对于《春秋》以及《公羊传》的文辞加以关注。

二 “经权”与“实与文不与”之义

就《公羊传》而言，辞的种类是非常多的，根据段熙仲先生的分法，主要有异同、远近、进退、详略这四大类。大类中还可以进行细分，在进退辞中，有一种书法，叫做“实与文不与”，是非常特殊的。“与”大体就是肯定的意思，在同一书法中，既有肯定，又有否定，这种特殊的书法引起了研究者的注意。而且这种特殊的书法，多次出现在《春秋》中。我们翻检《公羊传》，发现“实与文不与”之辞有六例：

（一）齐师、宋师、曹师次于聂北，救邢。【传】救不言次，此其言次何？不及事也。不及事者何？邢已亡矣。孰亡之？盖狄灭之。曷为不言狄灭之？为桓公讳也。曷为为桓公讳？上无天子，下无方伯，天下诸侯有相灭亡者，桓公不能救，则桓公耻之。曷为先言次，而后言救？君也。君则其称师何？不与诸侯专封也。曷为不与？实与，而文不与。文曷为不与？诸侯之义，不得专封也。诸侯之义不得专封，则其曰实与之者何？上无天子，下无方伯，天下诸侯有相灭亡者，力能救之，则救之可也。（僖公元年）

（二）二年，春，王正月，城楚丘。【传】孰城之？城卫也。曷为不言城卫？灭也。孰灭之？盖狄灭之。曷为不言狄灭之？为桓公讳也。曷为为桓公讳？上无天子，下无方伯，天下诸侯有相灭亡者，桓公不能救之，则桓公耻之也。然则

① 实际从《春秋》以及《公羊传》的文本中，也可以看出孔子对于文辞的谨慎，具体的考证参见段熙仲先生《春秋公羊学讲疏》，第153—157页。其中有大量的例证。

孰城之？桓公城之。曷为不言桓公城之？不与诸侯专封也。曷为不与？实与而文不与。文曷为不与？诸侯之义，不得专封。诸侯之义不得专封，则其曰实与之何？上无天子，下无方伯，天下诸侯有相灭亡者，力能救之，则救之可也。（僖公二年）

（三）十有四年，春，诸侯城缘陵。【传】孰城之？城杞也。曷为城杞也？灭也。孰灭之？盖徐、莒胁之。曷为不言徐、莒胁之？为桓公讳也。曷为为桓公讳？上无天子，下无方伯，天下诸侯有相灭亡者，桓公不能救，则桓公耻之也。然则孰城之？桓公城之。曷为不言桓公城之？不与诸侯专封也。曷为不与？实与而文不与。文曷为不与？诸侯之义，不得专封也。诸侯之义不得专封，则其曰实与之何？上无天子，下无方伯，天下诸侯有相灭亡者，力能救之，则救之可也。（僖公十四年）

（四）冬，十月，楚人杀陈夏征舒。【传】此楚子也，其称人何？贬。曷为贬？不与外讨也。不与外讨者，因其讨乎外而不与也。虽内讨亦不与也。曷为不与？实与，而文不与。文曷为不与？诸侯之义，不得专讨也。诸侯之义不得专讨，则其曰实与之何？上无天子，下无方伯，天下诸侯有为无道者，臣弑君，子弑父，力能讨之，则讨之可也。（宣公十一年）

（五）晋人纳接菑于邾娄，弗克纳。【传】纳者何？入辞也。其言弗克纳何？大其弗克纳也。何大乎其弗克纳？晋郤缺帅师，革车八百乘，以纳接菑于邾娄，力沛若有余，而纳之。邾娄人言曰："接菑，晋出也。貜且，齐出也。子以其指，则接菑也四，貜且也六。子以大国压之，则未知齐、晋孰有之也。贵则皆贵矣。虽然，貜且也长。"郤缺曰："非吾力不能纳也，义实不尔克也"。引师而去之，故君子大其弗克纳也。此晋郤缺也，其称人何？贬。曷为贬？不与大夫专废置君也。曷为不与？实与，而文不与。文曷为不与？大夫之义，不得专废置君也。（文公十四年）

（六）三月，晋人执宋仲几于京师。【传】仲几之罪何？不蓑城也。其言于京师何？伯讨也。伯讨则其称人何？贬。曷为贬？不与大夫专执也。曷为不与？实与，而文不与。文曷为不与？大夫之义，不得专执也。（定公元年）

在我有限的阅读经验中，研究者往往从经与权的角度对于"实与文不与"之义加以论述，认为“实与”是权，“文不与”是经[①]。比如蒋庆先生在《公羊学引论》中，认为：

在《春秋》中，有所谓“实与文不与”的书法，此书法最能表明公羊家的经权思想。所谓“实与”，就是权，是指《春秋》根据乱世的实际情况权且承认某一政治行为有其现实的必要性；所谓“文不与”，即是经，是指《春秋》根据孔子所立的义法不承认具有现实必要性的行为有其合理性与合法性。在《春秋》中，“实与”与“文不与”是连在一起使用的，这说明权变与守经不可须臾而离。[②]

李新霖先生也以经权解释“实与文不与”：

所谓“实与”者，约言之，意即顺应现实环境，不得不行之“权”。而“文不与”者，意即就理想世界而言，不得不维系之“经”。若以为《公羊传》先“与”之，既又非之，系自家矛盾处，将无以知其“权”也。[③]

两位先生都以“经权”解“实与文不与”，认为“实与”是权，是在现实中必要的变通，而“文不与”则是理想中的定制。从而分出了现实的必要性与合理性两个领

---

① 当然也有学者对于这种书法是不以为然的，比如杨向奎先生就认为：“（公羊学）一方面要维护诸侯割据的旧制度，一方面提倡中央集权的大一统，这是没法调和的矛盾，因为这不同的主张代表着新旧地主阶级的不同利益，而《公羊》则调停两者之间，创立‘实与文不与’的义法。”详见杨向奎，《〈公羊传〉中的历史学说》，载《绎史斋学术文集》，上海：上海人民出版社，1983年5月，第87页。又傅隶仆先生认为“实与文不与”这是一种矛盾的说法，本身就不成立，并举专讨一例，以为“在名义上不许诸侯专讨，在实际上鼓励专讨，既然专讨当贬，则谁还敢实行专讨，甘冒不臣之罪？夫子谓‘名不正则言不顺，言不顺则事不成’，所谓‘名不正’就是文不与，‘事不成’便是力足以讨乱臣子也不敢讨了。何曾有文与而实不与之义？”详见傅隶仆，《春秋三传比义》中册，中国友谊出版公司，1984年11月，第206页。案，傅先生此论，是一种非此即彼的思维方式，非但取消了“实与文不与之辞”，连带经权关系，都一并取消了，这个恐怕是值得商榷的。“实与文不与”之辞是一个整体，不可以割裂开来看，其中的“文不与”也是建立在“实与”的基础上的。不能简单地将“不与”理解为“贬”。如果割裂的看待“文实之辞”，并且以非此即彼的方式来看待褒贬的话，不尽脱离了《春秋》的义例，忽视了经传内在的体系，还有可能使《春秋》所要表达的意思湮没不彰。本文下面，将试着从“文实辞”的整体出发，研究其体例及使用范围，试图在经传体系内部，来理解“文实辞”。

② 蒋庆：《公羊学引论》，辽宁教育出版社，1995年，第237—238页。

③ 李新霖：《春秋公羊传要义》，台北：文津出版社，1989年，第217页。

域，这个无疑是正确的。就第(一)条而言，在上无天子，下无方伯的现实形势下，齐桓公能够封诸侯，这是兴灭国的善举，是值得肯定的，所以“实与”。但是按照“太平制”(何休注文)，“诸侯之义，不得专封”，齐桓公不是天子，而专封诸侯，则有僭越天子之嫌，故而“文不与”齐桓公。因而在此处，现实的情况与太平制是两个不同的层次，这点和经与权的关系相似。《公羊传》论“经权”，以为：

权者何？权者反于经，然后有善者也。权之所设，舍死亡无所设。行权有道；自贬损以行权，不害人以行权。杀人以自生，亡人以自存，君子不为也。

所谓权者反于经然后有善，齐桓公专封，虽然违背了太平制之“诸侯不得专封”，但是在当时的条件下，能够兴灭国，这一点也是太平制应有的精神，两相权衡，齐桓公之专封能够反经而有善，所以《春秋》“实与”之。同时“文不与”的太平制也是要坚持的，这和“实与”的现实情况，也是两个不同层次上的问题。所以从义的角度来讲，是可以用经权来类比“实与文不与”的。

但是，综合以上六条例子来看，“实与文不与”似乎仅仅局限于诸侯之专封与专讨，大夫之专置废君与专执这几种情况，而能够用经权来解释的事件，应该远远超过这四种情况。反过来，《公羊传》中著名的几个行权的事件，都没有用“实与文不与”来评价。《春秋繁露·王道》云：

鲁隐之代桓立，祭仲之出忽立突，仇牧、孔父、荀息之死节，公子目夷不与楚国，此皆执权存国，行正世之义，守惓惓之心，《春秋》嘉气义焉，故皆见之，复正之谓也。[①]

以上这些董仲舒所举的行权的事例[②]，《公羊传》都未用“实与文不与”之辞。这就使我们思考“实与文不与”作为“辞”本身，是否有具体的限定，并不是所有符

① 苏舆：《春秋繁露义证》，北京：中华书局，1992年，第118页。

② 以上这些事例，不都是行权，段熙仲先生认为，鲁隐公、祭仲、公子目夷为行权，是“执权存国”，而仇牧、孔父、荀息是“行正世之义”。详见《春秋公羊学讲疏》，第566页。

合经权之义的事例都可以使用“实与文不与”之辞的。

三　“实与文不与”之辞的限定

1. 不可用“实与文不与”辞之例

以经权解“实与文不与”，从义的角度来讲，是可以的。但是我们也要注意到，“实与文不与”是“辞”，这种辞的使用，有严格的限制，并不能一概以经权论之。据何休之《公羊解诂》，尚有四条不宜用“文实之辞”的例子：

(七) 纪侯大去其国。【传】大去者何？灭也。孰灭之？齐灭之。曷为不言齐灭之？为襄公讳也……故将去纪侯者，不得不去纪也。有明天子，则襄公得为若行乎？曰：不得也。不得，则襄公曷为为之？上无天子，下无方伯，缘恩疾者可也。【注】疾，痛也。贤襄公为讳者，以复雠之义，除灭人之恶。言大去者，为襄公明义，但当迁徙去之，不当取而有，有明乱义也。不为文实者，方讳，不得贬。(庄公四年)

(八) 五月，戊寅，宋师及齐师战于甗，齐师败绩。【传】战不言伐，此其言伐何？宋公与伐而不与战，故言伐。《春秋》伐者为客，伐者为主。曷为不使齐主之？与襄公之征齐也。曷为与襄公之征齐？桓公死，竖刀、易牙争权不葬，为是故伐之也。【注】不为文实者，保伍连率，本有用兵征伐不义之道。(僖公十八年)

(九) 蔡侯庐归于蔡。陈侯吴归于陈。【传】此皆灭国也，其言归何？不与诸侯专封也。【注】故使若有国自归者。名者，专受其封，当诛。书者，因以起楚封之。所以能起之者，上有存陈文，陈见灭，无君无所责。又蔡本以篡见杀，但不成其子，不绝其国，即诸侯存之，当有文实也。(昭公十有三年)

(十) 夏，五月，宋人及楚人平。【传】外平不书，此何以书？大其平乎己也……此皆大夫也，其称人何？贬。曷为贬？平者在下也。【注】言在下者，讥二子在君侧，不先以便宜反报归美于君，而生事专平，故贬称人。等不勿贬，不言遂者，在君侧无遂道也。以主坐在君侧遂为罪也，知经不以文实贬也。凡为

文实贬者，皆以取专事为罪故也。（宣公十五年）

以上四条，除了第（九）条是假设了一种情况就可以用"文实辞"，其他何休都明言不可以用"文实辞"，这给我们确定"文实辞"的使用范围，提供了很大的帮助。然而在确定"文实辞"的范围之前，我们有必要分析一下它的结构。

2. "实与文不与"之辞的结构与分类

对于"实与文不与"之辞，学者一般注重义的层面的研究，所以仅仅注意"实与"、"文不与"两个部分，但是仔细考察以上十条例子，我们会发现"实与文不与"之辞的语句，不仅仅是这两部分，还应该包括下面的文字。以第（一）、（二）、（三）为例，三条都有"不与诸侯专封也。曷为不与？实与，而文不与。文曷为不与？诸侯之义，不得专封也。诸侯之义不得专封，则其曰实与之者何？上无天子，下无方伯，天下诸侯有相灭亡者，力能救治，则救之可也"之文，第（四）条则是将"专封"改成了"专讨"，其余结构都是一样的。这四条如此相似，而《春秋》是讲例的，这些文字多次出现，肯定不是偶然的。我们可以推测，诸侯专封专讨的"文实辞"的文字和结构，应该就是这些了，而不仅仅是"实与而文不与"一句。

另外在不可以用"文实辞"的例子中，徐彦疏文做了一种假设，就是如果此条用"文实辞"的话，传文应该是怎样的，这个也给我们探求"文实辞"的语句与结构提供了帮助。

第（七）条是诸侯灭人国，如果要用"文实辞"的话，徐彦云：

今此若作文实，经宜言齐师灭纪，或言齐人灭纪，传曰孰灭之？襄公灭之。曷为不言襄公灭之？不与诸侯擅灭。曷为不与？实与而文不与。文曷为不与？诸侯之义不得擅灭。诸侯之义不得擅灭，则其曰实与之何？上无天子，下无方伯，缘恩疾者可。

第（八）条是诸侯专征伐，徐彦亦云：

今此经何以不言宋师伐齐，传云此公也，其称师何？不与诸侯专征。曷为不与？实与而文不与。文曷为不与？诸侯之义不得专征。诸侯之义不得专征，则其曰实与之何？上无天子，下无方伯，天下诸侯有不道者，力能征之，则征之可也。

第(九)条为诸侯专封，徐彦亦云：

若作文实之文，宜云城陈、蔡，传云孰城之？诸侯城之。曷为不言诸侯城之？不与诸侯专封。曷为不与？实与而文不与。文曷为不与？诸侯之义，不得专封。诸侯之义不得专封，则其曰实与之者，上无天子，下无方伯，天下诸侯有相灭亡者，力能存之，则存之可也。

由传文之结构，以及徐彦之推测，我们可以说，诸侯之"文实辞"应该包括三部分，一为"实与而文不与"，二为"诸侯之义不得专×"，三为"上无天子，下无方伯"以下之文。

同理，第(五)、(六)条是大夫之"文实辞"，虽然徐彦未假设大夫"文实辞"之结构，但是我们可以参照诸侯之"文实辞"，推测其结构包括两部分，一为"实与而文不与"，二为"大夫之义不得专×"。

综上十条，我们认为"文实之辞"有两类，一类针对诸侯[即第(一)至(四)条]，一类针对大夫[即第(五)、(六)条]。两者在内容上亦有差别，诸侯之"文实辞"除了"实与而文不与"、"诸侯不得专×"之外，还有"上无天子，下无方伯"以下之文，而大夫之"文实辞"仅有"实与而文不与"和"大夫不得专×"，无"上无天子，下无方伯"之文。"文实辞"的结构既已明确，下面，我们根据"文实辞"的种类、结构，结合不当用"文实辞"的例子，来讨论"文实辞"的使用范围。

3. "实与文不与"之辞与"专事"及"越等"

首先，得以用"文实辞"之行为，仅局限于"专事"。宣十五年何休注云：

凡为文实贬者，皆以取专事为罪故也。

所谓“专事”，也就是说，做此事之人，本不具有做此事之资格，只有获得了具有此种资格的人的命令，方可做此种事，如果未获得命令，则是专事。具体来说，“专事”之于诸侯则是“专封”和“专讨”，于大夫则是“专废置君”、“专执”。如齐桓公封邢、卫、杞为专封，而楚庄王杀陈夏征舒，则为专讨。郤缺“弗克纳”为“专置废君”，韩不信执宋仲几则为“专执”。

所专的对象，诸侯是专天子、方伯之职，因为无论是“专封”还是“专讨”，都应该是天子、方伯之职。故诸侯之“文实辞”一定有“上无天子，下无方伯”之文，表明所专的对象是天子、方伯。按照这个逻辑，若诸侯所行之事，并非专天子、方伯之职，则不可以用“文实辞”。故而第（八）条，何休以为，诸侯本有“保伍连率，用兵征不义之道”，非专天子、方伯之事，所以宋襄公之伐齐，不可以用“文实辞”。如果套用“文实之辞”的话，宋襄公之伐齐，则是“文亦与之”。

而大夫所专之对象，则比较复杂，比如“废置君”条，诸侯国国君之废立，应该也是天子、方伯的职责。第（六）条“专执”，《春秋》在书法上书“于京师”，藉以说明“伯讨”之义[①]，则大夫所专的，也是方伯的职责。而大夫之上，天子、方伯之下，有诸侯。从等级上而言，诸侯更加接近天子、方伯，所以在上无天子，下无方伯的前提下，诸侯有能力，有责任感的话，就自然地担当起天子、方伯的职责，这也是诸侯“文实辞”的初衷。而大夫直接担当天子、方伯的职责，在某种程度上，是对于诸侯的僭越，而大夫对于诸侯的僭越，在王道或者说在“太平制”看来，也是不允许的，否则整个王道的秩序也就乱了，春秋现实中的强臣执国政，便是由僭越而产生的恶果。所以第（十）条，楚司马子反与宋华元不忍心战争对于人民的残害，而私自讲和，《春秋》虽然通过书外平的方式[②]，肯定了二人的人道主义精神，但还是通过称人来贬此二人，因为毕竟两人都在君侧，而擅作主张。正确的做法，应该是“便宜反报，归美于君”，将决定权交给君王，人道主义的美名归

① 何休注云：“言于京师，成伯讨辞，知有罪。”可见“于京师”就是伯讨辞，或者更加确切地说，包含了伯讨辞的元素。因为伯讨的书法，是诸侯称爵而执为伯讨，外加“归之于京师”或者“归于京师”之文。此处执宋仲几者为大夫，虽不是诸侯，但是书“于京师”，则是有伯讨的元素。

② 案《春秋》之例，外平不书，此书宋人与楚人平，则是书外平。

于君王。所以从形式上看,《春秋》在此处虽然既肯定又否定了二人的行为,类似与"实与文不与"的形式,但是二人没有"归美于君",僭越了诸侯,触犯了王道的精神,所以何休认为不能用"文实贬"①。据此而论大夫得以用"文实辞"的第(五)、(六)条,晋郤缺、韩不信之"专废置君"与"专执",都是不在君侧的行为,所以就实际情况来讲,是难以"归美于君"的,所以可以用"文实辞",但是相对于诸侯而言,在文辞上少了"上无天子,下无方伯"之文。这样的书法是有深意在里面的,文十四年何休注针对郤缺之事云:

不复发上无天子,下无方伯传者,诸侯本有锡命征伐忧天下之道故,明有乱义,大夫不得专也。

何休以为大夫无"上无天子,下无方伯"之文的原因,是"明有乱义,大夫不得专也"。徐彦疏对此作了很好的阐述:

言大夫若有专废置君者,即是乱义,故曰明有乱义,大夫不得专也,正由大

① 然而对于司马子反和华元私自讲和一事,董仲舒给予很高的评价。《春秋繁露·竹林》:"司马子反为其君使。废君命,与敌情,从其所请,与宋平。是内专政而外擅名也。专政则轻君,擅名则不臣,而《春秋》大之,奚由哉?曰:为其有惨怛之恩,不忍饿一国之民,使之相食。推恩者远之而大,为仁者自然而美。今子反出己之心,矜宋之民,无计其闲,故大之也。难者曰:《春秋》之法,卿不忧诸侯,政不在大夫。子反为楚臣而恤宋民,是忧诸侯也;不复其君而与敌平,是政在大夫也。溴梁之盟,信在大夫,而诸侯刺之,为其夺君尊也。平在大夫,亦夺君尊,而《春秋》大之,此所间也。且《春秋》之义,臣有恶,擅名美。故忠臣不谏,欲其由君出也。《书》曰:'尔有嘉谋嘉猷,入告尔君于内,尔乃顺之于外,曰:此谋此猷,惟我君之德。'此为人臣之法也。古之良大夫,其事君皆若是。今子反去君近而不复,庄王可见而不告,皆以其解二国之难为不得已也。奈其夺君名美何?此所惑也。曰:《春秋》之道,固有常有变,变用于变,常用于常,各止其科,非相妨也。今诸子所称,皆天下之常,雷同之义也。子反之行,一曲之变。独修之意也。夫目惊而体失其容,心惊而事有所忘,人之情也。通于惊之情者,取其一美,不尽其失。《诗》云:'采葑采菲,无以下体。'此之谓也。今子反往视宋,闻人相食,大惊而哀之,不意之到于此也,是以心骇目动而违常礼。礼者,庶于仁,文质而成体者也。今使人相食,大失其仁,安著其礼?方救其质,奚恤其文?《春秋》之辞,有所谓贱者,有贱乎贱者。夫有贱乎贱者,则亦有贵乎贵者矣。今让者《春秋》之所贵。虽然见人相食,惊人相爨,救之忘其让,君子之道有贵于让者也。故说《春秋》者,无以平定之常义,疑变故之大则,义几可谕矣。"(《春秋繁露义证》第51—55页)此处董子肯定两人的人道主义精神,而认为臣子的"内专政而外擅名"、"归美于君"都不能和仁相比。而这些正是何休强调的。另一方面董子肯定两人的行为,认为"有常有变",此处遭遇变故,可以行权,如此,则从一个侧面证明,行权的事例不都可以使用"文实之辞"。

夫不得专废置故也。

可见太平制的要求，是不允许大夫有僭越诸侯的嫌疑的，否则就是乱。同时大夫“专执”条，亦无“上无天子，下无方伯”之文，定元年徐彦疏云：

何氏省文，不复言大夫之义不得专执，则其曰实与之何？上无天子，下无方伯，天下大夫有为无道者，力能执之则执之可也，异僖元年、二年“救邢”“城楚丘”之传者，正以诸侯相执，伯者之常事；大夫相执，例之所略，详尊略卑之义也。

对此，孔广森以为：

（“专执”条）不发“上无天子，下无方伯”传者，与“弗克纳”同义。[①]

可见，即使大夫得用“文实辞”，也通过文辞的简省，以彰明王道不僭越之旨。由此可以说，“文实辞”本为诸侯而发，使得诸侯能在上无天子，下无方伯的情况下挺身而出，扭转世道，而大夫之“文实辞”仅仅是在诸侯不在场的情况下，才可以成立，实际上是诸侯“文实辞”之附庸。故宣十五年徐彦疏云：

为文实贬者，皆以时无霸主，诸侯专事，虽违古典，于时为宜，是以《春秋》文虽恶，其实与之。

徐彦此语，很好地说明了“文实辞”的性质，然而未提及大夫。我们推测，这正表明了大夫之“文实辞”是诸侯“文实辞”的附庸，从一定程度上讲，也是对大夫之限制。如果诸侯国内部就发生了权臣专政的情况，那也就无所谓诸侯的专事了。

由上可知，一定要行王道，专天子、方伯之事，方可用“文实辞”。如果不行王道而专事的话，同样不能用“文实辞”。比如第（九）条楚专封蔡、陈，而蔡、陈

---

① （清）孔广森著，陆建松、邹辉杰点校：《公羊春秋通义》，第355页。

二国本是楚国所灭，灭人之国为大恶，此则楚国专灭专封，乖戾王道，在书法上，显然不可用“文实辞”。如果我们套用“文实辞”的语句，就是“实亦不与”。孔广森云：

邢、卫、缘陵虽犯专封之咎，犹为兴灭国继绝世，此则楚灭之而楚自复之，安足为德？且弃疾本以利动，故直略之，不复为文实，壹若陈、蔡之自绍其国者，而不与楚之义严矣。①

然而昭十三年何休注云：

即诸侯存之，当有文实也。

也就是说，如果不是楚，而是其他诸侯复陈、蔡二国的话，则是兴灭国，合于王道，虽是专封，可用“文实辞”。

4. “实与文不与”与其他辞

另外一方面，“实与文不与”是辞，而一段文字中，可能含有多个辞。以第(一)条为例，《春秋》在阐述对于诸侯专封的“文实之辞”的同时，通过不书“狄灭邢”，来为桓公讳，为桓公讳了之后，方可“实与”桓公之专封。如果之前书了“狄灭邢”，则明显地表明桓公之救邢不及事，对邢灭亦有责任，就不可以“实与”桓公之专封。此则先为桓公讳，再实与文不与桓公，这两者并不妨碍，甚至可以互相依存。如果一段文字中，有辞与“文实辞”矛盾，而且这个辞所要表达的意义高于“文实辞”时，则仍不可作“文实之辞”。例如第(七)条，纪侯大去其国，实则齐襄公灭纪，《春秋》为了彰显大复仇之义，而为齐襄公讳，故而不言灭，而言纪侯大去其国，好像纪侯仅仅离开了纪国一样。但是如果用“文实之辞”的话，根据体例则要书齐襄公灭纪国的事实。庄四年徐彦疏云：

① 前揭《公羊春秋通义》，第330—331页。

齐师灭纪，或言齐人灭纪，传曰孰灭之？襄公灭之。曷为不言襄公灭之？不与诸侯擅灭。曷为不与？实与而文不与。文曷为不与？诸侯之义不得擅灭。诸侯之义不得擅灭，则其曰实与之何？上无天子，下无方伯，缘恩疾者可。

如此，经就不免要言及齐襄公灭纪这一事实，从而使得为齐襄公讳这个辞的意义消解掉了，一旦不为齐襄公讳，则《春秋》大复仇之义也不可彰显，因为讳辞所要表达的意义，就是以大复仇之功，抵消灭国之恶。如果直接书齐襄公灭纪，则这番功过相抵就不存在了。仅仅存在的是灭人之国的大恶，这是王道所不许的，那么"实与"也无从谈起了。所以，庄四年何休注云：

不为文实者，方讳，不得贬。

也可以说，此处的"讳"和"文实之辞"是相矛盾的，不可以使用"文实辞"。可见使用"文实之辞"还需考虑不同辞之间的冲突问题。

四 结 语

综上，通过分析《公羊传》中使用"文实之辞"的例子，以及何休注以为不能使用"文实之辞"的例子，我们认为，"文实之辞"从义上讲，或许和经权问题有相似之处，但是作为"辞"本身来讲，它有自身的结构和适用范围，要行王道，专天子、方伯之事，且大夫不躐等，同时不与其他辞冲突，满足了上述条件，方可用文实之辞。《春秋》有例，有义，有辞，有事，或许我们可以从多个方面来研究《春秋》。

再论儒家经疏的形成与变化

谷继明*

一　问题的提出

对于经典的诠释来说，最重要的是其通过诠释经典所表现的义涵；然而诠释的体裁或形式，同样也是不可忽略的。这并不仅仅因为形式或体裁跟内容、义涵有莫大的关联；而且经学诠释的体裁本身也有相对独立的演变特色。经学诠释体裁的变化，表征并且推动着经学的变化。义疏之学，是以义疏体裁解释经典内容的一种诠释范式。这种范式自然可以为佛教、道教、儒家三者所共有。不过儒家义疏上承先秦两汉，后启宋明理学，其发展过程中又与玄学、佛学相交涉，自有一番特色，尤为重要。牟润孙先生《论儒释两家之讲经与义疏》与桥本秀美老师《南北朝至初唐义疏学研究》，可谓此领域的精要之作。

牟先生所论，在佛教对儒家义疏学从讲经到撰作形式的影响，并未探讨佛教义疏本身在儒家旧经学亦有萌芽，同时牟先生亦未探讨儒家义疏学后来的转变与衰落。桥本老师以经学家的眼光，处理爬梳儒家有代表性的经疏，探究不同时期经疏发展的特色，从而发现义疏学衰落始自二刘，书证之学代替条例建构。桥本老师之说精审，然而未顾及孔颖达之后，以及比较同时代的佛道经疏。

* 作者单位：北京大学哲学系。

本文则试图将牟先生与桥本老师的两种方法结合起来，并从佛、道二教义疏的情况加以旁证，探讨义疏学产生与转变的原因。

二 有关义疏起源问题的检讨

有关义疏的定义，一般以为是对于经文和注作的解释。桥本秀美老师则指出："义疏的主要任务即在似有关系但又不相同、甚至相互矛盾的各处经注文之间，疏通逻辑，解释其间的关系。可以说义疏学有自己独特的学术方法，与其他时期的经学著作有本质上的区别。如果简单地认为义疏是对经并注的解释，未免太过肤浅。"①此以义疏为六朝专有的学术范式，从而对此加以定义。不可否认，义疏之学，始自六朝，且以彼时义疏之学最为典型。但是以后的人在疏释经文和注文的时候，也认为自己作的是"疏"。然则从通名的角度来看，以"解释经与注"来定义疏，虽失之于浅薄，却能概括各个时段的义疏之学。

在牟润孙先生之前，已有梁启超、柯劭忞、陈寅恪、汤用彤等先生指出佛教义疏与儒家经疏的关系。牟先生的文章则探赜索隐，将佛教讲经、义疏撰作及其对儒家经疏形成的影响一一考证清楚。义疏之形成乃是由于讲经，而儒家义疏形成受到佛教义疏影响，自兹可为定论。然而戴君仁先生又稍有异议，以为"儒家的经疏，自有它本身的历史，由汉历晋，以至南北朝，逐渐衍变而成，不是单纯地由佛书产生出来的，可以说是二源的"②。

戴君仁先生有关儒家经疏不独源于佛教，且在自身有其萌芽的看法，是很有道理的。牟、戴二先生的文章有一共同之处，即将儒佛的关系视作一次性影响的过程。然而魏晋南北朝文化的融合，不论是思想、教义、文学，还是经术，其影响是一个反复交互的过程③，经疏的形成亦不例外。在这一视角下，我们有理

① 桥本秀美：《经疏与律疏》，《隋唐五代经学国际研讨会论文集》，中央研究院中国文哲研究所，2007年，第162页。

② 戴君仁：《梅园论学三集》，学生书局，1979年，第1131页。

③ 以玄学为例，佛学最初传入以玄学形式征得士大夫的接受，话语皆是玄学式的；而后佛学独立性增强，自身主动的融入玄学发展之中，又对玄学的进一步发展、理论的转折产生了莫大作用。就宗教教义来说，佛教开始入中土之时，吸收了许多道教教义、方术，及其发展起来，它的教义、传说、科仪又反为道教所采纳（详见萧登福《道家道教与中土佛教初期经义发展》，上海古籍出版社，2011年。）

由认为:儒家在南北朝时期的经疏,固然受到佛教的影响;不过,佛教最初经疏的形成,其实也借鉴了儒家的经学。当然,汤用彤先生已然指出,严浮调、道安的章句之学"最初则似由于汉代讲经之法也"①。惜汤先生只作了一揣测性的判断,而未深言之;且亦未言科段之学与汉代经学之渊源。故下文详论之。

一般说来,佛教义疏在结构上的最大特色,是科判,亦称为科段。科段是对整个经典篇、章、句的结构所作的分析,具体说来有两层意义:一是每个意义单元、意义层次的划分;一是每个意义层次、单元的地位,以及不同意义层次、意义单元之间关系的说明。这种方法在汉代已然有其端绪,且就被称作"科"。其最著名的,莫过公羊学所谓"三科九旨"。《公羊疏》载:

问曰:"《春秋说》云:春秋设三科九旨。其义如何?"答曰:"何氏之意,以为三科九旨正是一物。若总言之,谓之三科,科者,段也;若析而言之,谓之九旨,旨者,意也。言三个科段之内,有此九种之意。"②

《春秋说》是纬书,当不晚于东汉;而何休则直接提出了"科段"的说法。此科分之法,并非《公羊》学所独有,乃是汉代经学的常见方法。比如《尚书》学还有"三科之条,五家之教"之说,《尚书正义》载:

马融、郑玄、王肃、《别录》题皆曰"虞夏书",以虞、夏同科,虽虞事,亦连夏。此直言《虞书》,本无《夏书》之题也。案郑《序》,以为《虞夏书》二十篇,《商书》四十篇,《周书》四十篇,《赞》云"三科之条,五家之教",是虞、夏同科也。③

《尚书后案》进一步考证三科五家:"扬子《法言》云'《虞夏书》,浑浑尔;《商书》,灏灏尔;《周书》,噩噩尔。'杜预注僖二十七年引《夏书》'赋纳以言'三句云:'《尚书》虞夏书',则知自汉至晋,书皆不分虞夏也。"④

---

① 汤用彤:《汉魏晋南北朝佛教史》,北京大学出版社,2011年,第65页。

② 《十三经注疏》,中华书局,1980年,第2195页。

③ 《十三经注疏》,第117页。

④ 王鸣盛:《尚书后案》,《续修四库全书》第45册,第302页。

对于汉代经学来说，比科段更为常见的体裁是章句。而章句之性质，亦与科段相类。《论语注疏》在疏解序文“包氏、周氏章句出焉”时说：“章句者，训解科段之名。包氏、周氏就张侯论为之章句训解，以出其义理焉。”而更早的皇侃则在义疏中说：“章句者，注解因为分断之名也。”[①]就其对经文进行意义层次和单元的划分，以及讲明其间关系这一点来说，科段与章句是一致的；二者的主要区别在于，科段是比较大的意义单位，而章句则是比较小的意义单位。

章句这一体裁是极富弹性的，不仅可以容纳简要的训诂，也可以引申为繁衍的论说。章句之繁者，《汉书·儒林传》载：“（夏侯建）师事胜及欧阳高，左右采获；又从五经诸儒问与《尚书》相出入者，牵引以次章句，具文饰说。”[②]夏侯胜的《章句》是比较简略的；而夏侯建则在大夏侯的基础上做了极大的扩充：一是采纳其他《尚书》家的师说；而是采纳其他经典的师说。其“牵引”以次章句，是把这些不同的说法组织编排到原有的章句结构之中。因为章句的繁难，东汉开始了减省章句的活动。《后汉书·桓郁传》：“初，荣受朱普学，章句四十万言，浮辞繁长，多过其实。及荣入授显宗，减为二十三万言。郁复删省，定成十二万言。”[③]经过减省，东汉的章句之学恢复到稍微质朴的状态之中。

除章句一体，儒家经学还有专门讲篇章意义科分的诠释体裁，那就是序。序的体裁应该产生于汉之前，而在汉代则尤为常用。儒家诸经多有序，即《序卦传》、《书序》、《毛诗序》。这是对经典各篇的意义及其地位作的大划分，虽然单位比较大，但与科段类似。郑玄的《诗谱》，则在《毛序》的基础上，对三百篇的时代、背景、意义都做了详细的说明、分组和排列，十分细密。如果把这种功夫用在一章的分析上，几乎就是科段了。

有了以上的考察，我们再看佛教。佛教经典才传入的时候比较质朴，经典的部类选择、翻译都不完善。考之《出三藏记集》和《高僧传》，两晋时期译经者主要是胡人，而注经者多为汉人。《高僧传》首列译经、义解二门，其胡、汉对比，较然可见。换句话说，注经是在汉地文化之中，由汉地僧侣完成的，当时的受众

---

① 皇侃：《论语集解义疏》，《丛书集成》本，中华书局，2006年，第2页。

② 班固：《汉书》，中华书局，1962年，第3159页。

③ 范晔：《后汉书》卷三十七，中华书局，1965年，第1256页。

则主要是士大夫阶层。这些义解僧人本来就对儒家经典和玄学经典十分熟悉，而在理解和解释佛经的时候，自然亦借重于“外典”，乃有了所谓“格义”。佛教早期的讲经，常用格义的方法，这是从内容上来说明佛教对于外典之比附借重。内容上既然有借鉴，其诠释体裁亦借“外典”的形式来加以实行。今观其最初的佛典注解体裁，正是注、章句之类。严浮调、道安可谓这类体裁的代表，僧睿在上文中称赞他“附文求旨”，亦即随文而注。陈氏注《阴持入经》，亦说：“因间麻缌为其注义，差次条贯，缕释行伍。令其章断句解，使否者情通，渐以进智。”[①]随文而注，要依据经点本身的脉络或自然的意义单元进行，当时的“事数”之学喜好组织体系，而经文亦有“品”作为自然的意义单元。于是佛教学者便依照经文作简单的注解。此即汉代经学的典型形式。可见佛教在义疏兴起之前，以章句、注为体裁，而已经详分科类了。注佛经已有科段，而讲佛经则更为繁说，于是科段越来越细密。当然，这时期佛教的章句之学与后来典型的义疏之学差别很大，主要区别是没有繁琐的科段分析和详尽的解说。但其演变的过程还是明显的，早期佛经质朴、佛学初传，故多类似汉代质朴的注释；后来佛教讲经渐兴，而受玄学浸染，僧人讲经亦效仿名士“善标宗会”，多依据经文讨论玄理；再后来讲明佛经本身意思成为讲会最主要任务，而科段、语译、文字解释成为义疏主要内容，此即为义疏之成立。道安可谓由章句之学至义疏之学的关键人物，其经注体裁为旧有的章句之学，而其科段则下开义疏。然旧注之学与义疏之学，其范式截然有别；故汤用彤先生以道安为“注疏创始”[②]，虽非错误，然尚未周洽。

当然，谓佛教之章句、科判借鉴儒家经学之章句、科段，可也；而径谓佛教义疏体式来自儒家经学体式，则不可。即以科判而论，佛经科判大分，为序分、正宗分、流通分。这种分类乃依据佛经本身特有之结构而设，与儒家经典结构绝不相同。又，佛经多是长篇演说，回环复杂，故必须详为科段，其意义层次和意义单元都非常多；而儒家经典本来就有自然的意义单位，或以篇、章，如《诗》、《书》、《论》、《孟》；或以系年，如《春秋》；或以事理结构，如《易》、《周礼》。有了这些本来就存在的结构，儒家后学者在解经的时候，就不必特别重新加以科分。

① 《大正藏》第33册，第9页。

② 汤用彤：《汉魏晋南北朝佛教史》，北京大学出版社，2011年，第306页。

而且,佛教的义疏之学与章句还有基础性的不同:义疏多是讲经的记录。我们尤其不能忽略这一点。虽说儒家很早也有讲经的事,但儒学面向的是知识和官僚阶层,所以其讲经多为师弟之间或儒臣向君主讲授,讲述地点多在国学之中或朝堂之上;佛教的宗教性、普适性决定了其必须要面对各个阶层的人,讲经的道场可容纳各类人。受众的不同,决定了讲解方式、讲解深浅的差异。今观佛教义疏,其语言特为浅显,说话特别详细乃至啰嗦;读其文,则其当时讲经之苦口婆心可以想见。佛教义疏的这种特色,在当时和之前的儒家经学中都是不存在的。

正是因为佛教的这种活动和著述方式极大地抓住了听众,获得了道俗两界、自庶人至天子的一致欢迎信奉,故而反过来对儒家也产生了极大的影响。儒家讲经活动之盛,与佛教不无关系;而其语言日趋浅白、并将讲经所说全部记载,更有鉴于佛教义疏。

三　儒家前期的义疏之学

佛教义疏的体式对儒家义疏大有影响,而科判尤为显著。其科段繁琐者,如今传《论语集解义疏》将《论语》开篇第一章分为三段,被视作人学习过程中的三个阶段,于是经文的先后顺序被赋予一种时间的顺序和修养成德的结构。牟先生以及桥本老师的文章都举过这个例子,此处不再具引原文。还有比《论语义疏》科段更繁琐的,如《讲周易疏论家义记》对乾卦所作的科段:

第三释彖辞,三重:

第一释名德,四重:第一释名,"彖曰";第二释叹名,"大哉乾元";第三释成用,"万物资始";第四释相冥,"乃统天"。

第二释四德,第一释亨,"云行雨施,品物流行";第二释利,"大明终始,六位时成";第三释贞,"时乘六龙以遇天。乾德变化,各正性命";第四释四德相即,"保合太和,乃利贞"。

第三释圣人体此德,"首出庶物,万国咸宁"。

第四释象，三重：

第一释境智相配；第一释境："象曰天行健"；第二释智，"君子以自强不息"。

第二释六爻象；

第三释用九义，"用九天德不可为首也"。①

以上只是《彖传》和《象传》部分的科段，至于《文言》部分更为复杂，限于篇幅，此处不再罗列。如同皇侃疏，这种科分也并非仅仅对各句作一分别，而是把文本分为不同的意义层次和单元。比皇侃疏更甚的是，它特别运用哲学的思考来组织科段。如上引中我们看到其分析《大象传》，分"象曰天行健"与"君子以自强不息"为二段，前一段为境，后一段为智。这种对层次意义的说明显然受到佛教的影响。境、智对举，佛教常有，《佛光大辞典》对"境智"的解释是："境即所观之境界，智即能观之智慧。"这样，两个科段便通过认知对象与认知主体这种关系紧密结合起来。我们再看上引还有一类有特色的科分，那就是先根据德目科分，而后把最后一段定为前面几个科段的"相即"或"相冥"。"相即"、"相冥"亦是佛教常用的术语，类似于圆融无碍。而这种道理施行在科段上，则是把科段的联系上升到哲理的高度。

其实，六朝的义疏家对经典所作科分，不仅仅就着文本本身的顺序和次第；他们也常常对经文进行体例分析，归纳出若干原则，以统摄、讲解经文。此可谓科判的另一种形式。比如《周易正义》曾记载周弘正对《序卦》原则的分析：

周氏就《序卦》以六门往摄：第一天道门，第二人事门，第三相因门，第四相反门，第五相须门，第六相病门。……韩康伯云："《序卦》之所明，非易之缊也。"盖因卦之次，托象以明义，不取深缊之义……故不用周氏之义。②

---

① 黄华珍：《日本奈良兴福寺藏两种古钞本研究》，中华书局，2011 年。按《讲周易疏论家义记》系日本兴福寺旧藏，书名虽不见《隋书·经籍志》着录，但当为《正义》之前的旧义疏。此义疏由狩野直喜博士发现，而于 1953 年公布。去岁黄华珍先生出版《日本奈良兴福寺藏两种古抄本研究》，载有图版，颇便中国学者；惜此书所作释文，在字的释读和断句上多有舛误。本文利用彼书，但据其图版而已。

② 《十三经注疏》，第 95 页。

"门"也是科类的意思。但这种分类单位,在佛教中才开始广泛应用。如吉藏疏解《维摩诘经》,开章便说:"《玄义》开为四门,一定深浅,二释名题,三辨宗旨,四论会处。"[①]周弘正是受佛教影响比较深的儒家学者,他利用了这些原理来统摄《序卦》,在当时很流行。

但儒家义疏仍有与佛教经疏不同的地方。从形式上看,最主要的不同在于儒家义疏经注并释。比如皇侃的《论语集解义疏》说:

> 侃今之讲,先通何集。若江集中诸人有可采者,亦附而申之。其又别有通儒解释,于何集无好者,亦引取为说,以示广闻也。[②]

"注解经,疏解注"的说法固然不对,但是义疏在讲经的时候也要兼顾讲注,却是实情。只是早期的义疏对注释的去取比较自由,不似后来要定某一家为尊,严格地"疏不破注"。究其原因,不外乎二。一是儒家与佛教经学的基础性差别。佛教的义学家面临的直接是佛经,很多经典之前并不存在一个漫长的、有权威性的诠释传统[③]。而儒家在借鉴佛教的义疏体式之前,已经有了丰富的注释积累,有纷繁的师法和相对权威的诠释。这样的话,佛教义疏直接畅通文义、发挥教理,令大众乐受奉行即可。而儒家在讲经、作义疏的时候,不仅要敷畅经文,且须依注解解释经文;同时要疏通注解,衡定不同注释之间的优劣以明其去取。第二,从当时的书籍流通来说,儒家的注释已然常与经文捆绑在一起,所谓经注并行者。这个现象至迟到马融、赵岐时就已经开始了。赵岐《孟子题辞》"为之章句,具载本文",焦循说:"《毛诗正义》云'汉初为传训者皆与经别行,三传之文不与经连。故石经书《公羊传》皆无经文。《艺文志》云《毛诗》经二十九卷,《毛诗故训传》三十卷,是毛为诂训,亦与经别也。及马融为《周礼》之注,乃云欲省学者两读,故具载本文。然则东汉以来始就经为注。'按赵氏用马融之

---

① 吉藏:《维摩诘经义疏》,《大正藏》第35册,第908页。

② 皇侃:《论语集解义疏》,《丛书集成》本,中华书局,2006年,第6页。

③ 这句话是就经——注模式来说。毫无疑问,印度的佛教学者们早就发展出了诠释佛经的"论"体,但这多是就某些问题展开辩难,并不是依文注解。而且论体传入中国比佛经要晚。

例，故具载本文。"[①]正是因为经与注相合所带来的极大方便。

南北朝时期的讲经，讲者和听者都是拿着经本的；而这本子，当是经注本。北朝人张吾贵对学生说"我今夏讲暂罢，后当说《传》，君等来日皆当持本"[②]，可见听者都是拿着本子的。史又载徐遵明讲经时，"每临讲座，先持经执疏，然后敷讲"[③]，我们由此不仅看到义疏是为讲课所准备的，而且也可以推测出当时所执书本有两种：一是经注本，一是疏。讲经而必及注，创制义疏则经、注并解，此为儒家经疏有别于佛教之一大特色。

皇侃的义疏之学也能说明此特色。其《论语义疏》虽说是同时采用了何晏、江熙二家。但却选定以何晏为主。换句话说，当时他讲《论语》，诠释的对象是何晏《论语集解》，同时以江熙的《集解》作为补充。职是之故，《义疏》诠释的次序先是经文，而后是何晏的集注之文。江熙《集解》中的注文只是在涉及有关问题的时候被引用。如果考虑到义疏最初是与经注别行，则其对于经文仅仅是标引；而对于经注本所作的疏，则是在标经文、诠释经文之后，又标注文、诠释注文。今《论语集解义疏》已经被改成了后来"经—注—疏"具载的体式，但据其现有体式可以推想，原本的《义疏》也把诠释注文作为一个重要内容。

皇侃还有《礼记义疏》，其一部分体现在今传《礼记子本疏义》中。《论语》注有多家，权威难定；而礼学专门，自郑玄为之作注以来，便成为很大的权威，且经注相连，被学者一起阅读研究。皇侃为《礼记》所作义疏自是遵用郑注本。其书先标经文、释经文，而后标注文、释注文。经注本《礼记》中的每一"经文——注文"单元亦是《疏义》进行诠释的单元。即便是不诠释郑注的时候，《礼记子本疏义》还是把注文标出，以保持体例的统一。

需要说明的是，当时讲经说注，虽然据一家作为讲解的依凭，但讲者还是会称引多家，不一定严守一家而不得出入。正如桥本老师论皇侃之学：

其整理方法自见特色，一言以蔽之，当云"通"也。广存异说，不拘一格，即

---

① 焦循：《孟子正义》，第26页。

② 李延寿：《北史》，中华书局，1974年，第2715页。

③ 《北史》，第2720页。

与注乖，或涉荒诞，存而录之；或论说涉烦杂，无关要旨，则置之不论，不汲汲议论，亦不尚知识之多，以查检群书为末事，此皆可见态度之旷达。①

匪独皇侃，《周易》的郑、王兼采，《左传》的服、杜相争，都表现了学风的自由、谈辨的激烈和对注释的开放态度。如崔灵恩和虞僧诞有关服杜的争论：

灵恩先习《左传》服解，不为江东所行，乃改说杜义。每文句常申服以难杜，遂着《左氏条义》以明之。时助教虞僧诞又精杜学，因作申杜难服以答灵恩，世并传焉。僧诞会稽余姚人，以左氏教授，听者亦数百人。该通义例，当世莫及。②

北朝也存在服、杜之争，"姚文安难服虔《左传解》七十七条，名曰《驳妄》，崇祖申明服氏，名曰《释谬》"③。至于其他经典，如北儒樊深"每解书，尝多引汉魏以来诸家义而说之。故后生听其言者不能晓悟，皆背而讥之曰：'樊生讲书多门户，不可解。'然儒者推其博物"。而沈文阿"博采先儒异同，自为义疏"④。

四　义疏之学的转变

南北朝的义疏之学到了隋唐发生了显著的变化。或以为义疏之学走向衰落，而其原因则是《五经正义》的功令致使学术僵化。桥本秀美老师则通过考察义疏的内部形式与结构，指出义疏学之衰亡，始于刘焯、刘炫："二刘打破旧义疏学传统，以后义疏学已不得更为义理、义例之思考探讨，此所以义疏学之不得不衰亡也。"⑤桥本老师观察入微，所论甚韪。然通观北周末至唐初一段经学史，则此种变化亦其一方面。盖一种学术范式发生转移，则其表征与原因固有多方，

① 桥本秀美：《南北朝至初唐义疏学研究》，北京大学中文系1999届博士学位论文，第10页。
② 李延寿：《南史》，中华书局1975年，第1739页。
③ 《北史》，第2726页。
④ 《南史》，第1741页。
⑤ 《南北朝至初唐义疏学研究》，第68页。

笔者探究史籍及经疏本身，所考察其转移之表现有三，略述于下。

1. “疏”之含义的渐变

牟润孙先生曾考证“疏”之起由于讲经，而“疏”即记录之义，非疏通之义[①]。牟先生考证翔实，可为不刊之论。不过，这仅仅是从疏的起源及其初期发展来说。然名字之成立虽由乎意义，本属附庸；但名字既已制造，则亦因之有客观独立性，常会产生新的意义，从而致使其原有意义湮没不彰。即以此“疏”而论，义疏作为一种诠释体裁，本义为“记”。但此名词产生后，使用既广，“疏”本来亦有疏通之义，于是后来的义疏家亦渐渐认为此义疏之“疏”亦有疏通的含义。唐初的成玄英，在为《庄子》作注疏时，就已经在“疏通”的意义上使用“疏”：

> 玄英……依子玄所注三十三篇，辄为疏(揔)[解][②]，(惚)[揔]三十三卷。虽复词情疏拙，亦颇有心迹指归。[③]

成玄英既谓之“疏解”，可知“疏”非“记”义，乃使疏通之义。道家如此，而稍后之湛然《法华文句记》说：

> 古之章疏，或单题疏，或单题章。章谓章藻，《诗》云“彼都人士，出言成章”；亦云“章段”，分段解释，成若干章。疏者，通意之辞，亦记也。又疏音，即疏通、疏条、疏镂也。今并不云者，意如向说。[④]

湛然为唐玄宗至代宗时候的天台法师。彼时他似乎仍隐约知道“疏”有“记”的

---

① 牟润孙：《注史斋丛稿》，中华书局，2009 年，第 90—92 页。

② 中华书局点校本《南华真经注疏》，据整理者说，以据古逸丛书影宋本为底本，参校以道藏本。然古逸丛书本及正统道藏《注疏》此处作“辄为疏解，揔三十三卷”，中华本“解”误“揔”，“揔”误“惚”。今引文据《古逸丛书》本补正。

③ 成玄英：《南华真经注疏》。中华书局，1998 年，第 3 页。

④ 《大正藏》第 34 册，第 151 页。

意思，所以说“亦记也”。然其主要观点，已经倾向于认为疏即疏通。略晚的道教义疏家，如杜光庭说：

所言疏者，疏决开通之义也，谓经含众义，玄妙幽探，虽诠注已终，而文义未尽。故述此疏，开通幽迹，疏决玄微，分释意义，令可会入，故谓之疏。亦云：疏者，条也，条理经义，令人易晓。或云钞，钞以抄集为名；或云记，记以纪录为目。此盖随时立名，皆是包括义理之义也。[①]

杜光庭知道，义疏体有一种名字叫“记”，即“义记”、“疏记”等。然而在他眼中，“疏”只有两种含义：一是疏决，亦即疏通，二是条别。而“记”的含义并非“疏”所具有。

除了儒道释三家的看法之外，还有《唐律疏议》的说法作为旁证：

昔者圣人制作，谓之为经；传师所说，则谓之为传。此则丘明、子夏于《春秋》、《礼经》作传是也。近代以来，兼经注而明之，则谓之为义疏。疏之为字，本以疏阔、疏远立名；又，《广雅》云“疏者识也”，案疏训识，则书疏记识之道存焉。[②]

《唐律疏议》于永徽四年编成。需要提及的是，此年亦为为长孙无忌主持重新校刊《五经正义》书成的时间；而主持修疏的人如长孙无忌、于志宁、褚遂良、柳奭等，皆同时为《五经正义》刊定人[③]。因此，《唐律疏议》的经学观点，可代表唐前期经学家的一般看法。此处虽然以为疏有“记”的意思，但其谓“本以疏阔、疏远立名”，则其意义重点已经发生偏移，认为“疏通”更重要了。

2. 科判地位的下降

南北朝义疏最显著的特色是科判，我们在前面也说过，当佛教繁复的科判

---

① 杜光庭：《道德真经广圣义》，《续修四库全书》第1290册，上海古籍出版社，第577页。

② 《唐律疏议》，中华书局，1983年，第2页。

③ 详见长孙无忌《进五经正义表》。此表多见于宋版《五经正义》中，如宋刊八行本《尚书注疏》，载《续修四库全书》第41册，第502页。

之风施及儒经时，不免流于苛察缴绕、过于细碎。而科判之风，又尤以《周易》为甚。比如《周易》的《彖传》，据义疏家，当有十二类，分析繁杂，孔颖达表示不满：

夫子为彖之体，断明一卦之义，体例不同。庄氏以为凡有一十二体，今则略举大纲，不可事事繁说。庄氏云：……。其余诸卦之彖，或详或略，或先或后，故上下参差，体例不同。或难其解，或易略解。若一一比并，曲生节例，非圣人之本趣，恐学者之徒劳心不晓也。今皆略而不言，必有其义，于卦下而具说。①

此中庄氏，乃《周易》的义疏家之一。由《周易正义》所自变量条来看，其学问的一大特色是好为《周易》文本归纳体例，甚至于穿凿附会亦在所不惜，其解《象传》的体例也被孔颖达批评：

庄氏云："四象谓六十四卦之中有实象，有假象，有义象，有用象，为四象也。"今于释卦之处已破之矣。②

今按孔疏谓"释卦之处"破斥庄氏之说，然遍检疏文，并无有破斥者；唯于干卦《大象传》下，孔疏引"先儒"有实象、假象之说，然未加以驳斥。此盖撰疏偶有漏略耳。但观其所引，可知"实象、假象、义象、用象"乃庄氏归纳判别象传之法则。

以上所举孔氏《周易正义》特点，正可与桥本老师所举孔颖达《礼记正义》对皇侃科段的批判③相发明。

3. 注文地位的提升

如前所述，儒家的义疏最初虽然是经注并释，然而对于注的解释实在是次要的，且不主于一家注解。但义疏学发展到后期，就特别重视对于注的疏解。

---

① 《十三经注疏》，第 14 页中。

② 《隋书》，第 1720 页。

③ 《南北朝至初唐义疏学研究》，第 74—84 页。

我们对比《礼记子本疏义》与《礼记正义》可见，皇疏下语简洁，多是通讲；而孔疏疏文则特别在字句训释和引用来源上用力，所以连郑注的一些训解，他都注明来源于何处，这是皇侃不屑为的。这正好可以证明我们前面关于疏由讲记变为专著的判断，当然，二刘的义疏之学已经呈现出此种特点。义疏既久，经注并行，注文地位的进一步上升。学者们对义疏的认识也有所改变：义疏最初只是为了说明经文，某一家注释只是在理解经典中起辅助作用；而后来义疏则被认为是在某一家的家法之中疏释经文。换句话说，孔颖达允许有就不同注本所作的不同义疏，但不能容忍在为某一本经注作的注疏中有援引其他注家的说法来反驳所依据经注的现象。

基于这种看法，孔颖达有著名的"疏不破注"原则。此原则在孔颖达诸经《正义》及序文中都有表现，桥本老师检讨了《礼记》、《左传》疏中孔颖达以"疏不破注"作疏以及批评先儒的情况，兹不繁引。我想要补充的是，除了孔颖达《五经正义》之外，杨士勋的《穀梁疏》亦是遵循"疏不破注"原则的。

杨士勋为唐初人，从孔颖达《左传正义序》所谓"谨与朝请大夫守国子博士臣谷那律、故四门博士臣杨士勋、四门博士臣朱长才等对共参定"[①]，可知其参加了修撰《左传正义》的活动，这当是他长于《春秋》学的缘故。孔颖达既云"故四门博士"，则似编纂《正义》时，士勋已经去职，则其年龄已然不小。又，杨士勋疏文曾引"先师刘炫"的说法，推其年龄，当属可信。刘氏所熟习者为《左传》，对《穀梁》未必有疏，但三传为当时优秀学者所通习，亦当有此方面的议论。我们看一下这条材料中刘炫与杨士勋的不同态度。庄公二十七年《穀梁传》说"衣裳之会十有一，未尝有歃血之盟也。信厚也"，范宁解："十三年会北杏，十四年会鄄，十五年又会鄄，十六年会幽，二十七年又会幽，僖元年会柽，二年会贯，三年会阳穀，五年会首戴，七年会宁母，九年会葵丘。"又传文"兵车之会四，未尝有大战也。爱民也"，范宁解："僖八年会洮，十三年会咸，十五年会牡丘，十六年会淮，于末年乃言之不道，侵蔡伐楚者，方书其盛，不道兵车也。此则以兵车会而不用征伐。"杨士勋疏说：

① 《十三经注疏》，第1698页。

衣裳之会十有一者，谓从北杏至葵丘也。《论语》称“九合诸侯”者，贯与阳谷二会，管仲不欲，故去之。自外唯九合也。“兵车之会四”者，洮、咸、牡丘、淮也，不数侵蔡伐楚者，以二者征伐非会故也。郑玄《释废疾》云：“自柯之明年，葵丘以前，去贯与阳谷，固已九合矣。”则郑意不数北杏，自外与范注同也。不数北杏所以得九合诸侯者，先师所说不同。或云“去贯与阳谷”，“与”犹数也，言数阳谷，故得为九也；或云葵丘会盟异时，故分为二；或取公子结与齐桓宋公盟为九。故先师刘炫难之云：“贯与阳谷并非管仲之功，何得去贯而数阳谷也？若以葵丘之盟盟会异时而数为二，则首戴之会亦可为两也。离会不数鄄盟，去公子结则唯有齐宋二国之会，安得数之？二三之说并无凭据。”故刘氏数洮会为九。以数洮会为九，兵车之会又少其一，故刘以传误解之，当云兵车之会三。案洮会下亦无云兵车之会，则传文不应两处皆误，是亦可疑也。①

案，疏文中“洮会下亦无云兵车之会”，“无”字当为衍文，今僖公八年《穀梁传》曰“周室虽衰，必先诸侯。兵车之会也”②。此处“九合”，范宁以为有葵丘之盟，郑玄不计算葵丘在内，则似乎不足九合之数，因此后来的学者多穿凿加以解释。刘炫则对这些解释全部加以驳难，然而提出了似乎更穿凿的说法：他把僖公八年本属于兵车之会的洮之会算在九合中，其结果是，兵车之会变成了三——这显然与传文“兵车之会四”相违背；于是刘炫不惜批驳传文以就其说，他竟认为《穀梁传》数错了。孔颖达批判刘炫“意在矜伐，性好非毁”，由此处亦可知孔氏之说不诬。而杨士勋就比较谨慎，他从辩护《穀梁传》的立场出发，也是从实际情况出发，指出僖公六年的洮之会明明说到是“兵车之会”，此处又云“兵车之会四”，传文不至于两处都有错误。这明显地表明了不同于刘炫的立场，只是刘炫毕竟为杨士勋先师，所以他只是说刘炫提供的新解释“亦可疑也”。“疏不破注”的原则，在杨士勋那里也是十分牢固的，并不仅限于孔颖达。

当然，杨士勋遵循“疏不破注”原则，其原因亦有多种：一是杨士勋与孔颖达

---

① 《十三经注疏》，第 2387 页。

② 《十三经注疏》，第 2395 页。按此“无”字建刻附释音本、明闽本、阮刻本皆有，盖辗转相承而误。

共同修《左传注疏》的经历，其原则受孔氏影响；二是因为杨氏的《穀梁疏》亦是用作功令，故必须遵循疏不破注原则；三是注文的地位和权威进一步上升、家法重新被强调的大趋势。

五　结　语

义疏之学作为一种诠释的范式，其转变过程及原因是复杂的，是多重因素迭加交织的结果；不可能以一种单一的、线性的逻辑来加以说明。其实义疏学到孔颖达那里尚未终止，其后贾公彦、元行冲、邢昺等人也仍在义疏学范式之内。也就是说，儒家的义疏在入唐之后经历了一个相当长的整理、消化时期，一直到宋初。佛、道教的义疏发展与此相类似。唐朝几百年间儒家义疏学的平稳与寂寞，在义理方面似乎留下了空白，或者说阵地被佛学与道家夺取；但我们也当看到，这几百年的平稳与沉寂，正孕育着儒家新的注经形式与新的义理学的诞生[①]。宋代理学兴起与义疏学的关系，虽然已经有人开始考察，但仍然有许多问题有待发掘。

① 比如《程氏易传》对王弼"性其情"说的继承；又比如《周易正义》《周易口义》《程氏易传》显然有一个嬗变的顺序。再如，韩康伯注及《周易正义》中"太虚"的说法对张载的影响。还有《论语注疏》等所引刘炫对"克己复礼"的解释对宋儒的普遍影响。

西学译介

柏拉图的《理想国》二讲

[美]列奥·施特劳斯/著　胡辛凯/译*　王婕玲/校**

[编译者按]本文译自施特劳斯1957年在芝加哥大学所开设的《理想国》研读课程的讲稿[未出版],有部分地方参考了施氏1961年的讲稿[未出版]。由于这些讲稿未经过任何的加工和修补,因此存在着不少缺失或者字迹模糊的地方。译者在翻译过程中,根据上下文的意思,勉力辨认出了一部分。对于那些实在无法辨认的地方,译者一概以"[……]"的符号标出,提醒读者这里存在着缺失。这些缺失短则几字,长则可达一页,而对于那些特别长的缺失,译者也在相应的地方作了特别的说明。

第　一　讲

[……]这个词[Politea],一般被译作宪法[体制](Constitution),这意味着,它不仅仅是一种我们通常理解上的结构,而且还包括了整个生活方式。如果我们直译的话,我们可能会用政制(regime),它的意思要更广一些,可以被用来指称整个的政治秩序和社会秩序。当然,如果你们想用政体(polity)也是可以的,

* 作者单位:浙江大学哲学系。
** 作者单位:浙江大学哲学系。

只不过这个词仅仅是Politea的盎格鲁撒克逊版本。所以，在这个意义上，当我们说民主不仅仅是一种产生政府的程序，还是一种生活方式时，民主就是一种政制。随着我们对《理想国》的阅读与讨论的展开，这些词都会慢慢出现的。

因此，这本书的标题暗示了它的主旨，即我们要讨论的是政制——一般意义上的所有政治秩序和社会秩序。然而，这部对话的主题，几乎在一开始就指明了，那就是正义。这两样东西——正义与政制——显然不是同一回事。然而，你们当中那些熟悉这本书的人都知道，在《理想国》中这两样东西是怎么被联系到一块儿的。因为那个缘故，在这里，你们几乎就能大致地猜到这种联系是什么。那么在《理想国》中，政体和正义之间的联系究竟是什么？

(回答：我猜你会说这里存在着双层关系：1)为了理解什么是正义，我们必须提出政治的问题。2)正义最终只能在某种特定的政治秩序里才能实现。)

就我目前的打算而言，这已经变得有些过于复杂了。在后面，我会说到在正义的城邦这个概念中的这两样东西。我们说的正义的城邦，事实上，指的就是最好的城邦。《理想国》关注的是最好的城邦，或者说最佳政制。当然，这点几乎众所周知，并且这本书的主题有时候会被人们说成是关于"理想[理念上的](ideal)社会"的，关于一种乌托邦思想的研究。这是针对柏拉图所谓"最佳政制的麻烦"的两种表达方式。"乌托邦"(Utopia)这个词要比"理想社会"更贴近柏拉图的原意，因为"乌托邦"这个词是托马斯·摩尔(Thomas More)爵士创造的，而他本人是一个深受柏拉图思想影响的学生。"乌托邦"指的是一些在任何地方都不会存在的东西。在柏拉图看来，最佳政制是一个乌托邦，也就是说，它必然地没有它能容身的地方。它必然无法在任何地方存在。而如果我们用这个词的新意，即这样一个地方仅仅是我们想象力的虚构，那么它就不成其为一个乌托邦了。对柏拉图而言，最佳政制是人天性的需求，任何企图忽视这一事实之重要性的尝试都是不可能的。因此，最佳政制就是人天性的需求，而它必然无法变成现实。

当然，人们肯定会提出这个问题——这跟我们有何关系？我们作为政治科学家和政治分析学家所关心的是那些实际存在的社会。现在让我简要地回应一下这个问题。所有的政治行动都牵扯到改进或维护。想要改进意味着想要做得更好，而维护意味着保留那些被证明是令人满意的东西。因此，所有的政治行动都牵扯到更好或者更坏的问题。如果一个人对好与坏没有丁点概念，那就完全不可能存在什么更好或者更坏的问题。这就像是，你不能在对蓝色没有丁点概念的情况下说什么东西比什么东西更蓝，这是一个非常简单的例子。因此，所有的政治行动、所有的政治思想都牵涉到好与坏。问题在于，我们平常认为的好与坏总是不够清楚。在任何情况下，我们都有可能想错了。考虑到这点，我们称这类想法为有关好与坏的意见。然而，正是意识到我们并不真正地了解什么是好、什么是坏，我们才如此渴求地去寻找有关好与坏的知识。那种有关好与坏完整的、成熟的(fully developed)知识，就是最佳政制。知道了最佳政制，我们才能知道政治上与人性上的善[好]，因为它让我们以一种包罗万象的视野审视了所有那些最重要、也最综合的问题。因此，柏拉图在《理想国》里提出的问题就一点儿也不奇怪了，并且这个问题，是任何一个十一二岁的小孩子都能理解的。此外，我们还可以很轻松地证明，这个问题并非可有可无。然而在这种情况下，问题也随之而来了。假设我们承认这的确是一个至关重要的问题，那它有答案吗？从今天社会科学的主流观点来看，这个问题没有答案。对我们而言，这天然地构成了一道屏障，然而这不是对全人类而言的，只是对那些社会科学家而言的。这种认为柏拉图提出的问题没有答案的观点有其理由，而这些理由可被追溯到两个源头。第一个学派——我们或许可以叫它实证主义——说所有的价值问题都经不起理性的推敲。最佳政制的问题显然是一个"价值"问题，因此它没有答案。换句话说，实证主义建立在事实与价值的分野之上，只有关于事实的问题才有一个理性的或者说科学意义上的答案。有关价值的问题超出了这个范围。举个例子来说就是，如果你说一个人有六英尺高，那么你的这一表述就仅仅是一个有关事实的问题。但如果，你说他看起来很聪明，那么你下的这个判断就是一个价值判断，这样一种判断不会是一个科学的判断。

第二个学派要更加有趣、更加机智得多。他们声称柏拉图提出的问题没有答案，因为所有的对好与坏问题的解答，甚至最终对真与假问题的解答，都有赖于具体的历史前提。这些前提并非对所有人都同样显明，它们只针对某类特殊的人，比如，西方人、希腊人、美国人或者别的什么你们可以想到的人。现在还不是引申这点的时候，但我想先把这点说得更直白一些，那就是，不仅仅只有社会科学家否认我们可以回答柏拉图所提出的问题，甚至其他很多视野更为开阔的人也持有类似的看法。我们千万不可低估我们时代的这一共同的恶（collective evil）的力量。但随着课程的展开，我们也许会有机会更深入地探讨这个思路，不过现在还不是时候。我希望你们在脑子里记住的就是这点。我要提醒你们一个事实，那就是，柏拉图的基本假设——即像最佳政制这样一个明显合情合理（reasonable）的问题，是可以被回答的——在今天遭到了许多强有力学派的质疑。请允许我再深入地提一点。这两个学派是如何影响柏拉图研究的？实证主义者和历史主义者一般怎么看待柏拉图？你们一定记得这两者是如何互相渗透的。那么今天，一般的实证主义者是怎么看待柏拉图的《理想国》的？如果我没有搞错的话，你们会说，柏拉图仍应被指责为是一个法西斯主义者。那是他们首先提出来的。他们已经就这个话题，出了很多书。而一个不愿做任何价值判断的实证主义者为何能这样评判柏拉图，这是另外一个问题。我们先来看看某种神话，这种神话宣称实证主义和自由民主互为表里。而柏拉图作为一个形而上学家，就必然地成了自由民主的敌人了。这里我只是附带地提一下这点。被许多实证主义者享有的一个更加重要的观点是，柏拉图的最佳政制思想早已过时，已经是完完全全的老古董了。这是一个希腊人提出的方案，它对不是希腊人的其他人来说毫无吸引力。这里我只想向你们暗示这一问题。我们不能想当然地接受柏拉图的答案，我们必须带着怀疑去研读他，如果我们还想要去理解他的话。而这，也是柏拉图本人想要我们去做的。现在让我们回到无可争议的一件事上来，我相信你们都能说出这件事。那就是，人们公认，一个学政治理论的学生必须研读像柏拉图的《理想国》这样的书。确实也有人反对这种说法，但那明显只是很小一部分人。他们会说，所有严肃的思想始于伯纳德·罗素，那些出现在他之前的思想全都无关紧要。然而我想，如果有人愿意，他一定能向他们指出，他们被他们所持的观点误导了。他们承认，比如，科学史的必要性。而现在，从某种意义上说，科学史已经和一般意义上的哲学史殊无二致，因而尤其也与政治哲学的历史完全同步了。这并不是在重复怀特海一直在强调的那种观点，即柏拉图在数理史上地位卓著。这样一来，人们就能在他们谦卑的理论基础上向他们展示他们的愚蠢，如果他们还说理解柏拉图一点也不重要的话。我们可以把这当成是一个合理的偏见，但阐明它却是非常必要的。

现在，一个更有趣的问题来了。我们应该怎样阅读柏拉图？我希望我们能通过这种研读柏拉图的方法向人们展示一种合适的方法究竟是怎么样的。在这会儿，我只会给出一个非常临时的答案。我们永远不能忘记，在我们阅读柏拉图的作品时——尤其是《理想国》，我们是在读对话，而不是论文。这是一个毋庸置疑的事实。至于，就我们的阅读来说那是什么意思，以及就柏拉图的本意来说那是什么意思，我们放到以后再看。现在，我们来看一看什么是对话。从非常外在、非常表面的地方入手，它是什么？在《理想国》的例子里，你们也许看得不是很清楚，这自然有一些原因。但也许你们在这之前也曾读过柏拉图的其他对话，比如上个学期我们读的《高尔吉亚》。柏拉图的对话究竟是什么样的？你们在标题下面发现了什么？

（回答：一串出场人物列表）

在其他哪些书里你们也能看到这个？

（回答：戏剧）

我们可以说，从一开始，一部对话是一出戏，一类戏剧。这是它外在的表现。当然，它是用散文的形式写的戏剧，它不押韵。然而，在这两者之间，还有其他一些有意思的不同点。一部对话恰好介于一篇论文和一部戏之间。这会产生一个极为重要的后果。我会通过给出一个有关《理想国》的事实评述，来略微证实这点。如果你去查索引，你会发现在剧作家的名录里，阿里斯托芬的名字赫然在列。阿里斯托芬是古代最著名的喜剧诗人。如果你去查阅相关文献，你就会看到，在某部阿里斯托芬的喜剧当中，有不少的段落与《理想国》中的内容一一对应。这部喜剧的名字叫《妇女公民大会》（*The Assembly of Women*）。我们读《理想国》的方式有很多，但有一种不错的方式是在阅读柏拉图的《理想国》之前先去看一看阿里斯托芬的喜剧。《妇女公民大会》这出戏大概是在公元前的393年间完成的，也就是在苏格拉底死后的第六年，很有可能，柏拉图的《理想国》完成于这之后。当柏拉图创作《理想国》的时候，阿里斯托芬的喜剧就在他面前。所以，当我们第一次读《理想国》所读到的那些爆炸性的、震撼人心的设想，其实根本就不是柏拉图原创的。我可以举出很多例子，但很明显，阿里斯托芬的这部喜剧一定是《理想国》的重要参考。因此，在开始讨论《理想国》之前，我想先对阿里斯托芬的这部喜剧作一简要的讨论与分析。

情节是这样的。雅典人的事务正在变得糟糕。像男人一样穿着打扮的雅典女人正密谋建立起一个女人统治的政权。她们在最高主权的集会——公民大会——召开的那天清晨见面。在去公民大会的集合点之前，她们做了一次预演。她们中的首领，发表了如下的演说：女人已经向人们展示了她们拥有的统治的能力，并且，她们在管理上要好过男人不少，我是说，在齐家方面。总的来说，她们不管是在性格上，还是在举止上都胜过男人。她们在做[……]事的时候总是沿袭旧习，而雅典今日所遇到的麻烦正是出自持续不断的改变。另外，作为母亲，她们仍会保有那种对其当兵之子的爱。最后，她们不会上当受骗，因为自欺欺人正是她们的拿手好戏。在这些女人来到集会点之后，大会就开始了。那边大会正进行得如火如荼，这边女首领的丈夫已经醒来了，他正急需，我必须很抱歉地说，解手(ease himself)。所以你们看到，阿里斯托芬用了不太文明的话。而由于他的妻子为了能去集会穿走了他的衣服，眼下他就只能穿上他妻子的衣服了。他在穿衣的过程中遇到了诸多麻烦，最终演变成一桩棘手的事。这个丈夫在做这件事的时候，他的妻子正好在集会上做政治演说。当他打点好这一切之后，他的一个公民同胞向他走了过来。他本打算奔赴公民大会，然而为时已晚，公民大会早就已经结束了。对他来说，公民大会就像是一群脸色白皙的鞋匠的集会。鞋匠在雅典似乎很受欢迎，就像裁缝在欧洲某些国家很受欢迎一样，他们的脸色尤为白皙。你们知道，这种白皙是由于整天居家，不做男人该做的事所造成的。那个公民同胞向他汇报了公民大会中发生的事。首先，有一个讲演者提出了一个最大众或者说最民主的提议，即商人应该把商品卖给任何一个对其有需求的人。紧接着，一个脸色白皙的年轻人(这就是他的妻子)提出，公民大会应该做主将城邦交给女人掌管。这个提议为大多数城里人所拥护，只有一小部分乡下人对此发出了嘘声。显然，处在城邦底层的人(down-staters)都不怎么待见这种事。年轻人为了捍卫他的提议，极力强调女人在道德与民主方面的优越性。这个提议后来被大会采纳了，而部分原因是：这个方案在雅典还从未尝试过。然后这个女人就回家了。但到了家里，这位年轻的女士发现还有另外一位客人跟她丈夫在一起。对于她夜里在干什么的问题，她机智地编了个谎就搪塞住了丈夫。她声称她的一位女性朋友要坐月子，邀她前去帮忙，因此就去了。并且，她装得就好像是头一回听说公民大会里发生的事一样。但随后，她就详细地向他们解释了女人统治所能带来的种种有利于城邦的巨大好处。她承认，这个方案只会对那些渴望新鲜事物、不热爱传统的人有吸引力，而雅典人能够满足这一条件。新秩序的原则是这样的：每个人都必须参与到城邦的所有事务中，并且，所有人都必须活得一样（这意味着私有财产将不复存在）。不会再有富人与穷人。所有人的生活方式都将是一样的。土地也好，银子也罢，只要是财产就得统统收归公有。通过这些公有财产，女人将会承担起养男人的责任。钱会变得毫无用处，因为每个人都可以在没有钱的前提下得到他想要的所有东西。现在，如果这个共同体不包括妇女和孩子的公有，那它将就很难奏效。因此，问题也就出现了，如果没有钱这样东西，一个男孩如何给一个女孩送礼物？这必然地会引起冲突。男人们会为了争夺最好的女人而拼得头破血流。对于这点，新的秩序会提供一个新举措来对付。那就是，没有一个男人可以在未跟最老最丑的女人同房以前，跟一个美好（fair）的女子同房。但对于那些体格虚弱或者不太健康的男人来说，要做到这点就比较困难了。对于她丈夫的这个反驳，她没有给出一个理由充分的回答。显然，这个方案照顾到了所有女人，但没有考虑那些不太吸引人的男人。她说，给予那些不太吸引人的女人的那种优先权也会同样给予那些不太吸引人的男人，他们也会拥有"优先享受权"。但是，在这种乱交的情况下，一个男人该怎样认出他自己的孩子？这个问题同时也出现在《理想国》中。答案是，所有年长的男性都将被视作是年轻一代的父亲，至于父亲的职责，奴隶们会代他们行使。另外，诉讼之类的东西也不会再出现在城邦里。凡此种种，也都同样是《理想国》的主题。

接下来的后半部戏，或者接下来的三幕戏，都是为了展示这个新方案的早期运作。第一幕关乎财产，第二幕关乎性，第三幕关乎女英雄。在第一幕中，一位公民正要根据新法的规定上交其全部财产。而另一个公民见此则极力劝他别这么做。他说，只有傻子才会遵守那些伤害他们自己的法律，一个有理智的（sensible）人会视他人的行为伺机而动。毕竟，合乎习俗的不是把钱交给城邦，而是从城邦中捞钱。你们知道，在雅典出任诸如审判官这样的官职，或者你去参加公民大会，是可以得到报酬的。人们模仿众神靠的不是给予，而是索取。他们有着相同的习惯。一些吓人的事——比如地震啊，闪电啊，或者一只猫突然穿过街道——都会被公民们视作是不必服从新法的理由。无论如何，这个被提到的不愿意交出自己财产的吝啬同胞，还是极其乐意去享用雅典城邦提供的公餐(public dinner)的。他一边享用着这些公餐，一边琢磨着如何在保留其财产的前提下继续享受这种共产主义所带来的愉悦。

篇幅更长一点的第二幕是这样子的：一个丑老太婆和一个妙龄女子都在寻觅自己的另一半，但那个妙龄女子的情郎却被那个丑老太婆抢走了，因为根据法律，后者享有优先权。尽管这个年轻人满心厌恶，但他却一点办法也没有。他好不容易摆脱了那个丑老太婆，却又被另两个更丑、更老的老太婆抓了个正着。按照法律，最老最丑的那个可以得到他。为此，这个年轻人相当不开心。

最后一幕描绘了一个相当幸福的女英雄。看起来，她要比以前更容易得到酒。她带着她的丈夫、孩子一同来到了公餐会场。和其他家庭相比，她和她的家庭显得要阔绰很多。激进的革新方案已然成功，至少看起来是这样。但这儿还是存在着两个明显的问题。首先，在排练演讲的时候，女人们都表现得很守旧和传统。而其统治的主张也是建立在这一旧式的品德(character)之上的。但从这种统治的各个方面看，它都算得上是一种最激进的革新。这点该怎样理解？这是真真正正的一出政治戏剧。首先，他们必须考虑某种被称作是竞选演说(campaign oratory)的现象。她必须用一种方式，用一种他们不但能接受，还受其吸引的方式，将这些新想法推行出去。总之，这个女英雄将自己展现成了一个功夫非常了得的骗子。而接下来要说的第二点更加重要，即，现在的这种极端改变意味着往后什么改变都不会有了。这就是第二个问题。这个方案赞颂了由女人和共产主义统治所带来的普遍幸福(universal happiness)，然而事实上，它并没有实现那种普遍的幸福。谁会因为这个新方案而不高兴？显然是那个年轻人和那个女孩。这意味着那些具有，请允许我用这个词，性优势(sexually privileged)的人会不高兴。同理，我想那些具有经济优势的人也会不高兴。即使他们可以享用不错的晚餐，即使在未来他们也可以得到不错的晚餐，但他们依然会郁郁寡欢，因为这些晚餐是以牺牲其所有财产为代价换来的。这个方案让那些不占优的人高兴，而让那些占优的人不高兴。它让那些弱势群体(underdogs)高兴，而从这一意义上说，它是一个民主性质的方案。但这里仍然存在着很多问题。这些具有性优势的人，这些年轻人，都是强者(stronger)。在不远的将来，他们是否还会遵守这个方案？那些有着巨额财富的人是否会萌生不忠的念头而将钱财转移（或者用其他合适的方法）至国外？根本不存在什么普遍的幸福。存在的只是一种对幸福和不幸福的不同分配。

然而，这场革命并非由这些弱势群体自发发起，那些老太婆在这场革命中的地位也并不是相当重要。因此，还是让我们把注意力放到这场革命的领导者身上，也就是我们的女英雄身上。是什么在推动着她发起这场改革？她看起来相当年轻。在旁观者看来，她活像一个小白脸（pale-faced youth），所以她不可能很老。她嫁给了一个上了年纪的男人，而这似乎是在说，她已经很好地贯彻了法律的规定，即年轻女人必须先让一个老人享受之后才能去享受一个年轻男人。她现在的状况要好多了。她可以完全合法地做着在以前只能被算作是通奸的事。革命已成功地为她的私人问题营造出某种公共问题的气氛，而这样一来，她的私人问题就解决了。这可能是因为她很丑。我相信她一定很丑，并且文本中也没有对她长得漂亮的暗示。因此，新方案中对丑陋之人能拥有什么的规定，将使她受益。她提出丑女拥有优先权的方案，实则包含了一个自私的利益考量。

阿里斯托芬给出了一个极好的政治分析。尽管所有的打趣与诙谐你们也不该忽视。这是对一场革命所作的政治分析，它提出了那个最重要的问题，即谁会从这场革命中获益的问题。阿里斯托芬希望这出戏能取悦两类人，一类是那些聪明人，他们会欣赏这出戏的机智发明，而另一类则是那些喜欢笑的人。显然，这是两类不同的人。于是，在这出戏里就存在着一些不仅仅是为了逗人发笑的东西。这些东西是什么？在我总结的基础上，你们会对此说些什么？他在戏谑什么？

（回答：也许是想表达这种观点，即给每个人同等的幸福是不可能的。）

但问题是，是否存在着某种旨在建立起普遍幸福的、有着政治意义的运动？在雅典城邦里，什么明显而愚蠢的东西在加速着这一进程？

（回答：民主制。）

对。这出戏是对民主制的批判，这种批判尤其针对民主制的两个方面。第一个方面，是它的喜变；而第二个方面，是它的博爱（从字面上看，这个词的意思是“对人的爱”）。我提到过，亚里士多德曾在他的《政治学》中批判柏拉图的《理想国》，说他的方案似乎太博爱了。我相信，《理想国》的现代读者不会觉得《理想国》很博爱。但《理想国》确实打算博爱，就像亚里士多德承认的，《理想国》或多或少披着博爱的外衣。现在让我们来看这两样东西——喜变与博爱。民主制喜变，而与此同时，它也得忍受变革，因为变革同时也意味着不稳定。我们在这儿遇到了有史以来人们从未想过的最激进的变革，它旨在终结所有变革。那是“绝对”合乎逻辑的结论，因为如果我们考虑各种事物那不太令人满意的状况，替代的选择——无论如何不会再有更深入的改革了——是绝对不可能的。因此不管怎样，你们只能承认，会有一次大的变革，而在这次大变革之后就不会再有任何变革了。

民主制同样也是博爱的。它对人既友好又亲切。这意味着我们不能仅仅停留在政治平等上，我们必须尝试建立起完全的平等，比如民主制登峰造极后的共产主义。我们如今非常熟悉这点，而这点，对阿里斯托芬来说至少也是熟悉的。然而这出戏的方案，并不是男女的完全平等，而是女人的独裁。你们想当然地忽视了奴隶制的延续，而这种延续其实是因为那时还没出现来做这类事的机器。为什么会那样？难道主张女人也有选举权，主张成人都有选举权，要比主张只有男人拥有选举权要来得不明智？为什么是女人统治？这确实是一部极具政治意味的戏剧，所有这些东西都被全面地考虑过了。为什么是女人统治？有种说法，说阿里斯托芬仅仅是个丑角，他在这儿只是为了开个玩笑，这显然还不够。这儿绝不仅仅是为了提供笑料。

（回答：也许他是在暗示这就是人们行事的方式。当人们被剥夺了什么之后，比起获得补偿，他们更想要事情完全颠倒过来。）

这种说法部分是对的，但我想我们必须说得再清楚一点。从来不存在所谓的所有人统治，存在的永远是部分人统治，而这部分人声称自己的统治是在为所有人谋利益，并宣称自己适合统治。民主制本身并不是全部人的统治（根据那些反民主理论家的说法），它只是邦民们（demos）的统治，一般人的统治，和更好的人相区别的穷人们的统治。如果你们接受多数人统治，并且如果这儿正好有那么一群稳定的多数人和一群稳定的少数人，那么事实上，这群少数人的权利就被剥夺了。如果你们呆在一个穷人与富人两分的城市里，那么就像亚里士多德注意到的，城里总是穷人多过富人，因而穷人就总会是多数人，他们总能得到自己想要的任何东西。只有当共同体内部有三股或超过三股不同的势力存在，这种恶才能够被避免。这点读一读《联邦党人文集》就知道了。它们彼此互相制衡。

于是，换句话说，女人当政并没带来什么新东西。民主制同样也是一部分人统治。民主制让雅典人陷入了困境。所有男性的统治眼下已遭受怀疑。因此，让女人接管城邦完全合法。在这以前，女人是一直被排除在统治者之外的。她们是弱势群体，是比一般人更弱势的弱势群体。一般人还拥有许多权力。民主制造成了女人统治，这里的女人统治指的就是它字面上的意思，而不是如今一些人说的美国已被一小撮富有的女人所掌控这种意思。女人之为女人，要比一般人更弱势。她们从来没有投票权。这种由民主制向女人统治的转变仅仅是证实了民主制的基本错误。即把共同统治(universal rule)作为获得普遍幸福——那是民主制渴求的东西——的手段。民主制的一个典型特征是可怜那些弱势群体。如果这种怜悯被政治化，它将导致对那些非弱势群体的毫不留情(pitilessness)。而这仅仅是又创造了一批新的弱势群体而已。在这出戏的方案里，本来那些老太婆是弱势群体；而现在，弱势群体成了那些年轻女孩。在这场女人的统治中，阿里斯托芬竖起了一面镜子，他让民主制得以瞧见自身。在雅典，民主制广受赞誉，而女人统治则被视为疯狂和荒诞。但阿里斯托芬想说的是，民主制几乎和女人统治一样疯狂；这是一方面。现在我们来看另一方面。这部戏不同于一篇政治演说或一篇政治论文，它是一部喜剧，它旨在为人们提供笑料。通过展现一个荒诞的方案，阿里斯托芬希望将这两样东西——既让人们若有所思，又让人们开怀大笑——融合到一起。称呼这个方案为荒诞已经很仁慈了。实际上，它已算得上可笑。为什么女人统治是荒诞或可笑的？当我们的脑子里出现"女人统治看起来是可笑的"这样一种想法时，我们的标准是什么？为什么我们会立即产生"女人统治是可笑的"这样一种观念？

(回答：因为她们无法保卫城邦。她们不能成为战士。)

说的不错，但我想这不会是首先出现在我们脑海里的答案。想想粗俗之人的笑。还有孩子们的笑。想想他们究竟在笑什么。或者想想这样一个场景，一个傻乎乎的女人戴了一顶去年的帽子，甚至这顶帽子可以不是去年的，而是二十多年前的。我们都会觉得这很可笑对不对。那我们的标准是什么？让我们回过头来看看孩子们。当孩子们看到一个残疾的、或是有着些许畸形的人，除非他们都很善良，否则他们的第一反应一定是去嘲笑那个家伙。

(回答：这合乎常理，也合乎习俗。)

所以，标准就是习俗。当我们发现有什么东西背离了习俗，我们就会觉得它很可笑。但这儿还存在着一个决定性的前提条件。那就是，如果这种不合习俗的东西是令人恐惧的东西，那我们也不会觉得它好笑了。不合习俗(non-customary)只是首要的标准。在此之前有谁听说过女人统治？事物自身的新奇性正是它的荒谬性的一个标志。然而，如果我们把这种思想，这种嘲笑不合习俗、不合寻常之事的思想，延伸一下，我们就会得出如下的结论。当我们在嘲笑某些东西的时候，我们总的评判标准，源自习俗原则(the rule of custom)或合乎习俗原则(the rule of the customary)。从政治上讲，在雅典，这一标准就是那个被他们称作是"祖传政体"(ancestral polity)——生活在这些美好的旧时光里的人们全都诚实而友善——的东西。这种政体存在于民主制之前。凡是读过阿里斯托芬的人都知道，阿里斯托芬是一个保守主义者，他憎恶创新，而将这些保守主义者全都召集到一处的，正是那与近期才出现的民主制截然不同的祖传政体。可笑的第一个标准是习俗，但我们并不能就此停步，我们必须超越这一标准。

试图引入完全平等的尝试导致了这样一个结果，即那些更优越的人，在这里是那些年轻貌美之人，遭受了平白无故的惩罚。平等主义惩罚那些优越的人。这是一种何等意义上的优越？

(回答：自然的优越)

因此，民主制是一种尝试，它试图通过法律、机构和习俗来使得那些自然的不平等变得平等。现在我们可以得出这个结论。在这部戏里发生的是一场针对自然的反叛。这场反叛注定是徒劳的，即使看起来它运作得还不错，因为这些男孩和女孩永远不会接受这种鬼话。这种对自然的反叛，这种注定徒劳无功的对自然的反叛，是最可笑的东西。这不仅仅是习俗的问题，习俗是可以改变的。关于这点，你们看看各式各样的潮流就知道了。旧派的人正变得可笑。在这里，对自然徒劳无功的反叛是最可笑的东西。因此，可笑的终极评判标准其实是自然。这场反叛虽然以自然之名发起，但事实上，它完全是一场通过人造之物和律法来对抗自然的反叛。这部戏以对大地的赞颂开场，然而，这块大地其实早已操控在这位女英雄的手上。她把平常归之于太阳的诸种德性统统归之于大地。太阳，这一生命的自然源泉，如今却被一个人造的生命之源所取代。她的名字也跟这个有一定关系，因为她的名字意味着一种混合，一种说与做、或思与做的混合。在这儿，这种关切最重要的一点是，让我再重复一次，是试图建立起一种反叛自然的秩序。这是它自身的可笑之处。另外，在阿里斯托芬看来，民主制与那种尝试有着异曲同工之处。但这一最大的笑料——靠人性来反叛自然的尝试——并没有讲清楚这部戏滑稽好笑在哪里。究竟是什么东西那么滑稽，那么好笑？当然你们当中没读过这部戏的人可能不会知道，但从我们刚刚的讨论当中，你们一定对正在发生的东西产生了一些印象。

现在让我们来看一看在这部戏里究竟有什么东西那么滑稽，那么好笑。我们首先注意到的是在整个非悲剧性、非英雄化的环境下的大量悲剧性诗体的运用。试想这样一个场景，有一个学生因为不知道自己的考试过没过而引用了那句名言："生存还是毁灭(To be or not to be)?"如果在一个完全非悲剧性的环境下，你使用了悲剧性的话，这意味着什么？当然这很好笑。这点，我想，只要你们在日常生活的某个与此不同的场景下引用莎士比亚那句最具悲剧性的格言就能说明了。但这点究竟是什么？我们必须理解这部喜剧。好吧，这其实牵涉到某种名不副实(debunking)，或者说贬低(degrading)。想想塞万提斯(Cervantes)的话，他说他笔下的主人公在他第一次探险的时候带了几件干净衣服。但在那些讲到爵士和骑士的古书上，你是看不到干净衣服或诸如此类的东西的。这些书从不提像干净衣服这样无聊的东西。名不副实。在这儿，可笑的标准就是日常生活。那更高的东西要被比它低的东西所衡量，于是那更高的东西就被贬低了。存在着一些鄙劣低下的东西。第二点要更加明显一点，它和那些发生在书里的不可思议的下流(obscenity)密切相关。在那儿，你能想到的最堕落的下流并不存在。下流暗示了某些不体面的东西，或者用古希腊人的话说，低下的东西。但现在，非常奇怪的事情发生了。这两种下流，这两种相当低下的东西——那些下流的地方和悲剧性辞藻的喜剧化运用——是令人愉悦的。看到它们，你会情不自禁地发笑。因此喜剧，至少阿里斯托芬的喜剧，说明了高贵之物是一些与愉悦之物不同的东西。这点我们都清楚，此外，它也把那种愉悦当作更可欲的东西保留了下来。整出喜剧基于这一假设，即愉悦之物就是好的。它是由愉悦之物向高贵之物发起的一场叛乱。之前我们已经看到，这部戏的主题是自然与技艺或习俗之间的对立。通过技艺反叛自然是可笑的。而另一方面，在这儿，我们看到喜剧家又站在了愉悦之物这一边来反对高尚之物。我会这么来解释这件事。愉悦之物是某种自然就是好的东西。而高尚之物由习俗规定，它明令禁止那些“自然就是好的”的东西。习俗在反对自然。我们对此很熟悉，并且这也是阿里斯托芬论辩中非常重要的一点。接下来，我们试着把这点和这部戏的主题联系起来。按照自然，最令人愉悦的东西应该归那些天性更加优越的人所有，在这部戏里，就是应该归那些年轻貌美的人所有。而根据习俗，最令人愉悦的东西并不归那些天性更加优越的人所有。因此，在自然与习俗之间存在着一种根本的对立。然而，对愉悦之物的追求却导致了冲突，导致了作为愉悦之对立面的痛苦的产生。即使是在那些天性更加优越的人——那些年轻貌美之人——之间，也势必存在着竞争。因此，对法，对禁止愉悦之物的法的需求就应运而生了。我们注意到，是自然（本性）呼召来了律法，因此，律法或习俗并不完全是与自然对立的。然而，在自然和习俗之间又存在着某种张力。比如，人天生的不平等和那些由社会、律法及习俗造成的不平等并不一致。一个上了年纪的绅士或许会娶一个年轻貌美的农家女，但这必定会带来各种各样的坏的结果。更一般地说，作为评判民主制之标准的祖传政体（或者说习俗政体、传统政体），当然不能简单称之为善（good），但它提供的解决方案却要比那个年轻女人提供的方案好得多。在这个年轻女人所提供的方案里，所有年轻貌美的女孩都会落到和这个农家女同样的下场，即嫁给了一个年老体衰的老绅士。换句话说，祖传政体要更适合女人的自然需求。就算是祖传政体，也会有那种自然与习俗的张力，但它只能以一种非政治的方式，一种私人的方式，或者甚至可以说是秘密的方式来解决。这就是戏里那些为数众多的下流行为（improprieties）的根源，当然我不能在这里讨论。我必须把这些留给你们的想象。

然而，还有另外一种方法。尽管在自然与传统之间没有根本的对立，但它们之间还是存在着张力。这种张力该如何解决？答案是，喜剧。如果你们有兴趣看一下的话，在接下来579的地方，有几行诗，在那里阿里斯托芬说：“观众们讨厌老是看到那些旧东西。”因此，这个有关变革的故事就很投合观众们的兴趣了。这里提供的革新都是怡人的,因而也就是好的。对那些被禁止的愉悦的欲求在这部喜剧中间接地得到了满足。因此,那个祖传政体,那个在阿里斯托芬眼中最可行的政治秩序,存在着一个毛病,一个根本的毛病,即它还不充分。那个祖传政体要想变得充分,就必须通过喜剧的存在而加以改进。这清楚地表明,阿里斯托芬并不相信简单地回到旧时代就能解决问题。这种新的需求包含在所有这些新奇而具颠覆性的倾向中,而这些倾向为许多雅典人所共有。与此同时,这种新的需求也要求喜剧扮演祖传政体的补充。喜剧模仿了悲剧,而悲剧却未模仿喜剧。它的反面显然是不对的。喜剧建构在悲剧的基础之上,并预设了它。

(磁带结束)

[……][喜剧]建构在悲剧之上并预设了它,这表明喜剧要比悲剧反思的程度更高。这是阿里斯托芬的观点,另外,你们能在他的《和平》(*Peace*)中看到,喜剧的象征——那只活在动物大便以及其他诸如此类的东西中的非常肮脏的小虫——据说可以飞得很高,甚至可以飞得比老鹰还高。喜剧的低俗(lowness)将其实际的等级,它当中所含的更高的东西(highness),掩盖了起来。说得再简单一点,喜剧从严格意义上讲就是反讽性质的。把更高的东西隐藏起来,这明显是在反讽。

对于阿里斯托芬的喜剧,我想我们已经说得够多了。尽管,我们在这里其实还可以罗列其他数不胜数的东西。对我们来说,注意到这点就足够了,即共产主义、妇女儿童的共有、财产的共有,以及凡此种种,其实早已出现在阿里斯托芬的喜剧当中了。柏拉图的《理想国》是对阿里斯托芬的一个总的回复。我们该怎么理解这点?我们可以想象柏拉图这么说:"你,阿里斯托芬,是否至少在表面上同意,你觉得如此滑稽的东西——全面的共产主义——事实上一点也不滑稽。"人们肯定不会说出像女人统治这样不成熟(crude)的话,但如果你们用"男女平等"来代替"女人统治",那么这种提议听起来就合理多了。那么阿里斯托芬在更深的层面上究竟犯了什么错?柏拉图在《理想国》中回答了这个问题。他说,绝对共产的计划在某些情形下是可以实现的。这些情形是什么,我们留待后面再说,但我想你们当中的一部分人一定对此还有记忆。简单地讲,这情形就是哲人统治。从阿里斯托芬的聪明才智中漏掉的东西就是哲学。从这点上看,《理想国》确实能被视为对阿里斯托芬的一次答复。关于这就是柏拉图的回答这点,我想从《会饮》中柏拉图对阿里斯托芬所作的详尽的批评中就可以看出。在《会饮》里,阿里斯托芬自己就是一个讲演者(speaker),他给出了他自己的爱的定义。他在《会饮》中的讲辞主旨大致如下:这儿有一个存在者,一个兽人(man of beast),而这儿还有一个与他同种的存在者,它们互相欲求。这和《理想国》中对阿里斯托芬的批评是在同一个层面上的。关于爱欲或爱,苏格拉底的教诲是什么?阿里斯托芬忘记了最重要的东西——哲学。我要提请你们注意的是那些在译本中对阿里斯托芬的引证(reference),尤其是在脚注里的那些,你们必须在上下文中将其找到。然而,你们必须永远记住,译者一般只找到了那些最明显的引证,这些引证是任何第一次读这本书的小孩不花多少心思就能找到的。那些更精妙的东西,不管是柏拉图的还是阿里斯托芬的,从这些注释中是找不到的。

对于一个总论而言,我说的已经够多了。你们看看还有没有什么问题或难点没解决?

(提问:我不理解阿里斯托芬为什么要拒绝或遗忘哲学,因为在他的一些喜剧中,他自己也教导哲学。我想知道在这儿他是不是故意拒绝或遗忘了哲学。喜剧作为一种解决政治问题的方式,可能是哲学的一种替代品。)

你说的非常好。根据你说的,我想就由你来负责《理想国》中有关诗的那部分讨论,因为至少在《理想国》中,诗是作为哲学的一个竞争者出现的。我的意思是,在《理想国》里,哲学的竞争者不再是其他对话中出现过的修辞学、政治学。你说的很对,但说阿里斯托芬注意到了哲学而又故意放弃了哲学这一事实,是否和说他不懂哲学矛盾?我会在后面对此进行展开。

(提问:我对阿里斯托芬在《会饮》中的讲辞有另外一种印象。在他描绘的图景里,处于同一水平线上的爱人们受到了惩罚,因为他们想向上爬,他们想要变成像诸神一样的存在。)

但这不是苏格拉底的解决办法。请允许我先回到第一个问题。在《会饮》中,阿里斯托芬因打嗝的缘故和另一个人换了位置。这个跟他换了位置的人是一个医生,一个前苏格拉底哲人。如果人们换了位置,那其实也就说明他们两个的观点或多或少也是可以交换的。这种手段在柏拉图的对话中十分常见。

阿里斯托芬和这个医生或多或少代表了同样的东西。阿里斯托芬并没有那么简单地反对哲学,因为构成他戏剧基础的就是一种十分特殊的哲学。然而,在柏拉图看来,这种哲学并不是真正意义上的哲学。我们必须承认,这种哲学的合法性是不够好的。

[提问:无法解释的(indecipherable)]

但通过承认祖传政体除此之外还需要喜剧,阿里斯托芬超越了纯粹的政治层面。我想我们现在先离开这个问题,因为我们对此并无准备。我想通过这一简短的讨论,你们已经看到了"诗的问题"至关重要。作为政治的政治充其量不过是一个狭隘的建构,它并不充分,而这点早已在任何实际政体与真正完满的自然生活间的张力面前暴露无遗。必定还存在着其他方法。喜剧,通过阿里斯托芬之口,声称自己就是那种方法。更一般地说,是诗在声称自己就是那种超政治的力量,它能将人类的生活带到一个更高的层面,而那正是政治生活所不能够达到的。我想今天有许多人也会这么说。他们难道没有从诗歌中得到最大的舒适吗?当然,我说的诗歌也包括了小说。我想这种说法在今天非常的普遍。柏拉图把这当作是《理想国》的一个主题,这一主题首先出现在第二卷和第三卷里,然后又出现在了第十卷里。这一主题的重复出现体现了它的重要性。柏拉图提到了一场存在于哲学与诗之间的旷日持久的永恒斗争。当我们后面读到柏拉图代表哲学反对诗歌的论点时,我们还会再详细地提到这点。

至于现在,我想我们可以先不管这一事实,即那些古希腊诗人,尤其是一个像阿里斯托芬这样的人,并不是非哲学化的(non-philosophic)。我们对荷马、索福克勒斯或其他一些诗人的第一印象是,他们的东西和哲学有着极大的不同。如果你把他们和亚里士多德一比,这点会更加清楚。但即使是柏拉图,他在做这类事的时候也是非常不诗意(unpoetic)的,这很清楚。现在我想我们该来看一看《理想国》的开头了。

这个开头,这份出场人物表,其实非常不合适,因为这不是一部像戏剧那样表演性(performed)的对话录,而是一部叙述性(narrated)的对话录。所以,开头其实应该只有一个名字,即苏格拉底,才对。再者,这份出场人物表也不是完整的,他只给出了一部分出场人物的名字。比如,克力同(Crito)的名字就被略去了。他甚至都没给出所有说话者的名字,更别说给出一张列有所有被提到在场的人物的名录了。这份人物表缺漏重重，应该忽视它。所以，这是一部叙事性的对话。是苏格拉底讲述了整个对话。尽管我记不得确切的数目了，但我相信，表演性的对话要远多于叙事性的对话。你们知道叙事性的对话和表演性的对话有什么差别吗？在一个表演性的对话里，你们能发现每一个新出场人物的名字——A说，B说，等等。但如果这个对话看起来是这个样子——他先说，然后我针对他说的做了回应，等等——那么这是一部叙述性的对话。清楚了吗？一部表演性的对话是真实地发生在我们眼前的对话，我们同时能听到A说、B说、C说。而一部叙述性的对话是某个人告诉我们他曾经历过的对话。那么，这两者最大的不同在哪里？

（回答：在叙述性对话中，叙述的那个人需要解释很多东西，而在表演性对话中，这些东西大多都留给了我们，或者留给对话中的其他人物了。）

换句话说，他做了柏拉图在其他对话中做的事。这么说还不够浅显，因而对我们的目的而言还不够好。我们来看一个你们在第一卷里会发现的场景。关于色拉叙马霍斯的。苏格拉底在某处说，我看见了过去我从未看见过的一幕——色拉叙马霍斯满脸通红。这在一部表演性的对话里是完全不可能发生的，除非有一个对话者问对方你为什么脸红了，否则我们根本不会知道这点。让我把这点陈述得再清楚一些，在一段表演性的对话里，我们只是“听”，而在一部叙述性的对话里，我们还能“看”。叙述者告诉你了那些没有说出口但却被他看见了的东西。另外，苏格拉底还说——这也是《理想国》中的一幕——他想激激他，因此问了他这个问题。这在一部表演性的对话里是根本不可能的，因为在一部表演性的对话中，如果苏格拉底说“现在我想捉弄捉弄你”，那整件事就毁了。我们大致可以说，一部表演性的对话只给了我们演讲辞，而一部叙述性的对话还给了我们额外的可视行为——脸红、哭泣，等等。所有区别于说话的行为与思考都在一部叙述性的对话中体现了出来。就此而言，叙述性对话所涉及的范围更加广阔。至于这样做是否有其代价，这又是另一个问题。眼下还有一些东西尚待澄清。在一部叙述性的对话里，哦，对不起，应该是在一部表演性的对话里，你会立即面对一群你并不熟悉的人物，他们在台上跑来跑去。你根本不知道这句话是对哪位听众说的。它不限定听众。在一部叙述性的对话中，要想让听众明白这是什么意思却是可能的，我们不妨拿《普罗泰戈拉》做例子。

这是一部由苏格拉底叙述的对话。它历时很长，到最后苏格拉底留给了我们这样一个印象，即他不得不开溜了，因为他非常忙。然而，在对话的开头，你们看到苏格拉底几乎是一跑开就开始转述刚发生的这段对话了。此外，通过苏格拉底的谈话，我们看到了他正在跟谁讲这件事。这整个对话最终是对谁说的？它的听众是谁？你们明白吗？让我向你们指出在《理想国》中，它的听众是谁。这样一来，问题就完全清楚了。在《理想国》后面还有两部对话。一部叫做《蒂迈欧》(*Timaeus*)，另一部叫《克拉底鲁》(*Cratylus*)。在那部对话的开头，苏格拉底就提到了他昨天告诉他们的东西，而那个昨天告诉他们的东西就是《理想国》。在一段较长的演说中，苏格拉底讲述了昨天发生的事。我们不知道他是在对谁说，但我们知道，他是在对某一类特殊的听众说。这我们事先就知道了。如果我们去读《蒂迈欧》的开篇，我们就会看到这类特殊的听众是什么样的。我再重复一遍，叙述性对话与表演性对话的差别是：在一部叙述性的对话里，思想和行为都可以被表达得很清楚，但在一部表演性的对话里，这就很难表达清楚了。表演性的对话仅仅只包含演说词，而演说词是无法将无声的(non-spoken)思想清楚地传达出来的。第二个差别是，在一部叙述性的对话中，我们被带入到整部对话为之设计的听众的位子上了，并且这一听众的身份是确定的。在《理想国》中，这一身份却是不确定的，但苏格拉底告诉了我们怎样才能找出那个听众。这些地方你们都听明白了吗？我们必须记住，柏拉图不选择表演性对话而选择叙述性对话，绝对不是一件无意义的事。它们之间存在着致命的差别。最终，问题被归结成为什么这部对话是叙述性对话，而另一部却是表演性对话。你们能看到许多好处，比如，我们能看到苏格拉底对色拉叙马霍斯的反应，对格劳孔的反应，对其他人物的反应，而这些在一部表演性对话中是看不到的。

(提问：在《高尔吉亚》中，听众的角色是什么？)

什么也不是。那是一部表演性对话，并且它就像一部在台上表演的戏剧一样具有一种疏离感，它既可以在这儿演，也可以在那儿演，甚至在任何地方演。它是无限定的。比起表演性的对话，叙述性的对话在我们与秩序(order)之间建立了一种更为亲近的联系。苏格拉底同时也在向我们讲述，而这要是发生在台上，那将是无法想象的。如果我们回到一个无可否认的事实上的话，那么，《理想国》就是一部由苏格拉底讲述的叙事性对话。

让我们来看《理想国》是怎么开始的。它是这么开篇的，这里我给你们一个直译的版本：

下到皮雷埃夫斯港是在昨天，我和格劳孔，阿里斯同的儿子，一道去向女神献祭。与此同时，我也想去看看庆典，看看他们打算怎么搞，因为这是他们第一次举办这种活动。

这个开篇碰巧是押韵的。它开始得就像一出戏，像一部悲剧或喜剧。整部对话发生在皮雷埃夫斯港，而这当中包含了某种含义。皮雷埃夫斯港，作为雅典的港口，代表了一些东西。代表了什么？商业和海军。这是新雅典人所从事的典型事务，老乡绅是不会去碰这些东西的。这种情形，可以和 17 世纪发生在英国的冲突相比较。皮雷埃夫斯港代表了海军和商业的力量，而这从柏拉图的角度看，其实是一种腐化。另外，就像你们看到的，他们在看游行，一种新的游行，这里的宗教也在发生着革新。在柏拉图那里，创新都是伴随着某些东西的解体的，我们必须注意到这点。整部对话就是在这种气氛下开始的。

开篇的第一个字，“下”，已经在提醒我们后面的那个洞穴隐喻，但在这里，“下”不是“下”到洞穴，而仅仅是“下”到皮雷埃夫斯港。请允许我暂时先暗示这样一种类比的可能性，那就是皮雷埃夫斯港对雅典城而言，就像雅典城对真理一样。当然，这取决于我们如何解释洞穴在这里的重要性。格劳孔是柏拉图的哥哥，这点碰巧我们可以从其他资料当中得知，比如说，色诺芬那里。显然，他和格劳孔一起下到皮雷埃夫斯港不为别的，只是为了向女神献祭，顺便看看那种新的游行。苏格拉底有何反应？他们看了这些东西，而苏格拉底的评价如下：“看起来，当地人的游行搞得很不错，一点也不比色雷斯人的差。”苏格拉底不是一个只会赞美雅典人的人，他的心智是完全开明的；雅典人做得不错，色雷斯人也是。

在祈祷和观看完之后，他们一行人就打算回家，也就是回城了。这时候发生了一些事。在他们回家的路上，有人从老远就看到了他们。玻勒马霍斯［玻勒马霍斯这个名字直译，是战事之主(war lord)的意思］，克法洛斯的儿子，命令他的仆人跑来叫苏格拉底和格劳孔等他。这个男童从后面抓住苏格拉底，抓住他的衣服，说道："玻勒马霍斯叫你们等他。"苏格拉底问他玻勒马霍斯在哪里，这个男童回答说，他正从后面赶上来。"我们等一下吧，"格劳孔说。这之后紧跟着一个小场景，但没过多久，玻勒马霍斯就来了，一起来的还有格劳孔的哥哥阿德曼托斯，尼客阿斯的儿子尼克拉托斯，以及其他一些人，他们显然也刚刚看完游行回来。现在，玻勒马霍斯发话了，他说："苏格拉底，看起来你正打算回城。""你的看法没错，"苏格拉底答道。玻勒马霍斯问道："你看到我们有几个人没?"苏格拉底回答说他不可能没看到。于是玻勒马霍斯说："要么你把我们都打倒，要么你就留在这儿。"苏格拉底提出，除了这两种选择之外应该还存在着别的可能性，即他和格劳孔说服他们放其离开。"但你真能说服我们吗，"玻勒马霍斯说，"如果我们根本不听的话。""那是不可能的，"格劳孔说。玻勒马霍斯告诉他们，他们必须在他们不会听的前提之下决定他们的行为。这时候，阿德曼托斯插了进来。

那么，到现在为止，情况是怎么样的？在第一幕中，你们看到的了整本书的主题——正义——的展现。有这么一个人，玻勒马霍斯，想要按自己的方式行事。为此，他一再命令和要求。这代表了一种强制力。苦口婆心的劝说毫无用处，因为他根本不听。格劳孔见到这样，立即就放弃了抵抗。这并不必然意味着格劳孔就是一个懦夫，只是说，他挺乐意呆在皮雷埃夫斯港的。而苏格拉底显然急于回去，以便远离这腐化之地，当然这种腐化是对"纯洁的城邦"而言的。然而，格劳孔是太年轻了，因而也更容易被腐化，因此，他想要留在那里。这时候，阿德曼托斯闯了进来。

"你们难道不知道，这里为了祭祀女神还要举办一场(在)骑马火炬的竞技活动?""骑马吗?"苏格拉底回答道。"那倒是一个新鲜的玩意儿。"现在又多了件新鲜的东西。"那他们是不是就要手拿着火炬，骑在马背上，彼此互相传递着竞技？要不，你说的究竟是什么意思?""就是这样，"玻勒马霍斯说，"并且他们还会搞一个通宵狂欢，颇值得一看，我们可以在晚饭后一起动身去看一看。此外，和我们在一起的还有许多年轻人，大家也可以聊一聊。所以你们就留下吧，也别再作什么推脱、犹豫了。"格劳孔说："这么看来，我们只好留下了。""如果看起来确是如此，"苏格拉底说道，"那么我们就只能照办了。"

这就是关于正义的一个简练的行为。所有元素都包含在内了。究竟发生了什么事？玻勒马霍斯运用强力，这是一个有关多数（人）的简单例子。多数（人），即使在其他方面都平等的情况下，也要比少数（人）来得更有力。阿德曼托斯做了什么？他开始劝说。因此，我们有了玻勒马霍斯的强力，又有了阿德曼托斯的劝说。那么接下去发生了什么？事情是怎么敲定的？整件事是谁定的？答案是，格劳孔！苏格拉底对此怎么说？他说，如果这是除我之外所有人的意见，那我就照做好了。这是关于正义非常基本却又一定不能忽视的方面。他不但没有强迫别人接受他的意志，反倒做好了顺从的准备。他们留下这件事是格劳孔，而不是苏格拉底最终决定的。接下来他们做了什么？他们去了玻勒马霍斯的家。我们看到，那里有吕西阿斯、欧若德莫、色拉叙马霍斯、哈曼提得斯、克勒托丰。还有玻勒马霍斯的老父亲，克法洛斯。在所有的柏拉图对话录中，只有那些重要的人物才会被提及，即使他们当中有的可能从头到尾都没有说过一句话。那么，在《理想国》中，到底有多少出场人物？我们看到第一批人包括苏格拉底、格劳孔、玻勒马霍斯、阿德曼托斯和尼克拉托斯。但你们也应该注意到了，其实有更多人在场，因为苏格拉底说的是“同来的有……尼克拉托斯，还有另外几个人”。而这些人甚至连名字都没有被提到，因此我们就只能忽略掉他们。再来看我们上面提到的另一批人，吕西阿斯、欧若德莫、色拉叙马霍斯、哈曼提得斯、克勒托丰、克法洛斯，所以加上苏格拉底，有名有姓的一共11人。苏格拉底在皮雷埃夫斯港和10个人对话，数字10有着特别的重要性，如果你去读色诺芬的话。事实上，在公元前403年发生的那场革命中，有10个人（或者说执政官）在皮雷埃夫斯港，他们控制着皮雷埃夫斯港。我们在开头就已经看到一种暗示，一种雅典正在不断瓦解的暗示。事实上，雅典也确实在一点点衰败，那正好是发生在伯罗奔尼撒战争结束的时候。另外，我们如果去看下第八卷，我们又会看到另一种很有意思的说法——民主本身就是一种衰退造成的结果，尽管不是最大的衰退，但也是衰退。这就是这场聚会发生时的背景。如果没有这一背景，第八卷中对民主大加挞伐，就会变得很不明智。所以这是一个反民主的聚会，至少是反对极端民主的聚会。因此，我们可以看到，改革，想要回到旧秩序的那种愿望，是对此的反应。这种反应在公元前403年的时候成功了，也就是在这个对话发生后的七年左右。所以当时的环境催生着这样一种试图往回走的欲望。这样一种复兴(restoration)在公元前 403 年的时候发挥着作用,它弥漫了整个三十僭主时期。另一个史实在这儿也必须被指出,那就是上文提到的吕西阿斯其实是一个演说家,他的一些演说很幸运地被保存了下来。他和他的家人是早前那场革命最主要的牺牲者。他家族中的相当一部分人都在这场革命中丧生。尼克拉托斯也是这场革命的牺牲者。问题就在这里,由旧秩序推动的复兴一直在提醒我们,但我们在这儿面对的却不是那些潜在的复兴者,而是复兴的牺牲者。所以,在柏拉图这个对话里的都是些非民主人士,甚至反民主人士,但他们在寡头上台之后,却都成了牺牲品。这是柏拉图有意为之的反讽。

我们看到通过非常清楚的强调,克法洛斯,这位父亲,非常明显地与其他人区分了开来。苏格拉底,这样一位有着完美好教养(perfectly well-bred)的人,首先把他的注意力投到了这个家庭、这个共同体中最庄严、最高龄的成员身上。你们可以看到,他几乎立马说了一些和克法洛斯而不是和色拉叙马霍斯或者其他什么人有关的东西。并且,他首先与克法洛斯进行了交谈,就因为这样,自然而然地就出现了一段他与克法洛斯的对话。在这段对话以一个不合时宜的结束收场以后,克法洛斯的儿子开始说话了。那个最大的儿子,玻勒马霍斯,接过了他父亲的棒。然后,色拉叙马霍斯是第三个说话的。尽管在这儿页中还存在着许多永远也说不完的东西,我想我们还是暂时先讲到这儿。你们看看还有什么要问的没有?

(提问:我注意到,在所有这些翻译中,都有这几个作为插入语的字:论正义。)

在所有的抄本中,这些副标题都是存在的。从完全外在的角度说,它们和其他任何东西一样都是真的。但有一些证据显示,这些副标题很可能不是出自柏拉图本人,而是后来柏拉图学院里的人加进去的。比如,现在作为标准本的柏奈特(Burnet)版,就根本没把这个副标题搬过来。要说这部对话乃是关于正义问题,那完全正确。柏拉图学院里给这部作品起副标题的人是正确的。至于另一个词:政治的,我想,这意味着要对所有对话做一个分类,什么政治的啊,伦理的啊,逻辑的啊,还有你们能想到的所有可以用来分类的标准,这实在是一种非常粗糙也没什么用的分法。当然,认为《理想国》是“政治的”这种说法也没错，但我想我们可以不去管它。还有别的问题吗？

[提问：关于那个《理想国》中的听众的问题，此前曾经提到过，也就是，如果《理想国》中的听众和《蒂迈欧》中的是同一批人的话，那么我们就必须先预设《理想国》在这之前已经被讲过一遍了，因为（在《蒂迈欧》中）他们并没有完整地讲述这整个故事……]

但确实这个故事此前已被讲过。他们又碰到了一起，而苏格拉底给他们做了一个总结。

（但那或许是基于这次叙述的某次谈话的总结，而不是这种叙述性对话本身。可能存在着另一批听众。）

是可能有那么一批另外的听众，但由于我们手头的唯一证据告诉我们的与此完全不同，所以我想我的猜测可能更合情理。我想你们会说，《理想国》的创作时间大大早于《蒂迈欧》，因此，在柏拉图写《理想国》的时候，他脑子里不可能有关于《蒂迈欧》的丁点想法。但没人能确定这些，因为一般认为，柏拉图创作《理想国》是在公元前380年左右，而创作《蒂迈欧》是在公元前360年左右，很有可能，在柏拉图写完《理想国》之后，他就有了写作《蒂迈欧》并将它们两种联系起来的想法。

那么现在，我们必须非常小心。我们知道这场对话是关于正义，因为我们或多或少已经读过或者瞄过这本书了，但书里的那些人物他们自己是不知道这点的，他们不知道他们会迎来一个有关正义的谈话。是苏格拉底用强力改变了议题，还是正义这个主题很自然而然地就出现了？这点我们必须要搞明白。你们懂我的意思吧？你遇到了一个了老人，本来你不是来看他的，但他碰巧就在那儿，于是自然而然你跟这老人有了一段对话。这都很正常对不对？但问题在于，这本来很平常的闲谈是怎么一转转到正义的话题上去的？这是我们必须要注意的，我们必须关注正义的话题是怎么出现的，以及克法洛斯说了些什么。

第　二　讲

[……]

我要提醒你们的，是在与克法洛斯对话之前的那一幕。他们曾经说好要在共进晚餐之后去看火炬竞技的，后来这两件事怎么样了？你们当中有没有读完了《理想国》,然后知道后来这两件事怎么样了的人?

(回答:他们没再提起过。)

之前的约定被违反了。这意味着什么?让我们来看一看那个晚餐的简单例子。某种程度上说,这是一个不义的例子,但它会怎么影响人?——如果他们不去吃饭的话?我想他们一定会感到饥饿。这场对话中发生的,是一场有关肉体快乐的真正的自控训练。这是这个对话中最简单的行为。斯巴达人的苦行精神在这段特殊的对话中被他们操练,他们得不到食物。

(回答:他们也得不到观赏火炬竞技的快乐。)

这又是另一回事,但在这里我不打算展开。人们或许会想到眼球所带来的那种简单的愉悦,他们觉得,人可以不费吹灰之力就得到那种愉悦。但你们必须再仔细地思考一下。这要比仅仅看一下火炬竞技要难得多。后面我们会再回到这个吃饭的例子上来,但我想在这里提一下的是,柏拉图的学生当中,至少有一个人很好地理解了这点,那个人就是托马斯·摩尔爵士。在《乌托邦》里,托马斯·摩尔笔下的最佳政制出现在午餐之后。因而托马斯·摩尔笔下的乌托邦要比柏拉图笔下的乌托邦少掉不少苦行的成分。那么现在,让我们一起来看克法洛斯。

苏格拉底到的时候,克法洛斯才刚献祭回来。他是最让人尊敬的人物。但对我们来说,对我们这些了解整个对话的人来说,还有一个让人尊敬的人物,那就是苏格拉底。克法洛斯因为苏格拉底的存在,而显得有些失色了。苏格拉底与献祭的关系是怎么样的?在柏拉图的对话录里,苏格拉底从不祭祀。他用另一种活动取而代之。那就是和人交谈。这是他的虔敬。而由于他的谈话包含着质询,因此苏格拉底的虔敬也包含着质询,包含着证明那些值得人崇敬的东西。克法洛斯献身的是众神(popular god)——他们被认为是活得自由自在、不死的,并且免于人类的一切缺陷。但也许存在着许多神这点本身就是一个缺陷,所以这慢慢导致了一神论的产生——一个没有任何缺陷的存在者。不管怎样,这就是人们在寻找的东西,一个完全自足的存在者。这里,我们触及到了《理想国》中的那些核心段落,即关于善的那些段落。柏拉图理解的善意味着完满,绝对的完满,绝对自足无所求的完满。克法洛斯献身于祭祀而苏格拉底从不祭祀暗示了克法洛斯和苏格拉底对善的不同理解。

从目前的情况来看，克法洛斯是一个富有的人。尽管这点没有明说，但他恰恰是一个实业家，一个移民。这些，都可以从他的儿子吕西阿斯的演说中得知。所以，在这样一个乡绅、这样一个移民实业家看来，这种又新又怪的元素，其实可以作为我上次说过的那种解体迹象的一个补充。与此同时，他也是一个父亲。但这里的父亲，不单单指他是玻勒马霍斯以及另外一个儿子的父亲那么简单。他是一个"父亲"，注意我在这里对"父亲"的强调语气。这点，他在 328c 那里说得很清楚：

> 要是我还有进城的力气，那你就根本不必来啦，相反的，我们会去看你。

言下之意是，由于我年纪大了，走不动了，所以我们就没法来看你。这说明什么？克法洛斯是一个真正的父亲，一个享有父权的父亲。他的父亲地位和他所拥有的财富多少关系密切。一个贫苦的爸爸最多只能算是半个爸爸。这点，洛克最清楚。他是这方面的专家。他说过，对于长大成人的子女，不存在什么自然的纽带让他们服从父亲。但他可以牵制他们，因为他能处置他的财产分配，他能根据子女对他的行为分配财产。洛克说，这是让子女归顺最强有力的纽带，尽管它不是一条自然的纽带。这点在我们今天尤其明显，看看我们过去的几代，我们就会发现家族的维系都是靠着这条纽带，靠着这条仰赖家族财产的纽带。克法洛斯的情况无疑就是这样。

斯蒂文斯先生注意到，克法洛斯从言辞中得到的快乐——以区别于肉体上的快乐——多少有些可疑。只有当肉体的欲望渐渐消减，他才能将自我解放出来，投身到言辞中去。这些话说得非常漂亮。有人问诗人索福克勒斯："索福克勒斯，你还有和女人睡觉的能力么？"译者在这儿的委婉和假正经让人难以忍受，他把这句话翻译成"你还向爱神阿芙洛狄特献殷勤么"。这对维多利亚化的柏拉图而言是十分荒谬的。然后，索福克勒斯回答道："摆脱了你说的这件事真是万幸，这就好像是，我从一个残忍而凶暴的主人那里逃脱了一样。"这是索福克勒斯的回答。而当克法洛斯说到相同事情的时候，他说的是："我们就能摆脱许多这样的主人。"如此看来，他在这方面的挣扎要比索福克勒斯多得多。我不想对这个还不成熟的观点作过多的解释，我只想让你们明白，父亲这个身份多多少少与那有关。克法洛斯其实是，我该怎么说呢，一个十足的男人(he-man)。随着我们阅读的深入，我们还会接触到他许多其他的性格特征。对于苏格拉底的提问，他这样回答："幸福与舒适的原因，和年老无关，它只和一个人的生活方式有关。"然后，话题跳到了钱的问题，即让他在老年生活得如此幸福的东西并非金钱这一事实。他合情合理地说明了财富并不可鄙。财富诚然能带来舒适，但一个性情糟糕的人即使有财富相伴，也不会感到舒适。这是亚里士多德式的教诲，即德性需要别的装备(equipment)。德性是幸福的核心，而装备是某种次要的、边缘的东西，但就全景来看，它又是必不可少的。然而，缺了它，人的价值并不会因此遭到破坏。因此他是一个节制而适度的(moderate)人。从财富的取得方面看，他的祖父十分富有，而他的父亲是个败家子(spendthrift)，是他，克法洛斯，重振了家业。就像你们或许能看到的那样，他说出了下一代可能败家的情况。这点在他说起他的父亲吕萨尼阿斯(Lysanias)时，表现得很清楚。吕萨尼阿斯这个名字有分解者(dissolver)的意思，而这可以很贴切地引申为"败家子"。他叫他儿子吕西阿斯(Lysias)，而不是吕萨尼阿斯。这个名字显然参考了他的父亲，他给他儿子这个名字，是为了提醒他他祖父的名字，一个与他同源的名字。

值得注意的是，他的大部分财产都是继承而来，他只自力更生地赚到了一小部分。苏格拉底指出，正是由于他只是一个继承者，而不是一个创业者，所以他才能在财富问题上保持这样的适度和节制。"你没有表现得如同财产就是你的产物那样贪恋它们。"就是在这种联系之上，父亲与诗人的对比出现了。父亲喜爱自己的孩子，是因为他把孩子看作是他的产物；与此类似，诗人也都以同样的方式钟爱着自己的作品。这预示了整个《理想国》中的一个大问题——共产主义的问题。在《理想国》里，你不能把任何东西作为自己的来爱，因为没有什么东西是你自己的。我们会在后面看到这些。克法洛斯把自己展现为一个真正的绅士，有钱、节制而正义——一个亚里士多德意义上的完美的绅士。但柏拉图通过运用一种更加精确的分析，让我们看到了在克法洛斯无可挑剔的外表之下，其实隐藏了一些不那么绅士的品格。克法洛斯当然是一个很好的人，但当我们说一个人很好的时候，我们多少是根据表面来看的。我们并没有分析那些非常令人不悦的东西，而那些东西在几乎所有场合都是有可能出现的。然后，苏格拉底向他提出了这个问题，我们借此可以很快地逼近这里的主题："据您看有了家财万贯之后最大的好处是什么？"在所有这样的场合，我们必须去考虑可能会给出的其他答案。阅读这些书所独有的乐趣有时在于，你必须扩大你的视野，尽可能地想出可能给出的其他回答。然后你就会发现，克法洛斯在给出他答案的同时，也显露了他自己的性格。一个老人可能给出的其他回答有哪些？

（回答：把财富留给自己的孩子）

比如可以把这些财富留给后人，捐献给城邦，等等。但克法洛斯没有给出这些答案。他把他的回答局限在他这个年龄所能获得的利益上了。因此，他省掉了其他东西。这种自私与某种父权制休戚相关。这点从他的回答当中可以看出来。他完全活在他那个年纪，即老年里。对死的恐惧已经压倒了其他所有想法。他不确定这些有关死后惩罚的故事是否为真，但他还是愿意相信，并把这种相信当作是一种以防万一的审慎保证。在330d-e的位置上有一个极好的表述，克法洛斯提到了他所感到的不安的两个来源。第一个，是那些有关冥府之事的故事与演说，另一个，则在后面几行当中，"而现在我自己，无论是由于年老体弱造成的，还是由于与那个年纪可能相距已近，已将那里的情形看得比较清楚了。"这种想法是神话和克法洛斯自己的感受共同作用的结果，它绝不仅仅是几个故事作用的结果。

接下来这点，斯蒂文斯先生理解得很透彻。克法洛斯认为，财富给他带来的最大好处在于，他可以正义而虔敬地结束自己的一生，不用为亏欠神的祭品和背负人的债务而心惊胆战，假使那种叫冥府的东西真的存在的话。这里说的正义，是对人而言的，特指虔敬地侍奉众神灵。这点很清楚。这个观点里的虔敬元素后来被苏格拉底丢掉了。他把自己完全地局限在有关正义的问题上。关于这点，我想我无需多加解释。那么，究竟什么是正义？克法洛斯没有明说，他没有给出关于正义的确切定义，他只是给出了一些例子。苏格拉底为这些例子下了一个确切的定义。正义意味着有话实说，有债照还。这些东西有什么共同点？不管一个人的表达有多含糊，甚至即使他只能给出一个大概的例子，在这背后也总有某种统一的东西存在。他自己可能没有意识到，但对我们而言，认识它却是可能的。难道正义就没有包含其他更多的行动吗？就克法洛斯对正义的理解而言，这些行动是什么？这些行动最明显的共同之处是什么？

（回答：与其他人的牵连。）

这当然对。但这用在罪恶或者其他与正义相反的概念上时，它也同样是对的。正义，是社会德性。这里，我觉得他们的意思是，正义是某种可以被称之为信任的东西。说谎，或者有债不还，包含了不诚信的成分。正义与信任有关，它使信任成为可能。而信任之成为可能又意味着人类社会之成为可能。但这里还存在着一个随之而来的问题。这里其实是在说，让我们别做有害于信任或者背离信任的事吧。但信任本身难道就没有问题吗？难道我们必须相信任何人？我们能相信任何人吗？不，我们只能信任那些值得信任的人。我们不能信任那些不值得信任的人。于是，我们立即拥有了一种存在奇怪差异的正义态度。我们对那些值得信任的人，也就是那些好人，有一种正面的态度；而对那些不值得信任的人，也就是那些坏人，有一种负面的态度。这种双重标准，这种对好与坏采取不同态度的标准，是包含在正义当中的。这里，我们看到了玻勒马霍斯那个定义——“以善报友，以恶报敌”——的根源，这种双重性包含在正义当中。我还想再提下另外一点。这里的希腊文原文，其实包含了一种模棱两可。这里被译作“说真话”（truth-telling）的那个希腊词，如果直译，意思是“真理”（truth）。这里的语境暗示了主观上的说法，即老实、诚实。但我们一定不能忘了如下这个事实，即这里暗示的是真理本身。然而，这却是很次要的一点。

更重要的——至少在目前的语境下——是这样一种思虑，即欠债还钱这样一种对正义的粗略定义是否很轻易地就被否决了。在331c的地方，苏格拉底说：“我们可以把有话直说、欠债还钱当作正义吗？”我要展开的就是这点。我们看到，这第一个定义显然缺点重重，但它却不是一点意义也没有的。你不能说，对人撒谎、有债不还也是对的。在一般的、通常的、正常的情况下，正义之士都不会撒谎或者欠债不还。在柏拉图的对话里，你是找不到那种完全相对主义化的特征的。克法洛斯看到了一部分正义，但他看到的还很不够，虽然那也是正义的一部分。让我们假设他会把一个正义之士定义成一个不杀其他人的人。然而我们却可以向他举出N个正义地杀人的例子。同样的，说“正义是不杀其他人”要比说“正义是杀其他人”来得真，因为后者需要为其正义与否做一番辩护，而“不杀其他人”这种说法就完全不需要这样一种辩护。至于为什么会这样，说来话长。这里给出的正义的定义尚不完整，但它也彰显了部分的真理。

然后，对话的角色由克法洛斯转到了他的儿子玻勒马霍斯。这里发生的一幕很有意思，克法洛斯笑着离开了。苏格拉底笑了吗？没有。我们知道苏格拉底经常开玩笑，但他从来不笑。只有在他死的那天，他才笑了。这种在柏拉图的作品里出现的笑是什么意思？它暗示了笑是某种轻浮的表现。一个严肃的人是既不哭也不笑的。

（提问：这里，在克法洛斯身上，有什么东西是轻浮的？）

在最根本的层面上。如果你能想起克法洛斯对索福克勒斯的叙述所做的改变的话（即从"一个主人"变成了"许多主人"），那么或许你就有答案了。如果你去看阿里斯托芬的话，你会在他那儿发现，在笑与性之间存在着某种联系。

这里，我们再来看看另一点。虽说一个对此的完整解读将会花上不少时间。克法洛斯在引用西蒙尼德的一句话作为开头的同时，也引用了品达[①]从某种意义上说，品达和西蒙尼德是死对头。西蒙尼德，就整体上说，在一些人看来，不像品达那样轻狂。有些非常了解古希腊诗歌的人称西蒙尼德为希腊的伏尔泰。作为对照，品达就是某种牧师。但这点只是顺便做的补充，我希望你们了解。西蒙尼德的话——正义就是给每个人他应得的——在前面就被驳斥掉了。他的论点很简单，就是欠什么还什么。然而，你不能归还毒药，如果那个人很有可能用它去毒害别人。于是，给每个人他所应得的，就不是在任何情况下都是对的了。这对西蒙尼德也适用。在 332a 这儿，苏格拉底暗示，西蒙尼德说这句话一定别有所指。从玻勒马霍斯的解读看来，西蒙尼德指的是，朋友之间应该与人为善，而不应该与人为恶。正义就是友谊。尽管没有任何流传下来的西蒙尼德残篇支持这种观点，但这么说显然也有几分道理。后面，苏格拉底，或者说柏拉图，会帮我们把西蒙尼德和玻勒马霍斯之间的差别给说清楚。正义就是助友损敌这种说法并不属于西蒙尼德，它是玻勒马霍斯的说法。至于玻勒马霍斯是从哪里知道这种说法的，又是另一个问题。从传统上柏拉图对话录的编排顺序上看，有一部小对话排在《理想国》之前，但它现已被认为是伪作了，在那里面，这种认为正义就是助友损敌的说法，其实出自苏格拉底，对此，你们信不

① 编者注：这里说克法洛斯引用了西蒙尼德可能是一个错误，应该换成玻勒马霍斯。

信都无妨。无论如何，这肯定不是西蒙尼德的定义。它仅仅是脱胎于西蒙尼德的定义，因为后者在自圆其说的时候遇到了一些麻烦。

现在，我想以某种更为一般的方式来讨论这个问题。当你们读到任何一部牵涉到德性的柏拉图对话时，比如说《拉凯斯》(*Laches*)，你得到的是各种各样被苏格拉底轻易驳斥掉的不完整的定义。但是，整部对话没有给出一个关于勇气的完整的定义。如果你去读亚里士多德的《伦理学》，去读他对勇气的分析，你会得到一幅关于勇气的明白晓畅的图景。是柏拉图或苏格拉底没有能力给出一个像亚里士多德那样的分析，还是说他根本不想给出这样一个定义？让我把这个问题延伸到《理想国》上。传统的正义定义是什么样子的？

(回答：给每个人他应得的。)

[这是]一种持久而永恒的意愿——想要给每个人他所应得的东西。它和克法洛斯说的欠债还钱有共通之处，虽然它涉及的范围更广。那为什么柏拉图不引入这个完全合情合理又充分的定义？[请注意]在17世纪的时候，有一个非常伟大的人叫莱布尼茨，他觉得我刚刚引用的那个传统上的正义定义是很糟糕的，因为作为定义，它们都已经包含了要被定义的东西。比方说，什么叫他应得的？当然，我们会说那是正当(right)地归属于他的东西。这样一来，你们会看到，正当(righteousness)本身就包含了给每个人他有权(right)得到的东西这层意思。在这个定义里，正当这个词本身就包含了要被解释的东西。莱布尼茨提议说，把正义定义成“由审慎调和的益处(beneficence)”要更好一些。这说得通。你有一种基本的益处，但你同时又意识到，你不能随时随地在各方面都对人有益，因此，它必须由审慎来调和。于是，处死一个杀人犯就是这么一个由审慎调和过的益处。把他处死，对其他人有益。那从形式上看这至少是一个非常正确的定义。莱布尼茨的思想在这儿，在玻勒马霍斯这一节，即当苏格拉底说正义之士从不伤害别人的时候，也出现了。这里有一些类似“有益”的东西。为什么柏拉图不把这当成是一个简单的传统定义？这张桌子归芝加哥大学所有这件事是怎么确定的？为什么我不能把它拿回家？我们先别管我们能否做到身体力行。我假设这张桌子是芝加哥大学买的，而这意味着，存在着某些取得财产的方法，这些方法由法律规定并保护。根据这块土地上的法律，这张桌子归芝加哥大学所有。难道这一法律一定是公正的？这种不公正的事情有无可

能？想想在一场革命之后这些有趣的例子，人们买入了被充公的财产，这些财产成了他们的法定财产。然而有些人可能会觉得这些例子有瑕疵。[但]我想我们无法否认，法律有不正义的可能，不管这种不正义是整体上的不正义，还是部分的不正义。如果你给每个人他们法定的东西，那很有可能，你实际在做的其实是不正义的事。因此，我们就必须向这个问题更深的层面迈进。由于我们假定，跟着柏拉图的思维走，这一初始定义，这一传统定义，并非完全是胡话，它包含了大量的真理，因此，我们就得尽可能地对它少作改动，除非这一改动十分必要。我们说正义是一种持久而永恒的意志，这种意志想要给每个人他所应得的东西，根据什么？——根据理性。不是根据法律，而是根据理性。这造成了一个很严重的问题。一个人，有一大笔财产。但他把这些钱投在了夜店以及诸如此类的地方了，于是就从道德上以及从其他方面腐化了其他许多人等等。这一行为显然不是根据理性所做出的。一个不会利用其财产的人就不配持有它们。因此，我们就把这些钱从他那儿拿来，交给那些能好好利用它们的人。这种分配和委托的事该交由谁做？这个裁决者绝不会是一个脑袋里装着法律及不少先例的人。他必须仅仅服从他的理性。那方法是什么？他会看看他们需要什么，能用什么，以及他们能用好什么。这就又得提到我讲了一遍又一遍的那个故事，即大男孩有一件小外套，而小男孩有一件大外套的故事。这个故事的讲述者是色诺芬。在波斯的那些正义学园里（因为在那里，他们不学三门R's，而只学正义），居鲁士，也许你们会说未来的皇帝，正面临着这个问题。大孩子拿走了小男孩的大外套，而将他自己的小外套留给了他。他说这么做是对的。因为这样一来，每个人都得到了对他而言是合适的东西。但他被纠正了，因为规则是，属于某人的东西是那些他购买的或合法取得的东西。在这儿，你们看到了稍后那种共产主义建议的根源。合乎正义的财产是对某个体而言能利用好的财产。如果他利用不好，或者没有能力利用好，那么这一财产就得被分给其他人。你们可以从这一小点上发展出柏拉图整部《理想国》的计划。但这还不是时候，尽管再晚些时候，我们也许会那么做。我要引申的就是这点。柏拉图真正的观点——柏拉图对“正义”真正的分析——只有在我们完全超越了柏拉图在这儿明确说的东西以后才会出现。从第一卷的正义讨论到后面几卷的正义讨论所发生的转变，暗示了一种正义的寻常观念的辩证解体（dialectical destruction)，柏拉图他自己会在后面慢慢恢复这种习俗上或传统上的正义定义。搞清楚这点至关重要。这一点，只有通过对整部《理想国》作一漫长而复杂的分析之后，才是可辩护的。我们现在才只是开了个头。

我们已经看到了西蒙尼德的说法(332c)。西蒙尼德既不赞同欠债还钱，也不支持欠你什么还你什么(从字面上翻)，他的真实意思是给每个人适合他的东西。这就是正义。因此，西蒙尼德是一个高明的人，只不过他不幸地使用了与"欠债还钱"或"欠什么还什么"相近的表达罢了。也许柏拉图会说，他这么做有十足的理由，但这又是另一回事了。

现在，让我们来讨论玻勒马霍斯的定义——正义就是以善报友，以恶报敌。我已经暗示过，这一定义可以立即被理解，如果我们从信任的现象，也就是从潜藏在克法洛斯对正义的察觉之下的东西入手的话。那是什么？那是使可信之人间互相信任成为可能的正义。信任的现象有这样一种双重特性：信任那些值得信任的，不信任那些不值得信任的。正义是正面的，也是负面的。它在把好东西给一些人的同时，也在把不好的东西给另一些人。这点在玻勒马霍斯的定义——正义就是以善报友，以恶报敌——中就有体现。当然除了这些，还有更多的东西。当玻勒马霍斯说正义就是"以善报友，以恶报敌"的时候，他在想什么？不管他本人是否意识到这点，他的名字战事之主(War Lord)暗示了他在想的东西，即存在着一种正义的战争，或者说，战争也可以是正义的。如果你身陷一场正义的战争，你会怎么做？你肯定会帮助自己的城邦，攻击别的城邦。因此"以善报友，以恶报敌"这种说法，极好地表达了我们称之为"公民道德"的东西。要想做一个爱国者，就意味着你必须"以善报友，以恶报敌"。

[……出现了一整页的缺失……]

正义在战斗和并肩战斗中都有作用。战斗带来了暴死的可能。难道在和平时期就不需要正义了吗？当然不是。为什么？在这一节中，你们能看到以这种方式呈现的这些事物。举个例子，我们看 333 的开头，"那我们是不是也可以这样说，在不打仗的时候，那些正义之士是没有用的。""当然不能。""在和平时期正义也有用吗？""是的。"然后，苏格拉底指出，种田和做鞋在和平时期也都有用处。前者能得到庄稼，后者能得到鞋子。你们看到这儿出现了一些不合常规的东西。苏格拉底不等玻勒马霍斯回答就说出了答案。这有点偏离了准则

(norm),因为没人可以一劳永逸地说,做鞋的技艺包含了得到鞋子。这一技艺本身只包含了“做”鞋子。而这里强调的是“得到”。你们现在看到了整个论辩在朝什么方向发展——战斗与得到。在战争与得到之间存在着联系吗?我认为存在。打一场胜仗就意味着得到。因此,得到处在战斗与用处(use)之间。用处这个主题在后面就会出现。这里我们看到了这个更具体的正义定义——正义在签订契约、人类联合以及诸如此类的事上是需要的。尤其是牵涉到钱的时候,正义的存在尤为必要。这里苏格拉底十分逼近那种从狭义上说最粗糙但又非常重要的正义定义。正义存在于交换这一行为当中。这种说法当然不完整,但它十分重要。正义之士是在交换过程中不使诈的人。这是非常重要的一部分。这样一来,正义就在和平时期的交换事务,以及牵扯到钱的事务当中派上用场了。这是什么意思?你想用你自己的钱,或许你想买一匹马,谁最能帮到你?是正义之士还是相马专家?玻勒马霍斯的回答尽管不是绝对合理,但的确是相当合理的,他说是相马专家。如果你想买一辆车,一方面你确实可以请一个对车一窍不通的正义之士,但听取他对购车的建议有什么用?然而,如果他是一个汽车专家,他的建议就相当有价值了。所以,我们也许得说,在买东西或者用钱的时候,正义之士没什么用。他在什么方面有用?当然是在保管财物的事上,因为在这种事上,你不需要一个上锁专家来帮你把所有你想保护的东西给锁上。如果事情真是这样,那么,苏格拉底说,正义就不可能是什么严肃的东西。因为它只对那些没用的东西有用。这部分论辩的结果在333e—334b的地方作了总结。

(磁带结束)

[……]让我们把保管者的例子丢到一边,来看看这个对我而言更加熟悉的例子。从精神层面的运作上说,打开一个保险箱与找出打开它的人是同一回事。看守的技艺,或者说护卫的技艺实则和一个小偷的技艺别无二致。你们看到了什么?就在刚刚,正义已被简化成完全的无用,并且只有在保管东西的时候才有用了。而现在,通过证明一个高明的看守和一个高明的小偷有着同样的技艺(art),正义的有用性又被恢复了。没有人会说小偷的技艺对小偷而言是没用的。正义不仅仅是保管的技艺,它还是索取的技艺,不管这种索取是否光彩(fair)。如此一来,凭着这种理解,正义又可以被冠上另一个名字——索取钱财

(wealthgetting)的技艺。在这段论辩当中有什么问题没有？我希望我不必告诉你们柏拉图和我们大多数人一样极力反对这种说法。这段得出“小偷与正义之士等同”结论的论辩有什么漏洞？认为一个想要保管东西的人必须知道一个小偷所知道的东西的说法难道不对吗？这种说法难道不是绝对正确的吗？如果一个银行保安不知道小偷知道的所有东西(比如抢银行，撬保险柜等等)，那他还有什么用？没有这类知识，他不会是一个好保安。他们的技艺与他们的能力是等同的。他们既不需要知道得比别人多，当然也不能比别人少。他们与他们的对手必须是协调一致的。

苏格拉底漏掉了什么？在我们通常谈论事物的方式的基础上，你们会说苏格拉底漏掉了什么？

(回答：尽管他们知道同样的东西，但很明显，他们的做法完全不同。)

事实上，他们确实可能做相同的事情。好吧，让我们假设盗贼也有一把钥匙(保安本身就有)，那么现在他们两个人都可以用同样的方法打开保险柜了。我们必须承认，一个打开保险柜是为了把钱拿出来，另一个打开保险柜是为了确认钱还在里面。他们采取了不一样的行动，这种不一样的根源在哪里？答案是意图，或者说目的。这部分的论辩完全忽略了或者说故意忽略了道德意图。因此，我们可以说，这整个的问题都出错了。在这点上，亚里士多德会完全赞同我们。事实上，由于苏格拉底想到的总是“技艺”，这让道德意图这种东西不再可见(invisible)。那么柏拉图大错特错了么？我们如果要为他辩护，应该怎么说？苏格拉底这个明显的错误，这个有意为之的错误，其实建立在对道德目的的反思之上。

让我们从头开始。正义之士被我们说成是一个有着持久而永恒的意愿、想要给每个人其所应得东西的人。这都说得很好。但问题是，这并不意味着他的行为从整体上看就是正义的。这一行为从实质上看很有可能是不正义的，而法也有可能不正义。因此，单单道德目的或者法律知识本身，很难完全证明某一行为是正义的。你必须知道什么是真正正义的。什么东西依其本性(by nature)就是正义的。道德意图的重要性再大也大不过那种知道真正的正义是什么的知识。而那种完全成熟了的(fully developed)知识就是技艺。所以柏拉图早就超越了这一点，而且或许在后面，在《理想国》里，我们会看到他这么做的原因。他会告诉我们，道德意图本身就是由某类知识所组成的，因此，说正义是一项技艺，尽管可能误导我们，却是合情合理的。然而，把正义看作是苏格拉底说的技艺，却会犯下一个更特别的错。如果我们说正义就是一种知识，拥有了这种知识的人行事就会合乎正义，那我们最多只是重复了苏格拉底早就说过的“德性即知识”而已。苏格拉底在这里暗示的远远超过表面上的“正义即知识”。他又在他的说辞里加入了什么？他说正义是和医学、厨艺、航海等类似的一项技艺，它是一项特殊的技艺。也许就存在着这么一些技艺，它们不特殊，但包罗万象。让我们再回到那个简单的例子，你要买一辆车，你肯定不会叫一个正义但不懂车的人陪你去，除非你是个傻瓜。另一方面，如果你选的是一个懂车的专家，但同时他也是一个骗子，那你一定会上当受骗。所以，如果你很有理智，你会选择什么样的人？我想一定是一个正义并且在那方面有专长的人。这可以推广到包括买车和骑马在内的所有领域。正义是一种会影响所有技艺的技艺。它有一种必须被考虑的普遍性。在这部分的论辩当中，这点完全被忽略了。但我们一定记得，柏拉图曾向我们保证，他会在这部分的论辩中向我们表明道德意图究竟是什么。更进一步地说，根据他的说法，道德意图就是某类知识。

现在让我们接着看下去(334C)。我们要帮助朋友，伤害敌人。我想这很清楚，我们能够很好地理解这句话。如果我们从最粗浅的层面上理解，这句话的意思是通过给人挠背来换取相似的服务。但如果我们从最高的层面上理解，那么这句话的意思就变成了你必须忠于自己的城邦和邦人，去对抗外邦人。这里的问题在于：当我们说朋友和敌人时，我们是什么意思？我们说清楚了什么样的是朋友，什么样的是敌人吗？苏格拉底问玻勒马霍斯他指的究竟是看起来的朋友还是真正的朋友。如果你帮了看起来是你朋友的敌人，那你就成了大傻瓜。如果你伤害了看起来是你敌人的朋友，那你也同样是大傻瓜。所以我们必须确定你帮的是真正的朋友，而你伤害的是真正的敌人。

现在出现了另一个问题。一个正义之士会伤害任何[……]吗？我是说，如果我们考虑那个关于狗的简单例子的话。如果你伤害了你的狗或者你的车，那接下来会发生什么？它会变得充满恶意。而也只有一个十足的大傻瓜才会希望和一条恶狗生活在一起。在这方面，人与人之间毫无差别。于是，从本质上说，不要伤害或危害其他任何人，说的只是常识（本杰明·富兰克林意义上的“常识”）。因此，正义之士不会伤害任何人，不管是朋友还是敌人。而前面那个定义——正义是“帮助朋友，伤害敌人”——完完全全就是错的。不用说，这里还存在着一个“小问题”。想想最开头的那个例子——那个疯子，想要把给你的刀要回来，你为了帮助他而没有给他。这说明什么？这说明从常识上看，人们有时会像对待一条恶狗一样对待那些从某种程度上说是邪恶、疯狂的人。我要引申出的就是这点。伤害人当然毫无疑问是愚蠢的，但伤害也分等级，有的伤害会使那些敌人无法再行伤害，如果我们从这个简单的功利主义案例来看的话。这也是马基雅维利所持的观点。而这就是我刚说的那个“小问题”。虽说伤害别人就是伤害你自己，但这也不是放之四海而皆准的。

（提问：就从那个狗和马的例子来看，这里的论辩似乎不在于“对你而言那是否是好的”，而是“对那条狗来说那是否是好的”。）

不，恰恰相反，我认为你们想要的一定是一只好而有用的动物。这里展现的是一个从苏格拉底开始的、尚不成熟的功利主义的观点，而这个观点是有缺陷的。它并非没有道理，因为在这之中确实包含了一些尚不成熟的真理。但它没有触及问题的根源，而这就是它的弱点。

在这段的末尾，我想向你们展示一样东西。苏格拉底通过说“由于这个定义缺陷重重，所以它一定不会是像西蒙尼德这样智慧的人说的”反驳了这个定义。他在这儿还给出了另外两个人名——毕阿斯（Bias）和皮塔科斯（Pittacus）。和这些人相反，这个定义很可能出自其他人。他报出了四个人名——佩里安德罗（Periander）、佩狄卡（Perdiccas）、泽尔泽斯（Xerxes）或者是忒拜人伊斯梅尼阿（Ismenias the Theban）。眼下的这些人都是些有钱有势的统治者。这儿，如果你们简单地加一下的话，你们会发现这里提到的人名一共是7个。如果你们把这7个名字排成一排，你们会发现处在正中的是佩里安德罗，这是一个以颁布维持僭政之法闻名的统治者。

让我把这点再说开去一些。这里说得很清楚，正义之士不会伤害任何人。那么我们能不能把正义定义成是“不伤害任何人”？这确实是一种可能性，但我们必须更全面地考虑一下它。你会怎么评价一个从不伤害别人的人？他永远不会把小孩子丢到井里，但如果有一个小孩子失足掉下去，他也不会救。你会怎么评价这个人？我想你不会说他是正义的。因此，你必须超越这个简单的定义，也许我们可以说，一个正义之士不但不会伤害别人，而且还会帮助别人。正义之士乃是对人有益之人。这个说法指向了莱布尼茨心中的那个构想，即正义是“由审慎调和的益处”。

那么在这儿，我们面临着两个问题。为什么苏格拉底不直接说正义就是益处？如果他这么说，那我们就不会落到现在这个局面。让我们再回过头去想一想那个疯子的例子。在把钱还给一个正常人和不把刀还给一个疯子这两种情形中，有什么是共同的？我想这两种情形都能被理解成是对别人产生了益处。所以，这真的不是一个坏定义。那为什么苏格拉底不[使用这个定义]？他在这儿继续坚持我们对正义一无所知[……]狗往往对熟人很友好，而对生人很凶恶。很凶恶这点与益处并不相容。只考虑益处的正义定义在城邦中并不正义，因为城邦作为一个独立的社会，有其敌人，如果我们把打败敌人称作是“帮助他们”，那是很伪善的。这样 桩事当然有可能会在不经意间帮到它，但这依然不是战争在寻常意义上的目的。说正义就是益处将会抹去所有内在于正义之中的严酷的东西，而这是我们有意义地讨论正义的基础。

但这段论辩还暗示了一个反对这点的理由。让我们撇开政治的方面，来看一看为什么说正义就是于人有益从本质上讲就是错的。就身体而言，谁对它最有益？医生。就航海而言，谁对它最有益？水手。简单地说，我们又会回到那个关于知识的问题，它在“有益”这方面是不可见的。所有东西都可以有益。如果我们想要理解正义，我们必须把那种包含了正义的知识给找出来。如果确实存在着这样一种知识，那么作为特殊事物的道德目的的问题就解决了。如果这种知识不存在，那么道德目的的问题依然存在。你们是否还有其他的观点要在这会儿提出来？从某种意义上说，我们现在一无所有。到目前为止，我们还是没有发现正义是什么。尽管撇开这一失败，我们还是学到了一些东西。在这个时候，色拉叙马霍斯插了进来。在听到苏格拉底说正义之士不会伤害任何人的论断之后，他看起来相当震惊。这句话惹怒了他，在后面，我们会看到为什么他会有这种反应。但我们会下次再讨论那一节的内容，至于现在，我想听听你们对这一节还有什么问题没有。

（提问：关于苏格拉底是否虔诚的问题，我注意到，开头的第一句话暗示了苏格拉底计划去向女神祷告。这是一种对虔诚的暗示吗？还是说在这儿你会对祷告和献祭作出区分。）

我想这两种必须加以区分。存在着两种祷告。有些祷告可能只会表达对神的敬意，而不表达任何对神的希望和要求。在这点上会产生不同。去读一读色诺芬的《回忆苏格拉底》(*Memorabilia*)的第一章和第四章，它们和这个问题存在着关联。我很清楚，对于你提出的这个问题，这样子的回答是很不充分的。你们可以完全正当地提出，难道苏格拉底不是因为相信这个女神的存在，才去向她祷告的？

（提问：似乎对于苏格拉底而言，这个女神有着一些特殊的重要性，要不然他也不会选择下到一个那么低的地方去和她打交道。）

我想，大家一般都认为，这是一个色雷斯人的女神。但我想，这里有一个明显更加重要的地方，那就是这是一次创新(innovation)。后来，苏格拉底在被控不敬雅典人信奉的诸神的同时，也被控引入新神。这里，可能他是想说，究竟是谁在引入新神。不是我，而恰恰是雅典城邦自己。我们甚至能做得比那更好。为什么是女神？[……]女神的存在，是我们能够引入性别平等的最强论据。这种性别平等在《理想国》的后面会被提到。

（提问：但如果女神总被认为比男神低下的话，那就不存在什么问题了。）

这不一定。她们依然远远胜过人类。如果存在像女神这样的女人，那有能力胜任君主的女人也就一定存在了。这里，我们先放下这个生理学的问题。我想我们应该注意到了，柏拉图后来又提了一次色雷斯(Thrace)。这点你们可以通过书后的索引轻松地找到。色雷斯人是出了名的野蛮。于是现在，雅典人的温和(mildness)——因为雅典人确实相对而言比较温和——与色雷斯人的野蛮合而为一，而这是整部《理想国》的一个特征。考虑下亚里士多德提出的关于保卫者的野蛮的问题。亚里士多德说，像保卫者必须野蛮这样一个陈述，完全是一个不可能的陈述。没有什么人是必须野蛮的。因此色雷斯预示了一种混杂了温和的粗野。这是柏拉图对政治现象分析的一部分。或许柏拉图会沿着这一脉络来回答亚里士多德。如果你们要去打仗，并且如果你们用的是刺刀，你们能在野蛮地使用刺刀和温和地使用刺刀之间作出区分吗？如果你们温和地使用刺刀，那只会让你们的杀敌效率降低而已。我相信事实就是这样。有一种说法是，第一次世界大战前，英军负责刺刀训练的长官为了让受训的战士进入状态，故意冲他们讲些针对德国的粗言秽语。我想你们从这件事中不难得出，进入一个野蛮的心境有利于他们更好地使用刺刀。我想柏拉图会提出这个论点来反驳亚里士多德，即一旦你承认了战争的可能性，那野蛮这个元素就是不可或缺的。我想，柏拉图在这里想到的就是这个。后面他一起提到了三个国家的人——希腊人、色雷斯人，以及埃及人。如果他想在这个早期的讨论中引入埃及，他本可以轻而易举地做到。色雷斯人是野蛮人，埃及人是奸诈之人，而雅典人是文明人。你们还有别的问题要提吗？

（提问：我不是很确定在这个正义定义中益处的作用究竟是什么。这个说法到底有什么弱点或问题？）

我再重复一遍。在健康的问题上，谁对我们最有益？在健康的问题上，谁能给我们带来最大的益处？医生。你们在这儿一定会问，在哪方面有益？难道益处没有预设或者必然仰赖某种专门的知识？尽管技艺之间的类推是完全不充分的，但我想柏拉图要说的就类似于这些。你想亲切(kind)一点，真想亲切一点，而且还不只是想对其他一些人好。但如果你不知道这需要什么，那么在任何重大的场合，你都不可能做到。因此，人们总会说起某种亲切而睿智的人。这种知识意味着某种有关这一个体之灵魂的知识，而如果你不具备这种人类灵魂的知识，那你就不可能充分地理解这种知识。你们永远得面对这一问题。你们想对某些人亲切一点，但在你们身边总还是会存在着另一些你们不得不对其也亲切的人。于是，何者为先(Priority)的问题就出现了。于是，你必须权衡一下，以便确定谁最需要你的亲切。你能在了解了某个个体的性格的情况下弃其于不顾。因此，所谓的益处就是某种有关人类灵魂的知识，而这种知识远没有那么容易得到。对柏拉图来说，这种知识就是哲学。也许他会说，只有哲学才能做到和善(kind)。但同时他也不会否认，在实践领域存在着各式各样的对其有价值的模仿，但这些模仿，却都是有缺陷的。

（提问：我有点不理解塞里福斯人(Seriphian)的那个段落，它在这里是否有一种对全局的影响？）

我想，这段话如果从整本书的语境里加以理解，那它的意思还是很清楚的。

这段话是从克法洛斯的嘴巴里说出的。色弥斯托克勒被一个来自小镇的人问道："如果你出生在我的小镇，你就不会是现在这个声名显赫的色弥斯托克勒了。"色弥斯托克勒回答道："但就算你出生在雅典，你的状况也不会比现在好多少。"那么这段话在整本书的语境里该怎样理解？人的伟大和天才只有在社会环境适宜的情况下才能发挥作用。这种说法是很明智的。我们可以立即把这句话用到柏拉图身上，即没有雅典，就没有柏拉图。我想这点同样清楚。不论对错，像斯多亚派这样的学派，是不会有这种简单的观念的，他们会觉得，伟大的哲人能在任何地点、任何情形下诞生。而柏拉图知道这点，即对于心智(mind)来说，有适合它发展的情形，也有不适合它发展的情形。这就引出了另一个大问题，一个在第二卷当中将会被讨论到的话题。我们会发现一个没有丝毫不正义的城邦，格劳孔管它叫猪的城邦。这一城邦后来瓦解了。自私和贪欲腐化了这一社会。然后为了反对罪恶，一种抵抗应运而生。只有依靠这一抵抗所包含的德性，善的城邦才会形成。我们看到，如果罪恶不长，那么人的心智也就不会发展。心智要想发展，就必须摧毁那种原始、简单、无害、单纯的环境。至于这种简单、单纯以及其他等等能否还可以在这种情况下被找到，那已经和我们的意图无关了。当然，这些为人类学家所研究的简单的人(simple man)究竟有多单纯，始终是个问题。假设我们不得不从这样一个起点开始，那我们就不得不主张那会导致永久的停滞。并且，这样一种爆发也就必然会发生。因此，那种想要使任何不正义都不存在的解决方法，是不可行的。柏拉图明确地指出，所有正义的东西在正义同时也是不正义的。只有当正义与不正义分别以其特殊的方式共同作用，使这一整全得以完满，只有这样，我们才能找到解决的方案。我想柏拉图企图引申的就是这点。

施特劳斯论《会饮》

樊　黎[*]

施特劳斯是一位政治哲学家。《会饮》是一篇关于爱欲的对话。政治发生在城邦的公共空间，而爱则是极端私密的东西。在某种意义上，《会饮》可以说是最远离政治的对话。一位政治哲学家想从这样一篇对话中发现什么？1959年秋，施特劳斯在芝加哥大学开设一门课程，专论《会饮》。课程录音被保存了下来，并经过伯纳德特的整理，以一种更加可读的形式成书。[①]编者坦言，这是施特劳斯在他的课堂上偏离严格意义上的政治性对话最远的一次。[②]

《会饮》有政治性吗？它与其他政治性对话，比如《王制》的关系是什么？柏拉图另一篇关于爱欲的对话《斐德罗》看起来同政治的关系相对密切一些，因为它同时还讨论了另一个主题：广义的修辞术，即言说和写作的技艺。最高的写作形式是立法(《斐德罗》258a—c)。因而西塞罗在他的对话《法律篇》中借用了《斐德罗》的场景，让对话者们在树荫与河水边躲避夏日的骄阳。然而，按照苏

* 作者单位：英国圣安德鲁斯大学哲学系。

① 《利奥·施特劳斯论柏拉图的〈会饮〉》(*Leo Strauss on Plato's* Symposium)，伯纳德特编。芝加哥：芝加哥大学出版社，2001年。我不打算把本文写成这本书的概述。施特劳斯的讲课引人入胜，而相对充裕的时间也让他能够展现《会饮》的丰富性。因此，这本书不需要、也不可能用一篇概述来代替。我仅仅想通过本文展示施特劳斯的解读中最具启发性和解释深度的方面。

② 前揭，页vii。

格拉底在《斐德罗》中的说法，任何写作都有某种天然的缺陷。立法当然也不例外，即便人们都相信立法者堪比诸神(258c2)。但反过来，尽管这只是城邦的错误信念，我们却不能就此推论说，因为立法者有某种缺陷而诸神是完美的，前者低于后者。实际上在《会饮》中，第俄提玛的确把立法者的灵魂生育同诸神联系了起来(209d—e)。诸神是诗人荷马和赫西俄德的后代，而立法者有资格同这两位诗人相提并论，如果不是比他们还高的话。按照第俄提玛，生育是终有一死者使自己不朽的手段。立法者通过他的立法使自己不朽。而哲人则同理念在一起。美的理念不能被言辞所表象(211a7)，因而哲人不再生育美的言辞(比较 210a8, 210c1, 210d5)。哲人以完全不同的方式不朽。这也就意味着，他凭自身不能在通常的意义上不朽，他不能留下那些传之久远的东西。若不是柏拉图，苏格拉底将湮没无闻。对话录是柏拉图以自己的方式让苏格拉底不朽。从某种意义上说，苏格拉底是哲人，柏拉图则是立法者。柏拉图为后代的哲人，那些无法亲身跟随苏格拉底，却具有哲人天赋的后来者立法(《斐德罗》276d)。《斐德罗》的双重主题正是苏格拉底的技艺(爱欲)和柏拉图的技艺(写作)及其关系。苏格拉底在其中批评了写作，但柏拉图却用写作的方式响应了苏格拉底的批评。看起来，柏拉图最终选择了写作，意味着他认为哲人虽然不立文字，但需要有人为哲人立文字。他写作并不是为了使自己不朽，而是为了使苏格拉底不朽。“没有柏拉图的写作，将来也不会有。那些被称作‘柏拉图的作品’的东西属于美而年轻的苏格拉底”(《书简之二》314c)。作为立法者的柏拉图却是述而不作的。

相较之下，《会饮》不涉及写作，苏格拉底也无意让他在那个私密场合的教诲公开出来。如果是这样，爱欲的教诲不应涉及政治，因为最高的爱欲超越了对不朽名声的渴望，而后者又是政治生活的最高欲望。但柏拉图还是将这场会饮通过两个苏格拉底的虔诚信徒曲折地泄露出来，并且让整个背景具有强烈的政治性：这场宴饮发生在西西里远征前夕，而主角之一正是远征的鼓吹者和发起者阿尔喀比亚德；这位天才的政治家、苏格拉底的信徒在出征后不久就遭到指控，并因此逃亡。罪名是泄漏厄硫西斯秘仪，并参与毁坏赫尔墨斯神像等渎神事件。他几经反复，先后帮助雅典的敌人斯巴达和波斯，又在公元前 407 年回到雅典。施特劳斯认为，《会饮》要揭示阿尔喀比亚德渎神事件的真相。泄漏秘仪的人不是阿尔喀比亚德。苏格拉底把爱若斯的女祭司第俄提玛的秘仪泄漏给了宴饮的宾客，而阿尔喀比亚德当时根本不在现场。他在事情完结之后才闯进来。在群情激愤的环境下，这个真相被掩盖了起来，只有当公元前407年阿尔喀比亚德被当作救星迎回雅典之后，真相才能被揭开。[①]柏拉图承认，阿尔喀比亚德的确在某种意义上犯了渎神罪，但不是像流俗的传说中那样。阿尔喀比亚德渎神和苏格拉底有某种关系，《会饮》要告诉我们其中的原委。

《会饮》中的对话为我们所知，端赖两位苏格拉底的忠实信徒。直接的叙述者是阿波罗多洛斯，疯疯癫癫，鄙夷除苏格拉底以外的所有人。他还出现在苏格拉底死前的最后一场对话《斐多》里面，从头到尾抑制不住地哭哭啼啼(59a，117d)。他从另一位苏格拉底信徒阿里斯托德莫斯那里听说了会饮的详情。按照色诺芬的记载，后者从不献祭、不占卜，并嘲笑那些这么做的人(《回忆苏格拉底》1.4.2)。这个狂狷之徒有两个特征：矮小、不穿鞋。会饮这天，平时不穿鞋的苏格拉底倒是打扮了一番，穿起了鞋。阿里斯托德莫斯还是那天唯一"不请自来"的宾客。施特劳斯指出，在某种意义上，阿里斯托德莫斯才是第俄提玛描绘的爱若斯。[②]的确，他热烈地爱着苏格拉底。他是智慧的爱人。柏拉图刻意让阿里斯托德莫斯在会饮这天扮演爱若斯的形象，以便把苏格拉底同第俄提玛的描述区别开。第俄提玛传授的爱若斯的真理也并非完整的真理。苏格拉底在发言伊始，就表示他将把真理中美的部分挑出来，加以适当地安排(198d)。这种做法可能造成的偏差，也必须小心谨慎地加以勘定。

《会饮》讨论的主题来自斐德罗。让斐德罗觉得奇怪的是爱若斯这尊大神居然没有在诗人那里受到应有的颂扬。如果我们把全部的枝叶都剪掉，《会饮》留下的框架就是：斐德罗要在宾客中寻找一位颂扬爱若斯神的诗人；苏格拉底则借助第俄提玛表明，爱若斯不是神，他也不是颂扬爱神的诗人。但最后，苏格拉底的确同阿伽通分享了桂冠。哲人在某些时候需要化身为诗人，以便哲学的真理能够为人所知。回到斐德罗。没有诗人颂扬过爱若斯神，这意味着权威的

---

① 对话发生在前407年阿尔喀比亚德回到雅典之后，有一处文本证据：格劳孔知道出席那次宴饮的人有阿伽通、苏格拉底和阿尔喀比亚德(172a7—b1)，但他不知道阿波罗多洛斯有没有出席。阿波罗多洛斯答道，你怎么会以为我在场？在我跟随苏格拉底之前很久阿伽通就离开雅典了(172c3—4)。这里没有提到阿尔喀比亚德，暗示他已经回到了雅典。前揭，第15页。

② 前揭，第29页。另参《斐德罗》233d—e，爱者被比作乞丐，不被邀请参加宴会。

缺席。诗人是神圣知识的拥有者和传达者，既然他们没有告诉我们关于爱若斯的知识，我们从哪里获得这种知识呢？事实上，诗人的缺席并非某种损失，因为几乎每个人都有过对于爱若斯的经验。若非诗人声称他是一位神，爱若斯就只不过是一种人类现象——爱欲。诗人缺席，而城邦的权威意见也不被承认，不仅因为会饮这一特殊的场合，而且因为所有的宾客都是智术师的门徒，除了阿里斯托芬(《普罗泰戈拉》314e—316a)。他们是被启蒙了的知识精英。在这种情况下，每位发言者都自由地从自身经验出发解释这种人类现象，并以各自想要的方式将其与诸神关联起来。然而，从自身经验出发就意味着受制于自身经验的视域。苏格拉底被迫与之前发言者的诸种错误解释争辩。而《会饮》的迷人之处就在于，揭示爱欲的真理同时也就是在揭示之前发言者错误解释的原因。因为正是他们不完善的爱欲阻碍了他们理解爱欲的真理。

第一位发言者是"话题之父"斐德罗(177d)。斐德罗发言的要点，在爱若斯能够产生美德，使爱人们类似于那些天性最优秀的人。施特劳斯指出，要把握任何一篇讲辞，就必须理解讲辞所表达的意见同发言人的灵魂类型之间的关系。[①]斐德罗年轻俊美，在希腊同性恋关系中是被爱者或潜在的被爱者。对他来说，爱若斯不仅是伟大的神，而且是最令人惊奇的神(178a)。如果爱神的伟大在于一般而言他能激发美德，那么他令人惊奇之处就在于他甚至能够让人为了所爱牺牲自己的性命。斐德罗的论证包含三个例证和一个反例。他用阿尔刻提斯同阿喀琉斯的例子来说明这种自我牺牲。但这两个例证并不等同。被爱者阿喀琉斯高于爱者阿尔刻提斯。斐德罗给出了解释，纵然有些别扭：爱神在爱者身上，因而被爱者更受尊崇(180b3—5)。[②]无论怎么理解这句话，奥林波斯诸神把更大的奖赏给予了被爱者，而为爱神所占据的爱者则只能得到相对较小的奖赏。奥林波斯神和爱神并不一致。奥林波斯神代表了律法，这种不一致意味着爱欲同律法之间的冲突。这一冲突后来成为了阿里斯托芬发言的主题，但斐德罗自己并不理解他所暗示的东西。毋宁说，他根本就没考虑这一点。他的

---

① 前揭，第57页。

② 对这句话可以有两种理解：因为爱者身上有神，因而被爱者为爱者牺牲是为一位神牺牲，是虔敬的表现；或者理解为，爱者有神相助，被爱者没有，因此他做出美好的事迹更难，也更值得尊崇。前揭，第52—53页。

着眼点是收益。爱者的收益完全依赖于诸神的奖赏。倘若没有奥林波斯神的奖赏最为补偿,爱者的牺牲只会让被爱者得到好处。而斐德罗自己并不相信诸神,至少不相信习俗中关于诸神的传说(《斐德罗》229c)。斐德罗相信自然。而在他看来,从自然本性上来说,被爱者高于爱者。爱欲能让爱者变得勇敢,但最优秀的人凭本性就勇敢,不需要爱欲的帮助。阿喀琉斯并不是因为帕特洛克罗斯才成为希腊最优秀的战士。爱欲充其量只能让爱者同本性优秀的人相似(179a8)。作为一个被爱者,斐德罗重申了他的优越。在他看来,这种优越性既不依赖爱神,也不依赖奥林波斯神,而是凭借自然。神圣事物在他的视野之外,因此他意识不到,即使对于本性最优秀的人,也有某种凭借他的本性不能企及的东西。按照第俄提玛的教诲,爱欲的本质就是有朽的存在欲求不朽。即便是阿喀琉斯也欲求不朽的名声。

但斐德罗在一点上接近了第俄提玛。第俄提玛叫苏格拉底注意所有生物欲求生育的本能,甚至为了自己的子女不惜一死(207b)。爱欲虽然欲求不朽,但这不朽却不是个体的永存。爱欲因此超出了通常意义上的自利。这正是令斐德罗感到惊奇的地方,虽然他是以完全不同的方式意识到了这一点。斐德罗发现,爱者愿意为被爱者付出一切,自身却未必能得到半点好处。如果没有诸神的奖赏,只有阿德墨托斯会得益,阿尔刻提斯却一无所获。在某种意义上,爱欲让爱者自愿地成为了被爱者的奴隶。[①]因此,斐德罗的讲辞包含了两个方面。一方面,他树立了被爱者的优越性,因为他自己是一个被爱者。被爱者的利益在于爱者为之付出甚至牺牲。通过颂扬爱欲,他鼓励爱者为被爱者做出那些"伟大而美好的事迹"(178d3)。他强调的唯一德性是勇敢(179b),因为勇敢的首要含义就是为了他人的利益不顾自身的安危。[②]当他说爱欲"是我们最大的善好的起因"时(178c2—3),他所说的"我们"(*hēmin*)实际上仅仅指"我们被爱

---

① 泡萨尼阿斯和阿尔喀比亚德的发言以不同的方式提及了这一点,见 183a;215e。

② 当然,有些时候勇敢也能被理解为为了自身的利益,但这需要某种论证的中介。比如说一位勇敢的战士,如果说他的勇敢是为了自己的利益,要么我们得说:祖国和战友的利益就是他的利益,要么就得求助于不朽的名声。后者不在斐德罗的考虑之内,而前者毕竟需要某种转渡,而就战士个人来说,他的确是处于危险之中的。勇敢是斐德罗作为爱者想要在被爱者身上看到的德性,也许这就是斐德罗为什么以军队和战争作为他的第一个例证。

者”。另一方面，他又对爱欲迷惑不解。爱者究竟为了什么，自愿地接受被爱者的奴役？苏格拉底借第俄提玛之口给出的回答是，与斐德罗所设想的相反，正是爱者能够得到属人的最高善。

泡萨尼阿斯是所有发言者中身份最模糊的一位。厄里克希马库斯是医生，阿里斯托芬是喜剧诗人，阿伽通是悲剧诗人，斐德罗虽然没有特殊的身份，但他是话题之父，而且我们有理由推断，他是有哲学天赋的青年(《斐德罗》250b7—8)。更不要说苏格拉底和阿尔喀比亚德了。但反过来，没有身份正是他的身份。他是绅士，是雅典公民。在民主政体下，绅士们自己给自己制定法律(181e3—4)。因此，他的发言是唯一一篇审议式演说(亚里士多德《修辞学》1358b)。他谨慎地提议修订现有的律法，目的当然是使之更加符合自身的利益。他首先区分了两个爱若斯，属天的和属民的。一方面，这是对斐德罗发言的修正：爱欲不仅激发美德，有时也败坏道德。对于这一事实，斐德罗没能给出解释。最简单的解释就是有两种爱欲，好的那种激发美德，坏的那种使人败坏。另一方面，泡萨尼阿斯是爱者，他为了自身的利益也需要这一区分。作为一家之长，他要保护妻儿不被别人染指，因而法律除了规定不可招惹民女之外，也应规定不许爱男童。这是他的第一个提议。但他同时也是一个爱者，是上述律法所要防备的对象。他身兼父亲与爱者的双重身份，因而需要对爱欲加以区分。排除了对男童的爱之后，他反过来为同性关系辩护。他把未开化的希腊人和蛮族统治的希腊人作为两个极端，雅典、斯巴达的律法高于这两者。前者未能区分两种爱欲，其后果是缺乏节制。后者贬抑爱欲，则是因为爱欲同自由相联，是僭政的敌人。僭主惧怕爱欲，他希望看到被统治者懦弱(182d2)。但他却从未像斐德罗一样宣称，爱欲带来勇敢。相反，他强调爱欲带来友爱(182c3—4)。友爱更接近正义而非勇敢。[①]但他似乎从来没有反思过，节制和正义更为僭主所偏爱，因为驯顺的公民不容易起来反抗。而勇敢则在某种程度上是节制和正义的反面。勇敢的人适于统治，节制和正义的人适于被统治。[②]泡萨尼阿斯回避

① 参见亚里士多德：《尼各马可伦理学》卷八 1155a22—28。

② 在《斐德罗》中，苏格拉底在他的第一篇讲辞里将爱欲定义成一种欲望，而欲望的统治缺乏节制。随后他却不赞美节制，反而谈到爱者让被爱者软弱，更适于被他奴役。缺乏节制的爱者并不能奴役缺乏节制的被爱者，而能够奴役缺乏勇敢的被爱者。参见伯纳德特(1991)，第124—25页。

勇敢，伸张节制与正义；同时，他声称属天的爱若斯全凭律法，无关自然。施特劳斯指出，这两件事之间有某种联系。[①]的确，勇敢更依赖天性，而所有人都有能力获得节制与正义。[②]斐德罗正是通过天性的自然等级确立被爱者的优越地位。而泡萨尼阿斯考虑的则是爱者的利益。他与其说在颂扬爱欲，不如说在颂扬雅典的律法。而雅典的律法之所以值得颂扬，正在于它符合爱者的利益，因为它给了爱者最大的自由去追求被爱者，甚至连发假誓都能被容忍(183b)；但同时，它不鼓励被爱者轻易地接受追求。泡萨尼阿斯因此再一次提议修订法律，用爱智慧的法律补充男童恋的法律。与男童恋的法律相反，爱智慧的法律鼓励被爱者接受追求，但仅仅是为了明智和美德，因而只有一部分爱者得益，即年长有德的追求者。泡萨尼阿斯自己显然属于其中之一。这样，道德在他那里成为了一种掩饰，使他既享有爱者的绝对自由，又能引诱被爱者投怀送抱。

厄里克希马库斯生于医术世家，同时又熟谙智术师的学说。他的发言以恩培多克勒的哲学为背景，后者据说是高尔吉亚的老师。[③]厄里克希马库斯跟随恩培多克勒，将爱欲或爱当作一种自然力量。按照自然，对立的因素相互敌对：冷与热、苦与甜、燥与湿，等等。冷与热敌对，也就意味着冷与冷亲爱。相类的因素相互亲爱，这当然是对男童恋的最高辩护。然而，他从头至尾都没有提到男与女这对因素，因为他不仅要赞美男童恋，还要赞美技艺。技艺协调对立的双方，使它们相亲相爱。如果是这样，技艺就要把同性关系改造成异性的结合。厄里克希马库斯无法协调男童恋与技艺。他的解决办法是，在涉及人的事情上，对立的双方不再是上述自然元素，而是美德与快乐。[④]美德伴随属天的爱欲，快乐伴随属民的爱欲，后者同时又是危险的。高明的技艺调配两者，能让人既享受快乐，又不至于失去节制而遭受损害(187e4—6)。属人的善同自然无关，而完全依赖于技艺。这当然是从相反的方向为男童恋辩护，因为一般来说，异性的结合被认为是自然的。男童恋和技艺，他要赞美的这两件事是相关联的。

---

① 施特劳斯，前揭，第74页。

② 在《王制》中设想的理想城邦里，勇敢之德属于统治阶层，节制和正义则为所有人所保有。另参《普罗塔戈拉》322c—323a。

③ 第欧根尼·拉尔修《名哲言行录》8.57。

④ 施特劳斯，前揭，第105、112页。

厄里克希马库斯最终滑向了这样一种立场:在关于人和神的所有事情上都有两种爱欲(187e6—188a1)。无论是带来健康的爱欲,还是带来灾害的爱欲,都服从同样的秩序。换句话说,它们都是自然的,只是在人的眼中才分好坏。技艺服务于属人的善。而在神的眼中,一切都是好的。缪斯只告诉我们有一位不和女神(《神谱》225),但在赫西俄德的劝谕中,不和女神有两位(《劳作与时日》11—12)。两种爱欲仅仅是人为的区分。但既然属人的善同自然秩序完全分离,厄里克希马库斯就无法解释,技艺对自然秩序的理解如何能够让人得到好处。他最初声称技艺能够控制爱欲(186d1—5),尔后说技艺能运用爱欲(187e4—5),最后承认技艺只能认知这些爱欲现象(188b5, d2)。技艺至多只能做出诊断。

阿里斯托芬是第四个发言者。他本应第三个发言,但某种身体上的紊乱打乱了原本的次序。如果按照原定次序,阿里斯托芬将接着泡萨尼阿斯发言。泡萨尼阿斯的主题是律法。他宣称爱欲同律法之间没有本质性的冲突,我们可以修订律法来容纳爱欲。相反,阿里斯托芬的主题正是爱欲同律法之间的冲突。而新的次序里,厄里克希马库斯紧挨着泡萨尼阿斯,二者都相信有两个爱神,都谈论节制和正义,都认为属人的善同人的自然没什么关系。最后这一点正是阿里斯托芬的切入点。人原先并不是现在这个样子,诸神的惩罚使人成了现在的样子。人的现在同过去之间发生了某种剧烈的断裂,爱欲正是从这种断裂中产生,并因此具有某种二重性。阿里斯托芬放弃了两个爱神的提法,但解释了产生这种看法的原因。爱欲不是人的自然本性中所含有的元素,而是返回那种自然本性的渴望。但同时,爱欲的产生源自诸神的惩罚,被劈成两半的人会意识到自身的缺陷而产生羞耻(190e)。这样做是因为,人的完整自然同人的高傲自大相连,而高傲自大竟让人试图攻击天神。爱欲要返回人的自然,因而本质上是反叛诸神和诸神所代表的律法。阿里斯托芬暗示,泡萨尼阿斯和厄里克希马库斯称颂节制和正义是错误的,因为它们并非爱欲的美德,而是诸神的意志。诸神不考虑人类的利益,医治和保存人类只是为了享受祭祀。只有爱神才是对人最友爱的(189c8),[①]因为属人的善在于回复到原初的自然,而爱神是唯一的通道。

① 按照亚里士多德的定义,友爱是为了对方之故而对他好。奥林波斯神即便对人类好,也只是为了他们自己的利益。

恢复原初的自然意味着，爱欲不是欲求另一个个体，而是欲求自己的另一半，欲求完整的自我。因此，爱神的福祉不是性的快感，而是拥抱（191a—d）。爱欲是人类独有的现象。但由于同样的原因，爱人之间的拥抱只能带来满足的幻象。且不论一个人的另一半是否还存在在世界上，[①]人对于他究竟渴望什么都说不清楚（192d1），只好让一位神替他们表达。但赫斐斯托斯允诺的结合只有在冥府才能完全兑现，活着的时候顶多只能“像一个人似的”（192e2）。无论如何拥抱，拥抱的永远都是另一个，而不是自己的另一半。拥抱不可能带来真正的结合。诸神重新解释了爱欲，使人在其中得到一种虚假的满足。这样一来，人类就不会再威胁奥林波斯的权威。而爱欲的真正目标，则永远都遥不可及。爱神是对人最友爱的神，但他给人类的好处，仅仅是提供了一个虚幻的希望（193d）。阿里斯托芬的发言本质上是悲剧性的。阿里斯托芬在结尾处教导虔敬，因为悲剧教导虔敬。我们被罚如此，注定带着缺陷，永远无法得到完满，对此处境我们完全无能为力。唯一能做的是不要再次惹怒诸神，降下更可怕的惩罚。厄里克希马库斯过于乐观了，他相信最高的技艺占卜术能够让人知晓诸神的意志，进而在某种意义上控制诸神。

喜剧诗人之后是悲剧诗人。但喜剧诗人已经把悲剧讲完了，悲剧诗人却浑然不知。因此在某种程度上，喜剧诗人比悲剧诗人深刻。但悲剧诗人仍然更加靠近苏格拉底。阿里斯托芬认为，人必定是不完满的，伴随着不完满的是人的扭曲，因而这种不完满中没有美，只有丑。相反，阿伽通和苏格拉底都认为，人的不完满中自有某种美和完满。悲剧诗人把人理想化，成为某种完美的存在。按照阿伽通的说法，爱神是最年轻的神，这意味着奥林波斯神不可能是被生育出来的，而只能是被制作出来。赫西俄德的爱神是最初的神，因为他的神谱是被两性生育所主导的，而生育需要爱神。阿伽通否认了赫西俄德的说法。诸神不是更老的诸神的后代，而是被悲剧诗人的制作。[②]因而惟有他能够颂扬爱神本身。阿伽通要成为第一个颂扬爱神的诗人，就得首先把爱神发明出来。他要

① 施特劳斯，前揭，第130页。

② 也就是说，按照阿伽通的说法，诸神在某种意义上是悲剧诗人的后代。这一点为苏格拉底所采纳（209d1—4）。

仿效作为悲剧诗人的荷马(195d),正如阿里斯托芬在发言中仿效了作为喜剧诗人的荷马(192d—e)。①

阿伽通给自己提了两个问题,他要通过说明这两个问题来颂扬爱神:爱神是什么样的?爱神能带来什么好处?他无法从其他地方得知爱神的性质,除了爱欲关系中的双方。被爱者是美的,因而爱神是美的。我们可以这样来解释:爱神诱发了爱者的激情,这是被归于爱神的首要功能。而爱者的激情是由他看见被爱者引起的,被爱者自然被看作这种激情的原因,因此被爱者被等同于爱神。与之相对,爱者是这种激情的承受者,爱神使他产生了这种激情,爱神作用在他身上。因此,爱神带来的美德体现在爱者身上。颂扬爱神自身和他的好处,只不过是先颂扬被爱者,再颂扬爱者。阿伽通自己有没有意识到这一点无关紧要,因为他能在爱欲中找到的东西,要么在被爱者身上,要么在爱者身上。爱神把爱者和被爱者集于一身。然而阿伽通没有意识到,这样一来他彻底翻转了最初的意图。他不仅没能颂扬爱神本身,甚至取消了爱神本身。因为这位神的一切都来自爱欲关系中的双方。阿伽通无法告诉我们,爱神身上什么东西是他特有的。最终的结果是,爱若斯从一位神滑向了一个动词:爱(197b8)。

至此,苏格拉底的首要任务就是把爱欲从悲剧诗人的神话中解救出来,还原为人类现象。如阿伽通所说,爱神可以是美的,也可以是善的,但这两点不可能同时成立。因为爱者与被爱者之间的间距无法消弭。爱神不可能将他们合而为一,而只能寓居于其中之一。第俄提玛提醒苏格拉底,爱若斯寓居于爱者而非被爱者身上(204c1—7)。第俄提玛的教诲分成三个部分(201d1—204c7;204c8—207a4;207a5—212c3),②而这正是第一部分的结尾。苏格拉底承认,在未经第俄提玛教导之前,他犯了和阿伽通同样的错误。可以说,整个关于爱若斯之本性的第一部分延续了之前的盘诘,是对阿伽通的回应:首先用盘诘的方法让阿伽通陷入矛盾;接着描述一个不同于悲剧诗人的爱若斯。第二步在某种意义上是多余的,因为第一步已经纠正了阿伽通的错误,并指出了这一错误背后的原因。第一步的关键论证概括起来很简单:爱欲欲求自身缺乏的东西;爱

① 施特劳斯,前揭,第139页。

② 三个部分只是粗略的划分,更精细的划分见施特劳斯,前揭,第183页。

欲欲求美;因此爱欲缺乏美,即它自身不美。稍作分析我们就能看到,缺乏属于爱者的经验,美则属于被爱者。爱欲不美,不过说明了爱者同被爱者之间存在着间距。一个包含了双方的完美的爱神只能是诗的幻象。虽然爱若斯寓于爱者,但苏格拉底并没有因此得出,我们要在爱者身上寻求爱若斯的本性。爱若斯既非被爱者,也非爱者。虽然阿伽通首次提到了对荣誉的爱,因而超越了某个个人对另一个个人的爱,但他仍然受制于荷马的神人同形论。他终归只是在爱者和被爱者两个人身上拼凑爱神。苏格拉底不得不重新发明爱若斯这个精灵,来对抗诗人的爱神。这个精灵不再是人的理想化形象,尽管他身上仍不可避免地带着爱者和被爱者身上的某些特征(203c6—d8)。在第俄提玛的故事中,这些特征来自爱若斯的父母。爱若斯是被生出来的,这虽然符合一般希腊人的常识,但其实是非常奇怪的。尤其是在阿伽通揭开了诸神的真相之后。因为生育本来就已经有爱欲运作其中了。用荷马和赫西俄德的套语,生育即是"在爱中结合"(*en philotēti migēnai*)。没有爱欲就没有生育。因此按理说,爱欲不可能有父母(参见《神谱》120)。但第俄提玛说,爱欲的母亲是贫乏,父亲是丰富。缺乏图谋接近丰富,由此怀上了爱欲。因此,贫乏本身就是一个爱者。贫乏之所以贫乏,就是缺乏丰富,因而她欲求丰富。这种欲求本身就是爱欲。施特劳斯由此指出,在这个神话里,爱若斯仅来自他的母亲。①贫乏不仅仅是贫乏,而且是自知缺乏,因而欲求自身所缺乏的。

接下来的第二部分讨论爱若斯对人们有什么好处。这一部分的特别之处在于,在第俄提玛的教导所包含的所有三个部分中,只有这一部分是由苏格拉底发起的。②阿伽通曾指责之前的发言者仅仅谈到了爱若斯给人带来的好处,未能提及爱若斯自身的特性。苏格拉底让第俄提玛在第一部分中解释了爱若斯的本性,现在则着手回答爱若斯的用处。但爱欲的善是对谁而言呢?这一点区分了《会饮》和《斐德罗》对爱欲的讲述。《会饮》致力于回答斐德罗的疑问:为

---

① 施特劳斯,前揭,第194页。在赫西俄德那里,墨提斯没能诞下宙斯的儿子。因此,作为墨提斯(mē-tis)的儿子,丰富(Poros)实际上就是"无此人"(ou-tis)。柏拉图在此把同一个东西拆开为两个对立的元素,再将它们组合到一起来解释最初的东西。这种讲述方式,可比较《斐多》中,苏格拉底对快乐和痛苦的两种描述。

② 施特劳斯,前揭,第198页。

什么爱者热衷于为被爱者的利益服务，因而苏格拉底借第俄提玛之口，解释了爱欲带给爱者的好处。而《斐德罗》则致力于说服被爱者，因此其中的三篇讲辞都关注了爱欲对被爱者的影响。直到最后一篇讲辞，苏格拉底才将爱者的好处包括进来，同时并未忽略被爱者的利益。[①]

从这一角度回顾之前的发言：斐德罗关注被爱者的利益；泡萨尼阿斯关注爱者的利益，但他与其说实在颂扬爱欲，不如说在颂扬雅典的律法；厄里克希马库斯亦然，他真正颂扬的是技艺而非爱欲，并且在他那里，爱欲双方是对称的；阿里斯托芬也未能区分爱着和被爱者，毋宁说，双方都欲求着对方；阿伽通自己在形式上完美地模仿了哲人的爱欲知识，但实质上仅仅展示了诗的虚构。同苏格拉底一样，阿伽通将善归于爱者，而将美留给被爱者。但他没能意识到，完美的被爱者只是爱者所建构的形象，而这个形象是爱者用来吸引被爱者的。阿伽通是被爱者。他被这样一个形象所吸引，却不知道吸引他的仅仅是他自己被美化的形象。[②]在此意义上，他完美地展现了苏格拉底在《斐德罗》中所揭示的真理：被爱者在自我无知中为自身的形象所吸引。自我无知引起了被爱者的灵魂所经历的自我运动。与之相对应，爱者的灵魂所经历的是上升的运动。但阿伽通不可能经历这种上升。他不仅是被爱者，而且和对话中的其他被爱者——比如斐德罗——不同的是，吸引他的完美形象就出自他自己的建构。爱若斯的美需要诗人来展现（195c7—d1），而爱若斯自己就是自己所需要的诗人（196e）。爱神因此完美无缺，一无所需。阿伽通不可能经验到欠缺，因此也不可能被转变成爱者。

回到苏格拉底—第俄提玛。关于爱欲的好处，第俄提玛的回答是清晰的，她的策略却稍显奇特。她首先重新解释了爱欲：爱欲是对善的普遍欲望。这一定义的动机很明显。如果爱欲欲求善，则最高的爱欲是最高善的原因。最高的

---

① 爱欲能影响爱者是显而易见的，这一关系体现在 eraō 作为状态动词的句法中：X erāi，某人在爱。某人处于某状态中。这是阿伽通和苏格拉底的共同预设。而爱欲能作用在被爱者身上则不那么显然。我们需要把爱这个动词理解为一个动作，X erāi Y，甲爱乙，乙是这个动作的受动者。但是，爱欲并不是这个动作的施动者。施动者是甲，爱者。这就需要把爱者和爱欲等同起来，即斐德罗的预设。这个预设的含义是，爱者影响被爱者所凭借的能力来自爱欲。因此，苏格拉底在他的第一篇讲辞中，将“爱”（erōs）的词源追溯到“力量”（rōmē）（《斐德罗》238c）。参见伯纳德特：《苏格拉底与柏拉图：爱欲的辩证法》。

② Gould(1963)，第 34 页。

爱欲是哲学,因而哲学生活是属人的最高善。[①]问题随之而来:既然这种欲望是普遍的,为什么不是所有人都被称为爱者?第俄提玛通过模拟爱人与诗人的词义限制来解释这个问题。所有的人都在爱,但只有一类人被称作爱者;同样地,所有的制作者(poiētēs)中,只有一类人被称为诗人(poiētēs)。广义的爱者是所有人,狭义的爱者是通常所谓的有爱之人;广义的制作者是任何一种从事制作的能工巧匠,狭义的制作者就是诗人。这一模拟并非随意为之。爱欲和诗艺有某种关联,这一关联已经在阿伽通的发言和诗人本人身上有所体现。但彼时哲人还没有出场,阿伽通只是独白。现在,哲人把整个问题更新了。哲人是广义的爱者中最高者,现在的问题是:诗人处在什么位置?

理解诗人的爱欲的第一步是检验诗人对于爱欲的理解。第俄提玛首先反驳了喜剧诗人的说法,爱欲不是对另一半或整体的欲望;接着修正了悲剧诗人的说法,爱欲不是欲求美,而是欲求在美中生育。但这一表述并不针对广义的爱欲。通过"被称作"(206b3)这一限定,第俄提玛表明了她是在谈论狭义的爱欲。[②]狭义的爱欲是广义爱欲中的一种,因此同样服从广义爱欲的基本原则:它是对善的欲望,或者更确切地说,欲求善永远是自己的。但狭义的爱欲有其独特的方式和行为,即在美中生育。生育有身体上的和灵魂上的,诗人是灵魂的生育者。而这类生育者,正是广义上的制作者(209a1—5)。按照第俄提玛的描述(208e1—209e4),灵魂的生育高于身体的生育,而诗人和立法者一道,达到了灵魂生育的最高层次。看起来,第俄提玛的结论是,诗人是狭义的爱者中最高者。

但得到上述结论之前还需要解释一个问题。爱欲欲求永远拥有善,但同时我们已经确定,爱欲欲求它缺乏的东西。那么,它一旦拥有,也就不再爱了。事实上,第俄提玛早就解释这种情形(200b9—d6)。拥有了所欲求之物的人还想要在未来继续拥有它。人所处的世界是赫拉克利特的世界,一切皆流,无物停驻。现在拥有的,终将失去。拥有善的最大障碍,就是我们自身存在的时间性。

---

① 紧接着第二部分的第一部分结尾,第俄提玛论证了爱若斯这精灵是爱智慧者,即哲人。因此,撇开我们为了方便所作的段落划分,第俄提玛实际上在论证爱若斯是哲人后,提出爱欲是对善的欲望。这样一来,哲学在人类生活中的位置就清晰可见了。

② 尽管 kaloito 这一措辞明显在呼应之前对词义的讨论,但很少有学者注意到这一点。比较 205b1—2,205b8—c5 和 206b1—3。

我们缺乏很多东西，因此也欲求很多东西，但最根本的缺乏是缺乏永恒不死。这是人的自然本性所施加的限制。在某种意义上，生育是对不死的克服，因此对善的欲望和对不死的欲望共同构成了狭义爱欲的欲求（206e8—207a2）。同广义爱欲的三个要素对比（206a11—12），我们可以发现，“善”（to agathon）和“永远”（aei）这两个要素保存了下来，但“自己的”（hautōi）却丢失了。[①]这就暗示了，生育的目标虽然是自我保存，但生育并不能让生育者不死，而只能让整个族群延续。子女既是自己的又不是自己的，因为出生就意味着成为另一个。生育就是新陈代谢，必须有新的出来代替老的（207c8—d3）。就算是其中最高者，即诗人，也需要在身后留下诗作，否则无以成就不朽的名声。在美中生育的爱欲并不欲求后代，但后代却是生育模式下的爱欲不可或缺的因素。哲人没有后代。苏格拉底只是助产士，他本身并不生育（《泰阿泰德》105c）。哲人并不属于身体生育者、工匠和其他制作者、诗人—立法者这一序列。

我们可以看到苏格拉底是如何同喜剧诗人和悲剧诗人争辩，同时保留他们各自讲述中的真理。在207a5—6这里，叙述上有一个明显的断裂。在此之前，爱欲被单纯地理解为通过生育克服不死。但这种不死只是自我保存的幻象，因而免不了受到阿里斯托芬式的揶揄。但在此之后，第俄提玛转而由必死性出发来解释爱欲。生育一方面是自我保存的尝试，另一方面又是生育者对自身必死性的承认。如果没有这种承认，就无法理解父母为儿女的牺牲。我们对不死的渴望伴随着我们对自身必死性的意识。爱欲是生产性的力量，纵然它依赖于自我保存的幻象；但这一克服必死性的尝试并非徒劳，因为通过美这个中介，生育者赢得的善不是一个幻象。在作为生育欲的爱欲的最高层面，诗歌和律法的美为诗人和立法者赢得了永恒的名声（209c7—e4）。可以说，悲剧诗人和喜剧诗人各猜对了一半。

至此，第俄提玛已经在新的视野中确定了诗的位置。由于这一视野的出发点是对于善的普遍欲望，因此它在某种意义上涵盖了人类生活的整全。在原先的视野中，爱欲要么是对美的欲求（阿伽通），要么是某种自爱（阿里斯托芬）。诗人对美的欲求孕育了诸神（209d1—4）。奥林波斯诸神是完美的存在，其完美就体现在他们拥有人所欲求而永远无法达到的美。因而诸神是人类爱欲的产物。阿

---

① 施特劳斯，前揭，第207页。同样，这一点再次为其他注疏家所忽略。

伽通是对的，诗人制作了或者说生育了诸神。如果说完美是诸神的一个基本特征，那么他们的另一个基本特征就是正义。他们是城邦之正义的守护者。如《王制》所揭示的，城邦的正义不是最高的正义。城邦正义的根基是对同胞的亲爱和对敌人的无情。质言之，它植根于某种自爱。[①]通过拒斥诗人的这两种说法，苏格拉底实际上拒斥了希腊的传统宗教。但是，只要爱欲还是基本的人类现象，那么诸神或诸神的替代物就仍旧会进入人类生活。《会饮》的故事牵涉到苏格拉底的三个爱人，在他们那里，诸神的替代物正是拆毁神坛的人——苏格拉底。阿里斯托德莫斯、阿波罗多若斯和阿尔喀比亚德都像崇拜神一样崇拜苏格拉底，尽管方式各有不同。他们都在哲人那里发现了某种超出他们理解的卓越，但他们却都落入了某种宗教或准宗教。前两者，即《会饮》故事的两位转述者，完整地聆听了第俄提玛的教诲。但他们是否能够理解第俄提玛则很值得怀疑。苏格拉底对他们来说，只是神明之外的另一个崇拜对象。而以阿尔喀比亚德的天赋，却两次错过苏格拉底的教诲，因此最终也没能正确理解哲人试图教给他的东西。

在讲辞的最后一段，第俄提玛要把苏格拉底引入某种新的秘仪，她甚至不知道苏格拉底是否能够理解。这一秘仪的内容与之前的讲述不乏相似之处，比如都描述了某种从较低级的爱欲开始的上升。但无论是形式上还是实质上，都同以诗人和立法者为顶点的上升区别开来。最明显的区别是，上升的顶点并非诗歌、律法或治国齐家的德性（209a5—7），而是哲学或静观沉思的德性。很明显，第俄提玛已经把问题重新聚焦到广义的爱欲上来了。因此，自我保存不再是首要的欲求，生育也不再是爱欲的目标。这就解释了，为什么这一次上升的起点是男童恋：同性关系不可能有后代。但语言的惯性是如此之大，我们不得不用描述狭义爱欲的语言来描述广义的爱欲。生育模式主导了之前关于爱欲的讲述，因此也不可避免地残留在第俄提玛最后的接引中。但需要强调的是，无论沿着美的阶梯上升的人“生育”了什么，生育对于他来说都仅仅是一个隐喻，因为其中并没有自我保存的企图。施特劳斯指出，相较之前的讲述，这一段的关键词从“爱”转换为“看”。[②]这一点毫不奇怪，因为广义的爱者包含所有人，

① 施特劳斯清晰地揭示了希腊诸神在诗性爱欲中的起源，见施特劳斯，前揭，第209—210页。

② 施特劳斯，前揭，第231、232—233页。比较210a6—b3，b6—c5，c6—d6，e2—5，211d1—3，211d8—212a7。自211c6开始，第俄提玛就不再提及“爱”了。

包含通常所谓的爱者和通常所谓的非爱者。广义的爱欲构成了人的全部生活。美的阶梯不仅仅通向最高的爱欲，而且通向最高的人类生活。在顶点处，哲人将"孕育"真实的美德，并达到人所能达到的不死/不朽。但如前所述，这里的"孕育"和"不死"都不再关涉自我保存。苏格拉底最后承认，他的发言并不一定是献给爱若斯的颂辞(212b8—c3)。①

还有一点需要说明。为什么是美本身成为了最高观照的对象？而不是像《王制》中描述的那样，哲人上升的顶点在于看见善的理念？施特劳斯没有直接回答这一问题，但我们依然能够从他那里找到线索。施特劳斯提醒我们注意，美本身不能被表象为任何东西(211a5—b2)。但第俄提玛要将它呈现出来，并且要在此时此地的言辞中呈现出来。她要表象不可被表象的东西，要让绝对不在场的东西在场。她所面临的困难，就是《巴门尼德》中少年苏格拉底遇到的困难。如果理念存在，也只能为神所知。人的知识和神的知识绝对分离。第俄提玛用爱欲这个居间者解决了这一困局。但这一解决办法也付出了一定的代价，施特劳斯称之为"对哲学的诗性呈现"。②第俄提玛在秘仪的最高阶段不得不乞灵于诗。她不得不把生育模式再次应用到哲人和理念身上。根据那个模式，生育者借助美获得善。因此，哲人被描述成通过观照和沉思美本身获得真实的德性。③

---

① 施特劳斯，前揭，第240页。

② 施特劳斯，前揭，第238页。

③ 一些批评者没能正确理解施特劳斯的论证。例如Lloyd P. Gerson在他讨论《会饮》的解释问题的文章中写道：Strauss 2001 presents an elegant example of the pitfalls of combining the principle of "reading Plato dialogue by dialogue" and yet bringing to the dialogues a mitigated Platonism. Strauss, 200, declares that in Diotima's speech, the good is not identical with the beautiful and then, 238, Strauss says that the beautiful is the good. Strauss's way of dealing with such absurdities is to proclaim that what we have in Diotima's speech (and in the dialogue as a whole) is a "poetic presentation of philosophy". In such a presentation, there is no compelling need for consistency. (Gerson 2006，第51页注10)首先，施特劳斯从未说过只从一片对话内部就能够解释自身。相反，他反复教诲的是，尽管任何一篇对话都是一个有机的整体，但每篇对话都只处理整全的一个部分，因此都只传达了部分的真理。其次，施特劳斯从未通过"哲学的诗性呈现"来解释第俄提玛前后的不一致。在Gerson提到的第238页，施特劳斯仅仅是说，美与善的问题是"哲学的诗性呈现"的一个例证。我们还可以列举出其他的例证，比如在第二部分中，诸神不再出现，因为诗人对爱欲的理解被驳斥了；而随着诗在最后阶段的回归，"神"也重新进入了叙述(212a6)。如果理解了施特劳斯对作为生育欲的爱欲和诗歌的关联所作的解释，就会意识到，在"诗性呈现"中用美代替善，不仅不是不一致，反而是与之前的讲述保持一致。因为生育的"公式"就是：通过美获得善。

《会饮》并没有结束于第俄提玛。阿尔喀比亚德的闯入绝不是无关紧要的尾声，也不仅仅是展示对哲人的诸般误解中的一种。我们已经提过了《会饮》的背景同阿尔喀比亚德的关联，现在有必要来看看他同苏格拉底的联系。第一点是两人的爱欲关系。苏格拉底曾经是阿尔喀比亚德的追求者，尽管在后者看来，这只不过是苏格拉底要的手段。无论如何，在《会饮》发生的时候，两人的关系已经逆转。天之骄子阿尔喀比亚德此时无法自拔地爱着苏格拉底。第二点，《会饮》之后不久，阿尔喀比亚德就被指控犯了不虔敬之罪。十余年后，苏格拉底也被指控不虔敬。与此同时他还有另一项罪名，即败坏青年。阿尔喀比亚德大约是最主要的罪证之一。那么，是否是苏格拉底用他不虔敬的知识"教坏"了阿尔喀比亚德？柏拉图的回答当然是否定的，但这个回答中又有许多曲折。

阿尔喀比亚德醉醺醺的发言散漫、零乱，但正借着这股酒力，他比在座的任何人都要坦白。他爱着苏格拉底，又无法理解苏格拉底；他把苏格拉底当作神，但神不会有如此丑陋的外表。因而他干脆把丑陋当作不相干的"外壳"丢掉。一方面，苏格拉底像西勒诺斯雕塑，因为这种雕塑外表丑陋，但内里藏着神像。他宣称真实的苏格拉底就是里面的神像，而这神像象征了节制（sōphrosunē，216d）。同时，苏格拉底又被说成是像某个西勒诺斯本尊，因为他的言辞同林神的箫声一样，有令人迷醉的魔力，直把阿尔喀比亚德搞得神魂颠倒，不能自主，心甘情愿地做苏格拉底的奴仆。[①]但我们暂时不清楚这一点何以同狂傲（hubris）联系起来（215b）。节制和狂傲是两个极端（参《斐德罗》237e—238a）；同时，节制还有另一个相反的极端，即疯狂。《斐德罗》里，苏格拉底在其第二篇讲辞中讨论了神圣的疯狂。神圣的疯狂高于凡人的节制，或者说，这种疯狂就是最高意义上的节制。而我们要从阿尔喀比亚德这里听到的故事，在某种意义上正是关于苏格拉底的神圣的狂傲，以及这种狂傲何以等同于他的节制。

阿尔喀比亚德自认为能够揭开苏格拉底的内在真相。他说，这人从外表上看色迷迷的，又常自称一无所知；但其实他的内在真相是极端的节制。但他没

---

① 《斐德罗》中详细描述了陷入爱欲的经验，其中就提到了爱者将被爱者当作一尊神，同时也当作神像（251a）。事实上，阿尔喀比亚德与苏格拉底的关系是一个非常好的例证，各个方面都映射出《斐德罗》的描述。

有说，苏格拉底无知的外表下隐藏了智慧。从头至尾，他都在称赞和惊叹苏格拉底的节制、勇敢、坚韧，却没提到过智慧。[①]苏格拉底狂傲，因为他居然蔑视众人或习俗珍视的一切，尤其是，他蔑视阿尔喀比亚德的美貌。他一方面表现得为美少年们倾倒，但实际上丝毫不为美色所动。因此，他的节制也就是他的狂傲。阿尔喀比亚德给苏格拉底的描绘是喜剧式的，与之相适应的是他揭示了苏格拉底同阿里斯托芬的关键一致。[②]可以这样说：苏格拉底的爱欲是净化了的爱欲，因而表现出节制；但净化的爱欲仍然保留着、毋宁说更加体现了爱欲的本质。而爱欲的本质，无论是阿里斯托芬还是苏格拉底都会承认，是同律法/习俗相冲突的。苏格拉底的狂傲就表现在他对习俗告诉他的美和善毫不在乎。按照第俄提玛教导，他的眼光必须超越习俗的美，上升到更高的自然(210c)。他的欲望不是被习俗所规定，而是超越了习俗和习俗背后的诸神。他甚至在军旅中仍然沉思，并向自然神(太阳)做祷告。因此，针对苏格拉底不虔敬的指控并不是空穴来风。苏格拉底的狂傲和他的不虔敬，如阿里斯托芬揭示的那样，来自他的爱欲。哲人的爱欲，同城邦的律法是不可调和的。城邦律法的背后是诸神，而哲人的爱欲却并不带领他走向诸神，而是走向理念，走向自然。在希腊宗教中，自然和习俗的冲突的一种表现方式，是旧神(自然神及其后裔)和新神(奥林波斯神)的冲突。城邦的神学需要论证城邦的秩序符合宇宙秩序——无论我们用神圣秩序或其他什么名称称呼它。这就要求城邦秩序和宇宙秩序都来自同样的神。在神谱上就是说，城邦要调和新神与旧神，宇宙神必须臣服于奥林波斯的权威。雅典法庭的第一次审判背后，是新神与旧神的冲突与和解。[③]这是悲剧的主题。但喜剧要拆穿悲剧用庄严肃穆的言辞编织的神话。新神同旧神不可能和解，宇宙秩序同城邦秩序从起源上就相互分离。前者来自宇宙神，是人的自然出身(太阳、月亮、大地)；后者来自奥林波斯神。二者非但不能统一，而且相互冲突，因为人的自然出身让人反叛诸神。对自然秩序的沉思试图揭示人的自然出身，因而具有反叛的品格，是对城邦秩序的釜底抽薪。《云》是对苏

---

① 参见伯纳德特(2000)，第184页。

② 施特劳斯，前揭，第282页。

③ 埃斯库罗斯《和善女神》(或译《复仇神》)中，旧神复仇三女神是乌拉诺斯(天)的后代(《神谱》182—85)，而新神阿波罗是宙斯的儿子。

格拉底的第一份指控。喜剧诗人一方面站在悲剧诗人的对面，另一方面也站在哲人的对面。悲剧诗人和自然哲人共享了某种品格，即一个和谐的宇宙—政治图景，尽管两幅图景中的最高者一个是诸神、一个是理念（或其他什么基本的自然元素，例如阿里斯托芬所嘲弄的“云女神”）。阿里斯托芬也许就是对第俄提玛讲辞的最后一段耿耿于怀（212c1—2），因为她重新把对自然的沉思和神的意志联系了起来（211d8—212a7）。苏格拉底和喜剧诗人一样意识到了这种危险。第俄提玛的讲辞已经把阿里斯托芬的批评包含在其中了。她身兼悲剧诗人和喜剧诗人二者，因而证明了苏格拉底最后的论点（223d）。虽然二者都在一定程度上具备自我知识，哲人仍然比喜剧诗人更高。因为阿提卡喜剧依赖阿提卡悲剧。悲剧诗建构，喜剧诗解构。而真正懂得建构的也知道如何解构，反之则未尽然。因此苏格拉底说的是，真正有技艺的悲剧诗人同时也是喜剧诗人，而不是相反。但谁是真正有技艺的悲剧诗人？悲剧是人类纷繁复杂的爱欲的模仿者，有技艺的悲剧诗人是洞悉爱欲本性的诗人。有一个人声称他唯一的知识就是关于爱欲的知识，但他从不写作。柏拉图写作，他的主人公正是那个从不写作的爱若斯精灵。因此，柏拉图复又是居间者。作为哲人，他用对话延续了苏格拉底的爱欲技艺；作为诗人，他让苏格拉底不朽。

古典文教传统中的希腊罗马医学

——盖伦《论身体各部分的功能》3.2.6—3.2.13解读

张轩辞*

罗马医生盖伦是继希腊医生希波克拉底之后最著盛名的西方古代医生。他被认为是西方古典医学的集大成者，统治西方医学一千五百年之久。他的《论身体各部分的功能》①一书以人体结构为研究对象，成为当时几乎所有医生的必读书。这部十七卷的巨著动笔于盖伦第一次在罗马逗留时期的165年，完成于他再次回到罗马并定居于罗马的时期(169至175年)。

作为一名医生，盖伦对身体的研究极为丰富。无论从生理、病理还是治疗的角度，盖伦都对身体进行了大量考察。《论身体各部分的功能》一书是盖伦生理学方面的代表作。虽然其中的不少生理学观点在大约五百年前已经被近代西方医学界所抛弃，今天更是无人提起。但是，基于它在历史上的功绩，我们对它的阅读和研究仍然是必要的。这种必要性不仅体现在西方医学史研究的意义上，更重要地体现在西方古典文化，特别是古典文教传统研究的意义上。

有鉴于上述原因，本文尝试藉由对《论身体各部分的功能》卷一3.2.6—

---

* 作者单位：中国人民大学文学院。

① 盖伦的《论身体各部分的功能》一书的希腊文书名是peri chreias moriōn，拉丁文书名是de usu partium，缩写为*UP*，英译本*On the Usefulness of the Parts of the Body*, trans. Margaret Tallmadge May, Cornell University Press, 1968。

3.2.13的解读回到西方古典医学赖以产生和存在的文化背景。通过解读这段文字，我们可以看到，古代医生对身体的认识与灵魂和教化密不可分。医生作为身体的治疗者同时参与到灵魂教化的工作中，成为和哲学家、诗人一样的城邦教育者。

一 身体是灵魂的工具

《论身体各部分的功能》一开篇，盖伦首先对"部分"进行了简要讨论。盖伦所讲的身体中的部分既包括手、眼这些亚里士多德称为的"异类部分(ahomoiomerē)"，也包括血管、肌肉等亚里士多德所讲的"同类部分(homoiomerē)"。[①]"异类部分"和"同类部分"的构成与用处是盖伦这部著作讨论的主要问题。在澄清了何谓"部分"之后，盖伦写道：

> 所有部分的用处都关涉灵魂，因为身体是灵魂的工具。因此，由于灵魂不同，动物的部分间存在很大的差别。有些动物勇敢，有些怯懦，有些顽劣，有些却温顺，有些好像是城邦中的一员，和大家一起为城邦工作，而有些则孤僻、不具有社会性。在每一种情况下，身体都适合灵魂的习性和功能。[②]

在讨论身体各部分功能的医学生理学著作中，在正式讨论诸如手、足的功能之前，盖伦首先提到了"灵魂"。当看到"灵魂"这个词的时候，我们不禁会问：为什么盖伦在具体讨论身体之前要先提到灵魂？灵魂在这里以什么样的姿态出现在对身体的讨论中？在盖伦医学里，身体与灵魂之间的关联方式是怎样的？

在这些问题里，最核心的问题是身体与灵魂的关系问题。盖伦对身体与灵魂关系的理解决定了他如何来研究身体，如何来讨论灵魂。盖伦在研究身体的著作的开始部分专门提到灵魂，足见其对灵魂及灵魂与身体关系问题的重视。

---

① 参见亚里士多德：《论动物部分》646a13—24，646b5—10。

② *UP* 3.2.6—3.2.13.

紧接着对"部分"的讨论而进行的关于"灵魂"的论说在全书中属于准备性的部分。盖伦的这个准备不是一般热身意义上的准备，而是具有奠基意义的准备。这个位于先前准备部分的关于灵魂与身体的讨论，为后面关于身体各部分功能的讨论提供了一个基础。在盖伦看来，无论是灵魂还是身体都不能脱离对方而单独存在。只有明白了灵魂与身体的关系，对身体的讨论才不会是无根的、盲目的。

那么，在盖伦的理解里，灵魂与身体的关系是怎样的呢？我们来看盖伦在这里的表述："所有部分的用处都关涉灵魂"。"灵魂"一词在这里的出现是其在全书中的首次亮相。这次亮相，"灵魂"以位于动词 estin(是、有)后的第三格(或称"与格")形式出现。在古希腊语语法中，这种形式的第三格往往表示一种所属关系。在含义上，第一格(或称"主格")名词所指的事物从属于第三格名词所指的事物。"用处"在这里是第一格，"灵魂"是第三格。所以，身体各部分的用处都关涉灵魂是在所属意义上讲的。既然是所属关系，那么，身体用处与灵魂的关涉就不是以平等的方式，或是身体主宰灵魂的方式，而是相反。在这种关系里，身体从属于灵魂。灵魂相对于身体而言处于更高的位置，对于身体的使用来说处于主导地位。通过这种与格形式，盖伦向我们展示了灵魂与身体的主从关系。

在确定了灵魂与身体的主从关系之后，盖伦对这种关系得以确立的原因给出了自己的解释："因为身体是灵魂的工具(organon)"。这里所讲的 organon，不完全等同于我们今天常讲的器官(organ)。器官指的是身体中具有相对独立功能的组织。盖伦虽然谈论这些身体组织，但是当他讲 organon 的时候，他更多地是在工具的意义上使用这个词。对于盖伦来说，身体不是一个独立存在的生物体，而是作为灵魂的工具而存在的身体。

盖伦的这一观点有其传统渊源。《灵魂论》中，亚里士多德就有与之类似的表述："一切自然物体(sōmata)都是灵魂的工具(organa)，对于动物的物身而言为诚然，于植物物身而言，也诚然如此，它们统都是为了灵魂而存在的(活着的)。"[①] 盖伦虽然和亚里士多德一样，把身体看作灵魂的工具。但是在《论身体各部分

① 亚里士多德:《灵魂论及其他》415b18—20，吴寿彭译，商务印书馆，1999 年，第 96 页。

的功能》中，盖伦没有像《灵魂论》那样，从质形关系和潜能与实现的关系上来思考身体与灵魂，而是通过对身体功能的具体讨论考察身体与灵魂的关系。当盖伦讲“身体是灵魂的工具”时，他试图强调，身体结构是为了适合灵魂功能而被建造的，对身体构造的考察服务于对灵魂功能的考察。盖伦对灵魂功能的考察基于他所持有的灵魂三分观点。因为身体的构造符合灵魂的功能，所以对身体部分的考察除了涉及手、足、头、眼等器官外，还会涉及与灵魂三部分功能直接相关的神经、动脉、静脉等人体组织。

在全书接近尾声的地方，盖伦特别用一卷的篇幅集中讨论作为身体部分的神经、动脉和静脉。根据盖伦所推崇的灵魂三分的观点，脑、心和肝是灵魂三部分在身体中的位置所在。而这三个器官的功能实现离不开神经、动脉和静脉。脑是神经的起源、心是动脉的起源、肝是静脉的起源。神经、动脉和静脉都从起源出发遍布全身。从各自的起源出发，它们像是有着很多分支和细稍的树干，身体的各项功能藉由它们来发挥作用。盖伦在结尾部分对神经、动脉、静脉的讨论既可以看作是对前面讨论的身体各部分功能的总结，也可以看作是对全书开始时确立的身体对灵魂的从属关系的呼应，是对讨论之初所提出的“身体是灵魂器官”观点的具体展开。

这种以灵魂功能为基础来论述身体构造的方法不是盖伦的首创。在柏拉图那里，特别是他的《蒂迈欧》中，我们已经看到过类似的论说模式。在蒂迈欧讲述宇宙起源的时候，他说道，神或造物主（theos, dēmiourgos）在制造身体之前先造了灵魂，因为灵魂是身体的主人和统治者。[①]在蒂迈欧口中，灵魂直接表述为身体的主人。与盖伦所讲的“所有部分的用处都关涉灵魂”相比，这个表述所表达的身体对灵魂的从属关系更为直接和明确。从产生时间上来讲，灵魂先于身体；从产生方式来讲，身体装备灵魂所需要的一切。依照蒂迈欧的讲述，人由造物主的子孙们所铸造。[②]人的头颅、身躯、四肢和各种内脏器官都由年轻诸神按照灵魂中的理智部分（logistikon）、血气部分（thumoeides）和欲望部分

---

① 柏拉图：《蒂迈欧》34c。

② 同上，42e。

(epithumētikon)如何最大可能发挥各自功用的原则来安排和铸造。[①]

在《蒂迈欧》中，对灵魂构造的讲述同时伴随着对身体构造的讲述。柏拉图对与灵魂结构相应的身体结构的讨论和盖伦在《论身体各部分的功能》以及其他论著中所讲的作为灵魂工具的身体构造非常近似。[②]根据柏拉图的讲述，在造人的过程中，无论是对灵魂的置放，还是对身体各部分功能的安排，诸神考虑的主要因素都是如何使身体听从理智的指示，如何使身体服务于理智。理智是造物主赋予灵魂的特性，[③]虽然人的灵魂并不纯然由造物主所造的神圣灵魂所构成，但是灵魂中的可朽部分是朝向理智、并为理智服务的。身体服从于理智，也就是身体服从于灵魂。身体各部的所有构造都要按照灵魂中不同部分的功能来安排，只有这样的身体才是灵魂所需要的身体，只有位于这样被构造的身体中的灵魂才是可以发挥作用的灵魂。

盖伦对灵魂功能及与灵魂功能相适应的身体构造的讨论与柏拉图的论述一脉相承。他赞同柏拉图的灵魂三分学说，并以此为基础建构自己的生理学。盖伦非常尊敬和推崇柏拉图，熟悉柏拉图的著作，常常引用和提及柏拉图的对话。[④]在灵魂问题上，盖伦对柏拉图的征引有他自己的选择。它们往往只与灵魂三分相关，至少也与灵魂中存在部分的论述相关。譬如他所引用的《智者篇》中的段落，就是用来说明灵魂疾病由灵魂各部分间的冲突造成。[⑤]他几乎没有提

---

① 参见《蒂迈欧》44d—45a，69d—72d。

② 柏拉图和盖伦对灵魂构造和身体构造的讨论都是基于灵魂三分学说。他们都谈到与灵魂的三个部分密切相关的大脑、心脏和肝脏。不同的是，柏拉图对灵魂在身体中所处位置的讨论相对来说较为宽泛。比如，对灵魂欲望部分所处的位置，柏拉图只说了这部分灵魂位于隔膜和肚脐之间，虽然他也谈到了位于相同部位的肝和脾对这部分灵魂的影响，但他并没有把灵魂的具体位置落实在其中任何一个脏器上。(《蒂迈欧》70e，77b)在盖伦那里，灵魂与身体的关系要显得更为密切，灵魂三部分的起源明确位于身体中的三个重要脏器。

③ 柏拉图：《蒂迈欧》30b。

④ 从盖伦著作中对柏拉图对话的征引和提及中，我们可以看到盖伦对柏拉图对话的熟悉程度。这些柏拉图对话至少有十二篇，分别为《前阿尔西比亚德》、《游叙弗伦》、《高尔吉亚》、《法篇》、《斐德罗》、《斐莱布》、《理想国》、《智者篇》、《政治家篇》、《会饮》、《泰阿泰德》、《蒂迈欧》。另外，盖伦文中暗指的柏拉图对话有《美涅克塞努》、《美诺》、《斐多》、《申辩》、《克拉底鲁》和《巴门尼德》。参见 De Lacy，"Galen's Platonism"，*The American Journal of Philology*，Vol. 93，No. 1(Jan.，1972)，p. 30，n. 19。

⑤ 盖伦直接引用《智者篇》227d13—228d4 中对疾病和丑陋的讨论，认为疾病是内部的冲突造成的(参见 *De placitis hippocratis et platonis* V 3. 24—30，英译本 *Galen on the Doctrines of Hippocrates and Plato*，trans.，ed.，and comm. by P. De Lacy，Berlin，1978)。

及柏拉图讨论灵魂问题的对话《斐多》。因为在《斐多》中，柏拉图还没有提出灵魂三分的观点，在灵魂和身体的关系问题上，也不同于后来在《蒂迈欧》中的说法。盖伦特别重视灵魂三分学说有两方面的原因：一方面，灵魂三分学说与身体构造理论比较容易结合，就像柏拉图在《蒂迈欧》中所讲述的那样，也像自己在《论身体各部分的功能》中所描写的那样；另一方面，灵魂三分学说在解释人的行为和指导人过幸福生活方面有其优长，而这同样是医生盖伦非常关心的问题。通过灵魂三分理论，身体、灵魂、个人伦理生活和城邦政治生活联结为一个整体。在这个整体中，对身体的讨论不仅服务于灵魂，也服务于伦理政治生活。

在《王制》中，柏拉图通过对城邦结构的分析论证灵魂的三分结构。在《蒂迈欧》中，柏拉图对灵魂三个不同部分的功能和分别在身体中部位的论述以神造论为基础。盖伦对灵魂三分的讨论则主要基于自己所从事和熟悉的解剖观察实践。虽然，柏拉图很可能借鉴了当时医生们的解剖结果，但在柏拉图的讲述中，通过解剖观察所见的现象始终不是其论证的依据。作为医生，盖伦大大提升了解剖实践所观察到的现象在灵魂问题讨论中的地位。盖伦认为，自己通过解剖观察所得出的灵魂三分的观点与柏拉图讲述的灵魂三分正好吻合，可以为其论证提供有力可靠的依据。因为身体是灵魂的工具，所以通过解剖所获得的对身体的认识可以帮助我们认识灵魂。同时，因为身体从属于灵魂，所以灵魂的功能决定身体的构造。当盖伦把对灵魂三分的讨论和对身体构造的讨论结合起来的时候，他其实是把哲学家的工作和医生的工作结合起来。盖伦像哲学家们那样讨论灵魂问题，但他在其中加入了医生们所熟悉的解剖观察结果，把对身体的考察引入对灵魂的考察之中；他也像医生们那样讨论身体问题，但他更多关注灵魂功能在身体上的实现，更热衷思考哲学家们讨论的灵魂和身体的关系问题，特别是思考身体与灵魂关系在伦理教化中的意义问题。

二　照料身体服务于灵魂教化

我们继续来读盖伦的文字。在下面的文字里，我们可以看到盖伦对伦理教化问题的关心。

在指出“身体是灵魂的工具”之后，盖伦对身体如何体现为灵魂的工具进行了解释:“因此,由于灵魂不同,动物的部分间存在很大的差别。有些动物勇敢,有些怯懦,有些顽劣,有些却温顺,有些好像是城邦中的一员,和大家一起为城邦工作,而有些则孤僻、不具有社会性。在每一种情况下,身体都适合灵魂的习性和功能(ēthesi te kai dunamesin)。”在这一段讲述之后,盖伦举了很多具体动物的例子,讲解拥有不同灵魂的动物有着怎样与灵魂相应的身体构造。人作为有理性的动物也在盖伦的讨论之列。

从盖伦所举的例子里,我们看到,不同灵魂表现出的差异体现在动物(包括人)的品性上,和如何在城邦中生活的问题上。盖伦认为,灵魂在习性和能力上的不同带来了这些差异,而身体所要适应的也就是灵魂的习性和能力。灵魂能力(dumamis)不同造成行为和情感上的差别,①而习性(ēthos)讲的则是灵魂的惯常状态。由灵魂的习性所体现出的是人(或动物)的个性,比如有的勇敢、有的怯懦等等。ēthos 除了可以指人的习性之外,还可以指地方风俗。同时,ēthos 作为词根构成了 ēthikos(伦理的)。现代西方语文中的“伦理(ethic、ethik)”一词便来源自这一希腊文。当盖伦在这里把 ēthos 和 dumamis 放在一起来谈论灵魂的时候,他对灵魂的讨论更多关注的是人的伦理政治生活。既然身体适合灵魂的习性和能力,那么对身体的考察也就自然被置于伦理生活的背景之下。

在《论身体各部分的功能》中,盖伦讨论的重点是身体的构造和能力。至于这些与身体相关的认识如何在伦理生活中发挥作用,盖伦并没有具体展开。不过,他在全书开始部分所讲的这段话对整本书来说却有重要的意义,它为后面的讨论定下了一个基调:对身体的考察不是孤立的,而是与对灵魂的考察联系在一起,其最终目的服务于“如何才能过幸福生活”的伦理政治问题。无论盖伦在进行解剖活动的时候,还是进行医疗实践的时候,这一伦理政治关怀始终伴随其左右。当盖伦讲灵魂三分时,他试图通过灵魂三分理论来解释人的行为和习惯,同时讨论如何才能使人行为恰当、性情良好。盖伦认为,通过他人及自我的教化和训练,我们可以获得好的习惯,从而使灵魂中的非理智部分听从于理智部分。在治疗灵魂疾病的讨论中,盖伦一方面重视理性在灵魂各部的统治地

---

① 参见 *Quod Animi Mores Corporis Temperamenta Sequantur*(《灵魂的状态依赖于身体的混合》)768[K IV],以下缩写为 *QAM*。

位，通过教化和训练使得灵魂中的各部能够处于合适、恰当的位置，另一方面，他也重视身体对灵魂的影响，重视对身体的调养在教化和训练中所起的作用。作为一名医生，盖伦隶属于认为情感依赖于身体的医学传统中。[①]盖伦在这方面的相关论述主要集中在《灵魂的状态依赖于身体的混合》一文中。

《论身体各部分的功能》强调的是身体对灵魂的服从。但是，我们不能依此认为这就是盖伦所理解的灵魂与身体关系的全部。在强调身体从属于灵魂的同时，盖伦也强调灵魂对身体的依赖。盖伦认为，灵魂的状态依赖于身体中冷、热、干、湿的混合。在《灵魂的状态依赖于身体的混合》一文的开始部分，在对全文的主要思想做了一个简要介绍之后，盖伦点明了整个讨论的出发点。他写道：

> 对儿童灵魂中的行为(ergon)和情感(pathon)的不同理解是这里整个讨论的起点。因为，这些不同点可以清楚地表现出灵魂的各种不同功能。有些儿童非常怯懦、胆小；有些儿童无法满足、贪吃，另一些则相反；有些毫无羞耻感可言，而另一些则谦逊有度；除此之外还有很多如此这般不同的孩子们。[②]

如果把这段话与之前讨论过的那段话对比起来看的话，我们会发现，这两段文字间有不少相似之处。首先，它们在全书或全文中的位置相同。这里所讲的位置，不仅指文字编排上所处的位置，也指意义上所处的位置。它们都位于全文第一部分的第二段，都对后面的讨论起到一个引导和奠基的作用。第二、在这两段文字中，盖伦都提到灵魂的功能，并把怯懦、勇敢等看作不同灵魂功能的表现。不同的是，在《论身体各部分的功能》中，盖伦讲的是动物的怯懦、勇敢、顽劣、温顺，其目的是讨论与灵魂功能相适应的身体构造。而在《灵魂的状态依赖于身体的混合》中，盖伦讲的是儿童的怯懦、贪婪、无羞、有节，其目的是讨论教化如何在灵魂的不同功能中发挥作用。在《灵魂的状态依赖于身体的混合》的结尾部分，盖伦回到了文初所讲的出发点。他解释了为什么不同儿童存

① Richard Sorabji, *Emotion and Peace of Mind*, Oxford, 2000, p. 253.

② *QAM* 768(K. IV)

在行为和情感上的差别，强调了教化的价值。

盖伦在肯定哲学家们的教化活动的同时，指出医生所擅长的养生术对教化活动来说是很好的补充。[①]在帮助灵魂转向的教化活动中，对身体的认识和调养之所以不能忽视，因为身体是灵魂的工具，身体的状态影响灵魂功能的发挥。具体来说，身体中冷、热、干、湿的混合影响灵魂的状态。比如，身体的不同混合可以引起灵魂产生悲伤、胆怯和沮丧等情感。[②]相应地，改变身体中混合的比例可以改变灵魂中的情感状态，就像饮酒可以帮助我们缓解悲伤和低落情绪那样。[③]通过对身体状态的改变，通过对体液养生术的运用，人们可以影响灵魂中的情感，进而控制灵魂中的激情。在对激情的治疗中，养生术是其中很重要的内容。饮食、运动、生活方式，乃至气候、水土都可以对我们体内冷、热、干、湿的混合产生影响，进而对灵魂的状态产生影响。在盖伦看来，养生术对灵魂的影响不仅包括灵魂中的非理智部分，也包括灵魂中的理智部分。对于伦理生活而言，灵魂中各个部分所起的作用都是非常重要的。养生术既可以帮助我们提高理智能力，也可以帮助我们培养合适的性情。盖伦认为，对于那些希望拥有德性的人来说，跟随他学习有关饮食和气候的知识是非常必要的。

所以我的对手们——他们不喜欢这一观点，即认为营养能让人多一点或者少一点温和，多一点或者少一点节制，变得勇敢或者胆怯，温柔文雅或者粗暴爱争吵——即使是现在到我这里来，接受我关于养生的指导仍然是很明智的。在他们讲伦理学的时候，他们可以从这里得到很大的裨益；当他们获得了更高的理解力和更好记忆的时候，理智能力的提高也会对他们的德性产生影响。除了饮食之外，我还要教他们关于风和周围空气的混合的知识，教他们关于地方的知识，指导他们该选择哪个、该回避哪个。[④]

就像总是把身体和灵魂放在一起来考察和讨论一样，盖伦总把调养身体和灵魂

① *QAM* 814(K. IV)

② *QAM* 776—7(K. IV)

③ *QAM* 778(K. IV)

④ *QAM* 807—8(K. IV)

教化放在一起来实践。他认为，对自然和人体的认识服务于灵魂教化的活动。医疗和教化的最终目的一样，都是追求最好的人类生活。朝向这一目的，照料身体通过服务于照料灵魂而有其价值。盖伦对医疗与教化的认识并不是他一个人所独有的。他的认识继承了前辈先贤的观点，反映了他所生活的希腊罗马古典世界的普遍共识。

在柏拉图的《蒂迈欧》中，我们就可以看到这种认识。《蒂迈欧》的主要部分虽然是在讲述宇宙和人甚至其他动物是怎样生成的，但这篇对话的旨趣并不在于天文学、物理学或生物学，而主要在于伦理学和政治学。或者说，柏拉图讨论天文、物理、生物的最终目标都是要探究什么是最好的人类生活，如何才能过上这种幸福的生活。[①]如果我们注意到这篇对话的进行顺序，我们就可以得到这方面的提示：蒂迈欧所讲述的宇宙创生故事被安排在克里提亚所要进行的关于理想城邦及其公民的讨论之间。依据对话的记载，这个讨论是对昨天苏格拉底所做的相关讨论的延续。让蒂迈欧在克里提亚讲了从祖父那里听来的关于大西洋岛的故事之后，先来讲宇宙和人的生成，其目的就在于通过对创生的了解知道什么是人的本性，并依据人的本性来找到最好的教育计划来培养人。[②]在蒂迈欧所讲述的创生故事中，人被构造为灵魂和身体的结合体，虽然灵魂是最高的统治者，但它不可能脱离身体而工作，灵魂必然与身体相结合，身体与灵魂之间也就必然存在着相互依赖。正是因为身体和灵魂之间有着这种相互影响的关系，所以对人的培养也就必需同时考虑两方面的因素：既要重视理智和情感的教育，也不能忽视身体的营养和锻炼。

既然对人的培养涉及身体和灵魂两方面的问题，那么医生和哲学家就是天然的盟友。他们都是广义上的教育者。在盖伦所生活的希腊化时代，对自身的关心是当时的普遍文化现象。[③]人们对自身的关心虽然以灵魂为核心，但其中也包含了身体。对身体的关心被整合进对灵魂的关心中来，因为在他们看来，对身体的关心有利于灵魂，其最终目的是为了灵魂的健康。人们把养生术作为

---

① 参见 Cornford, *Plato's Cosmology*, the Humanities Press Inc., 1952, p. 20。

② 柏拉图：《蒂迈欧》27a。

③ 参见福柯：《主体解释学》，佘碧平译，上海人民出版社，2005 年，第 35 页。

关心自己的一项重要内容，在关心自己灵魂是否安宁的同时，关心自己的饮食和日常起居，并在向哲学家请教的同时，向医生咨询。在希腊化时代，医生和哲学家的工作常常被并称。伊壁鸠鲁派、廊下派、怀疑派和学园派都接受医学和哲学之间的类比话语，都把自己看作是灵魂的医师。同时，以盖伦为代表的医生们把对身体的治疗和对灵魂的治疗联系起来，认为自己从事着与哲学家们类似的工作。

当我们今天来阅读盖伦的医学著作，认识和思考以盖伦为代表的西方古典医学的价值的时候，我们的目光不能仅仅投向医学史的狭窄领域。当然，即使是在这一领域，对盖伦和古希腊罗马医学的研究仍是远远不够的。而是应该把目光投向更为广阔的古典文教传统，在这一更大传统背景的支持下，我们对盖伦和盖伦医学的理解才有可能比较接近原貌。通过对《论身体各部分的功能》的这段文字的解读，我们看到，盖伦的生理学思想服务于他的灵魂学说，有其伦理教化上的关怀。西方古典医学处于古典文教的传统之中，盖伦对此有非常明确的自觉。虽然以医术闻名于世，但盖伦同时也是哲学家、修辞学家和教育者。在盖伦的作品中，哲学著作(包括逻辑学和伦理学方面的著作)和修辞学著作(包括编撰的希腊散文辞典和讨论阿里斯托芬政治术语的著作)占相对大部分，可惜却多已遗失。①我们今天所见的盖伦著作以他医学方面的著作为主。但是从这些医学著作中，我们仍能看到盖伦在哲学和修辞方面的素养，仍能看到他把与身体相关的工作和与灵魂相关的工作结合起来的努力。盖伦的这一努力促使我们进一步思考何为身体与灵魂？何为医疗与教化？而这或许就是我们今天阅读盖伦文字的意义和收获。

---

① Galen, "My own Books", *Galen: Selected Works*, trans. P. N. Singer, Oxford New York, 1997, pp. 17—22.

古籍整理

昏禮从宜[①]

[清]江永/撰　徐到穩/整理*

昏禮從宜序

古今同此民也，民亦同此情也。然風以時而遷，俗以地而易，則情亦隨風俗而移，雖聖人不能矯而革之，化而齊之。惟修其教，不易其俗；齊其政，不易其宜。而記禮者亦曰："禮從宜，使從俗。"又曰："君子行禮，不求變俗。"其不能拂乎人情以爲禮也久矣。[②]三王異世不相襲禮，況去三王之世逾遠，服飾器用、起居動作、往來交際，事事非古之俗，豈可以古人之禮律今人之情乎？禮之行於家者，昏禮爲本。合二姓之好，上以承先，下以繼後，爲禮之重大，然而鄉自爲俗，

① 在江永的著作中，《昏禮從宜》未曾印行，幾乎不爲人所知。安徽省圖書館所藏《昏禮從宜》爲抄本，線裝。封面標題下署"江慎修先生著"。卷首爲《昏禮從宜序》，標題下鈐朱色"一塵氏"正方陽文印，序末下鈐朱色"曹振鏞印"正方陰文印、"儷笙"朱色正方陽文印。卷端下鈐朱色"曹"朱色正方陽文印、"益丞審定"朱色正方陽文印。據此可知，該書曾爲曹振鏞、曹一塵收藏、審定。據本人研究，安徽省圖書館所藏《昏禮從宜》爲海内孤本，價值非凡。該書的主旨爲"禮失求諸野"，分論點大致有三：古禮多與今之人情相違，今俗多深得古禮精義，經濟是影響禮節變化的重要因素。該書在一定意義上顛覆了以朱熹《家禮》爲代表的家禮學傳統。這説明江永並非恪守朱學，而戴震的反朱思想受到江永的直接影響。該書是清代思想學術史上的重要文獻，故特予整理披露，以饗讀者。安徽省圖書館歷史文獻部曾予整理者很大的幫助，特此鳴謝！

* 作者單位：同濟大學哲學系。

② 該句每字左邊原有圈記，相當於今天的著重號，故本文以著重號代圈記，後同。

家以爲禮，各因情以爲文，未嘗拘牽于古人之六禮一一規模之也。其有漸於頽敝之俗者，侈靡誇耀，而寒畯不能以圖昏；媟狎戲侮，而宫壼幾至乎瀆亂。又或爭奩儀，計厚薄，婦姑反唇，姻戚相痛者。此風誠可痛嫉！若其通情納幣、豐約從宜者，必概之以束帛儷皮；從俗迎昏、頗費可省者，必責之以入門奠雁；嘉事飾喜、國法無禁者，必矯之以寂静無聲。此君子欲力行古道變俗移風，而不知人情有所難抑勒也。其他繁文縟節不合今之人情者，雖好禮之君子亦未嘗不病之。即以今日鄉曲之所通行者，悲愉中節，煩簡適中，使古人見之，安知不歎爲"禮失求諸野"也？因讀禮家之言而有感，故著此編，併發此論，而不止昏姻一事也。

乾隆己卯年仲冬月江永序

昏禮從宜

婺源江永慎修著

昏年

朱子《家禮》："男子年十六至三十，女子年十四至二十，身及主昏者無期以上喪，乃可成昏。"

按：《家禮》之文本于司馬温公《書儀》。温公曰："古者男子三十而娶，女子二十而嫁。今令文年十三以上，並聽昏嫁。今爲此説，所以參古今之道，酌禮令之中，順天地之理，合人情之宜也。"按：男女嫁娶之年，見於《地官・媒氏》，《禮記・内則》、《曲禮》、《春秋公羊傳》。①而魯哀公嘗疑其年之太晚，孔子謂"禮言其極不是過"，非必如是而後昏嫁也。故孔子年十九而娶亓官氏，則聖人已不必拘古禮矣。然如古禮則太遲，如宋時令文十三以上則又太早，故温公參酌爲此制，而朱子用之，實不易之制也。醫書言男子二八，女子二七，精氣通，天癸至，可以爲夫婦，是順天地之理也。昏姻以時無怨曠，而爲父母者亦得遂有室有家之願，是合人情之宜也。

必先使媒氏往來通言，候女家許之，乃行納采禮。

---

① 今查《春秋穀梁傳》載古人昏年，《春秋公羊傳》未載古人昏年，疑此處江永誤記或抄者誤抄。

按：古人有言："親父不能爲子媒。"議昏之始，必有往來通言之人。其人或爲男，或爲女，或爲姻戚，或爲故舊朋友。通言之始，必先書其女之生年月日時，以詢於禄命家，視其與男命可配否，謂之合昏。吉則議昏，否則辭之，此鄉俗往來通言之始也。其生年月日時，謂之庚帖。其爲媒，或即通言之人，或别有望重者主之。

程子曰："世人多謹於擇壻而忽於擇婦，其實壻易見，婦難知，所系甚重，豈可忽哉？"

司馬温公曰："凡議昏姻，當先察其壻與婦之性行及家法何如，勿苟慕其富貴。壻苟賢矣，今雖貧賤，安知異日不富貴乎？苟爲不肖，今雖富貴，安知異日不貧賤乎？今世俗之貪鄙者，將娶婦，先問資妝之厚薄；將嫁女，先問聘財之多少。是乃駔儈賣婢鬻奴之法，豈得謂之士大夫昏姻哉？"又曰："婦者，家之所由盛衰也。苟慕一時之富貴而娶之，彼挾其富貴，鮮有不輕其夫，而傲其舅姑。養成嬌妒之性，爲患無窮。借使因婦財以致富，依婦勢以取貴，苟有丈夫之志氣，能無愧乎？"

按：此皆格言。倘因親故而結昏者，亦可以密察女之賢否，然婦之性行亦難知，古人有卜筮之法，《鹹》之"利貞，取女吉"，《姤》之"女壯而勿用取女"，[1]皆葛昏占辭。或用筮決之，亦可以也。女之挾富貴以輕其夫、傲其舅姑者，誠有之。寒素之家當免此患，然貧賤之女未必無性情乖僻者，故議昏甯慎毋躁，甯緩毋速。

文中子曰："昏娶而論財，夷虜之道也，君子不入其鄉。"

按：此語朱子載入《小學》。然論財亦自有道，未可概斥之爲夷虜也。《家禮》"親迎"章云："前一日，女氏使人張陳其壻之室。"注雲："妝奩隨往。"又云："張陳不過被褥帳幔應用之物，其衣服鎖之篋笥。"是嫁女必有妝奩矣，有被褥帳幔應用之物矣，又有篋笥中衣服矣。此諸儀物，士大夫家能辦，若貧賤者未必皆能辦也。門人問："古人納幣五兩，只五匹耳，恐太簡難行否？"朱子曰："計繁簡，則是以利言矣。且吾儕無望於復古，則風俗更教誰變？"如此言，是嫁女不當言利，不論其家之有無，不計其物力之相當與不相當，恐貧民難於嫁女。設有兩家

---

① 《周易·姤》此句原文無"而"字。

以爭奩儀致訟者。有司必曰:“爾家聘儀本薄,何能責其厚儀?”倘曰:“古禮如是。爾勿較。”則束帛儷皮適爲貧民有女者之厲階,重歎生女者之不幸矣。人之愛女,有數千金不惜者,鉅富室也。若中下之家,生男患其難昏,生女患其難嫁。今時鄉俗結昏,令媒者通言,量其聘財之多少,以爲奩儀之豐約,毋過靡,亦毋過嗇,逐物臚列,謂之禮單。酌其價值約略相當,男家照單送聘金之數,爲女而費,女家亦置勿道矣。如此論財,論之有道,亦何嫌於論財?倘必以論財爲諱,矯枉過正,使嫁女者恒得負,娶女者恒得贏,豈能使民俗通行哉?

今時中下之家嫁一女約費五六十金;再約焉,四五十金;又約焉,二三十金,必不能省矣。過節而苦,葛屨履霜,女弗能堪也,豈真能以荊釵布裙嫁其女乎?此數十金者,不取諸娶婦之家,而將取乎?講禮者率惡夫論財言利,是未達古人之情者也。

納采

生人具書,納其採擇之禮,求女家採擇。(即俗定親也。)

按:今時定采,遣使者齎貼二,一名帖,一禮貼。其禮物開釵環釧鐲,副之以果品,又或送禮銀若干,皆媒人先言定。此爲結婚之始,與古納采異。古禮使使者用雁爲贄,先納采,次問名,曰:“將加諸卜,敢請女爲誰氏。”其納采而昏尚未定,如卜不吉則辭之。《家禮》有書而無禮物,太爲簡略。瓊山邱氏濬《家禮儀節》有書有禮物,所以補《家禮》之不逮。然用禮物,不若釵環釧鐲爲女子必用之物,華而不甚奢,用財而不甚費,稍有力者猶能辦也。用禮銀則已行納幣,皆兩家通情行事者也。於是女傢俱帖覆之,其使者爲僕役,則有勞儀;非僕役,則與燕飲。而答禮物,則壻之韈履及文房用物。此鄉俗通行,合於人情也。邱氏謂行古禮過於落漠,人情有所不堪,擬用鵝酒盒果之類,有力者用羊酒亦可。不知此等皆浮費,無益於姻家,亦無益於女子。總不肯爲嫁女者設身處地,妝奩何所自出?一若言及貨財,便鄙俗不堪,是皆爲文中子所誤。究之,無米不能爲炊,畫地不能作餅,終不免於用財行聘。而習俗相沿,鵝酒菓面,浮費日多,閭里爭相慕效。寒畯儒士有年壯不能娶妻者,豈非諱言財者誤之與?

定親而用鵝酒菓面諸浮費,吾邑尚無此俗,鄰邑則有之。他方習於侈靡,當有甚誤者矣。曷不節省浮費，歸諸聘金，以爲妝奩，彼此皆有益，女子亦有益乎？其相尚之始，未必不因邱氏《家禮儀節》而來。而邱氏又本諸《明會典》，則著會典者亦未嘗慮其流弊而豫爲之防也。邱氏謂行古禮太落漠，人情有所不堪。是則誠然！《易》所謂苦節不可貞，其道至於窮，古禮之謂也。諱其正項之財，反多浮費之財，是豈先儒所及料哉？

古者婦人首飾甚朴質，燕居一笄而已。貴者以玉以象，士庶人之女婦則以骨以竹。其首服有三：曰副，曰偏、曰次。後、夫人用副用編，大夫內子用次。次者，編發爲之，今謂之頭髻。富貴者飾以珠玉，常飾以翠，或以金、以銀爲髻。貧者不能用金，但金箔飾銀，亦可爲金髻也。古人盛昏禮，許其攝盛，僭一等。士妻等用次，猶士親迎服爵弁、乘墨車也。今時女將行，始行笄禮，故納采不用髻而用釵。釵者，笄之有飾，爲龍鳳之形，尋常亦是以金箔飾銀也。環者，耳環也。古之耳飾謂之珈，謂之珂，皆系於笄而懸之。穿耳之俗出蠻方，今時女子無不穿耳者，故懸環以爲飾也。釧者，指環也，亦謂之戒指。有玉，有金，有銀，尋常亦是以金箔飾銀也。鐲者，臂環也。古之鐲爲樂器，今之鐲爲臂環。金鐲惟富室能辦，尋常皆用銀鐲耳。此數物亦費數金，其後仍歸夫家，久則傳諸子孫，實未嘗費也。有甚貧不能辦四物者，用珥、用釧亦可也。

或問：古人于昏禮深以財利爲諱，今乃瑣瑣及此，毋乃已細乎？曰：子未知數物之所關重大也。世有嫌貧而易昏，倚勢而奪昏，又有寔未結婚而詐謀以圖昏者。有司斷訟，惟以財禮爲據。庚帖不足憑，口許不足憑，媒議不足憑，果物往來不足憑，惟據所受財與否以爲斷。未受財，雖有奸滑不能圖；已受財，雖有負心不能易，豪强不能奪。當此時，一珥一釧，所關不細矣。一齊不改之義，尋常女子亦知之。受其聘定之物，親服用之，則一心系屬於夫，倡隨偕老，是所願也。萬一有不虞之事，則睹物感愴，矢心如石。釵環之所系者豈細乎？

納幣(一名納徵)

用玄纁、束帛、儷皮。

按：《雜記》云："納幣一束，束五兩，兩五尋。"束帛，十端也，兩，兩個也。八尺曰尋。蓋古之一尋，當今五尺。一兩二丈五尺，五兩十二丈五尺也。古之帛，猶今之細絹也。儷皮，兩鹿皮也。古之納幣僅如此，而《書儀》與《家禮》仍重之，重古也。

古人不爲庶人制禮。禮始於士。士亦必有田禄，猶今居官而爵卑，則其家亦不甚貧。嫁女不用資妝，娶婦不須奩物。聘幣之可省者一。古人服飾甚朴質，士妻始嫁，編發以爲次，已謂之攝盛。其衣則純衣纁袡，用青紬而以紅緣其邊，爲嫁時盛服，則其平居之衣服可知。聘幣之可省者二。古人寢處用物甚簡略，昏夕在室寢於地，無床帳，寢以衾枕簟席，未聞有褥有氊也。櫛發未聞有鏡。盥槃以木，盛衣以篋，未必自婦家來也。盛器以廚，坐以棹，燭有台，茶酒有壺，古皆無是器也。聘幣之可省者三。後世服用既大異于古人，而制禮當下通士庶，不能皆有田禄，故女家辦奩物，男家送聘金，量力而行，隨時而酌，民俗通行久矣。即《家禮》亦言前一日女氏使人張陳其壻之室。此陳張之物，大抵非古時所有，而謂束帛儷皮之禮可通行於今日乎？

今時送聘金，早晚不定，或送於行聘之日，或送於定昏之時，或分兩次、三次送之。

請期

按：期者，娶婦之吉日也。古用蔔，今不曉蔔法，惟憑選擇家擇之，而多陰陽拘忌，使人難信。先儒亦未論及此，此不得不從俗者也。

吉日當出自夫家，而古人請期之辭，聽命於女家。女家固辭，而後告之以期。此古人繁褥之文，《家禮》不用。猶曰請期者，謂請主人之許耳，其實是告期也。告期用使者傳言，恐有差誤，不若今人具之書啟者爲是。而時鄉俗尚文，用四六長啟。後覺難行，漸歸樸直。略用對偶數句，後云"恕不莊啟"，從樸直者是也。俗謂昏期曰星期，取《綢繆》詩"三星在天"之義。詩本謂男女失時於昏者，然借用亦無害也。

朱文端公軾《儀禮節略》曰："儀禮請期用雁，吾鄉止用餅面果子之類，禮書開明親迎、冠笄日期，後稱'仗求'、'俯允'云云。女家複書'惟命是聽'，此似可行。"

古人特行冠禮、笄禮，而今人行之於昏前，禮之變也。今人爲童子時，已戴成人之冠。或已命之家，至是複行冠禮，聊存餼羊雲爾，其實是因笄而冠也。女子至是始戴髻，始服嫁時絳衫，請女賓而笄之。則男子不可不冠，故曰"因笄而冠"。然冠畢必拜父，覺古人之拜母不拜父者疏略矣。拜母時母固答拜，必無母先拜而俠之，覺古人之用俠拜者甚傎矣。冠之日，設席以飲子；笄之日，設席以飲女，猶夫醮子、醮女也。是日男與女可南面，優子女之昏嫁也。既笄後，拜於祠，辭祖也；拜于親族，辭族人也，亦各有義也。

親迎

近則迎於其家，遠則迎於其館。

朱文端公曰："壻往婦家親迎，男先於女，剛柔之義也。齊俗不親迎，風人譏之。今古道不講，奢侈於物，而苟簡於禮。又或少年以行禮爲羞，親迎之舉，十無一二。是使女先于男，失剛柔、倡隨之義矣。彼夫懦婦悍，牝雞司晨，長舌階厲，都由於此。親迎之禮，斷不可廢也。"

按：親迎固是古禮，然後世所以不行者，非盡男家憚於行，亦由女家自不欲行也。楚公子圍欲逆女以兵，鄭人惡之。今雖不若楚公子之赫耀可畏，而輿馬僕從之多、館舍供億之煩，主人亦甚憚之。《禮經》所載，若女家無一事，惟待壻入門奠雁者。及其行之，爲主人者果能晏然而已乎？是以此禮寢廢，故任人詰屋廬子曰："親迎則不得妻，不親迎則得妻，必親迎乎？"夫親迎所以不得妻者，女家憚其煩也；不親迎所以得妻者，女家欲其簡也。必曰親迎始娶妻，則人誰與爲昏？故屋廬子"禮重"之辭窮，孟子亦曰是"禮之輕者"也。比之方寸之木、一鈎之金，其非禮之重大必不可廢者可知矣。若謂夫懦婦悍由於不親迎，恐無此情理。親迎者，自卑之道也。設有悍婦，指其夫曰："汝嘗爲我禦輪三圈者也。"則悍者不愈增其悍？懦者不愈益其懦乎？要之，懦與悍，性行則然；親迎與不親迎，皆無與也。通國不親迎，豈能一人獨行古禮乎？觀孟子不與任人力爭此禮可知矣。(《士昏禮》記亦有"若不親迎"一條。)

遠者迎於館，程子之說也。然必有設館之地，又必有主昏授女之人，恐女家不從奈何？禮原有從宜從俗之法，必欲泥古，則奠雁者取其順陰陽往來，非他物可代，無雁之鄉將以何物爲奠乎？

問:"今有士人對俗人結姻,欲行昏禮,彼俗人不從,卻如何?"朱子微笑,顧義剛曰:"這也是費力,只得宛轉使人去與商量。古禮也省徑,何苦不行?"直卿曰:"若古禮有甚難行者,也不必拘。若三周禦輪,不成是硬要扛定轎子旋三匝?"先生亦笑而應。義剛曰:"如俗禮,若不大段害理者,些小不必盡去也得。"曰:"是。"久之,云:"古人也有不可曉。古人于男女之際甚嚴,卻如何地親迎乃用男子禦車?但只令略偏些子,不知怎生地。"

按:昏禮時俗不肯從者多端,親迎其一。如其邑與鄉尚有行此禮者,因而行之,不可廢。否則婦至而迎於門,以重匹配可也。親迎爲禮之輕,孟子已言之矣。朱文端公云:"陋習相沿日久,驟欲變古行禮,恐女家不從。當先期開送儀注,遣人致詞,務期必行,即朱子宛轉商量之意。"邱氏曰:"與議弗從,勿與爲昏可也。"皆君子愛禮重古之言,恐難語於今時矣。

勉齋先生舉禦輪三周之事以爲笑,朱子因言婦人在車、男子禦車之事爲不可曉。按:古人制禮,不可曉之事甚多矣。祭祀用屍,席地而坐,俎豆以地,食飯以手,咂醬以指,酒皆冷飲,屨不上堂,燕則跣足,行禮偏袒,射禮、喪禮肉袒,皆今人必不能安者,何以不知變革乎?三百三千之禮儀,繁者極繁,簡者極簡,文者極文,質者極質,猥褻者極猥褻。即一車何以不分男女,必使男子爲婦人禦乎?駕馬之車,何以不易爲輦,使人前輓後推乎?又何不如今人之車,兩轅俠馬,後實前虛,登車自前,禦者執策行地乎?蓋禮制皆因當時習尚,爲之損益。其有風氣未開、習俗未變者,雖聖人之心思智慮亦有所未逮。今人之制度過於古人者甚多,宜乎古人之所通行,今人不能行者亦甚多也。

今鄉俗不親迎者,笄女之前一日,夫家送笄盒、雞魚肉、果品,隨家豐儉。其笄物,則珠簾、瓔絡、絳衫、首飾、衣服數事。貴者有鳳冠霞帔,尋常弗用也。迎婦前一日,使價至女家,送懇親帖于族人。用金牋紙,謂之信紙。約數十張,言求親於其門也。婦用花轎,四人舁。轎之華飾者,市上賃之,不必自製。尋常之家,稍有飾而已,亦與珠簾、纓絡可賃用也。衣用團領、補服、角帶,登轎及合巹時服之,亦賃用者。嫁時轎與服異于常,猶古人攝盛之意也。紅籠庭燎,所以照道也。俗謂道路有邪魅,轎上縛竹篩、明鏡以厭勝。俗又用爐以傳火,用雄雞以取生氣也。轎安中堂,量地遠近而發。轎家長爲主人。將發轎,點燈燭,設天地棹,排香燭果酒,奏樂,四拜,酹酒,子亦拜。次酹酒於轎前,再拜,子亦拜,謂轎亦有神也。乃奉花紅於舁夫，舁夫插花披紅，爲吉慶也。難賤役，主人必奉之以酒，敬其爲子迎婦也。舁夫酹酒於轎前，乃飲。飲吃，[①]叩首。叩首謝，乃屈一膝而起。主人肅拜以答，重其爲子迎婦也。乃舁轎出門，鼓吹前導，庭燎次之，紅籠次之，轎在後。主人與子送於門外，親族亦來送。鼓吹出鄉而止。同城則有交親之禮，男家、女家親族會於中途，相揖而交親，鄉居則不用也。薄暮，轎至婦家。所居之鄉用名帖通門，禮帖送儀物。儀有公堂，送婦家祠堂；有僕役之犒勞，婦家亦如其數以犒之。仕宦家有書啟，亦曰催妝啟。先接書而後接轎，從簡者省之。接轎用鼓吹，如發轎之儀。轎安中堂，僕役行庭參禮。主人亦肅揖答之，以飲食勞之。轎之進門也，母女哭于房，傷離别也。將行，父醴女，謂之把金杯。女受杯，悲哭不自勝。父亦哭，以好言慰之。飲訖四拜，辭父，辭母，辭諸親。乃入房换裝，衣團領、角帶；戴花冠，紙爲之；絳帕蒙頭，謂之羞巾，物皆出夫家。别用小鏡掩心，以布帬圍之，腰間插履，俗謂以此爲行道禦魃也。女不自登轎，必有人負之。女號哭，母與親族皆哭，父亦灑淚，初不以爲忌也。女必有媵送者，僕婦爲之；無僕婦，則倩人代之。鼓吹送出鄉而止。女哀殺，乃止哭。已上不親迎而嫁娶，其儀節大略如此。各鄉風俗或不同，然亦大同小異。

昏嫁是嘉禮，吉、凶不相干。而今鄉俗，轎至門，母與女必哭。將行，母女皆號哭，送者亦哭，曾不以爲忌。殊可怪，然而不足怪也。女子有行，遠父母兄弟。離别之際，雖丈夫不能不灑淚，而況于慈母乎？哭之事不載《禮經》，《戰國策》則有之。觸讋説趙太后曰："媪之送燕後也，將其踵，爲之泣。"則古人因有送女而哭者矣。哭出於情之不容已。當哀而哀，其哀中節，則哭亦未始非禮也。孔子曰："嫁女之家，三夜不息燭，思相離也。"今人鮮有三夜不息燭者。蓋當相離之際，哀情難忍；既相離之後，思念漸忘。古人用其思於既嫁之後，今人用其哀于方嫁之時，則古今人情亦有不同者矣。

朱文端公引吕東萊《昏禮》云："'壻婦交拜後，舉蒙頭，遂就坐。'按《内則》，女子出門，必擁蔽其面。蒙頭，即擁面也，俗謂之蓋頭，以錦爲方帕，横直四尺。女辭父母拜畢，即以帕蓋頭，升車。至夫家，交拜，必姆爲去帕，乃合卺。此俗之近理可從者。"

---

① "吃"，不通，疑當作"訖"。

按：今鄉俗，必用珠簾以蔽面，穿小珠組織成之。當笄之日即帶之，遠恥也。至嫁時，不用珠簾，以絳帛蒙頭，謂之羞巾。是擁面自擁面，蒙頭自蒙頭，非即以蒙頭爲擁面也。蒙頭名羞巾，雖亦是遠恥辱之意，其實不然。鄉俗以是爲行道厭勝也，故仍有護心鏡、圍身裙、插腰履。至夫家入房，乃脱之。婦人之尊輩者以秤衡挑去蒙頭，謂之挑羞巾。合巹時用珠簾散面，如文端公所言。及吕氏婚禮，去蒙頭在交拜之後，至合巹時無物蔽面，則鄉俗人情又各不同矣。古者女子出門，必擁蔽其面，遠恥也。然亦不儘然。宋華督見孔父之妻于路，目逆而送之，曰："美而豔。"是未嘗蔽面也。今時北方婦人有以尺幅青繒幛面者，禦風塵也。禦風塵，即男子亦用之矣。男女交接，其含羞猶在始嫁之時與夫婦始相見之時。古不蒙頭，而後世蒙頭，文端公謂俗之近理可從者。然猶露面于合巹時，今則更有珠簾掩之，豈不尤爲近理可從乎？古之女子，平時出門皆蔽面；及親迎登車以後，至壻家，皆露其頭面。且與素不相識之贊者酌酳、行禮、答拜，略無含羞之意。此則古人能而今人不能，是爲古今人情不同之大者矣。

《家禮》："壻至女家，俟於次，遂醮其女而命之。"

按：醮女一節，今人亦行之。女將出門，主人排香案，酹酒，拜天地，乃酌酒，飲女。女受而飲之，飲訖拜，辭父，辭母，辭諸母及諸姑嫂。即古人醴女之禮也。然古人送女必有戒命之辭。《儀禮》記曰："父西面戒之，必有正焉，若衣若笄。命之曰：'戒之敬之，夙夜毋違命。'母施衿結帨，戒諸西階上，曰：'勉之敬之，夙夜無違宫事。'庶母及門内施鞶，申之以父母之命，命之曰：'敬恭聽，宗爾父母之言。夙夜無愆，視諸衿鞶。'"《穀梁傳》："父戒之曰：'謹慎從爾舅之言。'母戒之曰：'謹慎從爾姑之言。'諸母般申之曰：'謹慎從爾父母之言。'"《孟子》則曰："女子之嫁也，母命之，往送之門，戒之曰：'往之女家，必敬必戒，無違夫子。'"劉向《説苑》則曰："夫子取一兩履以履女，正笄、衣裳而命之曰：'往矣，善事爾舅姑，以順爲宫室。無二爾心，無敢回也。'"此古時戒女，詳略不一。今人送女，何以未聞有此辭？蓋古人送女不哭，故能爲訓戒之辭。今人送女悲哀不自勝，不復能出一語；即欲有言，惟以好言噢咻之，不能以正言訓戒之。可見古今人情不同。古人文勝於情，今人情勝於文也。趙太后送女，情之至者也。當其持踵悲泣之時，猶能舉敬戒無違之語哉？或曰："泣則泣矣，何以持其踵也？"曰：以夫家送來之履，爲其女納之，故持踵。爲女持踵納履，在此片時，自是遠離，相見無日,故不勝其悲泣。今之慈母,亦同此情耳。曰:“然則今人疏於訓女乎?”曰:不然也。善訓女者,當以身教,不必以言教;當以平日之行事教,不必以臨嫁之數語教。爲父者能孝于父母,則其女知所以事舅姑矣;爲母者能事舅姑、事夫子,則其女亦知所以事人矣。若不能然,强聒之無益也。禮有戒女詞,自是周人尚文之習,非必不可省之節目。邱氏《儀節》易以俗語。父曰:“戒謹小心,早晚聽你公婆言語。”母曰:“勉力敬謹,早晚守你閨門禮數。”諸母曰:“謹聽你爺娘的言語。”今若行之,徒令人捧腹爾,何益於女哉? 甚笑言禮者之迂而固也。

至其家,導婦以入,壻婦交拜,就坐。飲食畢,壻出。

今鄉俗不親迎者,女登轎出門,大約在半夜後,天未明。途有遠近,至家或早或晚。將至,停轎於村首。主人設香案,用鼓吹,有官職者以應得之儀衛前導。將至門,壻拱立而迎之。或迎之一二里,親族朋友亦來迎。入門,安轎于中堂,内向。俗有撤米之禮,[①]亦是厭勝之意。夫家之婦人尊輩而有福命者啟轎門,與新婦見禮,謂之接駕。乃出轎,婦不自行,必有女僕負之。鄉俗亦有自行者,必用青布囊鋪地而行,謂之傳代。婦入房,坐床褥。尊輩婦人教導之,左旋三周,右旋三周,謂之埋床。以秤衡挑首帕,去花冠,謂之挑羞巾。乃盥洗櫛發,而換新妝。此婦至之儀也。其妝奩等物,謂之行裝。或先一日來,或婦至後始來,亦以鼓樂迎之。僕役鋪設床帳訖,乃請主人行庭參禮。主人答拜,以酒食禮之,有犒勞之儀。薄暮,新婦與諸女賓晚膳訖,盛妝,珠簾、團領衫、角帶。壻亦盛服,入庠者公服。點花燭,設香案,作樂,贊禮者迎壻與婦出房,至中堂香案前。壻東婦西拜興者四,是爲拜天地;又北面拜興者四,是爲拜祖先;又對面拜興者再,是爲夫婦交拜。婦之拜,女僕相之,乃設席于中堂。壻婦對坐,排列雞魚肉之類六品,用兩爵,以絳線牽連之,各酌酒。贊者各奠爵于夫婦前。壻飲之。女僕奉爵于婦,或不飲,略啐之可也。又益酒易爵,以夫爵奠於婦前,婦奠爵於夫前,謂之交杯。如是者三,猶古會巹之禮也。其肴設而不食,後乃食之,他物可分人,惟雞必令夫婦共食。交杯畢,皆起。贊者以花燭送入房,此燭必令徹底點訖,不得吹滅。壻脱婦服,婦亦易服。女僕送新履,使壻易之。

朱文端公曰:“《禮》云:‘昏禮不用樂,幽陰之義也。’又曰:‘娶婦之家三日不

---

① “撤”,當爲“撒”之訛。

舉樂，思嗣親也。’古無昏娶用樂之事，今舉世用之，反以不用爲怪。人心陷弱甚矣！東晉升平八年，符間迎皇后大駕，應作樂否？太常主者按儀注云：‘皇后入自閶闔掖門，鳴鐘鼓，露仗。’王彪之議云：‘鳴鐘鼓，所以聲告内外，吉凶之常，非樂也。昏禮三日不作樂，經典明文。宜如舊儀迎皇后大駕，不應鼓吹。’由此觀之，皇家納後尚不鼓吹，況士庶人乎？”

按：古今之樂不同。以古言之，士之樂惟有琴瑟而已。若在懸之樂，士得特懸，惟懸一磬；大夫用判懸，有鐘有磬；然諸候之大夫、士猶不得用。雖祭祀猶不同樂，況昏禮乎？所謂“娶婦之家三日不舉樂”者，不於三日之内彈琴鼓瑟耳。孔子因説其義云：“思嗣親也。”謂爲子娶婦以嗣親，若有所傷焉耳。若後世之樂則異矣。後世之樂，響樂也，鼓吹之樂也，是從古之凱樂而變爲鐃吹之樂，行道亦可作者也。夫戰勝而凱歌以示喜，故後世凡有喜慶之事，必作鼓吹之樂。上自朝廷，下至鄉里，莫不皆然。記云：“樂者，先王之所以飾喜。”後世既有此鼓吹之樂，歷代帝王未嘗有法制禁令，使民不得用鼓吹者，亦所以順人情而聽其飾喜焉爾。天子納後，吉慶之大者，大駕用鼓吹，是爲官稱。王彪之不知禮有從宜之義，乃爲此迂腐之談。當時太常不能詰駁，然自東晉以後，天子納後、皇太子諸王納妃及公主下降，果皆如王彪之之議，不得用樂乎？綦貴者既不得用，則自公卿大夫，降及編氓，必無敢用樂者矣。何以歷代未聞也？亦謂樂以飾喜，人情有不能已，是以歷代帝王不以婚禮用樂爲悖禮傷教而有厲禁也。彪之迂論，何足道哉？夫婚禮用樂，亦所以飾喜者。何也？人有娶妻而不能生子者矣，又有生子而不能爲之娶婦者矣。今幸而有子，至於成人，爲之娶婦。百世宗祧，於是日基之。先人有知，欣慰何如也？獨不可易其嗣親之傷感，轉爲慰親之慶倖乎？故用樂者，人情之不能已也。且以趙太后泣送其女一事相提而論，哭泣豈宜施於嘉禮哉？何以今人送女，人皆有趙太后之情也，然而不能已於悲而哭，則哭亦未始非禮。不能已于喜而用樂，則用樂豈遂有傷於禮哉？且夫子之爲是言也，與“嫁女之家三夜不息燭”並論者也。古人用其思於既嫁之後，今人用其悲于方嫁之時。然則不用樂與用樂，古人以嗣親之日爲可傷，今人嗣親之日爲可熹，亦各有義存焉。文端公以爲人心陷溺已甚，欲舉東晉之迂論以律後世之人情，固矣！且公嘗言：“吾行婚日，親友醵錢爲賀，壻家置灑高會。飲畢，少年轟逻入房，撒帳勸酒，甚而以墨塗壻面，針刺侍婢，謂之鬧房。予年廿一完姻，先期告之族長及親戚之長者，嚴爲拒絶，是吾家此風遂息。”夫撒帳、鬧房之惡俗，嚴拒禁絶宜也。若婚娶用樂既爲人心陷溺之事，宜亦矯俗弗行，而公未嘗言昏時不用樂，蓋親在不得自專耳。及著《儀禮節略》之日，正當撫漸之時，亦未嘗下一令，禁杭城人嫁娶不得用樂。是後此風遂變者，誠知其有不能禁。矯拂人情之事，公亦不欲爲也。夫少而昏，既不能不隨俗；及有權位，又不能禁非。曷若酌乎古今人情，爲之立説，使知是事未嘗悖禮傷教？而徒稱引前代一人之迂言，以救人心之陷溺。天下後世，誰能信而從之耶？

“爲子娶婦之日，有官職者以應得之儀衛前導可乎？”曰：何爲不可也？古人盛昏禮，士雖未仕於朝，亦可服爵弁，乘墨車；女首服用次。則用祖父應得之儀衛以迎婦，宜也。或假諸旁親，假諸外親，則爲徒侈耳。

古禮婦至即行同牢合巹禮，似太遽。今當酌其道裡之遠近與其時日之早晏，非昏時不得行巹禮，則婦至宜先入房，盥櫛换妝，早晚膳，皆人情也。《家禮》亦疏略耳，如古禮似親迎即婦至者，此必同城共裡、朝發夕至者可也，如不能一日即至，則有宿途之事，禮亦未嘗爲之周防矣。以君、公、卿、大夫之貴，在途淹久，甚非所宜。陳鍼子譏鄭公子忽先配後祖，得毋猶有先配後同牢者乎？是苟合也，何若今之不親迎者無此慮乎？（《春秋》：文公逆婦姜于齊。譏其成婚禮于齊。）

“今俗，合巹之夕，先拜天地，次拜祖先，家禮無是儀節，得毋近於俚乎？”曰：何爲其然也？天地者，大夫婦。論昏義者亦曰：“天地合而後萬物興。”則匹配之始，先拜大夫婦，宜也。祖先者，身之所由來，今時又衍嗣續以承宗祧，可不拜祖先乎？陳鍼子譏鄭忽先配後祖爲非禮，今有此一節，可無先配後祖之嫌，維望空而拜，先靈亦必存也。

《家禮》雖有壻婦交拜一節，注云：“婦從者布壻席於東，壻從者布婦席於西。”然考朱子他時答問，則與今之交拜異。門人問：“昏禮，温公儀，婦先拜夫；程儀，夫先拜婦；或以爲妻者，齊也，當齊拜。何者爲是？”朱子曰：“古者婦人與男子爲禮皆俠拜，每拜以二爲禮。昏禮，婦先二拜，夫答一拜；婦人二拜，夫又答一拜。冠禮，雖見母，母亦俠拜。”按：昏禮，夫婦本無交拜之禮。其用俠拜者，乃是壻見婦之父母時，主婦與壻爲禮，非婦至之時也。俠拜之儀：主婦一拜，壻答再拜，主婦又拜。是婦人以前後各一拜，俠男子之再拜於中間，非每拜以二爲禮也。此條非朱子誤答，即門人誤記。以今觀之，古禮無交拜，先儒有所不安而補之。然而婦先夫、夫先婦與婦俠拜，皆不合於人情。問者所舉當齊拜一説，甚是，今人用之。

餘嘗在都門，時方開館修三禮。總裁方靈皋先生苞問余曰："昏禮婦至不交拜，何也？"對曰："古人之拜，與今人異。拜必有先也，而後答之，未有兩人同時而拜者，故主人敬客，則先拜客；客敬生人，則先拜主人。今昏禮，壻不以婦爲客，故不先拜婦；婦亦不自處於客，故不先拜壻。"當時聞餘説者謂深謂禮意。然而方之心終不釋。無怪其不釋也。夫婦大倫，始相見而無拜禮，何先王制禮之疏略？以今觀之，由平時拜儀，與今之人情大不同耳。今時主客相見，客拜，主人必與之並拜。拜畢，而居跪拜以答之。如主尊，則略屈膝而客固辭；其敵者，客又與並拜，相扶而起。今之人情，必如是始安也。古則一人拜，一人立，雖作鞠躬逡巡之狀，然而必無並拜者，今人豈能安乎？古人拘于先拜後拜，遂至昏時無拜禮，爲後世大疑。先儒亦既覺其失，爲補交拜一節矣，何不以對面齊拜爲交，而必以一先一後爲交乎？若古禮婦人用俠拜，殊無意義。甚至用之於母子，母先拜子，可謂傎矣！即夫婦亦可無俠拜也。先儒何必拘泥于古制乎？

《家禮》云："壻東婦西。從者斟酒，設饌。壻祭酒。[①]從者以兩巹杯斟酒，和合以進。壻婦各執其一，飲訖，徹饌案。壻脱服，出。"

朱文端公云："禮，贊酌安壻婦，贊複自酢，壻婦荅贊拜，贊又荅壻婦拜，是非同牢合巹也。一客獻酬，壻婦與贊爲禮也。禮，非祭男女不交爵；女子已嫁而反，兄弟不與同器而食，而況贊乎？此禮家之謬也。至媵禦餕餘而贊酳，更屬無謂。"

按：《郊特牲》説昏禮云："玄冕齊戒，鬼神陰陽也。"注云："陰陽，謂夫婦。"是古人以夫婦擬之于鬼神，而以同牢合巹之時，擬之於祭禮，故殺牲陳鼎，設玄酒太羹，舉鼎載俎，有黍、稷、菹醢，而以贊者擬事尸之主人，是以三飯皆贊佐之，三酳皆贊獻之，於是有拜贊而贊荅拜之儀，有贊自酢之儀，其後則有媵禦餕餘之儀。自始至末，一切皆與《特牲饋食》篇事尸之禮相似。生人也，而擬之於鬼神，可謂大不倫；始爲夫婦也，而擬之於事尸，可謂大不祥。至於男女交爵，不以爲

① "壻"下，《家禮》原文有"婦"字。

嫌;拜不施于夫婦,而施於贊者,不以爲羞。事事與今之人情相遠,雖好古守禮如文端公,亦不能不譏其謬,而不知其所以謬者,在以祭禮行之於昏禮也。合巹繁文,《家禮》盡汰,宜也,然猶存"壻祭酒"一句。其實今人無每食必祭之禮,則祭酒亦是具文,不用可也。禮成於三,合巹宜爲三爵。飲與不飲,在壻婦耳,一爵則太簡。鄉俗,合巹畢,必以花燭送壻婦入房,謂之送房。又或與壻同庚者,具微儀賀壻,且勸之飲,或再迎新婦至中堂,鼓歌以樂之,謂之煖房。是皆以合昏爲喜夕,不欲令其遽寂然,然亦無文端公所舉撒帳、鬧房之惡俗也。《家禮》無送壻婦入房一節,亦覺太簡。

吕坤作《四禮疑》,往往當疑者不疑,而所疑者未必果可疑。于合昏時臚舉細節以爲譏,文端公又爲辯之,今皆不錄。

明日夙興,歸見於舅姑,舅禮之。

今鄉俗通行之禮,三朝見舅姑,謂之拜堂。蓋娶婦之家,諸事叢冗,人亦勞倦,新婦未嫻習於家庭,稍紓一日,亦不覺其遲也。婦見時,壻必與偕。父母劬勞,爲子娶婦,以成室家,今不與新婦共拜父母,豈能安乎?古人行禮不參,故壻不顧,此古人之固也。"禮者,非從天降,非從地出,人情而已矣。"冠禮拜母不拜父,已爲後世之大疑。今子成婚而無拜父母之文,是亦大可疑者也。《家禮》亦疏略。邱氏《儀節》從俗,壻與婦同拜,甚是。

古禮婦見舅姑,以棗栗腶脩爲贄。今鄉俗以履爲贄。未嫁時請舅姑之履式,而女自製之,壻亦有履,不惟習女紅,亦以教孝敬也,視棗栗腶脩尤有意義。《儀禮》記云:"婦見舅姑,姊妹皆立于堂下。"[①]是見已。見諸父,各就其寢。今拜堂時,同祖近親雖不同居者皆請來,壻與婦拜見之,居遠者他日就其家可也。鄉俗,新婦出家必擇日,異居者不能遽就其寢。

朱文端公云:"今世俗多有次日先拜祖而後見舅姑者,蓋宗法既廢,人家罕有祠堂,祖先神主多供於堂中,故先見於祖,而後見舅姑,于禮無礙。今按鄉俗,拜堂之後,設饌於寢堂,壻與婦拜祖,亦可也。合巹之先,已望空拜祖先矣。"

鄉俗,拜堂之後,有請姑開衣箱之儀,婦以菓物及鑰匙令婢僕請于姑,蓋婦家衣物,必請姑開視而後敢服用。此孝敬之道,可尚也。

---

① 《禮記·雜記》云:"婦見舅姑,兄弟姊妹皆立于堂下。"

禮見舅姑之後，舅禮之，贊者酌醴與婦，此贊者當是男子。古人于男女之别甚嚴，而使男子與新婦交爵，獨不嫌乎？此繁文可省也。然《家禮》猶有舅禮之文，邱氏因有婦禮之儀節，蓋古禮以特豚饋之後，舅姑共饗婦以一獻之禮。庶婦則使人醮之，《家禮》略去饗婦醮婦，欲以此禮婦者代之也。今鄉俗之人情則不然。拜堂日不用酒禮，别擇日，特設席以飲之，此一節不可廢也。鄉俗，擇吉日新婦出家，先一日設席，接女賓，多者數席，少者一席，酌貧富行之。是日婦服絳衫，帶珠簾，鼓吹奏樂。姑安席奉杯盤，備茶湯，親厚而禮敬之，欲其能盡婦道心也。無姑者，長婦或親而尊者亦可代之，舅不當與也。《家禮》太簡略矣！朱文端公云："吾家於婦至之三日，姑饗婦，舅不與，亦未見其悖禮。"

右禮舅禮婦之後，舅姑入室，婦以特豚饋，其陳饌似娶女禮，其儀節似特牲饋食禮。此豚饋其出之婦家乎？婦家途有遠近，恐不能供也，則仍是舅姑家物也。以舅姑之物，而使婦饋之，欲其習於孝養之文耳。然既爲婦，在中饋，親庖廚，何日非孝養舅姑者？在古人爲大節，後人以爲徒煩費無益，故《家禮》省之。省之者是也。婦至之明日，亦不能來庖廚。唐人詩云："五日入廚下，洗手作羹湯。未諳姑食性，先使小姑嘗。"新婦入廚，如唐人之五日，亦可笑。

朱文端公謂："既禮又饗，何其頻？婦饋舅姑之儀，何甚縟？一堂之上，紛紛藉藉，不知置壻於何地，贊何人斯，而見婦、酌婦，相面、相拜、相答，男女之别謂何？至於禦餕姑余，媵餕舅余，則又何説？"可見古禮雖經前代聖人斟酌損益，鬱鬱乎文，而與今之人情相違，雖好禮重古如文端公，亦不能不多其訾議者，誠有可訾議之處也，豈止煩文縟節而已哉？他事之不宜於今者亦多矣。（雖朱子《家禮》亦不能使鄉俗通行。）

三日，主人以婦見於祠堂。

今鄉俗，新婦吉日出家，仍服絳服，帶珠簾。有祠堂者，壻與婦拈香謁祖；無祠堂則否。是日親族或設席飲婦，謂之接出家。族親有當拜者拜之。既歸，歸與姑及家人見禮，乃釋服，自是始不用珠簾蔽面，其絳衫俟歸寧與回家之日仍服之。

壻見婦之父母。

鄉俗，俟婦傢俱帖請之，而後壻往，謂之拜門。拜帖稱"子壻"，謂壻有半子之道也。從簡則自往，不拘時日。

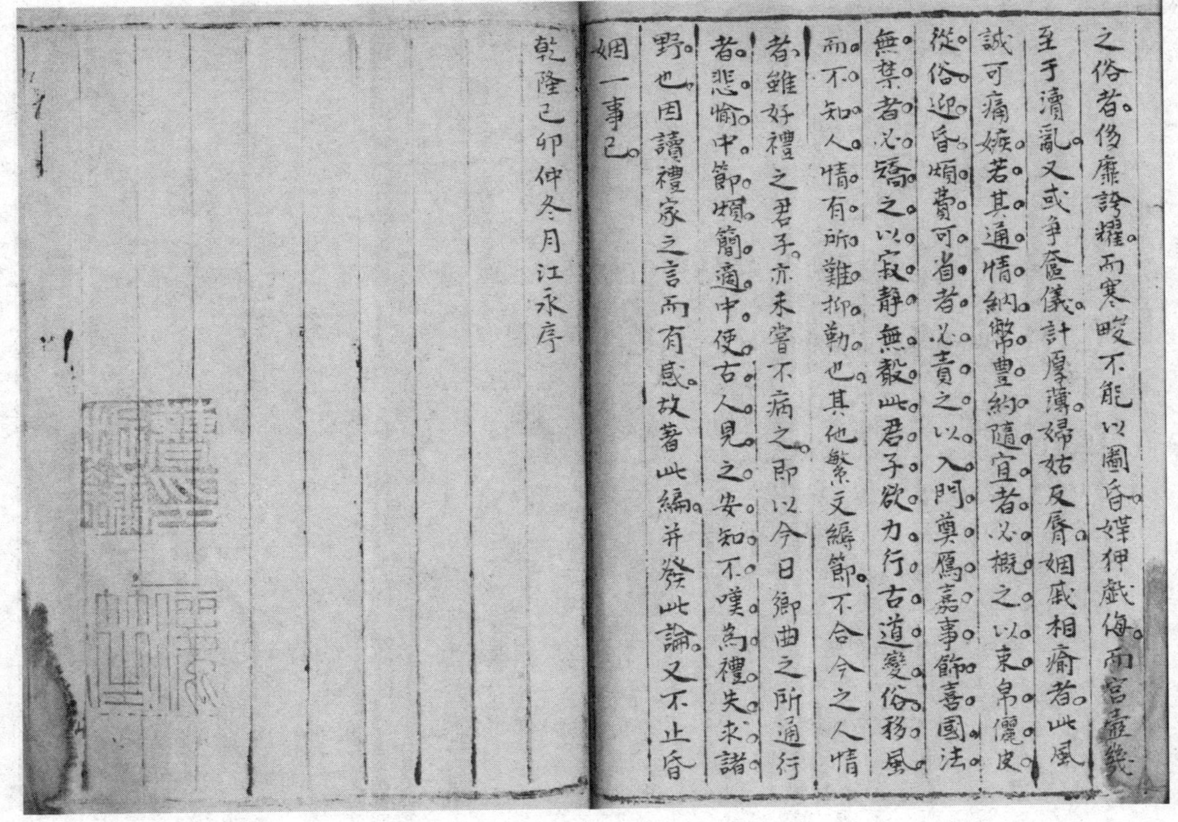

之俗者。侈靡誇耀。而寒畯不能以圖昏。媒伊戲侮。而宮虛幾
至于瀆亂。又或爭奩儀。計厚薄。婦姑反脣。姻戚相瘠者。比風
誠可痛嫉。若其通情。納幣。豐約隨宜者。必概之以束帛儷皮。
從俗。迎昏。婚費可省者。必責之以入門奠鴈。嘉事節。喜國法。
無禁者。必矯之以寂靜無譁。此君子欲力行古道。變俗移風。
而不知人情有所難。抑勒也。其他繁文縟節。不合今之人情
者。雖好禮之君子。亦未嘗不病之。即以今日鄉曲之所通行
者。悲愉中節。嚬簡適中。使古人見之。安知不嘆為禮失求諸
野也。因讀禮家之言而有感。故著此編。并發此論。又不止昏
姻一事已。

乾隆己卯仲冬月江永序

昏禮從宜

婺源江永慎修著

昏年

朱子家禮。男子年十六。至三十。女子年十四。至二十。身及主昏者。無期以上喪。乃可成昏。

按家禮之文。本於司馬温公書儀。温公曰。古者男子三十而娶。女子二十而嫁。今令文年十三以上。並聽昏嫁。今為此說。所以參古今之道。酌禮令之中。順天地之理。合人情之宜也。按男女嫁娶之年。見於地官媒氏禮記内則。曲禮春秋公羊傳。而魯哀公已嘗疑其年之太晚。孔

曾子注釋[1]

[清]阮元/注并釋　陸建松、鄒輝傑/整理*

《曾子十篇》卷三

曾子制言上【注】制言，有裁制之言，可以爲法也。分上中下三篇，《大戴禮記》弟五十四，今爲《曾子》弟六。【釋曰】"制"訓本《國語・晉語》注。

曾子曰："夫行也者，行禮之謂也。【注】"夫行"之"行"急讀[2]之。【釋曰】上"行"去聲，下"行"平聲。**夫禮，貴者敬焉，老者孝焉，幼者慈焉，少者友焉，賤者惠焉。**【注】孔子見冕衣裳者，雖少必作，過之，必趨。敬，貴也。孝，畜也，老者畜養之。惠，仁也。【釋曰】孔子事見《論語・子罕》。孝，畜，訓本《祭統》。惠，仁，訓本《説文》。《群書治要》"少"作"小"，今不從之。**此禮也，行之則行也，立之則義也。**【注】"則行"之"行"急讀之。行既立，則可以爲義，以宜其類。【釋曰】上"行"平聲，下"行"去聲。宜類見《立事篇》。**今之所謂行者，犯其上，危其下，衡道而彊立之，**【注】盧僕射云："衡，

---

① 本點校以《續四庫全書本》为底本，另參校《清經解》本與《叢書集成初编》之"文選樓叢書"排印本。此書前兩卷已刊於《思想史研究》第九輯。

* 作者單位：復旦大學哲學系。

② 清經解本亦作"讀"，文選樓叢書本作"議"。

横也。"元謂：不循正道，矯彊自立。【釋曰】此"行"字去聲。**天下無道故若，**【注】盧僕射云："且自如也。"**天下有道，則有司之所求也。**【注】孔檢討云："求，拘罪人也。《淮南子》曰：'求不孝不弟戮暴傲悍而罰之。'"**故君子不貴興道之士，而貴有恥之士也。**【注】興道，謂以殊行起名譽者。**若由富貴興道者與貧賤，吾恐其或失也；若由貧賤興道者與富貴，吾恐其贏驕也。**【注】或失，謂或不能自守。"贏"當爲"羸"字之誤也。【釋曰】盧注"或"爲"惑"，今不從，戴校作"羸"。**夫有恥之士，富而不以道，則恥之；貧而不以道，則恥之。**【注】富不以道，若驕吝無禮；貧不以道，若怨諂無守。**弟子毋曰'不我知也'。鄙夫鄙婦相會于廧陰，可謂密矣，明日則或揚其言矣。故士執仁與義而明行之，未篤故也，胡爲其莫之聞也。**【注】此戒弟子勿以無聞譽而自懈其脩也。隱微鄙事欲人不知，尚不能，何況持仁義之道明行於世，豈終無聞？若其無聞，行未篤也。【釋曰】此節意在勸弟子篤行仁義，自有人知，"鄙夫鄙婦"四句，反其辭設譬，非言弟子爲惡，而自謂人不知也。孔云："廧，隸書牆字。"《群書治要》作"毋曰"，今作"無曰"。又《治要》作"故士執仁與義而不聞，行之未篤也"，案：此是魏徵删節本文之故，不可從。**殺六畜不當，及親，吾信之矣；使民不時，失國，吾信之矣。**【注】殺畜不當其時，必將殘忍爲亂，禍及其親；不愛民而妨民事，必將煩役瀆武，民心盡叛。**故蓬生麻中，不扶自直；白沙在泥，與之皆黑。**【注】此勗弟子取多賢友也。蓬，蒿。麻，枲也。沙，水散石也。泥，塗泥。蓬性屈亂，故郭象曰："蓬非直達者。""直"、"黑"相韻。【釋曰】《史記・三王世家》索隱引《荀子》曰："蓬生麻中，不扶自直。白沙在泥，與之皆黑。"《洪範》正義引《荀子》"泥"作"涅"，"皆"作"俱"。《説苑・説叢篇》曰："蓬生枲中，不扶自直。白沙入泥，與之皆黑。"《論衡・程材篇》曰："蓬生麻閒，不扶自直。白紗入緇，不染自黑。"又《率性篇》重引此，惟弟四句"染"作"練"。《孟子》趙歧章指亦引此四句，作"諺曰"。凡此語，皆本《曾子》也。"蓬"、"沙"訓本《説文》。"麻"訓本《爾雅》，郭説見《莊子・逍遥遊篇》注。《群書治要》"蓬"上有"故"字，從之。"自直"作"乃直"，今不從之。**是故人之相與也，譬如舟車然，相濟達也。己先則援之，彼先則推**

之。是故人非人不濟，馬非馬不走，土非土不高，水非水不流。【注】此言仁道也。仁者，人也，如人相人偶也。蓋人非人不濟，必相人偶乃成仁道，故仁者，仁此者也。"走"讀如"來朝走馬"之"走"。走，疾趨之也。【釋曰】"仁"訓本《禮記·中庸》鄭氏注。案：《中庸》"仁者，人也"之訓最精，鄭氏注爲"相人偶"，乃仁字最古之義。觀《曾子》此節，足以發之，泛訓爲愛，義不足，且非制字之本也。《詩·緜》"來朝走馬"，《孟子》引同，毛傳無解，箋云："言其辟惡早且疾也。"《玉篇》"趣"字引《詩》曰"來朝趣馬"，言早且疾也。此《玉篇》所引，非《詩》經字作"趣"，蓋鄭箋讀"走"若"趣"也，鄭箋必有"走讀若趣。趣，疾也"七字，六朝以前有之。《玉篇》引鄭箋所讀若趣字，而誤連爲《詩》本字，隋唐之間又脱去鄭箋七字，故陸《釋文》無趣音，不然《棫樸》"左右趣之"，傳曰"趣，趨也"，箋云"促疾於事"，設《緜》經字爲"趣"，毛不容無以訓之，且鄭箋彼"趣"爲疾，益可知此讀"走"爲"趣"也。《逸周書·文儆解》云："壤非壤不高，水非水不流。"**君子之爲弟也，行則爲人負，無席則寢其趾，**【注】盧僕射云："分重合輕，班白不任，弟達於道路也。"元謂：坐用席，卧用衽。席有首尾，尊者易知。無席而欲寢尊者，則必安其趾於衽。《士昏禮》曰："禦衽于奥，北止。""止"同"趾"，足也。【釋曰】古人之席有首尾，故《公食大夫禮》云"莞席尋，卷自末"，故易知也。引《士昏禮》者，藉以明寢尊者之趾也。**使之爲夫人則否。**【注】此夫字及下"夫杖"夫字，皆"老"字形近之譌。篆字老作老。言當使之人其年或老，則止。**近市無賈，在田無野，行無據旅，**【注】此皆言安老之義。老者雖近市不賈賣，雖在田不野宿。"據旅"猶《周禮》"羇旅"，言老者雖行路，不羇據旅舍。負趾否及賈野旅，各以三字爲韻。【釋曰】《説文》曰："賈，坐賣售也。"《周禮·地官·遺人》"羇旅"，後鄭注："過行寄止者。故書'羇'作'寄'。杜子春云：'寄當作羇。'"又"旅"，元本訛作"依"，戴本從之。**苟若此，則夫杖可因篤焉。**【注】以上皆申言人非人不濟之義，仁道也。安老如此，則凡老杖者，可因依篤厚矣。【釋曰】"因"訓本《吕覽·盡數》"因智而明之"注，"篤"訓本《詩·椒聊》毛傳。**富以苟不如貧以譽，**【注】富而苟且無禮，不若安貧有令譽。**生以辱不如死以榮。**【注】盧僕射云："見危致命，死之榮也。"【釋曰】《列女傳》楚平伯嬴曰"妾聞生而辱不如死而榮"，此古語相同者。**辱可避，避之而已矣；及其不**

可避也，君子視死若歸。【注】可避而不避，是殉名也；不可避而死，君子之榮也。曾子慎言遠害，務全其身，然當大節大義，則毅然視死如歸。百世後，忠臣孝子之防，皆立於此。故曰："可以託六尺之孤，可以寄百里之命，臨大節而不可奪也，君子人與？君子人也！"又曰："士不可以不宏毅，任重而道遠。仁以爲己任，不亦重乎？死而後已，不亦遠乎？"孔檢討云："董仲舒説《春秋》齊頃公不死於位，以《曾子》此義責之。"【釋曰】《吕氏春秋・士節篇》云"遺生行義，視死如歸"，語本乎此。董仲舒説見《春秋繁露・竹林篇》，彼引此無"矣"字"也"字，"辱"字下多"若"字。**父母之讎，不與同生；兄弟之讎，不與聚國；朋友之讎，不與聚鄉；族人之讎，不與聚鄰。**【注】讎，謂被人有意辱殺者。不與同生，言孝子所仇不共戴天，生以辱不如死以榮也。孔子曰："居父母之仇，寢苫枕干，不仕，弗與共天下也，遇諸市朝，不反兵而鬭；居昆弟之仇，仕弗與共國，銜君命而使，雖遇之不鬭；居從父昆弟之仇，不爲魁，主人能則執兵而陪其後。"盧僕射云："族人，謂絶屬者。"元謂：聚鄉比聚鄰爲疏。《大清律》：父母爲人所殺，而子孫擅殺行凶人者，杖六十，其即時殺死者，勿論。案：此與孔子居仇之義微有不同者，春秋時殺人者，官未必盡受理，且有國邑奔避也。【釋曰】居仇之説，《檀弓》、《曲禮》、《周禮・地官・調人》及此曾子所言，互有異同，然《周禮》、孔子、曾子之言三者同義，惟《曲禮》錯出，不可從。此注所引即《檀弓》孔子答子夏之言，與《曾子》合。案：《周禮・調人》曰："凡過而殺傷人，以民成之。凡和難：父之仇，辟諸海外；兄弟之讎，辟諸千里之外；從父兄弟之讎，不同國；君之讎，眡父；師長之讎，眡兄弟；主友之讎，眡從父兄弟。"《周禮》此節，專言過殺，非本意殺，故《調人》得以使之遠避，平成之，與孔、曾所言有意辱殺之讎不同，猶《大清律》謀殺人、故殺人，與戲殺、誤殺、過失殺傷人，有分别也。又《調人》曰"凡殺人有反殺者，使邦國交讎之"者，此言謀殺一人，恐此人子弟報讎，因復殺其子弟也。又《調人》曰"凡殺人而義者不同國，令勿讎，讎之則死"者，此謂殺其謀殺君父之人爲義，其殺人君父之人之父兄子弟，不得再以此人爲讎，讎之則罪當死也。故《周禮》與孔、曾合，以爲不合者，誤解之耳。若《曲禮》言"兄弟之讎不反兵，交游之讎不同國"，及《公羊》復百世之讎，則太過，不合聖賢之道矣。**良賈深藏如虚，君子有盛教如無。"**【注】良賈不自衒其貨，君子不自矜其學,非有意匿之也。故曾子曰:"有若無,實若虚,昔者吾友嘗從事於斯矣。"虚、無相韻。【釋曰】此自是古語,而曾子述之。《史記·老子列傳》老子曰"吾聞之,良賈深藏若虚,君子有盛教容貌若愚",同是此言,而有意晦藏之,此老莊之學所以大異於孔曾也。**弟子問於曾子曰:"夫士何如則可爲達矣?"**【注】達,通也,通於學也。【釋曰】《群書治要》"可"下無"以"字,今本有之。**曾子曰:"不能則學,疑則問,欲行則比賢,雖有險道,循行達矣。**【注】比賢,如見賢思齊焉。險道,難通之道。君子之學,難者弗辟也,率行既久,乃漸通達,無一旦通徹之效。【釋曰】率,循,訓本《爾雅》,"循"若"循牆而走"、"循山而南",蓋積步成里,積里成百,始能漸次及遠。故顔子曰:"夫子循循然善誘人,博我以文,約我以禮。"此亦謂次第漸進,故聖門教學,與年漸進,非積學多年而悟徹在一旦也。《群書治要》"循"作"脩",字誤義短,今不從。**今之弟子,病下人,不知事賢,恥不知而又不問,**【注】孔檢討云:"病,病之也。下人,下於人也。子張問達,子曰:'慮以下人。'"**欲作則其知不足,**【注】臧鏞堂云:"知不足而欲作,孔子所謂不知而作也。"孔曾之學貴博,多聞,擇善而從之,多見而識之,則知足矣。【釋曰】知,平聲。**是以惑闇,惑闇終其世而已矣,是謂窮民也。"**【注】閔之也。**曾子門弟子或將之晉,曰:"吾無知焉。"**【注】孔檢討云:"無相知者。"**曾子曰:"何必然!往矣。有知焉謂之友,**【注】盧僕射云:"曰友之也。"**無知焉謂之主。**【注】盧僕射云:"且客之而已。"孔檢討云:"若'主顔讎由'之'主'。"**且夫君子執仁立志,先行後言,千里之外,皆爲兄弟。**【注】言人親之若兄弟,曾子曰:"君子以文會友,以友輔仁。"盧僕射云:"故曰君子何患乎無兄弟也。"【釋曰】《太平御覽》四百一十九引此無"立"字,無"爲"字,"弟"下有"也"字。《説苑》孔子曰:"效其行,脩其禮,千里之外視如兄弟。"**苟是之不爲,則雖汝親,庸孰能親汝乎!"**【注】汝親,若兄弟然。盧僕射云:"庸,用也。孰,誰也。"

凡五百七十六字。【釋曰】舊校本有"凡三章"三大字,"新别"二字,又云:"凡五百七十字。"孔氏定爲五百六十四字,元今定爲五百七十六字。

曾子制言中【注】《大戴禮記》弟五十五，今爲《曾子》弟七。

曾子曰：“君子進則能達，退則能静。【注】能，讀若耐。無矜滿惰佚之心，故耐顯達；無浮慕躁忿之志，故耐寧静。【釋曰】《説文》“能”訓“獸堅中”，故稱“賢能”。經籍中又多以耐爲能者，耐爲能假借字，耐事即能事，其義相同，其音略轉耳。**豈貴其能達哉？貴其有功也。豈貴其能静哉？貴其能守也。夫唯進之何功？退之何守？**【注】盧僕射云：“問君子進退其功守何如。”**是故君子進退有二觀焉。**【注】盧僕射云：“言有二等可觀。”**故君子進則能益上之譽，而損下之憂；**【注】盧僕射云：“謂其功也。”元謂：忠實匡助，歸美於君，益上之譽也；興利除弊，教養及民，損下之憂也。**不得志，不安貴位，不懷厚禄，負耜而行道，凍餓而守仁：**【注】盧僕射云：“謂其守也。”元謂：道，猶路也。【釋曰】盧本作“懷”，宋元本訛作“博”，《文選·楊子幼報孫會宗書》注引此作“懷”，從之。注“謂其守也”四字，宋本誤入正文，盧以上“謂其功也”注例此，改歸注。**則君子之義也。**【注】盧僕射云：“其功守之義。”【釋曰】此“謂其功守之義”，亦注文，而宋本誤入正文，孔氏以上二句注例此，改歸注，是也。王給事云：“其上似仍脱一‘謂’字。”**有知之，則願也；莫之知，苟吾自知也。**【注】不自張其功守之義。**吾不仁其人，雖獨也，吾弗親也。**【注】知其人之不仁，己雖無友，亦不近之。**故周公曰：‘不如我者，吾不與處，損我者也。與吾等，吾不與處，無益我者也。吾所與處者，必賢於我。’**【注】聖門論交，各有不同，故子夏曰：“可者與之，其不可者拒之。”子張曰：“君子尊賢而容衆，嘉善而矜不能。”曾子守約，其引周公遺言，與子夏相合，與子張不同，故曾子曰：“堂堂乎張也，難與並爲仁矣。”【釋曰】各本皆以此三十七字合前注“人而不仁，不足友也”八字，共四十五字，皆爲“吾弗親也”下盧氏注文。學者久已疑其不類矣，汪容甫疑“周公曰”以下皆是正文，是也，然無確據，故人罕從之。元案：《吕氏春秋·觀世篇》云：“周公旦曰：‘不如吾者，吾不與處，累我者也；與我齊者，吾不與處，無益我者也；惟賢者，必與賢於己者處。’”據此可知，此三十七字爲正文無疑矣。《吕覽》之文多有從《曾子》竊去，略加改易者，以此相較，明《吕》改《曾子》正文也。《吕覽》此節與“雖獨弗親”不甚近切，盧不應引之，即引之，亦斷不能改易如此之多，又可知非盧襲《吕》，其非盧注文明矣，故今歸之正文。**故君子不假貴而取寵，**【注】假借貴要，取寵於君。**不比譽而取食，**【注】比，親合也，互相稱譽以干禄。【釋曰】“比”義本《射義》鄭注，去聲。**直行而取禮，**【注】盧僕射云：“行正則見禮也。”**比説而取友。**【注】志同道合，乃相親合而説。孔子曰：“有朋自遠方來，不亦樂乎？”【釋曰】舊校本云：“‘取’亦作‘交’。”**有説我則願也，莫我説，苟吾自説也。**【釋曰】“説”同“悦”。**故君子無悒悒於貧，無勿勿於賤，無憚憚於不聞，**【注】悒悒，不舒之貌。勿勿，趣於賤而遽也，憚憚，勞心也。【釋曰】“悒”訓本《一切經音義》引《蒼頡篇》。《説文》曰：“勿，州里所建旗，所以趣民，故遽稱勿勿。”勿勿有黽勉之義，黽勉者，必趣遽，義相成也。戴校“勿勿”爲“忽忽”，非是。“憚”義見《立事篇》。**布衣不完，疏食不飽，蓬户穴牖，日孜孜上仁，**【注】疏，麤也，謂糲米也。孜孜，勤也。孔檢討云：“上，尚也。”【釋曰】“疏”孔本作“蔬”，非是。“孜”舊校本云“一作孳”。“疏”義本《詩・大雅》“彼疏斯粺”鄭箋。**知我吾無訢訢，不知我吾無悒悒。是以君子直言直行，不宛言而取富，不屈行而取位。**【注】訢訢，喜也，宛，猶屈也。【釋曰】“訢”、“宛”義皆本《説文》。**畏之見逐，智之見殺，固不難；詘身而爲不仁，宛言而爲不智，則君子弗爲也。**【注】畏，惡也。言行見惡於君故逐，言君子立朝事君，當正直不阿，與平居謹身慎言不同，此曾子之學也。【釋曰】汪容甫云“此‘畏’乃‘仁’之訛”，孔檢討又直改正文爲“仁”，因下有仁智兩節也。元謂：此不必改。畏之爲惡，聲轉義近，故《説文》、《廣雅》皆曰：“畏，惡也。”惡義正兼下不受言行二節爲言，且承上直言直行爲言。**君子雖言不受必忠，曰道；雖行不受必忠，曰仁；雖諫不受必忠，曰智。**【注】君雖不受，臣必盡忠，乃所以爲道、仁、智。**天下無道，循道而行，衡塗而僨，手足不揜，四支不被。《詩》云：‘行有死人，尚或墐之。’則此非士之罪也，有士者之羞也。**【注】盧僕射云：“衡，横也。僨，僵也。手足即四支。説者申慇勤耳。”元謂：士見逐於君，窮死道路，必有爲之路冢者，此非士罪，乃有士者之耻。此勗士之勿以直言直行爲悔，所謂“生以辱不如死以榮”。詩，《小雅・小弁》之六章。【釋曰】盧云

"宋元舊本並以注'手足'十一字入正文,又訛'即'爲'節',今改正",是也。戴校本、孔本,並謂詩詞十字亦注文,則非也。"則此",戴據《永樂大典》本改作"此則",今不從。凡戴所云《大典》本,似不足深據,故皆未從。"有士"戴本改作"有土",亦非。《詩》毛傳云:"墐,路冢也。"**是故君子以仁爲尊。天下之爲富,何爲富?則仁爲富也。天下之爲貴,何爲貴?則仁爲貴也。**【注】《孟子》曰:"夫仁,天之尊爵也。"尊爵兼下富貴爲言。曾子曰:"晉楚之富不可及也,彼以其富,我以吾仁。"【釋曰】舊校云:"一作'君子天下之爲仁,則以仁爲尊也;天下之爲富,則以仁爲富也;天下之爲貴,則以仁爲貴也。'"**昔者,舜匹夫也,土地之厚則得而有之,人徒之衆則得而使之:舜唯以得之也。是故君子將説富貴,必勉於仁也。**【注】馬宗槤云:"以,用也,用仁得之也。君子必勉於所用之仁也。"元謂:人之言富貴者,必勉之以仁。【釋曰】汪容甫云:"'以'字是'仁'字之訛。"王引之云:"'以'下蓋脱'仁'字。"戴云:"《大典》作'仁'",似未足據。馬説不改字義可通,故從之。馬云:"古人辭質,此句承上文'以仁爲尊',則'以'不須改。"**昔者,伯夷、叔齊仁者也,死於溝澮之間,其仁成名於天下。夫二子者,居河濟之間,非有土地之厚、貨粟之富也,**【注】夷、齊,孤竹君之二子,兄弟交讓其國,餓死首陽山下。此言寧死而得仁,不以不仁得富貴。故孔子曰:"求仁而得仁,又何怨?"注溝曰澮。死於溝澮,猶曰經於溝瀆,即衡塗而僨也。河濟之間,今山東武定府濱州海豐縣之間,《孟子》所謂北海之濱,夷齊未至首陽時所居。【釋曰】《太平御覽》四百一十九引伯夷、叔齊下有"仁者也"三字,此宋本之最確可據者,且與上"匹夫也"三字同例,今各本皆脱,故補之。孫侍御志祖云:"《困學紀聞》引《曾子》'溝澮'作'濟澮'。"丁教授杰曰:"宋諱亦避溝字,或厚齋有意改之。"首陽山,《史記正義》凡五處,謂在蒲州及偃師者皆非河濟之間,蓋河濟之間即北海之濱,初遜國時所居,至歸周後,始餓死首陽山,若王伯厚遷就爲一地,則不合矣。**言爲文章,行爲表綴於天下。**【注】凡樹臬以著望曰表,復系物於表曰綴,皆所以正疆土及人行立者。【釋曰】綴者以物聯物之名,故凡以木竿系物皆曰綴。《説文》"叕,叕聯也。象形。"《禮記·郊特牲》曰:"郵表畷。"此言田間樹臬以正彊界,或表或綴,各以遠近爲數。通言之,綴之可訓表,其實有系物不系物之分,故《説文》又訓畷爲兩陌間也。至於人舞立行止之位，亦用之，《禮記》謂之“綴兆”。《尚書》之“綴衣”，亦謂以竿系衣。《詩·曹風》“何戈與祋”，“祋”與“綴”音義相同，故《說文》解“祋”爲高縣羊皮也。揚州古銅盤銘内言田原之界，屢言一表一表，表即綴也。“表”，宋本訛作“喪”，朱本作“裘”。**是故君子思仁義，晝則忘食，夜則忘寐，日旦就業，夕而自省，以歿其身，亦可謂守業矣。”**【釋曰】“歿”宋本訛“役”，盧本改“歿”。“日旦”以下四句，與《立事篇》同，惟“省”下少一“思”字。

凡五百二十九字。【釋曰】舊校云：“凡四百八十字。”孔氏定爲四百七十九字，元今定爲五百二十九字。

曾子制言下【注】此篇專言秉德安貧，不仕亂世之義。《大戴禮記》第五十六，今爲《曾子》第八。

曾子曰：“天下有道，則君子訢然以交同；天下無道，則衡言不革。【注】訢，喜也。盧僕射云：“衡，平也。”元謂：革，急也，謂孫其言以遠害。【釋曰】訢，喜，本《說文》。革，急，古同音，每相假借。《禮記·檀弓》“夫子病革矣”，鄭讀爲急是也。**諸侯不聽，則不干其土；聽而不賢，則不踐其朝。**【注】干，犯也。犯土謂入其境。踐朝謂受其爵。【釋曰】“干”訓本《說文》。**是以君子不犯禁而入人境，**【注】盧僕射云：“及郊，問禁請命。”【釋曰】“及郊”以下盧注六字，各本皆以爲正文，惟戴庶常改爲注，孔本從之。元案：此雖無據，而其迹之誤甚顯，故可從也。自“曾子曰天下有道”以下，皆語語相偶，無散亂之句。故知“不通患”七字，正與“不犯禁”七字相對待以成文，此中斷不致羼入“及郊”六字也。“入人”字，宋本訛爲“入入”，盧學士校改，今從之。**不通患而出危邑，**【注】通，共也，猶交同也。邑之有危難者，不與交同共其難而出於其間，故曾子避越寇。【釋曰】“出”有經過之義，故《曲禮》曰“離立者，不出中間”，言行過其中也。此篇曾子之意主於處無道之世，不仕人國，遠害安貧，與謀人邦邑危則亡之之義相遠，此句仍是承上爲言，不通患者即訢然交同之反也。訓“通”爲共者，義本《後漢書·來歷傳》注，盧僕射注“師敗不苟免”，失曾子本義，故“通”字礙不可解。戴遂臆改爲“避”字，孔本從之，非也。“邑”，宋本訛“色”。越寇見下。**則秉德之士不讇矣。**【注】不讇亂國之君，以求爵邑。**故君子不讇富貴，以爲己説；不乘貧賤，以居己尊。**【注】不讇君卿使説己。乘，謂自出其上也。**凡行不義，則吾不事；不仁，則吾不長。**【注】不事，言不臣不義之諸侯[①]。不長，言不臣不仁之公卿大夫。【釋曰】《周禮·天官·冢宰》"乃施則於都鄙，而建其長"注："長，謂公卿大夫，王子弟之食采邑者。"**奉相仁義，則吾與之聚群，**【注】盧僕射云："相，助也。"元謂：相，承也，臣之以仁義承助其君者，則與之同朝。【釋曰】"奉"訓本《説文》，"相"訓本《爾雅》。**嚮爾寇盗，則吾與慮。**【注】爾，近也。與讀如"未有與焉"之"與"。無仁義而近有寇盗，則吾與其禍是慮，故曾子居武城，有越寇，曾子去。寇退，曾子反。沈猶有負芻之禍，從曾子者七十人，未有與焉。孟子謂"曾子，師也，父兄也"，故去留無毁。【釋曰】事見《孟子·離婁下》。案：魯有兩武城，此武城乃曾子所寓之武城，在今山東沂州府費縣西南，與曾子所生之南武城在濟寧直隸州嘉祥縣南者不同。戴校本從《大典》"與"上加"不"字，今不從。**國有道則突若入焉，國無道則突若出焉，如此之謂義。**【注】突，猝然相見也。【釋曰】盧注於"入焉"下引《詩·秦風》"鴥彼晨風"二句爲注，此或以"鴥"字注"突"字耳，未必正文即是"鴥"字，戴氏直改爲"鴥"，未敢遽從。陸佃《埤雅》鸇類引《曾子》正文作"突"，可見宋以前"突"字本不誤。今注訓"突"爲猝然相見者，出入其國，決然甚速。《方言》曰："江湘之間，凡猝然相見謂之□相見，或曰突。"《説文》："突，不順忽出也。"《廣雅·詁二》"突，猝也。"**夫有世義者哉？曰：仁者殆，恭者不入，慎者不見使，正直者則邇于刑，弗違則殆於罪。**【注】"夫有世"，言有此亂世也。王引之云："'哉'讀爲'烖'，字訛也。"元謂："曰"字衍，或爲"行"字之訛。"入"讀爲"納"，言當世於行仁義者則烖危之，恭敬者不納其言，謹慎者不見使用，正直犯諫者近之於刑戮，賢者居其國弗去，必危罪矣。《孟子》曰："無罪而殺士，則大夫可以去。無罪而戮民，則士可以徙。"【釋曰】王引之云："'世有'二字，直貫至'刑'字。"義者與仁者同，"仁"上"曰"字自是衍文，或是上注文"宜"下

---

① 清經解本亦作"侯"，文選樓叢書本作"俟"。

有小“也”字，而訛爲大“曰”字。戴校删之，今未敢遽删。**是故君子錯在高山之上，深澤之污，聚橡栗藜藿而食之生，耕稼以老十室之邑。**【注】錯，藏也。污，水窊下也。橡，栩也，實可食。《列子》曰：“冬食橡栗。”藜，草，似蓬。藿，豆葉。劉向曰：“曾子布衣緼袍未得完，糟糠之食、藜藿之羹未得飽，義不合則辭上卿。不恬貧窮，安能如此?”許宗彦云：“生，謂食之而生。”【釋曰】“錯”訓本《廣雅》，“污”訓本《説文》。“橡”義本《廣雅》及《玉篇》、《周禮·掌染》鄭注。《列子》見《天瑞篇》。“藜”義見《漢書·司馬遷傳》注。“藿”義見《儀禮·公食大夫禮》鄭注，劉向説見《説苑·立節篇》。《莊子》言曾子居衛，曳縰而歌《商頌》，及《説苑》言齊景公以下卿禮聘曾子，皆未可據，故不以爲説。**是故昔者禹見耕者五耦而式，過十室之邑則下，爲秉德之士存焉。”**【注】五耦，十人也。秉德之士，謂貧隱不仕亂世者也。【釋曰】“式”，宋本譌“武”。

凡二百二十九字。【釋曰】舊校無字數，孔氏定爲二百二十八字，元今定爲二百二十九字。

《曾子十篇》卷四

曾子疾病【注】此記曾子將卒之言。曾子曰：“鳥之將死，其鳴也哀。人之將死，其言也善。”《大戴禮記》弟五十七，今爲《曾子》弟九。

曾子疾病，【注】盧僕射云：“疾困曰病。”**曾元抑首，曾華抱足。**【注】“抑首”當如《説苑》作“抱首”，“華”當如《檀弓》作“申”，皆字形相近之訛。元與申，曾子二子。曾元嘗游於燕。申字子西，子夏以《詩》傳曾申，左邱明作《春秋傳》，亦授曾申。【釋曰】《説苑·敬慎篇》亦作“曾華”。《漢書·王吉傳》王駿曰：“子非華、元”，蓋漢人皆以爲曾華。惟《檀弓》曰“曾子寢疾，病。曾元、曾申坐於足”，作“申”字。《困學紀聞》曰楚鬬宜申、公子申皆字子西，則曾西之爲曾申無疑。據此則《孟子》趙岐注以曾西爲曾子之孫，亦誤也。《荀子·法行篇》作“曾元持足”。曾元游燕事見《荀子·大略篇》。《詩》傳，《春秋傳》，語本《經典·敘録》。**曾子曰：“微乎！吾無夫顔氏之言，吾何以語汝哉！然而君子之務，蓋有之矣。**【注】微，猶無，止辭也。《檀弓》曾子曰：“微與！其嗟也可去，其謝也可食。”孔檢討云：“顔氏，子淵也。”元謂：顔子死，弟子必有記言，惜今鮮傳。有君子之務，謂後之所言。【釋曰】“蓋”，閣本如此，今本皆作“盡”。“然而”二句，《説苑》作“雖無能，君子務益。”**夫華繁而實寡者，天也；言多而行寡者，人也。鷹隼以山爲卑，而曾巢其上，魚鼈黿鼉以淵爲淺，而蹷穴其中，卒所以得之者，餌也。是故君子苟無以利害義，則辱何由至哉！**【注】鷹、隼皆鷙鳥。“曾”與“增”同。王編修引之云：“蹷讀爲撅，掘也。”盧僕射云：“生生之厚，動之死地也。”【釋曰】《群書治要》無“曾”字，“淵”作“川”，“蹷”作“窟”，“卒”下有“其”字，“德”下無“之”字，“無以”作“毋以”，今皆不從之。隼從隹，俗本又加鳥，今改正。《荀子・法行篇》“隼”作“鳶”，“曾”作“增”，“蹷穴”作“堀説”。《説苑・十》“鷹隼”作“飛鳥”，“曾”作“層”，《十六》又作“鷹鷲”，作“增巢”，“蹷穴”作“穿穴”。《御覽》九百廿六引《曾子》“隼”作“鶻”，山土多太字，“卑”作“下”，“曾”作“增”。《荀子・法行篇》引《曾子》曰：“君子苟能無以利害義，則恥辱亦無由至矣。”注以“曾”爲“增”者，《爾雅》：“曾，重也。”《孟子》曰：“曾益其所不能。”王引之云：“《逸周書》‘貔有蚤而不敢以撅’，撅與蹷同。《左傳》云‘闕地見泉’，闕、蹷、撅同義也。”《荀子》作“堀”，堀即掘，尤可證之。盧注，舊本皆爲“生生”，惟盧本誤爲“求生”。孫侍御志祖云：“‘生生之厚，動之死地’二句，全用《老子》。”丁教授杰云：“《抱朴子・知止篇》：‘生生之厚，殺我生生矣。’”**親戚不説，不敢外交；近者不親，不敢求遠；小者不審，不敢言大。**【注】孔檢討云：“古者謂父母爲親戚，《春秋左傳》伍尚曰：‘親戚爲戮。’”元謂：不順乎親，不信乎朋友矣。曾子曰：“内疏而外親，不亦反乎?”【釋曰】《説苑・建本篇》作：“親戚不説，無務外交。比近不説，無務修遠。”《群書治要》“求遠”作“來遠”，今不從之。曾子語見《荀子・法行篇》，又見《韓詩外傳》二卷。**故人之生也，百歲之中，有疾病焉，有老幼焉，故君子思其不可復者而先施焉。親戚既殁，雖欲孝，誰爲孝乎？年既耆艾，雖欲弟，誰爲弟乎？故孝有不及，弟有不時，其此之謂與！**【注】疾病老幼，皆當仁愛，尤以孝弟爲先。不復者，謂父母兄長之年也。五十曰艾，六十曰耆，己之年耆艾，則兄長多故矣。曾子曰：“往而不可還者，親也。至而不可加者，年也。是故孝子欲養而親不逮也，木欲直而時不待也，是故椎牛而祭墓，不如雞豚逮親存也。”【釋曰】“有老”宋本訛作“耆老”。《群書治要》“復”上有“可”字，戴庶常校本據《大典》，“復”上加“可”字，今從之，各本皆無“可”字。“爲孝”、“爲弟”下，《治要》有兩“乎”字，今從之，各本皆無。“艾”、“耆”訓見《曲禮》，曾子語見《説苑》卷二。**言不遠身，言之主也；行不遠身，行之本也。言有主，行有本，謂之有聞矣。**【注】曾子之學，皆本於身，不求言行於虚遠之地，以身爲言行所從出，故日省其身。有聞者，如子路有聞。【釋曰】此下劉本有注文“知身是言行之基，可謂聞矣”十一字，或訛入正文。聞，平聲。**君子尊其所聞，則高明矣；行其所聞，則廣大矣。高明廣太**[①]**，不在於他，在加之意而已矣。**【注】董仲舒對策引《曾子》此言，欲武帝尊所聞而行之，卒能推明孔氏，抑黜百家，儒學帝治無不同也。【釋曰】《漢書·董仲舒傳》引《曾子》“廣大”作“光大”，光乃廣音近假借字。《傳》中“行其所聞”作“知”，“加之意而已”無“矣”字，皆董策所删改。《群書治要》“加”上無“在”字，“意”作“志”，今不從。**與君子游，苾乎如入蘭芷之室，久而不聞，則與之化矣；與小人游，貸乎如入鮑魚之次，久而不聞，則與之化矣。是故君子慎其所去就。**【注】苾，馨香也，蘭，蕑也，芷，白茝也，皆香草。王編修引之云：“‘貸’乃‘膱’字之訛，‘膱’乃膏液敗臭也。”元謂：鮑者糗乾之。次，舍也。【釋曰】《文選·辨命論》注引《大戴禮》此文“貸”作“臭”，“次”作“肆”，皆不可從。《家語·六本篇》云：“與善人居，如入芝蘭之室，久而不聞其香，即與之化矣。與不善人居，如入鮑魚之肆，久而不臰，亦與之化矣。”此王肅妄改《曾子》書，以爲孔子對曾子之言，不可從。“貸乎如入鮑魚之次”《群書治要》作“膩乎如入魚次之室”，今不從之，戴本據《大典》改“貸”爲“膩”者，亦非，馬總《意林》誤作“戲”，《文選》注引作“臭”亦誤，蓋古本作“膱”字，“貸”、“膩”、“戲”皆形近之訛。《考工記·弓人》注“樴”讀爲脂膏□敗之□。《釋文》引吕忱云“□，膏敗也。”□與膱音義亦同。若王肅之改爲“臰”，直妄改以示異耳。“苾”訓本《説文》，“蘭”義本《詩·鄭風》毛傳義。“芷”《説文》曰：“繭也。”繭，楚謂之蘺，晉謂之繭，與江蘺有異。“芷”即“茝”，古今字也。《家語》改“蘭芷”爲“芝蘭”，按：芝爲神草，與芷不同，尤

---

① 文選樓叢書本亦作“太”，清經解本作“大”。

失古義矣。“糗”義本《周禮·籩人》鄭注,“次”義本《左》襄廿六年杜注。《文選·辨命論》注引“就”下有“者也”二字,又《太平御覽·交友》引曾子“次”亦作“肆”,“久而不聞其香”、“久而不聞其臭”多“其香”“其臭”四字。**與君子游,如長日加益,而不自知也;與小人游,如履薄冰,每履而下,幾何而不陷乎哉!**【注】日行出赤道北,不覺其長。【釋曰】戴氏校殿本改盧注“如日之長”爲“如身之長”,則讀正文長字爲上聲矣,然《漢書·董仲舒傳》云“積善在身,猶長日加益,而人不知也;積惡在身,猶火之銷膏,而人不見也”,董以火對日爲言,則此正文言日晷之長無疑,未可遽改盧注也。**吾不見好學盛而不衰者矣,吾不見好教如食疾子矣,**【注】食,謂乳養之也。【釋曰】閣本無“盛”字。“食”義本《禮記·内則》鄭注。孔云:“食音飤。‘子’字下,宋本脱‘者’字,從《大典》增。”元謂:諸宋元本皆無“者”字,未可遽增。**吾不見日省而月考之其友者矣,**【注】孔子曰:“就有道而正焉。”**吾不見孜孜而與來而改者矣!”**【注】與,許也。來學而改過者,許而教之,勤引後進也。孔子曰:“與其進也。”【釋曰】汪晫本此後尚有“官怠於宦成,病加於少愈,禍生於懈惰,孝衰於妻子,察此四者,慎終如始。《詩》曰:‘靡不有初,鮮克有終。’”三十八字,乃據《説苑·敬慎篇》續入,非《大戴·曾子十篇》中文也。又丁教授杰曰:“此末句盧注云‘謂擇善而改非也’,似本文‘來’字爲‘采’字之訛,故盧以擇訓之。”姑存此説,未敢遽改。

凡三百八十五字。【釋曰】舊校無字數,孔氏定爲三百八十五字,今元定爲三百八十五字。

曾子天員【注】此篇言聖人察天地陰陽之道,制禮樂以治民。所言多《周易》、《周髀》、禮經《明堂》、《月令》之事。首言天員之道,遂以名篇。《大戴禮記》第五十八,今爲《曾子》弟十。【釋曰】程榮本作“員”,盧、戴本皆作“圓”,員古字,圓俗字也,今改正。

單居離問於曾子曰:“天員而地方者,誠有之乎?”曾子曰:“離!而聞之云乎?”【注】單居離,曾子弟子。盧僕射云:“而,猶汝也。汝聞則言之也。"**單居離曰:"弟子不察,此以敢問也。"曾子曰:"天之所生上首,地之所生下首。**【注】天動地静,故人物動者屬天,其首恒在上。艸木静者屬地,其首恒在下。地上空虚無土之處皆天,故凡動者皆天所生,艸木甲坼而生,以根爲首、枝爲末也。人以頭爲首,故《説文》曰:"髮,根也。"《易》曰:"本乎天者,親上;本乎地者,親下。"臨海周治平云:"人物有息,以接天氣,故上首。艸木有根,以承地氣,故下首。"【釋曰】"此以"戴本據《大典》改爲"以此",非是。《大戴》屢有"此以"文法,《四代篇》、《虞戴德篇》皆見之。謂無土皆天者,《易》曰:"天在山中。"**上首之謂員,下首之謂方。**【注】盧僕射云:"因謂天地爲方員也,《周髀》曰:'方屬地,員屬天。天員地方也。'"元謂:謂之者,謂其道,非謂其形也。**如誠天員而地方,則是四角之不揜也。**【注】方員同積,則員者必不能揜方之四角。今地皆爲天所揜,明地在天中,天體渾員,地體亦員也。《曾子》及《周髀》本言地員,自周末疇人子弟散在四夷,古法始微。《周髀》曰:"日運行處極北,北方日中,南方夜半。日在極東,東方日中,西方夜半。日在極南,南方日中,北方夜半。日在極西,西方日中,東方夜半。"據此,則知周時説地體亦渾員,所由準北極高下,分里差時差,以驗交食,蓋天實具渾天之法也。梅徵君文鼎云:"地員可信,《大戴禮》有曾子之説。"【釋曰】元西域扎馬魯丁造西域儀象,有所謂苦來亦阿兒子,漢言地理志也。其製以木爲圓球,七分爲水,其色緑,三分爲土,其色白,畫江湖海貫串於其中,兼作小方井以計幅員之廣袤,道里之遠近。此即元明以來,西説地圓之祖。西説之精詳者,見熊三拔《表度説》,其意以地體渾圓,在天之中。若令地球不在天中,則在地之景必不能隨日周轉,且遲速不等矣。今春秋二分,日輪六時在地平上,爲晝,六時在地平下,爲夜,非在正中而何?地體本圓,故一日十二辰更迭互見,如正向日之處得午時,其正背日之處得子時,處其東三十度得未時,處其西三十度得巳時,相去二百五十里而差一度,又七千五百里而差一時。若以地爲方體,則惟對日之下者其時正,處左處右者必長短不均矣。西域此説,即《曾子》地圓之意,亦即《周髀》日行之意,非創解也。梅徵君《天[①]學疑問》曰:"西人言水地合一圓球,而四面居人,其地度經緯

① 諸本皆作"天",當爲"厤"。

正對者，兩處之人，以足版相抵而立，其説可從與？曰：以渾天之理徵之，則地之正圓，無疑也。是故南行二百五十里，則南星多見一度，而北極低一度。北行二百五十里，則北極高一度，南星少見一度。若地非正圓，何以能然？所疑者，地既渾圓，則人居地上不能平立也。然吾以近事徵之，江南北極高三十二度，浙江高三十度，相去二度，則其所戴之天頂即差二度，各以所居之方爲正，則遥看異地，皆成斜立。又況京師極高四十度，瓊海極高二十度，若自京師而觀瓊海，其人立處皆當傾跌，而今不然，豈非首戴皆天，足履皆地，初無攲側，不憂環立歟？然則南行而過赤道之表，北行而至戴極之下，亦若是矣。"元謂：置丸猪膀胱中，吹氣足，閉之，丸可居中，置丸水盎中，急旋其水，丸必居中，此地爲天大氣包舉之驗也。地上數百丈，風與氣即急勁，況直上千萬里哉？故人與水在地不傾落者，天氣包舉之，凖平繩直，人水不知也。西洋有謂地心本重，人物各願就地心之重，得附麗不脱之説，此説理仍未足。**且來，吾語汝。參嘗聞之夫子曰：天道曰員，地道曰方，**【注】且來者，呼之使姑且來也。以下皆述孔子之言。盧僕射云："道曰方員耳，非形也。"元謂：《易·説卦》曰"乾爲天，爲圜"，《文言》曰"坤至静而德方"，皆言其道也。聖人因方員以治天下，故《周髀》以笠寫天，立周天之度，禹用矩測高深遠，以治山川也。【釋曰】謂此下皆孔子言者，讀其文皆成一章，未嘗有曾子之言間雜其中也。《文選·宋玉對楚王問》注引《曾子》曰"吾聞諸夫子曰'羽蟲之精者曰鳳'"云云，是唐人皆讀以後之言屬之孔子也。《周髀算經》曰："古者包犧立周天之度。"又曰："方屬地，圓屬天，天圓地方，方數爲典，以方出圓，笠以寫天。"又曰："平矩以正繩，偃矩以望高。覆矩以測深，卧矩以知遠。"又曰："故禹之所以治天下者，此數之所生也。"元案：以笠寫天，蓋天也。渾天之象即寓蓋天，故渾、蓋之法相通也。**方曰幽，員曰明。**【注】地道幽，天道明，故以爲天地之名。《易》曰："仰以觀於天文，俯以察於地理，是故知幽明之故。"【釋曰】《文選》盧子諒《時興詩》注、《太平御覽》卷二引此，皆無"而"字，是唐宋舊本爲可據，今本"幽"下有"而"字，删之。**明者，吐氣者也，是故外景；幽者，含氣者也，是故内景。**【注】天陽吐氣，而其景在外；地陰含氣，而其景在内。《易》曰："坤含宏光大。"又曰："含萬物而化光。"【釋曰】盧僕射云："景，古通以爲影字。"**故火日外景，而金水内景。**【注】日與火屬天，其景外照，月星從之。金與水屬地，其景内照，故鏡能含景。**吐氣者施，而含氣者化，是以陽施而陰化也。**【注】人物生於地，然非得日氣不生，故《周髀》曰："北極下不生萬物，中衡左右，冬有不死之草。"【釋曰】《淮南子·天文訓》襲此節文曰："天道曰圓，地道曰方。方者主幽，圓者主明。明者吐氣者也，是故火曰外景。幽者含氣者也，是故水曰内景。吐氣者施，含氣者化，是故陽施陰化。"**陽之精氣曰神，陰之精氣曰靈。神靈者，品物之本也，**【注】品，衆庶也。《易》曰："大哉乾元，萬物資始，乃統天。雲行雨施，品物流形。""至哉坤元，萬物資生，乃順承天。坤厚載物，德合無疆，含宏光大，品物咸亨。"此天地神靈所以陽施陰化，成品物之形，故爲品物之本。【釋曰】"品"訓本《説文》。**而禮樂仁義之祖也，**【注】祖，始也。《禮記》曰："天高地下，萬物散殊，而禮制行矣。流而不息，合同而化，而樂興焉。春作夏長，仁也。秋斂冬藏，義也。仁近於樂，義近於禮。樂者敦和，率神而從天；禮者别宜，居鬼而從地。""禮樂極乎天，而蟠乎地，行乎陰陽而通乎鬼神。"【釋曰】"祖"訓本《爾雅》。《記》文見《樂記》。**而善否治亂所興作也。**【注】班孟堅曰："人函天地陰陽之氣，有喜怒哀樂之情，天稟其性而不能節也，聖人能爲之節而不能絶也，故象天地而制禮樂，所以通神明，立人倫，正性情，節萬事者也。人性有男女之情，妒忌之别，爲制婚姻之禮；有交接長幼之序，爲制鄉飲之禮；有哀死思遠之情，爲制喪祭之禮；有尊尊敬上之心，爲制朝覲之禮。正人足以副其誠，邪人足以防其失。故昏姻之禮廢，則夫婦之道苦，而淫僻之罪多；鄉飲之禮廢，則長幼之序亂，而爭鬭之獄蕃；喪祭之禮廢，則骨肉之恩薄，而背死忘生者衆；朝覲之禮廢，則君臣之位失，而侵淩之漸起。故孔子曰：'安上治民，莫善於禮。移風易俗，莫善於樂。政□行之，刑□防之。'"董仲舒曰："王者欲有所爲，宜求其端於天。天道大者在於陰陽。陽爲德，陰爲刑。天使陽常居大夏，而以生育長養爲事，陰常居大冬，而積於空虚不用之處，□此見天地之任德不任刑也。"【釋曰】班、董説皆見《漢書·禮樂志》。**陰陽之氣各從其所，則静矣，**【注】近於日爲陽，遠於日爲陰。夏多陽，冬多陰，南多陽，北多陰，晝多陽，夜多陰，是其所也。【釋曰】"從"各本作"静"，或作"盡"，惟高安本作"從"。**偏則風，俱則靁，交則電，亂則霧，和則雨。陽氣勝則散爲雨露，陰氣勝則凝爲霜雪。陽之**

專氣爲雹，陰之專氣爲霰，霰雹者，一氣之化也。【注】臨海周治平云："萬物各有本所，故得其所則安，不得其所則强。及其强力已盡，自復居於本所焉。本所者何？如土最重，重愛卑，性居下。火最輕，輕愛高，性居上。水輕於土，在土之上。氣重於火，在火之下。然水比土爲輕，較火、氣爲重，氣比火爲重，較水、土爲輕，以是知水必下而不上，氣必上而不下矣。蓋水之情爲冷濕，火之情爲燥熱，土之情爲燥冷，氣之情爲濕熱，其情皆有偏勝，各隨其勝所。火氣偶入水土之中，必不得其安，而欲上行，水土因氣騰入氣火之域，亦必被强，而欲下墮，各居本所矣。日光照地，與氣上升，偏於燥則發爲風，火與土俱挾氣上升，阻於陰雲，難歸本所，火土之勢上下不得，亦無就滅之理，則奮迅決發，激爲雷霆，與氣交合，迸爲火光，居於本所，故云'交則電'。日氣入地，鬱隆騰起，結而成雲，上至冷際，爲冷情所化，因而成雨，正如蒸水，因熱上升，騰騰作氣，上及於[①]蓋，蓋是冷際，即化爲水，下居本所，故雨者，冷熱二氣相和而成也。若濕氣既清且微，是陽勝也，升至冷際，乃凝爲露。三冬之月，冷際甚冷，是陰勝也，雲至其處，既受冷侵，一一凝冱，皆是散圓，即成雪矣。露之爲霜，其理略同。蓋氣有三際，中際爲冷，上近火熱，下近地温，冷際正中，乃爲極冷。夏月之氣，鬱積濃厚，决絶上騰，力專勢鋭，逕至極冷之深際，驟凝爲雹，入冷愈深，變合愈驟，結體愈大矣，故雹體之大小，又因入冷之淺深爲差等，非如冬月，雲氣徐徐上升，漸至冷之初際，而結體甚微也，故夏月雲足促狹，隔塍分壟，而晴雨頓異焉。冬時氣升冷際，化而成雨，因在氣中摩盪，故一一皆圓，初圓甚徵，以漸歸并，成爲點滴，未至本所，又爲嚴寒所迫，即下成霰矣。故雹、霰者，皆陰陽專一之氣所結而成者也。"【釋曰】周生深於天算，兼習西洋之法，此乃融會中西之説爲之，其理甚明，故載用之。**毛蟲毛而後生，羽蟲羽而後生。毛羽之蟲，陽氣之所生也。介蟲介而後生，鱗蟲鱗而後生。介鱗之蟲，陰氣之所生也。**【注】孔檢討云："毛羽外見，故陽；介鱗水伏，故陰也。"**唯人爲倮匈而後生也，**【注】倮者包生，包訛爲匈。許慎曰："包，象人裹妊。"《月令》曰："中央土，其蟲倮。"倮蟲，人也。**陰陽之精也。**【注】人秉陰陽之精以生，故圓頂方趾。**毛**

① 清經解本亦作"於"，文選樓叢書本作"所"。

蟲之精者曰麟，羽蟲之精者曰鳳，介蟲之精者曰龜，鱗蟲之精者曰龍，倮蟲之精者曰聖人。【注】盧僕射云："麟鳳龜龍，所謂四靈。"元謂：《易本命》曰："鳥魚皆生於陰，而屬於陽，故鳥魚皆卵，介鱗夏食冬蟄，齕呑者八竅而卵生，咀嚾者九竅而胎生，四足者無羽翼。有羽之蟲三百六十，而鳳皇爲之長。有毛之蟲三百六十，而麒麟爲之長。有甲之蟲三百六十，而神龜爲之長。有鱗之蟲三百六十，而蛟龍爲之長。倮之蟲三百六十，而聖人爲之長。此乾坤之美類，禽獸萬物之數也。"【釋曰】《周禮・大司徒》土會之法鄭注"毛物"、"鸁物"，義與此異。高誘《吕覽》、《淮南子》注"倮蟲"、"毛蟲"，義亦與此異。當以《曾子》及《易本命》義爲長也。**龍非風不舉，龜非火不兆，此皆陰陽之際也。**【注】盧僕射云："龜龍爲陰，風火爲陽，陰陽會也。"孔檢討云："《白虎通義》曰：'龜非火不兆，以陽動陰也。'"【釋曰】朱本脱"也"字，《永樂大典》本"不兆"下多"鳳非梧不棲，麟非藪不止"十字，於陰陽之義無涉，戴本從之增入，非《曾子》本文也。"際"字元本作"會"。**兹四者，所以聖人役之也。**【注】孔檢討云："役，使也，聖人以四靈爲畜也。"【釋曰】朱本作"所以役聖人之精也"，宋本作"所以役聖人之也"，盧本作"所以役於聖人也"，惟元本作"所以聖人役之也"，戴本、孔本從之。**是故聖人爲天地主，爲山川主，爲鬼神主，爲宗廟主。**【注】盧僕射云："鬼神，百祥也，因外祀，故在宗廟之上也。"孔檢討云："主，祭主也。"**聖人慎守日月之數，以察星辰之行，以序四時之順逆，謂之厤；**【注】日行一度爲一日，其數簡明，爲諸曜之主，月有朔望之數。聖人必慎守日月之度數，而後可察五星恒星之行。星，五星也。辰，十二舍恒星也。四時順逆者，分至日躔之鸁縮也。冬至之後，日行鸁度爲太過，夏至之後，日行縮度爲不及，皆失其中，故謂之逆。春秋二分，日行平度漸適其中，故謂之順。順逆有數，四時皆定，此聖人所序也。今欽天監鸁縮之法，即孔子所言順逆也。故堯命羲和，欽若昊天，厤象日月星辰，歲三百有六旬有六日，以閏月定四時，成歲。以授舜曰："咨！爾舜！天之厤數在爾躬。"舜亦以命禹。周武王訪箕子，以五紀明其法，周公問商高以述《周髀》，此聖人所以治天也。【釋曰】日日行一度，一歲一周天。雖有鸁縮，不失其常，最爲簡明。月日行十三度有奇，二十七日零一周天，其行有遲疾入轉，有入交遠近，有泛會，有實會，有視會，有正交，有中交，皆以所歷之日，互相消長，而得其行度之真率，而後晦朔弦望交食淺深之數可得，由此以察星辰之行。星，五星也。五星之行亦有遲疾入限，有合伏衝伏，有退留順留，有晨夕見、晨夕不見，有淩犯交食，皆由日月之度數察，而知其行度不齊之率。辰，乃十二宫恒星分界之名也。恒星每年有行分，因生歲差，故曰星辰之行，亦以日月之數，知其行率。今欽天監所用新法，日月五星，各有本天，高卑遠近之行，因生加減。如日之行度，凡三種，曰平行，曰本輪行，曰均輪行。月之行度，凡九種，曰平行，曰自行，曰均輪行，曰次輪行，曰次均輪行，曰交行，曰最高行，曰距日行，曰距交行。五星之行，凡十有二類。土、木、火各有平行爲一類。而金、水即以太陽之平行，是爲一類。土、木、火、金之次輪心皆行倍引數，爲一類。而水星之次輪心則行三倍引數，是獨爲一類。土、木、金、水之次輪半徑皆有定數，爲一類。而火星之次輪在本天最高則大，最卑則小，又視太陽在最高則大，最卑則小，是獨爲一類。土、木、火皆行距日度爲一類。而金、水自有行度又爲一類。土、木、火皆有本天，與黄道相交，以生緯度，次輪斜交本天，其面又與黄道平行，能加減其緯度爲一類。而金、水之本天，即爲黄道，本無緯度，因次輪斜黄道以生緯度，又爲一類。土、木、火皆有合有衝，爲一類。而金、水則有合有退合，而無衝，是又爲一類也。蓋新法雖始於西人，實即古法之贏縮也。由孔子順逆之言求之，知贏縮即所謂順逆也。堯命以下，用《史記·律書》及《漢書·律志》義也。**截十二管，以宗八音之上下清濁，謂之律也。**【注】黄帝吹解谷之竹，以爲黄鐘之宫，制十二管：黄鐘、太蔟、姑洗、蕤賓、夷則、無射，爲六律；林鍾、南吕、應鍾、大吕、夾鍾、中吕，爲六吕。"宗"讀爲"察"，"也"讀爲"吕"，皆字之誤也。八音：土、竹、皮、匏、絲、石、金、木也。凡樂，中聲之上則有半律，是爲清聲，中聲之下則有倍律，是爲濁聲。【釋曰】宋本皆作"宗"字，乃"察"字形近之訛。《後漢書·明帝紀》注引《大戴禮》曰"聖人截十二管以察八音之清濁，謂之律吕"，此所引"察"字本不誤，高安本作"索"字，更誤矣。又《後漢書》注"律"下爲"吕"字，今各本或作"律也"，或無"也"字，實皆"吕"字空格，後人或妄加"也"字，或闕疑少一字也。**律居陰而治陽，厤居陽而治陰，律厤迭相治也，其間不容髮。**【注】地效以響，故律候地氣。天效以景，故厤測天時。律居地以治天，故十二律應十二月，以律起厤。厤居天以治地，故儀象日月星辰，以授民時。迭，更也。不容髮，言其密。司馬遷云："律厤更相治，間不容翲忽。"【釋曰】《文選》枚乘《上書諫吳王》注引此，"髮"下有"矣"字。地效、天效二語見《後漢書·律志》。《史記·太史公自序》曰居陰治陽，居陽治陰云云，以"更"代"迭"，以"翲忽"代"髮"也。**聖人立五禮以爲民望，**【注】五禮：吉、凶、賓、軍、嘉。【釋曰】本《周禮·春官·大宗伯》。**制五衰以別親疏，**【注】凡喪服上曰衰，下曰裳。五衰者：斬衰、齊衰、大功、小功、緦麻，凡五等，由親而疏，皆衰也。【釋曰】義見《儀禮·喪服》鄭注。**和五聲之樂以導民氣，**【注】聞宫音使人温舒而廣大，聞商音使人方正而好義，聞角音使人惻隱而愛人，聞徵音使人樂善而好施，聞羽音使人整齊而好禮。【釋曰】義見《史記·樂書》。**合五味之調以察民情，**【注】孔檢討云："凡酸入肝，苦入心，甘入脾，辛入肺，鹹入腎。五味失調，則各偏一藏，故五情之發，亦不得其正。"**正五色之位，**【注】孔檢討云："位，青於東，朱於南，白於西，黑於北，黄位中焉。"**成五穀之名。**【注】盧僕射云："五穀：黍、稷、麻、麥、菽也。"【釋曰】孔云盧注依《月令》文。**序五牲之先後貴賤。**【注】盧僕射云："五牲：牛、羊、豕、犬、雞。先後，謂四時所尚也。"元謂：《月令》春羊，夏雞，中央牛，秋犬，冬彘。**諸侯之祭牲，牛，曰太牢；大夫之祭牲，羊，曰少牢；士之祭特牲，豕，曰饋食。**【注】此諸侯、大夫、士宗廟之祭也。太牢者，牛羊豕三牲，舉牛以該羊豕。少牢者，羊豕二牲，舉羊以該豕。士祭惟豕，故曰特牲也。饋食者，饋孰也。大夫少牢亦饋食，茲徒言士饋食者，大夫既舉少牢，畧言饋食也。天子之大夫祭如諸侯，用太牢。天子之士祭如大夫，用少牢。【釋曰】凡言太牢，皆三牲，言少牢，皆二牲，故《禮記·郊特牲》曰"郊特牲而社稷太牢"，明太牢兼三牲之名也。今云牛曰太牢，羊曰少牢，明舉一以該其餘耳。饋食義見《儀禮》。《曲禮》曰"大夫以索牛，士以羊豕"，此言天子之大夫如諸侯，士如大夫也。**無禄者稷饋，稷饋者無尸，無尸者厭也。**【注】無禄者，兼大夫、士失位及庶人而言。《王制》曰："大夫、士宗廟之祭，有田則祭，無田則薦。庶人春薦韭，夏薦麥，秋薦黍，冬薦稻。韭以卵，麥以魚，黍以豚，稻以雁。"鄭司農云："士薦牲用特豚，大夫以上用羔。"曰稷饋者，稷爲疏食，舉最粗者以該麥黍稻，明不足言牲也。厭者不成祭，徒取厭飫之通名。厭祭有三，皆無尸：一爲大夫士宗廟之祭，未迎尸以前，飫神爲陰厭，尸出之後飫神爲陽厭；一爲殤祭不立尸，不舉，無肵俎，無元酒，不告利成，爲陰厭，凡殤與無後者，祭於宗子之家，爲陽厭；一爲此篇孔子所言，無禄者稷饋，無尸也，無尸者不成祭禮，準於厭，故亦得稱厭，不分陰陽，闕明文也。【釋曰】孔子此文但言無尸者皆可稱爲厭，其義自兼《儀禮·特牲》、《少牢》兩饋食之厭而言，非但如《曾子問》殤祭之厭也，孔注但舉殤祭，其義未足，今兼用《儀禮》注及《曾子問》經注注之。蓋無尸者不成祭，徒取厭飫，皆可謂之厭，故孔子直謂無禄無尸之祭名厭，非取殤祭之厭爲無禄者譬也。**宗廟曰芻豢，山川曰犧牷，**【注】盧僕射云："牛羊曰芻，犬豕曰豢。色純曰犧，體完曰牷。宗廟言芻豢，山川言犧牷，互文也，山川謂嶽瀆，以方色，角尺，其餘用厖索也。"**割列禳瘞，是有五牲。**【注】割者，割牲體，宗廟正祭也。列者，疈辜，祭蜡嗇也。禳者，冬春候禳，磔牲攘惡氣也。瘞者，祭山林薶其牲。【釋曰】"列"，《説文》從刀，即今裂字。《周禮·大宗伯》"以疈辜祭四方百物"，鄭司農注云"披磔牲以祭"，後鄭云"疈牲胷"。《郊特牲》曰："八蜡以祀四方"，又曰："蜡，祭司嗇也，祭百穀以報嗇也。"《禮記·月令》云："九門磔禳，以畢春氣。"又冬大儺亦磔禳。又《周禮·夏官》小子之侯禳，《春官》雞人之面禳，皆磔牲以攘惡氣也。謂瘞爲薶牲者，《周禮·大宗伯》"以薶沈祭山林川澤"，後鄭注云："山林曰薶，順其性之含藏。"**此之謂品物之本，禮樂之祖，善否治亂之所由興作也。"**【注】四靈律厤以下，皆聖人法天地神靈以治人物之道。

凡五百八十八字。【釋曰】舊校無字數，孔氏定爲五百九十一字，元今定爲五百八十八字。

学术札记

乱及三世的悲剧：卫诗宣姜诸篇读解

根据道里书院网络读书会录音整理

讨论：柯小刚　齐义虎　陈明珠　曾维术　梁晓杰　廖　磊

方　鹏　董　国　方楚道　黄　晶　刘传冬　张留阳①

整理：陈明珠

编者按：《诗经》中的卫诗（包含邶、墉、卫风），汉代诗说（包括今文鲁齐韩三家和古文毛诗）多采卫国史事为之故训。其中尤以附和卫宣公及其夫人、子嗣宫闱内乱者为最多。盖因宣公上烝下夺、礼仪陵迟，致阴阳隔塞、人伦祸变；宣姜淫昏其行、妇德不修，使宫闱失序、乱及三世，于卫国治乱存亡影响至巨。

《诗》首《关雎》，以为风始，因"后妃之制，夭寿治乱存亡之端也"，"太上者民之父母，后夫人之行不侔乎天地，则无以奉神灵之统而理万物之宜"；关雎之大，"万物之所系，群生之所悬命也"。所谓"天地之间，生民之属，王道之原"，"纲纪之首、王教之端"。因而"诗人本之衽席"，"风天下而正夫妇也"。

二南之后，卫风始变，而卫诗宣姜诸篇尤为关雎诗教之反例。卫三世之乱，

---

① 柯小刚（无竟寓）：同济大学哲学系教授。齐义虎（四毋斋）：西南科技大学讲师。陈明珠（幽人素履）：浙江社科院文学所副研究员。曾维术（虚中书舍）：中山大学博士生。梁晓杰（学而居）：中央党校哲学部副教授。廖磊（宅路）：民间学者。方鹏（波那文都）：民间学者。董国（咸宁斋）：同济大学博士生。方楚道（素履斋）：同济大学博士生。黄晶（施光）：复旦大学博士生。刘传冬（致清斋）：海南大学本科生。张留阳（观澜斋）：同济大学研究生。

本之衽席，信矣！可无叹乎?！故道里诸君学以聚之，问以辩之，读《诗》如下：

《邶风·日月》

日居月诸，照临下土。乃如之人兮，逝不古处！胡能有定，宁不我顾！
日居月诸，下土是冒。乃如之人兮，逝不相好！胡能有定，宁不我报！
日居月诸，出自东方。乃如之人兮，德音无良！胡能有定，俾也可忘！
日居月诸，东方自出。父兮母兮，畜我不卒。胡能有定，报我不述！

【毛序】卫庄姜伤己也。遭州吁之难，伤己不见答于先君，以至困穷之诗也。
【三家义集疏】①鲁说曰：宣姜者，齐侯之女，卫宣公夫人也。初，宣公夫人夷姜生伋子，以为太子。又娶于齐，曰宣姜，生寿及朔。夷姜既死，宣姜欲立寿，乃与寿及朔谋构伋子。公使伋子之齐，宣姜乃阴使力士代之界上而杀之，曰："有马白旄至者，必要杀之。"寿闻之，以告太子，曰："太子其避之。"伋子曰："不可，夫弃父之命，则恶用子也。"寿度太子必行，乃与太子饮，夺之旄而行，盗杀之。伋子醒，求旄不得，遽往追之，寿已死矣，伋子痛寿为己死，乃谓盗曰，"所欲杀者乃我也，此何罪？请杀我！"盗又杀之。二子既死，朔遂立为太子。宣公薨，朔立，是为惠公，竟终无后，乱及五世，至戴公而后宁。（王氏注："五，当作三字之误也。三世，宣惠懿。"）诗曰："乃如之人兮，德音无良。"此之谓也。（《列女传·孽嬖篇》）

无竟寓：《日月》这篇诗，毛序说是庄姜伤己。王先谦所集三家诗说讲的却是宣姜欲害伋子之事。这中间隔了一个州吁之乱。卫庄公在前，庄公之后桓公即位。桓公十六年，州吁弑君篡位。然后，宣公讨州吁之后即位。宣公十八年发生了《史记》提到的这个故事，即公子伋、寿先后死义的故事。我注意到王先谦在集疏三家诗义的时候引证了《史记》、《新序》，但里面讲的故事虽然也涉及卫公子伋寿先后死义之事，但并没有引用《日月》中的诗句，所以，对三家诗来讲，这是两条比较弱的证据。

---

① "三家义集疏"条下三家诗说和按语，皆录自王先谦《诗三家义集疏》，中华书局，1987年。后仿此。

虚中书舍:这里如按毛序作庄姜解,则待己渐渐不好(逝不古处)与不能定完(胡能有定)很难有连结。而且,宁不我顾是作为胡能有定的原因,宁不我报却不是胡能有定的原因,前后不一。后文的"父兮母兮",更是毛诗解作庄姜的一个难点,这个我们稍后再看。但另一边厢,王先谦所集代表鲁诗说的《列女传·孽嬖篇》那条引《日月》诗句时,说的是"此之谓也"。也就是说,这里鲁诗是引诗来证事,而不是说这篇诗就是时人所作。根据《列女传》的体例,我们知道有这个区别。这是不利于三家诗的很重要的一个细节。反正我觉得三家诗在这里的说法也不是很能让人信服,但毛序也存在问题。

无竟寓:朱子《诗集传》对这篇的解释从毛诗,也认为是"卫庄姜伤己"之诗。还可以再补充一点历史背景:卫宣公晋、州吁、桓公完三人其实也是兄弟,都是卫庄公的儿子。这三兄弟一直处在相争相残的关系中。伋、寿、朔三兄弟(他们都是宣公之子)之间则既有争,又有让。我们在读春秋战国历史的时候,发现里面的很多贵族人物有两个极端:一些特别守礼,德性非常好,克己能让;另一些却非常凶残无礼,德性败坏。这是一个很重要的现象,可以帮助我们来反思贵族时代:它的缺点在哪里?它的优点又在哪里?

《邶风·雄雉》

雄雉于飞,泄泄其羽。我之怀矣,自贻伊阻。
雄雉于飞,下上其音。展矣君子,实劳我心。
瞻彼日月,悠悠我思。道之云远,曷云能来。
百尔君子,不知德行。不忮不求,何用不臧。

【毛序】刺卫宣公也。淫乱不恤国事,军旅数起,大夫久役,男女怨旷,国人患之而作是诗。【郑笺】淫乱者,荒放于妻妾,烝于夷姜之等。国人久处军役之事,故男多旷、女多怨也。男旷而苦其事,女怨而望其君子。【三家义集疏】王先谦案:序"大夫久役,男旷女怨",正此诗之恉。宣公云云,乃推本之词,诗中未尝及之。笺于首、次章牵附淫乱之事,殆失之泥。三家义未闻。

无竟寓:毛序以为这篇诗刺宣公,三家可能不一定这么讲。毛序所谓刺宣公，说的是卫宣公荒淫无度，使民不以时，大兴劳役兵役，导致男旷女怨的国情，于是有此怨刺之诗作。所以，这篇诗的辞句是写男旷女怨，用意则在刺宣公。这是毛序的大体逻辑。同时，在故训细节上，毛传又讲这个“雄雉于飞，泄泄其羽”有具体所指，是刺卫宣公成天就知道打扮得漂漂亮亮，却不知体恤国事。这是毛诗的讲法。

宅路：我这么理解这篇诗对卫宣公的讽刺：卫宣公让男子整天去服劳役，自己打扮得漂漂亮亮，到全国去游历，去找那些漂亮的妇人，荒淫无道，妇人因此而有怨。

《邶风·新台》

新台有泚，河水瀰瀰。燕婉之求，籧篨不鲜。

新台有洒，河水浼浼。燕婉之求，籧篨不殄。

鱼网之设，鸿则离之。燕婉之求，得此戚施。

【毛序】刺卫宣公也。纳伋之妻，作新台于河上而要之，国人恶之而作是诗也。【郑笺】伋，宣公之世子。【孔疏】此诗盖伋妻自齐始来，未至于卫，公闻其美，恐不从己，故使人于河上为新台，待其至于河，而因台所以要之耳。【三家义集疏】三家无异义。《易林·归妹之蛊》：“阴阳隔塞，许嫁不答。旄丘新台，悔往叹息。”此齐诗说。新台旄丘事异，而其为阴阳隔塞、人伦祸变则同。“悔往叹息”，以其诗为国人代姜氏之词，与序意合，姜氏许嫁子伋，入其国不见其人，是“不答”也。遇卫宣之强暴，乃悔往而叹息，其初心未必不善，转念误之耳。左桓十六年传：“卫宣公烝于夷姜，生急子，为之娶于齐，而美，公取之。”事又见《史记·卫世家》、《列女传》、《新序》。

无竟寓：“籧篨”解为“口柔”，就是指一个人嘴巴总是很甜蜜。籧篨之态，就是脸往上仰着，奉承别人，甜言蜜语。他不能低头沉思，不能把头低下来去反求自己的内心。这种人的嘴巴是甜蜜的，修辞是温柔的，所谓“口柔”，但他整个人的姿态是僵硬的，就跟那种比较粗的竹席子一样（这是“籧篨”本义），它是不能俯的，只能仰着，承观别人的眼色。后面又有个跟这个“籧篨”相反的东西，叫做“戚施”。“戚施”是“面柔”，它是不能仰，只能俯。这是什么意思呢？就是说，他总是不敢给别人颜色看，在别人面前老是低着头，不敢看别人，这样就显得自己非常老实，老实巴交的那么一个形象。他脑袋总是低着，仰不起来。“口柔”之人总是仰着头，不能低头反求自己的内心；“面柔”之人总是低着头，不敢把自己的脸色、面容公开出来。这两种人的特点如果结合到一起，不就是孔子批评过的“巧言令色”吗？口柔就是巧言，面柔就是令色。孔子说“巧言、令色，足恭，左丘明耻之，丘亦耻之”（《论语·公冶长》），又说“巧言令色鲜矣仁”（《学而》）。现在这个“籧篨”呢，他是巧言之人。巧言之人他肯定不是低着头自己在那咕哝咕哝地说话（人家知道你在说谁啊），他肯定是成天仰着脑袋“奉承”：去奉着、承着，承观别人的眼色。“戚施”呢，他是俯着，不能轩昂。这是诗中出现的两个主要比喻，解释一下。

宅路：卫公求得美女，他的心思不善，后面这个“戚施”就是讽他“癞蛤蟆想吃天鹅肉”的意思。

无竟寓：“籧篨不殄”这个“殄”，三家诗是作那个“腼腆”的“腆”，是“善”的意思，跟前面“籧篨不鲜”的“鲜”是一个意思，就是“好”。这个齐女啊，本来是要来嫁世子伋的（世子伋我们知道是个很好的人），但是被世子伋的老爸，也就是卫宣公抢去了。这是以齐女的口吻和角度来写的一篇诗，说自己本来是想求“燕婉”（“燕婉”意为“安”、“好”），结果却碰到了“籧篨”。所以接下来的一章呢，意思也是顺着下来：“鱼网之设，鸿则离之。燕婉之求，得此戚施”。这个“戚施”啊，就是“蟾蜍”一类的东西，很难看、很丑恶的。这个是韩诗的讲法，齐诗也这么讲，那么鲁诗和毛诗呢，说是“面柔”，是不能仰，就是假意把自己表现得过于谦恭，即“左丘明耻之，丘亦耻之”的“足恭”。其实，这两种说法之间是可以相通的。你看那个“蟾蜍”，你什么时候看它翻过来肚皮朝上了？蟾蜍总是趴着的，就好像面柔之人不能器宇轩昂。所以，这两个意思还是可以相通的。还有它的皮啊，非常的粗糙，跟这个籧篨，也就是很粗的竹席子，也有一致的地方。所以，“得此籧篨”、“得此戚施”意思是相类的。

“鱼网之设，鸿则离之”是一个比兴，这个鱼网之设呢，就好像在说卫宣公张着个渔网，是比较低下的东西，结果没想到我这只本该高飞的鸿鹄却被他的渔网缠住。这个“鸿”啊，实际上是“鹄”，就是黄鹤，比大雁还要美好。“我”是天上飞的，结果给撞到他这个捕鱼的网上了。“鸿则离之”的“离”就是附着、附丽。

离者丽也，离者罹也，沾上了很难摆脱。《易经》的“离”卦，是两个离卦迭加，所以是“日月离于天”。什么是“日月离于天”呢，一说是日月在天上运行，就好像挂在天上。当然，也有在天上放出光明的意思，也就是“丽”的意思。“美丽”，现代汉语只混说是漂亮。但“美”是“充实之谓美”(《孟子·尽心下》)，“丽”实际上是外在的美。外在的美必须用外在的、附丽在身上的东西来表现，譬如说华美的衣服、闪光的首饰之类，那才叫“丽”。这些附丽在你身上的东西，让你变成一个“丽人”。“美人”则不一样，是内在德性的美，含有灵魂的伟大之义，所以在《诗经》里又叫“硕人”。《系辞传》又说先王得到离卦的启发而制网罟。这个渔网也好，捕鸟的网也好，都是受离卦启发而制的器物。所有网罟的特点都是能网罗猎物，让它“离”在网上，失去自由。“鱼网之设，鸿则离之”：本来是籧篨之人用来打渔的网，现在“我”这只本该高飞的鸿鹄却落在这张网上了，真是倒霉啊！

宅路：孔子说过一句话：“饮食男女，人之大欲存焉”(《礼记·礼运》)。这里是不是在讲，这祸国殃民的东西是人的一种本欲？在它坏的方面扩大之后，会导致一些祸国殃民的情况？这篇诗是不是也有这一层意思？

四毋斋：从诗文本身来看，说的主要是男女不匹配，可以和咸卦相参照。这篇诗的口吻是齐女，但作者未必是齐女，或者是诗人代言而已。这篇诗刚好可以用来指斥唐玄宗与杨贵妃，老男少女不匹配，少男少女方感通。

幽人素履：所以齐诗说《新台》《旄丘》“阴阳隔塞，人伦祸变”。

虚中书舍：这篇诗述及凄惨的情况，这是很明显的，大家都能看到。我想说的是，从这首这么悲观的诗里，我们是否还是可以看出一些美好的东西？这个齐女，她当初嫁过来的时候，还是要追求一些美好的东西，人性本身还是向往一些美好的东西，不过是她碰到了一个恶人而已；这个当初的齐女在被迫成了卫宣夫人之后，虽然还是做了很多丑恶的事情(谋害公子伋等)，但是，她的出发点还是美好的。我们不能因为她做了后来那些恶事就说她从一开始就是坏的。其实她一开始不是坏的，她还是追求一些美好的东西的。

无竟寓：嗯，没错，所谓“处子”嘛，齐女的初衷和本性自然是好的，只是后来因为被卫宣公给抢去了，禁锢在新台这个渔网中，受了籧篨和戚施的污染，然后就变坏了。还可以观察的就是这个伋子啊，他是个特别悲剧的人物。他短暂的一生被笼罩在两场齐诗所谓“人伦祸变”的阴影中。首先，他的出身就是“人伦祸变”的结果：他是卫宣公烝夷姜所生（所谓“烝”，就是跟长辈的妻妾私通或在父亲死后娶了父亲的妾）。然后到自己可以成家立业的关头，却被自己的父亲抢了媳妇，以至于原本要做自己妻子的人却成了某种意义上的母亲（宣姜）。后来，宣姜生了公子寿和朔。好在寿还是一个好兄弟，后来跟伋一起死了。那个朔呢，成天跟宣姜一起陷害他。他似乎本来就不该来到这个世上（乱伦所生），来到这个世上，却被那个原本可能给自己生育新生命（后代）的人给害死了。所有祸端都集中在卫宣公：伋子之生源于他对上无礼，伋子之死源于他对下无礼。因为国君的无礼，上下都乱了。伋子就处在这个上下交乱的夹缝中。所以，伋子之死的悲剧是宣公时代卫国乱象的集中表现。

伋子之死让人很感慨春秋这个时代：一方面礼崩乐坏，另一方面呢，又有那么多古老的贵族德性还保留着。像伋子明知使齐有生命危险而往、寿为救兄而盗节争死：这些都不是春秋之后的人所能做出的义举。于是，在这个礼崩乐坏的废墟中，最美的人格和最卑鄙的人格混杂在一起。这几乎是贵族德性政体不可避免的悲剧命运。“礼”、“乐”好的时候非常好，一旦“崩”、“坏”，结果也非常可怕，所以这里面就有很多对比极为强烈的人物和故事。在卫国的诗篇里，正好就把这种强烈的对比很形象地写出来了：燕婉对籧篨、戚施，鸿鹄对渔网，公子伋、寿对宣公、宣姜和朔，乃至起初美好的齐女对后来可憎的宣姜。

在这些涉及伋寿故事的诗篇中，故事的高潮是可歌可泣的兄弟之情：公子伋和他的同父异母兄弟寿的争死；故事的背景是卫宣公的淫乱：对上烝夷姜，生伋子，对下抢儿媳（宣姜），导致伋子被害；故事的线索则是宣姜的变化：一个抱着“燕婉之求”的美好理想嫁到卫国的齐女，经历“人伦祸变”之后被迫成为籧篨戚施之妻，堕落为宣淫诲盗的宣姜，离间宣公与伋子的父子关系，教唆儿子陷害兄弟，最终害死了起初“燕婉之求”的对象（伋子）和自己的亲生儿子（寿）。本来，这个女人跟伋子原也是德性之配，都是美好的，但是被卫宣公这个“籧篨”抢去了，被禁锢在新台这个“渔网”中，终于被污染成一个非常恶毒的“宣姜”，一个非常典型的宫廷怨毒后妃。起初像“新台有泚”、“新台有洒”一样美好光鲜的处子，最后成为一个恶毒的妇人。所以，这里有从头到尾都很坏的宣公，有从头到尾都很好的伋子和寿，还有从好变坏的齐女——宣姜，还有两个配角：男二号的朔，女二号的夷姜，一共五六个性格鲜明的人物，呼之欲出。想象一下，如果请索福克勒斯或莎士比亚来写一部剧会如何？或者拍一部电影会怎样？这里面非常“有料”，非常有意思啊！

幽人素履：刚才虚中说，宣姜这个女子，当她作为一个少女嫁到卫国来的时候，她的初衷是好的，本来也充满了美好的希望或者是向往。但是后来，我们结合这个悲剧（卫风里很多诗都牵涉到这件事，可以说是一个很大的“悲剧”），后面发生的事情非常惨，涉及很多人，很多人伦祸变。我就在想，所谓宣姜这个变化，到底是因为什么？我觉得《新台》这篇诗就是一个起点，而且就是整个悲剧发生的起点，很多比较潜在的线索，就要从这篇诗里面来找。刚才无竟寓解释那个“籧篨”和“戚施”，讲得非常好，尤其是关于“巧言令色”这一点。我们看这件事始末，一开始卫宣公有可能是对齐女做了一些什么手脚，比如说筑了一个“新台”，在齐女嫁过去的半路上把她截住，所谓“筑新台于河上而要之”，有点相当于要挟她的意思。但是最重要的还是后面宣公那个“巧言令色”。对宣姜这个一开始可能并不坏的女子来说，这是让她产生变化的一个很重要的原因。我觉得女人很麻烦的一点，她们常常喜欢好听的话啊、奉承啊之类，就是说，“巧言令色”这种东西对女人可能是比较有杀伤力的，这种东西导致了宣姜一个很大的变化，可能是这篇诗着意加以提示的一个用意所在吧。

无竟寓：幽人素履的这个发挥接上了刚才讲的那些故事中一个好像断裂的环节，这里面就更“有料”了，更有故事了。是啊，从一个向往“燕婉之求”的新妇，变成恶毒地去陷害伋子的这样一个卫宣姜，中间的这个变化，就是跟卫宣公作为“籧篨”、作为“戚施”的这样一个本性分不开的。这样一个本性不光是说外表丑陋让人讨厌，在他这个讨厌的外表下面却有一些对女人来说，特别是对那些自身德性不坚固的女人来说致命的武器，就是“巧言令色”。卫宣公，毫无疑问，他是一个诸侯之子，既是“官二代”，也是“富二代”，而且是高级“官二代”加“富二代”，说白了，就是在诸侯贵族钟鸣鼎食之家长大的，受贵族教育长大的。这里有两种可能性，就是刚才说的两种可能性：一个是成为真正的贵族，还有一个就是成为纨绔子弟，仪表堂堂、能言会道，但却德性败坏，徒有其表。礼崩乐坏导致的贵族之坏是一种什么情况呢？那种坏不是像《西游记》里沙和尚、猪八戒那种外表的粗陋，也不是张飞、樊哙那种性情的粗鲁。那种坏是一种有教养的无礼、有文饰的野蛮，也就是孔子所谓的“巧言令色”，富有极大的蛊惑性，能腐蚀一切向往文明礼乐的灵魂。文明当它腐坏的时候，危害远甚于野蛮的质朴。从堕落的贵族文化中培养出来的坏人，有可能是登峰造极的：他可能是文武兼备的坏人，一颗卑琐的灵魂带着全部文明教养。否则，他也没有能力平定州吁之乱。

四毋斋：我有一个疑问，对于卫宣公的乱伦行为，齐女的娘家齐国毫无反应吗？这可是涉及两国关系的大事呀！

无竟寓：我觉得在毛序里面讲“卫宣公筑新台于河上而要之”，这个“要之”，应该就是隐含地回答了四毋斋的问题。“要之”说明宣公并不是很轻易地就能把他的儿媳妇，也就是这个齐国之女抢为他自己的妻妾，而是肯定用了武力。新台看起来似乎还像个军事要塞的样子，不光是个行淫作乐之所。譬如说你齐国想要来抢回自己的女儿的话，可能比较困难。这里可能还蕴含着一些故事，譬如齐军陈兵边境之类都是有可能的。如果要写剧本的话会非常有意思。

宅路：我觉得卫公这里的“巧言令色”，是不是说明妇女教育的主要来源是来自于社会对她的影响？即使对于贵族妇女来说，其实“诗书”教育对她们的影响不是那么大？另外，贵族制的这种人格，好坏两极都很特别，从坏人来看，跟自由民主制或者“民主集中制”的人格相比，到底有什么区别？就是说，贵族制的这种坏人和极权强人的这种坏人，是不是有些本质的不同？因为我发现贵族制没有出现过极权强人，譬如斯大林那样的极端的类型。贵族制下的那种坏人表面上还貌似好人的样子。它产生伪君子，但好像不产生那种暴烈的恶人。极权主义有一个特质，它会产生强权的恶人。这个是让我比较疑惑的地方。这也可能是贵族制比较好的一点。

无竟寓：这是因为什么呢？这是因为贵族制是“文”，是“文”主导的。它的优点是文明礼乐，它的弊端也在“文胜质则史”。贵族制到底是偏文弱的；而那种极坏的，那种大魔头一般的独裁者、大僭主、极权主义强人，肯定是民主制的结果，是民主秩序失衡的时候，必然会产生一个强力人物来结束局面。在贵族制的衰亡、败落中，譬如在春秋的礼崩乐坏过程中，也会有法家的专制和墨家的平民化倾向兴起，扶起一个有广泛平民支持的法家专制君主，一举收拾四分五裂的封建残局。但中国政治文明的特殊之处在于，儒家会在这个时候很快起来，重新拾起贵族文化来教化新君主和平民，尊先王而法后王，实现文质彬彬、古今贯通，同时避免贵族的腐败、君主的极权和民主的粗暴。这是汉代经学对中国政治文明的贡献。

宅路：我觉得还有一个有意思的角度。如果从戏剧的角度来看的话，伋子代表的这种中国式悲剧的命运，好像跟西方的还有点不太一样。伋子其实还是可以有所选择的，只是他不选择另外一条可以苟且偷生的路。而我们看希腊悲剧或莎士比亚悲剧，他们好像总是处在没有选择的境地，中西悲剧好像有这点不同。

幽人素履：前面讲到宣公这种"巧言令色"对宣姜的影响，我觉得可以把这条线再贯穿下去。到了后面，其实我们看到，在这个悲剧当中，宣姜她最重要的一个角色就是和朔一起，去跟宣公说了很多伋的坏话，让宣公下决心去杀伋，最后导致寿和伋一起死了这样一个悲剧。其实，这里面的宣姜，她所做的事，可能就是一心为了她自己的亲生儿子。她杀伋的目的，就是为了让朔或者寿能去继位当国君。所以，宣姜这个人，要说她的恶，从这条线索来看的话，就是她变成了一个私心非常重的人。从《新台》这篇诗可以看出，宣公夺了她之后，所谓"巧言令色"，就是一直在迎合一个人"私欲"的东西。不管是宠她啊，甜言蜜语啊，都是在拿这些东西来迎合她的私欲，所以，就慢慢让宣姜变成了一个私欲膨胀的人。春秋之义是要人能大义灭亲（亲私），而在宣姜身上体现的则恰恰相反，亲私泯灭了大义。尤其是对女子而言，本来就更难做到这一点。女子可能本来就比较容易偏向于"亲"、"私"的那一面，而宣姜更是在宣公迎合宠幸的败坏之下，慢慢转变成最后那种只顾自己的状态，最后导致了这样一个悲剧。

学而居：我很同意幽人素履刚才这个讲法，但又有点不同。她前面谈过一点点，她说女性的这样一个特质吧，就是所谓容易受巧言令色的影响。我想这个影响主要在于说，女性会把美当作是善本身，这个可能是女性自身的一个弱点。就像这篇诗里谈到的那样，这里写到宣姜的美，与其说是要写宣姜的美，不如说是因为要对应地写卫宣公的丑恶，这可能是这篇诗的要点所在。所以呢，我觉得不应该把她这种把美当成善的这种特质，和她后面的糊涂建立一个因果联系，这样可能是有点过度解释的意思。

《邶风·二子乘舟》

二子乘舟,泛泛其景。愿言思子,中心养养。

二子乘舟,泛泛其逝。愿言思子,不瑕有害。

【毛序】思伋寿也。卫宣公之二子争相为死,国人伤而思之,作是诗也。【三家义集疏】鲁韩说曰:卫宣公之子,伋也、寿也、朔也。伋,前母子也。寿与朔,后母子也。寿之母与朔谋,欲杀太子伋而立寿也,使人与伋乘舟于河中,将沈而杀之。寿知不能止也,固与之同舟,舟人不能杀伋。方乘舟时,伋傅母恐其死也,闵而作诗,二子乘舟之诗是也。其诗曰:"二子乘舟,泛泛其景。愿言思子,中心养养。"(《新序·节士篇》)下,"又使伋之齐"云云,具《日月》篇,刺鲁韩诗义,与毛序异。范家相云:"姜与朔谋杀伋,其事秘,有傅母在内,故知而闵之。寿与伋共舟,所以阻其沈舟之谋。其后窃旌乃代死,情事宛然。此《新序》之胜于毛传者。"陈奂云:"此与列女传不同,刘子政习鲁诗,兼习韩诗也。"

无竟寓:为什么邶风开篇、墉风开篇都是一篇题为"柏舟"的诗?舟行迅疾,而又不知何往:这种危险情形也许可以看做卫国这艘船的基本隐喻。卫诗多少次写到河水?新台在河水之滨,漕在河水之侧,卫国历史上最危急的关头又是懿公失国、戴公渡河。遥想懿公灭国、戴公南迁过程中大概也要路过新台这处祸乱之源吧?戴公南渡野处漕邑时可曾想起州吁城漕时的民怨?这一河浊水记载了多少卫国历史啊!卫国这艘船岂不就像一叶扁舟,泛泛其逝?

就诗义本身而言,"二子乘舟,泛泛其景"是比兴还是赋?毛诗只是把它当作一个比兴:"国人伤其涉危遂往,如乘舟而无所薄,泛泛然迅疾而不碍也。"至于本事呢,还是卫宣公令伋使齐,使贼先待于隘而杀之,寿知之,窃其节而先往这件事,并无二子乘舟的情节。毛诗认为"二子乘舟,泛泛其景"只是一个比兴,用来比兴二子赴难的危险情境。那么三家呢,譬如根据《新序·节士篇》记载所残留下来的三家诗义呢,则是把这个故事说得更曲折一些:说是有两件事,先后衔接的两件事。一件事呢,就是宣姜为了杀太子伋,使人与伋乘舟于河中,将沈而杀之。寿呢,为了救伋,他也跑到船上去了,于是宣姜就不好下手了,因为宣姜的本意是想让寿来继位的。如果把世子伋沈舟,那寿也就一起沈舟了。寿就这样救了伋一命。《新序》接着说,“又使伋之齐,使盗待于隘而杀之”,就是一计不成又生一计,就成了这样。如果是这样的话呢,这个“二子乘舟,泛泛其景”就是赋,直敷其事,就不止是一个比兴了。所以,根据三家的讲法就有两件事,分别由两篇诗来讲:沈舟欲害伋,这是《二子乘舟》的本事;使伋于齐,待边境而杀之,则是《日月》诗的本事。根据毛诗呢,就一件事,两篇诗,那么“二子乘舟”这里的“乘舟”就不是实有其事,而是一个比兴。

四毋斋:君命杀己,不可以逃,真的不可以逃吗?

虚中书舍:我觉得这里面不是公子伋可不可以逃的问题,而是他想不想逃的问题。因为我觉得他好像已经没有一个生存下去的理由,所以他选择不逃,这是他个人凭靠什么生活下去的一个问题。这让我们想到,这些乱伦之后生下来的孩子啊,他们凭靠什么活下去呢?俄狄浦斯生了一堆孩子;这里的伋,后面的许穆夫人——许穆夫人也是贤人,这个伋也是贤人——他们的父母却非常糟糕,即他们的出身比较糟糕,甚至要杀自己,一个人该怎么去面对这个事实呢?

宅路:美剧里常有一句话:“我没有选择。”这里伋是有选择的,但他还是选择不逃,这里面应该有中国式人文教育的一些比较深的东西。这里应该是有冲突性在其中的,就比如“君命”在这里,对于伋来说,可能逃就不是一种解决的方式。

无竟寓:逃、去国,然后回过头来再把自己的祖国治理好:这方面的例子,春秋有很多。最著名的例子就是齐桓、晋文。齐公子小白,晋公子重耳,都曾去国,辗转流离,经历千辛万苦,然后回来,让自己的国家大治,这就是王霸兼用的人,德性和能力兼用的人干的事儿。伋子显然不是这种类型的人,伋子是属于宋襄公那种类型的人,他坚守更加古老的一些贵族德性,他是更忠义的。唉,可叹的是,往往这样做反而带来国家之乱。除了卫伋之外,更著名的例子就是吴季札。吴季札四让其国,但在礼崩乐坏的时代,他的高风亮节却没有带来大治,反而实际上成为吴国后来不安定的原因之一(这自然不是贤人初衷)。这是非常令人叹息的。时代的败坏使得伋子之贤死亡无地,使季札之至德不如齐桓晋文之霸道,而后者不但能使齐晋自身强大,甚至还可以创造条件来辅翼天子、拱卫王道,虽然其中不免僭越王道,杂而不纯。这就是王道时代行王道,霸道时代只能行霸道以图王道的道理。所谓君子与时偕行、知经达权就是这个道理。固守古老贵族道德的典范，在《春秋》里还有一个更著名的例子：宋襄公。对宋襄公，《左传》、《公羊》、《谷梁》态度不一样。《左传》只是把他貌似客观地记一下，实际上是含着贬损，后世笑话宋襄公的那种感觉，就是从《左传》的那种貌似客观的记载来的，因为根据那样的所谓的客观记载，这个人实在是太可笑了。《公羊》为了矫正那样一种对传统贵族德性的遗忘和嘲笑，对宋襄公大唱颂歌，"以为虽文王之战，亦不过此也"，似乎褒誉太过，但构成对《左传》的一个重要的平衡。而《谷梁传》有褒有贬，颇得中庸。春秋三传如何书写宋襄公的例子对我们读卫诗伋子故事非常有启发，因为无论伋子还是宋襄公面临的基本时代困境是一样的：即在一个礼崩乐坏的时代，如何重建有礼义的生活？完全固守传统可能吗？固守的实际后果会如何？完全放弃可以吗？放弃的后果将会怎样？如果说正确途径是知经达权、允执厥中，那么，经权之间的尺度在哪？新命旧统之间的枢纽在哪？我们或许可以想象，如果伋子略微有一点齐桓晋文那样一种权变的东西，又加上他固有的那种中正仁和、死节守义的古老德性，那么，他或许可以避灾免祸，最终继位，把卫国治理得更好。《中庸》云"生乎今之世，反古之道，如此者，灾及其身者也"，卫伋子之谓乎？可不痛哉！

施光：正好我们待会儿要读《史记·五帝本纪》。我想到《五帝本纪》里的舜，他的父母，瞽叟和他的后妈，也想干掉他，但是舜每次都成功地逃脱了，而且，还不违逆他父母的意愿，这里好像可以关联起来看。

幽人素履：《史记》中太史公曰："俱恶伤父之志"。

观澜斋：舍生取义？

学而居：不逃，智还是不智？

四毋斋：以孝经言，父亲责打自己则受之，父亲若欲杀己则逃之，以其不成父之恶也。

致清斋：小杖则受，大杖则走。

四毋斋：这里的伋和晋国的申生一样。

学而居：倘若这样，就恰恰表明，儿子只知其一不知其二，成就了表，丧失了里。

无竟寓：确实，真正的孝道不是愚忠愚孝，而是"小杖则受，大杖则走"。施光提到舜，舜逃的情况还不要太多？他要是不逃的话，早就死了。还可以联系到曾子来看。曾子是孝道的典范,但是,当他不逃父杖,被打到半死,却受到孔子的批评。因为你父母要是真的一气之下把你打死了,你岂不是让父母背了"不慈"之名、"杀子"之罪?伋子不就是做了这样的事吗?寿不也是做了这样的事吗?不谏不诤,争相赴死,成就自身高名,却让父母之恶反衬自己的高名,诗刺千古:如此行为,岂曰孝子?伋子与寿何所逃乎?所以,从儒家的孝道伦理和德性要求来讲的话,伋和寿有些地方其实是做得不够好的。伋寿之行与其说符合儒家礼义,还不如说更多地体现了"侠义"的精神。韩非子曾把儒侠相提并论,以为"儒以文乱法、侠以武犯禁"(《五蠹》),可见在先秦,侠道的影响也是很大的,并非只有齐鲁缙绅以诗书礼乐教化王公胄子。伋寿身上似乎就有很强的侠义精神。这些儒家之外的传统,很可能比我们今天能想象的先秦图景要更多,更活跃。司马迁作《游侠列传》记录了游侠传统的一些线索。近代"五四"一辈人曾经挖掘过这类传统,以期批评儒家、代替儒家。鲁迅的《故事新编》就写过这类故事。所以,我们或许可以推测,伋与寿所受的教养,可能不完全是儒家的东西。观澜斋说到一个关键词眼:"义"。除了侠义之义,可能还要考虑到国家大义、公义这层意思。一旦我们考虑到卫宣公不但是伋子的父亲,而且是国君,那么,伋子毅然使齐就不止是不违父命,也有不违君命的大义在,而这在《公羊》义理中甚至是超过孝行要求的更高原则。从这个角度来看,伋寿的舍生取义似乎又没有侠义精神那么简单了。

虚中书舍:如果一个人真是乱伦的产物,可能会很容易产生罪恶感,很容易自暴自弃。那么这里面,儒家实际上是用道义去纠正个人的情感。按我们以前读诗的经验,德性都从一个小家里推广出来,但是现在,当一个人在他的小家里面完全绝望,没有什么可以留恋(这个小家太糟糕了,父母要杀他,他自己又是乱伦的产物),就没办法从这个小家里推广。怎么办?这时候儒家是不是要教导说,你要从这个小家里面摆脱出来,你不要沉迷于一种狭隘的感情,你要用道义去纠正这样一种感情,从小家走向一个更大的家。这是我考虑的一个问题,就是作为一个乱伦的产物,但自身品格又很好的人,他凭靠什么活下去。我觉得舜应该可能也有这方面的问题。

无竟寓:希腊悲剧常见的"乱伦"这个词在这里可能不完全合适,有一定的误导性。在讨论中,有朋友拿公子伋跟《俄狄浦斯》相比,可能也不太有可比性。

伋子是卫宣公烝夷姜所生，但夷姜应该不是宣公的生母，而大概是他父亲的一个偏房嬖妾。而且，伋既然能被立为世子，那么说明他的政治身份、伦理身份，应该还是比较正常的（当然，这些都是推测了，没有更多的史实来佐证）。只不过，后面的麻烦在于，在要给这个世子伋娶媳妇的时候，宣公又看上了儿媳妇，把这个齐女给抢了。公子伋好不容易适应的人伦环境又起新的乱局。所以，公子伋成长的环境虽然也有乱伦的因素，但是跟俄狄浦斯神话中的波吕涅克斯、安提戈涅之类还不太一样，不是像俄狄浦斯杀父娶母生下的这种孩子。不过，另一方面，公子伋原定的妻子被父亲抢占为妾这层人伦之乱，又有超过俄狄浦斯神话的地方。在公子伋的故事里，虽然一般来说也有人伦之乱、人伦祸变，但不是像杀父娶母或兄妹结合那一类严重的乱伦关系。所以，虚中在乱伦这个问题上一直往下深究，可能也不宜看得太重。

虚中书舍：（《二子乘舟》之后邶风完，墉风从《柏舟》开始）看到这首《柏舟》（《墉风·柏舟》）让我想到了前面邶风开篇的那首《柏舟》。我还想说一下邶风，《邶风》那篇《柏舟》讲的是一个女子不受强夺，坚守自己的贞节。那么，《邶风》结尾这两篇，比如《新台》，正好也是一个国君去抢他儿子的未婚妻，好像《新台》和《柏舟》有个遥相呼应的对比。尽管这种更深的层次的东西没有挖出来，但是这样一种感觉还是值得注意的。

无竟寓：《邶风》首篇《柏舟》的贞一之德和最后两篇《新台》、《二子乘舟》所述人伦祸变之事，确实构成了一种对比。贞一不变的反面就是二三其德、上烝下抢。从这个思路来看，我们发现，很有意思，刚好诗篇是用相反的意象，来比兴这两种状况。你看，无论是前《柏舟》（邶风首篇）、后《柏舟》（墉风首篇），乃至《二子乘舟》，无论后《柏舟》的共伯之妻，还是前《柏舟》的卫寡夫人（毛诗作卫宣夫人），乃至《二子乘舟》里的伋和寿，所有这些人物，两男两女，两个夫人，两个公子，都是特别忠义、特别坚贞，特别保有那种传统贵族美德的，而对应他们的比兴之物（或者现代诗学常用的词"意象"）是什么呢？恰恰是"泛泛其景"、不知所之的那么一艘船，恰恰是随波逐流的、但即便是随波逐流也我心不改的那么一艘船。滔滔者天下皆是也。世道江河日下，而我依然义无反顾地坐着我的船。激流中的浮船反倒成为贞一不变的比兴。反过来，"新台有泚，河水瀰瀰"，卫宣公筑新台于河上，屹立于盘石之上，傲视河水的流逝，如玉石一般光鲜、美好、坚固，它却恰恰成为贵族德性堕落、腐坏、礼崩乐坏的象征，这里面的对比是多么的强烈啊！君子不得其位，泛于中流，子曰"道不行，乘桴浮于海"（《论语·公冶长》）。小人呢？小人有其台，有其宫室，而且在宫室里面，还可以有礼乐，有礼仪三百、威仪三千。可怜周公制礼作乐，孔子也说"郁郁乎文哉，吾从周"，结果却蜕变成什么呢？礼乐成为小人的专利。新台，坚固的宫室，成为捍卫小人恣意淫乐的要塞；而君子呢？泛于中流，浮乎江海，不知何之。故《中庸》载孔子一叹再叹"道之不行也，我知之矣"，"道之不行矣夫"！所以，这个前《柏舟》啊，毛诗的解法说是仁人不遇，意思其实和三家讲的卫寡夫人贞正不移，其实是相通的，都是讲君子不得其位，而小人有其宫室，有其礼乐这么一种颠倒的状况。一个是坚固的建筑，一个是流动的船，这两个意象交织在卫诗里面，形成一种错位的对应和反讽。坚贞不移的德性本该对应坚固的建筑物，而见异思迁、乱伦败德的性情本该对应随波逐流的船，对不对？但在这几篇卫诗中，我们看到它们的对应关系刚好倒过来。这或许正是整个春秋时代倒错的象征。所以，孔子对齐景公、卫灵公皆曰"必也正名乎"，正是有鉴于周礼文教之弊首在名实倒错。

致清斋：可参看《朱子小学·善行》：曹爽从弟文叔妻谯郡夏侯文宁之女，名令女。文叔蚤死。服阕，自以年少无子，恐家必嫁己，乃断发为信。其后，家果欲嫁之，令女闻，即复以刀截两耳，居止常依爽。及爽被诛，曹氏尽死，令女叔父上书，与曹氏绝婚，强迎令女归。时文宁为梁相，怜其少执义，又曹氏无遗类，冀其意阻，乃微使人风之。令女叹且泣曰：吾亦惟之。许之是也。家以为信，防之少懈。令女于是窃入寝室，以刀断鼻，蒙被而卧。其母呼与语，不应。发被视之，血流满床席。举家惊惶，往视之莫不酸鼻。或谓之曰：人生世间，如轻尘栖弱草耳，何辛苦乃尔。且夫家夷灭已尽，守此欲谁为哉？令女曰：闻仁者不以盛衰改节，义者不以存亡易心。曹氏前盛之时，尚欲保终。况今衰亡，何忍弃之。禽兽之行，吾岂为乎？

虚中书舍：柏木舟，柏木坚心。

素履斋：名实分离，败坏之象。

虚中书舍：吾于《柏舟》见文质之义矣。

咸宁斋：坎于木为坚多心，坎为北方贞一。

无竟寓：没错，柏木之舟，柏木坚心。我以前搞过家里的装修，去买浴缸，有那种香柏木做的浴缸，非常贵，好几千好几万，很沉重。但其实这种东西不适合做船啊，想想看，因为那种木头非常重，恐怕放到水里就会沉没。那么，卫诗何以两咏柏舟？不是特别值得深思吗？这是不是比兴说：江河日下，世道逐波，但我们的德性，就像柏木之舟一样，它其实是坚实沉重的，不欲随波逐流的？只不过这种坚实沉重的德性、贞一不变的性情失去了可靠的社会政治根基，不得不泛舟江海、泛泛其逝？显然，坚实的柏木更适合用来构筑新台，但新台没有它的位置，它只能去做柏舟。不求既济沧海，化渡群生，能免于沉没就万幸了。

宅路：如果从这个角度来看《二子乘舟》的话，他们在这个河上只能随波逐流，这个舟是不是还可以代指父母？二子因为乘在这个舟上，虽然他们内心坚定，但他们未免也会被这种随波逐流的事情所牵扯。这或许能解释伋子不能逃的一个原因。因为无论《柏舟》也好，《二子乘舟》也好，都有一个父母和子女之间的冲突。

《墉风·墙有茨》

墙有茨，不可扫也。中冓之言，不可道也。所可道也，言之丑也！
墙有茨，不可襄也。中冓之言，不可详也。所可详也，言之长也。
墙有茨，不可束也。中冓之言，不可读也。所可读也，言之辱也！

【毛序】卫人刺其上也。公子顽通乎君母，国人疾之而不可道也。【郑笺】宣公卒，惠公幼，其庶兄顽烝于惠公之母，生子五人：齐子、戴公、文公、宋桓公夫人、许穆夫人。【三家义集疏】齐说曰：大椎破毂，长舌乱国。墙茨之言，三世不安（《易林·小过之小畜》）。三世，谓宣惠懿，与《列女传》所称卫宣姜"乱及三世，至戴公而后宁"合（引见《日月》篇）。《史记·卫世家》：太子伋同母弟二人，一曰黔牟，尝代惠公为君，八年复去；二曰昭伯。昭伯、黔牟皆前死，故立昭伯子申为戴公。戴公卒，复立其弟毁为文公。至《左传》所云昭伯通宣姜，生戴公诸人，并《史记》、《列女传》所不及。迁向用鲁诗，知此诗鲁义比不以为公子顽通君母事。媒氏："凡男女之阴讼，听之于胜国之社"。郑注："阴讼，争中冓之事以触法者。亡国之社，奄其上而栈其下，使无所通，就之以听阴讼之情，明不当宣露。"诗云:"墙有茨,不可埽也。中冓之言,不可道也。所可道也,言之丑也。"贾疏:"诗者,刺卫宣公之诗。引之者,证经所听着是中冓之言也。"唐惟韩诗尚存,贾疏盖引韩说,是三家皆以为刺宣公。毛思立异说,故此及《鹑之奔奔》皆附会《左传》为词。

无竟寓:惠公之母就是宣姜,也就是我们前面读过的《日月》啊、《新台》啊、《二子乘舟》啊,里面都涉及的那个宣姜,那个本来要嫁给公子伋的齐女、后来被宣公抢去做夫人的宣姜。惠公是她的儿子,惠公就是朔,惠公的哥哥就是寿,寿的异母兄就是公子伋。伋和寿,大家都知道,在那个著名的故事里都死掉了,那么剩下就是这个朔继位,就是惠公。这篇诗呢,无论是哪一家说,都有一点是一致的,就是这个宣姜,在卫宣公去世之后,仍然在祸害卫国,也就是《列女传》所谓宣姜"乱及三世"(宣惠懿)的意思。其影响所及,一直到懿公失国、戴公渡河南迁、文公"定之方中",才算重新安定。那么,这个《墙有茨》呢,说的正是卫宣公去世之后,宣姜淫乱之行给卫国带来的祸害。只是在跟她私通的人是谁这个细节问题上,三家和毛诗有所区别。三家以为昭伯,毛诗以为公子顽。昭伯是公子伋的弟弟,顽是惠公的庶兄。

墙与茨的关系涉及一个很棘手的问题:就是当礼法和履行礼法的人之间不一致的时候,该怎么办?譬如说在这篇诗里,宣姜和昭伯或公子顽有违反礼法的奸情。本来,为了维护礼法,国人应该把他们的奸情揭露出来,然后来修正它。只有这样,你才能维护礼法之墙(礼之为防)不倒塌,才能维持礼法的尊严,让这墙更加坚固,对吧?就像这墙上长了一些小草,你因为怕小草把墙侵蚀了,你就要把草拔掉,对不对?为了保护墙,你要去拔草,正如你为了维护礼法,就该把一些违反礼法的人和无礼之事揭发出来,使他得到惩处,对不对?但《墙有茨》的问题是:如果这个违反礼法的人对于礼法体系来说足够重要、足够根本,乃至就是礼法体系的根基,以至于你如果把这个人和事揭发惩处的话,它带来的结果可能不是维护了礼法,而是使整个礼法秩序轰然倒塌、彻底崩溃,如果是这样的话,你就不能轻易去除掉那个墙上的荆棘。就好像一个人长了一个巨大的肿瘤,你很难下决心切除它,因为切除的结果可能是立即死亡,而保留的话还能苟延残喘。这就是《墙有茨》的困境。因为在《墙有茨》中,墙上的杂草已经滋生为蒺藜一般巨大顽强的寄生物，乃至深入肌理，和墙长成了一体。这时候，蒺藜虽然对墙有危害，但已很难贸然拔除，因为拔掉的结果很可能是墙的倒塌。礼法制度和遵循礼法制度的人事之间，就有着这样一种纠结的关系。

四毋斋：这里对"茨"即"蒺藜"的解释好像毛传、郑笺和王先谦还不太一样吧？王先谦说："墙之有茨，以固其家，犹人之有礼，以固其国，今若扫去其茨，则不能防御非常，喻宣恣为淫乱，要娶子妻，隳礼制之大防，将无以为国也。"他这里很明显是把"茨"作为礼的一个比喻。王先谦把"茨"解为蒺藜、荆棘，而这个附着在墙上的荆棘的作用正是为了防范人与人之间尤其是男女之间的关系过于狎昵、以免过界，这个意思好像和前面毛传和郑笺的理解不太一样。

无竟寓：对，这个我也注意到了。我很奇怪王先谦为什么没有更多的分析和论证，以证明他的这个解释是正确的。他没有去找历史上其他人的说法以佐证他的解释，也没有从自己的这个观点出发，指出毛和郑是错误的。所以我就很纳闷，怀疑王先谦好像没有太明白毛和郑是什么意思。王先谦在集疏中比较注意考证的一点呢，是"墙有茨"的这个"茨"字，是一个假借字。他引用《说文》的"茨"字本义是"以茅盖屋"，又接着考证说，韩诗、齐诗的这个"茨"字是作"荠"字(但跟"荠菜"的"荠"不是一个东西)，其本义是"蒺藜"。"荠"为本字，"茨"是借字，他是在考证这个。至于这个墙上的蒺藜，究竟是好东西还是坏东西，他没有考虑，没有分析。毛传的意思很清楚，就是说，这个墙上的蒺藜不是好东西，我们应该把它拔掉。就像宣姜与人私通，这不是个好事，我们应该去矫正它。但是呢，有顾虑，你不能去拔掉这个蒺藜，你不能去揭露宣姜的淫佚之事。为什么呢？因为一拔蒺藜，墙就受损，虽然出发点是护墙；你去揭露宣姜之事的话，整个卫国，整个卫侯公室和国家秩序，就有可能会崩溃，虽然你的出发点是为了救治这个国家。尤其当你涉及的事情如果是闺门之私，是一些"不雅照事件"，就更有这样一个内在的困难。从诗意的比兴来看，一边是"墙有茨，不可扫也"，一边是"中冓之言，不可道也"，毛传的意思还是跟诗文本身很通很顺的。那么郑笺呢，是从毛传的这个意思一脉下来的。郑笺说，宫内有淫昏之行，就像墙上生了蒺藜。当然，王先谦的这个设想也有一定道理。在他看来，墙上的蒺藜就好像我们今天常见的那种围墙上的尖铁棍、铁丝网、乃至电网之类。礼之大防犹如围墙，如果墙上再加上一层蒺藜，乃至再加一层铁丝电网，那它的防卫功能就更强了。他是这么去想了。这种想法，单从墙和茨本身的关系出发，是可以讲通的，但问题是跟整篇诗的前后文语境连不上。因为前后文是“墙有茨，不可扫也。中冓之言，不可道也”：“茨”与“中冓”奸情有一种对应关系，它们都是不好的，本来应该去除但却没法去除的东西。如果按王先谦的意思的话，诗句的前后文可能就应该是这样了：“墙有茨，不可扫也。礼有防，不可去也”，“宫殿有墙，不可毁也”诸如此类。我胡诌几句啦，就是假设如果诗句是那样的话，他的意思就与经文吻合了。但显然这篇诗的诗意，是拿“墙之茨”来比兴“中冓之言”，用“墙之有茨，不可扫也”来比兴“中冓之言，不可道也”。所以，王的解释虽然有义理启发，却是不合经文的。

然后再补充一点，就是这个“中冓”，根据韩诗说（《经典释文》保存下来的一些韩诗说），“中冓”是解释为“中夜”，就是晚上。而传笺说“中冓，内冓也，谓宫中所冓成顽与夫人淫昏之语”，就是把这个“中”理解为“宫中”，“冓”理解为“冓成”。还有，陆德明《经典释文》里面又说，“冓”本又作“遘遇”之“遘”，且又通“交媾”之“媾”，就是在宫中媾合之意，那么“冓”就是“媾合”，“中”指“宫中”。所以，对“中冓”似有三个解释方向。王先谦在这里有一些疏证，他引用了很多，比如大雅《桑柔》有“征以中垢”，毛传说“中垢，言暗冥也”，与这里“中冓”之为“中夜”的含义是相合的。他又接着讲到，这个“冓”字呢，实际上又是一个假借字。《广雅·释诂》在这个“中冓之言”的“冓”上面再加一个宝盖头。宝盖头嘛，就是表示房子的屋顶。房中之事自然是夜晚之事，“中冓之言”就是晚上的私房话。

四毋斋：我想到前一阵我们在网上讨论过的言论自由问题。其实这里提供的刚好是一个反例，“所可道也，言之丑也”，“所可读也，言之辱也”。也就是说，有些东西，比如“中冓之言”，你是不可以拿出来随便说的，否则会产生一个宣淫宣盗的误导效应。所以言论没有绝对的自由，而是有其规范和边界的。而我们现在很多人恰恰是把这个东西给忘掉了，这归根结底还是因为，他们觉得在一个多元主义的时代明确的道德标准已经不可能存在了。既然大家无法达成道德标准之共识，那也就只好随便让每个人自说自话了，这就是罗尔斯“权利先于善”的正义论。这里贯穿的乃是一种从多元主义到虚无主义再到自由主义的思维方式。

无竟寓：即使在今天这样的“开放社会”，过度的揭露也会败坏社会风俗。

貌似正义的、揭露假丑恶的新闻媒体成了一种娱乐工业。

幽人素履:我看到前面一开始的时候《集疏》有说,《媒氏》曰:“凡男女之阴讼,听之于胜国之社。”然后,郑注:“阴讼,争中蒋之事以触法者。亡国之社,奄其上而栈其下,使无所通,就之以听阴讼之情,明不当宣露。”这个是不是古代其实从制度上就有规定?但是我不太了解这个“胜国之社”,郑笺说的“亡国之社”,它是一个什么样的机构?意思就是,像这一类的言论,并不是说你完全就不去触及它,听之任之,也不是这样。“隐恶”,也不是说对这种恶就不去管它,而是要以一种特殊的方式,就是不让它暴露出来,但是暗中还是要来处理它。如果说,当发生了这样一些很严重的违礼的淫僻之行,纯粹只是说不去管它,这个也不对吧?

四毋斋:我来简单回答一下。幽人素履刚才读的这一段,它实际上讲的是一个司法审判原则。就是说针对这种因夫妻关系而导致的“中蒋”诉讼案件,它实行的是一个不公开审判的原则,以免由于案情的详细情节被泄露出去而造成一些负面的社会舆论后果。所以,针对类似卫国这样一些由淫乱之事引起的司法案件,是要进行秘密审判的。我们现在的司法里也还有类似的不公开审判,只不过其理由变成了诸如保护个人隐私、保护未成年人等等,而没有从保护公众不被案件中过分邪恶的事件细节所污染的角度加以考虑。换句话说,今天的不公开审判仅仅是出于对当事人之个体权利的保护,而丝毫没有公众教化方面隐恶扬善的考虑。厚于一己而薄于社群,这是一种典型的权利政治思维,而不是教化政治思维。殊不知,很多邪恶的东西如果被过分渲染的话,它恰恰起到一个负面的反作用。我记得我们道里书院原来有一篇海裔关于“真”的讨论,其实就跟这里谈的有很大关系。真不等于美,更不等于善,不是所有的“真”都可以拿出来说的。偏离了美与善的“真”可能恰恰是具有伤害性的。而且中国古人讲的“真”不完全是一种外在的客观的真,而常常是与内外的主观的“诚”联系在一起的,所以我们中文里有个词就叫“真诚”,庄子讲的真人亦须作如是观。

幽人素履:《春秋·哀公四年》:“六月,辛丑,亳社灾。”杜注:“天火也。亳社,殷社,诸侯有之,所以戒亡国。”正义曰:“殷有天下,作都于亳,故知亳社,殷社也。盖武王伐纣,以其社班赐诸侯,使各各立之,所以戒亡国也。《公羊传》曰:‘蒲社者何?亡国之社也。社者,封也,其言灾何?亡国之社盖揜之,揜其上而柴其下。'《穀梁传》曰:'亳社者,亳之社也。亳,亡国也。亡国之社以为庙屏,戒也。其屋亡国之社,不得达上也。'说者以为立亳社于庙斗之外,以为屏蔽,使人君视之而致戒也。"(《春秋左传正义》杜预注,孔颖达疏)

根据亡国之社中的阴讼这个情况来看,这里发生的是非常严重的事情,不仅仅只是在道德层面,甚至已经"触法",然后要有明确的制度来针对它。只是在另一方面,就像刚才说的,这种东西,如果流布出去的话,它会有一个宣淫宣盗的副作用,所以,为了避免那样的副作用,才用这样一种隐蔽的方式来针对它,来处理这类事情。

四毋斋:而且前面这个"社","胜国之社"、"亡国之社",乃是国家已经被灭了之后的那个社稷、那个神社,它的顶部是要被屋宇覆盖住的,所谓屋其上而柴其下,就是不能够再和天地相通了。所以这样的"社",它其实是一个有着亡国意味的场所。而在这样一个地方进行审判,它其实是有一种寓意在里面的,就是要警示争辩的双方,如果任由他们这种邪恶继续下去的话,导致的就很可能是一个亡国的结果。所以在中国古代,它更多地是要讲"隐恶扬善"。"隐恶"不是说它不知道那个恶存在,而是在有的时候、必要的时候,需要把这个恶的东西隐藏起来、遗忘掉。通过历史的净化过滤把这些恶的、消极的记忆埋藏起来,以便把那些善的记忆、积极的东西扩散开来。隐恶不是要忘记历史,而是要扬善于未来。所以孔子讲:"成事不说,遂事不谏,既往不咎",也是这个意思。

无竟寓:这样的非公开审判就是《周礼·媒氏》及郑注说到的"阴讼"。"阴讼"这个制度还重视得不够。从《墙有茨》这篇诗出发,我们还可以思考采诗制度与阴讼制度的关系。阴讼制度可以使那些有可能败坏风俗的违礼行为受到审判和惩处,同时保证这些中冓之言不被扩散,消除其可能的负面社会影响。不过,从《墙有茨》这篇诗,我们不但看到这种阴讼制度的隐秘一面,也可以看到舆论谴责的公开一面。对于"不可道也"的淫昏恶行,除了阴讼,在公开舆论上,并不是完全沉默,不去讽刺它,完全把它隐下来,不施与舆论压力和道德谴责。诗风的隐只是体现在它公开言说的修辞方式上。虽然诗篇唱曰"不可道也",但这篇诗本身在道说,对不对?虽然诗篇唱曰"中冓之言",但这篇诗本身就是公开言说,对不对?就是对宫中淫秽之行的公开谴责、讽刺、劝谏,对不对?只不过它不像现代媒体那样不知廉耻,卖弄花边,轰动视听。作为《墉风》的一篇,这篇诗在当时的卫国乃至周边诸国可能都是广为传唱的，尤其当它被大师采入周室，诗歌所讽之事也是能为天子王朝所知的。此诗编入墉风，可见这件事情在当时国人之中可能是得到普遍议论的，众所周知的。这篇诗的产生和流行，本身已经说明，这些违反礼法的事情，即使它在宫廷内发生，在上层贵族之间发生，它仍然必须接受一种公开舆论的谴责。只不过，这是一种有社会道德教化考虑的舆论谴责，而不是貌似正义的、本质上作为娱乐工业来运作的现代新闻媒体监督。这种有社会教化考虑的舆论谴责，在《毛诗大序》里面叫作“主文而谲谏”，在《礼记·经解》里面叫作“温柔敦厚”，用孔子的话说就是兴、观、群、怨(《论语·阳货》)。就是说，一方面它是刺诗，有讽谏、有舆论谴责，而且是公开的舆论谴责，尤其“诗”的形式流传甚广，是一种公开程度非常大的舆论谴责；但同时，它不是像今天这样，把一些不雅照流传到网上，或者十几万字的所谓“言情纪实小说”发出来揭露一个贪官。贪官是倒了，人心也坏掉了，尤其是未成年人受到的不良影响更是难以估量。而我们看看《墙有茨》的例子，它不是没有言论自由，不是没有舆论监督，但它是有着社会伦理道德教化考虑的言论自由和舆论监督，这种监督就叫做“诗教”。在《诗经》的时代，在中国诗教传统里，赋诗从来不是个人抒怀、抒情的东西，而从一开始就是嵌在政治生活中的行动。这在《左传》里很明显，一读就知道。不是说经过儒家“政治化”、“道德化”的“污染”、“改造”，那些原本天真无邪的抒情诗歌才被那些道貌岸然的圣贤们改成了面目可憎的东西，而是它本来就是德性政治生活的一部分。现代人不能理解古典诗教，首先是因为他们已经丧失了政治想象力和政治能力，不知道什么是真正的政治生活。现代人首先把政治理解为肮脏龌龊的东西，以便纵容自己在公共生活中公然放浪，这便是现代言论自由主张的政治哲学前提。而古典诗教的言论自由则是有着社会伦理道德教化考虑，乃至家国天下关怀的这样一个舆论监督和言论自由。所以，只有从古典诗教角度出发，我们才能理解《墙有茨》这篇诗为什么一方面说“中冓之言”“不可道也、不可读也、不可详也”，一方面这篇诗本身就是在“详”、在“读”、在“说”、在“道”。它不需要把这个“中冓之言”直接宣露出来，避免了宣淫宣盗的负面影响，同时，又起到了“主文而谲谏”的舆论监督作用。所以，这篇诗对于今天鼓吹毫无限制的言论自由、以为任何形式的揭露都有助于正义实现的那些人来说，仍然有着非常重要的现实意义。

幽人素履:我还想说一下,接着刚才无竟寓说的那个意思。关于诗的意思,那个"中冓之言,不可道也"是很明白的,但后面还有一句"所可道也,言之丑也","所可详也,言之长也","所可读也,言之辱也",我理解时,还是觉得有一点问题。接着的这句话的意思是说,所有这些话说出来都是丑恶的?还是说,前面说"中冓之言,不可道也",但后面限定说,可以说的,是去说这个东西是丑恶的?就是说,不是去讲那些细节,而是去指责这件事情,是一个礼法、道德的判断。是不是这个意思呢?我有点疑问。

无竟寓:这个"言之丑"是不是言辞本身的一个丑恶呢?是不是不要亵渎了言辞,不要亵渎了文字,不要亵渎了诗?而今天呢,比如刚才说到的那个纪实小说,或者揭露某些贪官淫昏之行细节的那些东西,毫无疑问它有一个非常正面的价值,比如让一个生活作风有问题的贪官落马了,这当然是其正面价值,必须肯定。但是,它带来的危害又有多大?现代人几乎不再关心这个问题。

幽人素履:我的理解还有点不一样。我只是觉得前面已经明确说了是"不可说",而后面又接着来一句"所可说也",然后"言之辱也、言之丑也",就想,它是不是说,关于这些事情本身是不可以详细地去说它的,但如果要说的话,可以说的那部分,就是指责它是丑恶的,然后去批判它,这个是可以说的。但书里的解释都不是这么说的。我感觉,比如无竟寓刚才说到的一点我是认同的,他说,既然这个东西不可说,但是我们读到的诗,这些诗其实都在说,关键是它以一个什么样的方式去说,它说的是什么内容。它不像我们今天面临的,宅路说的那种"语言污染",流出来什么不雅照啊,去写那些怎样怎样的细节啊。就是说,不是去关注这些八卦的东西,而是像《诗经》这样的,有一个明确的道德、礼制的态度去批判。我想说的是这样。

四毋斋:这里其实关键就是那个"所可道"中的那个"所"。刚才我查了一下,这个"所"可以解释为一个连词,就是假设性的连词,"如果"、"假如"的意思。就是说"中冓之言,不可说也",如果可以说的话,说出来肯定是丑陋的。它好像有这样一个意思。

幽人素履:如果是按照这个解释的话,意思就还是不可以说。我也看到下面的那些解释不支持我的这个说法。我只是这么一想,因为读的时候,这两句连贯下来的话,稍微有点疑惑吧。

无竟寓:我相信四毋斋刚才找到的那种解释,把"所"理解为只是"如果"这个意义上的连词,这种解释对于整篇诗的前后文来说,应该是更通顺更连贯的。还是强调刚才那一点,我越想越觉得这一点更重要,就是,一方面,诗的字面上说"不可道",另一方面,这个诗本身实际上是在"道",这里面的关系是特别值得去深思的。

波那文都:可以说的是带道德评判的,而非表面客观中立的事实描述(这种描述也造成了某种道德评判)?

素履斋:而且,一篇诗,它很大程度上是对世道的一个叹息,"所可读也,言之辱也",它知道是有这个辱,有这个丑的,但是它不会去详细地揭露,去描述这个丑,就是说,你只要知道它是丑事,说它丑就可以了。

无竟寓:其实从每一章最后的两句,"所可读也,言之辱也","所可道也,言之丑也",我们或许可以推测:诗人,就是作诗的这个卫国大夫,他其实是知道一些细节的,他其实是知道那些"中冓之言"的丑陋究竟是如何的。因为,如果他不知道的话,他怎么知道那是丑恶的呢?如果他不知道那个东西是丑恶的话,他怎么能说,这个东西还是不要说出来吧,说出来太丑恶了,对不对?这是否说明:其实,作为一个士大夫,作为贵族圈子里的一员,他可能是知道一些宫闱秘谈的。然后他就琢磨,我怎样对目前卫国这样一个昏乱的局面能够有所帮助呢?那我就写这么一篇诗出来,让它流布出去,应该可以起到一个"主文而谲谏"的作用,起到讽刺时事、舆论监督的作用;同时呢,作为一个士大夫,我对广大人民百姓、广大传诵这篇诗的读者来讲,我是有一个道德教化责任的。那么,他给自己的定位,跟今天的比如说新闻记者的自身定位是很不一样的。现在的新闻记者,他是受了,就是波那文都所说到的,现代最流行的所谓"客观中立的事实描述"这么一种教条的影响,就是一种所谓科学精神的影响。所以,他虽然怀着一种社会正义的理想进入新闻业界,但他几乎从不曾考虑他的事实揭露会有什么负面的社会影响。这些话题或许都可以纳入到我们读《墙有茨》这篇诗的思考范围之内。经学的读诗法,本来就应该是关怀现实的,有经世致用之志的。

幽人素履:我觉得,某种意义上,《墙有茨》,以及写这篇诗的人,他写这篇诗,也是在为我们作一个"道"的范例。让我们知道,对待那些丑恶的事情,我们应该如何去谈论它。这个诗人其实没有去讲那些细节,而且他明确地说:“所可道也,言之丑也。”就让我们知道那个东西是丑恶的,就把态度表明了,但是他也没有去详细地讲那些八卦。

素履斋:既有对世道的叹息也有对自身道德责任的担当。

无竟寓:再往深里讲啊,实际上,现代新闻、现代网民真正感兴趣的,其实是八卦。无论是媒体还是读者本身,他们真正感兴趣的是花边新闻、轰动视听,而不是真正的社会正义。他只是在“维护社会正义”这么一个冠冕堂皇的名义之下行娱乐工业之实。对于媒体工业来说,八卦可以增加他的发行量和广告收入。而在观众这一面,对那些娱乐性很强的所谓明星淫乱、贪官腐败新闻,现代人不再有一种质朴的、正义的愤怒,而是夹杂着“羡慕、妒嫉、恨”。现代媒体利用现代观众的“羡慕妒嫉恨”,迎合他们的低下趣味,来增加自己的收入,这之间就有一个共谋,而所有这些共谋又是在一个非常冠冕堂皇的“维护社会正义”名义下进行的。这一点就说到这儿吧。再往下说,道里书院就更要被人骂死了。咱们也不能太另类不是?

咸宁斋:《孔子诗论》:墙有茨,慎密而不知言。

四毋斋:嗯,好,这篇诗大家基本上讨论得很充分了,也达成了一个共识,其实就是我们刚才反复提到的一个成语——隐恶扬善。“隐恶”的目的是为了“扬善”,而不是想掩盖事实、欺骗视听,因为这是跟教化后果相关的一件事。刚才咸宁斋提到了,说《孔子诗论》里面说的“墙有茨,慎密而不知言”就是“慎密而不当言”,这里的“不当言”估计就是出于教化的考虑而把它有意识地隐藏起来,而不是到处去乱说。刚才无竟寓揣测,这个诗的作者应该是知道细节的。由此我们就可以想象,他知道细节,但他没有把丑陋的细节说出来,这就是“非礼勿言”呀。我们通常说“谣言止于智者”,那么这里我们似乎可以配一句,“丑言止于仁人”。仁人以其不忍之心对于这些丑恶之事羞于启齿,就让这个东西到自己这里为止,也就避免了给这个事当宣传员,又把它播散出去,继续产生不好的效果。虽然不再传播细节,但该有的道德评判还是要有,于是我们在《墙有茨》这首诗里还是能看到善恶褒贬。联系我们自己,经常在QQ邮箱里面会收到一些乱七八糟的漂流瓶,什么都有。当你收到这些东西的时候,如果是丑恶的你就不要再把它扔回去接力传递了,让它到你这就沉没了吧。让丑恶的东西止于自己，不再传播出去，这不也是一种“不可道”吗？

《墉风·君子偕老》

君子偕老，副笄六珈。委委佗佗，如山如河，象服是宜。子之不淑，云如之何？

玼兮玼兮，其之翟也。鬒发如云，不屑髢也；玉之瑱也，象之揥也，扬且之晳也。胡然而天也？胡然而帝也？

瑳兮瑳兮，其之展也。蒙彼绉■，是绁袢也。子之清扬，扬且之颜也。展如之人兮，邦之媛也！

【毛序】刺卫夫人也。夫人淫乱，失事君子之道，故陈人君之德、服饰之盛，宜与君子偕老也。【郑笺】夫人，宣公夫人，惠公之母也。人君，小君也，或者“小”字误作“人”耳。【三家义集疏】《内司服》贾疏云：“刺宣姜淫乱，不称其服之事。”三家无异议。

无竟寓：这篇诗中的“委佗”，韩诗说“德之美貌也”。《羔羊》诗的“委蛇”，韩诗解为“公正貌”。德美之貌，公正之貌，意思是相通的。佗、蛇二字也是相通的。“委佗”用在这里的意思是说，宣姜啊，这个卫国夫人啊，她穿着“象服”，本该能为人模范，为人仪则。可是，她的德性配不上她的服饰，所以构成一种讽刺。这是这篇诗的主旨。所谓“象服”就是《尚书·益稷》所谓“予欲观古人之象，日、月、星辰、山、龙、华虫……”用华美的服章昭示德性的气象。现在，诗人看到宣姜穿着华美的象服，戴着盛大的“副笄六珈”来到眼前。在先王礼法中，所有这些象服之象、佩玉之饰都是有道德含义的。诗人看到宣姜满载这些道德礼义的符号来到眼前。通过这些符号，诗人欲观宣姜之象。他能看到什么呢？他能看到那些符号所代表的德性吗？这是诗人作这篇诗的关怀。“委委佗佗，如山如河，象服是宜”：根据春秋时代尽人皆知的礼仪预期，这个象服之人应该秉有“委委佗佗”的德性，也就是“德美、貌正”的质量，其德如山之高峻、河之渊深，才配得上她的象服，她的“副笄六珈”。然而，这一切预期都落空了，在一个徒有其表的虚文时代，圣人制礼作乐的预期落空了：“子之不淑，云如之何？”

四毋斋:这里面大家可以注意一下。这个“副笄六珈”就是头饰,就是整个头上的一些发饰、装饰。而这个象服是身上的衣服,头饰和衣服是匹配的。这个象服,后面提到了,就是那个“袆衣”。六衣里面的“袆衣”,就是祭祀时穿着的最高等级的那个礼服。在整个的祭祀过程中,这样一种服饰,她的首饰,她的衣服,其实都是非常庄重的,这个应该是和德性相配的。但它最后一句的反问——“子之不淑,云如之何”,刚好将整首诗的主旨反了过来,恰恰是通过凸显这种表里的不一,讽刺了这位宣公夫人,也就是惠公的母亲。

无竟寓:这里的“玼”跟《新台》诗里的那个“泚”是一个字。“新台有泚”的“泚”是三点水旁,那是个假借字,其实它的本字就是本篇“玼兮玼兮”的“玼”。这个“玼”啊,就是玉器的光鲜之貌,焕然有光彩的那么一个样子。然后这个“鬒发如云,不屑髢也”,这个髢呢,实际上就是假发,就是说,她的头发很多、很好、很黑、很美、很长,用不着戴假发。这也可以和《采蘩》诗的“被之僮僮,夙夜在公”联系在一起看。那个“被之僮僮”,其中的一个解释也是指的这种假发。然后这个“象之揥也”:“揥”呢,和一开始讲的那个“副笄六珈”的“笄”其实是比较接近的一些东西,都是用来把头发束在一起,所以叫“会发”,或者叫“摘发”。然后值得注意的,就是这个“扬且之皙也”,稍微有一点麻烦。“扬且之皙也”,毛传的意思呢,是把这个“扬且”解释为“眉上广”,就是眉毛上面,指比较开阔的额头这么一块地方,“皙”呢,解释为皮肤的白皙。就是这个额头呢,又广阔又白皙这么个意思。那么这个“且”呢,就念七也反(qiě)。但是呢,有不同的意见,马瑞辰《毛诗传笺通释》里是这么讲的:“扬且之皙也(根据他的理解,这个“且”念 jū,是个语气助词,不是表示“而且”的“且”)与‘玉之瑱也,象之揥也’句法相类。”这是个很重要的观察。所谓“玉之瑱也,象之揥也”,他的意思就是玉做的耳饰、象牙做的发饰。他认为这两句的句法跟“扬且之皙也”、“扬且之颜也”是一样的:“且,句中助词。之,其也。扬且之颜也,亦谓扬其颜也。”王先谦认为马瑞辰这个讲法是对的。那么,王先谦的一个重要分析在于,按照毛传的讲法,在这章里,这个“扬且之皙也”是讲得通的,但是到下一章,“扬且之颜也”就讲不通了,所以他支持马瑞辰的讲法。那么毛传不通的地方在哪儿呢?上章“扬”字解为额头还可通,但下章“颜”字他又解为额头,就不太通了。所以呢,王先谦指责毛传,为了把话说圆呢,就额外地增加了“丰满”两个字。

四毋斋:还有前面那个"玼兮玼兮,其之翟也"的"之"字,王先谦在后边通过辨析将其解释为"变","之翟"就是变为翟服。前面第一章说宣姜穿的是象服,就是袆衣;后面第二章就变换为翟服,第三章又变换为展衣,所以这个"之"是作动词用的。这是后面对这个"之"字的一个解释。还有关于那个假发,我们其实在马王堆汉墓就可以看到这一点。出土的那个辛追夫人就使用了假发,它是成卷的,用来垫在头发里面的,它跟英国那个假发还不太一样。英国那种假发是套在外面的,有点像今天的假头套,而中国的假发一般来说是垫在里面的,过去盘头的发式很多都用得到,不知现在的女孩子是否还使用。我前两天看了一条新闻,说是阿拉伯国家由于以胡须为美,所以很多人为了让胡须长得更漂亮更浓密,他们就去土耳其植胡须,就跟中国的植发一样。古人估计还没有植髮植胡须的技术,所以只能使用一些假发来辅助一下了。

无竟寓:此篇大旨是说宣姜的衣服、发饰、面容的姣好这些东西其实只是一个反衬,反衬她德性有亏。同时也包含一种劝谏:诗人代表士大夫和国人来劝囿贵族,希望他们的德性能如他们的外表、服饰一样的美好。所以,这实际是一篇刺诗,是一个讽刺。但同时呢,这是一种温柔敦厚的讽刺,包含着希望,希望被讽刺的人变好,配得上她的华服。所以,这是"主文而谲谏",不是西方修辞学所谓 irony 意义上的反讽。这里没有怨毒。它是讽刺,但首先是讽谏,是希望她的内在德性可以像她的外表一样美好。六艺之为教,首先是相信人能受教,通过修德而改善。

幽人素履:我说一下我读这篇诗的感觉。关于这个宣姜,我们前面读的很多诗都已经涉及她,前面无竟寓说过,已经足以写一幕很盛大的悲剧了,而宣姜就是里面一个很中心的角色。有意思的是,我们一直在读啊读,有一个疑问可能已经积蓄了很久,就是,这个女人到底是什么样的?为什么卫国里面那么多事情都是因她而起?然后到这篇诗,这个宣姜,好像盛大地出场了。这篇诗写到宣姜的各个方面,无论从服饰、仪态、容貌,真的是美轮美奂,和《诗经》里所有写到的美人相比都不逊色,我觉得也差不多就是最美的了。读到那个象服的"如山如河",读到她那种"副笄六珈"的发饰,浓密油黑"不屑髢也"的鬒发,还有她那种委委佗佗的仪态,都会觉得,真的是一个"倾国倾城"的美女!就是这样的一个形象。我就觉得,读到这里的时候(就像刚才我看咸宁斋写的),我们会觉得:总算知道是为什么了！但是这篇诗,除了写到宣姜的美貌之外呢,它整个的写法也是非常特别的,一开始这句“君子偕老”,在我们现在读来的话,已经感觉非常的讽刺了。因为她不但没有“君子偕老”,而且是在父子之间乱伦,然后造成宫廷里面无数争夺和悲剧的这样一个中心人物。而到了诗的最后面,又来了一句“邦之媛也”。这个“媛”字的解释很有意思,这个“媛”和“援助”的“援”有关系。“媛”,我们一般理解就是美女,或者说“名媛”啊诸如此类。但这个“媛”字,它和提手旁的“援”相关,有家国的援助这样一个意思。那么就是说,一个女子,除了有一个美好的容貌啊、仪态啊之类,更重要的是,她能够“结两姓之好(君子偕老)”,对一个国来说,她就是国的援助,对一个家来说,她就是家的援助,这是非常重要的,所以才要求女子有那么多的德性。所以,当它最后讲到这个“邦之媛也”的时候,也显得非常的讽刺。宣姜不但没有成为卫国的援助,反倒导致了卫国几世之乱,真是“倾国倾城”这样一个结果吧。最后这里,王先谦说:“此诗盖宣公要娶归国后,姜以副袆翟襢之服承祭见宾,国人所刺,而篇末仍祝其配君子为邦援,不失忠厚之旨。”王先谦的意思,是说这篇诗应该是宣姜嫁过来的时候,就是宣姜嫁给宣公的时候,国人刺之,所写。那个时候还不知道后面会发生那么多的事情,所以呢,对宣姜还是有一个祝颂在里面,祝其能够配君子为邦援,还有一个美好的愿景。但有意思的是,这篇诗,我们读到的时候,感觉却是不一样的。这篇诗出现的地方,我们前面读到的所有那些悲剧都已经发生了,感到这个国家已经被乱伦啊,之后的兄弟残杀啊这些事情弄得残破不堪了,在这样一个很混乱的状态下,然后我们再读到这篇诗的。所以当我们现在读到这篇诗的时候,会觉得那种讽刺的意味非常强。当然,也许王先谦说的也对,但是,既然我们是在诗经这样一个编排次序当中读到这篇诗的,那我们也可以考虑一下,为什么会把这篇诗放在这样一个位置？不是在一开始提到宣姜,就是宣公娶她的时候,比如说,前面我们读到《新台》,不是在那个地方放这篇诗,而是在所有这些事情都发生了之后她才盛装出场,是这样一个安排。

无竟寓:这幕盛大的戏剧,还可以加上卫国历史上的四个重要人物:南渡的戴公、中兴的文公、作《载驰》的许穆夫人、咏《河广》的宋桓夫人,因为,根据《墙有茨》诗的郑笺,这些人物都是宣姜的孩子(此说当据《左传》闵公二年传)。在伋寿争死事件中,伋、寿、朔三人已经轰轰烈烈了。然后,根据郑笺,宣公薨后,宣姜又与顽私通（或者根据《列女传》、《史记》是跟昭伯私通），生了这么几个轰轰烈烈的孩子。宣姜之后，这几个人物在卫国历史上又揭开了一幕一幕浩大的戏剧。宣公之后是惠公（就是朔），接下来是懿公。懿公失国，戴公南渡，然后在齐国的扶助之下，文公重新建国。而且，为什么是在齐国的扶助之下？你看，“邦之媛（援）也”，这句话其实还是可以落实的。就是说，她虽然有很多淫昏之行，让这个卫国乱了，但是在危急的关头，她还是带来了齐国的外援。然后，还有著名的许穆夫人，卫风《载驰》的作者，根据郑笺，居然也是宣姜的孩子。许穆夫人的故事也反衬了“邦之媛也”的重要性。她本来要嫁给大国的，比如要嫁给齐国的，结果后来嫁到了许国，是个很小的国，她当时就很担心，因为这样的话，我们在危急关头就没法寻求有力的外援。在懿公失国、戴公南渡的国难剧变中，许国大夫不但不能发兵相救，还阻止许穆夫人“载驰载驱”，回卫国吊唁。所以，在以宣姜为线索的戏剧中，前前后后可以关联的历史人物和事件非常的多。另外还有赋《河广》的宋桓夫人和她的著名儿子宋襄公，这里就不多说了。

四毋斋：大家可以看一下，就是在《集疏》224页（中华书局1987年版），“之子不淑，云如之何”后面引了一个故事，就是郭茂倩《乐府》引用《琴操》里面的一个故事。卫国有一个贤女，“昭王闻而聘之，未至而薨”，还没娶过来的时候，昭王就死了。然后准备即位的太子就想续娶这个已经许配给他父亲的女人。他说：“吾闻齐桓公得卫姬而霸，今卫女贤，欲留之。”就因为他父亲想娶的这个卫国的女子非常贤德，所以他想把她留下来。这个时候他的一个大夫对他说：“不可，若贤必不我听，若听必不贤，不可取也。”这里面说出了一个我们通过宣姜这件事情也可以看出的道理，就是这个女的如果真的贤德的话，她一定不会做出不贤德的事情；反之如果她答应你的要求，违背礼仪，下嫁给太子的话，那么她一定是不贤德的。宣姜刚开始是嫁给伋的，但是被宣公所要，要到新台，才开始后面这一系列的无礼的、淫乱的乱伦行为，其实已经证明她肯定是不贤德的。只有不贤德，她才会接受这种“要”，才能留下来，而像我们刚才举的这个《琴操》里的例子，这个卫女，虽然最后太子把她留下来，但她却没有接纳太子，而是“拘于深宫，思归不得，援琴作歌，曲终而死”。最后就是，宁可死在深宫里面，也没有转嫁给太子。这个故事倒是和我们这几篇诗里面所讲的宣姜的故事刚好作一个正反两面的对比。

无竟寓:其实我们可以比较这个故事里所讲到的这个卫姬和这个宣姜,略微扩展一下,我们就会发现,春秋历史上,齐国来的姜女导致鲁国的乱,导致卫国的乱,还不要太多!相比之下,像卫国、鲁国等姬姓国嫁出的夫人,往往是贤女居多。这或许跟一开始姜太公封到齐国,周公封到鲁国,齐鲁的不同,可能有很大的关系。周文尚德,姬姓国的礼仪教化,至少是女教啊,要好得多。而姜女的形象呢,总是很美,但总是闹得他国鸡飞狗跳的。典型如鲁之文姜、卫之宣姜一类。当然也不尽然,卫庄姜就很好。卫诗邶风一开篇就讲庄姜,她很好,但是她无后,这特别可惜。

宅路:我看过一个记载:周公和姜子牙一个被封在齐,一个被封在鲁,他们当时对治国的策略有争议。姜子牙当时觉得周公的这种治理方式,国家不能变大,但是周公不以为然,这样虽然国家会变大,但是最终会给国家带来灾祸。从结局来看的话,鲁国最终还是个小国,而齐国虽然变大了,但是最后它被外姓所代替,这个也是两个国家在立国的国策上面就有所选择,导致后来发展道路的不同。

无竟寓:这正好就是我们昨天所读到的罗马史里面一个基本教训嘛。在罗马史里面,也有这样一个矛盾,就是你如果要维护那个古老的德性,那么你就只能停留为一个小的城邦共和国;如果你要扩大,扩张,满足你的所有贪欲和荣耀,那么你就不得不变成帝国,然后,败坏它古老共和国的德性。这里就有这样一个矛盾。

素履斋:正好要转到读《史记》了。其实在《史记》的《鲁周公世家》前半部分里面有一段,就讲到当时周公秉政,而姜太公是被封到齐国,周公之子伯禽被封到鲁国。姜太公去了三个月就回来了,向周公报信。周公问:“何急也?”就是问他怎么回来得那么快呢?姜太公他就是“因其俗、简其礼”嘛,他不怎么改造齐国本身的风俗,他就是以简便为主,有这么一个方式。然后,周公那个公子呢,他就去了三年才回来,周公就对他说:“何迟也?”就是说,你怎么回来这么慢呢?他把整个鲁国的风俗完全地改变了,就带来完全不同的治理方式。实际上我们从后面讲齐的一个历史,《史记》中讲齐的一个历史,和整个历史的话,我们会看到它们有两种国家风格的不同。这其实是它中间有一个蛮重要的线索,而你看周公本身,他实际上是两方面都有考虑,就是你既不要太慢也不要太快,重要的是正好要有一个中道，所以正好可以拿到《史记》中去了解这个问题。

《墉风·鹑之奔奔》

鹑之奔奔，鹊之彊彊。人之无良，我以为兄。

鹊之强强，鹑之奔奔。人之无良，我以为君。

【毛序】刺卫宣姜也。卫人以为宣姜鹑鹊之不若也。【郑笺】刺宣姜者，刺其与公子顽为淫乱，行不如禽鸟。【三家义集疏】王先谦案：刺宣公也。左襄二十七年传：郑七卿享赵孟，伯有赋《鹑之奔奔》，赵孟曰："床笫之言不踰阈，况在野乎？非使人知所得闻也。"杜注："卫人刺其君淫乱，鹑鹊之不若，意取'人之无良，我以为兄'、'人之无良，我以为君'也。"又传云："文子告叔向曰：'伯有将为戮矣。诗以言志，志诬其上而公怨之，以为宾荣，其能久乎？'"杜注："言诬则郑伯未有其实。"正义："伯有赋此诗，有嫌君之意。"是伯有之赋、赵孟之言，皆不以诗之"君"为"小君"，此最古义。司马迁、刘向用鲁诗，而《史记》、《列女传》无公子顽通宣姜事，是鲁义必与毛异，不以"兄"为顽也。《礼·表记》：子曰"唯天子受命于天，士受命于君，故君命顺则臣有顺命，君命逆则臣有逆命。诗云：'鹊之彊彊，鹑之奔奔。人之无良，我以为君。'"郑注："姜姜、贲贲、争斗恶貌也。良，善也。言我以恶人为君，亦使我恶，如大鸟姜姜于上，小鸟贲贲于下。"记义与郑注皆不以"君"为"小君"，知齐义必与毛异，不以君为宣姜也。然则诗刺宣公甚明。

波那文都：这个"鹊之彊彊，鹑之奔奔"都是描写那个"人之无良"吧？然后他说"我以为君"，就是我把那个人弄来作为我的夫人，那这个刺的到底是那个"人之无良"的那个人，还是刺的"我"？

四毋斋：这里两章所刺之人应该是不一样的。整篇诗是以惠公口吻来写的，这里的两个"我"都应该是指惠公。第一章刺的是顽。顽是惠公同父异母的兄长，但这个兄长居然和他的继母（也就是惠公的母亲）私通。如果从作为弟弟的惠公的角度来看的话，作为兄长的顽和自己的亲生母亲乱伦私通，这是非常对不起他的，所以他要哀叹"人之无良，我以为兄"，我拿你当兄长，而你却做出了这样的丑事。第二章刺的是宣姜，即他自己的母亲。“人之无良，我以为君”，按照传笺的解释，这里的“君”指的是“小君”，小君乃相对于国君而言，亦即国君夫人，也就是宣公的夫人、惠公的母亲。这里的两章应该是对男女双方分别的刺。

无竟寓：四毋斋说的这个呢，应该是毛传、郑笺的解法，朱子集传也继承这种意见。这一路解法是把这篇诗理解为要刺两个对象：一个是公子顽，一个是宣姜。这两人实际上是乱伦，是隔代的淫乱。公子顽是比宣姜低一辈的，所以呢，朱子就进一步推测说，这个诗呢，大概是代惠公的口吻写的。惠公就是朔，就是前面我们读过的几篇诗中都曾涉及的伋、寿和朔三人故事中的一员。公子顽是惠公朔的庶兄。宣公薨后，顽与宣姜私通。所以，根据毛诗，一章“人之无良，我以为兄”是刺顽，一章“人之无良，我以为君”是刺宣姜。这个“君”呢，解为“小君”、“国小君”，就是宣姜。但是，根据王先谦在集疏里钩沉出来的三家诗解法呢，不这么讲。他发现《列女传》、《史记》里面都没有公子顽通宣姜的这回事，然后又根据《左传》襄公二十七年：“郑七卿享赵孟，伯有赋《鹑之奔奔》，赵孟曰：‘床笫之言不踰阈，况在野乎？非使人知所得闻也。”杜注：“卫人刺其君淫乱，鹑鹊之不若，意取‘人之无良，我以为兄’、‘人之无良，我以为君’也。”王先谦就根据《左传》这一条，认为这篇诗跟宣姜没关系，从头到尾都是刺谁呢？都是刺卫宣公，就是那个抢了儿媳妇（就是宣姜）的卫宣公。那么既然都是刺卫宣公，第一章“人之无良，我以为兄”怎么解呢？同样是主今文三家诗的魏源认为，这篇诗不是以惠公的口吻来写的，而是以惠公的叔叔的口吻来写的，就是左公子泄、右公子职一类人物。泄和职都是宣公的庶弟，当然也就是伋、寿、朔（惠公）、顽他们的叔叔。所以，第一章“人之无良，我以为兄”，实际上是以泄、职的口吻讽刺他们的哥哥卫宣公。根据一些有限的历史记载，我们看到公子泄、公子职、公子伋这叔侄三人都是比较正的。惠公朔并非贤君，他曾与宣姜合谋害死兄弟伋、寿，所以诗人应该不会以他的口吻来写这么一篇刺诗。第二章“人之无良，我以为君”，根据三家诗，还是刺卫宣公，这个“君”不解为“国小君”，而就是“国君”。所以，这篇诗就是在为国运哀叹：不得已啊，他是我的兄长，他是我的国君，这是无法选择的，而他却是无良之人！“人之无良，我以为君”，言下之意就是说，卫国没好日子过了啊。当然也含有一个劝谏，希望他的兄长，卫国的君主，能改恶从善。这就是今古文的不同说法，我给大家梳理一下。人物关系稍微有点复杂，不知有否说清楚。

四毋斋：按照三家的这个讲法我们就会发现，以之为君、为兄，这个都是你没办法选择的一种现实。恰恰是在这样一个无可选择的境地之中，偏偏却又遇到这样一位无良之人。所以不管是从国家的命运也好，还是从个人的遭际也罢，这都是一种无可避免的必然性悲剧。以此再来看诗中每章后两句的悲叹，可能让人内心的感受更加纠结、也更加复杂。这可能比传笺的分刺两人（公子顽和宣姜）在诗意上要显得更为深沉一些。

波那文都：关于《鹑之奔奔》，就我自己说的补充说明一下。我把传和笺都单独抄出来：毛序："刺卫宣姜也。卫人以为宣姜鹑鹊之不若也。"笺："刺宣姜者，刺其与公子顽为淫乱，行不如禽鸟。"鹑之奔奔，鹊之彊彊。传："鹑则奔奔，鹊则彊彊然。"笺："奔奔、彊彊，言其居有常匹，飞则相随之貌，刺宣姜与顽非匹偶。"人之无良，我以为兄！传："良，善也。兄，谓君之兄。"笺："人之行无一善者，我君反以为兄。君，谓宣公。"鹊之彊彊，鹑之奔奔。人之无良，我以为君！传："君，国小君。"笺："小君，谓宣姜。"综合毛郑，似乎以"人"为宣姜，"我"为宣公。当然，这样解释有两个困难，一个是"兄"如何解。但《谷风》云：燕尔新婚，如兄如弟。不知可否解此"兄"字？另一个困难是，宣公料不到宣姜会与顽淫乱，那为什么诗人还要感慨"我以为兄"、"我以为君"呢？但见微知著，"若贤必不我听，若听必不贤。"既已有《新台》之淫昏，后面种种也是可以想见的。所以似乎除了讽刺宣姜不伦，还讽刺宣公不智？

附录一：《史记·卫康叔世家第七》相关史事

桓公二年，弟州吁骄奢，桓公绌之，州吁出奔。十三年，郑伯弟段攻其兄，不胜，亡，而州吁求与之友。十六年，州吁收聚卫亡人以袭杀桓公，州吁自立为卫君。为郑伯弟段欲伐郑，请宋、陈、蔡与俱，三国皆许州吁。州吁新立，好兵，弑桓公，卫人皆不爱。石碏乃因桓公母家于陈，详为善州吁。至郑郊，石碏与陈侯共谋，使右宰丑进食，因杀州吁于濮，而迎桓公弟晋于邢而立之，是为宣公。

宣公七年，鲁弑其君隐公。九年，宋督弑其君殇公，及孔父。十年，晋曲沃庄伯弑其君哀侯。

十八年，初，宣公爱夫人夷姜，夷姜生子伋，以为太子，而令右公子傅之。右公子为太子取齐女，未入室，而宣公见所欲为太子妇者好，说而自取之，更为太子取他女。宣公得齐女，生子寿、子朔，令左公子傅之。太子伋母死，宣公正夫人与朔共谗恶太子伋。宣公自以其夺太子妻也，心恶太子，欲废之。及闻其恶，大怒，乃使太子伋于齐而令盗遮界上杀之，与太子白旄，而告界盗见持白旄者杀之。且行，子朔之兄寿，太子异母弟也，知朔之恶太子而君欲杀之，乃谓太子曰："界盗见太子白旄，即杀太子，太子可毋行。"太子曰："逆父命求生，不可。"遂行。寿见太子不止，乃盗其白旄而先驰至界。界盗见其验，即杀之。寿已死，而太子伋又至，谓盗曰："所当杀乃我也。"盗并杀太子伋，以报宣公。宣公乃以子朔为太子。十九年，宣公卒，太子朔立，是为惠公。

左右公子不平朔之立也，惠公四年，左右公子怨惠公之谗杀前太子伋而代立，乃作乱，攻惠公，立太子伋之弟黔牟为君，惠公奔齐。

卫君黔牟立八年，齐襄公率诸侯奉王命共伐卫，纳卫惠公，诛左右公子。卫君黔牟奔于周，惠公复立。惠公立三年出亡，亡八年复入，与前通年凡十三年矣。

二十五年，惠公怨周之容舍黔牟，与燕伐周。周惠王奔温，卫、燕立惠王弟颓为王。二十九年，郑复纳惠王。三十一年，惠公卒，子懿公赤立。

懿公即位，好鹤，淫乐奢侈。九年，翟伐卫，卫懿公欲发兵，兵或畔。大臣言曰："君好鹤，鹤可令击翟。"翟于是遂入，杀懿公。

懿公之立也，百姓大臣皆不服。自懿公父惠公朔之谗杀太子伋代立至于懿公，常欲败之，卒灭惠公之后而更立黔牟之弟昭伯顽之子申为君，是为戴公。

戴公申元年卒。齐桓公以卫数乱，乃率诸侯伐翟，为卫筑楚丘，立戴公弟燬为卫君，是为文公。文公以乱故犇齐，齐人入之。

初，翟杀懿公也，卫人怜之，思复立宣公前死太子伋之后，伋子又死，而代伋死者子寿又无子。太子伋同母弟二人：其一曰黔牟，黔牟尝代惠公为君，八年复去；其二曰昭伯。昭伯、黔牟皆已前死，故立昭伯子申为戴公。戴公卒，复立其弟燬为文公。

附录二:《列女传·孽嬖篇》

宣姜者,齐侯之女,卫宣公夫人也。初,宣公夫人夷姜生伋子,以为太子。又娶于齐,曰宣姜,生寿及朔。夷姜既死,宣姜欲立寿,乃与寿及朔谋构伋子。公使伋子之齐,宣姜乃阴使力士代之界上而杀之,曰:“有马白旄至者,必要杀之。”寿闻之,以告太子,曰:“太子其避之。”伋子曰:“不可,夫弃父之命,则恶用子也。”寿度太子必行,乃与太子饮,夺之旄而行,盗杀之。伋子醒,求旄不得,遽往追之,寿已死矣,伋子痛寿为己死,乃谓盗曰,“所欲杀者乃我也,此何罪?请杀我!”盗又杀之。二子既死,朔遂立为太子。宣公薨,朔立,是为惠公,竟终无后,乱及五世,至戴公而后宁。(注:“五,当作三字之误也。三世,宣惠懿。”)诗曰:“乃如之人兮,德音无良。”此之谓也。

颂曰:卫之宣姜,谋危太子,欲立子寿,阴设力士,寿乃俱死,卫果危殆,五世不宁,(五,同前,当为三字之误)乱由姜起。

附录三:《新序·节士篇》

卫宣公之子,急也、寿也、朔也。急,前母子也。寿与朔,后母子也。寿之母与朔谋,欲杀太子急而立寿也,使人与急乘舟于河中,将沈而杀之。寿知不能止也,固与之同舟,舟人不能杀急。方乘舟时,急傅母恐其死也,闵而作诗,二子乘舟之诗是也。其诗曰:“二子乘舟,泛泛其景。愿言思子,中心养养。”于是寿闵其兄之且见害,作忧思之诗,黍离之诗是也。其诗曰:“行迈靡靡,中心摇摇,知我者谓我心忧;不知我者,谓我何求?悠悠苍天,此何人哉?”又使急之齐,将使,盗见载旌,要而杀之,寿止急,急曰:“弃父之节,非子道也,不可。”寿又与之偕行,寿之母不能止也,因戒之曰:“寿无为前也。”寿又为前,窃急旌以先行,几及齐矣,盗见而杀之,急至,见寿之死,痛其代己死,涕泣悲哀,遂载其尸还,至境而自杀,兄弟俱死,故君子义此二人,而伤宣公之听谗也。

附录四:《左传》

《桓公十六年》

初,卫宣公烝于夷姜,生急子,属诸右公子。为之娶于齐,而美,公取之,生寿及朔,属寿于左公子。夷姜缢。宣姜与公子朔构急子。公使诸齐,使盗待诸莘，将杀之。寿子告之，使行。不可，曰："弃父之命，恶用子矣！有无父之国则可也。"及行，饮以酒，寿子载其旌以先，盗杀之。急子至，曰："我之求也。此何罪？请杀我乎！"又杀之。二公子故怨惠公。

十一月，左公子泄、右公子职立公子黔牟。惠公奔齐。

《闵公二年》

初，惠公之即位也少，齐人使昭伯烝于宣姜，不可，强之。生齐子、戴公、文公、宋桓夫人、许穆夫人。文公为卫之多患也，先适齐。及败，宋桓公逆诸河，宵济。卫之遗民男女七百有三十人，益之以共、滕之民为五千人，立戴公以庐于曹，许穆夫人赋《载驰》。齐侯使公子无亏帅车三百乘，甲士三千人以戍曹。归公乘马，祭服五称，牛羊豕鸡狗皆三百，与门材。归夫人鱼轩，重锦三十两。

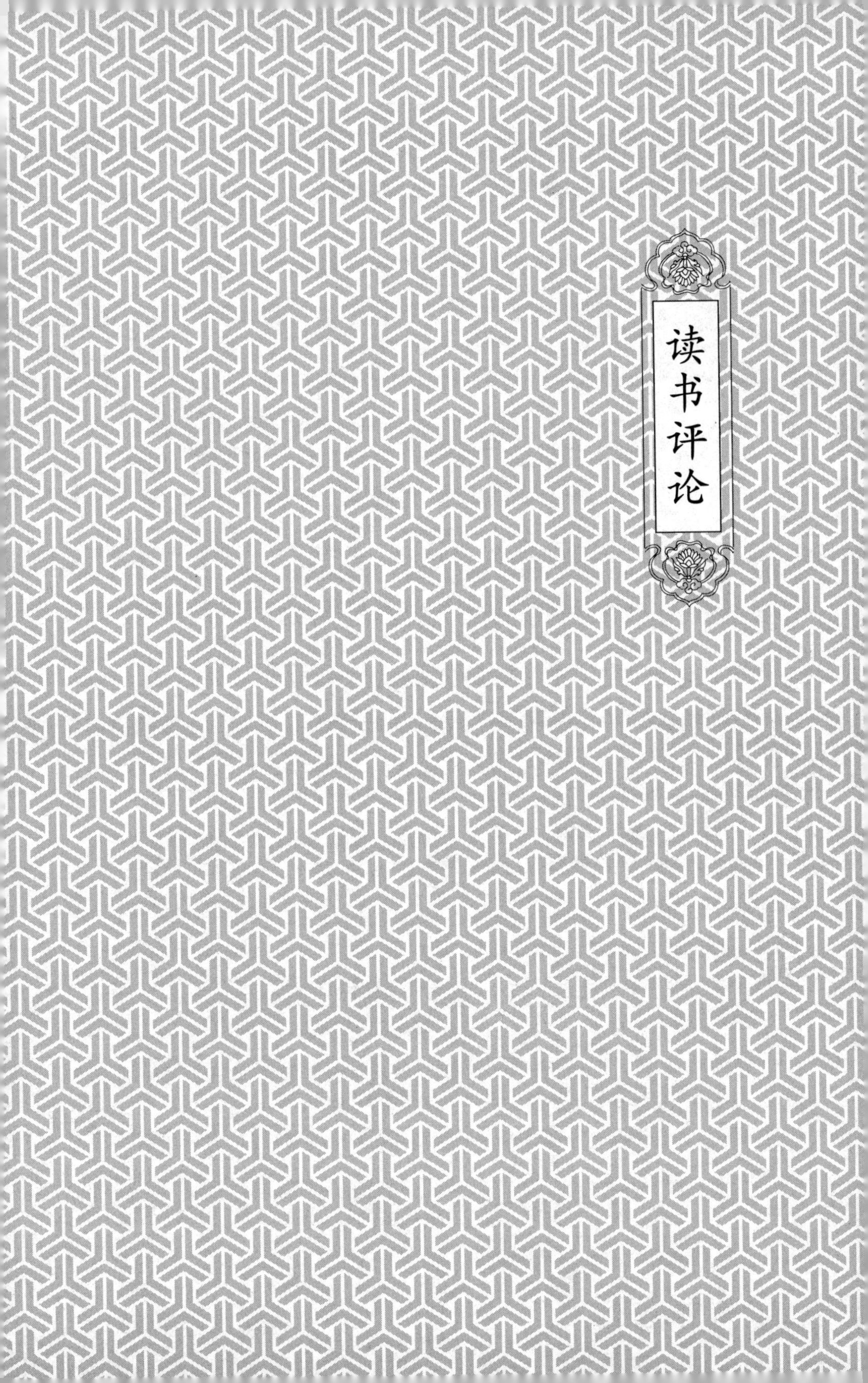

读书评论

《何谓普世？谁之价值？》:理直气壮的文化自觉

朱杰人*

一

"儒学"与"儒家"是两个不同的概念,前者是对一个学派、一类学术、一种思想的描述;后者则是一群人对儒学所蕴含的学说、理论、价值及其所代表的行为方式、生活方式的认同与践履。儒学是一门非常古老的学问,自从有了儒学,便产生了儒家。儒学在中华大地上传承了几千年,虽历经坎坷,虽受到来自本土及来自异邦的各种思想文化的冲击与压迫,但它始终没有被割断。但是,儒家的命运就不一样了,"五四"以后,所谓"新思想"的入侵,建国以后,马克思主义成为中国唯一合法存在的主流意识形态,儒家即在人们的视野中消失了。尤其是在上世纪六七十年代爆发的那一场大动乱以后,儒,已成为落后、反动、迷信的代名词,谁还敢以儒自居?直至改革开放,这种观念依然统治着人们的思想。不仅如此,它甚至还被加冕为阻碍中国走向现代化的思想障碍,是中国落后挨打的终极原因。

你能想象吗,当今中国竟然还有人以"当代儒家"自居,并理直气壮地提出要复辟儒家思想?你能想象吗,这一群"当代儒家"绝大多数都有海外留学或研

* 作者单位:华东师范大学出版社。

究的经历，有些还是以西方哲学与思想为主要研究方向的中青年才俊？是的，正是这样一群人，勇敢地对西方思想发起了挑战，他们对以美国为代表的西方价值观，尤其是他们自诩的所谓“普世价值”提出了诘难。华东师范大学出版社最近的新书《何谓普世？谁之价值？》一书，即是这一群勇敢的斗士们的一次思想碰撞的实录——2011 年 11 月，复旦大学“儒学文化研究中心”举办了一场以“儒学与普世价值”为主题的学术研讨，参加会议的有来自复旦、清华、人大、同济、首都师大等高校的年轻学者们。会后，研讨会的发言记录由曾亦、郭晓东整理编辑出版。全书十几万字，薄薄的一册，篇幅不算大，但其意义却不啻是当代儒家的一个横空出世的宣言。它宣示着消失了将近一个世纪的儒家的复辟与回归。它的尖锐、深刻、大胆，振聋发聩。它的鞭辟入里、以理服人，让人刮目相看。一群年轻人，而且是经过多年西方思想学术浸润的年轻人，返归传统，反戈一击，使那些全盘西化或对西方文化顶礼膜拜的人猝不及防。

这真是一个令人惊喜的现象，它表现出的是一种对本土文化、对中华文化传统理直气壮的文化自觉。这种自觉建立在自信的基础之上，而这种自信又是基于对中西文明的吸纳、分析与批判之上，基于对中西文化历史的、经验的、现实的与当今世界文明冲突与社会变革的综合分析与研究之上的。尤其值得指出的是，他们对当今中国社会信仰、法律、文化、制度等现实问题的关切。这些年轻人由于受过很好的中西学术的训练，所以处处显示出学理的深邃与说理的辩证，广征博引，言之有据，而不是说大话、骂粗口，甚至蛮不讲理。

二

正像《何谓普世？谁之价值？》一书的书名所揭示的那样，这次研讨会上集中讨论的即是“普世”与“价值”的问题。当代儒家们选择了一个非常巧妙而击中肯綮的切入点，集中火力对西方强权政治支撑下的强权文化予以抨击，揭示了西方发达国家的传道士们所谓“普世价值”的虚伪性、两面性及意识形态性。

所谓“普世性”，最早其实是基督教的一个概念。这个概念后来被抽象出自由、民主而被赋予了一种价值诉求，进而被描述为具有普世性。在冷战时期，自由与民主成为西方社会攻击社会主义阵营的最有力武器，并最终导致了东欧社会主义阵营的解体。冷战以后，尤其是随着全球化进程的加速，自由、民主被明确地套上普世价值的光环而被高悬于整个人类社会的头顶之上，成为不二法门的“放之四海而皆准”的真理。于是，西方强权俨然变成了人类道德的代言人和化身。顺之者昌而逆之者亡。由于社会主义阵营冷战失败的前车之鉴，更由于西方强权国家政治、经济、军事、文化的强势地位，世人对自由、民主的所谓普世性，要么认之为理所当然，要么心怀不满却不敢反对而噤若寒蝉。于是一个伪造的价值，真的被普世化了。

正因为这种观念与认识上的错乱，导致了以道德代言人自居的西方强权国家可以随意发动战争，可以随意制裁不听话的个人、组织或国家，可以随意发动颜色革命，可以随意颠覆某个政权，甚至可以随便使用无人机摧毁生命，却很少有人认真地思考过，这种所谓的价值究竟是哪一家的价值，这种价值是否真具有普世性？更没有人想过，在民主、自由之外是否还有更具普世性的价值观和生活方式、人生态度？《何谓普世？谁之价值？》正是对这些问题的回应。这群年轻人不迷信、不盲从，而是从学理的角度提出了大胆的疑问与批评。在复旦大学举行的这一场讨论中，他们明确指出，任何价值都不可能是绝对的，无条件的和抽象的。他们认为：“价值是有历史性的”，“自由主义者把自由、民主、平等、法制、人权这些东西看作普世价值，但是，这些普世价值之间却是有内在紧张的。譬如，自由与民生之间，关系怎样？我觉得两者对于不同历史需要来说，是有先后顺序的。”（陈明：首都师范大学哲学系）

他们还指出，所谓普世，其实都是具有一定地域性的，比如，“当初民主和自由跑到中国来时，康有为和孙中山就对两者有不同的取舍，即中国需要的是民主而不是自由。换言之，在他们看来，自由与民主在西方未必是紧张的，但在中国却是紧张的……那么，为什么中国不需要自由呢？康、孙认为，中国自古就非常自由，并且对于当时之中国现实来说，自由不是太少，而是太多，无助于中国完成一个向现代国家的转变。”（曾亦：同济大学哲学系）讨论会上，很多学者对西方强权所谓的普世价值的虚伪与双重标准提出了尖锐的批评：“我反对以一种普遍主义的话语来谈普世价值……其实，我们不难看到，西方人是对外讲普遍，对内讲特殊。犹太人更是如此，说自己和上帝立约，因为犹太人是上帝的选民。这种排他性亦见于基督教，更见于当今的美国人。”(陈明)“其实，欧美各国宣扬这个超乎一切民族之上的‘普世价值’，目的很明确，就是要摧毁一切异质于西方文化的文化。可见，自由、民主、人权这套普遍话语背后，其实是与民族国家的诉求一致的”。(郝兆宽:复旦大学哲学系)

这些当代儒家们入木三分地剖析了西方民主制度的内涵与本质，他们指出:“必须破除对西方民主制度的迷信。其实，现代民主制度比古希腊的城邦民主还要等而下之，只是代议制而已，完全是资本主义经济的产物。我认为，政治上的主权在民，相当于经济上的股权在民；政治上的议会，就是经济上的董事会；政府的总理，就是公司的CEO。可以说，现代民主制度完全是经济思维在政治上的反映，是一种商人逻辑的产物。因此，现代西方国家本质上就是一个大公司。”(齐义虎:西南科技大学)

对于西方列强利用所谓的“普世价值”来实现国家利益的做法，当代儒家们保持着高度的警惕。他们指出，所谓的“普世价值”已被意识形态化，已经堕落为西方社会强行推行自己的文化、价值观的工具。由于多年的经营，他们把自己置于道德的制高点上，斥一切异质文化为妖魔，弱小者只能接受而无法拒绝。这实在是一种真正的不民主、不平等的强权政治与强权文化。以美国为例，他们的无人机可以随便去别国的领土上杀人，但是一旦美国的无人机杀了美国人的内幕被揭露出来，立即受到议会与舆论的指责。杀外国人可以，这是自由；杀美国人不可以，这是人权——这就是美国人的普世价值。所以，“中国必须警惕自由派的任何异动，一不小心，就可能滑到利比亚、叙利亚那种任人宰割的局面，到那时‘中华民族的复兴’就只能是一句空话。”(丁耘:复旦大学哲学学院)

与会的一位学者指出，“西方人的普世价值，就是一套意识形态，是西方人全球扩张的重要手段”。他引用亨廷顿的话说“普世主义是西方对抗非西方的意识形态，这种普世主义有三个问题:第一是错误，第二是不道德，第三是危险。在亨廷顿看来，普世价值是大国的幻想，哪种文明都认为自己的价值观是普世价值；西方的普世价值只是狭隘的光荣和梦想，推行普世价值会带来文明的巨大冲突和西方的最终失败。卡尔·施米特也说过，提倡普世价值的人不是弱智

就是别有用心”。（吴新文：复旦大学哲学学院）

参与研讨的学者们在一个问题上有高度的共识，他们主张，“中国作为一个大国，一个有着悠久历史文明的大国，不能没有自己的普世价值”。（曾亦）“站在儒学立场上，我们应当首先考虑人之为人的普世价值”。（唐文明：清华大学哲学系）“普世价值是人类与动物根本区别开来的那种东西。因此，这种东西对于东西方来说，应该是共通的、普遍的”。（郝兆宽）所以，他们认为“儒家讲的礼义廉耻才更有普世价值的意义”。（郝兆宽）他们质问：“到底是人权还是人伦，才真正体现出‘人之为人’的普遍价值？”（唐文明）他们认为，普世价值应该包含了底线价值的内涵即“底线伦理”和“理想普世价值”。“儒家不仅提供了底线的普世价值，比如‘己所不欲，勿施于人’这样的道德金律，同样也提供了大同社会这样的理想模型”。（干春松：中国人民大学哲学系）

理直气壮地把儒家的价值观拿出来与西方的价值观等量齐观，并毫不讳言儒家价值观的优质性与历史合理性，好像，这是第一次。仅就此而言，它已经宣示了中国文化的觉醒与自信。

三

近现代以来，关于儒学传统的优劣存废问题，一直是一个被不断讨论、争论乃至被批判、抹黑的问题。历史的事实是，在鸦片战争以前，儒学在西方赢得的是一片赞美之声与仰慕之情。这从西方传教士们的著作与西方一些思想家的著作中可以证明。而西方文官制度的产生直接受惠与中国科举制度，则更是一个尽人皆知的故事。但鸦片战争后，中国的一再战败改变了历史，儒学在不知不觉中变成了造成中国落后的文化与道德的替罪羊。研讨会上有人说了一句很令人感慨的话：“有人认为，中国百年来的积弱积贫，根本原因就在于自己传统文化。可叹啊！这些人把自己的无能归罪于老祖宗，再也没有比这更不肖的子孙了。”（郝兆宽）

这固然是一个可悲的事实。但是，从“五四”以来的儒家遗老们，直到以后的港台“新儒家”们，却一直在抗争，一直在为自己的传统辩护。但同样可悲的事实是，他们始终无法走出“弱者”与“理亏”的梦魇。前些年，曾经发生过一场关于儒家伦理的大争论，论辩双方都是当今学界的翘楚。这场争论其实不会有结果，因为双方都无法说服对方。尤其是对儒家伦理持批判态度的一方，趾高气昂，蛮不讲理，似乎只有他的理论才代表真理，儒家在他的眼里简直不屑一顾（我很怀疑他有没有认真读过儒家的经典。凭印象、凭感觉和望文生义就发表高论，实在是一种很无赖的辩术）。而争辩的另一方尽管据理力争，却总让人感到有点气短。读了《何谓普世？谁之价值？》我突然悟出了一个道理：其实这是一场不对称的讨论，争辩双方互以西方的普世价值为圭臬，所以代表西方的一方当然可以趾高气昂居高临下，而代表"不普世"另一方即便手握真理也只能是有理也讲不清。这就是秀才遇到了兵。我以为，在中西文化讨论的问题上，在儒家价值观的是否具有普世性的问题上，一定要跳出一个被预设了的窠臼——西方的价值观，西方的普世价值。如果你预设的前提是西方的价值观是普世的，那么，你只能跟着他走，纵有孙悟空的本领，也跳不出如来的手掌。这不是秃子头上的虱子——明摆着的事实吗？可喜的是当代儒家们已经参透了其中的玄机，并跳出了西方列强们设下的陷阱。他们提出了文化的自主性，他们绝不随别人的音乐起舞，于是他们有了"自说自话"的底气和自信。

我特别注意到这次讨论中学者们对港台"新儒家"的批评："港台新儒家论证儒家也有普世性的东西，不过，他们对普世价值这个概念没有反思，纯粹是简单地接受了自由主义那套普世价值。新儒家没有到西方世界内部考察这些东西是怎么来的，是不是西方思想的正脉？是不是西方思想的别子为宗？更没有想到有必要从中国文化出发来审视这些东西是好还是坏？是真是假？他们仅限于论证儒家也有这些东西，即便一时没有，也可以'开出来'。我认为这个做法很糟糕，没思想，没出息！"（柯小刚：同济大学哲学系）其实，这种先接受西方的"价值"，然后再来为自己的传统辩护、辩解的做法并不始于港台新儒家，"五四"以后的儒家们也是这么做的。当然，摆在"五四"儒者们面前的是丧权辱国、家破国亡的惨痛事实，是西方文明把东方文明击得粉碎的现实。他们没有辩说的底气，只能退而求其次，说人家有的我家也有，没有的可以开出来。显然，这样的辩解是没有说服力的。所以从"五四"到港台新儒家，他们始终处于被动，始终处于辩护，始终处于"理亏"的尴尬境地。"新儒家表面上听起来很强硬，好像自由、民主、科学那些东西，都可以从自己这里开出来。但是，这种说法却证实了自己骨子里的虚弱。因为按照这套逻辑，我们事先认可了西方的那套价值，然后再从儒家中引出这些东西来。这样的话，新儒学就缺乏对整个西方的自由、民主应有的反省与批判”。（白彤东：复旦大学哲学学院）

现在，我们终于等到了儒家自我觉醒的一天，一群年轻的当代儒家挣脱了捆绑在中国文化传统身上的锁链，发出了文化主体与文化自觉的呐喊。他们说：“中国自有主体性，必须超越左右，才能回归传统。”（郝兆宽）“儒家首先要立足于民族复兴、民族责任和天下情怀，应该以此为前提来思考我们这个时代的普世价值。”（陈明）“现在当务之急不再是吸取外来文明的问题，而是要先把自己的文明从根底上树立起来，这样才可能对中西文化有真正的融合。”（曾亦）他们认为，如果不破除对外来思想的迷信，就无法确立自身文化的主体性。“应该像日本一样，主动地吸纳自己的民族传统，而不是排斥自己的传统。”（曾亦）“我们讲价值的时候，一定要讲价值的主体性，一定要问问这到底是谁的普世价值。”（郭晓东：复旦大学哲学学院）

当然，对这批年轻的当代儒家来说，他们的道路还很漫长。在讨论中有学者认为，以前的种种儒家形态“都不自觉地以西方思想为理论背景，都是在这个背景下回答普世性与本土性的问题。儒家应该主动地设置问题。而不是被动地回答西方人的问题，这是根本重要的。”“儒家首先要有一套自己的话语体系，自己设置我们自己的议题，并让它成为世界性的话题。这些话题既是面对现代社会的，又是从儒家自身传统出发的一套独立自主的论述。”（柯小刚）是的，我们首先得有一套自己的话语体系，这就是“中国式”的。其实，我们的先人早已为我们设计了一整套中国式的哲学的、伦理学的、政治学的、法学的……话语系统。这套系统经过宋明理学的整合、再创造，已经很严密而系统，它也许无法（其实也无需）和西方的话语系统相对接，但它足以应对讨论中国乃至世界的各种理论、学术、社会问题。只是近百年来我们自己把它弃之高阁了而已。以前，我们一直对西方亦步亦趋，甚至鹦鹉学舌，但讲来讲去还是“洋泾浜”，不伦不类。你学得再像，也不会被西方的傲慢所接受。现在，我们是不是可以让洋人们也来学学中国话和中国式的学术话语了呢？让中国式话语与议题“成为世界性的公共话题”，此其时也！

附识：笔者长期从事传统文化（主要是儒学）的研究、传承与弘扬，但是长期以来伴随着我的却是江河日下与无可奈何的焦虑。不曾想到的是，当下中国还有这样的一群年轻人，他们出入西马，返归传统，有勇气、有胆识、有学问、有担当。读了他们的书，有一种如释重负的感觉——尽管西化、奴化已经积重难返了，但中国毕竟还有这样一群如此头脑清醒的年轻人。那么，中国文化的复兴应该是可以预期的了。

癸巳年正月初五于沪上桑榆非晚斋

传统价值的重估：读《君主与共和——康有为晚期政治思想研究》

郭晓东*

一

自19世纪末叶以来，随着中国面对西方世界的入侵而屡战屡败，如何面对此"三千年未有之大变局"，遂成为一代士人共同思考的问题。然诸子之蜂起，无不以西人之文明优于中夏，而我固有之文化则被视为中国积贫积弱之罪魁与元凶。职是之故，时贤无不以为，欲求得中国之富强，必取法于泰西。于是，或主英美之自由主义，或主苏东之共产主义，遂成20世纪中国思想之主流，百余年来，虽学人代兴，而于此无异辞焉。时至今日，崇拜西欧北美之说者，倡言"普世价值"；信奉共产主义之说者，倡言"普遍真理"；惟我中华民族之固有价值与文化，不仅被弃之于不顾不论之列，更进而被贬之为吃人之礼教，为封建之残余，为专制之政治，为愚昧与落后，从而为革命之对象。其间虽有为之辩护者，然不绝若线，其花果飘零之现状，显然是不争的事实。

20世纪以来，为传统辩护最力者当属新儒家。但是，一代又一代的新儒家们，从熊十力开始，到后来的牟宗三、唐君毅等，直至今天仍活跃在学林之杜维

* 作者单位：复旦大学哲学系。

明、刘述先诸先生，他们虽然试图努力重建中国文化之价值，但他们更多着眼于中国文化中的道德价值，诚如唐、牟等四先生《为中国文化敬告世界人士宣言书》之所说。而他们对于承载这一文化的一整套政教制度，则仍多持保留的态度，其最具代表性的，莫过于如牟宗三先生所说，良知必须坎陷出科学与民主。然而，这样一来，中国文化之价值被显而易见地被割裂为二。于是，我们不能不对此有所反思，难道中国文化仅有心性之价值吗？或更进一步地追问，如果中国文化中之政制礼俗只具有消极负面的意义，又何以能有附丽于其上的那种光明伟大的精神价值？时至21世纪之今天，是该到反思这些问题的时候了。于是，有曾亦《君主与共和——康有为晚期政治思想研究》（上海人民出版社，2009）一书之应时而生。曾亦在其书中就明确地指出，现在保守主义的众多思潮有重大的缺陷：一个是“对西方文明本身的弊端缺乏足够的反思”，其二是“对自身传统价值的估计严重不足”。（第392页）其又论新儒家曰：“新儒家认同了‘五四运动’的基本前提，从而强调了传统思想关于道德、文化方面的价值，至于其政治、社会的价值，几乎阙焉弗讲。”（第392页）是以《共和与君主》一书，虽是对康有为晚年政治思想的专门研究，但作者显然不是就康有为而论康有为，而是将康有为及康有为本人的问题放在一个更为广阔的政治史与思想史背景下，讨论那个时代最为核心的问题，即共和与君主的问题。甚至对这一问题的讨论本身也不是曾亦的最终目的所在，而是诚如其于全书之结语中所说的：“全书试图提供一种新的解释框架，不仅使数千年中国传统得到重新理解，而且通过对中国近代社会转型之考察，为未来中国道路的设计提供某种建设性的主张。”（第395页）

二

要重新理解传统，特别是在制度层面上重新理解传统，我们不能不首先面对两千余年来的帝制问题。现代学者极诋传统之帝制，目之曰“君主专制”，此说肇始于康有为。面对晚清之弊政丛生，康氏将其病根溯之于千年之专制统治。然康氏之说，又颇前后抵牾。康氏以自由为升平、太平之法，故两千之专制无自由矣；然其晚年又称据乱之中国素尚自由平等，则又非通常所云之“专制”也。

于是曾亦在书中很细致地考证了中国古代的“专制”一词。曾亦指出，“专制”一词始出先秦，于《左传》、《韩非子》、《管子》诸书中颇有出现，但先秦经典中的“专制”，多就臣下说，即卑下者不得专权力，擅威福，所谓臣子不得专制。进而曾亦指出，“臣子既不得专制，则君王专制为当然矣。”（第299页）而君王之专制，在曾亦看来，其义有二：“立法以轨范臣民，此固君主之权，乃法治也；至于法外施恩，亦君王之权，乃人治也。”（第300页）而对于曾亦来说，君主的这两种权力，都本之于父兄对子弟的血缘关系，因此，君主制实在是一种很自然的制度，绝不像现代人理解的那样不合理。

现代人反对传统君主之专制，所歆羡者，乃西方之民主与自由。然而在曾亦看来，此实未经反思之论。现代思想以为民主乃最自然的政治组织形式，但曾亦对此颇不以为然。其以为在氏族瓦解之后而有国家，然国家之联合有两种组织方式，“基于地域联合的政治国家必然采取民主制度这种形式，与之相反，基于自然关系的氏族及后来的封建国家必然采取君主制度这种形式，这都是极其自然的。”（第311页）其又借康有为之口说：民主之法，本出于希腊海盗分赃所需要的臭腐之术，“今以为普天下之洪范，而其初至不足道也。”（康有为：《希腊游记》，引自本书第312页）故曾亦认为，康有为之于“破除民主政治之迷信，可谓大有功”。（第313页）

就自由而言，曾亦在本书中亦作了精详的考辨。在曾亦看来，“自由”之义有二，其一为“中国之自由”，其二为“西方之自由”。所谓“西方之自由”，“乃独立于血缘关系之自由，非为独立于政治关系之自由”；若“中国之自由”，“个体并不与国家发生直接关系”，“是以其自由乃独立于政治权力之自由，非能逃于父子兄弟之自由也。”（第378页）故其在“中国之自由”的层面上，往往借康有为、孙中山之口来说明，中国人享有的自由不是太少，而是太多。如其引康有为称中国古代“自由已极，不待求也”（康有为：《法兰西游记》，转引自本书303页），又引康有为之政敌孙文之说，称中国“自由太多”，又称“中国的专制和欧洲比较，实没有什么厉害”。（孙文：《三民主义》，转引自曾书第308页）因此，对曾亦来说，中国传统所谓君主之专制，“其实非真能专制也。虽居万乘之尊，犹得假法制、权谋以驾驭臣下，至于百姓，盖自治而已，帝力又于我何有哉!”（第320

页)而反过来,“西方之自由”则被视为“现代国家权力集中之内在要求”(第378页),因此,真正的专制则来之于现代人所极力崇尚之个人自由,此本与现代性相伴随而来无可破解之二律背反,故在本书中,曾亦提出了一个相当发人深省之论断:“个体愈是自由,国家愈是专制”,从而,“个体之自由,造成了个体永久之奴役。”(第320页)事实上,我们今天面对现代国家对个人的控制,已使得我们无所逃于天地之间。

在廓清西方之民主、自由等价值之虚假的普世性基础上,曾亦又进一步论证了君主制所以成立之合理性。在本书中,曾亦向我们表明,君主制的精义在于:“君主与臣民本为出于共同祖先之血缘整体,家为最小之血缘组织国则为最大之血缘组织。”(第43页)建基于这样一种血缘整体的基础上,“上下之间,既有尊卑之等,又有亲亲之情,此君主政治之精神也。”(第44页)在曾亦看来,这种家国一体的血缘整体性,乃是人与人最自然的关系。由此本书提出了曾亦本人所认为最为核心的一个概念,即“自然”。就像我们理解整个西方之思想与制度,离不开“自由”这个概念一样,对曾亦而言,要理解传统思想与制度,则离不开“自然”这一概念。曾亦之为君主制辩护,便是立足于这一概念的基础之上;而曾亦所试图“为未来中国道路的设计提供某种建设性的主张”,亦离不开这一概念。

三

可以说,自现代以来,对君主制度之辩护,曾亦大概是前无古人。然而,我们不得不进一步追问:是不是曾亦本人主张在已经共和了近世纪的中国,重新恢复君主制度?尽管我们从曾亦的书中可以看出,在曾亦心目中理想的政体应该有一位虚君,但无论是曾亦本人,还是任何一位读者,恐怕都会清楚地意识到,要在今天的中国重新恢复君主制度,显然是不可能的,也是不现实的。那么,曾亦此说的意义又何在呢?为君主制度之辩护,仅仅只具有理论的意义,还是有更现实的考量?曾亦显然无意于仅仅作一种理论上的探讨,其“为未来中国道路的设计提供某种建设性的主张”之说,已相当清楚地昭示出了他的现实关怀。

首先，通过对君主制度的辩护，曾亦以其独特的方式回应了现代中国思潮对如何在中国实现现代化的理解。从康有为始，一代又一代中国人无不以为，欲在中国实现现代化，必须通过“革命”而实现“西化”。而曾亦通过他的论述，则要告诉我们，中国之现代化的转型，未必要经过“西化”这唯一的途径，传统的制度本身即便在今天，仍然具有其历史的合理性，在今天仍然具有取法的价值。综观二十世纪以来，国共两党争雄于天下，国民党取法于英美，共产党取法苏东，而共产党终有天下。不过，中国共产党所取法之马克思主义，在曾亦看来，亦是“西化”之一途。因此，对于“源自西方的中国马克思主义应该重新思考自身的合法性问题。”(第393—394页)即便是我们今天习以为常的“马克思主义普遍真理与中国革命的具体实际相结合”这种说法，亦“不过是全盘西化的另一种表述而已”。(第394页)因此，对曾亦来说，我们的执政党，将合法性建立在一种外来思想之上，“实在是自缚手脚”。(第394页)也就是说，“马克思主义一旦完成了革命的历史任务后，应该让位于一种具有充分历史经验的思想，那么对于中国而言，这是儒家思想”。(第394页)因此，可以说，曾亦借对君主制的辩护，其背后之深意，则在于试图突破非左即右的理论误区，认为我们的执政党应该作为数千年传统的真正继承者，从而走一条不同于西方现代性道路之中国道路。

其次，正如笔者前面所说的，虽然曾亦在学理上与情感上均认同君主制度，但从现实上看，当下之中国绝无可能重新恢复君主制度，这一点曾亦显然心知肚明。而他之所以仍然冒天下之大不韪而汲汲于为君主制辩护，在笔者看来，他所试图的，是通过对君主制度之合理性的论证，得出他所提出的那个理解传统思想与制度的根基性概念，即“自然”这一概念。对于他来说，尽管君主制度本身已然不可能重新恢复，但这一制度所以立足的理论依据，即“自然”，却可能“为未来中国道路的设计提供某种建设性的主张”。在曾亦看来，不但在现代社会已不再可能恢复到古代之君主制，而且中国古代那种“帝力于我何加”式的个体自由，亦无益于现代国家之建构，因为对曾亦而言，现代国家之实质在于中央集权，其以为“现代思想颇执中央集权与个体自由为两端，比之于水火，此种见解殆未能见及现代国家之实质”。(第373页)从而反过来，“古代专制之国，其有取于现代国家者，恰以其备受啧言之专制也”。(第370页)事实上，这是以西方文化为根基而产生之现代性的最内在诉求,“现代国家一方面使个体达到高度之自由,另一方面,此种自由又以个体受到国家前所未有的奴役为代价”。(第397页)这似乎是一个无法回避问题,同时又是立足于西方思想而产生之现代性本身所无力解决的问题。然而,曾亦却认为,这一问题对执着于“自由”西方社会来讲,或无可解,但对建基于“自然”的中国社会来说,却大有可为,那就是充分发展以宗族自治为核心的地方自治,通过宗族自治,那么人与生俱来的那种自然关系将成为对抗现代性的最有力武器,正如其所说的:“宗族毕竟是最古老的地方自治形式,能够为个体的自由以及县、乡一级自治提供某些有效的借鉴,尤其是其局部的公有制形式,对于当前新农村乃至城市社区的建设,有着非常重要的意义。因此,我们将看到自然的方面依然在未来社会的建构中继续发挥其积极的作用。”(第398页)故其全书的结尾又说:“必须限制自由,以便为自然留下地盘。”(第398页)

四

总之,《共和与君主》一书以晚年康有为为研究对象,但这本书和康有为本人的著作一样,都堪称是“有为”之作。所谓“有为之作”,即是说,曾书与康书一样,不仅仅只是单纯的学术著作,而是具有更多经世的考量。曾亦通过对康有为的解读,或借康有为之口,或借对康有为的批评,对中国近代以来所涉及之根本问题作出了其独特的回应,以此为基础,阐发了他对中国文化的总体性论断,并进而认为,由此可为中国未来的复兴之路找到一个坚实的基础。也许书中的某些具体论断尚可进一步讨论,但我们可以从中感受当代中国学人的那种强烈的文化自觉感与使命感。我们由此可以看到,中华文化之优越,不仅仅只表现在精神价值层面上,同样也表现在其制度之面向。我们不仅看到,传统之礼乐政教,在过去的数千年固然有其存在的合理性,同样,当中华民族面向未来之际,它依然具有积极的建设性意义。冯芝生先生曰:“辅旧邦以阐新命”,其斯之谓与!

图书在版编目(CIP)数据

儒学与古典学评论.第2辑/曾亦主编.—上海:上海人民出版社,2013
(同济·中国思想与文化丛书)
ISBN 978-7-208-11541-5

Ⅰ.①儒… Ⅱ.①曾… Ⅲ.①儒学-文集②西方哲学-古典哲学-文集 Ⅳ.①B222.05-53②B502-53

中国版本图书馆CIP数据核字(2013)第162635号

世纪文睿 Century Literature 出品

出 品 人 邵 敏
责任编辑 邵 敏 任 柳
封面装帧 赵 瑾

儒学与古典学评论(第二辑)
曾亦 主编

世纪出版集团
上海人民出版社出版
(200001 上海福建中路193号 www.ewen.cc)
世纪出版集团发行中心发行
上海商务联西印刷有限公司印刷
开本720×1000 1/16 印张30 插页1 字数459千
2013年8月第1版 2013年8月第1次印刷
ISBN 978-7-208-11541-5/G·1614
定价48.00元